2025~2026
京阪神攻略
完全制霸地圖本

執行主編呂宛霖　　地圖繪製墨刻編輯部 & Nina

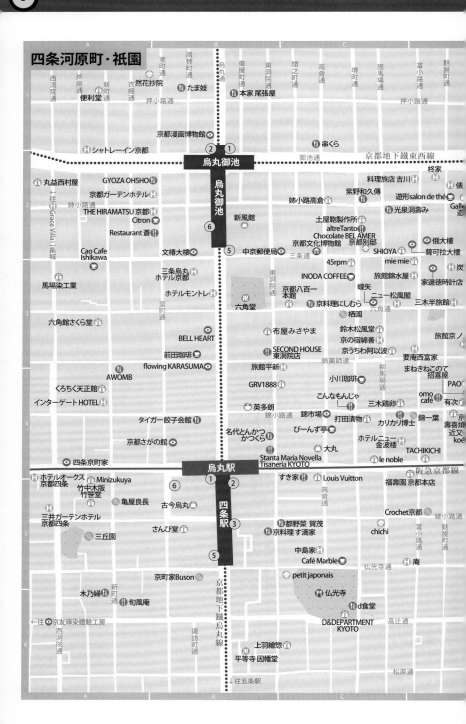

四条河原町・祇園

東山

レンタル着物岡本八坂神社店

レンタル着物夢京都祇園店

美御前社

西樓門　八坂神社

枝垂櫻

長楽館

南門　二軒茶屋 中村楼

円山公園

長楽寺

東大谷祖廟

花樂

ぎをん彩

元奈古

ねねの道

圓德院
三面大黒天神社

高台寺

石塀小路 豆ちゃ
ひざこ
東山安井

高台寺指掌美術館
東山八百伊

下河原阿月　玉半

田舎庭

料理旅館力彌

靈山觀音

京都靈山護國神社

阿咩坊

鍵善良房高台寺店

染匠きたむら

箸工房おおした
金網つじ

無碍山房 Salon de Muge

小多福　京あるき

前田咖啡

Salon de KANBAYASHI

上林春松本店

%ARABIKA

八坂之塔

十文堂

京東都
大塚呉服店

八坂庚申堂

松葉亭

レンタル着物
夢京都
高台寺店

二年坂

星巴克

文の助
茶屋

舞扇堂

洋食の店みしな

二井三
舞妓変身スタジオ・四季

翠紅山荘　菊乃井

靈山歴史館

レディスインさかた

清水道

奥丹
洲浜屋
カラス堂
梅園

清水山荘

忘我亭
OBLIO
青龍苑

JIZO堂

七味家
ハツ橋おたべ

産寧坂

清水順正
大和櫻花瀾漫

八ッ橋茶屋
ぎをん為治郎

清水坂

寶性院

成就院

清水寺

西利

京あみ　朝日堂

仁王門

地主神社

夢工房
夢京都 清水店

茶わん坂（茶碗坂）
レンタル岡本織物 本店

近藤悠三記念館

往 五条坂

五条坂

N

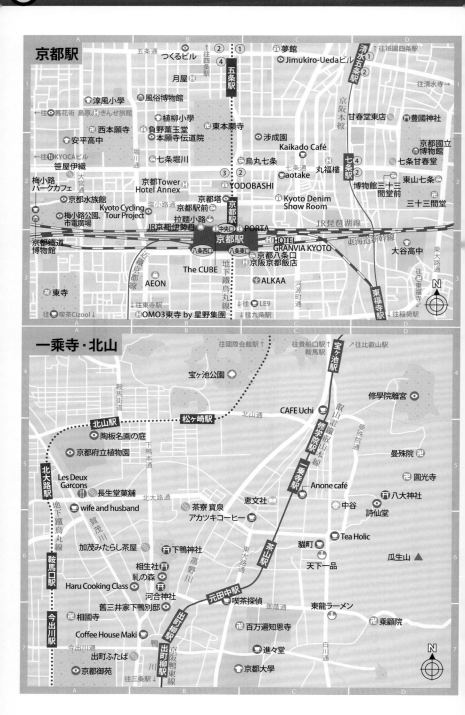

京都駅

五条通
つくるビル
月屋
②①
④
五条駅
夢館
Jimukiro-Uedaビル
清水五条①
②
往祇園四条駅↗
往清水寺→

淳風小學
風俗博物館
植柳小學
負野薫玉堂
本願寺伝道院
東本願寺
渉成園
Kaikado Café
京阪本線
甘春堂東店
豊國神社
京都國立博物館
七条甘春堂

←往↩舊花街 島原 ↩きんせ旅館
西本願寺
安平高中
←往 KYOCAビル
笹屋伊織
七条堀川
烏丸七条
aotake
七条通
丸福樓
H
七条駅
④
博物館三十三間堂前
東山七条
三十三間堂

梅小路パークカフェ
京都水族館
Kyoto Cycling
Tour Project
梅小路公園、
市電廣場
京都鐵道博物館
大宮通
堀川通
京都Tower
Hotel Annex
塩小路通
拉麺小路
JR京都伊勢丹
京都塔
YODOBASHI
③②
京都駅前
京都駅
中央口
PORTA
Kyoto Denim
Show Room
JR琵琶湖線
JR東海道新幹線

AEON
近鐵京都線
八条西口
The CUBE
地下鐵烏丸線
八条東口
HOTEL
GRANVIA KYOTO
京都駅
京都八条口
京阪京都飯店
ALKAA
河源町通
大谷高中
東福寺駅
東大路通
往東福寺↓

東寺
往東寺駅→
↓往 喫茶Cizool↓
OMO3東寺 by 星野集團
↓往九条駅↓
↓往 LE9
往稲荷駅→

N

一乗寺・北山

往國際会館駅↑
往貴船口駅↑
鞍馬駅
宝ヶ池駅
往比叡山駅↗

宝ヶ池公園
松ヶ崎駅
北山通
CAFE Uchi
修學院離宮

鞍馬街道
北山駅
陶板名画の庭
京都府立植物園
下鴨通
北山通
叡山電鐵叡山本線
修學院駅
曼殊院通
曼殊院

北大路駅
Les Deux
Garcons
長生堂菓舗
wife and husband
賀茂川
北大路通
茶寮寶泉
アカツキコーヒー
恵文社
一乗寺駅
Anone café
中谷
圓光寺
八大神社
詩仙堂

地下鐵烏丸線
加茂みたらし茶屋
下鴨神社
高野川
Tea Holic
貓町
天下一品
瓜生山

鞍馬口駅
相生社
紅の森
Haru Cooking Class
河合神社
舊三井家下鴨別邸
茶山駅
東大路通
元田中駅
御蔭通
喫茶探偵
東龍ラーメン
乘願院

今出川駅
相國寺
Coffee House Maki
今出川通
出町ふたば
京都御苑
出町柳駅
京阪鴨東線
百万遍知恩寺
進々堂
京都大學
白川通
往三条駅↓

N

二条城・御苑・西陣

N

丸太町駅

京都市役所前町駅

烏丸御池駅

鞍馬口駅

今出川駅

UCHU wagashi 寺町店

鴨川たかし

Petit a Petit
末廣
一保堂
村上開新堂
京都大directions飯店

Restaurant 信ita
tezomeya
ひつじ

wak japan
伊藤
柳桜園
一結
まつは
菊屋雑貨店
京都市本

堀野記念館
cafe Bibliotic Hello!
焼肉ダイニング甲
本家尾張屋

松楽堂

串くら 御池通

紙司柿本

然花抄院
京都漫画
博物館

かみ添茶
SARASA西陣
藤森寮
うめぞの茶房

茶房 宗陣

茶道資料館

堀川寺之内

相国寺

同志社大学

俵屋古富

室町小学

宝鏡寺

dorato
鳥岩楼

西陣中央小学

考古資料館

西陣郵局

堀川今出川

鶴屋吉信

俵屋古富

西陣織會館

晴明神社

卯晴

Cafe Rhinoberg

一条城

今宮神社
一和

大仙院
大徳寺

窈屋

高桐院
泉仙
龍源院
瑞峰院
器館

ギャラリー器楽院

船岡山公園

船岡温泉

西陣病院
Kitchen Papa
祥鸞小学
CAFE FROSCH

釘抜地蔵
総成館
大報恩寺

千本玉壽軒
天喜

柏野小学

北大路通

平野神社
CRICKET
北野天満宮
上七軒歌舞練場

五辻通

千本通

鞍馬口通

五辻通

北野白梅町
北野天満宮前

銀閣寺・南禪寺・平安神宮

百万遍

今出川通

京都大学

茂庵

吉田神社

竹中稲荷社

吉田東通

銀閣寺道

NOA NOA

銀閣寺道

銀閣寺前

橋本關雪記念館

銀閣寺

白川通

㐂み家

風の館

千鳥屋

忘我亭

法然院

真如堂

鹿ヶ谷通

よーじや

哲学の道

住蓮山安楽寺

聖護院

金戒光明寺

大豊神社

←YAMATOYA

丸太町通

東天王岡崎神社

日の出うどん

グリル小宝

京都生ショコラ

叶 匠寿庵 京都茶室棟

熊野若王子神社

平安神宮

京都・時代祭館 十二十二(トニトニ)

京都Modern Terrace

蔦屋書店

南禅寺・永観堂道

南禅寺・永観堂道

永観堂

往
細見美術館←

二条通

岡崎公園、平安樂市集

京都傳統産業博物館

京都会館美術館前

京都市京セラ美術館

京都市動物園

奥丹

京都国立近代美術館

京都会館美術館前

琵琶湖疏水記念館

牧護院

Lignum

Three HORSES KYOTO

無鄰菴

南禅寺順正

南禅寺

bistro&wine 苑 én

瓢亭

Blue bottle coffee Kyoto

神宮道

卯サギの一歩

神宮通

崎通

Ami Kyoto

インクライン

金地院

水路閣

東山駅

地下鉄東西線

蹴上

神宮道

威斯丁都飯店

蹴上駅

青蓮院

N

金閣寺・仁和寺・龍安寺

卍 金閣寺

往❶土井活鰻 金閣寺店→

🚏 金閣寺前

🚏 金閣寺前

▲衣笠山

卍 敷地神社 ⛩

北大路通

きぬかけの路

◢京都府立堂本印象美術館

西源院 🏮 🏮 龍安寺

↩立命館大学

平野神社 ⛩

🚏 竜安寺前

上立売通

竹林の里 🏮 🚏 竜安寺前

CRICKET 🎵

卍 等持院

西大路通

卍 仁和寺

往⛩北野天満宮→

🍲 龍安寺禅豆腐ろくわ

御室 🏮

🚏 御室

今出川通

御室さのわ

🚉 龍安寺駅

🚉 等持院駅

京福電鉄(嵐電)北野線

🚉 妙心寺駅

🚉 北野白梅町駅

🚉 御室仁和寺駅

ワンダア 🍴

🚏 妙心寺北門前

一条通

妙心寺北門前

馬代通

卍 妙心寺

大将軍 🏮

🚏 東林院

卍 退蔵院

往◉東映太秦映画村

🏢 花園会館

妙心寺通

卍 法金剛院

🚏 妙心寺前

🚏 妙心寺前

丸太町通

🚉 花園駅

JR山陰本線(嵯峨野線)

🚉 円町駅

N

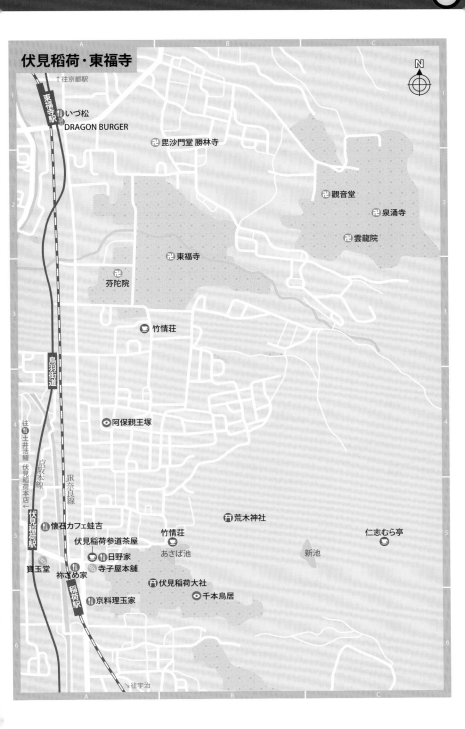

伏見稲荷・東福寺

N

↑往京都駅

東福寺駅

いづ松
DRAGON BURGER

卍 毘沙門堂 勝林寺

卍 観音堂

卍 泉涌寺

卍 雲龍院

卍 東福寺

卍 芬陀院

鳥羽街道

竹情荘

往 ⑪ 土井活鰻 伏見稲荷本店→

京阪本線

阿保親王塚

JR奈良線

懐石カフェ蛙吉

伏見稲荷参道茶屋

日野家
寺子屋本舗

荒木神社

竹情荘
あさば池

仁志むら亭

新池

伏見稲荷駅

禰ざめ家

寶玉堂

伏見稲荷大社

稲荷駅

京料理玉家

千本鳥居

↘往宇治

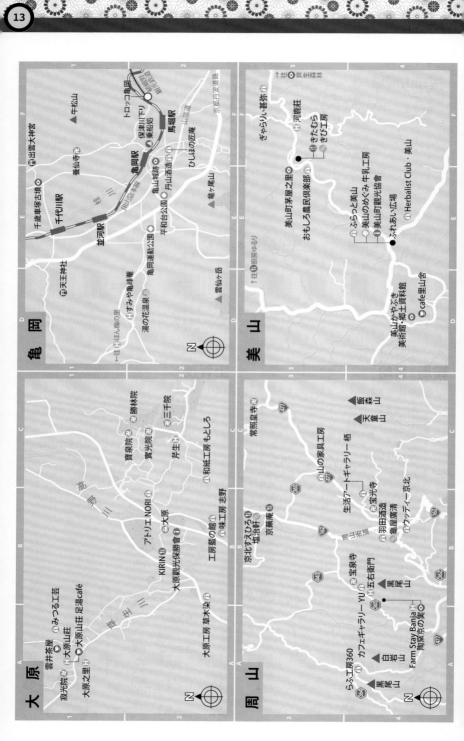

大原

雲井茶屋
寂光院
みつる工芸
大原山荘
大原之里
大原山荘 足湯café
KIRIN
アトリエ NORI
大原
大原観光保勝会
宝泉院
勝林院
黄光院
三千院
芹生
工房藍の館
味工房 志野
和紙工房 もとしろ
大原工房 草木染

亀岡

出雲大神宮
千歳車塚古墳
千代川駅
養仙寺
午松山
天王神社
並河駅
保津川(下り)
トロッコ亀岡
馬堀駅
保津川(上り)
亀岡駅
JR山陰本線
丹山酒造
ひしおの庵
亀山城跡
山陰道
京都丹波道路
平和台公園
亀岡運動公園
はすみや亀峰菴
湯の花温泉
ほん梅の里
養仙ヶ岳
竜ヶ尾山
N

周山

常照皇寺
飯森山
天童山
桟敷山
京山の家具工房
生活アートギャラリー 栖
宝光寺
羽田酒造
亀屋廣清
ウッディー京北
京北えくぼの郷 塩治軒
京蕪庵
周山街道
黒尾山
宝泉寺
五右衛門
カフェギャラリー YU
らふ工房360
白岩
黒尾山
Farm Stay Banja
陶窯京の美
N

美山

貴生森林
ギャラリー基防
河鹿荘
きたむら さび工房
美山町茅屋之里
おもしろ農民倶楽部
ぶらっと美山
美山のめぐみ 牛乳工房
美山町観光協会
ふれあい広場
Herbalist Club・美山
美山かやぶき
美術館・郷土資料館
cafe 里山舎
胡蝶ゆかり
N

天橋立

- 傘松公園
- ↑往 伊根舟屋
- 纜車
- 真名井神社
- 元伊勢籠神社
- 一ノ宮棧橋
- 天橋立ワイナリー
- 天橋立観光船
- 若狭灣
- 天橋立
- はしたて茶屋
- 栗田半島
- 智恵の湯
- 智恩寺
- 二本松
- 棧天橋立
- 塔七茶屋
- 対橋楼
- 天橋立駅
- 纜車
- 千歳
- 丹後鐵道宮豊線
- 文殊荘
- 岩滝口駅
- 天橋立 View Land
- 丹後鐵道宮豊線
- 栗田灣
- 旧三上家
- 栗田駅
- 宮津魚市場
- 宮津駅
- 往舞鶴,京都
- 丹後鐵道宮福線

比叡山

N

- 元三大師御廟
- 奥比叡ドライブウェイ
- 根本如法塔
- 元三大師堂(四季講堂)
- 定光院
- ↑往 猫猫寺
- 横川中堂
- 行院
- 瑠璃堂
- 横川
- 仰木雄琴IC
- おごと温泉駅
- 黒谷
- 相輪樘
- 釈迦堂
- 西塔
- 居士林研修道場
- 恵心堂
- 湖西道路
- 青龍寺
- 常行堂
- 法華堂
- 椿堂
- にない堂
- 根本中堂
- 東塔
- 坂本北IC
- 淨土院
- 国宝殿
- 大黒堂
- 蓮如堂
- 大講堂
- 開運和平の鐘
- 文殊楼
- 法然堂
- 叡山ケーブル
- 戒壇院
- 綜合案内所
- 延暦寺事務所
- 延暦寺會館
- 門前町坂本
- 比叡山坂本駅
- 滝頂堂
- 法華總持院
- 萬拝堂
- 大書院
- ケーブル坂本駅
- 坂本駅
- 八瀬比叡山口
- 叡山ロープウェイ
- 阿弥陀堂
- ケーブル延暦寺駅
- 坂本ケーブル
- 比叡山頂
- ロテルド比叡
- 明王堂弁天堂
- 京阪石山坂本線
- 西大津バイパス
- JR湖西線
- 八瀬紅葉小徑
- 比叡山ドライブウェイ
- 無動寺谷
- 瑠璃光院
- 比叡花園美術館ガーデンミュージアム比叡
- 叡山電鉄
- ↓往京都市街
- 比叡平
- 往大津市街方向↓

宇治田園

小倉
JR小倉 宇治
伊勢田
大久保 新田
久津川
城陽
寺田
富野荘
長池
酬恩庵 一休寺
京田辺 新田辺
山城青谷
山城多賀
青谷梅林
JR奈良線
近鉄京都線
猿丸神社
お茶の郷 木谷山
永谷宗円生家
正寿院
N

京田邊

酬恩庵 一休寺
ALPlaza
MAIKO茶ブティック(舞妓の茶本舗)
ハセイチ珈琲
新田辺
楽庵
やまぼうし
往 観音寺
京田辺
JR片町線
近鉄京都線
N

舞 鶴

舞鶴湾
舞鶴市
五老岳公園
美味星
吉原地区
舞鶴文化公園
舞鶴魚板工房
舞鶴港海鮮市場
とれとれセンター
愛宕山
魚源
西舞鶴駅
舞鶴軍事基地
舞鶴紅碍公園
舞鶴港遊覧船
M.ILK
丸八
東舞鶴駅
東舞鶴公園
舞鶴線
往敦賀
小浜線
N

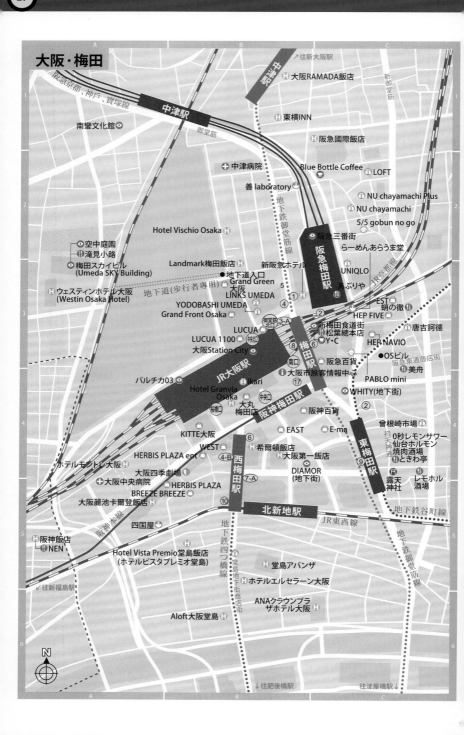

大阪・梅田

往新大阪駅→

中津駅

阪急京都・神戸・宝塚線

南蛮文化館⊙

御堂筋

大阪RAMADA飯店
東横INN
阪急國際飯店

⊕中津病院

Blue Bottle Coffee
LOFT

善 laboratory

新御堂筋

NU chayamachi Plus
NU chayamachi
5/5 gobun no go

Hotel Vischio Osaka

⊙空中庭園
⊙滝見小路
⊙梅田スカイビル
(Umeda SKY Building)

Landmark梅田飯店

地下鉄御堂筋線

阪急三番街
らーめんあらうま堂

UNIQLO
あぶりや

阪急梅田駅

JR京都線

ウェスティンホテル大阪
(Westin Osaka Hotel)

地下道入口
地下道(歩行者専用)

新阪急ホテル
●地下道入口
Grand Green
大阪
LINKS UMEDA
YODOBASHI UMEDA
Grand Front Osaka

5
①
④
②

新梅田食道街
松葉総本店
Y・C

EST 鮨の徹
HEP FIVE
唐吉訶德

LUCUA
LUCUA 1100
大阪Station City

バルチカ03

御堂筋
3-A
梅田駅
⑧
⑥

JR大阪線
Ikari

南口

阪急百貨店
⑰
大阪市旅客情報中心

HEP NAVIO
●OSビル
阪急東通商店街
美舟

PABLO mini
WHITY(地下街)

Hotel Granvia
Osaka

大丸
梅田店

梅田駅
中央口
御堂筋
②

阪神梅田駅

阪神百貨

曾根崎市場
初天神通
0秒レモンサワー
仙台ホルモン
焼肉酒場
ときわ亭

KITTE大阪

WEST
HERBIS PLAZA ent

⑥
希爾頓飯店
西梅田駅
4-B
⑦-A

EAST
大阪第一飯店
DIAMOR
(地下街)

E-ma

東梅田駅
⑨

ホテルモントレ大阪
⊕大阪中央病院
HERBIS PLAZA
BREEZE BREEZE
大阪麗池卡爾登飯店

大阪四季劇場

四国屋

⑩

北新地駅

阪神飯店
NEN

Hotel Vista Premio堂島飯店
(ホテルビスタプレミオ堂島)

地下鉄四つ橋線

堂島アバンザ
ホテルエルセラーン大阪
ANAクラウンプラ
ザホテル大阪

阪神本線

往新福島駅→

JR東西線

地下鉄谷町線
地下鉄御堂筋線

Aloft大阪堂島

N

↓往肥後橋駅

往淀屋橋駅↓

marimekko
↑往本町駅

鶏Soba座銀
にぼし店

mg.

よしや
DAISO

往堺筋本町駅↑

パンとエスプレッソと
堺筋倶楽部

大阪農林会館

南船場

堺筋

Dolphin

地下鉄御堂筋線

ホテルトラスティ

→往松尾町駅

ハートンホテル

チサンホテル

3

1

2B

1

心斎橋駅

長堀橋駅

地下鉄長堀鶴見緑地線

Q Plaza SHINSAIBASHI

5A

3

H&M

鰻谷北通

4

オーエスドラッグ

鰻谷南通

心斎橋PARCO

長堀橋駅

心斎橋駅

8

鮨ととぎん

焼肉一

七福神

6

4

5

WEGO

浪花そば

大宝寺通

7

7

心斎橋商店街

ONITSUKA TIGER

6

大丸

地下鉄堺筋線

Actus

agnès b

ROPÉ PICNIC

本家川福店

大丸南館

明治軒

北むら

清水通

Hotel T'POINT

三麗鷗精品館

PARK

WEGO

宇治香園

コンフォートホテル

神座

PABLO

周防町通

ABC MART

明日喜

Louis Vuitton

G.girl

心斎橋商店街

UNIQLO・GU

LE CAFE V

八幡通

Desigual

富士屋ホテル

natural couture

SENSE OF PLACE
by URBAN RESEARCH

ベティのマヨネーズ

Candeo Hotels
Osaka Namba

焼肉一牛

三ツ寺通

ZARA

ミツヤ

↓往なんば駅

WEGO

ホテル ビスタグランデ大阪

往日本橋駅↓

N

心斎橋・美國村・南船場・堀江

餅匠 しづく

Le Sucre-Coeur 四ツ橋出張所

三井住友

ふぐ料理 北むら

時分時

DOORS HOUSE
Colombo
wad
omotenashi
cafe

Organic
building

ARANZI ARONZO

麻婆豆腐 SHIN

vrai de vrai Chez Hiro

寿里庵

なにわ筋

かすうどん山本

地下鉄四つ橋線

① ②

←往西長堀駅

西大橋駅

45rmp

長堀通

③ ④

④

salon de MonCher

東横inn

○△□
(マルサンカクシカク)

③

阪神高速環状線

Johnny's Shop

西鉄inn

ホテル日航

←往 GAKUYA BURGER

Canelé Labo

四ツ橋駅

フレックスステイinn OPA

堀 江

ART HOUSE

←往LE PINEAU

喫茶と菓子 タビノネ

⑤

floresta

COQULE

FR2 OSAKA

三日月百子

ハートンホテル

←往cafe` weg

堀江公園

HYSTERIC
MINI

元祖 ICE DOG
甲賀流

BIG STEP

Apple Store

NUTTY LittleRoom&Deco.

三角公園

NUTTY

MINALIMA
大阪店

美國村

Moonkery

←往Pâtisserie Ordinaire

白一

御津八幡宮

立花通(Orange St.)

MSPC

T.Cカフェ

PALSTOCK

BIOTOP

Dommy inn

アローホテル

大野紀念病院

四つ橋筋

ダンミ恋愛ポチャ

大阪商用ホテル

北極星

往なんば駅↓

一蘭
唐吉訶德　あっちち本舗
とんぼりリバークルーズ乗船処
今井　浮世小路
十八番　たこ八　千房
ぐりこ・や　金龍ラーメン
食倒太郎　本家大たこ　藏壽司
神座　たこ昌　道頓堀店
純喫茶アメリン
美津の
Alcyon　一蘭 道頓堀店
法善寺横丁　別館
かつ丼 ちよ松
喝鈍　ざうお
法善寺
夫婦善哉
上方浮世繪館
Creperie Alcyon　おかる　丸福咖啡
阿拉比亞咖啡　玉製家
国立文楽劇場

地下鉄千日前線　千日前通
往谷町九丁目駅→
Namba Walk(地下街)
近鉄難波線
日本橋駅
近鉄日本橋駅
蟹しぐれ なんば店
Bic Camera
千日前中央通
重亭　自由軒
太政
治兵衛　なんば オリエンタル ホテル
SUPER HOTEL
たこ焼き座　福太郎　虎目横丁
なんば南海通
たこ焼道楽わかな
pane pane
よしもと開運　なんばグランド花月
健康幸福百貨店
U-ARTS
B2F~2F無印良品
3、4F LOFT
花月堂
5、6F TOWER
RECORDS
千とせ
GOODIES
NAMBA CITY　京屋
千田　海千山千番長
千日前道具屋筋商店街

南海難波駅
なんさん通
MIMARU大阪
難波STATION
一芳亭本店
ちょいめし あさチャン

南海本線
南海高野線
NAMBA PARKS
↓往新今宮駅

日本橋電気街

道頓堀川

堺筋

相合橋筋

往長堀橋駅↑

6
2
5　10

日本橋駅

高橋食品
オーエスドラッグ　伊吹咖啡
黒門中川　黒門市場
千成屋　三都屋
浜藤
よしや　黒門川ひろ
Green Beans Parlor
玉五郎　石橋食品
肉は神戸屋
業務スーパー
黒門公園

地下鉄堺筋線

日本橋履物問屋街

高島屋東別館(史料館)

N

往やかん亭さくら総本店↓　往恵美須町駅↓　往ヒーロー玩具研究所

難波・道頓堀・日本橋

↑往心斎橋駅

H&M

唐吉訶德
大阪王將道頓堀本店
びっくりドンキー
かに道楽

新戎橋

はり重
大阪松竹座

TSUTAYA
道頓堀本

H 道頓堀ホテル

大阪王將なんば御堂筋店

いちびり庵
とんへ
DAIS

←往桜川駅

(25)
(14)

阪神なんば線

namBa HIPS
Indi
Cu

なんば駅

大阪難波駅

(19)

ホテルモントレグ ラスミア大阪

(13)
蓬萊
蓬萊551

JR
難波駅

淳久堂

なんば駅

りくろーおじ
さんの店

(11)

OCAT
(Osaka City Air Terminal)

一心茶房

(12)

北極

JR大和線

難波0101

(9)

四つ橋筋

Namba NANNAN

(31)

元町中公園

(7)

高島屋

スイスホテル南海大阪 H

H ホテルイルクオーレなんば

フレイザーレジデンス
南海大阪

グランパスinn大阪 H
フランス食堂
ロゼフラマン

キャベツ焼

TSUTAYA
一風堂

● 大阪府立体育館

地下鉄四つ橋線

地下鉄御堂筋線

阪神高速環状線

難波八坂神社

東横inn

↓往大国町駅

大阪城

大阪帝國飯店(帝國ホテル大阪)
Osaka Amentiy Park
櫻之宮公園
ホテル京阪京橋
京橋駅
京橋商店街
北口
大阪天満宮駅
JR東西線
大阪天満宮
造幣局
京阪京橋駅
京橋風月
京橋駅
←往らーめん颯人
地下鉄谷町線
大阪城北詰駅
藤田美術館
大阪Hotel
Monterey La Soeur
川崎橋
京阪本線
Twin21
川崎橋河岸公園
松下IMP
寝屋川
大阪ビジネスパーク駅
ホテルニュー
オータニ大阪
川の駅はちけんや
大川
八軒家浜船着場
大阪城ホール
大阪水上巴士 出入口
乗船碼頭
天満橋駅
天満橋駅
青屋門
JO-TERRACE
OSAKA
炭火焼肉・ホルモン牛蔵
天満橋京阪飯店(ホテル京阪天満橋)
刻印石廣場
大阪城公園駅
Acidracines
Patisserie
大阪城西の丸庭園
谷町筋
焼肉LIKE
大阪城天守閣
MIRAIZA OSAKA-JO
金明水井戸
玉町筋
大阪府廳
大阪城梅林
大手門
蛸石
玉造口
ホテルサンホワイト
府警本部
豊国神社
大阪城公園
本町通
谷町四丁目駅
ホテルザ・ルーテル
地下鉄長堀鶴見緑地線
守破離
大阪歴史博物館
NHK大阪放送會館
ピース大阪
森ノ宮駅
地下鉄中央線
難波宮跡公園
上町筋
JR大阪環状線

N

新世界・天王寺

今宮戎神社
玉出
逸の彩
恵美須町駅
餃子の王将
往四天王寺前夕陽ヶ丘駅↑
四天王寺
通天閣本通
釣鐘屋本舗
グリル梵
一心寺
喫茶ドレミ
総本家 更科
ココモってぇ屋
通天閣
Coconchi
串かつじゃんじゃん
OMO 7 大阪 by 星野集団
近江屋本店
だるま
天王寺動物園
茶臼山-大阪陣跡
ビリケン神社
餃子の王将
統国寺
DAISO
天王寺公園
市立美術館
新今宮駅
唐吉訶德
てんぐ
八重勝
ジャンジャン横丁
慶澤園
南霞町駅
Spa World 世界の大温泉
動物園前駅
植物温室
びっくりドンキー
天王寺駅
天王寺MIO
動物園前駅
JR関西本線(大和路線)
往天王寺駅→
北口
公園口
JR天王寺駅
東横inn
地下鉄御堂筋線
往天王寺駅→
西口
大阪市立大病院
ルシアス
天王寺駅
餃子の王将
大阪市立大医学部
天王寺駅前
阿倍野HARUKASU
HARUKASU展望台
近鉄百貨 本店
近鉄南大阪線
大阪阿部野橋駅
やまちゃん
Hoop
Q'S MALL
ViaあべのWalk
grill maruyoshi
近鉄百貨南館
and
往阿倍野駅↓
TSTAYA

鶴橋

東横INN大阪鶴橋駅前
JR大阪環状線
地下鉄千日前線
鶴橋駅
千日通
鶴橋商店街 5番通り
鶴一
空
ロックヴィラ
玉造筋
キムチの大盛屋
崔おばさんのキムチ
豊田商店
順天
神戸商会
近鉄大阪線、奈良線
近鉄鶴橋駅
岡村商店1号店

中之島・北浜・本町

住南森町駅へ

NORTHSHORE

天神橋

京阪中之島線

中之島公園

北浜東海橋大楼 ㉙

北浜駅 ㉖

天満橋

こども本の森 中之島

なにわ橋駅 ㉗

大阪市立 東洋陶瓷美術館

Moto Coffee Kitahama ①

京阪本線

大阪中央 公会堂

北浜駅

新井大楼 ②

八木通商本社大楼 ③

高麗野村 大楼

東横堀川

松屋町筋

La Maison du Chat Noir ㉕

阪神高速環状線

YAICHIRO ㉕

シティプラザ大阪 ㉕

ENYE

本町駅 ㉒ ㉖

三井住友銀行

小西儀助商店

土佐堀川

ぶつこ志

Columbia8 ㉕

大阪府立中之島図書館

水上巴士乗船碼頭

淀屋駅 ㉑

Cacaotier Gokan ㉕

三井ガーデンホテル ㉕

伏見大楼

少彦名神社

小川香料大楼

生駒大楼

船場大楼

棉業会館

アリエッタホテル ㉕

芝川大楼

武田道修町大楼 ㉕

naked

東横inn

東横寿司

吉野寿司

清水猛商店

鮨 慎之介

淀屋駅 ⑨

地下鉄御堂筋線

本町駅 ② ①

大江橋駅 ④

ANAクラウンプラザ ホテル大阪 ㉕

日本銀行 ⑥ ⑤

大阪市役所

淀屋駅 ⑥ ①

堂島川

ホテルコニ二 ㉕

大阪瓦斯大楼

PAINDUCE

御霊神社 ㉕

W.Bolero

Meetdish

本町通

肥後橋駅 ㊴

京阪中之島線

中之島 FESTIVAL CITY

Calo

美々卯

大阪科學技術館

地下鉄四つ橋線

本町駅 ㉘ ㉕

渡辺橋駅 ③

Aloft大阪堂島 ㉕

Patisserie MonCher

住友大樓現代美術中心

陳麻家 ⑪

国立国際美術館

graf

安田 大楼

四つ橋筋

Seiichiro,NISHIZONO ㉕

NEPENTHES OSAKA ㉕

Les gouters

薊公園

GRAND CANTE ㉕

阪神高速環状線

高福大楼

大阪市立科學館

大阪中之島美術館

cocoo cafe

N

中崎町

- Boulanger S.KAGAWA
- 大阪浪花家
- 黒崎町
- Patisserie Ravi,e relier
- 扇町
- ①
- 中崎町
- ② JAM POT
- ③ ONLY PLANET
- ベーカリーカふぇ伊勢屋
- 中崎町「Green City」
- 中崎
- Oops Here I Go Again
- アラビク
- 2匹のゾウ
- ビビネラ・キッチン
- COCOA
- サクラビル
- うてな喫茶店
- 中崎西
- ④
- ③ hannoc
- 万歳町
- JR大阪環状線
- 中津町
- 中崎西

大阪湾

- 西久条駅
- 北港船舶港
- 舞洲直昇機機場
- 正蓮寺川
- 淀川
- 此花大橋
- 安治川口駅
- 弁天駅
- 三井都會飯店
- 交通科學博物館
- The Singualar Hotel & Skyspa At Universal Studios Japan
- 環球城市商店街
- 日本環球影城
- ユニバーサルシティ駅（環状線）
- 桜島駅
- 朝潮橋駅
- 天保山Market Place
- 海遊館
- 観光船サンタマリア（観光船聖瑪利亞）
- はや
- 大阪港駅
- 大阪港
- 南港宇宙碼頭
- 国際渡輪碼頭
- 大阪府咲洲庁舎
- 展望台
- トレードセンター前駅
- コスモスクエア駅
- 大阪朝悅飯店
- ATC
- MARE
- 亞洲太平洋貿易中心
- 南港
- 野鳥園
- 中ふ頭駅
- ポートタウン西駅
- ポートタウン東駅
- 阪神高速湾岸線

池田

N

◉池田城跡公園
　池田文庫
　◇逸翁美術館
　　小林一三記念館
☆大阪府池田警察署
　池田市役所
　◎池田保健所
　　◉安藤百福発明記念館

↑住吉山本神社
↑住吉五月山公園

池田駅

阪急宝塚線

満寿堂
◉池田中央市場
日本キリスト教會
池田教會
dalei超市

◎旧池田実業銀行本店
⬛吾妻
落語みゅーじあむ
(市立上方落語資料展示館)
池田呉服座
ビリケンさん
◉旧加島銀行池田支店

🚋引札屋
◇呉服神社

堺

N

阪神高速4号湾岸線

◎堺東北港
◎旧堺燈台
　堺駅
　観光案内所🅘
　大小路筋
　堺駅🚉
　与謝野晶子歌碑
平和利休の木像跡
さかい利晶の社
◉大寺北河合堂

大和川駅🚉
　薫主堂
山口家住宅
神明町駅
曽呂利
　◎堺伝統産業会館
花田口駅
宿院駅
KINSHO
丸市菓子舗
丸市菓子小路
本家小嶋
天神社
菅原神社
堺銀座商店街
堺東観光案内所🅘
寺地町駅
堺市役所🅘

高須神社駅
綾ノ町駅
妙国寺前駅
阪堺線15系統
阪堺線
南海本線

湊駅
深清鮓
東湊駅
御陵前駅
かん袋
大安寺
南宗寺
菫庵ことや

三国ヶ丘駅
大仙公園案内所🅘
仁徳陵古墳
大仙公園
伸庵

百舌鳥駅
大仙公園案内所🅘
履中陵古墳
霞ヶ丘公園

JR阪和線
南海高野線
阪堺電車阪堺本線

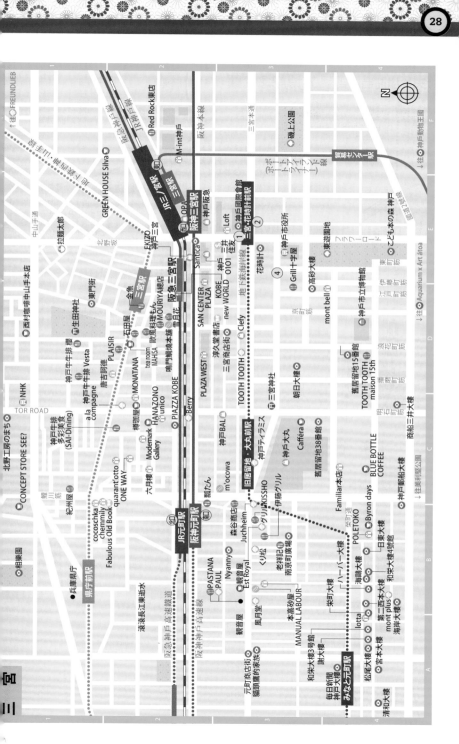

三宮

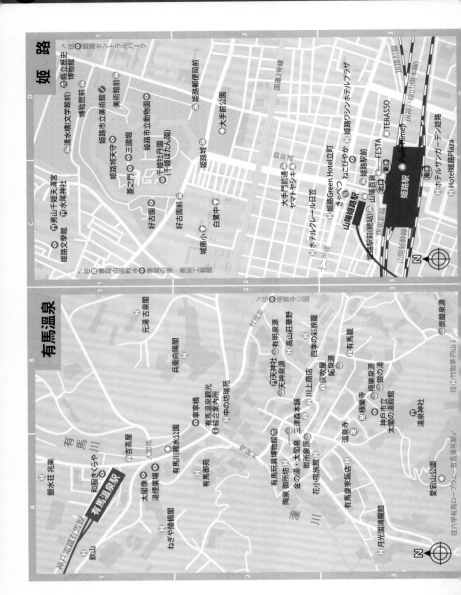

有馬温泉

姫 路

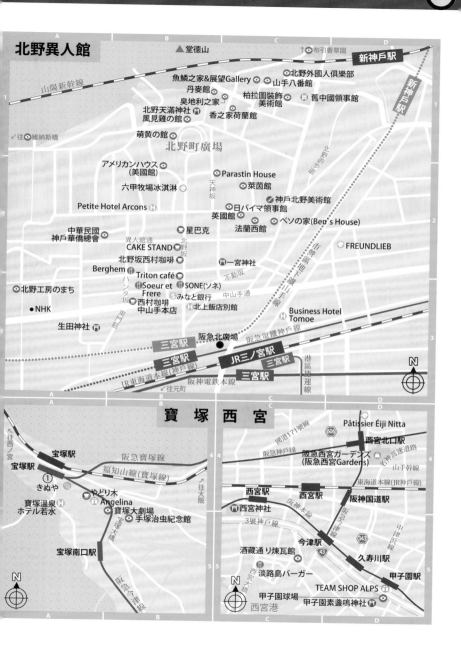

北野異人館

▲堂徳山　　　↑◎布引香草園　　新神戸駅

山陽新幹線

魚鱗之家&展望Gallery ◎　◎北野外國人倶樂部
丹麥館　　　　　◎山手八番館

◎柏拉圖裝飾
　　美術館

臭地利之家　　　　　　　◎舊中國領事館
北野天滿神社 ⛩
風見鶏の館　　　香之家荷蘭館

萌黄の館

北野町廣場

アメリカンハウス ◎
(美國館)

◎Parastin House

六甲牧場冰淇淋 ◎

◎萊茵館

天神坂

◎神戸北野美術館

Petite Hotel Arcons ◎

◎日バイマ領事館

英國館

◎ベソの家(Ben's House)

中華民國
神戸華僑總會

◎星巴克

異人館通

法蘭西館

北野坂

◎FREUNDLIEB

CAKE STAND ◎

北野坂西村咖啡 ◎

⛩一宮神社

Berghem

パンタ坂

不動坂

Triton café ◎

Soeur et ◎ ◎SONE(ソネ)
Frere

中山手通

◎北野工房のまち

西村咖啡
中山手本店

みなと銀行

●NHK

東門坂

北上飯店別館

北門坂

生田神社 ⛩

市營國地下鐵東山手線

Business Hotel
Tomoe

阪急北廣場

阪急電鐵神戸線

三宮駅
三ノ宮駅

JR三ノ宮駅

三宮駅

港區連線

N

三宮駅

JR東海道本線(神戸線)

阪神電鉄本線

↙往元町

寶塚西宮

↖往西ノ宮

阪急寶塚線

◎Pâtissier Éiji Nitta

國道171號線

606

西宮北口駅

宝塚駅

阪急西宮ガーデンズ
(阪急西宮Gardens)

名神高速道路

宝塚駅

山手幹線

福知山線(寶塚線)

① きぬや

やどり木 ◎

↗往大阪

東海道本線(JR神戸線)

西宮駅

西宮駅

阪神国道駅

宝塚温泉
ホテル若水

Angelina ◎

寶塚大劇場

⛩西宮神社

手塚治虫記念館

3號神戸線

343

今津駅

酒藏通り煉瓦館 ◎

43

久寿川駅

宝塚南口駅

◎淡路島バーガー

TEAM SHOP ALPS ⛩

阪急今津線

甲子園駅

N

甲子園球場
甲子園素盞嗚神社 ⛩

西宮港

N

神戸港

花隈駅
阪神元町駅
山陽電鉄神戸高速線
阪神神戸高速線
元町商店街 ●
神戸風月堂
Motomachi Cake ◎
② ● 南京町
JR神戸線
西元町駅
① みなと元町駅 栄町
地下鉄海岸線
ポート大樓 ● ② 宮本大樓 ● 栄町大樓 ●
神戸駅
② ● 海岸大樓
⊤ 神戸中央郵便局
神戸塔景飯店 Ⓗ
🏠 Duo神戸
ハーバーランド駅
阪神高速3号神戸線
Ⓗ ホテルラ・スイト神戸
弁天埠頭 ● 中突堤中央ターミナル
神戸大倉飯店 Ⓗ
🏠 Famlio 🏠 Promena
TOOTH TOOTH FISH
IN THE FOREST
神戸ハーバーランド
ニュウオータニ
🏠 Umie北館
神戸港遊覧船碼頭
● 神戸港塔
🏠 神戸海洋博物館
🏠 Umie南館
🏠 Umie MOSAIC 神戸港
美利堅公園 ◎
神戸Culmeni
神戸瓦斯通
◎ CONCERTO乗船處
🏠 星巴克
N
煉瓦倉庫 麺包超人
博物館 🏠 MOSICA摩天輪
↓往 ● 神戸旅客船乗場
ルミナス神戸 2 (Luminous 2)

明石・垂水

明石公園
🏛 明石市立文化博物館
明石案内観光所
舞子平安祭典會館
JR明石駅 明石市立天文科學館
大藏谷駅 舞子公園駅
山陽 JR神戸線 霞ヶ丘駅 山陽垂水駅
明石駅 人丸前駅
山陽電鉄本線 五色塚公園
明淡高速船乗船處
市民會館 大藏海岸公園 朝霧駅 舞子駅
Maiko Villa Kober
みどり食堂 明石市役所 橋的科學館 アジュール舞子
魚の棚商店街 移情閣:孫文紀念館
三井OUTLET PARK
舞子海上歩道
明石海峡大橋
大阪南-神戸港-坂手

淡路島
● 岩屋
N

芦屋

芦屋ぷりん
MONPAS
月若公園
月若橋
大正橋
芦屋suomi
CHECK&STRIPE fabric&things
Terrace Daniel
大正橋
松ノ内公園
東灘尾町
阪急神戸線
阪急芦屋川駅
北口
南口
芦屋川
東海道本線(JR神戸線)
芦屋川
業平橋
業平町
laporte北館
laporte本館
laporte西館
駅前通り
laporte東館
JR東館
大阪町
AUX BONS SANDWICHES BIGOT
大丸芦屋
JR芦屋駅
北口
南口
Bigotの店
芦屋公光郵便局
小倉山荘
公光町
芦屋警察署
山下医院
前田町
川西町
JR芦屋駅
space R
HENRI CHARPENTIER 芦屋本店
阪神芦屋駅
精道町
阪神本線
津知町

苦楽園

北夙川小學
Kica
LOWSON
英國(派出所)
Permanent Age
RYOICHI YAMAUCHI
Cafe ROOTS
菊谷公園
北夙川通り
苦楽園口通り
夙川公園
阪急苦楽園駅
阪急甲陽線
夙川
さくら道
N

甲子園

甲子園六番町
甲子園八番町
阪神本線
ikari
甲子園駅
西口
東口
KFC病基
菱当勞
阪神流通3号神戸線
阪神甲子園線
AEON
TEAM SHOP ALPS
阪神甲子園球場
甲子園ホテルヲラク立圧
甲子園七番町
甲子園プラス
西宮市立鳴尾図書館
西宮市立鳴尾中学校
floresta
甲子園高潮町
甲子園洲鳥町
ホテル甲子園
甲子園
素盞嗚神社
甲子園町
西宮市立鳴尾小学校
N

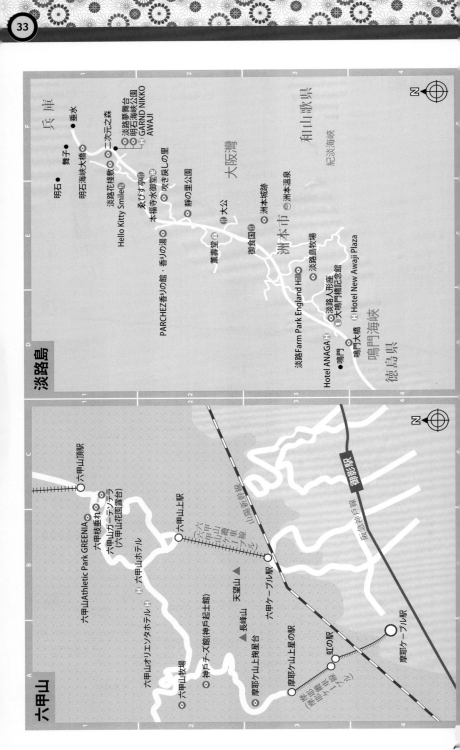

六甲山

六甲山牧場
六甲山オリエンタルホテル H
神戸テーブス館(神戸市立)
摩耶ケーブル山上摘星台
▲長峰山
▲天望山
摩耶ケーブル山上星の駅
虹の駅
摩耶ケーブル駅

六甲山Athletic Park GREENIA
六甲枝垂れ
六甲ガーデンテラス
(六甲山花図露台)
六甲山上駅
六甲山ホテル H
六甲山頂駅
六甲ケーブル駅

阪急神戸線
御影駅

山陽新幹線
JR神戸線

N

淡路島

兵庫

明石 ● 舞子 ● 垂水 ●
明石海峡大橋
淡路花桟敷
Hello Kitty Smile H
ゑびす亭
本福寺水御堂
淡路夢舞台
明石海峡公園
二次元之森
GARND NIKKO AWAJI
吹き戻しの里
静の里公園

大阪湾

PARCHE香りの館・香りの湯
薫壽堂
御食国
大公
洲本城跡
洲本温泉
洲本市

淡路Farm Park England Hill
淡路島牧場
淡路人形座
大鳴門橋記念館
Hotel New Awaji Plaza
Hotel ANAGA H
鳴門大橋
鳴門
鳴門海峡

徳島県

和歌山県
紀淡海峡

N

城崎温泉

往→ホテル金波楼
富士見屋山荘 珍竹林 H あさきり荘 H
西村屋招月庭 H
ときわ別館 H みなとや 一の湯
深山樂亭 H 月本屋 H柳荘 地蔵湯
鴻の湯 ♨ いろは そふと工房 GUBIGABU
御所湯 まるさん物産店 柳湯
Chaya 但馬屋 坂本屋酒店 緑風閣 河本商店
药师公园 中島物産 むぎせん民藝店 Cafe&Bar 3rd
城崎美術館 H城崎荘 城崎文藝館 海中苑
城崎温泉駅 木屋町小路 さとの湯
城崎温泉ロープウェイ 千年の湯古まん 大黒屋 H
温泉寺 西村屋本館 まんだら湯 城崎スイーツ 海女茶屋
▲ 大師山 極樂寺 城崎温泉駅
大師堂 圓山川
大師山頂駅 JR山陰本線
城崎珈琲 みはらしテラスカフェ N

岡本

桜守公園
Zenma 阪急神戸線
岡本駅 L'accent
神戸市立本山第一小学校
フロイン堂 三菱東京UFJ銀行
岡本駅前支店
mon loire 常永寺
本山村役場跡之碑 日本茶カフェ一日
みなと銀行本山支店 sisam工房 NAIFS
daiei グルメシティ ● 田邊山神社
りそな銀行 ●Yuddy
神戸岡本支店 JR神戸線(東海道本線)
摂津本山駅
N 神戸本山駅前郵便局

灘

六甲道駅 魚崎駅
石屋川駅 御影駅 住吉駅 魚崎駅
JR神戸線 阪神本線 櫻正宗記念館 魚崎八幡宮
新在家駅 こうべ甲南武庫 白鶴酒造本社 「櫻宴」
の郷 白鶴酒造 浜福鶴
大石駅 泉勇之介商店 資料館 吟醸工房
サザンモール六甲 神戸酒心館 菊正宗酒造
記念館 南魚崎駅
沢の鶴
資料館
沢の鶴本社工場
往→阪神 淡路大地震紀念 人與防災未來中心 N

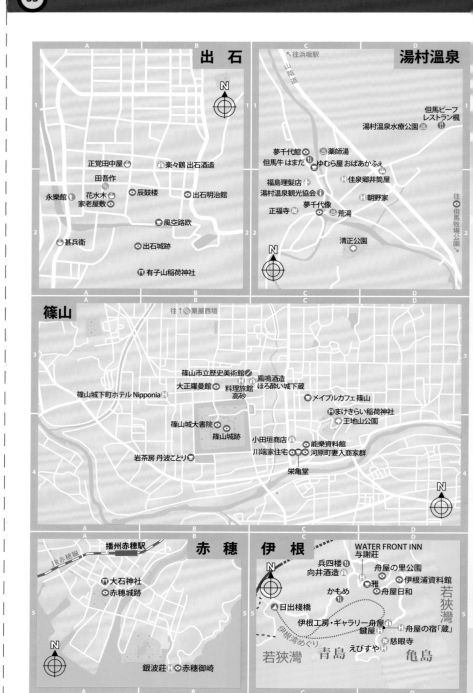

出石

- 正覚田中屋
- 田吾作
- 楽々鶴 出石酒造
- 永樂館
- 花水木
- 辰鼓楼
- 家老屋敷
- 出石明治館
- 風空路欧
- 甚兵衛
- 出石城跡
- 有子山稲荷神社

湯村温泉

- ←往浜坂駅
- 山陰道
- 但馬ビーフレストラン楓
- 湯村温泉水療公園
- 夢千代館
- 薬師湯
- 但馬牛 はまだ
- ゆむら屋 おばあかふぇ
- 福島理髪店
- 佳泉郷井筒屋
- 湯村温泉観光協会
- 朝野家
- 正福寺
- 夢千代像
- 荒湯
- 清正公園
- 往但馬牧場公園へ

篠山

- 往↑栗屋西垣
- 篠山市立歴史美術館
- 鳳鳴酒造
- 大正羅曼館
- ほろ酔い城下蔵
- 篠山城下町ホテル Nipponia
- 料理旅館 高砂
- メイプルカフェ 篠山
- まけきらい稲荷神社
- 篠山城大書院
- 王地山公園
- 篠山城跡
- 小田垣商店
- 能樂資料館
- 岩茶房 丹波ことり
- 川端家住宅
- 河原町妻入商家群
- 栄亀堂

赤穂

- 播州赤穂駅
- JR赤穂線
- 大石神社
- 赤穂城跡
- 銀波荘
- 赤穂御崎

伊根

- WATER FRONT INN 与謝荘
- 兵四楼
- 向井酒造
- 舟屋の里公園
- 雅
- 伊根浦資料館
- かもめ
- 舟屋日和
- 日出棧橋
- 伊根工房・ギャラリー舟屋
- 鍵屋
- 舟屋の宿「蔵」
- えびすや
- 慈眼寺
- 伊根湾めぐり
- 若狭湾
- 青島
- 亀島
- 若狭湾

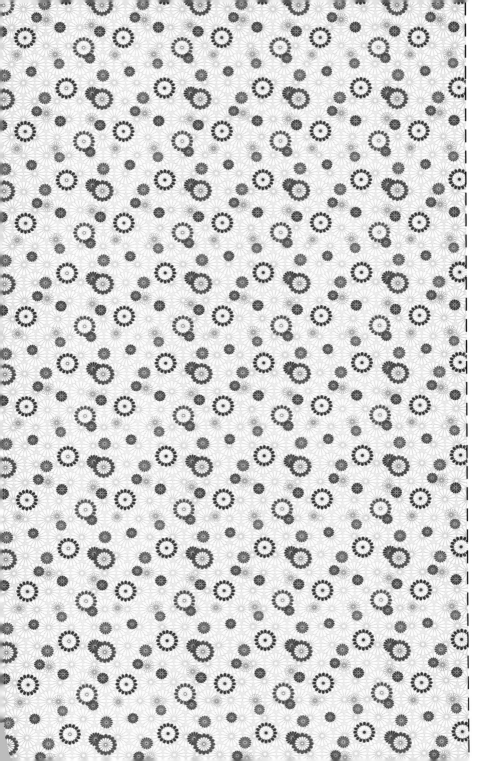

攻略

完全制覇

京都

2025
～
2026

大

大阪

神戸

京都大阪神戸攻略 2025 2026
完全制覇
contents

66 達人帶路京阪神
大分區暢遊無阻
吃喝玩樂買零時差。

旅日必去伊藤洋華堂！ 7大理由！

伊藤洋華堂創立於 1920 年，隸屬日本最大零售通路集團 Seven & i 集團，是日本最具代表性的老字號綜合商場，深受日本主婦歡迎。門市遍佈全日本，商品應有盡有，讓您買得安心、買得像個在地人。

Japan. Tax-free Shop

理由 1 一站式購足所有生活所需

從食品、服飾、化妝品、藥妝、日用品、文具甚至是寵物用品等，一站滿足所有購買慾望。更有各種季節限定節慶商品，如女兒節、浴衣等。讓您忍不住想一來再來！

理由 2 連日本主婦也深深支持愛用

品質優良，價格合理，連日本主婦也都深深熱愛不斷重複前來。採取最嚴格的標準控管生鮮品，如每日檢測糖度並公開數值的水果測甜機制。更時串連全國各地新鮮品，搶先開賣當季商品。

理由 3 網羅全國伴手禮最貼心

網羅全日本各地區域性伴手禮，如拉麵、餅乾等。不定期舉辦「北海道市集」等活動，超人氣特色商品在此就可購足。

北海道　青森
福岡

※ 如遇缺貨請見諒

理由 4 僅此才有 Seven & i 集團與伊藤洋華堂限定品

理由 5 寬敞的購物空間！全家人一起暢享購物！

理由 6 買逛吃喝都能一次滿足

理由 7 逛商場還能免稅
※ 部分門市不能辦理免稅手續

伊藤洋華堂創立於1920年日本最大等級綜合商場「推薦門市!!」

東京 鄰近羽田機場！直通臨海線大井町站　[站前]

伊藤洋華堂大井町店

🏠 東京都品川區大井 1-3-6　🕙 10:00-22:00

[品川] → JR京濱東北線：電車約3分鐘 → [大井町]

從 JR 京濱東北線、臨海線、東急大井町線的「大井町」站西口步行 1 分鐘

東京 從羽田機場搭乘電車約25分鐘　[親子]

伊藤洋華堂大森店

🏠 東京都大田區大森北 2-13-1
🕙 10:00-22:00 / 2·3F 10:00-21:00

[品川] → 京急線：電車約10分鐘 → [大森海岸]

(1) 從京急本線的「大森海岸站」步行 5 分鐘
(2) 從 JR 京濱東北線的「大森站」東口步行 10 分鐘

東京 全家都可以在知名的漫畫聖地開心逛一整天！　[親子]

伊藤洋華堂 Ario 龜有店

🏠 東京都葛飾區龜有 3-49-3　🕙 10:00-21:00

[上野] → JR常磐線：電車約16分鐘 → [龜有]

從 JR 常磐線的「龜有站」南口步行 6 分鐘

大阪 靠近日本最高的摩天大樓阿倍野HARUKAS　[站前] [親子]

伊藤洋華堂阿倍野店

🏠 大阪府大阪市阿倍野區阿倍野筋 1-6-1　🕙 10:00-22:00 / 1·2F 10:00-21:00

[大阪] → JR大阪環狀線：電車約15分鐘 → [天王寺]

(1) 從 JR 關西本線、JR 大阪和線的「天王寺站」，或
(2) 從大阪市營地鐵谷町線、阪堺電車上町線的「天王寺站前」，或
(3) 從近鐵南大阪線的「大阪阿部野橋站」，步行 3 分鐘

東京 前往銀座、日本橋相當便捷！可乘坐直達巴士前往豐州市場　[交通便捷]

伊藤洋華堂木場店

🏠 東京都江東區木場 1-5-30　🕙 10:00-22:00 / 2·3F 10:00-21:00

[銀座] → 東京地鐵銀座線：電車約4分鐘 → [日本橋]

→ 東京地鐵東西線：電車約5分鐘 → [木場]

從銀座乘坐電車約需 12 分鐘！
從東京地鐵東西線的「木場站」4b 號出口步行 5 分鐘

東京 靠近 TOKYO SKYTREE®（東京晴空塔）　[站前]

伊藤洋華堂曳舟店

🏠 東京都墨田區京島 1-2-1　🕙 10:00-21:00

[淺草] → 東武晴空塔線：電車約5分鐘 → [曳舟]

(1) 從東武晴空塔線、東武龜戶線的「曳舟站」東口
(2) 從京成押上線的「京成曳舟站」西口，步行 1 分鐘

由此搜尋其他門市和最新資訊！

 Ito Yokado　 Facebook　 Instagram

wagamama no.075

京都大阪神戶攻略 2025 2026 完全制霸
contents

本書標註各景點的開放時間、相關價格、餐廳內容均為編輯群實地走訪,並於2024年10月全面普查正確資訊,但經濟活動頻繁的京、阪神地區店家眾多,隨時會有搬遷、暫停營業的可能性,正確資訊需以當地景點、商店及餐廳公布為準,如有資訊更動,會隨時公佈於MOOK景點家旅遊網:www.mook.com.tw,敬請自行更新即時資訊。或是有任何內文或地圖需要修正的地方,歡迎隨時指正和批評。你可以透過下列方式告訴我們:

寫信:台北市104中山區民生東路二段141號9樓MOOK編輯部收
傳真:02-25007796
E-mail:mook_service@hmg.com.tw
FB粉絲團:「MOOK墨刻出版」
www.facebook.com/travelmook

實用情報完全掌握 輕鬆漫遊京阪神。

遊日必買・藥妝特企 P.A-26

注目!大阪臨空城新發現!
六大亮點搶先看

AKACHAN HONPO推薦商品

明治Step

適用年齡
約1–3歲

明治Step系列產品能夠幫助1-3歲幼兒補充容易缺乏的營養素。

明治Miraful

適用年齡
約1–6歲

含有幼兒在成長中相當重要的四大營養素（鐵、鋅、鈣、維他命D）和DHA配方，簡便又好喝。

樂樂Q貝方塊奶粉

「不需要量取」、「衛生」、「可加入其他食品中」
僅使用需要的數量即可，無論是誰都能沖泡出好喝的牛奶。

明治Step

「安全」、「開關方便」、「量取容易」
最具代表性的罐裝容量多達800公克！

鐵質、DHA含量第一*1
日本成長奶粉銷售冠軍*2

＊1 2024年4月明治調查結果
＊2 Intage SRI+幼兒牛奶市場2023年4月至2024年3月累計銷售金額

粉末類型
草莓風口味

清爽甜味的粉末類型飲品，可以加入牛奶攪拌飲用。
推薦給不想跟味道妥協，又想輕鬆攝取營養的您。

分店資訊

- 阿倍野伊藤洋華堂店　大阪府大阪市阿倍野區阿倍野筋1-6-1 伊藤洋華堂阿倍野店2樓
- LaLaport EXPOCITY店　大阪府吹田市千里萬博公園2-1 LaLaport EXPOCITY 3樓
- 京阪CITY MALL店　大阪府大阪市中央區天滿橋京町1-1 京阪CITY MALL 2樓
- LaLaport門真店　大阪府門真市松生町1-11　LaLaport門真3樓
- 大阪本町店　大阪府大阪市中央區南本町3-3-21
- 洛北阪急SQUARE店　京都府京都市左京區高野西開町36 洛北阪急SQUARE 2樓
- LaLaport和泉店　大阪府和泉市步野4-4-7 LaLaport和泉2樓

日本各地另有其他分店

wagamama no.075

京都大阪神戶攻略 2025 2026 完全制霸

contents

本書標註各景點的開放時間、相關價格、餐廳內容均為編輯群實地走訪，並於2024年10月全面普查正確資訊，但經濟活動頻繁的京、阪神地區店家眾多，隨時會有搬遷、暫停營業的可能性，正確資訊需以當地景點、商店及餐廳公布為準，如有資訊更動，會隨時公布於MOOK景點景點旅遊網：www.mook.com.tw，敬請自行更新即時資訊。或是有任何內文或地圖需要修正的地方，歡迎隨時指正和批評。你可以透過下列方式告訴我們：

寫信：台北市104中山區民生東路二段141號9樓MOOK編輯部收
傳真：02-25007796
E-mail：mook_service@hmg.com.tw
FB粉絲團：「MOOK墨刻出版」
www.facebook.com/travelmook

頁碼

分區名稱與英日文拼音

清楚分別美食、購物、景點、住宿等機能，一眼就能找到旅遊需求。

清楚標示出景點所在的地圖頁碼及座標值，可迅速找出想去的地方。

編輯認為值得推薦的景點或店家

右頁邊欄上標出索引名稱，翻閱更輕鬆。

全面普查的完整精確資訊

中崎町
なかざきちょう
Nakazakichou

Sakura Building
サクラビル

中崎町 Green City
中崎町グリーンシティ

大阪浪花家

大阪名物

大阪浪花家

hannoc

うてな喫茶店

看一眼就知道的符號說明

交通路線 & & 站

清楚列出電車及其他交通資訊

不同樣式的BOX分別介紹每一景點或店家的豆知識

紅色粗字清楚列出此店家或景點的特色

地圖ICONS使用說明

- ◉ 景點
- 🏮 神社
- 🏛 博物館
- 🎨 美術館
- 🌳 公園
- 🛍 購物
- 🏢 百貨公司
- 📚 書店
- 🍜 麵食
- 🍱 日式美食
- 🍴 西式美食
- ☕ 咖啡茶館
- 🍡 和菓子
- 🥐 甜點、麵包
- 🍷 酒吧
- 🎭 劇院
- 🏨 飯店
- 卍 寺廟
- ♨ 溫泉
- 💈 美容
- 🚏 公車站
- ① 國道
- 🎤 現場演唱
- ✈ 機場

書中資訊ICONS使用說明

- Ⓐ 與本書地圖別冊對位，快速尋找景點或店家。
- Ⓑ 不小心把東西忘在店裡面，可立刻去電詢問。
- Ⓒ 若店家位於同一棟大樓，僅列出大樓名稱與所在樓層。
- Ⓛ L.O.（Last Order指的是最後點餐時間）
- Ⓚ 如果該店家無休假日就不出休。
- Ⓙ 日文料理菜名括號詳列中文翻譯，輕鬆手指點餐。
- Ⓘ 在大區域範圍內詳細標明如何前往景點或店家的交通方式。
- Ⓥ 出發前可上網認識有興趣的店家或景點。
- Ⓘ 各種與店家或景點相關不可不知的訊息。
- ① 地圖上出現車站實際出口名稱。

從京阪神出發
Discover KOCHI
索最棒的鄉村
高知。

深入體驗高知之旅
SUPER LOCAL KOCHI

活動現正實施中！
2024.4.1～2028.3.31

水上活動 *Activity*

高知縣擁有被稱為仁淀藍的「仁淀川」，及日本最後的清流「四萬十川」等水質極佳的河川。您可以在此享受透明獨木舟、SUP立槳、泛舟等各種水上活動。來高知體驗在城市中無法感受的大自然魅力吧！

名產的炙烤鰹魚

高知的美食與美酒 *Food*

高知縣擁有許多從豐富的自然環境和文化中孕育出的食材，例如「炙烤鰹魚」和「土佐褐毛牛」。此外，高知縣的日本酒「土佐酒」的特色是口感清爽，在國內外都很受歡迎。讓我們透過頂級食材與土佐酒盡情品味高知縣吧！

週日市集 *Market*

每週日舉辦的露天市集，約有300家攤位，從蔬菜、水果、鄉土料理到手工藝品應有盡有，非常熱鬧！與店家交流、邊走邊吃，盡情感受日本的地方特色氛圍吧！

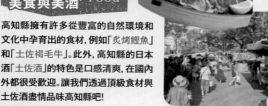

どっぷり高知旅
SUPER LOCAL KOCHI

深入體驗高知之旅活動推進委員會
https://doppuri.kochi-tabi.jp/

Hot Topic 特產直銷商店「土佐土佐」已於2024年7月，在大阪車站的KITTE大阪開業！

交通資訊
✈ 從伊丹機場乘坐國內線約50分鐘
🚗 從關西國際機場租車約4個半小時
詳情請掃描QR Code條碼

VISIT KOCHI JAPAN

#FR2 全系列商品
京都和大阪 品牌力不設限

#FR2 OSAKA

🏠 〒542-0085 大阪府大阪市中央區心齋橋筋2-7-3 心齋橋Printemps大樓
🕐 11:00～22:00

#FR2是抓住以照片為主的社會潮流，於2014年12月創立的服飾品牌。

我們身處的世界現在以社群網路為重心，以照片為主要交流手段。#FR2即利用拍攝與眾不同的照片做出區隔，成功提升品牌認知度，並以兔子攝影師為品牌概念，採用「攝影師的穿著」為意象，開發設計出許多服飾、首飾、鞋款等流行單品。

#FR2OSAKA於2024年6月將店面移至心齋橋筋商店街，經過改裝，目前是總面積約90坪的日本國內最大路面店。

店內裝潢以日本神社為設計理念，在店門口設計了一座鳥居，穿過鳥居即可看到掛在左右兩側的燈籠，洋溢著懷舊情懷。

#FR2 梅 OSAKA

🏠 〒542-0085 大阪府大阪市中央區心齋橋筋2-7-3 心齋橋Printemps大樓
🕐 11:00～22:00

#FR2OSAKA的2樓即「#FR2梅（UME）」店，是以紀念品店為概念的特別系列。本店裝潢與商品皆以粉紅色為基調設計女性服飾流行單品。

店內裝潢與一樓截然不同，搭配霓虹的裝飾而展示出的精品時裝風格令人印象深刻。

本店也有與#FR2系列不同、只有在這裡才買得到的限定單品，「NO SEXUAL SERVICE」、「色恋営業」正是本店限定商品的代表作。不只服飾，店內也售有飾品、擺件等各種商品。

由於本店商品未於網路商店上架，只能實際前往購買正是本店商品令人渴望擁有的魅力。

歡迎您在1樓的#FR2挑選服飾時，也前往2樓的#FR2梅心齋橋選購！

#FR2 撫子

🏠 〒605-0073 京都府京都市東山區
祇園町北側292-2
🕐 11:00～20:00

「#FR2撫子（NADESHIKO）」與#FR2不同，是以紀念品店為概念的特別系列，裝潢與商品皆以紫色為基調設計。

裝潢也特別使用榻榻米和紙拉門，希望能讓蒞臨的顧客感受到屬於京都的和式風格。

由於本店商品未於網路商店上架，只能實際前往購買正是本店商品令人渴望擁有的魅力。

#FR2 KYOTO

🏠 〒604-8046 京都府京都市中京區
東側町503-18
🕐 12:00～21:00

#FR2是抓住以照片為主的社會潮流，於2014年12月創立的服飾品牌。

以兔子攝影師為品牌概念，採用「攝影師的穿著」為意象開發設計出許多服飾、首飾、鞋款等流行單品。

#FR2京都店位於觀光客能輕鬆到達的新京極商店街的中心地段。店內也特別使用木頭質感的裝潢，營造屬於京都的和式風格。

京都 兔珈琲

🏠 〒604-0054 京都府中京區堀川通
御池上押堀町27-1
🕐 10:00～19:00

兔珈琲是一家將擁有百年歷史的傳統長屋老屋翻新後改造而成的咖啡店。穿過以繩子做的暖簾，就能看見正前方佈置得相當有情調的中庭。

中庭後方即是商店區，在這裡不只可以休息片刻喝杯咖啡，還可以在這裡挑選一些與服飾相關的流行單品作為紀念帶回家。

咖啡廳最受歡迎的是兔子造型的雞蛋糕。#FR2的品牌LOGO正是一隻兔子，因此選用兔子造型作為雞蛋糕的原創設計。

#FR2GOLF OSAKA

🏠 〒550-0015 大阪府大阪市西區
南堀江1-12-21
🕐 11:00～20:00

#FR2的高爾夫系列與其他高爾夫服飾做出區隔，以黑、灰、白色系為主基調。設計「讓人想穿上的服裝」。

平常如果想購買，必須透過非公開帳號每個月舉行1次的網路販賣才能買到，但前往位於大阪的店面的話，即可在店內實際挑選衣物，也有機會找到在網路上已經售完的單品喔！

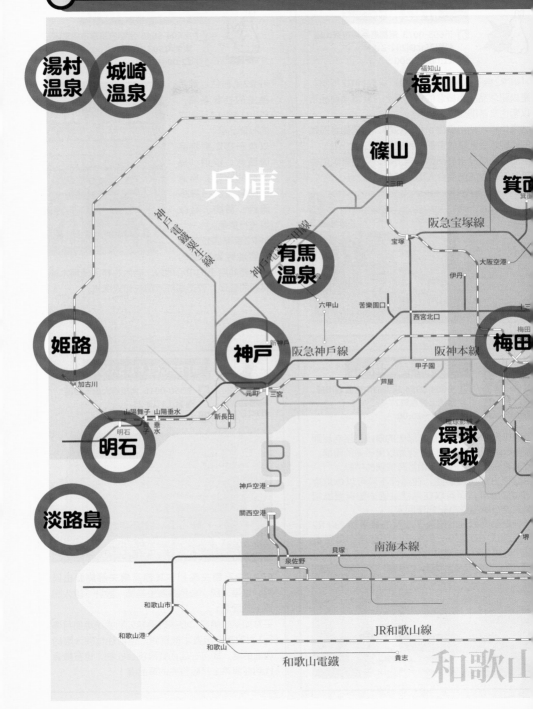

湯村温泉

城崎温泉

福知山

福知山

篠山

三田

箕面

箕面

兵庫

阪急宝塚線

神戸電鉄粟生線

神戸電鉄三田線

宝塚

大阪空港

伊丹

有馬温泉

六甲山

苦楽園口

十三

西宮北口

梅田

梅田

姫路

神戸

新神戸

阪急神戸線

阪神本線

甲子園

加古川

芦屋

山陽舞子 山陽垂水

舞子 垂水

新長田

明石

明石

元町 三宮

環球影城

環球影城

神戸空港

淡路島

關西空港

南海本線

貝塚

泉佐野

堺

和歌山市

和歌山港

JR和歌山線

和歌山

和歌山電鐵

貴志

和歌山

從關西國際機場
進入京阪神

➡️鐵路交通

前往京都

◎JR特急HARUKA

　　要從關西機場進入京都市區，第一推薦的就是JR的特急HARUKA。特急HARUKA不但速度快，一班車就能到達京都駅，還省了提行李轉車的麻煩。

路線與價格指南

路線名	目的地	需要時間	車票+普通指定席(單程，通常期)
特急HARUKA	京都(京都府)	約1小時18分	¥3640
	大津(滋賀縣)	約1小時27分	¥4790

前往大阪

◎JR特急HARUKA

　　特急HARUKA隨著關西機場開航而運行，是從關西機場連結大阪市區最快的一輛車。雖然票價較其他列車貴，但因為快速和舒適的優點，十分受到商務人士歡迎。

路線與價格指南

路線名	目的地	需要時間	車票+普通指定席(單程，通常期)
特急HARUKA	新大阪	約50分	¥3320
	天王寺	約30分	¥2570

註：前往難波駅、大阪駅需在天王寺轉車

訪日外國人限定優惠車票——特急HARUKA單程車票

持觀光簽的旅客務必先在台灣的旅行社購買專門給外國人用的特惠票交換券(E-TICKET)，再至關西機場站、京都站、新大阪站、大阪站、天王寺站的綠色售票機、綠色窗口兌換。可搭乘特急HARUKA普通車自由座或指定席，從關西機場到大阪、京都，回程亦可購買。
🔴 每本護照只能兌換一張E-TICKET。

發車	目的地	單程優惠車票	有效期限
關西機場	天王寺	¥1300	1天
	新大阪	¥1800	
	京都	¥2200	

註：小孩(6-11歲)為成人票半價。

◎JR關空快速

由於JR鐵道四通八達，如果預計下榻的飯店並非在梅田或是難波，利用JR鐵道系統反而較為便利。

路線與價格指南

路線名	目的地	需要時間	票價
關空快速	大阪	約1小時10分	￥1210
	京橋	約1小時20分	￥1210
	天王寺	約55分	￥1080
	日根野	約13分	￥460

註：前往難波需在天王寺轉車

◎南海電鐵 特急Rapi:t

Rapi:t是由南海電鐵營運的特急列車，穿梭於機場與難波地區，全車皆為指定席，車廂前後有行李櫃可擺放大型行李箱。

路線與價格指南

路線名	目的地	需要時間	車票＋普通指定席
Rapi:t α	なんば(難波)	約34分	￥1450
Rapi:t β	なんば(難波)	約39分	￥1450
	堺	約27分	￥1360

註：2022年4月1日~2023年3月31日特價期間至なんば(難波)，成人￥1290，小孩￥650。

◎南海電鐵 空港急行

除特急Rapi:t之外，還有空港急行與每一站都停的普通車，而由於普通車和空港急行票價相同，因此一般不會特地選擇普通車。

路線與價格指南

路線名	目的地	需要時間	票價
空港急行	なんば(難波)	約50分	￥930
	新今宮	約47分	￥930
	堺	約35分	￥840

註：從機場出發的時段如果只有普通車的話，可以搭至泉佐野站再轉搭開往なんば(難波)的急行列車，會比坐普通車快很多。

➥公路交通

前往京阪神

◎利木津巴士

利木津是穿梭在關西機場與大關西地區各主要車站與飯店間的巴士，包括京阪神主要地區與周邊地區等各縣皆可抵達，共有25條路線。

路線與價格指南(第一航廈1F)

乘車處	目的地	需要時間	票價
4號	阪神西宮	約55分	￥2000
5號	大阪駅、梅田	約60分	￥1800
6號	神戶三宮	約1小時5分	￥2200
8號	京都駅八条口	約1小時30分	￥2800
	大阪(伊丹)機場	約1小時10分	￥2200

➥水路交通

前往神戶

◎Bay Shuttle

神戶機場與關西國際機場皆位於大阪灣內，為因應神戶機場開通，搭乘Bay Shuttle是目前從關西機場前往神戶最快速的交通方式。

路線與價格指南

路線名	目的地	需要時間	票價
Bay Shuttle	神戶機場	約30分	￥1880

註：外國人持護照與短期觀光簽證搭乘，可享優惠成人￥500、6~未滿12歲￥250。

京阪神交通完全攻略

京阪神鐵路系統

➔JR西日本

　JR的鐵道路線密布全日本,在大阪市區最常被利用的就是JR環狀線、JR東西線了,另外還有JR神戶線、JR大和路線、新幹線等經過,對外聯絡也十分便利,是在關西地區長途移動的最佳交通選擇。

◎大阪環狀線
重要車站:大阪、京橋、大阪城公園、鶴橋、天王寺

　大阪環狀線是在大阪市中心外圍連結成的環狀鐵路系統。大阪市內的重心地區如淀屋橋、中之島、本町、難波等地是地下鐵御堂筋線沿線,大阪環狀線的角色則是在外圍與其他地下鐵線路、私鐵、巴士等共織成完善的交通網。因此,與東京的山手線很不一樣的是,JR大阪環狀線所經過的並不是大阪的中心部。

◎東西線
重要車站:大阪天滿宮、北新地、尼崎

　JR東西線的正式名稱與暱稱都有「JR」兩字。JR東西線共含九站,從大阪城東部的京橋一路延伸到兵庫縣的尼崎,無論是快速、區間快速、普通列車,皆在JR東西線內各站停車,不會有坐過站的困擾。

◎ゆめ咲線(桜島線)
重要車站:西九条、ユニバーサルシティ

　JRゆめ咲線的正式名稱為桜島線,原本因為沿線工廠眾多,所以主要為上下班的通勤路線,2001年環球影城站(ユニバーサルシティ駅)啟站後,隨著日本環球影城的開幕,這裡便搖身一變成為玩樂的路線。

◎京都線
重要車站:京都、新大阪、大阪

　JR京都線為東海道本線在京都駅到大阪駅區間的暱稱,因起始的兩個站分別為大阪跟京都的重要轉運站,所以是往來京都大阪的旅客最常使用的路線。從京都駅到大阪駅若搭乘新快速約28分鐘可達,而且還不用額外

加價,十分地快速便利。

◎奈良線
重要車站:京都、東福寺、稻荷、宇治、木津、奈良

　奈良線在京都駅可轉乘到JR京都線、琵琶湖線、嵯峨野線,在木津駅可轉乘到關西本線(大和路線)與片町線,肩負了京都與奈良之間的交通連結。沿線的東福寺、伏見稻荷大社、伏見桃山陵、宇治、青谷梅林等,都是頗具名氣的觀光景點。

◎神戶線
重要車站:大阪、三ノ宮、元町、神戶、兵庫、新長田、垂水、舞子、明石、姬路

　JR神戶線為大阪駅到姬路駅區間的暱稱,連結了大阪市、神戶市、明石市及姬路市。若從大阪駅搭乘新快速,到三ノ宮駅最短約20分鐘可達。

➔Osaka Metro(大阪地下鐵)

　大阪地下鐵擁有9條線路,與JR大阪環狀線串聯起來共同譜出大阪市區的交通圈。其中御堂筋線、四ツ橋

線及谷町線，等都是較常被觀光客所利用的熱門路線。

◎御堂筋線

重要車站：新大阪、梅田、淀屋橋、本町、心齋橋、なんば、動物園前、天王寺

御堂筋線是大阪的第一條地下鐵，也是全日本第一條公營的地下鐵。由日本國土交通省調查，在御堂筋的梅田與淀屋橋之間，是乘客流量最大的區間。御堂筋線被喻為是大阪交通的大動脈，故其代表顏色是紅色。

◎谷町線

重要車站：東梅田、南森町、天滿橋、谷町四丁目、天王寺

谷町線是從大阪府北邊的守口市經由大阪市中心，延伸至大阪府南部八尾市的路線，是大阪地下鐵中營業長度最長的一條線路。由於沿線有許多寺廟古蹟，所以路線就採用和尚袈裟上的「紫」當作代表色。

◎四つ橋線

重要車站：西梅田、四ツ橋、なんば

四つ橋線最初的設定是作為御堂筋線的支線，所以在梅田車站旁再設了西梅田車站分擔御堂筋線的流量。是大阪地下鐵中流量第4大的線路。由於其分擔流量的特性，故以與大動脈紅色相對的「靜脈」藍色作為代表色。

◎中央線

重要車站：コスモスクエア、大阪港、本町、谷町四丁目

中央線連接了大阪市住之江區的コスモスクエア駅與東大阪市的長田駅，因行走於中央大通地下，因而有中央線的暱稱。中央線肩負著大阪市東西向的交通，並且為大阪所有的地下鐵中，唯一一個與所有路線連接的路線。

◎千日前線

重要車站：なんば、日本橋

千日前線的粉紅代表色象徵著難波新地及千日前的霓虹燈。雖使用人數不如其他線路那麼多，但なんば駅到谷町九丁目駅間依然會出現大批轉車的人潮。

➡**阪神電車**

阪神電車的營運路線主要在大阪至神戶之間，但也與山陽電車直通延伸至世界文化遺產姬路城。由於阪神的票價較為便宜，停靠站又多，所以相當受到當地居民歡迎。雖然速度比不上JR，但如果想省錢也想來趟鐵路慢活旅行，阪神電車倒是個不錯的選擇。

➡**阪急電鐵**

阪急電鐵涵蓋的範圍廣大，全線長143.6公里，神戶、大阪、京都這三大區域都有其運行軌跡。以大阪梅田為中心，向外大致可以分為神戶線、寶塚線、京都線；列車分為普通、準急、特急等，不必再另外購買特急券也能搭乘。從大阪前往嵐山、寶塚時會建議搭乘阪急電鐵，較為方便。

➡**南海電鐵**

南海電氣鐵道主要運轉區間在大阪南部至和歌山、高野山一帶，也連結大阪難波與關西機場之間的交通。因為高野山在2004年被聯合國教科文組織登錄為世界遺產，使得通往高野山最方便的交通路線——南海高野線受到日本各地與外國人觀光客的注意。

➡**近畿日本鐵道**

日本最大的私鐵公司，愛稱為「近鐵」。其路線幾乎涵蓋近畿南面區域，也就是大阪、京都、奈良、三重及名古屋之間。尤其由大阪往奈良，雖然有JR和近鐵可以選擇，但由於JR奈良駅離奈良觀光區域較遠，大多數人會選擇搭乘近鐵至近鐵奈良駅。

➡**京都市營地下鐵**

京都市僅有兩條地下鐵，部分景點如醍醐寺、北山、二條城等，搭乘地下鐵前往較為方便。在市中心近距離移動時，搭乘地下鐵能省下路面塞車的時間，一般也會比公車來得更快。

◎東西線

重要車站：蹴上、東山、三條京阪、京都市役所前、烏丸御池、二條城前、二條

東西線連結了宇治市的六地藏駅及右京區的太秦天神川駅，因東西向行走於京都市中心的三條通、御池通及押小路通的地下而得名，但其實全線只有約一半的區間為東西走向。

◎烏丸線

重要車站：北大路、今出川、烏丸御池、四條、京都、竹田

烏丸線連接了左京區的国際会館駅與伏見區的竹田駅，是京都市最早的市營地下鐵。烏丸線南北行駛於京都市中心的烏丸通的地下，不管是藉由烏丸線前往沿線附近的京都御所、東本願寺等地，或是搭乘烏丸線後再轉乘其他線路及巴士，全都少不了它。

➡**京福電鐵**

通稱「嵐電」的京福電鐵，分為連結市區的四條大宮車站和嵐山車站的嵐山本線，以及通往仁和寺、妙心寺、北野天滿宮的北野線。

◎嵐山本線

重要車站：四條大宮、嵐電嵯峨、嵐山

嵐山本線的起始站分別為四條大宮駅與嵐山駅，四條大宮駅位於京都鬧區的四條通上，嵐山則為京都洛西的熱門觀光地，許多旅客會運用嵐山本線往返於這兩地之間。

京阪電車

京阪本線在三条駅與地下鐵東西線的三条京阪駅相交，是市巴士在市區內最大的停靠點之一。搭乘京阪本線到出町柳駅，可轉搭叡山電鐵前往貴船、鞍馬和比叡山延曆寺。

叡山電車

屬京阪電車旗下，起站為出町柳駅，鞍馬線通往貴船、鞍馬，叡山線則可在八瀬比叡山口駅下車轉乘纜車到比叡山延曆寺。

◎叡山本線

重要車站：出町柳、一乘寺、宝ヶ池、八瀬比叡山口

叡山本線連結京都市左京區的出町柳駅到八瀬比叡山口，沿線有著許多名所及遺跡，無論是要到下鴨神社、曼殊院、宮本武藏與吉岡一門的決鬥處──一乘寺下り松，還是五山送火的「妙、法」、修學院離宮等，沿著這條線都可以到達。

◎鞍馬線

重要車站：宝ヶ池、岩倉、貴船口、鞍馬

鞍馬線主要使用於兩種用途，其一就是從京都市中心到市原駅的生活路線，其二就是到鞍馬寺或貴船神社的玩樂、參拜路線，每到秋天，市原駅與二ノ瀬駅間的紅葉隧道與10月22日的鞍馬火祭，吸引大批觀光人潮。

神戶市營地下鐵

在神戶地區，除了各大私鐵與JR之外，最常被觀光客使用的，當然就屬神戶市營地下鐵海岸線了，由於連接神戶港區與三宮繁華街，讓來往兩地更便捷。

神戶電鐵

前往有馬溫泉泡湯，可以從新神戶駅搭乘北神急行電鐵，在終點站谷上駅轉搭神戶電鐵有馬線即達。

山陽電車

山陽電車幾乎與JR山陽本線平行，行經的大點也都差不多，但其停靠的站更多，所以一樣的目的行駛時間較長，算是服務地方民眾的路線。

車班種類

除了地下鐵是每站皆停之外，不管是JR還是各大私鐵，幾乎都會依照電車運行速度(或停靠站多寡)來區分出電車的種類：

各停／普通列車

類似台灣說的慢車，每一站皆停靠之意。優點是不易坐過站，但缺點就是長程移動比較浪費時間。

快速／急行／準急列車

這些種類的列車都是屬於快車，並非每站都停。大多會停靠的都是轉運站。如果目的地是有名的大車站或終點站，可以放心搭乘；但如果是大站與大站間的小站，那麼還是事先看清楚月台上的車種表或是向站務員詢問，以免錯車白白浪費更多時間。

JR特急列車

JR特急列車是比一般的快速列車更快能到達目的地的列車，相對的停靠的站數就更少了。要搭乘JR特急列車除了進出車站的乘車券之外，還需要另外購買特急券或指定席券，所以看到特急列車不要一股勁就衝上車，以免在車上被車掌補票。

JR寢台列車

屬於有臥舖的列車。通常都是長距離移動時才會利用本列車(e.x.大阪到北海道)。在車上不只可以利用夜晚趕路，也能節省一晚的旅館住宿費，更能體會夜宿列車的樂趣，是十分青春有活力的一種移動手段。

新幹線

時速200~300公里的超快速列車，適合做長距離移動時的交通工具。沿途可享受在速度感下欣賞各地景色，雖然票價高昂，但在時間有限的行程中以金錢換取時間，也不失是一種聰明玩法。

交通儲值卡

➜ICOCA

由JR西日本推出的ICOCA是類似台北捷運悠遊卡的儲值票卡，首次購買後便已有¥1500的額度可以使用，不管是用在搭乘電車，或是在便利商店購物都很方便，票卡內的金額用完後只要在機器加值即可。ICOCA因與PiTaPa合作，所以除了JR還可使用於京阪神的市營地下鐵及各大私鐵，十分地便利。

◎販賣地點

各JR車站的車票自動販賣機

◎價格

¥2000(內含可使用額度¥1500、保證金¥500，退還卡片時可領回保證金，卡片餘額的部分會扣除¥220的手續費)。

◎加值金額

每一次可加值¥1000、2000、3000、5000、10000

◎改札口

將ICOCA輕輕觸碰改札口感應處，就可迅速進出車站。

◎自動精算機

如果卡片中的餘額不足，無法通過改札口，必須在精算機精算出餘額，也可以直接在精算機加值。

ICOCA好好用

只要商店貼有可使用ICOCA的商標，就可以在付款時，以ICOCA輕輕觸碰收銀台旁邊的ICOCA感應機，直接付費。而JR主要車站有許多使用ICOCA的置物櫃，可直接以ICOCA操作，領取時也只要輕觸就會自動打開儲物櫃。

信用卡也是交通卡

在日本各地開始推行的「信用卡就是交通卡」，來到神戶，只要搭乘神戶市營地鐵、CITY LOOP & Port Loop、港灣人工島線Port Liner，都可以使用信用卡直接扣車資，對國外遊客來說也算在海外刷卡消費，雖然不是最佳選項，但對於沒

有買交通卡、又臨時湊不出零錢搭車，或是交通卡內餘額不足時，身上有張信用卡就能幫大忙。而且完全無需註冊，只要符合指定的卡別，使用方式跟交通卡一模一樣，拿出來「嗶」一聲就扣款完成。

可使用交通運具：神戶市營地鐵、CITY LOOP & Port Loop、港灣人工島線Port Liner

可使用卡別：Visa、JCB、American Express、Diners Club、Discover、銀聯

注意：地鐵、港灣人工島線須走信用卡刷卡指定閘口。一張卡僅限個人使用，無論大人小孩扣款金額皆為成人車資

➜儲值卡的加值方式

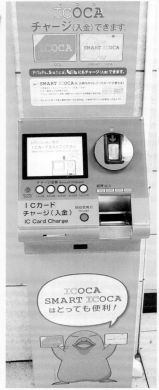

❶將卡片放入購票、加值機，螢幕會顯示卡片剩餘金額。

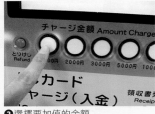

❷選擇要加值的金額

❸放入紙幣

❹取回ICOCA

如何購票搭車

➡ 自動售票機圖解

呼叫鈕：當操作發生問題時可按鈕請站務人員解決

按鍵：可選擇日文及英文兩種語言

取消鈕

顯示螢幕

票價鈕

卡片放入口　　**紙鈔放入口**　　**找錢出口**　　**投幣口**

❸先按下螢幕的「きっぷ購入(購買車票)」，再選「地下鉄きっぷ(地下鐵車票)」，也可按機器左側的「地下鉄きっぷ(地下鐵車票)」按鈕。

❹點選完畢後，紙鈔放入口上方的按鍵便會顯示車票金額，只要按下你選的目的地的票價即可。

❺取出票券以及找的零錢與紙鈔。

➡ 自動售票機購票步驟

❶搭乘普通或快速電車，只需要在自動售票機購票即可。自動售票機上方通常會有票價表，找出你要的目的地，便可在站名旁看到所需票價。

❷將銅板或紙鈔投進售票機，螢幕會顯示投入金額(有的售票機不接受￥5000或￥10000的紙鈔)。

▶如何搭乘地鐵

❶購買車票
看好路線表上的價錢後，可以直接在自動售票機買票。如果覺得不會用，可以到綠色窗口用簡單的英文或紙筆購買。持SUICA或PASMO的人則不需再買票。

❷進站
將車票放進改札口，如果有特急券的話可能會有2張甚至3張票，一次放進改札口後，通過取票即可。持ICOCA的人則感應票卡即可。

❸尋找月台
知道搭乘路線後，尋標示可以找到正確的月台。

❹確認車次
月台上的電子看板會顯示車次相關資訊，記得看清楚免得搭錯車。

❺確認等車的位置
雖然各地標示不同，但月台上都有指標告訴你各種列車停車的位置。普通列車可自由從各車廂上下車。如果是自由席／指定席的話記得找到該車廂。而車輛編列的不同會影響乘車位置，要注意。

❻乘車
一般電車、如JR京都線等普通列車，可自由從任何車廂上下車。如果是特急列車有指定席的話，要找到自己的座位，按照位置上的編號坐下。持普通車票無法乘坐對號車。

❼確定下車站
大多的列車上會有電子看板，記得下車站名的漢字就沒問題。另外到站前車內也會有廣播，不過除了往來機場的列車之外，一般車都只有日文廣播，熟記下車站的發音也可以避免下錯車站。

京阪神地區優惠票券

除了單次購票，京阪神地區更有許多優惠票券，單一系統或是結合不同交通系統的票券都可以找到。每一種套票都各有其優點，要怎麼決定自己適合哪一張票，其實只要抓出計劃中的行程景點，將交通費列出，最適合自己的套票就很明顯囉！

關西鐵路卡
KANSAI RAILWAY PASS

針對外國旅客的關西鐵路卡是關西地方旅遊的最佳幫手之一。不但價格超值，搭乘範圍也廣，京都、大阪、神戶、比叡山、姬路、和歌山、奈良、高野山的私鐵電車、地鐵，範圍幾乎涵蓋了整個關西地區，適合希望在關西短距離多次移動的旅客使用。

➡INFO
◎**票券價格：**

KANSAI RAILWAY PASS	成人	小學生
2天	¥5600	¥2800
3天	¥7000	¥3500

※此為在日本境外購入之價格

◎**購買資格：**持觀光簽證入境日本的外國旅客，購買需出示護照。

◎**使用限制：**放入卡片後記得要抽回，因為遺失並不能補發。另外如果是沒有改札口的小站，出站時出示卡片即可。其優點就在可以任選不連續的三天(二天)使用，更方便旅人做行程上的變化。

◎**如何購買：**在台灣可向旅行社洽詢並購得票券，入境日本後在關西機場旅遊櫃檯也能購買。另外，購買票券時要出示護照。

◎**購買地點：**台灣各大旅行社、關西機場旅遊訊息服務中心(KTIC)、梅田、難波、天王寺、新大阪與京都等地的遊客指南中心購買。

◎**退換票券：**在票券、手冊、優待券都沒有使用的狀況下可在原購買處退費，依場所不同會收取手續費。

◎**網址：**www.surutto.com/kansai_rw/zh-TW/

◎**注意：**在日本國內購買時，每人限購3張。搭乘特急Rapi:t、南海、近鐵、泉北快速、京阪的座席指定列車時，必須另外購買特急券、特別車輛券或座席指定券。

近鐵電車周遊券
KINTETSU RAIL PASS

關西的東部(奈良、三重至名古屋等地)的鐵道交通，除了JR之外，幾乎是近鐵電車的天下，此券範圍涵蓋大阪、京都、奈良、三重、名古屋，可以在購買開票後的5天內不限次數使用。

➡INFO
◎**票券價格：**

票種	成人	小學生
KINTETSU RAIL PASS 5天	¥4500	¥2250
KINTETSU RAIL PASS plus 5天	¥5700	¥2850

※此為在日本境外購入之價格

◎**購買資格：**持觀光簽證入境日本的外國旅客，購買、兌換票券時需出示護照。若無「短期滯在」戳印，即使有兌換證也無法兌換票券。

◎**使用限制：**

KINTETSU RAIL PASS：可在5天內自由搭乘近鐵列車與伊賀鐵道，還隨票附贈觀光設施優待券。

KINTETSU RAIL PASS plus：除了KINTETSU RAIL PASS的功能外，更可在期限內自由搭乘奈良交通巴士、伊勢志摩的三重交通巴士、鳥羽的海鷗巴士，還隨票附贈觀光設施優待券。

使用周遊券時請務必隨身攜帶護照以備查驗。乘坐特急列車時，需另外購買特急券。

◎**如何購買：**在台灣可向旅行社洽詢並購得兌換券，入境日本再至近鐵主要車站兌換。直接在關西機場旅遊訊息服務中心(KTIC)也能購買。

◎**購買地點：**台灣各大旅行社、近鐵主要車站、關西機場、中部國際機場MEITETSU TRAVEL PLAZA等，詳見官網。

◎**網址：**www.kintetsu.co.jp/foreign/chinese-han/ticket/index.html

神戶LOOP BUS TICKET

◎**哪裡買：**神姬巴士BT、神戶市旅遊服務中心(三宮)、新神戶駅觀光案內所、車上向司機購買(限1日券)

◎**多少錢：**一日券¥800、二日券¥1200(小孩半價)。

◎**怎麼用：**紙式票券，使用當日自行刮開欲使用的月、日即可，前門上車向司機出示已刮開的當天月份／日期即可

◎**注意：**神戶有CITY LOOP(環城巴士)跟PORT LOOP(環港巴士)這兩條路線，幾乎每15～20分鐘就有一班次。

此票可期限內任意使用。一個大人可免費攜帶2位幼兒同行搭乘免費。出示乘車券，在許多場館設施都可以獲得優惠折扣。

JR關西廣域鐵路周遊券
JR Kansai WIDE Area Pass

　JR關西廣域鐵路周遊券範圍廣大，從京阪神到近郊各縣都包含在內，如果你在旅程中計畫前往滋賀、和歌山、鳥取、岡山等地，這張票絕對是首選！除了新大阪至岡山區間的山陽新幹線，普通列車、特急列車的自由座與指定席更是無限搭乘，還可租借「Ekirin Kun」的自行車。十分適合以京阪市中心作為住宿地點，每天至近郊來趟日歸行程。

◎怎麼買：
(1)於台灣代理店購買紙本兌換券或電子票券，到日本後，至指定車站綠色售票機或觀光服務處「兌換」。
(2)於JR西日本官網預訂，到日本後，至指定車站綠色售票機或綠色窗口「領取」。

◎用多久：指定日期起連續5天。
◎哪裡買：
(1)兌換處：關西機場、大阪站、新大阪站、新大阪觀光服務處、日本旅行TiS大阪分店、京都站、日本旅行TiS京都分店、福知山站、三之宮站、日本旅行TiS三之宮分店等。
(2)領取處：關西機場、大阪站、新大阪站、新大阪觀光服務處、京橋站、天王寺站、新今宮站、JR難波站、西九條站、京都站、宇治站、福知山站、敦賀站、三之宮站、神戶站、新神戶站、姬路站等。
◎坐多遠：山陽新幹線（新大阪～岡山）、JR西日本鐵路（區間）、丹後鐵道全線、和歌山電鐵全線、智頭急行（上郡～智頭）、西日本JR巴士（京都市內、若江線）、區域間的「Ekirin Kun」自行車租借

◎網址：www.westjr.co.jp/global/tc/ticket/pass/kansai_wide/
◎注意：持短期停留簽證的外國旅客才能購買。若是需要搭乘山陽新幹線、特急列車的指定席，可至各車站的綠色售票機或綠色窗口使用票券預約座位，免費取得指定券，若沒有指定券只能搭乘自由席。票券僅限持有者本人使用，使用時須隨身攜帶護照，驗票時一同出示。兌換後的票券無法變更使用期間，票券遺失、破損不再補發，也不能退費。

有馬‧六甲周遊PASS
◎哪裡買：市營地下鐵（三宮駅、新神戶駅）、神戶電鐵（谷上駅、有馬溫泉駅）、阪急電車（神戶三宮-案內服務櫃檯、六甲駅）
◎多少錢：神戶區1日券¥2400、神戶區2日券¥3100
◎坐多遠：市營地鐵（三宮駅～谷上駅）、市營巴士（六甲山上巴士、市營巴

士16號系統）、神戶電鐵（谷上駅～有馬溫泉駅）、六甲纜車、登山電車（有馬溫泉駅～六甲山頂駅～六甲登山電車山上駅、六甲山上駅～六甲登山電車下駅）、阪急神戶線（阪急三宮駅～阪急六甲駅）
◎注意：包含可從三宮、新神戶抵達有馬溫泉的交通、上六甲山的登山電車與登山纜車，以及纜車至電車站間的的巴士等，更包含可以泡銀之湯或金之湯的免費泡湯券，有馬及六甲山周邊的飲食、住宿、購物、場館等優惠。

京都市地下鐵‧巴士一日乘車券
地下鉄‧バス一日券
◎哪裡買：市巴士、地下鐵案內所，地下鐵自動售票機等地。
◎多少錢：成人¥1100，小學生¥550。

◎坐多遠：地下鐵全線及京都市內京都巴士、京都市巴士、京阪巴士。
◎注意：這張券不但可以一日之內自由搭乘京都市巴士、地下鐵，與運行於京都市區域的京都巴士，還有附上詳細精美的京都巴士地圖。

大阪周遊卡
大阪周遊パス
◎哪裡買：關西機場旅遊訊息服務中心（KTIC）、大阪市各車站，以及新大阪、大阪（梅田）、難波的旅遊服務中心，部分飯店皆可購買。另外一日券於阪急、阪神、京阪、近鐵、南海的主要車站亦可購買。
◎多少錢：[大阪區版] 一日券¥3300，二日券¥5500（限連續兩天

用），無售小孩票。
◎坐多遠：大阪市巴士、地下鐵全區一天或連續兩天使用，唯一日券還能

乘坐阪急、阪神、京阪、近鐵、南海電鐵等部分區域列車。
◎還能玩：持本券可免費進入近40個景點，如通天閣、空中庭園展望台、大阪城天守閣等處。
◎注意：大阪周遊卡每年二次發售，發行「春夏版」與「秋冬版」，銷售期間與有效期間有所不同，通常都是以4月與10月為劃分，購買時應確認使用期限。

主要車站介紹

京 阪神是關西地方的主要都會區,交通,學生、上班族以外,還有來自世界各地的觀光客也在其中,車站人流十分可觀,更有不少轉乘大站涵蓋多條鐵道線路,站體複雜程度不在話下。在此就大阪梅田、京都兩車站作詳細介紹:

JR大阪駅

北區的梅田一帶是大阪的交通樞紐,JR大阪駅、阪急梅田駅、阪神梅田駅在此交會,還有御堂筋線、四つ橋線、谷町線三條地鐵,可以通往市區各地。梅田也是熱鬧的商業區,高層百貨以外,還可見到突出於頂樓的紅色摩天輪。車站地下更有日本最早的車站地下街,逛街與搭車的人潮川流不息,是西日本最繁忙的車站。

中央口

中央口可分為南、北兩處。中央南口方向除了串連大丸百貨、大阪格蘭比亞飯店外,南口外圍還是大阪駅最熱鬧的區域,從這裡也可以前往地下鐵四つ橋線、谷町線及阪神梅田駅,大阪市區巴士站。

中央北口則位在2樓,可聯絡Grand Front Osaka、梅田藍天大廈等地,而1樓往中央北口方向還可通往LUCUA百貨、Yodobashi梅田,另外也可通往阪急梅田駅、JR高速巴士站。

御堂筋口

大阪駅的鬧區大約分布在站體的東側及南側,除了中央南口外,另一個人潮也很多的出口便是東側的御堂筋口,一樣可分為南口、北口,可串聯阪急電鉄梅田駅、地下鐵御堂筋線及大阪市區巴士站等。

桜橋口

相較於通往主要商區的中央口、御堂筋口,櫻橋口主要連接地下鐵四つ橋線,也通往梅田循環巴士、飯店接送巴士乘車處及梅三小路,另外也有站內的商場Eki Marche。

周邊車站交通指南

以JR大阪駅為中心,可以串聯的就有阪急、阪神的梅田駅、3條大阪地下鐵,光是運用這些鐵路及地鐵線,幾乎就可抵達所有想去的地方,當然市區巴士、長途高速巴士及機場巴士,也都可在車站周邊搭乘。

阪急電車梅田駅:**阪急神戶線、京都本線、宝塚線**

從JR大阪駅御堂筋北口可以連接阪急電車站,依據線路可通往神戶、京都各地。

阪神電車梅田駅:**阪神本線**

從JR大阪駅中央南口接地下通道,就可以抵達阪神車站。利用阪神本線可以前往神戶三宮、元町、甲子園等站,是除了JR系統以外,串聯阪神地區的主要私鐵。

大阪地下鐵東梅田駅:**谷町線**

谷町線可以前往天滿橋(天滿宮)、天王寺、阿倍野等站。東梅田駅出站則可抵達露天神社,可從JR大阪駅中央南口連結。

大阪地下鐵西梅田駅:**四つ橋線**

四つ橋線可以前往四ツ橋駅,出站可以通往南堀江、心齋橋、美國村一帶,也可以抵達難波一帶。一樣可從JR大阪駅中央南口連結。

JR北新地駅:**東西線**

北新地駅在梅田地區一般較少利用,但一樣可藉地下通道與大阪駅、地下鐵梅田及阪神電鐵相連。路線方面則可利用東西線前往寶塚、三宮、尼崎一帶。

利木津巴士(リムジンバス):

前往關西機場的利木津巴士由阪急巴士及JR巴士營運,阪急機場巴士搭乘口在阪急梅田駅(新阪急飯店前),JR的巴士則一樣在大阪駅中央北口的JR高速巴士站購票、乘車。

梅田地下街

大阪駅·梅田一帶的地下街四通八達,地下街內更隱藏許多名店,但龐大的規模、複雜的通道使得找路成為一大問題,就連當地人都可能會迷路。來到梅田,建議盯緊上方的指標前往目的地,萬一迷路就趕緊開口問人,因為地下街複雜程度可能會讓人離目的地越來越遠,若還是無法找到路,最好就直接上至地面,較能夠搞清楚方位。

地下商店街以阪神百貨為界,以東為WHITY梅田(ホワイティうめだ)、以西為DIAMOR(ディアモール),地下街連接了周邊商場及百貨,通往各大美食名店。通往地下街的方式有很多,簡單來說的話,御堂筋南口徒步3分可至WHITY,DIAMOR則可從中央南口接地下通道、通過阪神百貨後可達,徒步約5分。

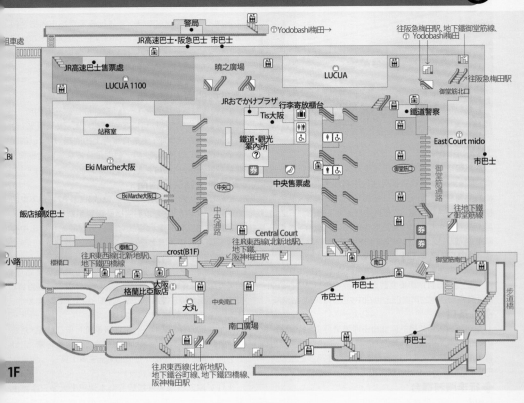

大阪車站平面圖

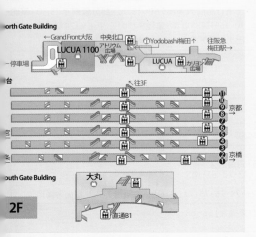

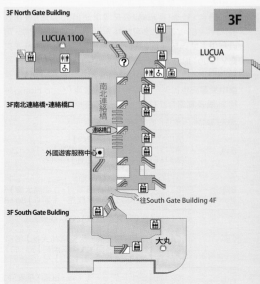

JR京都駅

京都駅空間相當廣大、設施更是先進，嶄新科技感的結構，讓來到京都探尋古都風味的旅客都大吃一驚。身為京都的交通樞紐，站內就有許多體貼遊客的設施，車站更直接與伊勢丹百貨連結，並有直通京都地下鐵的地下通道並可一路通往京都塔，八条口更有近鐵京都駅、利木津巴士乘車處，無論購物或轉乘機能都相當齊全。

➡中央口(烏丸口)

大部分來到京都的人都是從中央口進出，中央口有JR、地鐵、巴士系統，且京都重要觀光景點幾乎也都集中在這側。前往景點最便利的市區巴士也在中央口外的巴士站搭乘。

➡八条口

從1樓中央口到2樓的南北自由通道或經由地下通道，就可到位於車站南邊的八条口，這裡是搭乘JR新幹線及近鐵電車的出入口，八条口這邊可以乘坐長途高速巴士及機場巴士，也有部分市巴士、觀光巴士、飯店接駁巴士。

➡行李服務櫃台

中央口地下1樓更設有「Carry Service(キャリーサービス)」櫃台，行李(長超過2公尺或重超過30公斤，無法置放)每件￥800/天，最多可放15天，同時也可寄送行李，可以利用車站與飯店間的寄送服務，京都市內一件行李只要￥1000；服務時間行李寄放8:00~20:00，行李寄送到14:00(約17:00後或18:00後送達京都市內飯店)。另外，京都中央郵局也提供行李保管與寄送服務「ecbo cloak」，行李(限長寬高合計170公分內且30公斤內，行李箱、旅行

袋類則不限)一件￥600/天，寄送行李至京都市內指定飯店或設施一件￥1530，服務時間行李寄放9:00~18:00，行李寄送至12:00(約18:00後送達京都市內飯店)。

🚐Carry Service：handsfree-japan.com

🚐郵局：www.post.japanpost.jp/service/handsfree/

➡站內的觀光案內所

車站2樓有兩處案內所，一為「京都綜合觀光案內所」，這裡有許多旅遊情報，可以拿到京都地圖，以及觀光、住宿及各類活動的情報，要是有旅遊上的問題，也可以詢問案內所櫃台的服務人員。另一個則是負責解決車內設施、找路等各式車站問題的「駅ビルインフォメーション」。

➡周邊車站交通指南

京都駅的新幹線中央口鄰近近鐵改札口，B2樓地下東口方向可轉乘地下鐵，可以利用這些鐵道系統轉車往各地，但地鐵線路只有兩條，站點也有限，若想觀光京都市中心最佳交通方式還是巴士。

地下鐵京都駅：烏丸線

車站就位在京都駅B2樓，也可以從站外的出入口進站，利用烏丸線可抵達市中心最熱鬧的四条通，周邊有許多百貨，從四条通徒步10分鐘還可抵達河原町、鴨川、祇園等地。

近鐵京都駅：京都線・橿原線

車站位於八条口方向，利用近鐵系統可前往伏見、丹波橋、橿原神宮，還可以轉前往奈良、大阪、伊勢志摩、吉野等方向，是從京都聯結外縣市的另一主要工具。

利木津巴士(リムジンバス)：

來往於關西機場與京都駅的利木津巴士大多只停靠主要站點，部分站點停靠車次非常少，但京都八条口是一定會停靠的大站，不論是來回都可以在此地利用巴士，串聯機場交通。

市區巴士：

主要搭乘點集中在中央口前方廣場、巴士總站搭乘。巴士運行時間大多為5:30~10:00，部分營運至23:30，平均10~15分鐘一班車，單程￥230，小學生￥120，也可以購買巴士一日券成人￥700，小學生￥350。

中央口站牌	前往目的地與巴士號碼
A區	A1：往【平安神宮・銀閣寺】5 A2：往【四条河原町・下鴨神社】4・17・205 A3：往【四条大宮・大德寺】6・206
B區	B1：往【二条城・上賀茂神社】9 B2：往【二条城・北野天滿宮・立命館大學】50 B3：往【梅小路公園・水族館・金閣寺】86・88・205・208
C區	C1：往【東寺・九条車庫】205・快速205 C2~C3：往【大原】京都巴士17・京阪京都交通・丹海バス C4：往【東寺・中書島・伏見稻荷大社】16・19・42・78・81・南5 C5：往【桂離宮・洛西・大秦映畫村】33・特33・73・75 C6：往【嵐山・大覺寺・比叡山】28・京都巴士72・73・75・76・77(往嵐山)・京阪巴士51(比叡山方面)
D區	D2：往【三十三間堂・清水寺・祇園・平安神宮・東福寺】86・88・206・208 D3：往【妙心寺・嵐山】26

京都車站平面圖

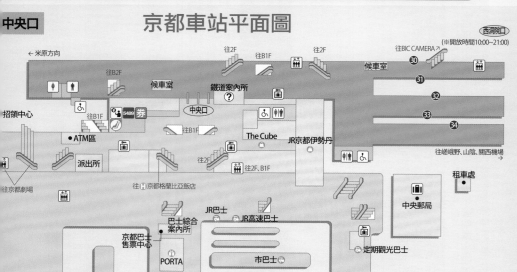

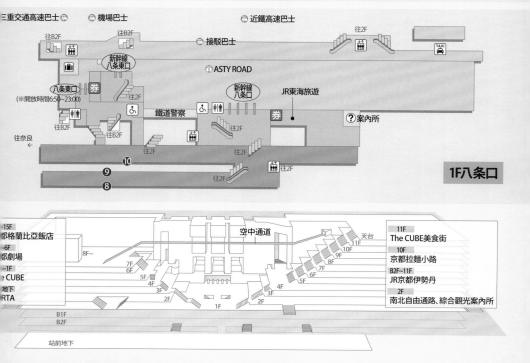

日本藥妝必買攻略

日本藥妝店不僅在當地居民生活中扮演著重要角色，也是訪日觀光客的重要行程之一。藥妝店內商品種類繁多，涵蓋醫藥品、日用品、食品等，幾乎滿足所有生活需求。經過安全認證的高品質商品以親民價格提供，物超所值；尤其訪日觀光客享有免稅優惠，這些好貨一定要到日本買才最划算！

♥ 用CANMAKE打造可愛亮麗妝容

♥ 日本美妝健康小物攻略

♥ 旅行、居家，緩解身體不適的常備保健品專家

♥ 身體僵硬痠痛等各種惱人症狀就找久光製藥的家庭常備藥

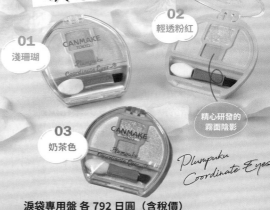
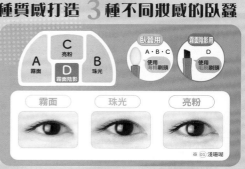
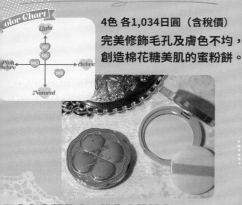

日本美妝
健康小物攻略

經典商品搶先關注！

日本大大小小的藥妝店實在太好逛，
推陳出新的新商品更是令人眼花撩亂，
不過有幾樣口碑持續發燒的美妝及
健康小物可千萬別錯過，
鎖定後快速下手準沒錯！

＊商品價格皆為含稅價

推薦店鋪

藥妝店

松本清藥妝店	Sundrug藥妝店
大國藥妝店	驚安殿堂・唐吉訶德
鶴羽藥妝店	Welcia藥局
杉藥局	Cocokarafine藥妝店

トフメルA
TOFUMEL A

第2類医薬品

三宝製薬株式会社

¥1,650 / 40g

舉凡寶寶的尿布疹、孩童的切擦傷、媽媽的
手腳皮膚乾裂、爸爸刮鬍子時不小心的割
傷、老年人的褥瘡、燙傷等都能使用，而且
不會留下疤痕，自1932年上市以來就獲得
許多顧客的支持，是每個家庭裡一定要有
一罐的常備藥。
燙傷或流血時可在傷口塗上厚厚一層的軟
膏，對付皮膚乾裂可在塗抹後配合按摩來
促進吸收。

救心カプセルF

救心膠囊 F 第2類医薬品

救心製薬株式会社

¥1,650 / 10顆
¥4,510 / 30顆

「救心膠囊F」是由天然生藥製成，可有效舒
緩心臟泵血功能減弱造成的「心悸」、血液
循環不暢因而無法帶給全身充足氧氣所導
致的「呼吸困難」，以及眩暈、站起來時發
暈、注意力無法集中、「意識模糊」等症狀。
救心膠囊F為小型膠囊，不僅方便服用，也
可以迅速吸收藥效成分。製造工廠使用最
新設備，並擁有嚴格品質管理規範。

ロイヒ膏TMロキソプロフェン
ロイヒ膏TMロキソプロフェン 大判
ROIHI‐KOTM LOXOPROFEN 第2類医薬品
ROIHI‐KOTM LOXOPROFEN Large

ニチバン株式会社

¥1,078 / 7片
¥1,738 / 大尺寸7片

受到大家熱烈支持的「ROIHI-TSUBOKOTM」
系列產品推出了「ROIHI‐KOTM LOXOPRO-
FEN」貼片！使用消炎止痛成分氯索洛芬鈉
的溫熱型舒適貼布。可緩解肩膀酸痛、腰痛
等，功效直達疼痛深處且持續24小時，1天1
貼即可。舒適無味，辦公或外出時皆可使
用。貼布不易皺摺，大尺寸亦可貼於腰部。
請認明印有「ROIHI-TSUBOKOTM」的
「ROIHI博士」的紫色包裝外盒！ TM: trademark

正露丸シリーズ

正露丸系列

大幸藥品株式會社

正露丸：￥1,342 / 100顆
正露丸糖衣錠A：￥1,210 / 36錠
正露丸Quick C：￥1,100 / 16顆

「正露丸」是擁有120年歷史，備受青睞的居家常備藥，在日本緩解腹瀉的藥品中不僅是市占率第一，針對「軟便」、「拉肚子」、「因食物或飲水引起的腹瀉」等症狀也有很不錯的效果。

「正露丸」系列也有藥品氣味較淡的「正露丸糖衣錠A」，以及「只有在日本才買得到」、氣味淡、攜帶方便、溶解速度快的膠囊型正露丸「正露丸Quick C」。來日本旅遊時，歡迎選購！

龍角散ダイレクト®スティック ミント・ピーチ

龍角散®清喉直爽顆粒　第3類医薬品

株式會社龍角散

顆粒型：￥770 / 16包
口含錠型：￥660 / 20錠

在日本熱銷超過200年的咽喉藥「龍角散」經過改良，設計成可直接服用的條狀包裝。有薄荷與水蜜桃口味的顆粒製劑，在口中會如薄雪般迅速融化。同系列產品中也有口含錠型，為芒果加薄荷的香醇清涼口味。本產品可改善因咳痰、咳嗽、喉嚨發炎引起的聲音沙啞、喉嚨痛及喉嚨不適等症狀。無需配水服用，細微粉末的生藥成分，直接作用於咽喉黏膜，發揮效果。

イボコロリ

Ibokorori

橫山製藥株式會社

￥1,350

第2類医薬品

1919年在日本發售的居家常備藥Ibokorori是擁有百年歷史的長壽商品。無論是在一百年前，還是一百年後的現在，治療腳底的雞眼、硬繭，或是身上的病毒疣的常備藥其實少之又少。在日本，要找這類症狀的醫藥品，幾乎所有人都會先想到Ibokorori。Ibokorori在日本就是如此獨一無二地在醫藥界占有一席之地。

オロナインH軟膏

Oronine H Ointment

大塚製藥株式會社

￥660

第2類医薬品

Oronine H Ointment是日本治療皮膚相關症狀的常備藥，舉凡青春痘、傷口、龜裂、輕微燙傷、凍瘡都可使用。

50公克軟管直立式包裝，單手即可開關瓶蓋，方便又衛生，平時可放在家中以備不時之需，當然也便於攜帶，外出時也可攜帶使用。

在家準備一瓶Oronine H Ointment，平時方便使用，享受舒適的每一天。

旅行、居家，緩解身體不適的常備保健品專家

1 鼻水、鼻塞、打噴嚏

鼻通「噴液劑」(定量)在日本國內市售鼻噴劑中，使用人數位居前茅，是針對鼻塞、鼻水、打噴嚏快速有效的鼻噴劑。
可定量噴出藥劑、鼻水不會倒流回容器裡，使用方便又衛生。
Stonarhini S爽鼻適口服錠是針對鼻炎的口服藥，
1天服用1次，1次服用1顆(起)即可長時間減輕鼻炎症狀。

鼻通「噴液劑」(定量)

30mL

第2類医薬品

Stonarhini S爽鼻適口服錠

12錠/18錠/24錠

第2類医薬品

不刺激鼻腔黏膜的噴霧設計，推薦第一次使用鼻噴劑的患者使用。

雙層構造的藥錠可分別在不同時間於胃與腸道溶解，藥效可長時間有效。

2 依疲勞類型選擇最適合的Yunker

Yunker系列產品是可確認療效的醫藥品營養補充飲料，
推薦於身體疲憊時飲用，補充營養。
勇健好寶力是長賣半世紀以上的熱銷商品。
勇健好黃帝DCF不含咖啡因，勇健好Star是Yunker系列最高傑作。
(Yunker系列添加最多天然藥物商品)

勇健好寶力
ユンケル黄帝

30mL/30mL×3/30mL×10

第2類医薬品

勇健好黃帝DCF
ユンケル黄帝DCF

推薦睡前或是作為感冒時的營養補充品飲用。

30mL/30mL×3

第2類医薬品

勇健好Star
ユンケルスター

50mL

第2類医薬品

推薦作為身體疲憊時的營養補充品飲用。

推薦疲勞持續不退或需要再加把勁時飲用。

3 惱人的頭痛、生理痛、發燒

痛護寧膠囊α200中的有效成分布洛芬
以液狀封入膠囊之中，可快速溶解、
發揮功效是痛護寧的特色。

痛護寧膠囊α200

12顆/24顆/36顆

指定第2類医薬品

不含嗜睡成分，工作或開車也可服用。

4 預防牙周病、緩和症狀

雅雪舒系列牙膏是預防和緩和牙周病症狀的全方位口腔保健產品。
雅雪舒可緩和牙齦腫脹、出血、口臭等症狀,是長期熱賣商品。
藥用雅雪舒美白牙膏(商品名稱:藥用雅雪舒b)添加天然草藥,可以美白牙齒。

藥用雅雪舒美白牙膏
(商品名稱:藥用雅雪舒b)

雅雪舒牙膏

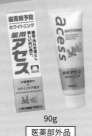

推薦想預防蛀牙和牙周病,
也想美白牙齒的人使用。

90g

医薬部外品

無研磨劑,不造成變得脆
弱的牙齦的負擔。
潔牙後口氣好清爽!

60g/120g/160g

第3類医薬品

5 預防嘴唇乾燥等問題,打造水嫩美唇

低刺激性、高保溼效果的護唇膏可預防嘴唇乾燥等問題,
有「無香料」和「香草」兩種。
添加「玻尿酸鈉」、「乳木果油」、「蜜蠟」、「琉璃苣籽油」等保溼成分,打造水嫩秀唇!

Uriage保溼護唇膏(無香料)

Uriage保溼護唇膏(香草)

可在擦口紅之前塗一層
打底的護唇膏。

4g

化粧品

4g

化粧品

6 保護嬰兒的嬌嫩肌膚

保嬰膚軟膏有10種功效,對尿布疹、汗疹、溼疹、
皮膚炎、潰爛、接觸性皮膚炎、發癢、凍瘡、蚊蟲叮咬、
蕁麻疹都有效。
軟膏未添加類固醇,嬰幼童及成人都可使用。
曾在2016年只有育兒媽咪才可以投票的日本
Mother's Selection 大賞 2016 獲獎。

保嬰膚軟膏

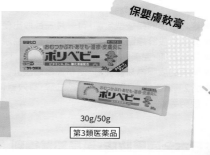

旅行伴手禮的
人氣商品。

30g/50g

第3類医薬品

身體僵硬痠痛等各種惱人症狀就找久光製藥的家庭常備藥！

1

今天痠痛貼，明天舒適天

サロンパス *Salonpas* 撒隆巴斯® 120片 第3類医薬品

日本上市90週年的長賣熱銷商品

- 成分含有10%水楊酸甲酯，是撒隆巴斯®史上最高濃度，有效深層滲透。
- 貼布溫和柔軟，具伸縮性服貼不緊繃。
- 貼布尺寸較大，可完整貼覆僵硬痠痛部位。
  ※與撒隆巴斯®Ae比較
- 採用低調的米色底布，穿著淺色系衣物時也不引人注目。
- 採用不易剝離的「圓角®」設計，即使衣物摩擦也不易脫落。

2

硬幣大小的穴道用痠痛貼布
撒隆巴斯®Tsubokori®貼布 160片

第3類医薬品

← 原尺寸大小
直徑2.5公分

- 成分含有生藥，溫熱刺激改善患部血流，有效緩和僵硬痠痛症狀。
- 圓形迷你尺寸可貼於肩膀、後背、腰、小腿腹等任何部位，無需煩惱貼覆位置。
- 柔軟伸縮性素材，可放心貼於關節處也不易剝落。
- 帶有些許香氣，外出貼覆也不在意。

3

のびのび® サロンシップ® フィット Nobinobi®撒隆適布®Fit® 10片 第3類医薬品

一點都不占行李箱空間！
久光製藥自己的輕巧貼布藥

- 輕巧環保的口袋型包裝，可一片一片取出使用。
- 改圓角設計讓貼布不易勾住衣物，更不易脫落。
- 伸縮自如，完美貼合關節部位。
- 背面的膠膜為易撕設計，貼布為易貼設計。
- 含2%消炎鎮痛成分水楊酸乙二醇，有效對付肌肉痠痛疲勞等症狀。

在日本全國藥妝店、藥局都買得到♪

4 世界超過120個國家使用的鎮痛成分 雙氯芬酸鈉

フェイタス Zα Feitas® Zα Dicsas® 21片 第2類医薬品

- 有效成分(雙氯芬酸鈉)可有效對付劇烈疼痛。
- 含有3.5%左旋薄荷醇,提升效果。
- 散發淡淡香氣,不引人注目、不干擾睡眠。
- 可全方位伸縮,與肌膚完美貼合。

フェイタス Zα 温感 Feitas® Zα Dicsas® 溫熱 14片

第2類医薬品

- 含2%有效成分雙氯芬酸鈉的經皮消炎鎮痛貼劑。
- 在緩和肩頸、腰部、關節、肌肉等強烈疼痛上有相當良好的效果。
- 發揮王酸香蘭基醯胺的功效,舒適的溫熱效果。
- 帶有些許香氣,就寢或待在人群中時都無需擔心。
- 可全方向伸縮,完美貼合肌膚。

5 養成洗腳新生活習慣! 用殺菌力洗淨腳臭髒汙!

Butenalock® 洗腳乳 80g **ブテナロック 足洗いソープ**

医薬品部外品

- 殺菌成分水楊酸可殺死足底細菌並消毒。
- 添加薄荷醇,清涼持久舒適。
- 綠色茶樹精油帶來溫和清涼的香氣。
- 綿密起泡,使用起來溫和舒適。
- 出廠數量已累計超過400萬瓶。

6 以溫熱效果有效對付僵硬痠痛

温熱用具 直貼 肩・首用 溫熱用具 直貼® S尺寸 12片 医療機器

- 本產品為醫療器械,發熱至約40℃後持續約6小時,可輕鬆獲得「溫熱效果」。
- 發熱片採用雙發熱點設計,溫熱範圍更廣,觸感柔軟且可完全貼合身體曲線。
- 透過溫熱效果改善患部的血液循環,舒緩肌肉痠痛、神經痛及肌肉的緊張疲勞。

縮減包裝資材尺寸，
新包裝更環保。

Rinku Town

歡迎光臨 臨空城
前往關西機場的最佳停留住宿點

關西臨空城位於大阪府泉佐野市，緊鄰關西國際機場，是一個結合購物、美食、娛樂與休閒於一體的綜合性度假區。這裡擁有壯觀的臨海景觀與便利的交通連結，讓來自世界各地的旅客輕鬆抵達。推薦安排回國前來這裡住一晚。臨空城內的Rinku Premium Outlets是遊客最愛的購物天堂，彙聚了250多家國際知名品牌與日本品牌，無論是時尚服飾、精品配件還是家居生活用品，都能以優惠價格盡情選購。而臨空海灘公園（Rinku Park）則是散步、放鬆心情的理想場所，更是欣賞大阪灣壯麗日落的最佳觀景點。無論是享受悠閒時光還是品味當地美食，都能在關西臨空城找到讓人流連忘返的樂趣，是探索關西地區的完美終點。

6大亮點搶先看

① 關西最大暢貨中心
Rinku Premium Outlets
② 臨空城最具代表風景
SEACLE
③ 高品質住宿體驗
OMO關西機場 by 星野集團
④ 藥妝採購最後一站
Cosmos Rinku
⑤ 24小時不打烊超市
TRIAL
⑥ 離境機場全新改變
關西國際空港

亮點 ① 超大暢貨中心，安排一整天都不夠逛！

Rinku Premium Outlets

Rinku Premium Outlets坐落於關西國際機場對岸，是西日本規模最大的購物中心，整體建築風格融合美式露天購物村與現代感設計，讓旅客在輕鬆愜意的氛圍中享受購物樂趣。無論是時尚服飾、還是各種家居用品、戶外運動品牌，都能以優惠價格購得，為消費者帶來超值選擇。也設有國內唯一的KitKat專賣店，集合多種日本限定的KitKat商品，不同口味與包裝的巧克力更成為遊客間熱門伴手禮選項。

需要的服務設施一應俱全！

除了購物外，Rinku Premium Outlets的餐飲選擇也非常豐富，兩大美食區「臨空Dining」與「世界美食廣場」提供眾多特色餐廳以及多樣日式與西式甜品店。臨空Dining更設有開闊的觀景窗，讓顧客在享用美食的同時，也能一覽大阪灣與臨空公園的絕佳景色。這裡也提供充足的親子設施與便利服務，如寬敞的哺乳室、遊樂區等，讓帶小孩的家庭也能輕鬆遊玩。

感受Snow Peak露營魅力！

在新開設的「Seaside Park」區域可眺望無際藍天、大海與搖曳的椰子樹，仿佛置身於海外度假村。平坦的海濱步道非常適合散步和跑步，傍晚的夕陽美景更是不容錯過。Snow Peak在戶外設有五棟「住箱（Juubako）」移動屋，每棟都散發著木質溫暖氛圍，設備齊全，包含空調、床鋪及舒適的座椅。住宿客人還可以使用店內的烹飪設備製作早餐，享受手作美食的樂趣。併設的「Snow Peak Café & Dining」餐廳則能在用餐時眺望海景，感受獨一無二的住宿及美食體驗。

INFO

☎072-458-4600
🏠大阪府泉佐野市りんくう往来南3-28
🕐10:00～20:00，餐廳11:00～21:00，咖啡9:30～20:00
🚫不定休
🌐www.premiumoutlets.co.jp/rinku/
❗外國遊客至服務中心填線上問券可得到折價券

亮點② 巨大摩天輪與海景，是港濱特色地標

臨空遊樂城SEACLE

臨空遊樂城SEACLE早在2007開幕後，便在臨空城佔有一席之地。設計理念著重於創造一個可以連結「人」、「地方」及「環境」的豐富生活空間，以滿足當地居民和旅客的需求為宗旨，融合了娛樂、購物和休閒的多樣化設施，是大阪南部地區的一個重要地標。這裡擁有六家核心商店和78家小型商店，致力於打造一個讓所有年齡層的遊客都能享受的場所。

多樣化的娛樂設施

臨空遊樂城與JR線及南海電鐵相連，通過步道橋就能連通Rinku Premium Outlets，方便遊客串聯行程。高達85公尺的巨型摩天輪「臨空之星」是最受歡迎的景點。這座摩天輪是關西地區最大的，可以欣賞壯觀的大阪灣及周邊景色，尤其在夕陽西下時更是迷人。這裡不僅提供娛樂設施，還有多元的購物選擇、多家餐廳及美食廣場，滿足各類型顧客的需求。

臨空岩鹽之湯享受湯浴

在商場旁，還有使用從印度喜馬拉雅山脈進口的「黑紅喜馬拉雅岩鹽」的溫浴設施「臨空岩鹽之湯」，這些岩鹽是由地殼變動所形成的海水長期結晶而成，又被稱為海的化石。在大浴場中除了岩鹽，還溶入了碳酸鈉，為來自世界各地的湯客提供獨特的沐浴體驗。臨空遊樂城SEACLE不僅是購物的好去處，也有能觀賞壯麗風景的摩天輪、享受水療設施，或是探索各種商店，臨空遊樂城SEACLE是來關西時必須造訪的熱點。

INFO

☎072-461-4196
📍大阪府泉佐野市りんくう往来南3
🕐10:00～20:00，摩天輪10:00～21:00，臨空岩鹽之湯9:00～24:00
📅不定休
🌐www.seacle.jp

亮點③ 關西機場住宿真心推薦，美食、泡湯一次滿足～

OMO關西機場 by 星野集團

OMO系列飯店進駐臨空城，光是絕佳的地理位置還不夠看，星野集團的優值服務與空間設計感，讓臨空城一帶的住宿水平又再往上提升了一個層次。對於在旅途中需要短暫休息或等待航班的旅人來説，從車站步行到飯店僅需1分鐘，而從車站搭乘電車一站便可輕鬆抵達關西國際機場。同時OMO關西機場內設置了航班資訊顯示器，方便隨時掌握航班動態。為了進一步提升便捷性，還提供自助退房服務，節省了排隊浪費的時間。如果攜帶較多行李，飯店還提供免費的接駁巴士服務，讓旅客無須擔心交通間搬運行李的問題。

必泡6種湯池

多樣化的大浴場正是OMO關西機場體貼旅人的設施。限定住宿旅客才能使用的大浴場共有六種浴池，包括能感受到海風吹拂的半露天浴池、一人專用的壺湯、蒸氣桑拿與冷水池等，其中能感受微微電流在皮膚上刺動的電氣風呂，與在幾分鐘就有無數個細小氣泡在皮膚上跳動的碳酸風呂等，讓泡湯時光不再單調無聊，也為旅客提供了舒適且放鬆的空間，在忙碌的旅途之後能夠徹底舒緩身心。

絕景餐廳享用大阪特色餐食

OMO關西機場的21樓設有景觀絕佳的餐廳，以天空與雲朵為設計主題，空間寬敞且明亮。餐廳供應豐富的自助餐，早餐時段可以享受到現場製作的鬆軟煎餅；對於趕時間的旅客還提供方便攜帶的外帶餐盒，讓旅客能在旅途中輕鬆享用美食。晚餐時間提供鐵板燒牛肉與大阪著名的串炸，搭配冰涼啤酒，讓人邊享受美食邊欣賞大阪灣景色，別有一番風味。

INFO

☎ 050-3134-8096

📍 大阪府泉佐野市りんくう往来北1-833

🕐 Check in 15:00~, Check out~11:00

💴 一室一晚¥16000起

🌐 hoshinoresorts.com/zh_tw/hotels/omokansaiairport/

亮點④　**大型藥妝生活百貨店，一次就買齊！**

Cosmos Rinku

　　要離開關西，才發現還有許多藥妝、日用品沒有補貨嗎？臨空城的Cosmos佔地逛大，藥妝品項應用盡有，賣場也開設了一區結合生活日用品的展示架，連飲料、食物、調味料等食品也一應俱全。價格比一般便利商店來得便宜，又可以退稅。只是因為附近競爭者少，打折特價商品不算太多，而且網路優惠券太多無法使用，又要注意關店的時間，推薦想省錢的人還是在城市裡比價購買，把這裡當作是行程結束前的最後補貨點，才是聰明！

INFO
☎072-458-0601
📍大阪府泉佐野市りんくう往来北1-829
🕙10:00～22:00　休不定休
🌐www.cosmospc.co.jp

亮點⑤　**24小時購物超市，買好買滿還能退稅！**

TRIAL

　　入住臨空城飯店夜貓子的好去處！TRIAL是一家24小時營業的綜合超市，提供各種商品，包括食品、日用雜貨、藥品、衣物、休閒用品、家電及汽車用品等，滿足顧客的多樣需求。這幾年才進行了翻新，空間夠大，逛起來很舒適；不但提升了購物便利性，還有退稅服務。雖然說是24小時營業，但若想要買生鮮蔬果、即食的熟食等，還是建議要在一般時間前往，因為半夜清晨的選擇不多。但若是想要血拼買些日用品回國，半夜清晨人少，退稅快速不用排隊太久。

INFO
☎072-458-3288
📍大阪府佐野市りんくう往来北1-10
🕙24小時　休不定休
🌐www.trial-net.co.jp
🔴退稅：全部結帳後再將物品帶至退稅櫃台進行包裝手續，並退取現金。

亮點⑥ 離開日本前的機場也超級好買！

關西機場全新改變

關西國際機場自2021年開始進行大規模的翻新工程，2023年底完成國際線一部份設施，2025年春季為迎接大阪萬博，關西國際機場將盛大開幕，屆時4樓的國際線安檢區域將整合並擴大，為旅客提供更舒適、流暢的安檢服務。此外，國際線貴賓室和入境區也將進行翻新和移設，使主要功能更加完善，令人期待！

出境前 | 國內線2F購物美食區

本區是關西國際機場翻新的第1階段工程。美食街Tasty Street提供6家餐飲店和2家零售商店，像是大阪咖哩專門店「カレーハウスサンマルコ」、道頓堀神座拉麵、神戶的551包子等，充滿關西特色的美食齊聚，讓人食指大動。另外像是大阪

的土產專賣店「關西旅日記」提供不少伴手禮，還有LAWSON便利商店，不要錯過。

出境後 | KIX DUTY FREE

KIX DUTY FREE是通過型免稅商店的主要亮點，提供各類商品，如世界知名品牌的化妝品、來自全球的烈酒和香煙，以及人氣日本點心，讓旅客在登機前能盡情享受購物樂趣。為了提升顧客體驗，KIX DUTY FREE還提供網上預訂服務，旅客可以在出發當天的專用領取櫃檯提取商品，訂購截止時間為出發前3小時內，讓購物流程更加順暢。

出境後 | 中央區

出境大廳的中央區以4大主題「Fun」、「Curious」、「Active」及「Peaceful」切割區域，進駐了9間餐廳與16間商店。每個區域內都設有符合其氛圍的商店和餐廳，提供豐富的時尚商品、雜貨及伴手禮。除了HERMÈS與CHANEL等知名高級品牌外，還有許多首次進駐日本國際機場的品牌值得一逛！像是以兒童服飾聞名的「Miki House」、家電專門店「Japan Tech」以及動漫周邊「Anime hunt」等。中心象徵性空間「PLAZA」，其動感設計靈感來自日本建築，配有獨特的屋頂和柱子，並設有長椅供旅客休息，讓人在享受購物和用餐後可以輕鬆等候登機。

> **關西國際空港翻新計劃**
> 2022年10月：「日本國內線」2樓新區域完成。
> 2023年12月：「國際線出境區」中央4大主題商業區與休息區完成。
> 2025年春季：「國際線安檢區」與3樓的「國際線貴賓室」完成。
> 2026年秋季：「國際線出境區」的南北商業區擴建完成，新店鋪啟用。

京都府

兵庫県

滋賀県

大阪府

奈良県

三重県

和歌山府

大阪

おおさか

梅田‧大阪駅

うめだ‧おおさかえき

Umeda‧Osaka Station

梅田是大阪的交通樞紐，JR大阪站、阪急梅田站、阪神梅田站都在此交會，還匯集了三條地下鐵：御堂筋線、四つ橋線、谷町線通往大阪市區各地。梅田也是熱鬧的商業區，有高層大樓、大型百貨公司，還可見到鬧區內突出於頂樓的紅色摩天輪。車站地下更有日本最早的車站地下街，每天逛街與搭車的人潮川流不息，初次進入地底下的龐大商場，必定驚訝於它的錯綜複雜，因為就連當地人都可能迷路呢！

怎麼搞懂 梅田、大阪車站地下街

以梅田、大阪車站為中心的區域，車站、地下街、地上商場大樓等彼此串聯，精采多樣好逛又好買，地上建築以百貨商場為主，相當好辨認，但小店、美食齊聚的五大地下街(B1、B2)，區域範圍廣大又彼此相連結，光是「大阪駅前地下街」商店就超過360家以上，常常一不小心就會失去方向。建議先在地圖上辨識五大地下街區域及四周的車站名，心理先有個底，除非隨興亂逛，否則若有特定目標，最好鎖定是哪個商場、哪一層樓，且到處都有指標及商場區域地圖，暫停稍看一下，比較不浪費時間。

交通路線 & 出站資訊

電車

JR大阪駅➡大阪環狀線(1-2號月台)；ゆめ咲き線(往日本環球影城夢想花開線，1號月台)；關西空港線(1號月台)；大和路線(1號月台)；阪和線(1號月台)；JR寶塚線(快速3-4號月台，普通3-4、6號月台)；JR神戶線(快速、新快速3-4號月台，普通5-6號月台)；JR京都線(快速、新快速8-10號月台，普通7號月台)；湖西線(新快速8號月台，普通7號月台)。往北陸、岐阜、名古屋地區特急列車(9-10號月台)；往東京、東北、北海道的寢台列車(10號月台)；往關西、山陰地區特急列車(3-4、9號月台)。

大阪地下鐵梅田駅➡御堂筋線
大阪地下鐵東梅田駅➡谷町線
大阪地下鐵西梅田駅➡四つ橋線
阪神梅田駅➡阪神本線
阪急梅田駅➡阪急神戶線、宝塚線
JR北新地駅➡JR東西線

巴士

機場巴士(リムジンバス)➡以下地點皆可搭乘，請參照機場巴士時刻表。ホテル阪急インターナショナル(阪急國際飯店)、ヒルトン大阪(大阪希爾頓飯店)、ウェスティンホテル大阪(大阪威斯汀飯店)、ザ‧リッツ‧カールトン大阪(大阪Ritz Carlton飯店)、新阪急ホテル(新阪急飯店)、ハービス大阪(大阪HERBIS)

高速巴士
JR巴士➡於大阪駅中央北口旁的JR高速BT(巴士總站)搭乘，可前往東京、横浜、靜岡、濱松、名古屋、金澤、有馬溫泉、白浜、廣島、岡山、博多、四國等地。

近鐵巴士➡於大阪地下鐵東梅田駅7號出口搭乘，可前往東北的仙台、山形、福島；關東的日立、水戶、宇都宮、川越、横浜、東京、新宿、靜岡、富士、甲府、輕井澤；中部的飛驒高山；中國地區的尾道、山口；九州的長崎、熊本、鹿兒島、宮崎等地。

阪神巴士➡於HERBIS ent地下一樓搭乘，可前往中國地區的津和野、四國的德島、今治或東京等地。

阪急巴士➡於阪急三番街高速BT(巴士總站)搭乘，可前往關東的横浜、品川、池袋、澀谷；信越地方的長野、松本、新潟；北陸的富山、金澤、福井、關西的舞鶴、天橋立、湯村溫泉、城崎溫泉、淡路島；中國地區的津和野、出雲、鳥取、米子、岡山、下關；四國地方的高松、德島、松山、高知與九州地方的福岡、長崎、鹿兒島等地。

出站便利通

◎若要搭乘新幹線列車須至JR新大阪駅，從大阪駅可搭乘JR京都線或大阪地下鐵御堂筋線抵達。

◎梅田‧大阪駅地區絕對是全日本最複雜的交通樞紐，比起東京或新宿毫不遜色，不僅擁有多條最早的車站地下街，每天更有60萬人在此轉乘，川流不息的人潮也讓在地下街找路成了一件難事，即使是大阪人都會在此迷路。

◎來到梅田建議盯緊上方的指標前往要去的地方，萬一迷路趕緊開口問人吧，因為地下街複雜程度可能會讓人離目的地越來越遠，若還是無法找到路，建議上至地面，較能夠搞清楚方位。

◎從JR大阪駅中央口出站，左轉走到底即可看到LUCUA osaka。登上手扶梯即可通往GRAND FRONT OSAKA百貨。

◎阪神電鐵梅田駅距離OL熱愛的E~ma購物中心、地下街DIAMOR最近，並直接連通阪神百貨、大丸百貨，距離阪急百貨也頗近。

◎大阪地下鐵谷町線東梅田駅出站是WHITY地下街，要前往露天神社也是從這站最近。

◎前往年輕人最熟悉，頂樓有著摩天輪的HEP FIVE離大阪地下鐵御堂筋線的梅田駅較近，從H28口出站，而5-42口出站就是JR大阪駅御堂筋口。

◎想買電器用品從大阪地下鐵御堂筋線的梅田駅下，從3-4口出至地面即連接。

◎阪急電鐵的梅田駅距離最為遠，如果要拖行李轉乘要有心理準備。

◎阪急電鐵梅田駅的茶屋町口出口，徒步1分鐘，即抵達NU chayamachi和NU chayamachi Plus。

GRAND FRONT OSAKA 薦 おすすめ

北梅田區域話題，與其他百貨串聯成為大阪最強逛街區域。

📍別冊P.17,B3 ☎06-6372-6300 🏠大阪市北區大深町4-1(うめきた広場)、4-20(南館)、3-1(北館) 🛍購物11:00~21:00，餐廳、UMEKITA DINING(南館7~9F) 11:00~23:00，UMEKITA CELLAR(うめきた広場B1F)10:00~22:00，UMEKITA FLOOR(北館6F) 11:00~翌2:00，週五六至翌5:00，週日例假日至23:00 🌐www.grandfront-osaka.jp

　GRAND FRONT OSAKA位在大阪梅田的北邊重劃區，分為南館、北館與うめきた廣場三個部分。與西日本最大的運輸車站大阪駅相連，網羅了來自各地的時尚、生活、美容、咖啡、美食相關店舖共266間，其中不乏初次登入關西的時尚品牌、流行服飾旗艦店等，以生活、興趣類的店舖比例較高，而店內也比一般百貨的空間更加廣闊，逛來也更舒服。除了一般的購物之外，GRAND FRONT OSAKA更設置了知識發信中心The Lab.。人們相信知識就是力量，分為三個樓層的The Lab.藉由實際觸摸、解說來啟發每個人的創造力，藉由知識的力量來創造全新未來。整體空間環境大量運用綠色植栽與流水，除了平一樓平面樓層，在頂樓也設有空中花園，創造出都會性的散步小徑。

搭上UMEGLE-BUS輕鬆玩北梅田

在梅田地區，綠色的車身與巴士站牌就是這裡的標誌！這趟巴士巡迴路線專為觀光、購物或商務旅行而設計，讓你輕鬆穿梭於繁華的梅田。全程約30分鐘的路線，不僅便利實用，還能在車窗內欣賞不斷變遷的梅田市景，宛如一場迷你觀光巡遊。車費在下車時投入運費箱即可，也可使用一日乘車券，只需在下車時出示給司機。此外，也支援IC卡支付(如PiTaPa、ICOCA、hanica等)，上下車時記得在感應器上刷卡，享受無縫接軌的旅遊體驗。

💰一次¥100，1日乘車券¥200

ART SCRAMBLE

這是GRAND FRONT OSAKA投注心力所推廣的藝術項目，希望將藝術融入日常生活，帶來每次不同的感受。在北梅田多處展示多位新進藝術家的作品，讓人們在日常生活中遇見藝術，激發出新的靈感與創新。這裡是文化與創意的交匯點，鼓勵來訪者與藝術互動，創造出更多感動與啟發，讓「ART SCRAMBLE」成為生活中的新亮點。無論天氣、時間或心情，每次欣賞作品都會有新的發現。

☕ CAFE Lab.

☎06-6372-6441 🏠GRAND FRONT OSAKA北館1F ⏰平日9:00~21:00，週末及公休日8:00~21:00 💰藍莓果醬霜淇淋¥561 🌐kc-i.jp/facilities/thelab/cafelab/

　分為三樓層的The Lab.以實驗創造、咖啡空間與活動展場三個主題各自呈現。北館1樓的CAFE Lab.是一般人最容易接觸並進入的空間。CAFE Lab.賣的不只是咖啡，以知識發信地為己任，創造出一個充滿交流的空間。開放的空間中設置書架放置新刊書籍雜誌供人取閱，特地引進34台電子載具，讓人利用最新的知識科技閱讀，並感受電子書籍的魅力。

無印良品 GRAND FRONT OSAKA

☎06-6359-2171 ⚲GRAND FRONT OSAKA北館4F
11:00~21:00 🌐www.muji.com/jp/flagship/
grandfront-osaka/

與衣食住行相關的各項商品集結，關西區域最大的展示空間中，不只讓人重新感受無印良品的優雅與質感，更特別的OPEN MUJI希望能與人在此一同料理、親子體驗、學習新知等；再加上MUJI BOOKS的精選書本，讓人與人在此擦出新火花。另外這裡也設有刺繡工房，只要花點工本費就能夠在衣物上繡入標誌，成為獨一無二的饋贈品。

紀伊國屋書店 GRAND FRONT OSAKA店

☎06-7730-8451 ⚲GRAND FRONT OSAKA南館6F
11:00~21:00 🌐www.kinokuniya.co.jp

分店四散的紀伊國屋書店，特地入駐GRAND FRONT OSAKA，提供一個充滿書香，讓人能愉悅閱讀的空間。井然有序的書架與令人放鬆的咖啡空間、選入日本老舖文具店的商品，並不定時舉行作者簽名見面會等，空間寬闊讓人能夠毫無壓力，在此找到自己心中的那一本書冊。

大坂おでん 焼とん 久

☎06-6374-8999 ⚲GRAND FRONT OSAKA南館7F
11:00~23:00 🄢甘辛出汁のトマト肉豆富膳(番茄肉豆腐午間套餐)¥1100

位在南館7樓UMEDA DINING的「久」，外觀普通的居酒屋裝潢，內部有個開放式廚房讓人能一窺料理人的英姿。這裡賣的是以德島阿波、鳴門等地物產製成的關東煮、烤豬肉串等料理。中午時段前來用餐，還能吃到主廚特製的肉豆腐，滷得夠味的料理十分下飯，讓人胃口大開。

茅乃舍

☎06-6485-7466 ⚲GRAND FRONT OSAKAうめきた広場B1F 10:00~20:00 🌐www.kayanoya.com

若說日本料理的基本是淡白，那麼湯頭便是其靈魂。位在UMEKITA CELLAR的茅乃舍是源自福岡的醬油老舖，將多年的釀造經驗活用於各式調味料上，調出了日本人最愛的味道。由不同素材組成的高湯包最是人氣，只要丟入水中便能吟味各式湯頭，是日本主婦們搶購的目標。

GARIGUETTE OSAKA

薦 おすすめ

☎06-6476-8559　🏠GRAND FRONT OSAKAうめきた広場1F　🕐11:00~19:00　💲拿破崙派 ¥1200　🌐gariguette.jp

爆紅的手持式新食感千層派。

　2022年突然竄起的新品種甜點，把往常在店內才能品嚐的千層派做了改良，可以外帶邊走邊吃，而GARIGUETTE就是帶起這波風潮的領頭羊！**店內彌漫著奶油的香氣**，疊成高塔的圓餅型派皮，焦黃金香讓人看了口水直流，多項口味讓大家瞬間出現選擇障礙，幸好還有**half-half**的貼心雙拼可以一次品嚐到**兩種滋味**。若是外帶店家也會貼心地提供保冷袋跟保冷劑，讓美味的千層派隨時處於新鮮的最佳食用狀態。

一口咬下香酥甜膩交織，馬上後悔剛剛沒有多買幾份。

🎁 GALERIE VIE

☎06-6359-2886　🏠GRAND FRONT OSAKA南館2F　🕐11:00~21:00　🌐store.tomorrowland.co.jp/store/galerievie/広場

　去掉過多裝飾，選用自然透出時間光澤的布料、染上能感受季節走過的顏色，配上稍有設計的飾品、旅行感小物，GALERIE VIE**藉由充滿自我主張的服裝，人們就會發現那從不曾改變，最真實的自我。**

🧁 Qu'il fait bon

☎06-6485-7090　🏠GRAND FRONT OSAKA南館2F　🕐11:00~21:00　💲赤いフルーツのタルト(紅色莓果塔)單片¥803(內用)、¥788(外帶)　🌐www.quil-fait-bon.com

　以水果塔聞名的Qu'il fait bon在關東打出響亮的名號，首次進軍大阪便選在GRAND FRONT OSAKA中設店，每到下午茶時間便排滿人潮，水果塔的魅力正颳起旋風。以季節水果製成的水果塔每個看來鮮豔欲滴，在店內享用可搭配紅茶或咖啡。外帶較不用排隊，也可購買雜貨、餅乾。

薦 KITTE大阪

別冊P.17,B4
06-7739-4800 大阪市北區梅田3-2-2
1～5F 11:00～20:00、6F 9:00～23:00、B1 7:00～23:00（依各店而異） osaka.jp-kitte.jp

北梅田2025最新區域話題！

與JR大阪駅西口的JP TOWER共構的KITTE大阪，從地下1樓到地上6樓的全新商場，**2樓Feel JAPAN Journey規劃成日本其他都道府縣土產專賣店，從北海道到九州都有設立商店，在這邊可以將日本各地土產一網打盡**！3樓以上設置了各種餐飲店，除了大阪當地的老店與名店之外，也有從全國各地特別邀請來開設分店的在地料理，一到用餐時間往往都是大排長龍，要嚐鮮需要多點耐心等候。

> 原址是大阪郵政總局，所以內部也保存了當時郵政總局的磚牆。

> 午餐時段整體CP值非常高，推薦大家都來吃吃看！

班傑明牛排館

Benjamin Steakhouse
06-6440-7733 KITTE大阪5F 平日午餐11:00～15:00、晚餐17:00～23:00，週末假日11:00～23:00
丁骨牛排午間套餐 平日￥5500／週末假日￥7700
benjaminsteakhouse.jp/location/kitteosaka/

來自紐約的班傑明牛排館雖然是高級牛排餐廳，卻**以佛心價格提供平日5千、假日7千日圓的高級丁骨牛排午餐套餐**！牛排建議點3分熟，微生的狀態肉質非常柔軟美味，吃得到牛肉的鮮甜。綠色的菠菜泥更是前所未有的美味，只用菠菜沒有使用奶油增香，卻可以做出非常順滑的口感！其他沙拉湯品配菜也都超好吃，餐後有提供一杯咖啡或是紅茶，還可以另外加價700日圓就會有好吃的蛋糕。

あのん CAFE

6-6476-8102 KITTE大阪 2F 8:00～21:00 手焙綠茶￥650、季節水果聖代￥2200 www.a-n.kyoto.jp 只接受信用卡或是其他電子支付，不能使用現金結帳。

來自京都祇園的あのん咖啡位於KITTE大阪二樓，是京都物產店「京今日」附設的餐飲區，從梅田大丸連接空橋走過來時候，會是第一間迎接訪客的店鋪，也與其他都道府縣的物產店稍微隔離，非常京都氣氛！**內用區需要先自行找到座位後使用桌上QR碼點單，京都產的抹茶類飲料可以選擇外帶或是內用**，而非常精緻的當季聖代或是刨冰等點心只有內用可以享受。

薦 Grand Green Osaka

おすすめ

🛍別冊P.17,B3　🏠大阪市北區大深町6-38（北館），大深町5（南館）　⏰各店鋪各異　🌐umekita.com　ℹ️南館預計於2025年春天開幕，北公園預計2027年開幕。

連結公園與各大商場，串聯起北梅田全新生活態度！

　隨著北梅田大規模開發，在2024年下半後陸續開幕的**Grand Green**，是結合商旅、住居、休閒生活等概念全新規劃的一個都市新綠洲。圍繞著北梅田公園分為南館與北館，目前進駐的店鋪與餐廳並不像其他商場豐富，多為輕食路線。其他還有健身房、書店以及附設藝術工作站等，整體來說走文青路線。「城市中的相遇創造了各種價值，並不斷改善每一個人和整個社會。」就是Grand Green所要實現的城市發展目標。

北梅田公園營造出不同的氛圍，給人輕鬆休閒的居民生活感。

店鋪供餐時間各不同，來用餐的時候也請留意一下時間囉。

🍴 re:Dine 大阪

📷依各設施而異　🏠Grand Green Osaka北館 JAM BASE 1F　⏰11:00～15:00，17:00～23:00，coffee mafia8:00～17:00　💰和紅茶¥410，coffee mafiaうめきた（濃厚手作咖啡凍）¥650　🌐redine.jp/osaka/#shoplist

　re:Dine是一個新興的餐飲店商業模式，在一個店面裡集合了邀請來的各式餐飲店家，複合成一間小型的一站式美食街。裡面結合了中式麻婆麵專賣店、美式快餐、咖啡輕食、精釀啤酒以及日本酒等，門口有小型互動式機器人來協助帶位，座位上使用手機掃碼點餐以及電子支付，接著就等餐點上桌，整個體驗有種近未來的感覺。透過大片落地窗可以眺望外面的公園綠地以及對面的梅田藍天大樓，亦提供了上班族以及旅客們從早到晚的飲食需求。

☕📖 有鄰堂 TULLY'S COFFEE

📞06-6374-1330　🏠Grand Green Osaka北館 2F　⏰11:00～21:00　💰咖啡¥350

　TULLY'S COFFEE與有隣堂在這裡開設了聯名店鋪，結合咖啡與書店的空間，讓人可以一邊享用TULLY'S COFFEE 的美味飲品，一邊沉浸於有隣堂精選的書籍、文具及雜貨中。書店雖然小巧，但選書用心，從新書到小型出版物，每一本書都像在細語，傳遞著特別的信息。此外，這裡還有一個精選的雜貨區，展示了藝術家、作家和小型品牌的精美作品，旨在傳遞創作者的熱情與故事。

LUCUA osaka

おすすめ 薦

別冊P.17,B3　06-6151-1111　大阪市北區梅田3-1-3　購物10:30~20:30，10F餐廳、B2Fバルチカ11:00~23:00　不定休　www.lucua.jp

各式品牌齊全，推薦來這裡逛一圈必能大有所獲。

　　主打女性流行時尚的LUCUA osaka**包含LUCUA和LUCUA 1100兩間百貨**，LUCUA命名來自Lifestyle(生活風格)的「L」，Urban(都會的)的「U」，Current(流行的)的「Cu」，Axis(軸線)的「A」，是**針對上班族的女性提供具高度敏感流行的購物環境的意思**，而LUCUA鮮豔的紅莓色的店LOGO，則是代表著女人味的色彩。位於大阪City Station，與JR大阪駅連結，交通非常便利，提供顧客多元化的選擇。

MOOMIN SHOP

06-6151-1297　LUCUA 8F　10:30~20:30
benelic.com/moominshop/

　　北歐芬蘭的小説家、藝術家Tove Marika Jansson(1914-2001)創造人見人愛MOOMIN，一家子可愛的造型一直深受大小朋友喜愛，這間分店是**MOOMIN(嚕嚕米)西日本的初出店**，對喜歡MOOMIN是一大福音。

どんぐり共和国

06-6151-1405　LUCUA 8F　10:30~20:30
benelic.com/donguri

　　日本吉卜力動畫聞名世界各地，無人不知無人不曉，題材多元豐富，故事情節天馬行空富想像力，每個故事背後都有很深的寓意，看完讓人深深反思，其魅力之大，各國都培養出一批死忠的**吉卜力迷，想收藏周邊商品來這報到**，絕對能滿載而歸。

Das,bitte!byNeue 梅田

06-6459-7324　LUCUA 1100 7F　10:30~20:30
dasneue.jp

　　Neue公司新型態經營的首間店舖，客群針對辛勤工作的女性提供價錢合理高品質有質感的文具，品牌宗旨「Mobile Living」，強調**融入生活風格的文具為提案，因此設計出適合女性使用尺寸大小的文具用品**、皮革小物等。

📖 梅田 蔦屋書店

おすすめ 薦

📞06-4799-1800　🏢LUCUA 1100 9F
🕐08:30~21:00　🌐store.tsite.jp/
umeda/

> 設計感十足，宛如自家般的舒適的閱讀空間，正是蔦屋書店最大的特點。

很多人初識蔦屋書店都是從東京代官山的蔦屋書店入選為世界20家最美的書店之一為開端，也是日本唯一入選的書店。蔦屋書店32年前就以「生活態度為提案」為目標在大阪創業，當時還只是間32坪的小書店，如今又重回大阪開業，梅田蔦屋**書店面積超過1000坪，總藏書多達20萬本，360度的環繞式設計**，依書籍主題來陳列，**提供多達500個座位供顧客坐下來好好閱讀**，店內給人的感覺如同自家般輕鬆自在又舒適，跟一般傳統書店給人商業化完全大相逕庭，讓人不自覺跌入書海世界裡。

> 時尚明亮的閱讀空間，讓讀書變得更自在。

🎁 LOVERARY BY FEILER

📞06-6151-1493　🏢LUCUA 1100 5F　🕐10:30~20:30
🌐feiler-jp.com/loverary/

此店是德國品牌LOVERARY BY FEILER在日本開的第一家店，店名由LOVE和LIBRARY衍生而來的，**商品顏色樣式多樣化**，就像圖書館裡館藏各式各樣的書籍一般，從中精心挑選喜愛的花色樣式，送人當禮物，收禮的人一定能感受到送禮的人用心，也會打從心裡感到開心。

> 巨無霸的外觀非常吸睛，一開幕就在網路上瞬間洗版成各大社群媒體。

🍴 いづも LUCUAバルチカ

おすすめ 薦

📞06-6151-2531　🏢LUCUA B2Fバルチカ
🕐11:00~23:00(餐點L.O.22:00、飲料
L.O.22:30)　🍽ドド～ンと！そびえる鰻玉丼
¥2790　🌐www.instagram.com/idumolucua/

> IG爆紅的巨無霸鰻魚丼飯。

份量多到讓人不可置信的鰻魚丼飯！除了飯量很多之外，鰻魚跟玉子燒也是沒有客氣的，一般人根本就不可能吃得完，兩個女生吃也完全足夠，是大阪目前大人氣的鰻魚飯餐廳。**份量超多且價格便宜**，沒有因為便宜就降低品質，**鰻魚沒有腥味又好吃，若吃不完還能打包，店家會直接捏成飯糰讓人打包回家**，非常貼心。這麼高CP值又好吃的店絕對不能錯過！本店在環狀線的福島站，第一家分店就在大阪車站的LUCUA百貨公司裡，交通非常方便，吃飽喝足後要逛街購物也很方便。

🍴 Bar Chica 03
バルチカ03

🏠別冊P.17,B4　🚇大阪市北區梅田3-2-123 イノゲート大阪2～5F　🕐8:00～23:00　🌐barchica03.com

　與KITTE大阪同天開幕的バルチカ03，分別佔據了JR大阪駅西口南北側，而Bar Chica 03二樓與LUCUA 1001相通，也可以從大阪駅2樓出口直接走過來。Bar Chica為LUCUA的地下飲食街品牌，這次的新設施雖然不是開設在地下街，但還是沿用了Bar Chica這個很有標誌性的餐飲店大集合的品牌名稱。「03」的日文發音要發成「おっさん」，也就是大阪腔的大叔之意，目標取向就是上下班途經梅田辛勤工作的大叔們。從2樓到5樓從全日本各地招商而來的知名店家，提供便宜又大碗的美味料理，讓勞累了一天的上班族們都可以在這裡獲得滿滿的元氣。

🍴 和心だし巻き家 こんび

☎06-6476-8311　🏠バルチカ03 4F　🕐11:00～23:00　🚫週一　💰こんび雙層便當¥2200　🌐tryanglezero.osaka/izakaya-combi/

　天王寺名店和心だし巻き家こんび原本是居酒屋，來到梅田也不免要時尚一下，廚房區開放透明，等候期間就可以看到師傅們熟練地做煎蛋捲。**鮮黃色外盒的こんび雙層便當，有天婦羅、小鉢煮物、生魚片、還有令人大滿足的巨大高湯煎蛋捲**，煎蛋捲剩最後三分之一的時候，店家還會提供高湯可以自行做成煎蛋捲茶泡飯，多重的創意吃法是店內最受歡迎的套餐選項！

🛍 阪急百貨 梅田本店
阪急うめだ本店

🏠別冊P.17,C3　☎06-6361-1381　🚇大阪市北區角田町8-7　🛒購物、食品區10:00～20:00、12、13F餐廳11:00～22:00　🌐www.hankyu-dept.co.jp

おすすめ 薦

> 商品齊全且服務貼心，令人回味無窮的購物體驗。

　世界第一家車站型百貨—阪急百貨梅田總店於1929年成立，坐落於大阪的交通樞紐梅田(JR大阪站)，除了**匯集最新的時尚品項及豐富的生活用品外，該有的美食及甜點也樣樣不缺**。1～6樓主推化妝品、女性服飾以及世界精品，男性朋友們則可到8樓逛逛；再往上走，12、13樓的餐廳，匯集了來自日本及世界各地的各式美食。B1、B2樓的食品區多款知名伴手禮和特產也樣樣俱全。

> 氣派又時尚，難怪榮登貴婦最愛！

🧁 ÉCHIRÉ Marché au Beurre
エシレ・マルシェ オ プール

☎06-6136-6616　🏠阪急うめだ本店B2F　🕐10:00～20:00　💰Kouign Amann¥465　🌐www.kataoka.com/echire

おすすめ 薦

> 限量太殘酷有錢也買不到的夢幻甜點。

　ÉCHIRÉ是法國生產的發酵奶油，**外帶的櫃台除了發酵奶油以外，還有販售用奶油製作的甜點，每項都是人氣商品且每日限量，其中最殘酷的夢幻商品蝴蝶餅乾，每天限量僅10盒**，建議早起搭首發電車去排隊，百貨還貼心規劃了最近的入口動線，要去搶購請先查好攻略，幾乎是百貨開張的10點就同時被秒殺，如果沒有搶到，另推薦外帶甜點Kouign Amann，酥脆的外皮跟超濃的奶香，涼著吃或是加熱食用都非常美味。

大阪‧梅田‧大阪駅

→京都 →兵庫

阪神百貨 梅田本店

ⓐ別冊P.17,B4 ☎06-6345-1201 ⓐ大阪市北區梅田1-13-13 ◷10:00~20:00 ㊡1/1 ⓦwww.hanshin-dept.jp

　如果由阪神電鐵的地下街來到阪神百貨，很容易就會被吸引，因為每天早上一開門，地下的美食區總是吸引了長長的排隊人潮，無論甜點、元老級的花枝燒，或是獨家的鮮魚賣場，走大眾化路線的阪神百貨梅田本店早已經成為大阪人生活的一部分。

阪神Tigers Shop 阪神百貨店

☎06-6345-1201 ⓐ阪神百貨梅田本店8F ◷10:00~20:00 ⓦhanshintigers.jp

　喜愛棒球的人一定能夠體會阪神虎迷的瘋狂，以甲子園為主場的阪神虎隊當然是關西人的最愛，不遠千里前來購買許多周邊商品。除了看比賽熱情加油必備的加油棒、球衣之外，舉凡領帶、手帕到居家生活的茶杯、門簾、抱枕等，球迷希望擁有一個棒球世界來這裡就可以實現願望，如果想買限定品，穿著阪神球隊服裝的kitty、米奇都在這裡等著你。

Snack Park讓忙碌的上班族可以在下班後來個美食小確幸犒賞一天辛勞。

Snack Park

☎06-6345-1201 ⓐ阪神百貨梅田本店B1F ◷10:00~21:00 ⓢ花枝燒¥185 ⓦwww.hanshin-dept.jp

立食聖地
庶民小吃
天堂。

薦
おすすめ

　連結阪神電車大阪梅田站的阪神百貨梅田本店，在2021年完成一系列更新改裝工程，擺脫過去黯淡老舊的形象，以全新的姿態來迎接所有的顧客。而長年受到大家愛戴的立食聖地「Snack Park」，則是移動到隔壁的新阪急大樓B1樓重新開幕。**包括代表性的庶民銅板美食花枝燒、章魚燒的前身「Chobo燒」，或是新鮮壽司，豬排丼飯，車輪餅御座候等。**明亮乾淨的立食空間，規劃完善的店家櫃位與動線，上班族花點小錢便可獲得小吃與酒精飲料的精神救贖。

CLUB HARIE梅田阪神店

☎06-6345-1201 ⓐ阪神百貨梅田本店B1F ◷10:00~21:00 ⓢバームクーヘン(年輪蛋糕)¥1296起 ⓦclubharie.jp

　途經梅田地下街就會看到等著購買CLUB HARIE人氣年輪蛋糕的人龍，現場烘烤所傳出的陣陣香氣讓人忍不住跟著排隊，據說要經過3~5年的歷練才能製作年輪蛋糕，一層又一層裹上的麵糊絲毫不能大意，**得讓每一口吃起來都是相同的細緻口感**，且到傍晚就會賣光，想要嚐嚐這人氣甜點，可得耐心排隊。

👁 OSAKA STATION CITY

大阪ステーションシティ

🏢別冊P.17,B3　📞06-6458-0212　🏠大阪市北區梅田
3-1-1 JR大阪駅　🌐osakastationcity.com

　JR大阪駅在2004年開始進行大規模的再改裝計畫，於2011年5月4日開幕，取名為「OSAKA STATION CITY」，包括北棟、南棟、大阪駅構內三部分，北棟連接LUCUA osaka，南棟連接大丸梅田和ホテルグランヴィア大阪，是西日本最大規模，全日本第二大規模的商業設施。在OSAKA STATION CITY裡，除了結合百貨商場外，也有許多特色建築，其中較著名的是**設計師水戶岡銳治以「水」、「綠」(綠化)、「時」(時間)、「エコ」(環保)、「情報」為核心，設計了8個各具特色的主題廣場**，提供過往旅客舒適的休憩場所，還可以欣賞大阪的城市風光。

👁 時空の広場

🏠JR大阪駅橋上駅屋上5F

　JR大阪駅鐵道正上方，連接南北棟的中央平台的時空の広場，有著別具特色的巨大屋頂，東西長約180m、南北長約100m，北高南低的傾斜坡度，半開放玻璃相間的屋頂，採自然透光性的設計，絲絲縷縷的陽光傾瀉而下，和風徐徐吹來，讓人神清氣爽，在這裡不僅可以俯瞰來來往往進出站的列車風光，還能遠眺大阪市區熱鬧無比的城市景致。**廣場上著名的地標金黃色的時鐘**，宛如JR大阪駅的時間守護者，總是靜靜的佇立著，注視著熙來攘往的人們，不停為旅客的指引方向，溫暖了旅人不安的心。

🎁 YODOBASHI梅田

🏢別冊P.17,B3　📞06-4802-1010　🕐
大阪市北區大深町1-1　🕘9:30～
21:00，8F餐廳11:00～23:00
www.yodobashi-umeda.com

> おすすめ
> **薦**
>
> 地點好，品項充足，價錢合理，是想買電器用品的最佳首選。

　YODOBASHI以相機起家，現在則是超大型的電器連鎖賣場，幾乎所有會用到電的產品，這裡都有了。而且YODOBASHI**不只賣家電，在這棟大樓的另外半邊是COMME CA STORE，商品以男女裝流行服飾、生活雜貨、幼兒服飾為主**，換季打折時的折扣更是吸引人，在高樓層還設有咖啡屋、甜點蛋糕館，讓逛累的人可以來這裡小憩一番。

👜 LINKS UMEDA

🏢別冊P.17,B3　📞06-6486-2255　🕐
大阪市北區大深町1-1　🕘9:30～21:00
🌐links-umeda.jp

> おすすめ
> **薦**
>
> 大手家電販賣中心梅田新地標。

　大家很熟悉的大阪車站旁大型家電行Yodobashi Camera，延伸經營觸角於2019年開設了百貨與旅館複合式的商業設施LINKS。作為Yodobashi Camera的衍伸設施，**LINKS規劃了較多女性向或是家庭向的品牌進駐，並在地下一樓設立了新的飲食街「美味小巷」，以日式庶民小吃為主**，另外還匯聚了各國特色美食，相同之處都是非常下酒，常常可以看到下班後辛苦的上班族們，在轉車回家之前在此聚會小酌，放鬆一天緊繃的心情。

暖黃的燈光以及距離緊密的店家動線，像是台灣夜市一般熱鬧。

肉品專賣店經營的牛排館，提供嚴格挑選的神戶牛肉品。

也有小型包廂，適合家族或是小團體聚餐。

經過熟成的神戶牛，細膩的油脂在口中融化後，能嚐到餘韻悠長的美味。

🍴 神戶牛排 石田屋

おすすめ 薦

神戶牛すてーきIshida. LINKS UMEDA店

☎06-6147-8325　🏠LINKS UMEDA，8F

🕐11:00~23:00(L.O.21:30)　㊡不定休　Ⓢ

神戶牛コース (神戶牛套餐)￥10,450起 🈂

www.kobe-ishidaya.com/

認證的正宗神戶牛肉，在大阪也能輕鬆享用。

　　由超過30年的精肉批發店所直營的「神戶牛排石田屋」，由於長久經營肉品店的精準挑肉眼光與業界人脈，讓石田屋提供的神戶牛品質，絕對令老饕讚賞。

　　採用「神戶牛肉流通推進協議會」指定認證的正宗神戶牛肉，品質、美味絕對掛保證，而且店內的牛肉再經過長期熟成後，風味也變得更加甘美豐富。而廣受歡迎的石田屋，光在神戶市的三宮就有多達9家提供神戶牛的料理餐廳，若想在大阪就近享用的話，**LINKS UMEDA店則是大阪的唯一分店**。大阪店雖然是位在百貨公司裡，店內空間及裝潢走高雅風格，並有提供獨立的小人數包廂，讓小團體的用餐更加自在舒適外，還能在鐵板桌前欣賞廚師的精湛廚藝、就近感受煎製牛排過程中的美味與香氣，不論想吃神戶牛沙朗、菲力牛排、神戶牛漢堡排，連活鮑魚、車蝦、鵝肝等高級食材，也都能在廚師巧手烹製下，從鐵板上一一變身成一道道滋味豐沛的料理。

梅田藍天大樓
Umeda SKY Building

薦 おすすめ

📖別冊P.17,A3 ☎06-6440-3899 🏠大阪市北區大淀中1-1-88 ⏰依設施而異 🌐www.skybldg.co.jp

> 高空展望台不管白天晚上都能看到美麗風景。

以「都市與自然」、「過去與未來」為主題的梅田藍天大樓**由東塔、西塔兩棟大樓組成**，是一棟宛如凱旋門的ㄇ字型超高建築，規劃了森林流水的「中自然之森」，以及花團錦簇的「花野」；可以上藍天大樓頂樓的「空中庭園展望台」看整個大阪，也可以在地下樓的復古小路「滝見小路」體會古早味。

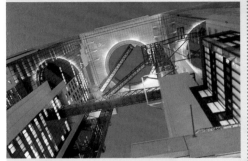

きじ 梅田藍天大樓店

☎06-6440-5970 🏠梅田藍天大樓B1F滝見小路 ⏰11:30~21:00 ❌週四，第1、3個週三 💰豚もやし(豆芽菜豬肉)¥950，モダン燒(當代燒)¥980

見小路內的きじ是**關西知名的大阪燒老店**，1969年開張，在大阪市內雖然只有2家店，卻是能夠進軍東京的實力老店，讓關東地區的人也可品嚐大阪在地味。以姓氏為店名的主人木地崇嚴曾經以大阪燒達人的身分受邀參加人氣節目「電視冠軍」，他說其實並沒有什麼講究的食材或技術，只是想將關西人最自豪的熱情傳達給所有品嚐大阪燒的人知道，也就是親切的一顆心感動造訪過的人，無論何時到店裡，都可以看到許多在地人，還有拖著行李也要來品嚐的觀光客。最讓顧客們欣喜的是，木地老闆為了和許多客人交流，特別學了一點點中文，可以試著和老闆交談，或許會有意外的驚喜喔！

> 由夜光石鋪成的地道，在夜晚閃著點點螢光，走在這裡就像漫步在銀河上，十分浪漫。

空中庭園展望台

☎06-6440-3855 🏠梅田藍天大樓39F ⏰9:30~22:30(入場至22:00) 💰成人¥2000，4歲~小學生¥500，4歲以下免費 🌐www.kuchu-teien.com/observatory/

走入梅田藍天大樓，搭乘高速電梯到35樓，再轉搭140公尺長的圓頂手扶梯，一直線往上升到39樓是有玻璃帷幕的展望室，再往上走樓梯到頂樓便是露天的360度空中庭園展望台，可以飽覽整個大阪市區。白天來時可以欣賞大阪的都市景色，但**最推薦的還是晚上來**，可以看到梅田地區繁華的夜景。

滝見小路

☎依店舖而異 🏠梅田藍天大樓B1F ⏰11:30~22:00(依店舖而異) 🌐www.takimikoji.jp

位於梅田藍天大樓B1樓的飲食街「滝見小路」，以時光倒流的型態重現大正、昭和時期的大阪街道。最大的賣點就是這裡聚集了多家懷舊風味十足的大阪庶民美食，像是豬排飯名店喝鈍、大阪燒老舖きじ、拉麵、章魚燒等，空中庭園展望台參觀完後，不妨順道來這裡用餐，體會道地的復古大阪味。

芭蕉庵 新梅田シティー店

☎06-6440-5928　♠梅田藍天大樓B1F　⏱11:00~20:00
$本造り笑来美餅(蕨餅附抹茶)¥1500　🌐www.bashoudo.com

　在瀧見小路展現大阪昭和年代風情的街道上，芭蕉庵相當融入氣氛，創業已有130年的老店以精選的各種食材，秉持傳統技法，做出多種簡單的和菓子，使用蕨粉製作的笑来美餅擁有恰到好處的彈性，裹上新鮮黃豆粉，搭配清新淡雅的抹茶讓人停不住口。

🎁 唐吉訶德 梅田本店
ドン・キホーテ

薦 おすすめ

♠別冊P.17,C3　☎0570-046-411　♠大阪市北區小松原町4-16　⏱24小時
🌐www.donki.com

夜貓族的最坐補給站，生活用品到糖果餅乾一應俱全。

　夜貓族的一大福音！越夜越美，晚上沒地方去嗎？那就來位於梅田駅附近24小時營業的唐吉訶德，共三層樓的賣場，集結食衣住行的各類商品，只要你想得到的東西，這裡都應有盡有，就像一間迷你版的百貨公司，而且價格又比市價便宜，逛一圈下來，保證你都捨不得離開這購物天堂了。2011年開幕的唐吉訶德梅田本店，改裝後於2012年3月重新開幕，增添2樓和3樓賣場，門口有壯觀石像和大型水族箱是著名的特徵！

🍴 蛸の徹 角田店

薦 おすすめ

♠別冊P.17,C3　☎06-6314-0847　♠大阪市北區角田町1-10　⏱11:30~23:00(L.O.22:30)，平日午餐至15:00　$たこ焼(章魚燒)¥720　🌐takonotetsu.com

能夠自己動手做章魚燒的有趣餐廳，三五好友一同來吃最適合。

　大阪名物章魚燒，相信許多人都吃過，但自己動手做呢？蛸の徹是一間提供顧客自己動手滾章魚燒的餐廳，點好想吃的口味後，店員會幫你在烤盤中塗上油，再放入配料與粉漿，接下來就是自己上場的時間了。待粉漿遇熱稍稍凝固後，開始將章魚燒滾成球狀，對第一次動手做章魚燒的台灣人來說，這可不是容易的事，有時店員看到客人忙不過來時，還會插手幫忙一下。烤好的章魚燒再依個人口味淋上醬料，獨一無二的章魚燒就完成囉！

自己動手做章魚燒

❶ 點好餐後，店員幫忙在烤盤中放入食料與粉漿。

❷ 自己依口味加入天かす、紅薑等調味。

❸ 耐心等待約3分後，覺得粉漿開始凝固，用鐵叉由底向上翻過來。

❹ 繼續滾滾滾。

❺ 滾到章魚燒表面有點焦脆便是完成了。

❻ 完成後依口味加上醬汁、美乃滋、海苔粉、柴魚片就可以開動了！

👜 BREEZE BREEZE

📖別冊P.17,B5　☎06-4256-6207　🏠大阪市北區梅田2-4-9　🕐購物11:00~20:00(週日例假日至19:00)，餐廳11:00~22:00　🌐www.breeze-breeze.jp

　　2008年10月開幕的BREEZE BREEZE是一個開發計畫下的大型購物中心，以微風為名，**以女性為訴求對象**，從B1樓至6樓網羅超過60家精緻店鋪與餐廳進駐。挑高6層樓大廳內原本展示著音樂人偶BuriCH，但BuriCH現在不在了，它正在四處旅行中，現今大廳空間則變成各式活動的舉辦場所，讓這裡一直維持著高人氣。

👁 🎁 DIAMOR

📖別冊P.17,B4　☎06-6348-8931　🏠大阪市北區梅田1丁目　大阪駅前ダイヤモンド地下街1　🕐購物10:00~21:00，餐廳10:00~22:00　🈵不定休(詳見官網)　🌐www.diamor.jp

　　DIAMOR與阪神百貨相接，並可直通各梅田電車站出入口。**中央的圓形廣場有一尊愛的女神像，就是這個商場的名字DIAMOR(西班牙文的「愛」)的由來**，從圓形廣場發散的幾條長廊商店街，是逛街購物的樂園，流行服飾、藥妝店、鞋店、書店、餐廳、麵包店、生活雜貨店等，十分便利。

👜 HERBIS

📖別冊P.17,B4　☎06-6343-7500　🏠大阪市北區梅田2-5-25　🕐購物11:00~20:00，餐廳PLAZA11:00~22:30，PLAZA ENT11:00~23:00　🈵不定休(詳見官網)　🌐www.herbis.jp

　　HERBIS是間**以國際旅行市場為主的百貨**，從B1樓到2樓全是名牌店，3樓是世界之旅市場，多家旅行社設置的專櫃，介紹世界各地的旅行資料，4樓以上有家具展示。B2樓是世界各地料理，長長的地下花園Garden City也能通往梅田的地鐵站、JR大阪站。

🎁 北歐.Style+1 ANTIKAとモダン 大阪本店

☎06-6344-1944　🏠HERBIS PLAZA ENT 3F　🕐11:00~20:00　🌐www.antika.jp

　　這是日本第一家英國家具ERCOL的古董專賣店，1920年創立的ERCOL家具跳脫英國鄉村感，線條簡單很適合融入現代生活，從單椅、餐桌到客廳、臥室中各件家具一應俱全。這裡還可以買到當紅的北歐古董家具、陶器，價格也很合理，成為許多年輕夫妻的新居好選擇。

燒肉牛舌吃到飽。

🍴 あぶりや 阪急梅田店

📍別冊P.17,C3 📞06-6359-1129 🏠大阪市北區芝田1-1-4 阪急ターミナルビル17F ⏰17:00~22:00(週五至23:00),週六日12:00~14:00、16:00~23:00;吃到飽用餐限制2小時,L.O.至前30分鐘 💰牛舌吃到飽套餐￥4818 🌐aburiya.1dining.co.jp/hankyu-umeda/

只有京都與大阪才有的あぶりや,是吃到飽燒肉店的中上品牌。あぶりや的母企業是食肉專門店「ダイリキ」,對於肉的品質以及美味絕不妥協,**雖然打著平民消費的價格,但肉的質量相當好**,店家的堅持從切割肉品的技術就可以看出來,為了持續磨練分店廚師們的技術,每六個月還會舉行一次資質技術認證以維持品牌水準。**套餐全都包含酒精飲料喝到飽,以肉品的種類來區分兩個等級,選擇價格較高的套餐才有牛舌吃到飽**,另外雖然是吃到飽,但**甜點每個人只能點一個**,這表示店家的甜點非常超值,千萬不要錯過!

位於阪急梅田大樓17樓,可以眺望包含摩天輪在內的美麗夜景,算是系列店裡面CP值最高的一間。

👜 HEP FIVE

📍別冊P.17,B3 📞06-6313-0501 🏠大阪市北區角田町5-15 ⏰購物11:00~21:00,餐廳11:00~22:30,摩天輪11:00~23:00(搭乘至22:45) 🈳不定休(詳見官網) 💰摩天輪￥600,5歲以下免費 🌐www.hepfive.jp

主打年輕族群的店舖,服飾設計流行且款式眾多,價格相對實惠。

遠遠可以看到頂樓大紅色摩天輪的HEP FIVE,包括HEP FIVE與HEP NAVIO兩棟相連的百貨,其中HEP FIVE的規劃比較年輕有個性。9層樓面擁有99家店舖,許多受歡迎的品牌如GAP、BEAMS、OZOC等都看得到。逛到7樓時,一定要去搭那難得的**市區摩天輪**,一圈15分鐘的體驗,梅田風光盡收眼底。

🎁 PAGE BOY HEP FIVE

📞06-6366-3749 🏠HEP FIVE 3F ⏰11:00~21:00 🌐www.dot-st.com/pageboy/

帶點時尚,符合潮流的休閒風是PAGE BOY一貫以來的品牌概念,經常都是**日本青少女服裝雜誌上的常客**。在實穿的單品上搭配許多當季流行的配件、小物,每一件獨立單品都很適合日常生活穿著,也能夠變化出豐富而多樣的獨特造型,讓每天都能夠展現個人特色。

PAGEBOY

NU chayamachi

別冊P.17,C2　☎06-6373-7371　◎大阪市北區茶屋町10-12　◎購物11:00~21:00，餐廳、Tower Records 11:00~23:00　◎不定休(詳見官網)　🌐nu-chayamachi.com

　　2005年底開幕的NU chayamachi是大阪的時尚的購物中心，「NU」由英文「North」(北邊)的「N」和「Umeda」(梅田)的「U」組合起來，指的便是北梅田，更喻意新生後的梅田。聚集超過**70家以上店舖，不僅有首次進駐關西的品牌，更有首次在日本登場**，從美食、購物到生活雜貨，價格較為高檔，向大阪人展現一種新的品味與態度。

Ital Style NU茶屋町店

☎06-6377-2372　◎NU chayamachi 3F　◎11:00~21:00　🌐www.ital-style.com

　　源自京都的Ital Style是以**英國傳統融合義大利時尚風格的服飾品牌，完全選用歐洲最具優良品質的布料**，製作出適合各種場合的品味服裝。八成為男性服飾的Ital Style最受歡迎的是西裝系列，看起來相當簡單的剪裁，卻非常適合東方人的身型。

WIRED CAFÉ 梅田NUchayamachi店

☎06-6377-2399　◎NU Chayamachi 2F　◎11:00~23:00 (餐點L.O.22:15,飲料L.O.22:30)　💲14'スパイスのライス(14種香料的章魚飯)￥1100　🌐www.wiredcafe.jp

　　隸屬CAFÉ COMPANY旗下的WIRED CAFÉ位在NU茶屋町後棟2樓，有獨立階梯入口，除了在此用餐、約會或三五知心朋友相聚之外，這裡有讓人能夠放鬆輕鬆的沙發座椅，並**提供許多時尚流行雜誌自由閱覽**，還有電腦可上網，即使一個人來此用餐也非常自在。

EST

別冊P.17,C3　☎06-6371-8001　◎大阪市北區角田町3-25　◎購物11:00~21:00(週日至20:00)，餐廳11:00~22:00(週五、六、例假日前一日至23:00)　◎不定休(詳見官網)　🌐www.est-sc.com

　　位於大大摩天輪HEP FIVE旁邊，一到夜晚有著美麗幻彩燈光街道的EST**以青少女為訴求對象**，引進許多年輕品牌，龐克風、糖果風、個性風、性感風的女生通通可以找到適合自己的服裝，近年進駐更多迷人的品牌，例如mystic、Barak等。

NU chayamachi Plus

🏅薦　おすすめ

別冊P.17,C2　☎06-6373-7371　◎大阪市北區茶屋町8-26　◎購物11:00~21:00，餐廳11:00~23:00　◎不定休(詳見官網)　🌐nu-chayamachi.com

梅田巷弄內時尚百貨，年輕MIX風格讓人大開眼界。

　　2011年4月開幕的NU chayamach Plus，位在梅田NU chayamachi的對面。**NU chayamach Plus 1~3樓的賣場有20家各式各樣的店舖進駐**，1樓販賣男女裝的流行服飾，2樓以設計雜貨的店舖為主，**3樓則是美食區**，想小憩一下，喝杯下午茶或吃個飯，到這裡準沒錯。

H Hotel Granvia Osaka

大阪格蘭比亞大酒店

📍別冊P.17,B4 📞06-6344-1235 🚉大阪市北區梅田3-1-1 💰單人房¥6500/人起，雙人房(兩人一室)¥9500/人起，雙床房(兩人一室)¥10500/人起 🌐www.granvia-osaka.jp

　　Hotel Granvia Osaka與大阪駅直接相通，從車站的中央口或櫻橋口出站都可迅速抵達，**客房全都位在21樓以上**，有簡單舒適的標準客房樓層、北歐風的主題樓層，以及奢華的Granvia Floor樓層。飯店**早餐由旗下的法式餐廳「Fleuve」與日本料理「浮橋」精心烹調**，從早餐開始滿足旅人挑剔的味蕾，先來一碗熱呼呼的鯛茶漬け，帶有胡麻醬油香氣與鯛魚鮮美滋味的溫暖喚醒倦怠的身心，大快朵頤之後再來一份特製法式吐司，豐厚軟嫩的甜蜜最適合作為早餐的收尾，讓人帶著滿足的胃袋展開美好旅行。

H Hotel Vischio Osaka by GRANVIA

大阪比偲奇酒店 by GRANVIA

📍別冊P.17,B2 📞06-7711-1111 🚉大阪市北區芝田2-4-10 💰附早餐：單人房¥5900起/人，雙人房(兩人一室)¥4400起/人，雙床房(兩人一室)¥4900起/人 🌐www.hotelvischio-osaka.jp

　　2018年6月開幕的Hotel Vischio Osaka是JR西日本飯店集團的新作，**距離大阪駅只需要5分鐘路程**，與傳統JR飯店相較，這裡更顯得年輕有朝氣。飯店入口處巧妙地以樹木妝點，隔絕了市區的嘈雜不說，晨起品嚐結合義式料理與大阪食材的美味餐點時，還能夠欣賞圍繞大廳的綠意，讓人享受都市少有的自然風情。房內除了可免費使用高速WIFI外，也**特別與「席夢思」**合作作為飯店量身訂製床墊，希望能給旅客們更舒心舒適的住宿環境。

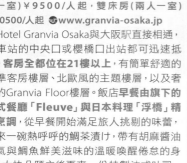

店與車站共構，位在Osaka StationCity南側大樓。

多達100種選擇的早餐讓人大呼滿足。

Granvia Floor客房內就可以賞大阪夜景。

☕ Blue Bottle Coffee梅田茶屋町カフェ

藍瓶咖啡

📍別冊P.17,C2 📞06-6225-8185 🚉大阪市北區茶屋町 15-22アーバンテラス茶屋町 A棟 🕗8:00-21:00 💰Espresso¥577 🌐store.bluebottlecoffee.jp

　　從美國飄洋過海而來的藍瓶咖啡，簡約設計以及可愛的藍色小瓶子商標，被稱為咖啡界的蘋果。繼京都及神戶之後，終於在大阪梅田開設了第一間藍瓶。店內以灰色為基調點綴藍色重點視覺，迎客櫃檯採用淺色和風木質調，**樓梯間有大阪的玻璃工房fresco製作咖啡色球體玻璃裝飾點綴**，透過外面流淌近來的日光折射出柔和的空間色彩。**2樓的主視覺為建築團隊Panoramatiks設計的「Sense Lounge」**，略帶科技感的迷幻空間讓人可以在此消磨一個輕鬆的午茶時光。喜歡收集藍瓶咖啡的粉絲，來到大阪千萬不要錯過這裡。

大阪 梅田・大阪駅 ↓京都 ↓兵庫

👁 🎁 阪急三番街

⊕別冊P.17,B2 ☎06-6371-3303 ⊙大阪市北區芝田1-1-3 ⊙購物10:00~21:00,餐廳10:00~23:00 ⑯不定休(詳見官網) ⊛www.h-sanbangai.com

　　與阪急梅田駅直接的阪急三番街,是結合購物與美食的據點。但比起四周林立的各大百貨公司,阪急三番街是以B2的美食街來得較為出名。在B2聚集了來自全日本(大多以京阪神為主)超過100家以上的名店,成為梅田著名的美食地下街。而且整個三番街整潔明亮,定點還會有藝術造景,環境十分舒適。

🎁 うめ茶小路

⊙阪急三番街南館1F ⊙古書店11:00~20:00 ⑯週三 ⊛www.h-sanbangai.com/floor/1f_s.html

　　2017年在阪急三番街南館1樓,就位在紀伊國書屋一旁的這條通道型商店街,新開闢了一條充滿文化氣息的古書屋街通道,以傳統和風的木建築街道為印象,聚集了大約9間商店,每家店將店內販售物品以美麗的櫥窗陳列,光看不買也很享受,短短的街道除了以日本古書、古美術、古錢幣、古郵票等各式古物為主要店鋪外,也有2~3間強調日本製造設計的雅緻提包、皮鞋與眼鏡店。

由於是連結梅田與茶屋町的通道而命名為「うめ茶小路」。

🎁 FRANC FRANC 梅田店

☎03-4216-4021 ⊙阪急三番街北館1、2F ⊙10:00~21:00 ⊛www.francfranc.com

　　隨著三番街陸續的更新重新開幕,氣氛一新的北館,也讓人逛起來更加心情舒暢。2017年新進駐的店家 FRANC FRANC,在台灣當然早就有一群喜歡的粉迷,每來日本必逛,這裡的空間有2層樓,商品也相當齊全,找找充滿驚喜設計或是顏色繽紛的家居小品,都是值得下手的目標,至於大型家飾、家具,除非真的愛不釋手,店家也是有提供台灣寄送的服務。

🎁 Rirakkuma Store 大阪梅田店

☎06-6372-7708 ⊙三番街北館1F ⊙10:00~21:00 www.san-x.co.jp/blog/store/

　　喜歡可愛的拉拉熊各式商品的話,大阪的專賣店只有這裡有,位於北館1樓的店面,當然除了各式可愛拉拉熊絨毛玩偶,各式文具、生活小物等以及小朋友的用品都能找到。還有會隨季節推出的限量新款拉拉熊造型商品,讓粉迷無論何時來,都能發現新鮮貨。

KIDDY LAND 大阪梅田店

☎06-6372-7701 ⏰阪急三番街北館B1F ⏳10:00~
21:00 🚇燒豚拉麵 🌐www.kiddyland.co.jp

　集合HELLO KITTY、Disney、Snoopy、水豚君、龍
貓等**卡通明星周邊商品專賣店**就這麼成堆擺著，讓
人愛不釋手。KIDDY LAND就位在人來人往的阪急三
番街B1樓，賣場寬闊，商品琳瑯滿目，每樣都很可愛！
童心未泯的大小朋友們，來到梅田三番街時，千萬不
要忘了來這裡逛逛，保證你能滿載而歸。

卡娜赫拉的店

カナヘイのおみせ

☎06-6372-7701 ⏰阪急三番街北館B1F ⏳10:00~
21:00 🌐www.kiddyland.co.jp/umeda/

　日本知名插畫家kanahei老師筆下的療癒角色粉紅
兔兔與P助，在台灣的知名度遠遠超越日本本土，位
於阪急三番街北館的Kiddy Land，店名非常直接了
當就叫做「カナヘイのおみせ(卡娜赫拉的店)」雖然販
售卡娜赫拉周邊的店鋪在日本很多，但是**有作者冠
名的店鋪這裡可是日本唯一一間**，身為粉絲們怎麼
能不來朝聖！店內每個月都會換新主題商品，也陳設著老師特別繪製的插畫，讓粉絲乖乖掏出錢包，心甘情願被小土匪們洗劫一空。

愛的手板讓粉
門可以與喜歡
角色無限合照。

おすすめ
薦

店面雖然小，
但用料新鮮
且不過甜，最
適合當飯後
甜點。

Kimura Fruit三番街店

☎06-6372-8033 ⏰阪急三番街南館
B2F ⏳週日~四10:00~21:00，聖代
L.O.閉店前1小時，其他品項L.O.閉店前
30分 🍹ミックスジュース(綜合果汁)
¥690 🌐kimura-fruit.jp

　想吃甜點又怕胖，那就來Kimura吧！Kimura講究新
鮮自然，主要販賣以水果為主題的各種甜點，像是由
許多水果合在一起的水果塔、6種新鮮水果作成的綜
合果汁，連女生們最愛吃的聖代也都擺上滿滿的水
果，讓喜歡吃甜食的朋友們能夠吃得自然健康無負擔，
看店內總是滿滿的人潮就知道其受歡迎的程度了。

ikari JR大阪店

📖別冊P.17,B4 ☎06-6348-2347 ⏰大阪
市北區梅田3-1-1 ⏳7:30~22:30
www.ikarisuper.com/info/

　兵庫縣起家的ikari超市，有近畿
地方高級超市之稱，大阪店就在JR大
阪駅御堂筋改札口外，交通方便利，ikari
最大特色是大量原創自製品牌的商品，舉凡想得到的食
物、蛋糕、麵包、餅乾、咖啡、麵、醃菜、鬆餅粉、飲料等
應有盡有，還有自製的提袋和水壺袋，品項多到真的令人
大開眼界。

善 laboratory

薦 おすすめ

📍別冊P.17,B2 ☎06-6467-8900 🚇大阪市北區芝田1-11-5 🕐11:00~15:00，18:00~23:00 🈺不定休 💰濃厚丸鶏味玉つけ麵￥1100 🌐www.instagram.com/zen_laboratory_8/

夜店風格拉麵店。

　從大阪梅田站步行兩分鐘即可抵達**時尚夜店風格的拉麵店**，店內牆上有許多紅色燈管，因為裝潢太時尚，初次到訪會讓人看不出是拉麵店，就連進入位於2樓的化妝間也像進入異度空間一樣，**拉麵內的雞肉使用名古屋交趾雞等高級雞肉，低溫熟成**，口感鬆軟，**拉麵是有嚼勁的自製麵條**，無添加任何化學調味料，湯頭清爽不油膩，另外還有鰹魚昆布沾麵以及使用海帶扇貝作為湯底的中華そば。

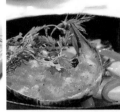

在時尚風格內享用拉麵或者沾麵。

NEN

📍別冊P.17,A5 ☎06-6344-8011 🚇大阪市北區福島5-6-16阪神HOTEL 2 F 🕐11:30~14:30，17:00~22:00(L.O.21:00) 💰週六日例假日午餐吃到飽(90分鐘)成人￥3700，4~12歲￥1600；晚餐吃到飽(120分鐘)成人￥4800，，4~12歲￥2100 🌐www.hankyu-hotel.com/hotel/hs/hanshin/

　位於阪神飯店內的NEN是個充滿成熟氣息的**休閒紐約風餐廳**，開放式的廚房讓餐客們能夠親眼看到手法純熟的料理人們烹煮出一道道美味。來到此千萬不能錯過的是藉由**高科技蒸氣微波烤爐所調理的料理，保留食材純粹的原始滋味**，讓蔬菜和各種肉類都更鮮美香甜。

👁🍴 新梅田食道街

薦 おすすめ

📍別冊P.17,C3 🍴依店舖而異 🚇大阪市北區角田町9-16 🕐依店舖而異 🌐shinume.com

喜歡感受復古懷舊人情味，就不能錯過這條的庶民美食街。

　緊鄰阪急梅田駅的新梅田食道街是相當**平民化的美食街**，可別小看這狹窄的食道街，**從昭和25年(1950)就開業**，兩層樓的面積從當時的18家店到如今聚集了近百家的美食餐廳，串炸、大阪燒、烤雞，價位從國民價的￥300起跳，許多大阪的名店好味道就從這裡發源呢！

☕ Y・C 梅田店

ニューYC

☎06-6313-4462 🚇新梅田食道街1F 🕐7:00~23:00(餐點L.O. 22:30，飲料L.O.22:45) 💰梅田YC店オリジナルオムレツサンド(玉子燒三明治套餐)￥1100

　位在高架橋下新梅田食道街內的Y・C，昭和25年開業至今**店內濃濃昭和和懷舊氛圍**，彷彿搭乘時光機回到過去，由於Y・C早上7點即開始營業，若吃膩飯店提供的早餐想換個口味，來這兒覓食也是不錯的選擇。

曾根崎心中

傳說醬油店學徒「德兵衛」和藝妓「阿初」兩人相約殉情的淒美愛情故事就在這裡發生，劇作家近松門左衛門就以此故事為題材，表演文樂木偶劇「曾根崎心中」，大受歡迎。於是露天神社也以締結良緣聞名，吸引許多情侶到此許下終成眷屬的心願。

⛩ 露天神社

🅟別冊P.17,C4 ☎06-6311-0895 🏠大阪市北區曾根崎2-5-4 ⏰6:00~24:00 💲自由參拜 🆄www.tuyutenjin.com

　　建於1300年的露天神社，原本的舊社殿在1945年太平洋戰爭被燒毀，現在的社殿是1957年所重新建造的，拜殿前的石柱還有留有當時被美軍戰鬥機掃射的彈痕呢！**露天神社的美人祈願繪馬十分特別，繪馬上是沒有畫上五官的阿初，可以讓參拜者自由發揮畫上心中所嚮往的情人面貌。**而在每個月的第一個星期五神社內會舉辦阿初天神跳蚤市場，集合30~40家店舖擺攤，熱鬧非凡。

🍜 らーめんあらうま堂 梅田一番街店

🅟別冊P.17,C3 ☎06-6361-9056 🏠大阪市北區角田町9-36 ⏰11:00~23:00 💲あらうまらーめん(燒豚拉麵)￥800

　　位於阪急梅田駅旁的らーめんあらうま堂雖然不太好找，每到用餐時間卻依然吸引了排隊人潮，**招牌拉麵有醬油、味噌或清爽鹽味等三種口味可選擇，**每一種的湯頭都是以豚骨細火慢燉而成，雖然濃厚卻沒有腥味，**最受歡迎的配料是入口即化的叉燒肉，**可以選擇腿肉或五花肉，此外還可自己去拿取免費的泡菜。

🍴 0秒レモンサワー 仙台ホルモン 燒肉酒場 ときわ亭 お初天神店 薦

🅟別冊P.17,C4 ☎050-5385-4306 🏠大阪市北區曾根崎2-8-12 サンプラザ曾根崎 B1F ⏰16:30~23:30(餐點L.O.22:30、飲料L.O.23:00) 💲90分鐘吃到飽及檸檬沙瓦喝到飽￥3299，單點＋￥550檸檬沙瓦60分鐘喝到飽 🆄zero-tokiwa.com

桌邊隨時倒出檸檬沙瓦喝到飽。

　　與仙台人氣餐廳常盤亭合作的都會型燒肉酒場，之所以取名為0秒檸檬沙瓦，是因為**每張桌子旁邊都附有可隨時自助倒出檸檬沙瓦的機器，**只要扭動檬造型的水龍頭，想喝多少自己倒，無需等待，**另有酸甜苦辣等10種口味的檸檬糖漿，每桌可任選兩種到四種，**依照自己的喜好調整酸度甜度甚至苦味，找出最適合自己的口味，2019年12月第一家店開幕後就大受歡迎，單點最便宜的一盤肉在￥500以內，對於吃不多，但想暢飲聊天的人來說相當划算。

扭動檸檬造型的水龍頭，檸檬沙瓦無限暢飲。

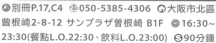

中崎町

なかざきちょう
Nakazakichou

距 離梅田不過500公尺的距離，就讓人有深入在地生活的感覺。中崎町是少數逃過戰亂破壞的地區，保留了許許多多江戶時代，被稱為大阪長屋的古老民宅。隨著復古風的重現，吸引許多充滿創意與自我主張的老闆進駐，將內部改裝成結合現代燈光藝術的新式餐廳，或是將長屋原有建築特色悉數保存的古董雜貨小店，創造出長屋整建潮流。在尋寶遊逛之中，可盡享美食或購物樂趣，成為大阪年輕人的流行風尚，也讓中崎町的每個街角，充滿著創意種子不停地發芽。

交通路線 & 出站資訊

電車
大阪地下鐵中崎町駅◇谷町線

出站便利通
◎雖然從梅田徒步即可抵達，但第一次前往的人，建議搭乘大阪市地下鐵，從車站的4號出口出站後，徒步約50公尺就開始出現可愛店舖。
◎中崎町的遊逛區域以濟美公園為中心，店舖頗為集中，建議深入狹窄的巷弄小店會有意想不到的發現。
◎為了吸引更多人前來感受懷舊風華，結合多家店舖於每個月第一個週日共同舉行跳蚤市場。每家店舖會提供當月最具人氣的推薦商品，以特別優惠的價格讓您悠閒選購。
◎搭乘大阪市地下鐵，從車站1號出口出站後，是熱鬧的天五中崎通商店街，來體驗在地人的日常吧！

👁 Sakura Building

サクラビル

📖別冊P.25,F3　📍大阪市北區中崎西1-6-36

　不同於復古的長屋店鋪，Sakura Building**是十幾年的三層公寓**，原本為辦公大樓，大樓裡除了還有留下幾間事務所，其餘的都變成**五花八門的個性雜貨、服飾小店舖**，二十幾間各有獨特魅力的小店，時間充裕的人，不妨多花點精力在裡面探險。

👁 中崎町Green City

中崎町グリーンシティ

📖別冊P.25,E1　📍大阪市北區中崎西4-1-7

　靜靜矗立在街角，造型懷舊的Green City**不只有古著屋、小咖啡廳、雜貨店、藝廊等，不定期也會舉辦活動**，吸引大阪文藝青年前來。雖然進駐的商店不多，但各有各的個性，店主也很歡迎大家入內參觀，來到這裡請大膽的推開一間又一間的門，包準你收穫滿滿，滿載而歸。

大阪長屋

　長屋是日本傳統古式建築，回溯大阪的歷史，在第二次世界大戰中被戰火推殘殆盡，但仍有部分地區保存下長屋，較完整的，就分布於中崎町或空堀一帶。長屋，有些類似於台灣早期的透天厝，在江戶時代，緊鄰著道路的入口作為商店使用，職人或住家則位於狹窄建築的底端，為了能方便進出，同樣也有入口，因而形成了人們在巷弄之間往來的居住風景，由於各戶擁有相當緊密的關係，也充滿了溫暖的人情味。

大阪 中崎町
➡京都 ➡兵庫

☕ うてな喫茶店

✈別冊P.25,E2 ☎06-6372-1612 🏠大阪市北區中崎西1-8-23 🕐12:00～19:00 ❌週一、二 💲咖啡￥600,蛋糕￥450

うてな喫茶店位在昭和風情濃厚街區，充滿懷舊氛圍，讓人彷彿穿越時光。**店內的裝潢保持著經典的復古風格**，桌上擺放的古董台燈，讓微暗的白熾燈照明增添了寧靜和舒適的感覺，也讓溫馨的空間增添了更多情調。**提供各式咖啡與飲品，還有自製的蛋糕與吐司**；招牌的起司蛋糕口感濃郁，帶有淡淡的鹹味，完美搭配一杯冰咖啡入口順滑，即使平時不常喝咖啡的人也能輕鬆享用。這家店特別適合喜愛中崎町懷舊氛圍和古民家風情的人，平和與安靜氛圍，無疑是城市中一處隱秘的美好角落。

巧克力蛋糕口感濕潤綿密，香甜濃厚的滋味讓人上癮。

🍥 大阪浪花家

おすすめ 薦

✈別冊P.25,G3 ☎06-6371-1877 🕐12:00～20:00(L.O.20:45)、週六11:00～20:00(L.O.19:45)、週日例假日11:00～18:00(L.O.17:45) ❌週一、1/1～1/3、不定休(詳見官網) 💲鯛燒粒あん(紅豆鯛魚燒)￥250，宇治金鯛(宇治金時鯛魚燒)￥300 🌐www.instagram.com/naniwaya.staff/

百年歷史的魅力無法擋，庶民小吃也是功夫到位，美味可口讓人齒頰留香。

鯛魚燒外皮薄薄的一層，烤得酥酥脆脆，口感很特別。

位在天五中崎通商店街內的大阪浪花家，可是大有來頭**百年歷史的浪花家総本店的大阪分店**，不同於台灣常見的蛋糕體鯛魚燒，浪花家是薄皮的鯛魚燒，一口咬下卡滋卡滋脆度，配上來自北海道著名的十勝，經過8小時長時間的熬煮，綿密的紅豆泥與帶軟嫩的紅豆粒，果真是美味滿點的好滋味。

🧁 hannoc

おすすめ 薦

✈別冊P.25,E4 ☎06-4792-8069 🏠大阪市北區万歳町4-12浪速ビル1F 🕐11:00～19:00(L.O.18:30) 💲檸檬蛋糕(4入)￥1804 🌐hannoc.jp

甜點師魅力最大化的嶄新經營模式。

2021年hannoc開業時，不同於一般甜點店有首席甜點師來負責全盤料理規劃，而是**讓幾位新銳甜點師自由發揮創意推出設計甜點，去中心化經營模式在甜點界掀起了一陣革命炫風**，也一舉躍上了排隊名店的行列。店內以灰白為基調走極簡風格，冰櫃裡面陳列的蛋糕前，放著甜點師的照片，培養自己的粉絲，可以看到製作過程的吧檯座位則是早早就滿座，甜點也是每日限量，想要嚐鮮還得趁早。

浪花家総本店店名原由

明治42年(1909)於東京麻布十番創業，擁有百年歷史的浪花家総本店的大阪分店，因為初代神戶清次郎在浪花(現在的大阪)出身，因此店名為記念故鄉，取名為「浪花家」。

大阪 中崎町 ➡京都➡兵庫

Patisserie Ravi,e relier 薦おすすめ

🅰別冊P.25,G4 ☎06-6313-3688 大阪市北區山崎町5-13 ◷11:00～19:00 週日、不定休(詳見官網) ピエール・タンタシオン(Pierre temptacions)¥790 ravierelier.com

> 定期研發蛋糕甜點，外加高人氣的指標，不來品嚐師傅的手藝絕對是一大損失。

Patisserie Ravi,e relier 自2009年開店至今一直位居大阪人氣甜點店前三名內，琳瑯滿目的蛋糕都是師傅精心特製研發的，除此之外也販賣常溫蛋糕、手工餅乾以及自製果醬，而廚房就在店內後方，新鮮的蛋糕也為店加分不少，高人氣絕不是沒有道理的。

2匹のゾウ

🅰別冊P.25,F2 ☎06-6373-3870 大阪市北區中崎西1-11-2 ◷12:00~19:00 週三 2elephant.blog9.fc2.com

2007年開店，店名為2匹のゾウ，就是2隻大象的意思，很有特色的小店，也吸引電視和報章雜誌特別去採訪報導，這是間專賣70到80年代日本的古物，玩具、娃娃、陶瓷器、家電用品、鐘錶、餐具等等，店面為兩片的大落地櫥窗，裡面展示各式各樣的復古小物，喜愛懷舊風的人，快來這兒挖寶，說不定有意想不到的收穫喔！

> 暈黃的燈光與滿屋子的書籍，讓人能放鬆自在閱讀。

珈琲舍・書肆アラビク 薦おすすめ

🅰別冊P.25,F2 ☎06-7500-5519 大阪市北區中崎3-2-14 ◷13:30～21:00(週日例假日至20:00) 週三、週二不定休 季節の珈琲(季節咖啡)¥700，杏仁豆腐¥400 www.arabiq.net

> 咖啡飄香的書屋，與具歷史存在感的長屋，濃濃懷古氛圍。

昭和4年的長屋，珈琲舍・書肆アラビク是結合喫茶、書店、展場三合一的店家，被各式植物包圍的水藍色門面，不自覺吸引旅人停駐腳步，進門後別有洞天，看似雜亂無章的陳設卻更增添一份歷史感，讓人想一探究竟。貼心小提醒，店內是禁止拍照的，若要拍照請事先徵求店主同意，當個有禮貌的旅人。

🎁 JAM POT

🅐別冊P.25,F2　☎06-6374-2506　🏠大阪市北區中崎3-2-31　🕐12:00~19:00　🈺週一、二、不定休(詳見官網)　🌐jampot.jp

　　坐落在轉角歐風的白色房屋，櫥窗擺放滿滿的各式雜貨，讓人不由得停下腳步，入內一探究竟，店內**販售多達約80位職人的作品**，就像個迷你展覽場，琳瑯滿目的雜貨把店裡空間填滿。店主每年定期會有3~4次的雜貨展開催，也常常邀請職人在店裡舉辦個展，每個作品都是數量有限，所以喜歡就要快快下手，以免到時懊悔不已。

☕ べーかりーかふぇ伊勢屋

🅐別冊P.25,F2　☎06-6375-3858　🏠大阪市北區中崎西4-1-1　🕐10:30~18:30(L.O.18:00)　🈺週二、不定休　🍴玉子サンド(玉子燒三明治)￥600　🌐www.instagram.com/iseyapan/

　　古民家改裝的兩層樓咖啡屋，脫鞋入內，1樓為點餐區，店裡也販賣店主自製的麵包，一進門就聞到陣陣麵包飄香，琳瑯滿目的麵包放在麵包櫃裡，每個都看起來可口美味，2樓則為用餐區，維持原屋的格局，未改裝，就像回到自宅的舒適感。

玉子燒三明治厚實口感，讓人感到滿滿的幸福。

🎁 ONLY PLANET

🅐別冊P.25,F3　☎06-6359-5584　🏠大阪市北區中崎3-1-6エルヴェールキャトル1F　🕐大約11:00~18:00　🈺不定休(詳見官網)　🍴ちびクロネコ(木製黑貓)￥990　🌐onlyplanet.web.fc2.com

　　超可愛的動物雜貨專賣店，吸引許多電視台及報章雜誌來採訪，店內大小朋友都愛的**超人氣商品T-Lab的ぽれぽれ動物**，可愛的手工木質動物，出自於峇里島的工匠之手，採全手工製作，做工細膩，很有質感，大受歡迎。還有來自大阪職人的作品，餅乾造型的貓項鍊、貓磁鐵，做得微妙微俏，非常可愛，每個都令人愛不釋手，也是店裡的人氣商品之一。除此之外，也有販賣直接從峇里島當地購入各種峇里島風情的雜貨，以及來自泰國的蠟燭和線香等。

🎁 COCOA

🅐別冊P.25,F2　☎06-6374-0085　🏠大阪市北區中崎3-1-9　🕐11:30~19:00(週日、例假日至18:00)　🈺週一(每月的第一及第三)、二、不定休(詳見官網)　🌐www.zakkacocoa.com

　　專賣手作雜貨和森林系風格服飾的小店，**服飾以天然材質為訴求，色調多為大地色系或是暖色調**，運用多層次搭配的穿衣風格，帶給人清新、親和力十足的感覺。COCOA也常常不定期會邀請職人舉辦特色個展，非常推薦來這間中崎町特色小店逛逛！

難波
なんば Namba

大 阪南區的難波一帶是關西交通動線的匯集中心，包括多條地下鐵與私鐵系統，如南海電鐵、JR、阪神電鐵等，也是前往關西機場、和歌山、奈良的交通樞紐。四通八達的聯外網路吸引了大型購物商場、百貨聚集，像是NAMBA PARKS、高島屋或O1O1百貨，而歡樂的商店街內店舖眾多，更可輕鬆徒步一路直達道頓堀和心斎橋，將整個大阪南區一次逛個夠。

交通路線&出站資訊

電車
JR難波駅➡JR大和路線(關西本線)
南海なんば駅➡南海本線、高野線、空港線
近鐵‧阪神大阪難波駅➡近鐵難波線(奈良線)、阪神なんば線
大阪地下鐵なんば駅➡御堂筋線、千日前線、四つ橋線
大阪地下鐵日本橋駅➡堺筋線、千日前線
近鐵日本橋駅➡近鐵難波線

巴士
機場巴士(リムジンバス)➡難波OCATビル可搭乘前往關西國際機場

出站便利通
◎難波的地下街相當複雜，雖然都稱為難波車站，但每一條路線可能差距甚遠，若從南海なんば站徒步到JR難波站，包含上下樓層時間可能得花20分鐘以上，如果拖著行李需要預估更多時間，建議先鎖定要去的地區再搭乘最近車站的路線電車抵達。
◎阪神なんば線與近畿日本鐵道共用車站，可直達神戶的三宮或是奈良。
◎NAMBA PARKS就位於南海なんば駅上方，若搭乘大阪地下鐵從御堂筋線なんば駅5號出口出站最快。
◎大阪地下鐵從御堂筋線なんば駅1號出口就是年輕人最愛的O1O1百貨，高島屋百貨則走4號出口出站。
◎JR難波駅與大阪地下鐵四つ橋線的なんば駅雖然距離主要逛街購物區域較遠，若剛好搭乘這幾條線，又想省下轉車的錢，不妨從這裡下車出站。

NAMBA PARKS 薦 おすすめ

🛍別冊P.20,D6 ☎06-6644-7100 🏠大阪市浪速區難波中2-10-70 🛒購物11:00~21:00，餐廳11:00~23:00 📅不定休(詳見官網) 🌐www.nambaparks.com ❗出示護照至2樓服務台可領取￥500的優惠券

> 廣大空中花園的百貨商場實在少見，來體驗和東京六本木HILLS同設計團隊所創造的建築之美。

NAMBA PARKS是於2003年秋天落成的複合性商業設施，所在地曾是大阪球場，以大阪未來都市的概念進行開發，請到和東京六本木HILLS相同的設計團隊規劃，創造出一處都市中的森林綠洲。NAMBA PARKS與南海電鐵的難波駅相連，交通十分便捷，是前往關西機場、和歌山的交通樞紐。

JINS NAMBA Parks店

☎06-6634-5015　◎NAMBA Parks T-terrace2F　🕐11:00~21:00(依設施為準)　🅿依設施為準　💻store-jp.jins.com/b/jins/info/20031/

> 宛如在戶外公園空間裡挑選鏡架。

廣受台灣人喜愛的JINS潮流眼鏡店，在NAMBA Parks裡也有店點，**一副眼鏡配到好只需6600日圓起**、也不會加收其他額外費用，多達1000多款的選擇，是最令人心動的地方，單純買鏡架搭配服裝，都能找到適合自己的款式，**而且還能免稅，真的很划算。**

這家店鋪的設計也很用心，呼應**NAMBA Parks充滿綠意的風格，因此店內也呈現如公園般綠意舒適的空間。**原木的美麗質感與花瓣般褶皺、層層向上宛如戶外岩石般的商品展示台，搭配上方綠植與各色眼鏡，構築出前所未有的嶄新風景，讓邊挑選鏡架時，也很享受。

> 宛如戶外自然公園般的陳架設計概念，讓店內空間視覺舒適。

> 特別推薦Airframe 5.7g是最輕型的眼鏡框，也是店內的人氣新款。

Parks Garden

◎NAMBA PARKS 3~9F　🕐10:00~0:00

整個NAMBA PARKS最主要概念，就來自於難波花園，從**3~8樓，每層樓都有的花園隨著建築呈現出階梯狀**，看起來就是一個巨大的空中綠洲，甚至在其中創造出小溪的流水造景，種植有235種、約4萬棵左右的花木，一個充滿綠意的屋頂花園，形成都會中難得一見的小天地。

南海鷹隊紀念館

NANKAI HAWKS memorial gallery

◎NAMBA PARKS 9F　🕐10:00~21:00　💰自由參觀

由於南海電氣鐵道是NAMBA PARKS的主要股東，7樓的南海鷹隊紀念館就是為了紀念**南海電鐵曾經擁有以NAMBA PARKS原址的大阪球場為根據地的職業棒球隊**，這個1938年成立的南海鷹隊隨著公司經營方針多次轉移，如今已成我們熟悉的福岡Soft Bank鷹隊，紀念館內展出許多當時的照片和優勝獎盃。

👁️ 🍴 Namba Walk

別冊P.20,E2 🚇依各店舖而異 📍大阪市中央區難波1~2丁目 🕐購物10:00~21:00,餐飲10:00~22:00 🏠不定休(詳見官網) 🌐walk.osaka-chikagai.jp

沿著千日前通地下綿延的Namba Walk是從1970年就有的「彩虹之街」蛻變而成,包括美食、服飾、雜貨等,吸引了270家以上的店家進駐,這**大阪南區最主要的地下街分為三大區塊**,不僅串聯了許多車站,也讓遊客可以在轉乘中快速購買日常生活所需。

🌀 浪芳庵 Namba Walk店

おすすめ
薦

☎06-6213-2575 📍Namba Walk 1番街南通(虹のまち1-13) 🕐10:00~21:00 🍡炙りみたらし¥216 🌐www.namiyoshian.jp

難波誕生的和菓子老舖守護著傳統的好味道。

安政5年(1858)在浪芳橋(舊大阪市南區道頓堀西發跡,歷經150多年的歷史傳承,**名物炙りみたらし醬汁使用湯淺產的醬油和利尻產的昆布**,經由炭火直烤香氣四溢,Q彈的口感咬勁十足,甜中帶微鹹的滋味,讓人著迷不已。

🧁 BEARD PAPA'S Namba Walk店

☎06-6211-6122 📍Namba Walk 1番街南通(虹のまち1-9) 🕐10:00~21:00 🍮パイシュークリーム(泡芙)¥220 🌐www.beardpapa.jp

也曾經在台灣掀起炫風的泡芙專賣店BEARD PAPA'S為了更上一層樓推出新的進化系列,有機環保為概念,摒除一切人工添加物,以純天然的食材製作新鮮泡芙,將美味的卡士達蛋奶醬加入以烤出的泡芙中,每一口都嚐得到甜蜜內餡。

大阪 難波 ➡京都 ➡兵庫

◎ 木津卸賣市場

地圖外　📞06-6631-1139　🏠大阪市浪速區敷津東2-2-8　🕐5:00～15:00，依店舖不一　🚫週三　🌐kizu-ichiba.com

　　大阪木津卸賣市場的雛形始於1710年，當時是以野地攤販形式運營。1810年獲得官許，成為正式的市場。儘管在大正時期因市場整併政策面臨關閉風險，木津市場透過不懈的存續運動，最終成功維持獨立運營。經過多次改造，**木津市場於2010年全面翻新，繼續為大阪市民提供新鮮食材，也吸引許多觀光客，來這裡享受平價又新鮮的美食。**

木津市場的歷史

擁有超過300年的歷史，被譽為「食倒之城」大阪的廚房，長期以來支撐著市民的日常生活。其歷史可追溯至平安時代，當時作為朝廷的御用商人，專門供奉魚介類。現在木津市場仍承襲了這一傳統，每年向今宮戎神社奉納一對雄雌大鯛，參與十日戎的獻鯛儀式。

◎ 🏬 Namba NANNAN

別冊P.20,D4　💺依店舖而異　🏠大阪市中央區難波5丁目　🕐購物10:00～21:00，餐廳10:00～22:00　🚫不定休《詳見官網》🌐nannan.osaka-chikagai.jp

　　從NANNAN Town更名的**Namba NANNAN是大阪第一個地下街**，就位在南海難波與地下鐵車站之間，於2006年完成整修，由於位處交通要道，進駐許多大阪知名店舖，尤其是美食、漢堡、熱狗、拉麵店等，讓時間緊促的人們能夠快速填飽肚子。

🍴 会津屋 難波店

📞06-6649-7008　🏠Namba NANNAN B1F (E2)　🕐10:00～22:00　🚫奇數月的第3個週四　💰元祖章魚燒12個¥850　🌐www.aiduya.com

　　雖然位於Namba NANNAN商店街中的会津屋有些不起眼，但名聞遐邇的**大阪章魚燒，可是發源自会津屋的初代老闆遠藤留吉喔！**還有任君選擇的「注文燒」，加蔥、加蛋，都可以嚐到與眾不同的味道。來到Namba NANNAN也可以吃到這傳統的章魚燒，嚐嚐元祖風味，麵糊中添加醬油高湯的好滋味。

章魚燒的源起

　　據說章魚燒是由大阪的会津屋參考明石燒所創新出的平民料理，在大阪流行的時間大約是二次世界大戰之後，由於大阪周邊的瀨戶內海是「真章魚」產量最豐富的地方，簡單地以章魚為主要材料，一經加熱就變得通紅的章魚勁十足，大阪人將章魚丁放入麵粉糊中，在球形鐵板中燒成一口大小，灑上柴魚片，店家發展蘸醬油、柚子醋、大阪燒醬汁甚至是蕃茄醬，更出現如沾取高湯、放在湯中、異國風味等許多等品嚐美味的變化，是一道簡單的料理，便宜又實惠的庶民美食，又成為大阪人的最愛。

大阪

難波

京都→兵庫

👁 namBa HIPS

📍別冊P.21,D2　📞06-6213-4500　🏠大阪市中央區難波1-8-16　🕐依店鋪而異　💻namba-hips.com

　namBa HIPS是2007年底開幕的複合式娛樂大樓，進駐許多美味餐廳、SPA、高爾夫球練習場、遊戲中心、小鋼珠店等，由知名**日本建築師高松伸所設計的建築**為中空內設置自由落體設施，不過由於開幕之後發生異常，至今已停止運轉。

🎁 BIC CAMERA NAMBA

ビックカメラ なんば店

📍別冊P.20,D3　📞06-6634-1111　🏠大阪市中央區千日前2-10-1　🕐10:00~21:00　💻www.biccamera.co.jp

　大型電器連鎖店BIC CAMERA，七層樓的賣場裡，舉凡電器、小家電、相機、手機、鐘錶、電腦、平板、3C商品配件、零組件等應有盡有，另也提供轉送原廠維修的服務。

🛍 高島屋 大阪店

📍別冊P.21,C4　📞06-6631-1101　🏠大阪市中央區難波5-1-5　🕐購物10:00~20:00，餐廳11:00~23:00　🈺不定休(詳見官網)　💻www.takashimaya.co.jp/osaka

　和南海難波車站相連直通的高島屋百貨從外觀就可以看出其歷史重要性，建於1922年的**建築充滿了大正時代的風華遺跡，是大阪南區的中心地標**。為了服務更多顧客，高島屋於2006年開始進行整修，整修完成的高島屋每層樓都再分為三區，提供複合式的多

元購物環境給喜愛高島屋的顧客們。而7~9樓則是名為なんばダイニングメゾン(Dining maison)的美食街，提供多種料理，讓難波成為真正的美食天地。

🛍 難波O1O1

📍別冊P.21,C4　📞06-6634-0101　🏠大阪市中央區難波3-8-9　🕐11:00~20:00　🈺不定休(詳見官網)　💻www.0101.co.jp

　O1O1百貨除了以一貫年輕族群喜愛的**170餘個品牌吸引大阪人造訪，更結合東寶電影院，為難波地區創造出娛樂性十足的百貨商場**，最新進駐的包括日系女生喜歡的粉領族話題品牌，還有專為自行車一族推出的生活系列，無論男女皆可成為時尚人士。

🎁 U-ARTS

📍別冊P.20,E4　📞06-6631-5600　🏠大阪市中央區難波千日前3-10　🕐10:00~18:00　🈺年末年始　💻www.u-arts.jp

　U-ARTS店招牌就是一隻黑貓，前腳趴著後腳直挺挺的站立，地上的小立板也畫上一隻貓，可見店主一定是個愛貓人士，果不其然一進門迎接你的就是許多可愛的貓雜貨、明信片和文具用品。**四層樓複合式的多元化的經營**，不像台灣文具店這麼單調只單純銷售商品。U-ARTS 1樓販售琳瑯滿目的文具和美術用品，2樓為訂製和裝置畫框的專區，3樓有個小展場，不定期邀請作家出展，4樓教室則提供租借，當繪畫教室或會議室使用。

🍴 鎌倉パスタ

☎06-6644-2980　🏠NAMBA CITY本館B1F　⏰11:00~22:00(L.O. 21:00)　💲厚切りベーコンのカルボナーラ(厚切培根蛋奶麵)¥1090　💻www.saint-marc-hd.com/kamakura/

用筷子吃義大利麵是鎌倉パスタ令人驚奇的第一步，但餐點的和風味更是讓人驚艷。「鎌倉」是個充滿日本風情的名詞，而「パスタ」指的是義大利麵，當日式風情與義大利結合，會碰撞出什麼火花呢？鎌倉パスタ將日本特有的食材融入義大利麵中，甚至還研發了日式醬汁，跳脫義式奶油、茄汁的窠臼，製作出一道道美味又清爽的和風義大利麵，讓人一吃就上癮。

👁 🎁 NAMBA CITY

📍別冊P.20,D5　☎06-6644-2960　🏠大阪市中央區難波5-1-60　🛍購物11:00~21:00，餐廳11:00~22:00　❌不定休(詳見官網)　💻www.nambacity.com　❗至服務台出示護照可領取¥500的優惠券

　　NAMBA CITY是大阪難波的地下購物街，其共有32~1樓三層樓，營業範圍含蓋美食、購物、娛樂、雜貨等，專門提供一個不用風吹日曬的購物環境。由於NAMBA CITY就位在南海電鐵難波駅的地下，所以交通便捷，要連接難波周邊的行程也十分方便。

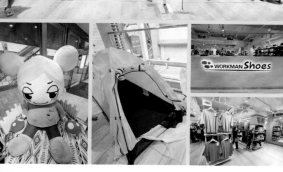

🎁 WORKMAN GIRL

ワークマン女子

☎06-6631-8220　🏠NAMBA CITY南館2F　⏰11:00~21:00　💻www.workman.co.jp

おすすめ 薦

親民價格的戶外生活服飾用品店。

　　WORKMAN原本是提供戶外工作者穿戴的服飾品牌，以耐用且平價深受消費者喜愛，近年來由於戶外活動日漸發達，意外地讓大家發現此品牌功能超強且價格實惠，雖然品牌名為「女子(GIRL)」但其實全家人的戶外衣物，包含雨衣或是防水衣褲，溯溪鞋等都可以在店內買到。戶外活動的配件也以十分親民的價格販賣中，像是新手露營用的全套基本設備，包含帳篷睡袋、椅子、小矮桌、露營燈等，可以用1萬日圓一次購齊，讓大家可以輕鬆採購好裝備享受戶外活動的樂趣。

大阪 難波 ▶京都 ▶兵庫

🏮 難波八坂神社

📍別冊P.21,A6　☎06-6641-1149　🏠大阪市浪速區元町2-9-19　🕐自由參觀　🌐nambayasaka.jp

　從東鳥居走進難波八坂神社，就被眼前的大獅口震懾，這張大口的獅子其實是難波八坂神社的獅子舞台。由於受到戰火波及，神社曾經殘破，但經由地方人士共同復興，昭和49年重建完成，才有我們現在看到的難波八坂神社。

難波八坂神社的由來

難波八坂神社主要供奉素盞嗚尊、奇稻田姬命、八柱御子命。傳說在仁德天皇時期，難波這一帶曾流行惡疾，當時有人在松樹上發現，現今八坂神社的位址是牛頭天王的靈地的字樣，為求保平安，於是人們就建造了這座神社，而獅子舞台的功用就是希望能夠將病魔嚇走。

🍜 千とせ 本店

📍別冊P.20,E4　☎06-6633-2931　🏠大阪市中央區難波千日前11-6　🕐11:00~20:00(售完為止L.O19:30)　❌週二　💰肉吸(碎肉湯)¥800，肉うどん(碎肉烏龍麵)¥800　🌐www.chitose-nikusui.com/chitose/index.html

　位於千日前道具街附近的千とせ是家擁有50年以上歷史的烏龍麵老店，如今經營已進入第三代老闆。會讓千とせ在大阪的國民美食中脫穎而出的原因，除了便宜又好吃之外，地點也相當重要。原來千とせ的附近有個吉本新喜劇的劇場「なんばグランド花月」，雖然發源自大阪的吉本新喜劇人氣相當高，但是演員們在走紅之前酬勞並不多，便宜的烏龍麵店千とせ就相當受到喜愛，如今，千とせ最受歡迎的菜色肉吸也是吉本演員的創意料理。

名物「肉吸」的產生

約25年前，有位宿醉的演員前來，因為食慾不佳，吃不下麵條，只希望喝碗清爽的麵湯，所以有了這人氣菜色，搭配一碗盛上生雞蛋的白飯，也能吃飽飽，在口耳相傳之間，變成了吉本演員們的最愛餐廳。

🍴 釣船茶屋ざうお難波本店

📍別冊P.20,F1　☎06-6212-5882　🏠大阪市中央區日本橋1-1-13 相鉄グランドフレッサB1F　🕐17:00~0:00(L.O.23:00)，週六日例假日11:30~15:00(L.O.14:30)、16:00~23:00(L.O.22:00)　❌年末年始　🌐www.zauo.com

　釣船茶屋ざうお是可在店內釣魚為主題的居酒屋。難波本店擁有2艘大型漁船的座位，包含包廂全部共有350個座位。租借魚竿及魚餌的費用是¥100，鯛魚、比目魚、竹筴魚、鮑魚、海螺等，選好目標就可以開始享受釣魚的樂趣啦！料理費用比起直接點餐還要更加便宜！週六、日、例假日12:30還有親子限定服務！提供孩童釣魚及做握壽司的體驗套餐，讓孩子也能盡情玩樂飲食！在這裡用餐是美食加上絕對開心的回憶，不要錯過。

👁 🎭 なんばグランド花月

📍別冊P.20,E4 ☎06-6641-0888(10:00～18:00，週六日例假日9:00～18:00) 🏠大阪市中央區難波千日前11-6 ⏰公演時間(詳見官網)平日10:30、14:00、18:30，週六9:30、12:30、15:30、18:30，週日9:30、12:30、15:30 💰劇場公演門票1F￥5000，2F￥4500 🌐www.yoshimoto.co.jp/ngk/index.php

　　大阪著名的喜劇劇場なんばグランド花月，由吉本興業所經營，一場公演時間約2小時左右，公演的內容包括約80分鐘的漫才(雙口相聲)和落語(單口相聲)，以及約45分鐘的吉本新喜劇。

　　なんばグランド花月複合式的經營，吃喝玩樂全包。1樓有知名店家進駐，像是吉本藝人最愛的烏龍麵老店「千とせ」、章魚燒「甲賀流」和吉本興業周邊商品專賣店等，2樓則有個寫真館和專賣大阪名物的伴手禮店，B1~1樓還有間販售日本各地名物，不看戲的人，也可以到這裡品嚐美食或買伴手禮。

🎁 よしもとエンタメショップ

☎06-6643-2202 🏠なんばグランド花月ビル1F
11:00～19:00 (因演出時間而異)

　　這是吉本藝人的周邊商品專賣店，充滿大阪人的幽默創意，有許多搞笑商品和帶點玩笑惡搞的商品，不禁都人讓人會心一笑。其中最著名的就是吉本興業販售的「面白い恋人」(有趣的戀人)，因與北海道名物「白い恋人」(白色戀人)的包裝相似度極高，被白い恋人公司提告，官司纏身中，卻反而因此銷售業績爆增。此外店內還有販售Q版藝人的周邊長毛巾、襪子、布巾、器皿等，喜歡吉本搞笑藝人的朋友，來這裡準沒錯！

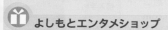

🎁 よしもと おみやげもん横丁

☎06-6648-4678 🏠なんばグランド花月ビル2F
10:00~19:00 (因演出時間而異)

　　想要買大阪伴手禮嗎？來這裡就對了！除了一般店家常見的名物外，最特別的是店內設有一區「關西名店名品屋」，賣知名老舖使用的器皿和醬料，以及相關周邊商品，像是夫婦善哉的手機吊飾、鶴橋風月的大阪燒醬、炒麵醬、千とせ店內用來蛋拌飯的醬油、ぼてぢゅう的盤子等，都是一般名產店不會出現的商品，非常特別。

🧁 りくろーおじさんの店 なんば本店

🏠別冊P.21,D3　☎0120-57-2132　🏠大阪市中央區難波3-2-28 1、2F　🕐1F 店舗9:00～20:00；2F陸カフェROOM(咖啡廳)11:30～17:30 (L.O.16:30)　🍴焼きたてチーズケーキ(Cheese蛋糕)￥965　🌐www.rikuro.co.jp

　　難波車站附近的這家老爺爺蛋糕店無論何時前往總會看到排隊人潮，可愛的微笑爺爺招牌站在門口迎接客人，還烙印在蛋糕上，表層烤色均勻的金黃焦香色彩，內餡則是嫩嫩的奶黃，吃一口就能嚐到鬆軟綿密的口感，濃濃起士香更在舌尖上散發開來，還加入了浸泡過蘭姆酒的葡萄乾，冷熱皆宜，難怪大受歡迎。

🎁 やかん亭さくら総本店 　薦（おすすめ）

🏠別冊P.20,E6　☎06-6644-9001　🏠大阪市浪速區日本橋5-17-20　🕐11:00～18:00　🚫週四、不定休　🌐yakantei.com

喜歡日本泡麵的旅人，不用再東奔西跑找你想買的泡麵了，來這間店日本各地的人氣泡麵就全都入手啦！

　　店內販賣多達200種的人氣泡麵，來自日本各地，北至北海道南到沖繩，也有販售海外的泡麵，到這裡一**次就能買足日本各地的特色泡麵**，對觀光客來說真的很方便。

🍴 重亭 　薦（おすすめ）

🏠別冊P.20,D3　☎06-6641-5719　🏠大阪市中央區難波3-1-30　🕐11:30～15:00(L.O.14:30)，17:30～20:00(L.O.19:30)　🚫週三、不定休　🍴ハンバーグステーキ(漢堡排)￥1300　🌐www.jyutei.com

昭和至今令人念念不忘的老舖風味。

　　昭和21年(1946)創業，**店內招牌名物漢堡排**，現點現做，份量十足重達200克，**牛豬肉混和碎洋蔥製成的漢堡排**，外皮煎得微焦香脆，切開後飽滿肉汁宛如瀑布般宣洩而出，**搭配店家自製番茄醬與創業以來一直使用**的燉牛肉**多蜜醬汁**(Demi-Glace sauce)，甜鹹日式醬油風味，配菜高麗菜絲沙拉和番茄義大利麵，美味無比。

池波正太郎

小説家池波正太郎(1923-1990)擅長寫歷史小説，名著有《鬼平犯科帳》、《劍客商売》、《仕掛人‧藤枝梅安》等系列，同時也是著名的美食評論家，在著作《京都‧大阪のうまいもの──散歩のとき何か食べたくなって》(京都、大阪美食散步)一書提到他到大阪公演時，在重亭點了テキ(牛排)，非常驚豔是他鍾情的味道。

這裡是爬蟲類愛好者的天堂，讓每位來訪者都能找到自己喜愛的「小夥伴」。

🍴 爬蟲類咖啡 ROCK STAR

爬虫類カフェ ROCK STAR

🅰別冊P.20,E6 ☎06-6586-9538 ⓖ大阪市浪速區難波中2-7-7 ナンバFK 3F ⏱11:00～22:00 ⓗ不定休 ⓢ各式飲品¥1100起。第一次造訪者加收入場¥1000，再訪時出示會員証即免收 🌐www.rock-star.xyz/ ❗時間無限制，低消為一杯飲料

超獵奇的用餐體驗，推薦烙喜歡爬蟲類動物的人。

這間清新寬敞的爬蟲類主題咖啡廳，提供適合各年齡層的放鬆空間，店內裝潢溫馨，以木質桌椅為特色，顧客可以**一邊觀賞可愛的爬蟲類，一邊享受愉快的時光**。除了可愛的爬蟲類，店內也提供特別的菜單，包括人氣的「鱷魚料理」和「揚炸壁虎」，食材選用新奇，味道卻意外地好吃。還有昆蟲酒，絕對讓你的聚會更加熱鬧。

🍴 自由軒 難波本店

🅰別冊P.20,D3 ☎06-6631-5564 ⓖ大阪市中央區難波3-1-34 ⏱11:00～20:00 ⓗ週一 ⓢ名物カレー(招牌咖哩飯)¥800 🌐www.jiyuken.co.jp

創於明治43年的自由軒，目前進入第四代經營，曾在織田作之助小説夫婦善哉中登場，有別於將咖哩醬料淋在白飯上，自由軒直接將咖哩與飯混合，將**生雞蛋打散和著飯一起吃**，不但可使口感更為滑順，還可降低咖哩的辛辣度。

☕ BROOKLYN ROASTING COMPANY

🅰別冊P.20,E6 ☎06-6599-9012 ⓖ大阪市浪速區敷津東1-1-21 ⏱9:00～20:00，週末例假日8:00～20:00 ⓢ冰咖啡¥450 🌐brooklynroasting.jp

BROOKLYN ROASTING COMPANY創立於美國紐約布魯克林，秉持著「真正美味的咖啡應該在友善地球與關愛人類的環境中成長」的信念，不僅專注於咖啡品質，更致力於改善環境和咖啡豆生產者的工作條件。這種認真負責的態度贏得了紐約客的廣泛支持，並成為紐約知名的咖啡品牌之一。位於難波EKIKAN的旗艦店，配備與紐約相同的烘豆機，現場就聞到咖啡烘豆香，讓顧客在寬敞的高架下空間中享受放鬆的咖啡時光。

大阪
⋯⋯
難波
▶京都
▶兵庫

🍴 キャベツ焼 難波店 薦（おすすめ）

📍別冊P.21,C5 📍大阪市浪速區難波中1-18-18 🕙10:00~翌1:00 💲キャベツ焼(高麗菜燒)￥200 🌐www.kyabetuyaki.com

> 滿滿餡料的庶民美食キャベツ焼，真的是便宜又大碗，怎麼能不來吃吃看。

　　キャベツ焼除了加入大量高麗菜外，還加了天かす(天婦羅麵衣)、雞蛋、紅薑、紅蝦等，最後塗上醬汁和灑上海苔就大功告成了，滿滿餡料、飽足感十足，真的非常便宜又划算，難怪會成為電視節目與報章雜誌報導的常客。

🍴 たこやき座

📍別冊P.20,E4 ☎06-6644-0086 📍大阪市中央區難波千前12-2 🕙10:00~0:00，週六日例假日9:00~0:00 💲たこドッグ(章魚燒捲餅)￥380

　　在たこ焼道楽わかな對面的たこやき座，除了傳統的章魚燒之外，還努力研發新奇的章魚燒產品，以求力拼對面的勁敵。看著章魚燒一顆一顆滾成圓球，再沾點醬汁與海苔粉柴魚粉等佐料，就已經夠令人食指大動了，但這樣還不夠，喜歡創新的老闆拿出烤好的薄餅，就這麼將章魚燒夾了進去。不只美味，份量更是十足，這麼便宜的價錢能夠吃到這樣的美味，大阪人實在太幸福了。

🍴 たこ焼道楽わかな 千日前本店

📍別冊P.20,E4 ☎06-6631-0127 📍大阪市中央區難波千日前11-19 🕙10:30~21:00，週六日例假日9:30~21:00 💲たこポン(章魚燒)8個￥600 🌐takoyaki-wanaka.com

　　曾經出現在「料理東西軍」節目中的章魚燒名店。煎烤章魚燒的器具十分講究，特製銅板不僅能夠加快導熱效能，還能夠保持章魚燒的熱度，外皮酥脆內部濕潤柔軟。有三種口味選擇，原味、鹽味和特製醬汁，可試試不同風味。

🧁 北極 薦（おすすめ）

📍別冊P.21,D3 ☎06-6641-3731 📍大阪市中央區難波3-8-22 🕙週一~四11:00~20:00(週五至21:00)，週日10:00~20:00(週六至21:00) 💲冰棒￥190起 🌐www.hokkyoku.jp

> 一甲子的不變的好味道，就是北極冰棒一直廣受歡迎的秘訣。

　　創於昭和20年(1945)的北極雖然仍是小小的店舖，但不變的口味讓北極屹立不搖，總是有川流不息的排隊人潮。北極賣的是大家都喜愛的冰棒，人氣第一的口味是煉乳冰棒，選用北海道十勝產紅豆製的紅豆冰棒則是店家自信推薦的好味道。

千日前道具屋筋商店街

位 在難波的千日前道具屋筋商店街，則是販賣各式廚房用品的地方，可以在這裡挑到可愛的小箸台、憨態可掬的招財貓，或是精巧的漆器食具，當然也有五花八門的日式料理專用鍋碗瓢盆，還有開店用的布幔、器具等。還有可愛的吉祥物まい道くん在等著你光臨喔！

🌐www.doguyasuji.or.jp

🎁 千田

📖別冊P.20,E5　☎06-6632-5851　🏠大阪市中央區難波千日前8-16　🕘9:30~18:30　🚫第3個週日　🌐www.senda.co.jp

明治25年(1892)創業，至今已有120年的歷史，千田是販售家庭和業務用的廚房用品專門店，鍋碗瓢盆、器皿、烤箱、微波爐、洗碗機、烘培模具等等，只要跟食物有關的器具，在這裡絕對找的到，店內商品高達十萬多件，B1~3樓的購物包你逛到腿軟，價錢也合理公道，所以料理達人們來這裡逛一圈，想必一定心滿意足，收穫滿滿的離開。

🎁 GOODIES

📖別冊P.20,E5　☎06-6632-7531　🏠大阪市中央區難波千日前8-19　🕘9:30~18:30　🚫第3個週日　🌐www.senda.co.jp/goodies/

平成10年(1998)開店的GOODIES是千田的直營分店，就位在千田附近而已，與千田本店客群型態不同，光看兩家門面的裝潢就知道兩家差異性很大，千田走樸實風，沒什麼特殊裝潢，GOODIES則走鄉村風，色彩繽紛的門面，很吸引年輕女孩們的目光，商品多以國外進口貨為主，以及設計感十足的雜貨、器皿、烘培工具等等，喜歡可愛的廚房用品的人就到這兒逛逛，想要找專業工具的人就到千田本店採買囉！

🎁 花月堂

📖別冊P.20,E4　☎06-6643-0771　🏠大阪市中央區難波千日前10-8　🕘9:30~18:00，週六日例假日9:00~18:00　🚫年末年始、盂蘭盆節　🌐kagetudo.com

專賣暖簾、燈籠、招牌、招財貓和ビリケン模型、大型電動人型看板及和風裝飾品等商品的花月堂，絕對是間你很難會忽略的店，有著超大的活招牌，就是一隻對著你不斷招手的白色招財貓，馬上吸引住過往遊客的目光，加上五花八門的招牌擺在店外，都讓人不自主的停下腳步，不但充分的展示商品特色，還吸引人潮的駐足。花月堂的社長葛山先生也是位書法家，千日前道具屋筋商店街北側入口處紅色的書法字「道」就是出自他手喔！

心斎橋

しんさいばし
Shinsaibashi

心斎橋是條具有百年歷史的購物商店街，知名的百貨SOGO就是從這裡發跡的。從前，大阪商人利用長堀運河載著貨物到此交易，熱鬧景象維持至今。擁有遮陽頂蓋的心斎橋筋商店街中，百貨公司、餐廳、老舖、時尚流行等琳瑯滿目的商家林立，逛街的人潮絡繹不絕，到了假日更是擁擠。而隔壁的御堂筋林蔭濃密，街道尺度寬敞舒適，更是大阪精品最集中的區域，讓人彷彿置身巴黎香榭大道。

交通路線 & 出站資訊

電車
大阪地下鐵心斎橋駅➡御堂筋線、長堀鶴見綠地線
JR難波駅➡JR大和路線(關西本線)
南海なんば駅➡南海本線、高野線、空港線
近鐵·阪神大阪難波駅➡近鐵難波線(奈良線)、阪神なんば線
大阪地下鐵なんば駅➡御堂筋線、千日前線、四つ橋線

出站便利通
◎若站在戎橋與道頓堀入口就可以看到心斎橋商店街的入口。
◎從大阪地下鐵御堂筋線心斎橋駅5、6號出口出站就是心斎橋商店街，5號為大丸百貨。
◎大阪地下鐵御堂筋線心斎橋駅4號出口出站就是林蔭大道的御堂筋，聚集許多國際精品名店。
◎大阪地下鐵御堂筋線心斎橋駅7、8號出口出站為御堂筋的另一側，可直通日航飯店與OPA百貨。
◎若要逛北心斎橋商店街於心斎橋駅2號出口出站。
◎長堀鶴見綠地線心斎橋駅就直接與クリスタ長堀地下街相連。

大阪市內「筋」與「通」的差別

走在市中心，在不看地圖情況下，想要簡單的辨識方位，靠著路名也可略知一二。大阪市區內主要街道都以「○○通」、「○○筋」來命名，南北向都稱為筋、東西向則稱為通，因此像是觀光客最愛逛的心齋橋筋商店街，就是一條南北向的街道。

中央玄關上的陶瓷孔雀是大丸百貨的形象。

大丸百貨 心斎橋店

薦

🏬別冊P.18,E4 ☎06-6271-1231 ○大阪市中央區心斎橋筋1-7-1 ◐10:00~20:00，本館B2F美食街11:00~22:00(L.O21:00)，本館10F餐廳11:00~22:00，南館B1F花園(女性專區)10:00~20:00 ☺www.daimaru.co.jp/shinsaibashi ❶出示護照至本館1樓服務台可換領取5%off的優惠券

300年歷史老舖百貨展現全新風貌。

1726年於心齋橋店址開設吳服店的大丸，可說是歷史悠久的老牌百貨，目前的建築物外觀為1925年落成，2015年閉館整修之後，終於在2019年重新開幕。為了保存原本歷史悠久的建築物，整修後的大丸直接往內縮小，在原址的百貨內重新蓋了一棟新的百貨，而原本的北館則改建為氣息年輕的PARCO，吸引多項年輕品牌進駐，重新成為心齋橋的時尚門面。

心斎橋OPA

🏬別冊P.19,D4 ☎06-6244-2121 ○大阪市中央區西心斎橋1-4-3 ◐11:00~21:00 ☺www.opa-club.com

想要體驗大阪南區的辣妹風格的話，首推OPA百貨。OPA百貨的女性服飾齊全，風格走向年輕化，從女性最愛的雜貨、家居生活用品到美體、美膚等，應用盡有，而且9、10樓也有多間餐廳，想逛街也想用餐，逛這一間就能一次搞定。

心斎橋PARCO

📖別冊P.18,D3 ☎06-7711-7400 📍大阪市中央區心斎橋筋1-8-3 🕐10:00~20:00，B1F SHINSAIBASHI MARKET10:00~21:00，B2F心斎橋ネオン食堂街11:00~23:00，13F御堂筋ダイニング11:00~22:00 🌐shinsaibashi.parco.jp

　2019年重新開幕的大丸百貨心齋橋店，本館維持著原本的傳統百貨，北館則重新設計為低年齡層取向的PARCO，館內廣納各項年輕品牌進駐，原本於心齋橋附近的HANDS手創館，大丸的HERBS等大家來日本喜歡拜訪的店家也都搬了過來，**6樓更是安排成次文化品牌大集合彷彿主題樂園一般熱鬧**，PARCO就這樣在心齋橋前段，吸引大家入場逛逛個眼花撩亂。

🍴 赤白 心斎橋PARCO店

薦 おすすめ

☎06-4708-4437 📍心斎橋PARCO B2Fネオン食堂街 🕐11:00~21:00 💲燉煮白蘿蔔佐蘑菇濃醬¥198，紅白酒¥300起

> 優雅法式關東煮佐紅白酒。

　赤白爆紅的程度，目前已經在大阪有5間餐廳、1間料理外帶店鋪，幾乎在重要的鬧區都可以看到赤白出店，且總是大排長龍。以平價的創作法式和風料理以及紅白酒為主，美味的料理以及店內優雅又輕鬆的氣氛讓顧客念念不忘。來到這**必點的就是燉煮白蘿蔔佐蘑菇濃醬**，用高湯燉煮的軟綿又能維持形**狀的白蘿蔔**，淋上香氣撲鼻的蘑菇濃醬，幾乎每個人入座後就是先來一盤開胃。另外淋上醬汁的蒸蛋，軟嫩又口頰留香，**也是許多饕客的愛**。雖然是吃關東煮，搭配的是店內幫大家選的紅白酒，以單杯計算，來到大阪想要微醺一番的好地方。

> 自創的豆娃型商品CAPORON還推出大型版超可愛！

🎁 CAPCOM STORE OSAKA

薦 おすすめ

☎06-7711-7400 📍心斎橋PARCO 6F 🕐10:00~20:00 💲金色艾路娃娃¥3850 🌐www.capcom.co.jp/amusement/capcomstore/

> 知名遊戲公司周邊專賣店。

　開發出快打旋風、洛克人、惡靈古堡、魔物獵人等知名遊戲大廠卡普空，其實是大阪發跡的老牌遊戲製作公司，創立已經超過40餘年，卻在2019年才開始推出自己的專屬周邊商店，隨著心齋橋PARCO開幕，卡普空商店也跟著進駐。店門口有隆跟洛克人等熟悉的角色迎接大家，旁邊還有專區可以跟獵人夥伴艾路合照，**各遊戲IP都有自己專屬的周邊專區**，而販賣的商品除了一般的角色周邊外，還有腦洞大開的殭屍口味咖哩或是遊戲藥草補品，完美體現大阪人喜歡惡搞的玩心，遊戲粉們來到此地，荷包的HP是否會直接爆血歸零呢？

🎁 ZARA 大阪心斎橋筋店

🏠別冊P.18,E6　☎0120-257-100　📍大阪市中央區心斎橋筋2-3-25　🕐11:00~21:00　🌐www.zara.com/jp/

心斎橋筋商店街內的ZARA是日本唯一的概念店，所有的產品線一應俱全，包括派對系列的晚宴裝、上班族實穿的套裝或是休閒感十足的年輕副牌，甚至還有嬰幼兒系列，而男性也沒有被冷落，2樓的空間展示了歐洲型男的必備行頭，讓所有人立刻成為時尚一族。

🎁 オーエスドラッグ心斎橋店

OS DRUG

🏠別冊P.18,E3　☎06-6251-2500　📍大阪市中央區心斎橋筋1-2-15　🕐10:00~19:50　🌐www.osdrug.com

在心斎橋這一片藥妝激戰區裡，竟然有一間不起眼的小藥妝店仍經營著。這家位在心斎橋較北側的藥妝店，店門口大大的掛著クスリ(藥)，看來昏暗雜亂的小店卻擠買前來採買的主婦與學生，由於都是當地人前來購買，價錢當然是十分實在。

🎁 Desigual大阪心斎橋店

🏠別冊P.18,E5　☎06-6212-0652　📍大阪市中央區心斎橋筋2-2-23　ふじやビル1F、B1F　🕐11:00~20:00　🌐www.desigual.com/ja_JP

1984年Thomas Meyer在西班牙創立Desigual，品牌宗旨強調盡情揮灑自己的繽紛人生，服飾走用色鮮艷大膽的設計，大量利用的大區塊幾何或花草圖騰以及塗鴉的元素，展現出個性風的獨特性，非常符合品牌的形象。

🎁 Apple Store心斎橋

🏠別冊P.19,D5　☎06-4965-2900　📍大阪市中央區西心斎橋1-5-5アーバンBLD心斎橋　🕐10:00~21:00　🌐www.apple.com/jp/retail/shinsaibashi

1樓主要販賣產品，貫穿1、2樓的旋轉梯以透明玻璃構成，符合蘋果的專業形象，2樓有專賣書籍軟體的區域，另有一個20個座位的小劇場，讓客人體驗蘋果的數位影像技術。

ABC MART Grand Stage 大阪店

📍別冊P.18,E5 📞06-6213-6281 🏠大阪市中央區心斎橋筋2-8-3 ⏰11:00~21:00 🌐www.abc-mart.com

在日本主要商業區都可以看到的ABC MART是年輕人必逛的運動用品店，各大體育品牌都可以找到，不過由於日本物價比台灣高，**建議購買台灣尚未進口或是沒有的款式**，若是看上品牌合作的限定鞋款就別錯過，即使品牌專賣店也找不到喔！

UNIQLO 心斎橋店

📍別冊P.18,E5 📞050-3355-7665 🏠大阪市中央區心斎橋筋2-1-17 ⏰11:00~21:00 🌐www.uniqlo.com/jp

原本位於心齋橋入口的UNIQLO優衣庫旗艦店因為疫情造成觀光緊縮，不得不放棄原本的戰略位置退守到心齋橋中段，與副品牌GU合併共同經營。轉型後的大型店舖，B1~2樓為UNIQLO，3、4樓為GU，店內也引進了自助結帳系統，在店員的導覽下動線也非常容易理解且流暢。而在**店門口則是新增了該品牌近年轉型的花店新風格，每日進貨的新鮮切花價格非常親民**，也可以自行挑選多束切花搭配後請櫃檯協助製作成花束因應各種需求，讓大家在挑選服飾的時候也可以藉由美麗的花束更增添生活情趣。

Actus心斎橋

📍別冊P.18,D4 📞0120-994-521 🏠大阪市中央區西心斎橋1-4-5 御堂筋ビル1、2F ⏰11:00~19:00 🌐shinsaibashi.actus-interior.com

Actus是源自東京青山的家具店，進口世界各國的優良家具，以「人與物(家具)的理想關係」為概念，希望大家都能擁有一個普通平凡卻非常舒適的生活。心斎橋分店位於充滿林蔭的御堂筋上，兩層樓都以完全開放的清透玻璃讓自然光與綠意引入。

GU心斎橋店

📍別冊P.18,E5 📞06-6484-3304 🏠大阪市中央區心斎橋筋2-1-17 2F ⏰11:00~21:00 🌐www.gu-japan.com

UNIQLO的副牌GU，經營策略是以更低廉的價格短週期的販賣，與UNIQLO一樣男裝、女裝、童裝、飾品、鞋子、配件全包辦，也會不定時的舉辦期間限定促銷活動，這間GU旗艦店位於一級戰區的心斎橋商店街內，不僅逛街非常方便，店內商品樣式也較其他店舖更齊全。

🍴🍴 鮨ととぎん心斎橋店 薦 おすすめ

🅐別冊P.18,E4 ☎06-6282-7672 🅖大阪市中央區心斎橋筋1-3-12 🕐11:00～0:00(週一及週二13:00～0:00) 🅗不定休 🅢燒酎喝到飽1小時￥550 🌐sushioden.totogin.com

疑!?牆壁流出燒酒!?

新興的桌邊自助斟酒系居酒屋，燒酎類代表就當數鮨ととぎん了。位在心齋橋商業區巷內的店家裝潢很樸素，工業風白牆上直接安裝著水管，扭開就可以直接倒出燒酎了！還可以加點彩色小熊放進杯中，為燒酎增添各類風味，好看又好喝！雖然**牆壁流出燒酎這樣的噱頭新鮮有趣，但身為海鮮居酒屋的店家料理上也是不馬虎帶過**，老練的師傅使用新鮮魚肉捏出來的壽司，或是其他創意海鮮下酒料理，讓人不斷滿杯加點，今晚就來個不醉不歸。

只要點單時說想要使用燒酎喝到飽的服務，店員就會來安裝水龍頭。

🍴🍴 北むら 薦 おすすめ

🅐別冊P.18,E4 ☎06-6245-4129 🅖大阪市中央區東心斎橋1-16-27 🕐16:30～21:50 (L.O21:30) 🅗週日例假日、12/29～1/4、夏季(8月中) 🅢精肉すき焼き(壽喜燒)￥9800 🌐shimizu.or.jp/kitamura

百年歷史的壽喜燒名店，頂級牛肉沾點特製沾醬，讓人吃過後還一直念念不忘。

好吃的壽喜燒除了要有肉質佳的牛肉，最關鍵的是沾醬。創業已經超過百年歷史的北むら提供最正統的關西風壽喜燒，將菜與肉分開燉煮，鮮嫩的肉先加

入砂糖煎得軟嫩，起鍋後裹上生雞蛋，一口吃下頂級牛肉，實在享受。接著用鍋內的肉汁加入昆布汁燉煮蔬菜與豆腐，透過鍋內的湯汁進而煎煮出最佳的口感，起鍋以後，再蘸點特製的沾醬，日本肉料理與蔬菜美味的結合所形成的極致享受，盡在其中。

🍴🍴 黑毛和牛燒肉一 心斎橋店

🅐別冊P.18,E4 ☎06-6253-7729 🅖大阪市中央區心斎橋筋1-4-31 🕐11:30～14:30、17:00～22:00 🌐www.yakiniku-ichi.com

「燒肉一」是對肉類專精的專家集團，憑著多年所培育出的經驗及知識，有自信的用合理的價錢提供新鮮且高品質的黑毛和牛，對於能從日本各地選用最高級的食材上桌感到十分驕傲。除了和牛外，當然也提供神戶牛，和牛的烹調熟度可依照客人的喜好各自指定，**講究品質的肉每一口皆是入口即化，簡直是喜愛牛肉者的天堂**。心斎橋店有桌位及榻榻米和室，不管是帶家人來或多人數聚餐都很適合，且從心斎橋站只需徒步五分鐘便能抵達。

點份「一牛名物8段盛り」可以吃到各種稀有部位。

🍴🍴 板前燒肉 一牛 東心斎橋店

🅐別冊P.18,F6 ☎06-6926-8855 🅖大阪市中央區東心斎橋2-6-15 🕐17:00～23:00 🅗週日 🅢特上菲力￥2490，一牛名物8段盛り￥9980 🌐www.ichigyu.jp

「板前燒肉一牛」精選日本各大產區的頂級品牌牛肉，包括神戶牛、仙台牛、佐賀牛、熊本牛、山形牛、鹿兒島牛、山口牛和宮崎牛，並在最佳時機採購整頭母牛，呈現最鮮美的口感。這些黑毛和牛的**母牛肉質細膩，被譽為「絹一般的舌觸」，口感柔滑，入口即化**，與肌肉質較硬的公牛相比更具風味。店內以套餐形式呈現多樣化的稀有部位，是肉食愛好者不可錯過的頂級饗宴。

宇治香園 心斎橋店

Ⓜ別冊P.18,E5 ☎06-6271-0681 ○大阪市中央區心斎橋筋1-5-19 ●11:00~18:00，喫茶(週五、六、日)14:00~17:00(L.O.16:30) ⑭年末年始 ⑤深むし煎茶 月(濃煎茶)70g¥1620 ⓌWWW.ujikoen.co.jp

　宇治香園創業於慶應元年，因為就位在宇治茶產地而開始製茶。**一直以「製作讓心感到溫暖的茶」為宗旨**，希望將茶的美好傳達給大眾。而店內除了賣茶之外，茶具等與茶相關的商品也能買得到。位在心斎橋的店面也經營起茶屋，讓來這裡逛街的人們可以直接就品嚐到日本茶的美味。

PABLO心斎橋本店

薦 おすすめ

起士蛋糕排隊名店。

Ⓜ別冊P.18,E5 ☎06-6211-8260 ○大阪市中央區心斎橋筋2-8-1心斎橋ゼロワンビル1F ●11:00~20:00(週六日例假日至10:00~21:00) ⑭不定休 ⑤パブロとろけるチーズタルト (起司塔)¥980，PABLO mini宇治抹茶(迷你宇治抹茶起司塔)¥320 ⓌWWW.pablo3.com

　心齋橋一帶知名排隊起士塔名店PABLO，軟綿濃郁的起士風味總是讓人無法抗拒，也曾短暫在台上市，但現在想吃只能飛日本，除了一般尺寸的起司塔外，**店內亦貼心提供做成單一份量各式口味的迷你起司塔，讓人可以一次品嚐多種口味**。

LE CAFE V

薦 おすすめ

時尚精品的專屬咖啡座。

Ⓜ別冊P.18,D5 ☎06-4256-1277 ○大阪市中央區心斎橋筋2-8-16 Louis Vuitton Maison大阪御堂筋 7F ●11:00~20:00 ⑭不定休 ⑤Monogram老花紋拿鐵¥1800

　御堂筋上以白色為基調的LV專賣店，高尚洗練的外型完全強調出品牌形象，而在大門旁的秘密入口，搭乘經典老花裝飾的電梯直上7樓，彷彿秘密花園般的LE CAFE V就在這兒靜候著顧客們光臨，身為環球一號店，無論是下午茶、輕食，或是晚上的套餐甚至酒吧，這裡一直是喜歡品牌風格的粉絲們朝聖之地。**店裡分為以銘黃為基調的圓頂座位區、藍綠為基調的吧檯及渡假風座位區，還有露台上的室外座位區，每個區域都各有設計巧思。雖然提供的飲食品項不多，但經典老花花紋的拿鐵是大家必點的飲品，無**法喝咖啡的朋友也可以點奶茶一樣有拉花藝術，在這邊度過貴婦般的下午時光，整個人都高尚了起來呢。

達人技巧煎出蛋包，吃後讓人齒頰留香，份量十足。

ミツヤ心斎橋本店

📍別冊P.18,E6 ☎06-6211-1028 🏠大阪市中央區心斎橋筋2-3-21 🕐11:00~22:00 🌐www.mitsuya.co.jp

位在心斎橋上的ミツヤ是一間便宜的**大眾洋食店**，店內大多是焗烤、義大利麵與甜點。由於就位在熱鬧的心斎橋上。在其入口處有餐點的樣本，就算看不懂日文，只要在門口先選好想吃的料理，進去後再點就可以了。

明治軒

📍別冊P.18,E4 ☎06-6271-6761 🏠大阪市中央區心斎橋筋1-5-32 🕐11:00~20:30(15-17休息，L.O. 20:00) 🈺週三(週一營業至15時) 🍴オムライス 中 (中份蛋包飯)¥800 🌐meijiken.com/meijiken.html

昭和元年創業的明治軒，是大阪心斎橋有名的洋食店，從外觀到內部空間都充滿著濃濃的懷舊風情，據說明治軒的人氣起源於第二次世界大戰時，因為很難獲取各種食材，堅持讓客人們吃到美味的老闆，還曾經到黑市購買食材，也曾經有過讓客人以筷子在塌塌米上吃洋食的歷史回憶。**招牌的蛋包飯滑嫩香柔，澆在上面的醬汁更是以醬油融合番茄醬為基底，用紅酒等上等牛腿肉和洋蔥等香料精心熬煮2天**；也可以另外加點串炸，同時享用兩種國民美食。

薦 おすすめ

総本家浪花そば 心斎橋本店

📍別冊P.18,E4 ☎050-5385-3452 🏠大阪市中央區心斎橋筋1-4-32 🕐11:00~22:30(L.O.22:00)，週日、例假日至22:00(L.O.21:30) 🍴肉つけ(肉蕎麥沾麵)¥1210 🌐naniwasoba-shinsaibashi.com

用**三種魚乾熬煮而成關西風精華湯頭**，與一定比例才能做出滑順入口的手工蕎麥麵，十分費工！

從充滿了觀光客的熱鬧心斎橋商店街轉入巷弄，一棟日本民家風古意濃濃的建築物就矗立在街角，在烏龍麵盛行的大阪，總本家浪花そば賣的卻是蕎麥麵。提到麵類最重要的湯頭，浪花そば是以鰹魚、鯖魚和沙丁魚等三種魚乾熬煮出融合的鮮味，不用昆布因此呈現透明美麗的琥珀色，味道正是關西風的精華甜味。**手打蕎麥麵以麵粉和蕎麥粉的7:3比例製作，麵條刻意切得較細，十分滑順入口**，每天職人大約要做上400人份才足夠使用。來到浪花そば，推薦可品嚐迷你懷石，可一次吃到生魚片、天婦羅、煮物等日本料理，主角的蕎麥麵則是依季節變換色彩，加入梅子、櫻花、柚子或芝麻，讓視覺、味覺都得到滿足。

salon de MonCher本店

📍別冊P.19,D3　☎06-6241-4499　📍大阪市中央區西心斎橋1-13-21　🕐10:00~19:00(Café L.O.18:00)　💰大阪セット(大阪套餐：奶油蛋糕卷+玉子燒三明治+飲料)￥1628起，堂島ロール ハーフ(堂島奶油蛋糕卷半條)￥896　🌐www.mon-cher.com

> 人氣排隊商品清爽不膩的鮮奶油蛋糕捲，入口即化的好滋味會讓你回味無窮。

　　MonCher最著名的人氣商品就是**堂島ロール(奶油蛋糕卷)**，精華的鮮奶油是使用北海道的新鮮鮮乳製成，綿密清爽、入口即化與台式奶油偏油又膩口是完全不同的口感。位於心斎橋的堂島有附設咖啡廳，佈置走華麗宮廷風，享受宛如貴婦般的午茶時光，真是一大享受。

> 喜歡麻辣的人千萬不可錯過初戀麻婆豆腐！

vrai de vrai Chez Hiro

📍別冊P.19,B2　☎06-6535-7807　📍大阪市西區新町1-24-8　🕐11:30~14:00，18:00~22:00　🚫週一　💰法式套餐 午餐￥4999起，晚餐￥7700起　🌐www.instagram.com/vrai.de.vrai.chez.hiro/

　　vrai de vrai chez HIRO是結合傳統與現代的法式料理餐廳，自1998年開業以來，提供四季變換的精緻菜餚。餐廳堅持**以簡約卻充滿記憶點的法國料理為主打**，強調食材本身的美味，並搭配來自世界各地的80種精選美酒，為顧客提供一個舒適且高雅的用餐體驗。溫暖的氛圍與用心的服務，讓每位來客都能享受到獨特的美食時光。

麻婆豆腐 SHIN

📍別冊P.19,B2　☎06-4395-5020　📍大阪市西區新町1-25-3　🕐11:30~15:00，18:00~22:00　🚫週日　💰SHIN醬麻婆豆腐￥1200，初戀麻婆豆腐￥1300　🌐www.instagram.com/mabodofu_shin

　　這家麻婆豆腐專門店主打「麻辣麻婆豆腐」的獨特風味，由曾任職於五星級酒店的總料理長監修，**以超過30種香料調製而成，完美融合了麻、辣、甜的風味，讓人享受前所未有的麻辣體驗。**不僅如此，店內還提供各式中華美食，如口水雞、杏仁豆腐等，搭配精選的精釀啤酒與點心，從午餐到晚餐都能盡情享受。午餐時段提供三款麻婆豆腐套餐，包括**招牌「SHIN醬麻婆豆腐」、「初戀麻婆豆腐」與「麻婆咖哩」**，價格實惠且附湯品與無限續飯，辣度與麻度還可自由加強，深受顧客喜愛。

道頓堀

どうとんぼり
Dotonbori

道頓堀所指的是一條匯流入大海的人工運河，不僅有遊覽船帶著遊客們看看水道風景，重新規劃整理後的河岸也吸引情侶們來此漫步。最著名的戎橋一帶，高舉雙手衝刺的固力果跑步選手等看板與大招牌，已成為大阪最富地方色彩的夜景。道頓堀還是個美食天堂，章魚燒、拉麵、烏龍麵、大阪燒等，聚集各種國民美味。從前，大阪商人利用長堀運河載著貨物到此交易，熱鬧景象維持至今。

◉ 戎橋

📖別冊P.21,D2　☎06-6641-3362戎橋商店街振興組合
🏠大阪市中央區難波、道頓堀一帶

　位在道頓堀與心斎橋入口的戎橋總是聚集滿滿的人潮，有店家拉生意的、有等人的，還有觀光客。由於從戎橋向戎橋商店街的方向可以看到大阪固力果的超大看板，路過的旅客紛紛停下腳步合影留念，因此這裡鎂光燈此起彼落，十分熱鬧。

Runnerさん每天變化9種燈光及跑步背景

位於道頓崛戎橋邊的glico跑步先生(Runnerさん)，聳立至今超過80年，現在是第6個版本，大受歡迎的跑步先生看板不單是這裡人潮最熱鬧的會面點，巨大霓虹燈看板裡的跑步先生，可是天一黑就賣力地跑不停呢。首先背景除了從白天、夕陽變成夜晚之外，每15分鐘還會變成跑在世界五大洲的不同場景，運氣好的話，還會看到跑步先生被各式糖果淹沒的趣味特別版！

交通路線 & 出站資訊

電車
大阪地下鐵心齋橋駅⇔御堂筋線、長堀鶴見綠地線
JR難波駅⇔JR大和路線(關西本線)
南海なんば駅⇔南海本線、高野線、空港線
近鐵·阪神大阪難波駅⇔近鐵難波線(奈良線)、阪神なんば線
大阪地下鐵なんば駅⇔御堂筋線、千日前線、四つ橋線

出站便利通
◎前往最熱鬧的道頓堀從大阪地下鐵御堂筋線なんば駅的14號出口出站最快，出站後回頭往北走約2分就可以看到道頓堀的入口。
◎若站在戎橋與道頓堀入口就可以看到心斎橋商店街的入口。
◎從大阪地下鐵御堂筋線心斎橋駅5、6號出口出站就是心斎橋商店街，5號為大丸百貨。
◎大阪地下鐵御堂筋線心斎橋駅4號出口出站就是林蔭大道的御堂筋，聚集許多國際精品名店。

👁GiGO道頓堀本店

📖別冊P.21,D2 📞070-1459-1559 🏠大阪市中央區道頓堀1-8-22 道頓堀大樓1~3F ⏰10:00~25:00 ❌不定休
🌐tempo.gendagigo.jp/am/dotombori

關西首家GiGO旗艦店坐落於道頓堀靠近戎橋處，這是GiGO在日本的第二家旗艦店。**1樓以夾娃娃機為主**，並設有「GORON!」扭蛋專賣區；**2樓除了夾娃娃機，還開設了關西首家「fanfancy+with GiGO」偶像應援活動專門店**，也是繼東京池袋和原宿竹下通後的第三家分店。**3樓則提供各類體感遊戲和拍貼機**，讓遊客享受更多元的遊戲體驗。此外，店內還有「GiGO的鯛魚燒」、檸檬水專賣店以及美食爆米花等多樣美食，結合遊戲與美食，打造全方位的娛樂體驗。

設有道頓堀地區最大的「GiGO VISION」巨型螢幕，是關西地區規模最大的遊樂中心。

👁道頓堀遊船

とんぼりリバークルーズ

📖別冊P.20,E1 🚢一本松海運050-1807-4118 🏠太左衛門橋船着場(唐吉訶德道頓堀店前) ⏰每小時整點和30分出航一次，11:00~21:00 ❌不定休(詳見官網) 💰成人¥1500，學生¥1000，小學生¥500 🌐www.ipponmatsu.co.jp ❗乘船券為當日販售

道頓堀遊船的起點在道頓堀唐吉訶德前，首先會開往浮庭橋，再回頭開往日本橋方向，**全程共20分**，**經過9座橋樑，將道頓堀的水道風光盡收眼前**。而在20分鐘的船程內，可以享受大阪人娛樂感十足的道頓堀歡樂導覽解說。聽不懂日文的朋友也別擔心，搭上船乘著道頓堀的水破浪前進，光欣賞兩岸風光就值回票價。

🎁唐吉訶德 道頓堀店

ドン・キホーテ

📖別冊P.20,E1 📞0570-026-511 🏠大阪市中央區宗右衛門町7-13 ⏰09:00~翌4:00，EBISU Tower 14:00~20:00(搭乘至19:30，週二、五休息) 🌐www.donki.com，(EBISU Tower)www.donki.com/kanransha/

唐吉訶德是日本知名的便宜商店，分店遍及各地，但在旅行途中如果有缺東缺西，或是**半夜無聊睡不著**，來一趟的唐吉訶德包你有挖不完的寶。這裡占地很大，樓層數也多，東西種類齊全，從食品、電器、藥妝品、伴手禮、小文具、雜貨等，一應俱全。

EBISU Tower

道頓堀分店最大的特色就在上方矗立了一座創下許多紀錄的摩天輪，名為「EBISU Tower」。高度77.4公尺，是世界上第一個長橢圓型的摩天輪。在2008年因為安全為由而停止運轉，過了10年，在2018年重新開放！

搭一次¥600！

大阪松竹座

📍別冊P.21,D1 ☎06-6214-2211 ⏹大阪市中央區道頓堀1-9-19 ⏰依演出節目而異 💰依演出節目而異 ♿ www.shochiku.co.jp

　　1923年誕生的**大阪松竹座是大阪第一座西洋式劇場**，也是文化戲劇的象徵。1997年時，由於建築老舊進行改裝，保留正面原有文藝復興式樣的拱型大門。這裡以歌舞伎公演為主，也可觀賞音樂劇等舞台藝術表演。另外1樓尚有戲劇、表演等專門書店，地下樓層更有道頓堀現釀的啤酒。

かに道楽 道頓堀本店

📍別冊P.21,D1 ☎06-6211-8975 ⏹大阪市中央區道頓堀1-6-18 ⏰11:00~22:00 (L.O. 21:00) 💰かに　席(螃蟹套餐)¥5940起 🌐douraku.co.jp

　　門口那隻張牙舞爪的大螃蟹讓かに道樂成為道頓堀地標，除了揮舞著大蟹爪的招牌還有傳出陣陣海鮮潮香的烤蟹腳吸引過往的路人走入享用一頓螃蟹大餐，從新鮮清爽的生螃蟹、螃蟹涮涮鍋、螃蟹握壽司、烤螃蟹、天婦羅、螃蟹茶碗蒸等，提供不同品嚐螃蟹的方式，讓人大呼過癮。

びっくりドンキー道頓堀店

📍別冊P.21,D1 ☎06-6484-2301 ⏹大阪市中央區道頓堀1-6-15コムラードドートン内 ⏰7:00~翌5:00 (L.O.翌4:30) 💰チーズバーグディッシュ(起司漢堡排)S¥840 ♿ www.bikkuri-donkey.com

　　愛吃肉的朋友照過來！びっくりドンキー是一間漢堡排連鎖專賣店，光是**漢堡排的口味就多達20幾種**。從最基本的肉醬口味，到咖哩、起司等口味的漢堡排應有盡有，每季菜單也會不停的推陳出新，提供顧客最大的新鮮感；另外也有厚切牛排，滿足愛吃肉的人。由於價格便宜，這裡也常聚集年輕旅群，因此也有聖代、薯條等點心供應。

H&M戎橋店

📍別冊P.21,D1 ☎0120-866-201 ⏹大阪市中央區心斎筋2-4-9戎橋ビル ⏰10:00~22:00 🌐www.hm.com/jp

　　一走近戎橋就可以看到瑞典品牌H&M，進軍關西的首站就選在人潮眾多的道頓堀上，開幕時還引起排隊人潮，十分受到歡迎。這風靡全亞洲的平價品牌走的是低價路線，讓熱愛品牌的日本人為之瘋狂。**充滿設計感的服飾卻以實惠的價格呈現**，再加上品牌魅力的加持，也是人人都必逛的時尚品牌服飾店。

食倒太郎

くいだおれ太郎

📖別冊P.20,D1　🚶大阪市中央區道頓堀1-7-21中座くいだおれビル前

> 被斷尾的金龍流了一滴眼淚，吸引更多人前來朝聖。

食倒太郎可是位大阪無人不知無人不曉的響叮噹人物。最早於昭和24年(1949)在道頓堀開了「大阪名物くいだおれ」的店，太郎是當店的看板明星，卻因建築物老舊與周遭環境改變的理由於2008年7月8日結束營業，隨著該店結束營業食倒太郎也一度銷聲匿跡。隔年7月，在眾人殷殷期盼下，食倒太郎復活了！現在食倒太郎就放在中座くいだおれビル前迎接遠道而來的客人。

> 頭上戴頂了紅白條紋帽子，臉上帶著圓框的眼鏡，背著大鼓，敲著太鼓，穿著紅白條紋小丑裝的正是食倒太郎。

🍜 金龍ラーメン 道頓堀店

📖別冊P.20,　☎06-6211-6202　🚶大阪市中央區道頓堀1-7-26　🕐24小時　💰金龍ラーメン(金龍拉麵)¥800

巨龍招牌這就是道頓堀最有名的金龍拉麵！金龍拉麵是以票券方式點餐，買完後交給店員，便可以到吧檯取用免費的泡菜與白飯，而坐在半露天的楊楊米上吃碗加了**以豬骨與雞骨所熬煮一整天的叉燒拉麵，淡淡的豬骨湯頭加入醬油調味，再加入泡菜、辣韮菜，果然一絕**。半露天的室外座位雖然吵雜，但邊吃拉麵邊看著川流不息的人潮，也是體驗大阪在地風情的一種方式。

🍜 一蘭 道頓堀店別館

📖別冊P.20,E1　☎050-1807-2561　🚶大阪市中央區道頓堀1-4-16　🕐吧檯座位24小時　💰ラーメン(拉麵)¥980　🌐www.ichiran.co.jp/index_hp.html　❶目前屋台座位暫停使用

是什麼樣的味道能讓產自博多的一蘭在美食天國關西佔有一席之地呢？濃濃的豬骨湯頭配上煮得軟硬適中的麵條，再加上二片叉燒、一點蔥花，簡單到極致，但美味卻是昇華至頂點。別館**有別於它店，可自由選擇要坐吧檯個人式位子或是屋台桌子的座位**，購買食券入座後，桌上會有一張點餐單子，可以勾選適合自己口味的調味與配料，點一碗自己的專屬拉麵。

🎁 いちびり庵 えびすばし本店

📖別冊P.21,D2　☎06-6211-0685　🚶大阪市中央區難波1-7-2　🕐11:00~20:00　🌐www.ichibirian.jp

要採購大阪名物和伴手禮的朋友，來「なにわ名物・いちびり庵」準沒錯！店家就位在道頓堀熱鬧的戎橋商店街上，交通很方便，店內琳瑯滿目的商品，種類最齊全，吃喝玩樂這裡什麼都有，大阪燒餅乾、章魚燒薯條、汽水、布偶、原子筆、固力果產品、食倒太郎的餅乾和吊飾等，一次就能滿足你所有的購物需求。

大阪
道頓堀
➡京都 ➡兵庫

👁 法善寺橫丁

🏠別冊P.20,D2 💰依店舖而異 🚇大
阪市中央區難波1 ⏰依店舖而異

　道頓堀的法善寺橫丁是一條很
有味道的小巷子，**從千日前筋商
店街可以看到充滿情調的燈籠招牌與石坂路。**由於
古風濃濃，吸引了60家以上的餐飲店舖進駐，包括串
炸、相撲鍋、燒肉、拉麵、大阪燒等，建議晚上來此用
餐，順便體驗別具風情的大阪古文化。

夜晚的法善寺橫丁
燈籠招牌照亮蜿蜒
的石坂小徑，更增
添一股懷古風情。

👁 浮世小路

🏠別冊P.20,E1 🚇大阪市中
央區道頓堀1-7

　浮世小路位在法善寺橫
丁和道頓堀筋間，小路的**昭
和風情氛圍**與繁華熱鬧非
凡的道頓堀形成強烈對比，
**寬約1.2公尺、長約48公尺
的浮世小路**，一旁的浮雕

作品描繪出道頓堀商業鼎盛的樣貌，走一遭宛如看
盡道頓堀歷史，巷內還有一寸法師大明神社、今井的
前身「今井楽器店」以及吉本興業昔日的劇場「花月
亭」，懷舊風情十足的小路，處處令人驚艷。

卍 法善寺

🏠別冊P.20,D2 📞06-6211-4152 🚇大阪市中央區難波
1-2-16 ⏰自由參拜

　道頓堀地區最重要的信仰中心「法善寺」已有將近
400年的歷史，主要供奉「水掛不動尊」，也就是俗
稱的不動明王，**香客們為了祈願，需舀水往佛像身上
潑灑，經年累月下
來，讓水掛不動尊
長滿了青苔。**據說
這尊水掛不動尊非
常靈驗，如果許願
後願望成真，要記
得來還願喔！

🔗 夫婦善哉

🏠別冊P.20,D2 📞06-6211-6455 🚇大阪市中央區難波
1-2-10 ⏰10:00~22:00 💰夫婦善哉¥815 🌐sato-res
com/meotozenzai/

　法善寺旁鼎鼎大名的紅豆湯店，夫婦善哉的「善
哉」是「麻糬」的別稱，**夫婦善哉賣的就是加了湯圓
的紅豆湯，旁邊附的兩片鹹昆布則可以中和紅豆湯
的甜味。**夫婦善哉之所以出名，是因織田作之助的小
說以這家店為重要場景，描寫大阪人的生活與風俗，
書名就叫「夫婦善哉」。

織田作之助《夫婦善哉》

日本小說家織田作之助(1913~1947)出生於大阪
南區(現天王寺)，長篇小說《夫婦善哉》故事場景
在法善寺橫丁，描述船場化妝品批發商的兒子維
康柳吉已有妻小仍風流不已，與藝妓蝶子一同私
奔，但他難改少爺花錢如流水的習慣，最後還跟
蝶子討錢來花用。後來柳吉生病，為了籌措醫藥
費，蝶子不得已又重操舊業當起藝妓，好不容易生
活開始穩定，又總會有新的一番波折，兩人就是為
了生活不停的辛苦奔波。《夫婦善哉》就是非常寫
實的描寫出昭和時代庶民的人生故事。

🍴 鯛飯 銀〇

鯛めし 銀まる

📖別冊P.20,D2 📞06-6211-9515 📍大阪市中央區難波1-5-2 🕐17:00～23:00 🈺不定休 💴鯛めし（鯛魚炊飯）¥1296
🌐www.houzenji-ginya.com/ginmaru.html

　銀〇專門提供以當季新鮮食材製作的美味佳餚。每日清晨從和歌山、箕島等地精選進貨，嚴選天然旬魚和蔬菜，並以最適合的烹調方式呈現食材的精華。**店內招牌料理「鯛飯」深受顧客喜愛，此外還提供多款精緻單品與套餐選擇。**除了美食，餐廳也提供各種地酒、燒酎，以及精心挑選的澳洲葡萄酒，與料理完美搭配。

🍴 喝鈍 法善寺橫町店

📖別冊P.20,D2 📞06-6213-7585 📍大阪市中央區難波1-1-18 🕐11:00~19:00 🈺週一 💴かつどん（豬排丼）¥750

　喝鈍就唸成かつどん，和豬排飯的發音相同。店內擺滿下町風味的擺飾，昏黃的燈色讓空間呈現溫暖。**喝鈍的豬排經長時間醃製，即使裹粉下鍋油炸之後，肉質仍然柔嫩爽口**；加入洋蔥與高湯同時燉煮，湯汁的甜味滲入豬排，喜歡豬排飯的人就得嚐嚐！吃的時候再打上半熟蛋，一口咬下，滑順的蛋液溫柔地包裹住豬排，高湯的精華甜味通通滲入肉中，心滿意足地飽餐一頓。

☕ Alcyon法善寺本店

📖別冊P.20,D2 📞06-6212-4866 📍大阪市中央區難波1-6-20 🕐11:30～20:00 (L.O.19:30)；週六日例假日11:00～20:00 (L.O.19:30)，下午茶套餐15:00開始供應 🈺不定休 💴アフタヌーンティーセット(限定下午茶套餐)¥2480/人 🌐www.anjou.co.jp

　兩層樓建築，1樓為外帶販賣部，蛋糕與手工餅乾都是當天現做，新鮮又可口，而**最具人氣的商品是法國Ets.George Cannon的老品牌紅茶**，2樓為咖啡廳，Alcyon身為紅茶專門店當然也提供各式各樣的茶類，水果茶、中國茶、來自法國George Cannon的花果茶等，再配上蛋糕優雅的享用午茶時光。

👁 上方浮世繪館

📖別冊P.20,D2 📞06-6211-0303 📍大阪市中央區難波1-6-4 🕐11:00~18:00(入館至17:30) 🈺週一(遇假日順延翌日休) 💴成人¥700 🌐www.kamigata.jp

　浮世繪是日本獨特的一種藝術，起源於江戶(今日的東京)，而**上方浮世繪所指的即是京都、大阪的浮世繪，繪畫內容大多為當時的演員或戲劇**等，與江戶擅長的美女浮世繪不同，位於法善寺橫丁旁的上方浮世繪館就展示這些作品，也有販賣各種相關的和風雜貨。

大阪
道頓堀
➡京都➡兵庫

店內咖啡杯、菸灰缸、小碟子都印有阿拉伯大叔LOGO，還有販售大叔的周邊商品呢！

☕ 阿拉比亞咖啡

アラビヤ コーヒー

🔺別冊P.20,D2　📞06-6211-8048　🏠大阪市中央區難波1-6-7　🕐11:00~18:00，週六日例假日10:00~19:00　🈲週三不定休　💲ブレンドコーヒー(咖啡)¥550，フレンチトーストメープルシロップ(楓糖法式土司)¥830，アラビヤサンド(阿拉比三明治)¥960　🌐arabiyacoffee.com

老珈琲屋除了招牌咖啡外，餐點法式吐司和三明治美味程度也不輸咖啡呢！

　1951年開業的老珈琲屋，店內裝潢是樸實的木製家具，一個吧檯區和幾小桌的用餐區，牆上還掛著開業時留下的木刻菜單，再看看那些木頭桌椅上都有著歷經歲月刻劃下的痕跡，店內復古氛圍濃厚，有種搭乘時光機回到那年代的錯覺。**雖然以咖啡為主角，但這裡的餐點也不馬虎，特別推薦法式土司和番茄火腿蛋三明治。**

☕ 丸福珈琲店 千日前本店

🔺別冊P.20,E2　📞06-6211-3474　🏠大阪市中央區千日前1-9-1　🕐8:00~23:00　💲ホットケーキ(現烤鬆餅)¥770，ブレンド珈琲(咖啡)¥660　🌐www.marufukucoffeeten.com

80年歷史的老牌珈琲店，骨董裝潢的懷舊空間，讓人有置身於昭和時代的錯覺。

　在難波想要喝杯好咖啡，丸福咖啡是最好的選擇，曾經在田辺聖子寫的日本小説《薔薇の雨》中登場的丸福咖啡歷史悠久，空間也保留昔日的風華，**點杯獨家的香濃咖啡再搭配上老闆娘推薦的現烤鬆餅**，奶油蜂蜜為鬆軟的餅皮添加風味，讓人度過愉快的下午茶時光。

記得保留號碼紙，之後使用號碼紙自行結帳。

每個沙發區座位都有掛有日式暖簾彷彿小小包廂。

🍴 藏壽司 道頓堀店

くら寿司 道頓堀店

🔺別冊P.20,E1　📞06-6786-8761　🏠大阪市中央區道頓堀1-4-22クロードビル2F　🕐11:00~00:00　💲壽司一盤¥125　🌐www.kurasushi.co.jp

極盡大和之美的迴轉壽司高級旗艦款。

　在台灣紅到股票上市的藏壽司，從2022年開始展開新型經營模式「環球旗艦店」，大阪道頓堀的分店就是全世界第二間。候位系統跟台灣一樣按鈕取號，畫面會顯示指定的座位號碼，而點單系統**除了一般的平板點單外，還導入顧客手機掃描專屬QR-Code直接在手機上點單的「非接觸點單系統」**。旗艦店也多了更多創意料理，**使用手機點單還可以滿額玩大家最愛的扭蛋遊戲。**

🍴 はり重 道頓堀本店

📍別冊P.21,C1 📞カレーショップ06-6213-4736，日本料理06-6211-7777，はり重グリル06-6211-5357 🏠大阪市中央區道頓堀1-9-17 🕐カレーショップ11:00~21:00(L.O. 20:00)，日本料理、はり重グリル11:30~22:30(L.O. 21:15) 🚫週二(遇假日、例假日前、12月照常營業) 💲咖哩飯 ¥935，ビーフカツカレー(炸牛肉排咖哩飯)¥1485，すき焼き(壽喜燒)午餐時段¥6050 🌐www.harijyu.co.jp

　位於道頓堀與御堂筋路口的はり重地理位置絕佳，而這裡料理絕對會讓人滿意，一份簡單的豬排咖哩，香濃咖啡配上炸得酥脆的豬肉，**不但份量十足且十分美味**。店內裝潢走的是老派洋食風格，上了年紀的待者親切服務，許多喜愛老味道的饕客更是吃過便成常客。

前身為肉舖，因此可以運用新鮮美味的和牛發展出不同價位的餐食。

🍴 今井 本店

📍別冊P.20,E1 📞06-6211-0319 🏠大阪市中央區道頓堀1-7-22 🕐11:30~21:30 (L.O. 21:00) 🚫週三(遇假日照常營業)及每月第4個星期二(12月除外) 💲うどん寄せ鍋(什錦烏龍麵火鍋)¥5500/人，きつねうどん(豆皮烏龍麵)¥930 🌐www.d-imai.com

　位於道頓堀中心區域的今井是創業超過50載的烏龍麵店，相當講究各種食材，就**連烹煮的水也使用鹼性水質**，而烏龍麵最重要的湯頭、麵品與配料等三個主角交融出美味。在今井只要想得到的烏龍麵都可以品嚐到，除了一般熟悉口味，還配合季節推陳出新，盛夏可品嚐到最當令的鱧魚(はも)。

多不妨試試闆的招牌美食「什烏龍麵火鍋」。

巨無霸尺寸的美味讓只有9個吧檯座位的小店一瞬間爆紅。

🍴 かつ丼 ちよ松 道頓堀本店

おすすめ 薦

📍別冊P.20,F1 📞050-5589-2748 🏠大阪市中央區千日前1-1-10 🕐11:00~21:30(售完為止) 🚫不定休 💲特製極厚炸豬排蓋飯¥2500 🌐www.instagram.com/chiyomatsu_osaka/

巨無霸豬排厚度日本第一。

　原本是相撲力士的店主，退役後與弟弟一起開了這間豬排飯專賣店，**特色就是豬排的厚度高達5公分！白飯內還添加了近年流行的健康食品糯麥**，豐富的食物纖維讓料理清爽不油膩。入座後使用桌上的點單用紙自行畫記，一個座位請各自劃一張讓店主方便製作，豬排在點單後才入油鍋，因為有相當的厚度，火候控制也是十分重要，起鍋後切的酥脆聲讓人已垂涎三尺，但別急，**上菜前由退役相撲選手的店主渾然一掌拍香的山椒芽，是整碗蓋飯的精髓**。由於備用完即打烊，想要品嚐的旅客一定要趁早去排隊以免撲空。

☕ 純喫茶アメリカン

📍別冊P.20,E1 📞06-6211-2100 🏠大阪市中央區道頓堀1-7-4 🕐9:00~22:00 🚫週四、12/31 💲ホットケーキセット(現烤鬆餅套餐)¥1300

　咖啡哪裡都有，但就這樣保持原貌，呈現昭和年代懷舊的老咖啡廳可就不多了。アメリカン**創業於昭和21年**，至今仍然維持當年開幕時的面貌，店內的超大水晶吊燈與牆上的老壁紙顯示出當時所追求的華麗，現在仍然受到當地民眾歡迎。自家烘焙的咖啡芳香甘醇，是逛街歇腳的好所在。

大阪 道頓堀 ↓京都↓兵庫

🍴 千房 道頓堀ビル店 🏆薦

📖別冊P.20,E1　☎050-1807-5395　🏠大阪市中央區道頓堀1-5-5 1~6F　🕐11:00~ 22:00　💰道頓堀燒￥2350，千房燒￥2800　www.chibo.com

> 說到大阪燒千房絕對可以列入前五名的排行內，招牌的道頓堀燒豐富的配料，口感更是一絕。

　　創業自1973年的千房本店就位於大阪南區，如今已經擴展到全日本，讓全國都嚐得到大阪燒的好滋味，而位於道頓堀的分店就在自家大樓內，最受歡迎的菜單除了有一整隻大明蝦的千房燒，還有**點菜率第一名的道頓堀燒，豐富食材包括豬肉、花枝、起司與牛筋**，口感十足。另外千房的炒麵也是一絕，濃厚的醬汁配上清爽的高麗菜，與特粗的麵條一同在鐵板上拌炒，光聞到香味就讓人食指大動。

🍴 とんべえ

📖別冊P.21,D2　☎06-6213-9689　🏠大阪市中央區難波1-6-16 2F　🕐11:00~22:45(L.O.22:00)，週日至21:45(L.O. 21:00)　休週四、12/31　💰ぶた玉(豬肉雞蛋大阪燒)￥924　www.tombe.co.jp

　　來到位於2樓的とんべえ，明亮的空間與整潔的餐台是第一印象。這間店在大阪已經開業30多年，**人氣不墜的祕密就在於他的獨門醬汁**。而とんべえ食材新鮮，大阪燒的口味眾多，**其中加入麻糬與起司的大阪燒使得口感加分不少**，表皮煎得焦脆、而內餡吃起來更香更Q，大受好評。附有鐵板的座位有7個，可以請店員在面前表演如何製作大阪燒。

> 會日文的人可試著求想要的圖案，工作人員會盡力滿足□

🍴 おかる

📖別冊P.20,E2　☎06-6211-0985　🏠大阪市中央區千日前1-9-19　🕐12:00~15:00(L.O.14:30)，17:00~22:00(L.O.)　休第3個週三、週四　💰豚玉(豬肉雞蛋大阪燒)￥850，スペシャル(特製版大阪燒)￥1300

　　位在千日前上的おかる是間大阪燒的老店舖，從暖簾下走入店內，彷彿也走入大正時代一樣充滿古味。有點狹小的店內總是高朋滿座，原因除了大阪燒好吃之外，就在於老闆的「美乃滋藝術」表演。**當大阪燒煎好後，老闆會自動用美乃滋畫上可愛的圖案**，讓這一份大阪燒變得不只是一餐，而是旅程中一次有趣的經驗。

美津の

🍴

⊙別冊P.20,E1　📞06-6212-6360　🏠大阪市中央區道頓堀1-4-15　🕚11:00~22:00 (L.O.21:00)　㊡週四　🍴美津の燒(美津乃燒)¥1500，山芋燒(山藥燒)¥1730
💻www.mizuno-osaka.com

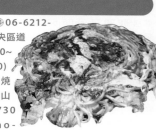

一開門營業就會排成人龍的美津乃是道頓堀的大阪燒名店，已有超過60年的歷史。最多人點的是**山芋燒，完全不使用麵粉，而以山藥代替**，所以呈現柔軟但又富有口感的美味，這樣的大阪燒有一個特性，就是剛煎好馬上食用的話，口感鬆軟綿密，但如果在鐵板上放久一點，其底層會漸漸酥脆，形成二種食感，跟一般吃到的大阪燒完全不同。另外店內招牌菜單美津乃燒則是將六種食材美味通通濃縮在一起，讓人一次能夠品嚐所有美味。

大阪燒

大阪燒這種介於主食與點心的料理，因為便宜又大碗的庶民性格成為大阪的代表性美食。這種以麵糊在鐵板或鍋上燒烤而成的餅料理，一般通稱為「粉食」。醬料配合大阪人口味偏甜。最基本的材料少不了蔥末、高麗菜絲、蛋、海苔等，另外還有海鮮、肉類，大阪人特別喜愛蔥，以大把蔥末取代高麗菜，既健康又美味。上桌前會灑上柴魚片、美乃滋，還有深紅色帶點辛辣味的紅薑絲去腥調味，鮮豔色彩構成一幅美食畫面，刺激味覺。

大阪燒Step by Step

① 放上麵湖
將已經和高麗菜、蛋攪拌完成的麵糊放上鐵板。

② 調味
灑上調味粉末，正是讓人一吃上癮的秘密。

③ 放上配料
可隨個人喜好放上如豆芽菜、肉片等大把配料，待麵皮轉成金黃色就可翻面。

④ 加點個人口味
老闆會依客人的點菜口味，準備好海鮮、高麗菜、麵條等搭配食材在一旁的鐵板炒熟。

⑤ 美味相乘
將已翻面的麵皮蓋上炒熟的配料，讓兩者味道融合，更添好味。

⑥ 刷上醬汁
待要上桌前刷上最招牌的大阪燒醬汁、海苔粉和在熱氣中舞動的柴魚片，甜甜鹹鹹的滋味讓人一口接一口。

神座 千日前店

🅰別冊P.20,E1　☎06-6213-1238　📍大阪市中央區道頓堀1-7-3　🕐週一~四10:00~翌7:30(週五至翌8:30)，週六9:00~翌8:30(週日至翌7:30)；L.O.至閉店前30分　💲おいしいラーメン(美味拉麵)¥710　🌐www.kamukura.co.jp

曾經多年蟬聯大阪第一拉麵寶座的神座據說知道湯頭美味秘訣的就只有出身西餐主廚而創業的老闆，每天從中央廚房請保全將一鍋鍋關鍵美味護送至各地，**大量的白菜和片狀叉燒肉一端上桌，讓人有了不同於以往的拉麵視覺感受**，建議先享受純粹原味之後，再依喜好逐步加入桌上免費提供的辣味韭菜，體驗富層次感的味覺。

たこ焼十八番 道頓堀店

🅰別冊P.20,D1　☎06-6211-3118　📍大阪市中央區道頓堀1-7-21中座くいだおれビル1F　🕐11:00~21:00　💲ソース(醬汁章魚燒) 6個¥580　🌐d-sons18.co.jp

「一球一魂」脆度第一著稱的十八番章魚燒，在麵糊加入だし汁(用昆布和鰹節烹煮的高湯)和牛奶，再放入章魚與紅生薑和紅色粉末狀的櫻花蝦，最後灑上天カス(天婦羅的麵衣)，這是十八番章魚燒吃起來口感脆脆的秘訣，並快速翻轉章魚燒，美味可口的章魚燒就完成了。

Indian Curry 南店

薦 おすすめ

🅰別冊P.21,D2　☎06-6211-7630　📍大阪市中央區難波1-5-20　🕐11:00~15:30、17:00~20:00(L.O.19:45)　🈺週三、12/31~1/2　💲インデアンカレー(印度咖哩飯)¥830　🌐www.indiancurry.jp

> 不同於日式咖哩的甘甜，印度咖哩層次感更顯豐富。

1947年創業，請來印度老師教喜歡料理的店主媽媽煮咖哩，替戰後不景氣的氛圍中帶來活力和美味的咖哩店。印度咖哩層次感分明，**第一口在舌尖感受到的是咖哩回甘的甜味，接踵而來的是後勁十足、刺激味蕾的辛辣感**，越吃越帶勁，再搭配微酸甜的泡菜提味，辛辣感咖哩頓時變得溫潤清爽，讓人彷彿著魔般不自覺一口一口吃下肚。

本家大たこ 道頓堀店

🅰別冊P.20,E1　☎06-6211-5223　📍大阪市中央區道頓堀1-4-6　🕐10:30~23:00(售完為止)　💲章魚燒6個¥60○

自稱日本第一的大章魚燒本家大たこ，是不吃不可的大阪道頓堀名物之一，已經有30年以上的歷史，為求新鮮，絕不使用冷凍食材，與眾不同的船形木盤也是從創業之初就開始採用。每天店門口總是大排長龍的原因，除了師傅們動作迅速的倒材料、轉動章魚燒的高效率之外，只見章魚燒漸漸轉成金黃微焦的誘人色澤，裝在船形木盤上，蓋得滿滿的柴魚片在熱氣中舞動著的美味風景讓人更加垂涎。**美味重點是中間的章魚塊，敢自信地號稱日本最大**，壽司店才使用的等級，一口咬下去，章魚口感絕佳，流出鮮美湯汁特別好吃。

章魚燒Step by Step

備料
真材實料是好吃章魚燒的先決條件，切得大大塊的章魚咬勁十足。

放入麵糊
將準備好的麵糊倒入球形狀鐵板中，灑上增添美味的紅薑和油蔥酥。

加上章魚
在每一個球狀麵糊中都放入至少一大塊章魚。

翻動章魚燒
用長鐵籤翻轉球狀章魚燒。

金黃好滋味
等章魚燒煎烤成金黃色的圓球狀就可以起鍋。

密傳醬汁
在章魚燒淋上獨家特調醬汁、灑上柴魚片就可端給客人了。

🍴 たこ昌 道頓堀本店

📖別冊P.20,E1　☎06-6212-3363　🏠大阪市中央區道頓堀1-4-15　🕐10:00~20:00　🚫週二、週三、週四　🌐www.takomasa.co.jp

　章魚燒是大阪最平凡、也最便宜的小吃，但たこ昌的老闆將章魚燒提昇，**創造出章魚燒懷石套餐**。以章魚為最主要菜色。從器具、用餐氣氛到烹調手法都做了創新，讓章魚燒從平民美食躍升為高級餐點，就連餐後甜點也是章魚冰淇淋喔！

🍴 あっちち本舖 道頓堀店

🏠別冊P.20,E1　☎06-7860-6888　🏠大阪市中央區宗右衛門町7-19　🕐週一~週四、週日、例假日10:00~翌2:00週五、例假日前1日（週六至翌3:00）　💲しょうゆマヨネーズ（醬油美乃滋章魚燒）一人份￥600　🌐www.acchichi.com

　不使用銅製鐵板而是使用需要好技術的鐵製鐵板，章魚燒外皮薄薄一層，內餡軟嫩濃稠的口感恰到好處。章魚是每日在中央市場購買保證新鮮，絕不使用冷凍的章魚，並**用東大阪工廠自製的醬汁，鰹魚だし(高湯)和小麥粉絕配的調味**，讓あっちち本舖章魚燒即使冷冷的吃依舊美味可口。

大阪 南船場 京都 兵庫

南船場
みなみせんば
Minamisenba

由 於緊鄰著水路交通要道長堀通，南船場在昔日聚集了許多紡織布料的批發商店。如今，這一帶則洋溢著輕鬆悠閒的下午茶氣氛，充滿著綠意的赤紅色地標建築Organic大樓以自然共生的概念，曾經多次贏得建築設計獎，也為這區更添品味與質感。除了是許多潮流精品商店的大本營之外，街角隨處可見擁有露天咖啡座的精緻咖啡館，以及各國風味餐廳，就連大阪燒也以不同型態的時尚感登場，成為附近的粉領族們最愛呼朋引伴聚會的好地方。

Organic Building
由於想為南船場引入趣味元素，邀請來著名的義大利籍建築師Gaetano Pesce設計，於1993年完工的Organic Building是南船場的地標，橘紅色的建築外觀上種滿了綠意盎然的植栽，雖然每年都必須花上不少的維護費用，但不僅讓街道充滿翠綠生機，也使南船場更加悠閒。

來到此處用餐，彷彿掉入了時光隧道回到過去。

Bread, Espresso & Sakaisuji Club

パンとエスプレッソと堺筋倶楽部

🏠別冊P.18,G1　☎06-4256-4880　📍大阪市中央區南船場1-15-12堺筋倶楽部1F　⏰8:00~19:00　🏠不定休　💰特色下午茶￥4500　🌐bread espresso.jp

復古大堂中品嚐麵包與咖啡。

堺筋倶楽部建設於昭和6年，前身是「川崎貯蓄銀行大阪支店」，由知名的建設團隊竹中組建造。厚重的石材以及對稱造型是建物的特色，雖然過去一度年久失修，但最終仍是保存了起來，2022年由關西地區知名的飲食店「麵包與espress」進駐開設了麵包店與附屬咖啡廳。挑高的大堂與明亮採光，店內特別採用紅色桌巾來加深復古風印象。雙層下午茶宛如一個百寶箱，一打開就是滿滿的特製麵包以及糕點香氣撲鼻，不過店家很清楚小姐們的食量，早早就把外帶紙提袋預先放好，吃不完也可以帶回家繼續品嚐喔。

交通路線 & 出站資訊

電車
大阪地下鐵心斎橋駅◇御堂筋線、長堀鶴見綠地線
大阪地下鐵四ッ橋駅◇四つ橋線

出站便利通
◎由大阪地下鐵御堂筋線心斎橋駅的3號出口出站即為南船場地區，沿著長堀通往西，從第一個交叉路口走入就有許多小店可逛。

大阪　南船場
→京都→兵庫

大量的書籍和文具看似隨性地放在木製的格架上，慢慢看去又彷彿發現這樣的放法自有邏輯。

薦
おすすめ

👁 大阪農林会館

📖別冊P.18,F1　📞06-6252-2021　🕐
大阪市中央區南船場3-2-6　🚪依店鋪
而異　💰依店鋪而異　🌐www.osaka-norin.com

欣賞懷舊的建築之美之餘又能逛逛琳瑯瑯目的商店，真是一舉兩得，一同來感受歷史懷古幽情裡的另一番風情。

　建於昭和5年(1930)的大阪農林會館，是提到大阪的懷舊建築就一定不會錯過的「名勝」。從外觀看來，大阪農林會館屬於機能主義，沒有太多的修飾。這裡原先是三菱公司大阪分公司，高3.3公尺的天井深處設有巨大的保險櫃，可見往日的使用痕跡，也依稀有商社的氛圍。三菱公司遷出後，現在**五層的建築分租給眾多個性商店、生活雜貨店、服飾店、藝廊和餐廳**，並沒有特別分類，隨機地出現在每個樓層，其中也有很多辦公室和個人工作室進駐，人氣插畫家寺田順三的工作室就位於此。在大阪農林會館，每個房間自成一個單元，想要有意外的發現最好有些時間；最佳的探索方式就是一間一間地推門進去看看。

海鮮丼大方地放上豐盛食材，為造訪大阪農林會館的旅客們留下豪氣的美味記憶。

🎁 FLANNAGAN

📞06-6120-2416　🕐大阪農林会館4F 401A号　🔽
12:00~19:00　🚪週二　🌐www.flannagan.biz

　從門牌上完全看不出營業性質的FLANNAGAN是一間西文書店和文具店的複合式商店。書種方面，**建築以及和義大利相關的圖像書相當豐富，特別是建築師或建築評論的著作、攝影集幾乎占據整面書架**，荷蘭建築師庫哈斯(Rem Koolhas)的超厚文集S, M, L, XL 在一般書店不太容易看到，在這裡卻出現的理所當然，轉身一看葡萄牙國寶建築師西薩(Alvaro Siza)的作品集就在平台上，也難怪有很多建築愛好者或從業人員來此尋寶。

走進店裡，最先看見的其實不是一排排的服飾，而是那一面區隔工作區和營業空間的大玻璃牆。

🍴 山のしずく旬菜家

📞0050-5462-0459　🕐大阪農林会館B1F B4　🕐17:30~22:00(L.O.21:20)　🚪週日、例假日　💰お昼の定食 花かご膳¥950

　在這樣西式風格的懷舊建築裡，一走進山のしずく旬菜家門裡，不禁讓人會心一笑了起來：「這裡是多麼的和風！」山のしずく旬菜家的進**門處設有客人可免費利用的足湯**，除了吧檯座位，全都是以木牆、竹簾隔開的包廂式空間，兩人同行就能利用。名為旬菜，這裡的菜單每一季都會調整，上桌的都是時鮮，中午定食套餐的價格約在千円上下，深受附近的上班族歡迎，不少旅客也到這裡來品嚐味美而價格親切的日本美食。

🎁 Strato

📞06-6244-1591　🕐大阪農林会館3F 303号　🕐13:00~19:00　🚪週三(遇假日照常營業)　🌐www.strato.co.jp

　特殊的空間既劃分動線又能保持開放感，對於有年紀的建築，這樣的使用方式非常聰明。細看Strato用來展示商品的木桌和木架都附有輪子，既有男性服飾的不拘束感，又能依照需求快速改變位置，確實是使用空間的聰明想法。「衣服洗了以後會有自己的表情；簡單的穿著才是日常狀態。」以同溫層(Strto)為名，**認為基本而給人穩定感的服裝才能有長效的穿著時間，不是一季過了就被汰換**，於是店裡的服飾散發著簡單、明淨的氛圍。

🍴 時分時

🅐別冊P.19,C1 ☎06-6253-1661 ⊙大阪
市中央區久宝寺町4-5-11ライオンズマ
ンション御堂本町1F ⏰17:00~23:00 休
週日、週一、例假日 ⑤豚玉￥920、串焼き
おまかせ5種セット(五種組合的串燒套餐)￥1500

主廚的創意鐵板料理深受歡迎,多達30~40種的單品,多種美味一次嚐得到。

　　一走進店裡,以鐵板吧檯為主的空間氣氛完全不同於其他大阪燒餐廳,老闆會在客人面前展現絕佳的技巧,隨著鐵板上煎熟的**招牌大阪燒「豚玉」**(豬肉、蛋)傳來的陣陣香氣,讓人垂涎三尺,也更增添用餐情緒。另外,**融入獨家醬汁拌炒而成的炒麵飯也是**來到時分時一定要品嚐的**人氣餐點**,刻意切成碎屑狀的日式炒麵和白飯拌炒之後,在口中融合出最和諧的美味樂章。

🍡 餅匠しづく 新町店

🅐別冊P.19,A1 ☎06-6536-0805 ⊙大阪
市西區新町1-17-17新町ハウス1F ⊙賣店
10:30~18:00,茶寮13:00~17:30(L.
O.17:00) ⑤くるみ餅 枝豆あん(毛豆口味)￥880 🌐
mochi-shizuku.jp/

藝術品般的和菓子美觀又美味。

　　採光充足的落地窗,搭配簡約風冷色基調的裝潢,反而更顯襯托出和菓子的精緻美,店內另設有茶寮供顧客內用,點一份**招牌名物くるみ餅**,入口是毛豆泥的溫潤的甘甜滋味,緊接而來的與略帶微鹹的餘韻,再搭配使用「羽二重餅」製作而成的Q彈麻糬,堪稱絕配的組合。

くるみ餅綠色的濃稠汁液是由毛豆調製而成。

🍜 鶏Soba座銀 にぼし店

🅐別冊P.18,E1 ☎06-6244-1255 ⊙大阪
市中央區南船場3-9-6 ⏰10:30~21:00 ⑤
雞soba ￥980 🌐www.instagram.com/
torisobazagin/

人氣雞白湯つけ麵。

　　大阪在地人喜愛的排隊名店,多次入選食べ口グ**西日本百大拉麵名店**,以濃郁的豚骨和醇厚的雞白湯而受歡迎,餐廳內大部分的位子都在吧檯,廚師就在你的面前製作拉麵。**雞肉使用低溫烹調的方式,口感濕潤,不乾燥,濃厚的湯底鋪上一層炸牛蒡**,有嚼勁的麵體配上酥脆的炸牛蒡,讓人獲得前所未有的滿足。

🎁 marimekko 大阪

🏠別冊P.18,D1　☎06-6120-2305　🚇大阪市中央區博勞町4-4-2　🕐11:00~19:30　🌐www.marimekko.jp

　來自北歐芬蘭的marimekko是創立於1949年的織品設計品牌，獨創性十足的現代設計風格，搭上近年來吹進日本的復古風潮，人氣絕佳的罌粟花圖案躍上服飾、布包或文具用品等皆大受歡迎。**以花草為主的花樣**打造出色彩鮮艷又迷人的服飾及各式生活雜貨，讓顧客個個愛不釋手。

📖 ☕ Colombo

🏠別冊P.19,D1　☎06-6241-0903　🚇大阪市中央區南久宝寺町4-3-9丸盛ビル1F　🕐13:00~19:00　🚫週三　🌐www.colombo.jp、www.instagram.com/colombo_cornershop/

　位於街角的Colombo是由4~5樓的個性舊書店Colombo所開設，不僅放置了許多稀有的書籍，還成了舊書的**OUTLET本舖**，日本優質雜誌「太陽」、「裝苑」等就擺在門口，運氣好的話可以尋獲盼望已久的珍寶，也可以坐下來喝杯咖啡休息一下。

☕ wad omotenashi cafe

🏠別冊P.19,D1　☎06-4708-3616　🚇大阪市中央區南船場4-9-3東進ビル2F　🕐12:00~19:00(L.O.18:30)　🚫年末年始、不定休　🍵抹茶ラテ¥950　🌐wad-cafe.com

　店名wad是「和道」的意思，一點一滴的傳遞日本良好文化，**店內分成兩部分，一邊是陶藝作家的作品展是與販售，另一部分則是喫茶區**，文藝氣息濃厚，滿室茶香，讓人不自覺享受緩步調的悠閒時光，細細品嚐茶的甘甜苦澀的韻味。

🎁 ARANZI ARONZO南船場本店

🏠別冊P.19,D1　☎06-6252-2983　🚇大阪市中央區南船場4-13-4　🕐11:00~18:00　🚫週三　🌐www.aranziaronzo.com

　ARANZI ARONZO是從大阪出發的品牌，一推出就深受20~30歲粉領族喜愛。目前ARANZI ARONZO在日本共擁有五家店，**為呼應當地特色，每家店都有位虛擬店長，大阪是超級可愛的大熊**。店裡滿滿都是ARANZI ARONZO商品，可愛的壞東西、熊貓、兔子、河童通通都在店裡張開雙臂歡迎你。

堀江
ほりえ
Horie

大阪最時尚流行的個性商圈，集中在堀江一帶，此區又有「關西代官山」的稱號。曾經，立花通周邊是家具批發賣場的集中地，在舊家具商圈沒落後，如今紛紛被改裝成個性十足的商店。國內外精選的流行服飾、個性配件、生活雜貨、現代家具等，皆可看到店主獨特的品味，有些門外擺設別具巧思的可愛瓷皿，有些強調品牌單純酷樣的精神，每一家店都吸引人們走進去。象徵堀江悠閒氣質的堀江公園附近，還有更多小店，等著你親自來發現！

交通路線&出站資訊

電車
大阪地下鐵四ッ橋駅➪四つ橋線
大阪地下鐵西大橋駅➪長堀鶴見綠地線

出站便利通
◎從美國村往西走，越過高架的阪神高速公路就是堀江地區。
◎若從大阪地下鐵四つ橋線的四ッ橋駅下車，於6號出口出站就是北堀江地區。
◎沿著四つ橋筋往南走，第二個路口朝西就可以看到堀江中心的堀江公園。

👁 堀江公園

🅿️別冊P.19,A4 📍大阪市西區南堀江1-13 ⏺自由參觀 🕐自由參觀

週末走近公園，就會聽到孩童的歡笑聲，位於堀江中央位置的堀江公園不僅提供附近居民假日休閒的好去處，更是讓堀江擁有放鬆氣氛的重要場所，**公園周邊聚集了許多個性獨特的雜貨小店、服飾店和餐廳**，許多大阪人都會在好天氣的週末帶著全家大小一同來野餐。

🍴 GAKUYA BURGER 薦 おすすめ

🅿️別冊P.19,A4 📍大阪市西區北堀江2-15-13 ⏺12:00~日沒(售完為止) ❌週三 💰原味漢堡￥990起 🌐www.instagram.com/gakuya_burger

完全客製化漢堡竹炭麵包好吸睛。

在公園旁邊的GAKUYA BURGER，每到接近開店時間都會出現排隊人潮，小小的店內充滿著夏威夷海灘風格內裝，座位數不多但是待客非常親切仔細。漢堡製作完全客製化，點單的方式就像寫問卷般，讓大家自由圈選想要追加在漢堡中的配料，麵包還可以選擇原味或是換購漆黑的竹炭麵包。一口咬下漢堡肉瞬間爆汁滿口都是燒烤的美味，要是不小心肉汁就流了滿手不免有些狼狽。

☕ Moonkery

📍別冊P.19,A5 ☎06-6568-9079 🏠大阪市西區南堀江1-14-15 🕐12:00~18:00 ☕咖啡歐蕾¥600 🌐www.moonkery.com

從1樓的馬路上抬頭望向玻璃窗，即可看到一顆大月亮懸掛在2樓，一種現實與夢幻交織的錯覺油然而生。Moonkery 1樓販賣部除了咖啡也有多種茶類飲品，來到這裡的客人都是買杯飲料，接著上樓與夢幻的大月亮合照。2樓的牆面裝飾成太空艙的樣子，整體是潔白乾淨的氛圍。

> 超現實的感官體驗，讓人不由自主地走進這間咖啡店。

🧁 ○△□(マルサンカクシカク)北堀江本店

おすすめ **薦**

> 可愛的甜點塔小店。

📍別冊P.19,B3 ☎06-6537-7338 🏠大阪市西區北堀江1-17-1 Cor bld. 1F 🕐11:00~19:00 ☕不定休 💰草莓水果塔¥496 🌐bridge-mss.jp

以圖樣為店名的○△□，直接發音就是圓圈三角四角形，常常讓顧客煩惱這店名該怎麼唸，本店創立於以時尚著名的堀江，卻在2020年因為某韓劇的主要意象撞名之後爆紅。其實圓圈三角四角形代表的就是店家專門的甜點：餅乾、甜點塔以及方塊蛋糕的外型，而其中最有名的就是甜點塔了，甜而不膩的綿密口感與酥脆的塔皮，創造出非常高雅的口感，店內另外也有創意飲品、各種伴手以及品牌周邊讓大家購買。

🧁 Pâtisserie Ordinaire

おすすめ **薦**

> 高水準的蛋糕與巧克力，豐富層次感的味道挑動味蕾，錯過絕對會扼腕不已。

📍別冊P.19,A5 ☎06-6541-4747 🏠大阪市西區南堀江2-4-16ファヴール南堀江1F 🕐11:00~18:00 ☕週三、週四不定休(詳見官網) 💰カラメリス¥520，巧克力4入¥1160 🌐patisserieordinaire.wixsite.com/ordinaire ❗目前暫停內用

巧克力是本店的主打明星商品，甜點師長谷川益之曾在東京的巧克力店工作累積不少經驗，2011年獲得日本菓子協會所舉辦的甜點比賽(蛋糕類)優勝獎肯定，此後也獲獎無數，**主廚認為最重要的是甜點入口後在舌間的味覺變化**，蛋糕有如豐富層次的味覺饗宴，除了蛋糕外，巧克力也是一絕，一定要來嚐嚐看。

🎁 MINALIMA 大阪店

おすすめ **薦**

> 哈利波特概念美術商品海外初出店。

📍別冊P.19,B5 ☎06-6648-8246 🏠大阪市西區南堀江1-10-11西谷ビル2號館1F 🕐12:00~19:00 💰霍格華茲教科書封面筆記本¥3150 🌐minalima.jp

源自於英國倫敦的MINALIMA是由米拉與里馬兩位劇場設計師所創立，他們在2001年參與了哈利波特電影的美術設計，包含劇中的小道具、人物服裝設計等，都有他們的巧思在其中。店內販售的商品便**是以哈利波特的世界觀設計出的周邊產品**，像是霍格華茲教科書封面的筆記本，**魔法學院入學通知單掛畫等**，這是海外第一家分店，彷彿斜角巷中的小店一般，歡迎魔法世界的粉絲們到訪。

大阪・堀江
→京都→兵庫

NUTTY

別冊P.19,A5　📞06-6536-0114　🏠大阪市西區南堀江1-24-1澤井ビル2F　🕐12:00~20:00,週六日11:00~20:00　不定休　🌐www.nutty-vintage.com

以販賣1940~70年代美國二手男女服飾、配件與雜貨的NUTTY,空間的美式風格走氣質派,還可以在這裡找到40年前的餐具。NUTTY還在玄關營造一個小街角,腳踏車、長椅與窗外的街景相對應,玻璃櫥窗更添氣氛。

NUTTY LittleRoom&Deco.

別冊P.19,A5　📞06-6536-0113　🏠大阪市西區南堀江1-24-27 ベルフレージュ南堀江1F　🕐11:00~19:00

littleroomanddeco.com

一進門白色玻璃屋的建築彷彿走進時光隧道,被琳瑯滿目進口的小孩玩具包圍,往裡走,規劃成嬰兒、男孩、女孩和小孩禮服區,也很貼心的有個小遊戲區,讓媽媽們能專心盡情的選購商品,再往隔壁間走,販售一些裁縫、廚房用品與雜貨,整間店很童趣的布置,是會讓媽媽小孩很愛的購物空間。

不限時的老咖啡館,讓人悠閒的沈浸於懷舊時光風味中。

旅之音

喫茶と菓子 タビノネ

別冊P.19,A4　📞080-9170-8722　🏠大阪市西區北堀江1-13-20　🕐10:00~19:00 (L.O.18:00)　3/4、3/11　🍹漸層色蘇打￥680

webshop.tabinone.net

充滿昭和懷舊風的老咖啡館。

薦 おすすめ

創立於京都的旅之音,以販賣友善小農良心咖啡為主,在北堀江設立可內用的咖啡廳,則是有個溫暖理由,咖啡廳原址是開業40多年的老咖啡館,原業者因年老想要歇業,但旅之音不捨得這樣溫暖的風景消失在街角,便自願承接經營,除了保留原本40年的老咖啡廳裝潢與菜單外,也將自己的咖啡品牌進駐,**店裡招牌的漸層色蘇打完全復刻老店咖啡廳的風格,還提供了手工甜甜圈當作外帶用伴手禮**。

ART HOUSE

別冊P.19,B4　📞06-4390-5151　🏠大阪市西區北堀江1-12-16 1、2F　🕐11:00~18:00(週二17:00、週五19:00)　週三、四　🌐www.art-house.info

ART HOUSE顧名思義就是充滿了藝術氣息的小屋,白色外牆畫上一個可愛的房子人偶,紅色的門框讓人不由自主地走近,為了讓更多人能夠親近藝術,**每週會以不同藝術家為主題展示**,吸引了許多年輕族群前來,還可買到許多當紅藝術家如:marini*monteany、木村まさみ、たま等周邊商品。

LE PINEAU 北堀江本店

おすすめ 薦

🏬別冊P.19,A4　☎0120-24-9014　🕐大阪市西區北堀江2-4-12　●賣店9:00~20:00，Café 9:00~20:00(L.O.19:30)　●賣店1/1，Café1/1~1/3　💴馬卡龍¥216　🌐www.le-pineau.com

大阪公認的的甜點名店，許多愛吃甜點的顧客都慕名而來。

　　LE PINEAU的前身是堀江的老舖和菓子店，第二代接手之後便改為洋菓子，大受當地居民歡迎，已經成為堀江甜點名店。位於街角的空間不太顯眼，但是店內總是人潮不斷，**季節限定的草莓提拉米蘇有草莓的清香與爽口的乳酪滋味，成為春季最受好評的點心**，另外還有掀起一股風潮的生キャラメル(新鮮牛奶糖)，口感相當獨特。

店內是未禁菸喔！

☕ 寿里庵

🏬別冊P.19,C2　☎06-6533-0850　🕐大阪市西區新町1-4-40大阪新町POビル1F　🕐7:00~17:30　💴甜點套餐¥650

　　為在三角窗的寿里庵是很難讓人忽略的店，**店外擺設宛如童話故事裡才會出現的珈琲館**，很多龍貓擺飾非常的可愛，讓人忍不住推門進去一探究竟，店內濃濃的懷舊氛圍與外觀是另一番反差，一間咖啡屋兩種享受也挺不錯的。

☕ Café Weg

🏬別冊P.19,A5　☎06-6532-7010　🕐大阪市西區南堀江2-13-16勝浦ビル1F　🕐11:00~18:30　❌週二和每月的第1個週三　💴咖啡¥580起　🌐www.cafe-weg.com

　　畢業於調理師專門學校，還曾經受過日本知名咖啡職人田口護教導的女性咖啡師在大阪開了這個公園旁的咖啡小店Café Weg，提供的全都是單品咖啡，從最基礎的烘焙豆子、手沖咖啡到搭配咖啡的甜點、餅乾通通是自己一手包辦，精選的**單品咖啡有許多選擇，是內行人才知道的個性咖啡店**。

🎁 HYSTERIC MINI 大阪店

🏬別冊P.19,B4　☎06-6535-7666　🕐大阪市西區南堀江1-12-19四ッ橋スタービル1F　🕐10:30~19:00　🌐www.hysteric-mini.com

　　日本的年輕媽媽都十分時髦，就連小孩也走潮流派，HYSTERIC MINI就是**個性化的童裝品牌**，招牌人偶咬著奶嘴，頂著亂髮，服裝跳脫了粉嫩溫柔的童裝印象，而大量運用鮮豔色彩與豐富花色，青少年喜愛的裝扮如卡車帽、連帽上衣等一應俱全，讓小孩從嬰兒時期就學習造型搭配。

大阪 美國村 ➡京都➡兵庫

美國村
アメリカ村
America Mura

站 在綠意盎然的御堂筋往西望去,可以瞧見聳立於大樓上的自由女神,大阪的美國村等同於東京的原宿,係指大阪南區心斎橋以西,長堀通以南的區塊,起源於1970年代,開始有人販賣美國進口的衝浪服裝、夏威夷風的服飾,因而得名,如今到處可見充滿個性、超IN打扮的酷哥辣妹,大多數都是十多歲、二十來歲的青少年,店家絢麗的招牌、大片的塗鴉牆、重金屬搖滾音樂、二手衣店等,永不歇止的創意與活力,在這裡無限迸發。

交通路線&出站資訊

電車
大阪地下鐵心斎橋駅◇御堂筋線、長堀鶴見綠地線
大阪地下鐵四ツ橋駅◇四つ橋線

出站便利通
◎從大阪地下鐵御堂筋線心斎橋駅7、8號出口出站即是綠意盎然的御堂筋,7號是年輕人百貨OPA,往西走即為美國村區域。
◎7號出口往南的第二個路口朝西,就可看到美國村的中心Big Step購物中心與三角公園。

美國村的人型路燈

美國村的原創人型路燈,通稱「ロボット街路灯」(機器人路燈),宛如瘦高巨人般的人型路燈在美國村裡有50座之多。美國村每年會舉辦Red Bull Ignition計畫,這項長期合作計畫於2012年開始,目的為了活絡美國村的發展,邀請知名藝術家來妝點人型路燈,每年都有5座人型路燈被賦予新生命,除此之外也有公開徵選素人來創作,這活動也為美國村帶來濃濃藝術氛圍。

在剛炸好熱呼呼的麵包中夾入霜淇淋,有種冷熱衝突。

👁 三角公園

🅿別冊P.19,C5 ⓐ大阪市中央區西心斎橋 🚃自由參觀

美國村裡的御津公園又稱為小三角公園,於1997年重新規劃之後,成為街角的劇場,**公園內的圓形階梯狀廣場中,任何人都可以在此進行表演。**由於這塊開放空間寬敞舒適,無論是平常日或假日,隨時都可看到許多人群在此聚集歇息,而因為地標明確,也成為大家約在美國村的碰面地點。由於人潮眾多,以三角公園為中心,四周好吃好玩好逛好買的店家林立,成為大阪南區年輕人的流行聚集地。

薦

🧁 元祖ICE DOG

🅿別冊P.19,C5 ☎06-6281-8089 ⓐ大阪市中央區西心斎橋1-7-11 🕚11:00~21:00 ⓧ不定休 💰アイスドッグ(霜淇淋熱狗)¥500 🌐ice-dog.net

冷熱交替的奇妙口感,要親身體驗才能知道其個中滋味。

おすすめ SHINE

ICE DOG,冰狗?其實這是一種相對於「熱狗」的小吃。由老理髮廳改建而成的元祖ICE DOG其實是老闆為了求新求變,進而創意發想而出的大阪名物。**夾入冰淇淋的麵包堡**一口咬進嘴裡,融合得天衣無縫的奇妙口感;不只有傳統的香草口味,老闆也研發出巧克力、抹茶等創新口味,吃上一口,就會愛上。

🍴 甲賀流 本店

📖別冊P.19,C5　📞06-6211-0519　🏠大阪市中央區西心斎橋2-18-4　🕙10:30~20:30(週六、例假日前至21:30)　💲王道のソースマヨ(醬汁美乃滋章魚燒)10個￥550　🌐www.kougaryu.jp

　甲賀流永遠大排長龍的秘密,其實不只在它實惠的價格,其**以11種獨門食材熬煮融合製作的高湯成為隱藏在麵糊中的美味**,大量使用雞蛋味道更為滑順,適合大人小孩,尤其上面淋上了自家調配的醬汁與滿滿的美乃滋,趁熱吃上一口,更是叫人欲罷不能。

🧁 白一 心斎橋店

📖別冊P.19,C5　📞06-6214-1461　🏠大阪市中央區西心斎橋2-11-9 RE-011ビル103　🕙11:00~20:00　🈺不定休　💲コーン(甜筒生乳冰淇淋)￥500　🌐www.shiroichi.com

　標榜生牛乳冰淇淋專賣店,**長度高達40公分有日本第一長之冰淇淋之稱**,使用乳脂肪4.0以上特選生乳,不添加防腐劑,與一般霜淇淋吃起來滑潤鬆軟口感迥異,生牛乳冰淇淋因不額外添加乳脂肪,質地較細緻綿密,結構較扎實,重量也比一般同樣大小霜淇淋更重,吃起來清爽濃郁卻不甜膩,非常順口。

🍴 北極星 心斎橋本店

📖別冊P.19,C6　📞06-6211-7829　🏠大阪市中央區西心斎橋2-7-27　🕙11:30~21:30　🈺12/31、1/1　💲チキンオムライス(雞肉蛋包飯)￥1080,明太子蛋包飯￥1280　🌐www.hokkyokusei.online

蛋包飯創始老舖北極星,在日式老屋裡享用蛋包飯,美味又更加乘了。

　深受日本民眾喜愛的**蛋包飯正是於1926年誕生於此**!北極星本店無論外觀或店內空間都充滿和式氛圍,坐在榻榻米上品嚐西洋風味十足的蛋包飯,更添和洋融合的美味。口味多樣包括標準的雞肉蛋包飯、鮮菇蛋包飯、牛肉蛋包飯,甚至還有龍蝦蛋包飯。如果不想只吃蛋包飯,也有一些套餐,附加沙拉、炸可麗餅等配菜,但蛋包飯的份量相對的也會變小,很適合小鳥胃。

要說關西最好吃的蛋包飯,在地人大多都會推薦北極星。

🛍 BIG STEP

📖別冊P.19,C4　📞06-6258-5000　🏠大阪市中央區西心斎橋1-6-14　🛒購物11:00~20:00,餐廳11:00~23:00　🈺不定休　🌐www.big-step.co.jp

　BIG STEP是**美國村最大型的購物中心**,原本這裡是一所中學的校地,1993年被改建成占地廣大的商城,這裡有許多走在潮流最尖端的時尚品牌,如ANNA SUI、ABC-Mart等,由於受到年輕人的歡迎,現在更成為美國村一帶的流行指標。

大阪　日本橋

➡京都➡兵庫

日本橋
にほんばし
Nihonbashi

位 在南波東側的日本橋地區好吃又好玩,不僅有具日本傳統文化的文樂劇場,還有不讓秋葉原專美於前的日本橋電器街,最具話題性的當紅動漫產品都可找到,古今交融別具特色。而黑門市場的美食更是眾多,這裡可以走入在地人生活,從庶民料理到高貴的河豚料理,應有盡有,來這裡走一趟,不同於難波、心齋橋等地的現代化發展,反而更能看到傳統的老大阪所呈現出來的風貌。

🍴 福太郎 本店

⊕ 別冊P.20,E3　☎本館06-6634-2951　⌂大阪市中央區千日前2-3-17　⏱17:00~翌0:30(L.O.23:30)、週六日例假日12:00~0:00(L.O.23:00)　$豚玉燒(豬肉雞蛋大阪燒)¥980、燒そば(炒麵)¥960、豚ねぎ燒き(豬肉蔥燒)¥1080　⊕2951.jp

多種選擇的大阪燒與蔥燒,個個美味可口,也是上班族下班小酌聚集的店,滿室的歡笑聲和熱鬧非凡的氣氛,美味又加成了。

除了美味的大阪燒,福太郎輕鬆歡樂的氛圍也是一大賣點,當店人氣第一是蔥燒類的豚ねぎ燒き(豬肉蔥燒),麵糊灑上大量的蔥,最後放上鹿兒島產的最高級豬肉;大阪燒類排名第一則是豚玉燒(豬肉、雞蛋大阪燒)由麵糊、高麗菜、紅薑、豬肉和蛋食材製作,上桌香氣四溢,令人食指大動,滑嫩偏軟的口感與他店不同,**高麗菜非一般使用生的,是有事先調味煮過,與麵糊融為一體隱藏了存在感,但也替麵糊帶出蔬菜的香甜味。**

菜單介紹

いか玉燒 (魷魚、雞蛋大阪燒)
豚玉燒 (五花三層豬肉、雞蛋大阪燒)
たこ玉燒 (章魚、雞蛋大阪燒)
もち玉燒 (麻糬起司大阪燒)
えび燒 (4尾大蝦大阪燒)
すじ玉燒 (牛腱肉、雞蛋大阪燒)
ほたて玉燒 (干貝、雞蛋大阪燒)
牛玉燒 (和牛、雞蛋大阪燒)
トリプル玉燒 (豬肉、魷魚、蝦的綜合大阪燒)
海賊燒 (四種海鮮大阪燒:蝦、魷魚、章魚、干貝)
七福玉燒 (豬肉、牛肉、牛腱肉、蝦、魷魚、章魚、干貝大阪燒)

国立文楽劇場

📖別冊P.20,G2　📞06-6212-2513　🏠大阪市中央區日本橋1-12-10　🕐依演出節目而異　🈳依演出節目而異　💲依演出節目而異　🌐www.ntj.jac.go.jp/bunraku

　文樂，就像台灣的布袋戲一般，是日本的傳統木偶技藝，如今想在大阪見識這無形文化遺產只有在文樂劇場。擁有300多年的歷史是深入民間的庶民娛樂，保存至今成為世界級的傀儡戲，無論是人偶造型、表演形式、舞台腳本都內蘊深厚，昇華成珍貴的文化藝術。

玉製家　薦

📖別冊P.20,F2　📞06-6213-2374　🏠大阪市中央區千日前1-4-4　🕐14:00～售完為止　🈳週四、日、例假日(彼岸:含春分秋分的前後3日、盂蘭盆節照常營業)　💲おはぎ(御萩:黃豆粉*3 +紅豆粒*3)¥1037

現點現做的御萩，最簡單的味道，卻是最難忘懷的滋味，百年口碑傳承絕對是實至名歸。

　和菓子御萩老舖於明治32年(1899)大阪難波創業，而後搬至現址，三代目店主簗瀨先生說，**御萩只用砂糖與鹽來調味**，簡單就是最好的味道。店內**只賣粒あん(紅豆粒)、こしあん(紅豆泥)、きなこ(黃豆粉)三種口味**，都是現點現做，而每種口味也都各有擁護者，人氣之高，從未開店時就已出現排隊人龍就可略知一二，貼心提醒御萩賞味期限只現當天喔！

御萩VS牡丹餅

彼岸是日本拜祖先的日子，一年有兩次，分別在春分與秋分為中心算起的前後三日，共7天，牡丹餅(ぼたもち)是在春分彼岸用來供奉祖先的供品，御萩(おはぎ)則是在秋分彼岸用來供奉祖先的供品。這兩樣和菓子都是蒸過的糯米和紅豆的組合，御萩外層是包裹紅豆粒的麻糬，形狀類似秋天萩花盛開的樣子，因而有萩的餅之稱；牡丹餅則是外層包裹紅豆泥的麻糬，形狀似春天牡丹花，因而有牡丹餅之稱。但也有另一方說法是御萩、牡丹餅是一樣的東西只是依季節取名不同罷了。

拼死也要吃河豚，美味關鍵就是新鮮！

太政 千日前本店

📖別冊P.20,F3　📞06-6633-4129　🏠大阪市中央區千日前2-7-18　🕐12:00~22:00(L.O.21:20)　🈳週一、年末年初　💲てっちり(河豚鍋)¥6600　🌐www.futomasa.com/index.html

　河豚是大阪人的最愛，最有名的河豚料理位於黑門市場一帶。太政河豚料理昭和23年(1948)創業至今超過百餘年，材料是每天從北九州和下關的漁港空運而來的活河豚，**老舖特製的黑醋，搭配河豚火鍋、河豚生魚片最能襯托特殊的口感和美味。**

ヒーロー玩具研究所

📖別冊P.20,E6　📞06-6641-7776　🏠大阪市浪速區日本橋4-9-21　🕐12:00~19:00　🈳週三(遇假日照常營業)　🌐herogangu.com

　位在日本橋街角的HERO玩具研究所絕對能滿足玩具家的收藏慾望，客戶群橫跨日本、美國、港台同好界的「秘店」，**專門收集市面上與網路上皆難以入手的稀有玩具**。將海內外所有「英雄級」的動漫電影玩具界主角們都齊聚一堂，讓每個童心未泯的大男孩都會驚嘆連連。

大阪
日本橋
↓京都↓兵庫

黑門市場

黑門市場是從江戶時代即開始經營的傳統市場,有「大阪的廚房」(浪速台所)之稱。總長580公尺的黑門市場,不論是日式醃漬菜、生鮮食材、水果,甚至是外帶熟食,都可以在這裡找到道地口味!就連日本著名的「河豚料理」,都可以在黑門市場一飽口福。

🌐 www.kuromon.com

🍴 高橋食品

📖別冊P.20,F3　📞06-6641-4548　🏠大阪市中央區日本橋1-21-31　🕗8:00~17:00　🚫週日

　　大正14年(1925)創業,在黑門市場有2間店舖,豆腐是本店招牌,使用國產大豆為食材,每天早上以全天然手工方式製作,讓豆腐保有原始的豆香與甜味,這就是老舖為了讓客人享受到最自然的好味道對品質的堅持。另外也可以試試人氣商品之一的豆乳,一入口濃醇香回甘的好滋味,真材實料且不添加調味料才有的原始豆香味。

🍜 煮干しらーめん玉五郎 黑門本店

📖別冊P.20,F4　📞06-6631-0033　🏠大阪市中央區日本橋2-4-1　🕗11:00~21:00　🚫週日　🍜煮干しらーめん(魚乾湯頭拉麵)¥950　🌐www.genki-factory.com

　　喜歡吃拉麵的人就一定得嚐嚐這家玉五郎,有別於以純粹肉類熬煮的湯頭,玉五郎使用魚乾和海帶再搭配少許豚骨一同燉煮出清爽的海鮮湯頭,並以此高湯搭配手工麵條,難怪隨時都有人等在門口排隊享受美味,只有吧檯座位的店內可看到料理人的高超技藝。

黑門市場的起源

古書《攝陽奇觀》記載,文政5~6年(1822~1823)左右,日本橋圓明寺附近的黑色廟門口每天早上聚集眾多商人販賣魚貨,這是黑門市場(舊稱圓明寺市場)的起源,明治45年(1912)大空襲的火災將寺廟整個燒毀,直至戰後才又慢慢重建恢復市場繁榮興盛的樣貌。

千成屋

◎別冊P.20,G3　☎06-6631-6322　⋔大阪市中央區日本橋1-21-6　◷9:00~22:00　⋒年始　ⓦsennariya.jp

千成屋的熱銷商品惣菜(家庭料理)保有懷舊的老滋味，遵循古法手工製作，在地口味不容錯過。營養均衡又份量足的便當、手工製作的和牛可樂餅、特製的馬鈴薯通心麵沙拉、與每天店裡自行調理多達100種有媽媽味道的小菜，都是熱門商品，來一趟千成屋一定能滿足你的味蕾。

よしや 黒門市場営業所

◎別冊P.20,G4　☎06-4396-7890　⋔大阪市中央區日本橋1-21-9　◷9:00~17:45　⋒1/1~1/3　ⓦwww.okashi.jp

よしや在關西地區有多家分店，第一家店就是設點在黑門市場，於昭和61年(1986)開業。經營策略事先做好嚴密的市場調查與顧客問卷調查，來作為進貨的參考資料，並與160間以上菓子社直接進行交易，進貨速度快，商品數量又多，因此能及時提供顧客最新、最具話題性的零食。

Green Beans Parlor

◎別冊P.20,G3　☎06-6649-8477　⋔大阪市中央區日本橋1-22-18　◷9:30~19:00　⋒年末年始、盂蘭盆節

店內精選世界著名咖啡產地的生豆，多達40種咖啡豆任君選擇，不用擔心要怎麼處理生豆，只要買超過300g以上的生豆，店家有提供代客煎豆的免費服務，利用店內高速熱風焙煎機烘煎後再冷卻，只需等待7~10分鐘，你就可以把現烘煎好的咖啡豆帶回家享用了。

三都屋

◎別冊P.20,G3　☎06-6641-0454　⋔大阪市中央區日本橋1-22-21　◷9:30~18:00　⋒1/1~1/4　Ⓢみたらし団子1本(御手洗糰子一串)¥100　ⓦkuromon-mitoya.com

任何再機密的機器都抵不過手工製作的口感，這就是三都屋堅持純手工製作的原因，像大福原料糯米會因氣候的溫度和濕度有所變化，唯有靠手感才能精準確認其Q度，機器是無法取代的，手工現做的和菓子看起來就是特別美味，來黑門市場別錯過這美味的和菓子。

大阪 大阪城

↓京都 ↓兵庫

大阪城

おおさかじょう
Osaka Castle

大阪城無疑是大阪最著名的地標，也是每個遊客前往大阪的必遊之處。除了最醒目的天守閣之外，大阪市立博物館就位於大阪城內，還有幾處古蹟文物也不容錯過，如大手門、千貫櫓、火藥庫「焰硝藏」、豐國神社等，而西之丸庭園、梅林更是賞花季節人潮聚集的景點。大阪城周邊的大阪城公園106.7公頃的面積處處綠意盎然，稍稍延伸腳步，搭乘水上巴士，從大川可欣賞到開闊的水岸景觀，一路穿越大阪的橋樑，成為認識大阪水都風華的捷徑，也可逛逛日本第一長的天神橋筋商店街。

交通路線&出站資訊

電車
大阪地下鐵天満橋駅⇨谷町線
大阪地下鐵森ノ宮駅⇨長堀鶴見綠地線、中央線
大阪地下鐵大阪ビジネスパーク駅⇨長堀鶴見綠地線
大阪地下鐵京橋駅⇨長堀鶴見綠地線
JR森ノ宮駅⇨大阪環狀線
JR大阪城公園駅⇨大阪環狀線
JR京橋駅⇨大阪環狀線、JR東西線
JR大阪城北詰駅⇨JR東西線
京阪天満橋駅⇨京阪本線
京阪京橋駅⇨京阪本線
大阪地下鐵谷町四丁目駅⇨谷町線、中央線
大阪地下鐵南森町駅⇨谷町線
JR大阪天滿宮駅⇨JR東西線

出站便利通
◎無論搭乘哪一條路線電車前往大阪城，最少都須徒步15分以上才能夠抵達最醒目的天守閣，因為途中會經過大阪城公園。
◎若要搭乘水上巴士，大阪地下鐵長堀鶴見綠地線的大阪ビジネスパーク駅的1號出口出站，走大阪城新橋越過水道就是碼頭，途中有明顯標示。
◎要前往稍稍遠離的天神橋筋商店街和大阪天満宮，搭乘大阪地下鐵谷町線在南森町駅下就是天神橋筋二丁目商店街，另外也可搭乘JR東西線在大阪天滿宮駅下車。

👁 大阪城 🈸薦

⛩別冊P.22,B4~C5 ☎06-6941-3044 ⛩大阪市中央區大阪城1-1 🕘9:00~17:00(入城至16:30)，櫻花季、黃金週、暑假閉館時間將延後(詳見官網) ⛔12/28~1/1 💰天守閣成人¥600，國中生以下免費 🌐www.osakacastle.net

沒來大阪城就不算有來過大阪，親身體驗豐臣秀吉一手打造的城池來趟歷史文化的知性巡禮。

大阪城無疑是**大阪最著名的地標**，金碧輝煌的**大阪城為豐臣秀吉的居城**，可惜原先的天守閣早毀於豐臣秀賴與德川家康的戰火中，江戶時期重建後的城堡建築又毀於明治時期。二次大戰後再修復後則成為歷史博物館，館內展示豐臣秀吉歷史文獻。

👁 造幣局 🈸薦

⛩別冊P.22,A2 ☎06-6351-5361 ⛩大阪市北區天満1-1-79 🕘4月櫻花季節才開放，視花開狀況而定，每年時間不一定(詳見官網) 💰櫻花季開放時自由參觀 🌐www.mint.go.jp

櫻花季限定開放，機會難得錯過要再等一年，當然要來走一遭才不虛此行。

每年4月中下旬時，造幣局從南門到北門間，長達560公尺的櫻花步道開滿117種櫻花，是在明治初年由藤堂藩倉庫移植而來，並在1883年開放讓一般市民參觀。**每年櫻花滿開的一個禮拜期間，這條關西第一櫻花步道即會開放**。而在造幣局旁也會同時擺起路邊攤，在櫻花漫飛下遊逛攤販，吃著大阪庶民小吃，充份體驗日本專屬的風情。

大阪城名所

天守閣
按照原貌重建後亮麗豪華的天守閣還裝設了電梯,即使行動不便的人也可輕鬆登上5樓,若要登上天守閣位在8樓的頂樓還要再爬個3層,由高往下可俯看大阪市全景,視野相當遼闊。

梅林
2月底是梅花開放的季節,也是大阪城梅林最熱鬧的時候。大阪城梅林約有1200棵、近100個品種的梅樹。比起一瞬即逝的櫻花,梅花的花期更長,每到了早春的時節,大阪人們都會來這裡踏青賞梅。

金明水井戶
1969年發現的這一口井居然是與1626年天守閣同時完成,1665年天守閣受到雷擊而火災,到了1868年又歷經戊辰戰爭兩度大火焚毀,這口井卻奇蹟似地沒有受到任何波及,到了江戶時代更被稱為黃金水。

刻印廣場
在石牆上篆刻許多紋樣或記號就稱為刻印,刻印廣場便刻著許多大名(幕府時代的臣子)的家徽,是江戶時代大阪城重建時特地表揚幫助完工的大名們,為了讓更多人看到,遂將所有刻印過的石頭集中到廣場來。

時空膠囊
大阪城裡的時空膠囊是由松下電器與讀賣新聞於1970年大阪萬國博覽會時共同埋設,分為上下兩層,裡面有當時的電器、種子等2000多種物品,約定上層每隔100年打開一次,而下層則準備在5000年後開放。

大手門
此為大阪城的正門,在古代稱之為追手門,為高麗門樣式創立於1628年,在1848年修復過一次,到了1956年更通通拆解完整修復,已經被列為重要文化財。

大阪城市立博物館
在天守閣的南側有一棟茶色磚造建築,上層也以城牆線條作為造型,最早是為記念昭和天皇即位的陸軍司令部,1931年完工,之後經歷過二次大戰,於昭和35年,因應建市70週年記念而開幕成為市立博物館,展出大阪的歷史與文物。2017年變身MIRAIZA,提供休憩空間。

西の丸庭園
原本是豐臣秀吉正室北政所的居所舊址,在昭和40年(1965)時開放給一般名眾參觀,這裡以超大的草坪與春天時盛開的櫻花出名,是大阪的賞櫻名所之一。
🕘9:00~17:00(11~2月至16:30),入園至閉園前30分　休週一(遇假日順延翌日休)、年末年始(12/28~1/4)　$成人¥200,國中生以下免費
osakacastlepark.jp/facility/

大阪　大阪城

▼京都▼兵庫

以珍珠養殖作業船改建的大阪遊舟。

ご舟かもめ

📍別冊P.22,A4八軒家浜船着場　📞050-3736-6333
大阪市中央區天滿橋京町1-1　🕐依行程不同,朝食遊船(航程80分鐘)週六日8:20、10:20發船　💲乗り合いのクルーズ朝の時間(朝食遊船)成人￥5200,6~12歲￥3200
www.ofune-camome.net　❶請於出遊日前3日正午前完成預約,前一天氣象預報降雨機率70%以上即不出航

　　水都大阪,市內縱橫水道紮成一張四通八達的船行路線。晨間日和,不妨逐水行樂,拜訪大阪的水上人家「ご舟かもめ」,穿梭廣廈高樓,一窺大阪蕩漾在粼粼波光之中的別樣風情。**遊船主題發想自日常的遊憩活動,晨間朝食、水上咖啡館、酒吧夜航及建築巡遊是年間定番**,並有季節限定的特別企畫,諸如賞櫻春遊、秋之紅葉行舟、船上茶會、舟中小憩時光、擁被爐烤麻糬的冬遊船,多彩多姿的有趣行事,令人會心一笑的創意想像,展現了中野船長對於水上生活的熱愛。

大阪城公園

📍別冊P.22,C5　📞06-6941-1144　🏠大阪市中央區大阪城　🕐自由參觀　🌐osakacastlepark.jp

　　大阪城公園就位在大阪城玉造門跡旁,廣大的森林公園內花木扶疏,還有音樂堂、棒球場等設施。可容納一萬六千人的HALL,號稱是西日本最大的體育館,經常有演唱會、體育活動、國際會議等大型活動。**四月上旬櫻花滿開時,大阪城公園成為關西地區賞櫻名所。**漫步大阪城公園,可沿園中四條長一至四公里不等的遊憩路線,沿外園越護城河、城河石垣至內城,一路遊賞被列為重要文物的城門、城防「櫓」、火藥庫「焰硝蔵」、回遊式庭園「紀州御殿の庭」、茶室「豐松庵」、金明水井戸屋形、刻印石廣場等,並一訪天守閣的歷史博物館,參訪成為歷史佳話的、豐臣秀吉與千利休共創的黃金茶室復原,館內約萬件安土桃山時代的藏品,賞秋亦不忘來一趟豐富心靈的歷史人文之旅。

「野点傘」戶外休息區,是個歇腿兼拍照打卡的趣味區域。

🍴 JO-TERRACE OSAKA　おすすめ 薦

📍別冊P.22,C4　📞06-6314-6444　🏠大阪市中央區大阪城3-1大阪城公園內　🕐8:00~22:00(依店舖而異)　🌐www.jo-terrace.jp

大阪城周邊熱門美食集結新據點。

　　從JR大阪城公園駅沿2樓天橋串聯到JO-TERRACE OSAKA,**多達22家商店與餐廳、綠意圍繞的新區域,在2017年新開幕,以餐廳、咖啡為主**,讓許多來大阪城遊逛的人,多了停留久一點的理由。遠離市中心的擁擠感,這裡引進大阪、關西各式排隊美食餐廳分店,像是鬆餅店gram、千房大阪燒、good spoon餐廳等,選擇相當多樣,是個美食大本營。

豊国神社

🏯 別冊P.22,B5　☎06-6941-0229　🏠大阪市中央區大阪城2-1　⏰自由參觀　💰自由參拜　🌐www.osaka-hokokujinja.org

　大阪城是豐臣秀吉的居城，而這裡正是祭祀他的神社，豐臣秀吉與織田信長、德川家康並列日本戰國時代的三個霸主，出身極為低微，最後卻官拜太閣、一統天下。除了神社本身，境內羅列了許多巨石的日式庭園「秀石庭」也值得一看。

👁 水陸両用バス

🏠 別冊P.22,A4川の駅はちけんや　☎06-6941-0008　🏠大阪市中央區北浜東1-2川の駅はちけんやB1F　⏰4/15~11/30(航程75分鐘)每天五班，9:10、10:45、13:00、14:35、16:20；12/1~3/19(航程60分鐘)每天四班，10:00、11:20、13:20、14:40；出發前15分到乘船處集合　✖不定休　💰4/15~11/30成人￥3800，小學生以下￥2200，2歲以下￥600；12/1~3/19成人￥3000，小學生以下￥1800，2歲以下￥500　🌐www.japan-ducktour.com　❶2歲以下幼兒無座位，需由大人抱著

　在大阪城周邊道路上行駛的一種**外觀奇特的交通工具，一下在路上行走，一下又下水前行**，水陸兩用觀光巴士起點在天滿橋旁的川の駅はちけんや(八軒屋)，沿途繞行大阪城周邊，接著變身為水上巴士，再由櫻之宮公園上陸，休息10分鐘變回陸上巴士再出發，沿途經過天神橋、中之島與道頓堀等地。

> 1樓闢有「特別史跡 大阪城跡」空間，介紹大阪城跡的歷史。

👁🍴 MIRAIZA大阪城

MIRAIZA OSAKA-JO

📍別冊P.22,B5　☎06-6755-4320　🏠大阪市中央區大阪城1-1 (位於大阪城前方)　⏰依店舖而異　🌐www.miraiza.jp

博物館變成美食尋味處。

おすすめ 薦

　與大阪城天守閣隔著廣場互望的這棟氣派中古歐洲古城式建築，建於1931年，最早是陸軍第四師團司令部辦公大樓，後來變成大阪市立博物館，重新整修後，**2017年底變身成集合店鋪、咖啡與優雅餐廳的複合式設施**，絕佳的地理位置，尤其天守閣就近在眼前，是逛完大阪城最佳休憩處。共地上三層空間，一樓有賣店、小吃、咖啡及展示空間，2~3樓及頂樓，則是優雅的高級餐廳。

🎁 忍屋

☎06-6755-4514　🏠MIRAIZA大阪城1F　⏰9:00~17:30

　在這棟歐洲中古世紀風格建築遊逛時，若迎面而來忍者打扮的人，可別嚇一跳，他們是在一樓「忍屋」的工作人員。店裡面充滿各式忍者造型的小物、戰國時代的風格物品，**最吸睛的當然是全部都是忍者打扮的店員們**，好多小物可以尋寶之外，還可大方要求與店員一起合照，店內一角也設有可以投玩忍者武器手裏劍的道場，好玩、好買又好拍。

大阪
大阪城
→京都→兵庫

👁 難波宮跡公園

🏞別冊P.22,B6　☎06-6943-6836　📍大阪市中央區法圓坂1　🕙自由參觀　💴自由參觀　🌐www.occpa.or.jp

　大阪城南邊有一片空地，在高樓之間顯得特別開闊空曠，這是**七、八世紀之間，天武朝與聖武朝的宮殿遺跡**，目前看得到的只剩基座部分，並有一個個柱子的痕跡，走上階梯，在平台上想像一下1400年前的君臨天下，發思古之幽情。

🍜 守破離 谷町四丁目店

🏞別冊P.22,A6　☎06-6944-8808　📍大阪市中央區常盤町1-3-20安藤ビル1F　🕙11:30~14:30，17:30~21:00　📅年始　💴鴨南そば(鴨肉青蔥蕎麥麵)￥1550　🌐shuhari.site

風格高雅的日本排隊蕎麥麵名店。

おすすめ
薦

　　　　　　蕎麥麵與壽司是日本相當具有代表性的日本美食。餐廳的外觀很特別，土牆、柳樹、看板、暖簾，一進門溫暖的空間裡，讓人感受到安心的氛圍。
　　　　　　蕎麥麵主要有分兩種，放在熱湯裡一起食用的熱蕎麥麵以及把剛煮好的蕎麥麵用水沖涼之後，沾著醬汁一起食用的蕎麥涼麵。店家手工製作的蕎麥麵將蕎麥粉磨成細粉使其濕潤，並且確保最後一分鐘不過度研磨。煮沸時，在不使用粘合劑的情況下瞄準最後一分鐘的水，以此完成了蕎麥麵的濃郁風味，即使麵體很薄也很有嚼勁。

🏛 大阪歷史博物館

🏞別冊P.22,A5　☎06-6946-5728　📍大阪市中央區大手前4-1-32　🕙9:30~17:00(入館至16:30)，特展期間週五至20:00(入館至19:30)　📅週二(遇假日順延翌日休)、年末年始(12/28~1/4)　💴成人￥600，高中大學生￥400，國中生以下免費　🌐www.mus-his.city.osaka.jp

　2001年完工的大阪歷史博物館就**建在難波宮遺跡上**，從地下室就**可參觀飛鳥時代鄰近宮殿的倉庫和水利設施遺跡**，其他各樓層還展示有歷經日本古代數次重要戰役的大阪城之歷史與文化事蹟。

進店前記得詳閱說明書。

🍜 らーめん颯人

🏞別冊P.22,A3　☎06-6312-8276　📍大阪市北區南森町1-2-2　🕙11點~售完為止　📅週一、不定休(詳見twitter)　💴しょうゆらーめん(醬油拉麵)￥1000　🌐x.com/ramen_hayato

必比登推薦美食。

おすすめ
薦

　米其林認證的好吃拉麵！在大阪超級有名的關係，還沒開門就已經排了滿滿的人潮。鹽拉麵的湯頭雖然不錯，**但醬油拉麵更甘甜爽口且叉燒厚而不柴好好吃！**最後不要看老闆一臉酷酷的，但他從圍裙、桌上擺飾甚至到名片，全部都是貓咪，超級反差萌的！

🍴 燒肉LIKE天満橋店

🅐別冊P.22,A5 📞06-4397-3829 🅖大阪市中央區谷町2-2-18 大手前田中ビル1F ⏰11:00~23:00(L.O.22:30) 💲燒肉套餐￥580起,酒精飲料喝到飽￥500/時 🌐www.yakiniku-like.com

自助沙瓦、Highball喝到飽跟燒肉好搭。

　燒肉LIKE因為**一人經濟學的新興燒肉店**崛起,短時間內已經席捲全日本也拓展到台灣相信大家都不陌生。**天満橋更是搶先導入最新流行的桌上自助暢飲系統**,而且一次**提供檸檬沙瓦以及Highball兩種酒類飲料**!燒肉品項就如同所有連鎖店一般品質穩定,挑選自己喜歡的組合享受客製化的方便。喜歡吃烤牛內臟的朋友,這間店也提供￥980一小時內牛內臟吃到飽的特別菜單,很適合喜歡一個人過來燒肉小酌度過一個微醺的夜晚。

只要事先預約,￥500就可以一個小時無限暢飲,是目前桌上暢飲店家中價格最優惠的!

🧁 Acidracines Patisserie

🅐別冊P.22,A5 📞06-7165-3495 🅖大阪市中央區內平野町1-4-6 ⏰11:00~18:00 🈺週三、四(遇假日有異動) 💲グリオット ピスターシュ(開心果蛋糕)￥600 🌐www.acidracines.com

在地人説大阪前三名的甜點。

　多次被日本最大的美食評論網站食べログ評為**日本百大甜點店**,關**西最好的甜點店之一**,店名acidracines開頭的四個字母acid分別代表Atomicity(不可分割性)、Consistency(一貫性)、Isolation(獨立性)、Durability(永續性),而後面acid的racines在法語中是根的意思,這幾個單字在甜點中都是相當重要的因素。店裡販售的商品除了蛋糕之外也有馬卡龍及果醬等,服務人員相當親切,如果人不多的時候,還會在你結完帳之後親自提著蛋糕送你到門口。

👁 大阪今昔生活館

大阪くらしの今昔館

🅐別冊P.22,A1 📞06-6242-1170 🅖大阪市北區天神橋6-4-20住まい情報センタービル8F ⏰10:00~17:00(入館至16:30) 🈺週二(遇假日順延翌日休)、年末年始(12/29~1/2)、不定休(詳見官網) 💲成人￥600,高中大學生￥300,國中生以下免費 🌐konjyakukan.com

　位於大阪市立住居情報中心8~10樓的大阪くらしの今昔館是一個詳細介紹近代至現代大阪人住宅生活的博物館,明治、昭和、大正年代的生活一一呈現,雖然位於室內,**9樓依等比例重現江戶時代的大阪街道**,漫步其間彷彿穿梭時光隧道,走入昔日的町家生活。

藤田美術館

🏛別冊P.22,B3　☎06-6351-0582　📍大阪市都島區網島町10-32　🕙10:00~18:00　⛔12/29~1/5　💲￥1000，19歲以下免費　🌐fujita-museum.or.jp

小而美的都市型美術館。

　　1954年已經開館的藤田美術館，是由明治時代的大阪仕紳藤田傳三郎以及其子嗣們收集的美術品而創建，喜歡美術品的藤田家，特別對茶道用具別有獨到眼光，其美術品不僅是自己收藏，還將美術資料公開給研究者來使用。原本的建築於2017年休館，之後改造原本藤田家的倉庫主體設立了新的美術館建築，並於2022年春天重新開幕。**新設立的藤田美術館，榮獲了不少建築或是燈光設計獎項，只有進入美術館欣賞藝術品需要門票，附設的茶屋跟戶外庭園空間都是免費讓大家入場休憩的**，這是藤田家留給這個城市的文化遺產，展現了仕紳們的品格。

あみじま茶屋

📍藤田美術館內　🕙10:00~賣完為止　💲茶與烤糰子組合￥500　🌐amijima-chaya.net

　　藤田美術館附設的休憩空間「あみじま茶屋」是免費入場的空間，無論是否進入美術館參觀都可以來這邊坐坐品茶與享用烤糰子，**比起食物，這邊空間開放感是更讓人可以感到放鬆，店員說這也是主人們想要帶給市民們的禮物，所以價格不會設定太高**。茶飲有抹茶、煎茶、番茶三種類，每個茶碗都有不同的風味，抹茶是點單後店員直接在眼前現打，領取了茶碗之後移動到一旁，剛烤好的兩種口味糰子已經香噴噴地在等著了。

一碗茶加上兩串糰子只要￥500價格非常親民。

Twin21

🏛別冊P.22,C3　🛍依店舖而異　📍大阪市中央區城見2-1-61　🕙依店舖而異

　　1983年動工，歷時3年於1986年完工的Twin21，是大阪市中心的雙子商業大樓。在1~3樓有許多商店與餐廳、咖啡廳，而在**38樓則有景觀餐廳，很受到當地上班族的歡迎**。

IMP

🏛別冊P.22,C3　🛍依店舖而異　📍大阪市中央區城見1-3-7　🕙購物11:00~20:00，餐廳11:00~22:00(部分店家7:00~23:00，詳見官網)

　　IMP (International Market Place)是由松下企業的MID開發所建，其1~3樓有許多商店與餐廳，連松本清、麥當勞等連鎖店也都紛紛進駐。另外在**3樓還有sky way連接至Twin21與地下鐵站**，平日來可以避開人潮，享受清閒的一天。

天神橋筋商店街

天神橋筋商店街原本是大阪天滿宮的參拜道，逐漸繁榮起來，從一丁目(天一)到七丁目(天七)總長**2.6**公里為日本最長商店街，從早到晚都十分熱鬧。內有商家老舖、和服店、熟食外帶店、大眾食堂、小餐館等，不但便宜、口味又道地，可親身體驗大阪人日常生活。這裡也是NHK2013年晨間劇「ごちそうさん」(多謝款待)的大阪篇的故事場景地，就跟著芽以子的腳步逛逛商店街吧！

大板特色的「豚平燒」雞蛋與豬肉片的協調美味，飲控的人也能吃！

🍽 鐵板 嚴島

鉄板 嚴島

🅰別冊P.27,A1　☎06-6583-0550　🏠大阪市北區天神橋5-5-4　🕚11:00～19:00　休週一　💲天神燒￥1210，炒麵￥990

　　位於熱鬧的天滿商店街上的鐵板燒嚴島，一樓設有環繞鐵板的吧台座位，讓顧客能近距離欣賞鐵板燒的烹飪過程，感受美食的魅力。二樓則為寧靜的桌席區，非常適合家庭或團體聚餐，並提供分煙座位供吸煙者使用。推薦招牌菜「嚴島燒(廣島燒)」，內含豬五花、雞蛋、炸魷魚片、豆芽和青蔥，麵條可選擇蕎麥麵或烏龍麵。搭配經典廣島風味「御多福醬」與美乃滋，豐富的青蔥為這道菜增添了清爽口感。

天神橋筋商店街的設計巧思

　　天神橋筋商店街頗有設計巧思，在商店街二丁目入口處上方有4個御迎人形在歡迎你，從二丁目到三丁目之間的商店街，上方有空飛ぶ鳥居(飛翔的鳥居)，而鳥居顏色從鮮紅色接著變成水藍色鳥居，最後是草綠色鳥居，整排的鳥居非常壯觀，四丁目的入口上方則是一隻粉紅色的瓢蟲，身上有四個斑點來代表四丁目商店街道，簡單明瞭又有趣。除此之外，三丁目到四丁目之間的馬路路口，舊時旧天滿堀川上的夫婦橋，現在已經變成道路，只剩紀念石碑，供懷幽思古。

🎁 HOUSE KANEKI

🅰別冊P.27,A1　☎06-6351-3476　🏠大阪市北區天神橋6-4-11　🕙10:00～19:00　休年始　🌐housekaneki.com

　　原址在天神橋筋三丁目明治10年(1877)創業，昭和7年(1932)搬至天神橋筋六丁目，百年的歷史老舖，以前是主販售建材和一些廚房衛浴用品，現在則是販賣廚房用品，以及玫瑰花樣的日用品為主，除此之外也有各式各樣的可愛雜貨，多樣化的商品類型滿足各類需求的顧客。

🎁 まるしげ 天六店

◎別冊P.27,A1 ☎06-6881-3969 ◎大阪市北區天神橋6-5-5 ◎10:00~20:00 ㊡年始(1/1~1/3) ⓢ呼吸チョコ＜純＞いちご（呼吸巧克力-草莓）￥645 ⓦwww.marushige.co.jp

本店最著名的就是呼吸チョコ，其中北新地的ココア(可可亞)口味，榮獲過第23回全國菓子大博覽會榮譽金賞獎，其他還有祇園的抹茶口味、神戶北野的珈琲口味、きな粉(黃豆粉)口味等，依季節也會有期間限定口味，來嚐嚐金賞肯定的巧克力有何魅力。

☕ 西洋茶館

◎別冊P.27,A2 ☎06-6357-9780 ◎大阪市北區天神橋4-6-14 ◎12:00~20:00，週末例假日10:00~20:00 ㊡不定休 ⓢ蛋糕￥610起，司康套餐￥1080 ⓦseiyosakan.com

靠近JR天滿站和地鐵扇町站的西洋茶館，以其古典氛圍和大份量的蛋糕聞名。店鋪門前擺放著蛋糕展示櫃，琳琅滿目的精美蛋糕讓人忍不住停下腳步欣賞。雖然店內也提供咖啡，但從店名「茶館」二字來看，更是推崇紅茶。入店不妨點塊蛋糕配伯爵茶，水果酸甜口感再加上卡士達醬的甜味，形成完美的酸甜平衡，非常美味。

〰️ 阿倍野糰子本舖

阿倍野だんご本舗

◎別冊P.27,A2 ☎06-4400-2696 ◎大阪市北區天神橋4-6-13 ◎11:00~19:00 ㊡不定休 ⓢ阿倍野糰子1支￥120 ⓦabenodango.com

阿倍野糰子本舖以「打造大阪名物」為宗旨，嚴選材料，手工製作每一支糰子。

阿倍野糰子本舖是大阪發祥的傳統糰子店，秉持著對食材和手工製作的堅持，呈現美味的傳統風味，同時也推出了更多創新的糰子品味與享受方式。招牌商品「名物黃豆粉糰子」使用秘製蜜汁與略帶鹹味的麵糰製作，外層裹上深焙黃豆粉，嚐來富有嚼勁，融合了甜蜜與鹹味，口感豐富，帶來香Q和濃郁的風味。

大大醒目的霓虹燈招牌閃爍燦光，很難不吸引消費者的目光。

🎁 玉出 天神橋店

◎別冊P.27,A2 ☎06-6355-3335 ◎大阪市北區天神橋4-8-9 ◎24小時 ⓦwww.supertamade.co.jp

體驗庶民生活的日常，激安超市有趣又好玩。

薦 おすすめ

玉出超市據點集中於大阪地區，有「日本一の安売王(日本最便宜)」激安超市之稱，玉出常常推出￥1特賣商品，開賣前店外早已大排長龍，婆婆媽媽各個字擦掌擬定好戰略計畫，開賣後又是一團混戰，絕對要眼明手快才能搶到想要的激安商品。除此之外，玉出超市的裝潢非常有特色又有趣。

たまいち土居陶器

📖別冊P.27,A2 ☎06-6351-2868 🏠大阪市北區天神橋3-9-6 🕙10:00~19:00 🌐www.doitoki.com

創業70年的老舖,現任店主土居年樹,為第二代繼承人,也是天神橋筋商店連合會的會長,對於地方建設和促進地方繁榮不遺餘力,還著有《天神さんの商店街──街いかし人いかし》,內容介紹天神橋筋商店街。店內商品琳瑯滿目,販賣日常生活的餐具、花器、陶器、調理器具等,也有業務專用的大型器具。

本家 國重刃物店

📖別冊P.27,A3 ☎06-6351-7170 🏠大阪市北區天神橋3-2-36 🕙8:00~20:00 🈶第二、四個週日 🌐tenroku-kunishige.com

創業已有240年,國重刃物店專營各類家用及專業用途的刀具製作,傳承已久的獨家淬火技術,打造出無與倫比的鋒利度,深受各家庭與專業人士的信賴與好評。不僅販售刀具,也提供磨刀、去銹、換柄等維修保養服務,讓每一把刀具都可以長期使用。店內所有刀具皆經由職人手工一一研磨和修整,確保切割性能達到最佳標準。此外,購買刀具可享免費刻銘服務,打造專屬個性商品。

Can★Do天神橋三丁目店

📖別冊P.27,A2 ☎06-6351-0877 🏠大阪市北區天神橋3-3-19 🕙10:00~21:00 💲均一價¥110 🌐www.cando-web.co.jp

日本有許多均一價的連鎖店家,Can★Do就是其中之一,全店均一價¥110,什麼都有什麼都賣,臨時缺什麼就來這兒買,也很適合挖寶,便宜又物超所值,總會發現一些小驚喜。

中村屋

△別冊P.27,A3　☎06-6351-2949　🏠
大阪市北區天神橋2-3-21　🕘9:00~
18:30　🈳週日、例假日　💲コロッケ(可
樂餅)¥80　🌐www.web-joho.com/nakamuraya/

　日本最長的商店街天神橋筋商店街，讓你走到腳
痠，肚子餓嗎？快來活力充電站，位於二丁目超人氣
的可樂餅店「中村屋」，看著長長的排隊人龍，就知道
中村屋的人氣指數破表。現炸可樂餅炸得金黃酥脆
的麵衣，濕潤軟嫩的內餡，好吃得沒話說，絕對是值
得耐心排隊等候的美食。中村屋除了人氣NO.1的明星
商品可樂餅外，也有炸豬排、雞塊、燒賣、餃子、炸火
腿等商品，提供顧客多元化的選擇。

薦 おすすめ

現作現炸的美
味，便宜的價位
就可享受的到。

現點現炸，起鍋熱騰騰
的可樂餅，香氣四溢，
光聞就口水直流啦！

天満天神MAIDO屋

△別冊P.27,A3　☎06-6882-3361　🏠大阪市北區天神橋
2-1-23　🕘11:00~18:30　🌐maidoya.jp

　位在大阪天滿宮附近的天滿天神
MAIDO屋是賣大阪伴手禮的專賣店，
門口建築為房屋造
型上方掛滿燈籠，
走進店裡，簡約風的木
製裝潢，整體感非常清爽，店
內不單只是賣在地特色食品
類，還有許多在地的工藝品，和
一般觀光區的伴手禮賣店氛圍大
不同。

とりゐ味噌

△別冊P.27,A3　☎06-6351-5653　🏠大阪市北區天神橋
1-13-20　🕘9:30~18:00　🈳週六、日、例假日　💲とりゐ赤
(味噌)500g¥810　🌐www.toriimiso.com

　江戶時期創業的味噌專門店とりゐ味噌，因店舖前
面就是大阪天滿宮的鳥居，店名就取為「とりゐ」就
是鳥居的意思，店舖登錄的商標圖案也是一座鳥居。
店舖後區是味噌的製造工廠，販售味噌分為4大類，
お味噌汁用味噌、赤だし味噌、白味噌、おかず味
噌，多達20以上種的品項，依不同需求應有盡有。歷
任店主皆秉持「真心」和「感謝」的精神宗旨，依照傳
統古法製作味噌，一代又一代的傳承下去，才能如此
永續經營。

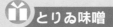

歷經歲月痕跡的門面以
及店內所保留下的戰前
木製招牌，悠久老字號
的味噌店不簡單！

大阪

大阪城

➡京都➡兵庫

大阪天満宮

🏯別冊P.27,A3 ☎06-6353-0025 ⏰大阪市北區天神橋2-1-8 ⏰6:00～18:00(依季節而異,詳見官網)
osakatemmangu.or.jp

薦

除了是日本三大天満宮之一外,夏季舉辦的天神祭更是日本三大祭之一,熱鬧非凡絕對值得來共襄盛舉。

　　大阪天満宮與京都的北野天満宮、福岡縣的太宰府天満宮被稱為日本三大天満宮,大阪市民暱稱天満宮為「天神さん」,祭奉學問之神菅原道真,每到考季前夕,人潮絡繹不絕,各地考生會至此參拜,祈求考試順利合格。天満宮裡都有臥牛像,因為牛是祭神的使者,據說摸牛頭可以增長智慧和增加財運,記得去摸摸牛頭喔!

菅原道真

菅原道真是出生於平安時代的文人學者,醍醐天皇任命為右大臣,政涯最高峰時,卻被政敵左大臣藤原時平誣陷、被流放到九州(現在的福岡)太宰府,最終抑鬱而終。菅原道真過世後,平安京(現在的京都)發生很多奇怪天災異相,疾病大肆傳染,連天皇家族子嗣也沒倖免,搞得全國上下大家人心惶惶,民間也開始流傳著這是菅原道真被冤枉而導致怨靈作祟。村上天皇下令在菅原道真安葬地九州建造太宰府天満宮來祀奉,之後又陸續在京都建了北野天満宮,在大阪建了大阪天満宮,因其生前為優秀的學者,所以奉其為學問之神。

梅鉢紋

「梅鉢紋」是天満宮的神紋,大阪天満宮在每年1月25日有初天神梅花祭,熱鬧非凡,而梅花與天満宮結緣的起因,源自於飛梅傳說,因為菅原道真非常喜愛梅花,在他被流放前夕,對自家梅花庭唱起和歌「東風吹かば 匂い起こせよ 梅の花 主なしとて 春な忘れそ」,意思是「東風若吹起,梅花香氣撲鼻而來我身邊;梅花就算沒有我,也不要忘記有春天的到來。」結果這些梅花神奇的在一夜之間飛到他即將被流放的九州太宰府裡,這傳說至今還是令人津津樂道,也因如此在各個天満宮都有種植梅樹,每到春天就成為賞梅的名所。

天神祭

天神祭每年都吸引百萬以上的觀光客,和京祇園祭、東京神田祭並稱日本三大祭。已有千年以上歷史的天神祭,在每年7月24、25日舉辦,以7月25日的「陸御渡」和「船御渡」為重心,「陸御渡」是陸上的祭典行列遊行,「船御渡」則是水上行船遊行,最早是在豐臣秀吉築大阪城時定下的另一祭典形式。不少大阪的商業組織、大商舖、商社會自組迎神船,參與水上遊行,不但比船的規模裝飾,大家擊鼓歡呼、又歌又舞,把整條大川搞得像嘉年華會,燃放煙火時,河畔和橋上的觀眾與船上的人都high到最高點。

中之島・北浜
なかのしま・きたはま
Nakanoshima・Kitahama

交通路線＆出站資訊

電車
大阪地下鐵淀屋橋駅➯御堂筋線
大阪地下鐵北浜駅➯堺筋線
大阪地下鐵肥後橋駅➯四つ橋線
京阪渡邊橋駅➯京阪中之島線
京阪大江橋駅➯京阪中之島線
京阪なにわ橋駅➯京阪中之島線
京阪淀屋橋駅➯京阪本線
阪神福島駅➯阪神本線
JR福島駅➯東西線

出站便利通
◎中之島地區橫跨多個車站，建議先鎖定最想去的地方，直接在最近車站下車較方便，此區徒步距離稍遠，需要預估約半日時間悠閒漫步。
◎前往大阪市立東洋陶瓷美術館在京阪電車なにわ橋1號出口最快。
◎若想再此搭乘水上巴士，從大阪地下鐵御堂筋線的淀屋橋駅1號出口徒步約2分即達，若從京阪本線淀屋橋駅下14A出口正是乘船碼頭。

被堂島川和土佐堀川所環抱其中的土地就是中之島，明治時代開始就是許多重要政府機關的所在地，東西約3.5公里，為了與北區、南區相連接，建造許多座橋樑，交通相當便利，卻又能與其他地區稍稍作了區隔，宛如一塊城市的綠洲地帶，也形成了大阪予人的水都印象。

在中之島地區走一圈，隨處可見的懷舊建築讓人印象深刻。懷舊的日文「レトロ」語源出自retrospective，意指緬懷過往、昔日風潮，沿著中之島河道打造的京阪中之島線串聯了中之島的北浜、淀屋橋與肥後橋遍佈懷舊建築的區域，讓人可一次全覽最迷人的水岸古蹟建築風光。

難波橋
🔼別冊P.24,E1~E2　🏠大阪市北區西天滿-北浜間

直接跨過中之島公園上方的就是難波橋，**以獅子像聞名，為大阪最具有代表性的橋樑之一**，與天神橋、天滿橋並稱為浪花三大橋。建於1912年的難波橋完全以石頭打造，端坐在橋頭的獅像氣勢威武，一一檢視南來北往的車輛，也成為遊客們追尋那個繁華大阪的最佳遺跡。

👁 中之島公園
🔼別冊P.24,F2　🕿06-6312-8121　🏠大阪市北區中之島
⊙自由參觀　🕙自由參觀

中之島東端的中之島公園早在1891年就以成立，陪伴大阪人超過一個世紀，盎然的綠意讓這水中之島更有世外桃源的感覺，尤其是**著名的薔薇花園，四季各有不同品種的薔薇開放**，還有一條絕美萬分的薔薇小徑，為了讓更多人欣賞已重新整理開放。

搭船、走路散策中之島

中之島説大不大、説小也不小，呈東西向的狹長沙洲島，長約3.5公里、寬度最寬也不到400公尺，簡直是一眼就能看盡。由於四周沿著河岸，想遊逛最佳方式就是散步或是搭船。沿著河岸漫步，不僅河岸步道舒適優雅，有花也有戶外藝術品或是座位區，看到有趣的地方或店家隨時都能去逛逛。若是搭船則又是另一種有趣的天際線與建築巡禮活角，時間充裕的話，不訪兩種都試試。

👁 中之島 FESTIVAL CITY

中之島フェスティバルシティー

🅰 別冊P.24,B1 ☎06-6231-2221，FESTIVAL PLAZA 06-6231-7555 ⬥大阪市北區中之島2-3-18 ⬥依店舖而異 🌐www.festival-city.jp

中之島 FESTIVAL CITY由FESTIVAL TOWER和FESTIVAL TOWE WEST具多元設施的複合式商業大樓所組成。FESTIVAL TOWER樓高37層，集結商場、餐廳、劇場、辦公大樓和托兒所；FESTIVAL TOWE WEST樓高40層，涵蓋商場、餐廳、美術館、辦公大樓、飯店等設施。另外不容錯過位在商場B1~2樓集結各式商店與美食的「**FESTIVAL PLAZA**」(慶典廣場)，吃喝玩樂一應俱全。

大阪 中之島‧北浜
▶京都 ▶兵庫

🖊 中之島香雪美術館

☎06-6210-3766 ⬥中之島FESTIVAL TOWE WEST 4F ⬥10:00~17:00(入館至16:30) ⬦週一、年末年始、換展期間 ⬥依展覽而異(詳見官網) 🌐www.kosetsu-museum.or.jp

2018年春天開幕的香雪美術館，為這高樓林立與商業氣息濃厚的中之島，帶來一抹優雅氣息。在大阪發跡的朝日新聞社創辦人村山龍平，「香雪」是他的號，一生除了是個成功的

被列為指定文化財的村山舊邸裡的「玄庵」茶室，以傳統建築工藝被再現於此。

經營者之外，也致力保存日本美術，繼將神戶舊宅邸作為美術館，中之島則是朝日新聞發跡處更別具意義。館內除展示村山一生歷史也將神戶的宅邸茶屋、居所的洋館再現於這裡，並定期更換不同企劃展出主題。

🎁 DELFONICS 大阪

薦 おすすめ

☎06-4708-3460 ⬥中之島FESTIVAL PLAZA 1F ⬥11:00~20:00 🌐www.delfonics.com/top.html

DELFONICS走高質感路線的文具，喜愛成熟大人風格的文具控，行程不能漏了它。

1988年創立的DELFONICS以獨特的原創風格聞名，**各式各樣的日記本和記事本是不能錯過的經典商品**。標榜設計文具不僅實用，還能激發使用者的創造力和感性，它要告訴世人這就是文具迷人的魅力。成立時間不算很久，但DELFONICS一直是文具雜誌的常客，還培養出一批固定的死忠的支持者。

大阪·中之島·北浜 京都→兵庫

🖌 国立国際美術館

📖別冊P.24,A2 ☎06-6447-4680 📍大阪市北區中之島4-2-55 ▼
10:00~17:00(入館至16:30),週五、六至20:00(入館至19:30) 🈺週一(遇假日順延翌日休)、年末年始(12/28~1/4)、換展期間、不定休(詳見官網) 💲特別展成人￥1200,大學生￥700,高中生以下免費;特別展週五、六17:00後成人￥1000,大學生￥600 🌐www.nmao.go.jp

　　大阪的国立国際美術館於1977年開幕,**主要展示各種現代美術作品**,原本位於萬博公園內,在2004年搬遷至目前的中之島地區,且完全建入地下。從建築外觀就讓人眼睛為之一亮,以竹子生命力為意象的巨大金屬架構,像是一隻展翅的老鷹,傳達多元豐富的現代藝術。

👁 大阪府立中之島図書館

📖別冊P.24,D1 ☎06-6203-0474 📍大阪市北區中之島1-2-10 🕘9:00~20:00(週六至17:00) 🈺週日、例假日、年末年始,3、6、10月第2個週四 🌐www.library.pref.osaka.jp/site/nakato/

　　緊鄰著大阪市公所旁的中之島圖書館外觀猶如歐洲美術館一般,為大阪的代表性建築。中之島圖書館專門收藏商業及與大阪相關的各種圖書、雜誌,每天都有許多商業人士前來利用,較特別的是還有大阪資料及古典藏書室,收集了從江戶時代到現代的大阪地圖,如果想深入了解大阪,來此準沒錯。

中之島図書館的建築風格
大阪府立中之島図書館明治37年由日本大企業家住友家族捐贈的建築,是以水泥打造而成的巴洛克式建築,圓柱體採希臘三大柱頭樣式中的柯林斯式,展現了當時設計者追求的華麗感,也讓外觀彷彿希臘神殿般壯觀,內部的圓頂大廳也以教堂為模型打造,獨特風格與歷史使其被指定為文化財產。

依季節變更菜色,有更多時令色彩可以選擇。

前報刊室改建成充滿古典氣息的時尚餐廳。

🍴 Smørrebrød Kitchen

☎06-6222-8719 📍中之島図書館2F 🕘9:00~17:00(週五六20:00) 🈺不定休 💲Fish smørrebrød流れ星(白肉魚開式放三明治)￥1850 🌐www.smorrebrod-kitchen.com

　　為活化古蹟,大阪市役所對外公募餐飲企畫,希望為老空間創造新氣象。料理開拓人崛田裕介所提出的Smørrebrød Kitchen,以「大阪地產食材」結合北歐鄉村料理「smørrebrød(開放式三明治)」,邀請曾在巴黎米其林星級餐廳工作的葭谷真輝擔任主廚,使用大阪地產食材,融會和食元素與法式烹調技法,創作大阪限定口味,為大阪打造時尚的美食新地標。

大阪 中之島・北浜

←京都 ↓兵庫

館內藏書豐富，繪本、兒童故事、兒童文學、美術書籍、漫畫、小說、自然科學等各類書籍都有。

こども本の森 中之島

◎別冊P.24,E1 ☎06-6204-0808 ✿大阪市北區中之島1-1-28 ◷9:30~17:00 休週一(遇假日順延翌日休)、藏書整理日、年末年始 ✉kodomohonnomori.osaka ⓘ入館採預約制，需先上網預約

安藤忠雄設計的小朋友圖書館。

　　由著名建築師安藤忠雄設計創建並贈送給孩子的圖書館，志在創造一個讓孩子們學習生命的重要性，並培養豐富的感性和創造力的地方。圖書館有三層樓，最底下有兩個像是煙囪的地方，**其中一個四周由清水模建成，牆上會定期投影一些動畫小劇場**，另一個被整圈的書架包圍，豐富的館藏書籍，目標年齡層不僅限於小朋友。安藤忠雄當時創立圖書館時曾說，他看重的是孩子用眼睛看東西的豐富度跟敏感度，不要太拘泥於書的目標年齡，想要讓孩子有自發讀書的習慣，以及作為讀者來接受作者感受到的快樂，一間給孩子的圖書館，不會阻止孩子們無盡的好奇心。

大阪中之島美術館

◎別冊P.24,A2 ☎06-6479-0550 ✿大阪市北區中之島4-3-1 ◷10:00~17:00(入館至16:30) 休週一 ⑤依展覽內容而異(詳見官網) ✉nakka-art.jp

　　2022年春天，在大阪中心的中之島上，一棟宛如宇宙人母船的黑色立方體悄悄地矗立，大阪中之島美術館開館了。中之島美術館的籌備經歷了30年，館藏從19世紀到21世紀的美術品，「繼承歷史，創造未來」是開館宗旨。除了**外觀非常有獨自的世界觀外，內部寬闊的大廳以及交錯的階梯，是為了讓進場的觀客們可以隨著藝術一起流轉這個理念所設計**。在2樓的戶外平台上，有一隻頭戴著太空人頭盔的貓咪「SHIP'S CAT」，取自大航海時代航行中的貨船都會帶著貓咪驅除船上的老鼠保護航行安全的意義，象徵貓咪保護著中之島美術館這條母船，帶著藝術的信念航向全世界。

館宛如宇宙飛船般的黑色立方體美術館。

2樓的戶外平台的草地休閒區，不定期舉辦各類活動。

大阪市中央公会堂

◎別冊P.24,D1 ☎06-6208-2002 ✿大阪市北區中之島1-1-27 ◷9:30~21:30 休第4個週二(遇假日順延翌日休)、12/28~1/4 ✉osaka-chuokokaido.jp

　　大阪市中央公會堂是大阪的地標建築之一，**紅磚色的歷史建築以新文藝復興式樣設計外觀，被指定為日本的重要文化財**，於平成14年進行修復，正門是取景的最佳地點。平時中央公會堂內部空間並不對外開放，僅有地下一樓小小的岩本紀念室可以參觀。

大阪 中之島・北浜 ←京都→兵庫

graf

別冊P.24,A2 ⊙1F(Shop & Kitchen)06-6459-2100 ⊙大阪市北區中之島4-1-9 ⊙1F(Shop & Kitchen) 11:30~18:00 ⊙週一、第2週二 ⊙www.graf-d3.com

創意無限六種的設計主題,來看大阪設計師是如何發揮設計靈感創造獨特的生活家具。

「為了日常生活而構思的創意」,是graf的精神,五個樓層,被六位不同專業領域的成員注入了靈魂,分別**以空間、家具、照明、影像藝術、產品與飲食為主**題,一切都圍繞著graf的**生活家具**而成。頂層的空間則不定期與藝術家合作graf style的展覽,鄰近還有graf家具工房。

少彥名神社

別冊P.24,E3 ⊙06-6231-6958 ⊙大阪市中央區道修町2-1-8 ⊙9:00~17:00、くすりの道修町資料館10:00~16:00 ⊙くすりの道修町資料館週日例假日、8/11~8/16、12/28~1/4 ⊙自由參拜 ⊙www.sinnosan.jp

少彥名神社的祭神是日本醫藥神少彥名命和中國醫藥神炎帝神農氏,溯源起於大阪道修町在豐臣時代時就是藥商的交易聚集地,到了幕府時代更蓬勃發展一百多家的藥店林立,藥品也販售至全國各地,後於安永9年(1780)當地藥商將京都五條天神宮供奉的少彥名命與本地供奉的神農氏合在一起祭拜,因此有了少彥名神社。參拜完,可以去旁邊社事務所3樓的くすりの道修町資料館免費參觀,裡面詳細介紹了有藥町之稱的道修町歷史。

神農祭

每年11月22~23日神社的例大祭神農祭,於平成19年(2007)4月被指定為大阪市無形文化財(民俗行事),也是大阪最後一個祭典,因此又有收尾祭之稱。文正5年(1822)霍亂疫情肆虐造成居民大恐慌,當地藥商用治療霍亂藥加上虎頭骨製作成「虎頭殺鬼雄黃圓」藥丸與五葉笹上掛上腹部有「藥」字朱印的紙老虎御守一起放在神前祭拜,祈求藥到病除並發放給居民,成效不錯也抑制疫情再擴散,因此紙老虎就成為少彥名神社的御守。

Columbia8北浜本店

別冊P.24,E3 ⊙06-6203-7788 ⊙大阪市中央區道修町1-3-3エビス道修町ビル2F ⊙11:00~15:00 ⊙週六、週日、例假日 ⊙ミックスカレー(綜合咖哩含飲料)¥1200 ⊙columbia8.info

這裡的咖哩走的是辛辣風,不吃辣的要提前說哦。

位在2樓的Columbia8有著小小的吧檯空間,一間店裡只能容納8個人,但也因為這樣,邊吃邊與老闆聊天,更能感受到大阪人專屬的熱情。**推薦吃綜合咖哩**,不但每種料都吃得到,弄破藏在咖哩下的半熟蛋後,那滑順的口感微微中和辣味,**蛋的甜味更能引出咖哩的香**,讓人就算邊吃邊擦汗也捨不得放下餐具。

店內空間明亮，像是居酒屋般的休閒氣氛，而不是義大利餐廳的感覺。

La Maison du Chat Noir

📍別冊P.24,F3 📞06-4708-4086 🏠大阪市中央區道修町1-3-4セイワビル1F ⏰週四~六14:00~19:00 🈺週日~三 🌐www.lamaisonduchatnoir.com

這是一間愛貓人士都會喜歡的小店，La Maison du Chat Noir是由一位設計工作者所開設的小雜貨店，裡頭賣的全部都是跟貓有關的商品與二手書藉、畫冊。好客的店主也養了二隻貓，這小貓可是日本某知名寵物雜誌的常客呢。除了雜貨之外，店內的小藝廊空間還會不定期舉辦與貓有關的展覽，喜歡貓咪的人可千萬別錯過了。

牛骨ら～めん ぶっこ志 北浜店 薦

Bukkoshi

濃厚牛骨白湯拉麵。

📍別冊P.24,E3 🏠大阪市中央區道修町1-5-12 ⏰11:00~15:00，17:30~22:45 🈺週日 💴牛骨白湯拉麵￥800 🌐www.facebook.com/kokorozashigroup/

牛骨拉麵ぶっこ志位在金融商業街以及醫藥生技公司群聚的北濱巷子裡，服務這附近的上班族們，只有吧檯座位的小店，中午用餐時刻經常滿座。跟一般拉麵店一樣使用食券機購餐，拉麵的靈魂湯頭使用牛骨熬製成香濃的奶白色，麵體使用有咬勁的細麵，搭配一片像是火腿般的叉燒肉以及玉米筍，豆苗等蔬菜，無論是配色或是口味都相當清爽獨特。除了牛骨白湯之外，店家也推出其他變化調味系列，例如辣味燥、牛清湯等，吃膩了豬骨拉麵的饕客們不妨來試試牛骨白湯拉麵。

YAICHIRO 薦

📍別冊P.24,F4 📞06-6223-5776 🏠大阪市中央區備後町1-1-9 ⏰17:00~0:00(餐點L.O.23:00，飲料L.O.23:30) 🈺週日、每月1次不定休 💴濃厚豆腐のウニソースかけ(海膽醬豆腐)￥572 🌐yaichiro.owst.jp

義式與日式料理結合的小酒館。

販賣義大利料理的日式小酒館，以義大利料理為基礎，融合日式料理精髓等獨創性的料理。店主上田先生所發想的創意料理，「海膽醬豆腐」是將生海膽過篩，與高湯和奶油一起煮沸之後製作成濃郁的醬汁，豆腐入口即化與海膽的濃郁味道完美融合，推薦可以點一份麵包搭配食用。酒類多達五十多種，皆是由店主精心挑選，喜歡吃海膽的人可以試試品嘗海膽義大利麵。

Cacaotier Gokan 高麗橋本店

📍別冊P.24,D2 📞06-6227-8131 🏠大阪市中央區高麗橋2-6-9山限ビル1F ⏰10:00~19:00(L.O.18:00) 💴カカオティエバー～MARIAGE～(莓果巧克力)￥1296 🌐cacaotier-gokan.co.jp

2016年開幕的Cacaotier Gokan是北浜五感的旗下的巧克力專賣店，原料可可豆來自世界各地，從可可豆的烘培到製成最後的巧克力成品，皆是菓子職人親自完成，不假他人之手。店內走低調奢華的裝潢，1樓為開放廚房及販賣部，2樓則為提供內用的咖啡廳，非常適合三五好友相約來喝個優雅的貴婦下午茶。

🍴 naked

おすすめ 薦

🅰別冊P.24,D3　☎06-6203-1759　🕐大阪市中央區平野町3-1-7　8:00~14:00 (L.O. 13:00)，週六11:00~16:00 (L.O. 15:30)　㊡週日、例假日　🌐kissa-naked.com

> 鮮嫩多汁的豬排配上微烤過的吐司美味滿點，讓人欲罷不能。

薄薄一層炸得酥酥脆脆的麵衣，包裹著肉質軟嫩的腰內肉豬排，淋上甜鹹的豬排醬汁，搭配微烤過帶點焦香的吐司，**貼心的切成一口大小的份量，一口咬下豬排鮮嫩多汁的肉汁瞬間主宰味蕾**，與附上的溫潤的馬鈴薯和野菜沙拉也很對味，整個絕配。

> 招牌餐點腰內豬排三明治必吃！

☕ MOTO COFFEE KITAHAMA

🅰別冊P.24,E2　☎06-4706-3788　🕐大阪市中央區北浜2-1-1　🕐11:00~18:30(L.O.17:30)　㊡不定休(詳見官網)　🌐shelf-keybridge.com/jp/moto/

Moto Coffee Kitahama是一間開在河畔的小咖啡廳，白色的外牆有著歐風元素，與北浜的氣氛十分搭調。**不只有室內座席，在河畔也有露天咖啡座**，迎著微風遠眺中之島公園，邊品嚐店內自豪的深培咖啡邊享受悠閒愜意的時光。有時生意太好沒有空位，也可以外帶這裡最出名的麵包西點回家享用。

☕ NORTHSHORE 北浜店

🅰別冊P.24,E2　☎06-4707-6668　🕐大阪市中區北浜1-1-28ビルマビル1、2F　🕐1F7:00~18:00(L.O17:00)；2F10:00~16:00(L.O. 15:00)，週六日例假日7:00~18:00(L.O. 17:0)，早餐7:00~9:00　💲ミルクジャムトーストあまおう(早餐限定草莓吐司)¥550，クロッフルいちご(草莓鬆餅)¥1450　🌐northshore-hanafru.com　❶1、2樓餐點是分開結帳

位在河岸邊的NORTHSHORE，早晨溫暖的陽光下，慵懶的一邊吃著美味營養滿點的早餐，一邊欣賞河岸絕美的風光，悠閒輕鬆的氛圍，好不愜意，舒服到讓人想待在一整天放空。

🍴 Mannen curry

おすすめ 薦

まんねんカレー

🅰別冊P.24,F4　☎06-6948-5651　🕐大阪市中央區德井町2-4-3 双葉グランドプラザ101　🕐11:30~15:00，17:30~23:00　㊡週日、例假日　💲まんねんとんこつカレー とろ肉入り(招牌豚骨咖哩飯)¥980　🌐mannencurry.com

> 豬骨熬製的美味咖哩。

使用豚骨湯為基底熬製的新型甜咖哩，濃郁微辣的甜咖哩配上豬軟骨，咖哩給得非常大方。還可選擇搭配生雞蛋，將生雞蛋與飯拌在一起形成另一種風味。豚骨咖哩沾泡麵也是另一道招牌。店內的位子不多，不算大但也不會顯得擁擠，是一間美味同時也溫馨的小店。

> 柔和的辣度上獨特的咖哩感，豬肉燉煮相當軟嫩可口

中之島・北浜舊大樓建築巡禮

👁 新井大樓

新井ビル

📖別冊P.24,E2　🏠大阪市中央區今橋2-1-1
arai-bldg.com/

　　從大阪證券交易所往南行不到200公尺，新井大樓就出現在對面的街道上。這裡原是報德銀行大阪分店，建於大正11年(1922)。新井大樓最大的特色就是其建築結構十分有趣，左側門口的階梯通往1、2樓，右門是3、4樓的入口，走入螺旋而上的階梯就好像走在一座塔裡，讓人彷彿也回到大正時期，感受這復古且華美的瞬間。

☕ 五感 北浜本館

🕾06-4706-5160　🏠新井ビル1、2F
10:00~19:00(L.O18:00)　❌1/1~1/3　🍰大地の
デジュネセット(五感午間套餐)¥1210，完熟苺の
チョコレートシフォン(草莓巧克力戚風)¥594

> **薦**
> 在懷舊建築裡，品嚐著可口的糕點，別有又一番情趣。

　　菓子舖「五感」的本店選在大正時代建造的レトロ建築─新井大樓中開張。以自然與感為主題的「五感」指的是以人、新鮮、季節、和風和原料等缺一不可的元素，提供各種讓人想親近、品嚐的糕點。本館的1樓販賣各種新鮮糕點，2樓則有咖啡館讓人休憩品嚐現做的蛋糕或午餐，**大地のデジュネ(五感午間套餐)**是以現烤出爐的可頌麵包夾上大阪栽種的有機蔬菜，直接用手拿取，一口咬下，所有的季節鮮味通通在口中躍動。

👁 高麗橋野村大樓

高麗橋野村ビル

📖別冊P.24,E2　🏠大阪市中央區高麗橋2-1-2

　　三井住友銀行中央支店的對面就是高麗橋野村大樓，築成於昭和2年(1927)，轉角處的外觀呈現當時風尚從古典主義轉向現代主義的變遷。大建築師安井武雄雖然以大阪瓦斯大樓出名，但其實這裡可是比大阪瓦斯大樓更早期的建築作品。

👁 八木通商本社大樓

八木通商本社ビル

📖別冊P.24,D2　🏠大阪市中央區今橋3-2-1

　　現仍作為辦公用途的八木通商本社ビル(八木通商本社大樓)原先是大阪農工銀行，建於大正6年(1917)，這是大阪的商務街區，目前街道往來依舊頻繁。素燒的陶板構成的外壁有著阿拉伯式花紋，給人帶有伊斯蘭建築的印象。

◉ 北浜懷舊大樓

北浜レトロビル

📍別冊P.24,E2　🏠大阪市中央區北浜1-1-26

　　北浜レトロビル頗為小巧，是明治45年(1912)築成的洋館，**使用紅磚的外觀屬於英國式樣**。最初是證券交易商的辦公室，戰後逐漸頹圮老舊，關閉成為廢棄大樓，眼看即將被拆除之際，當時深受建築之美所吸引的有心人士決心搶救，經過一番整修之後，現為日本政府指定的有形文化財。平成9年(1997)北浜レトロ在此開幕後更是聲名大噪，成為來北浜一定要朝聖的人氣景點。

☕ 北浜レトロ

薦 おすすめ

☎06-6223-5858　🏠北浜レトロビル1F　🕚11:00~19:00，週六日例假日10:30~19:00　❌年末年始、盂蘭盆節　💰アフタヌーンティーセット(英式下午茶)￥3400

> 濃濃英式風情的咖啡館，讓人彷彿真的置身於英國古典茶館享受正統的英式午茶。

　　走進北浜レトロ，彷彿穿越時空回到20世紀初期的英國，修復的主題正是以1920年代的倫敦茶館為概念，耗費半年時間在歐洲各古董市場中收集各種擺飾品，展現出傳統英式風格。**供應的茶品與點心**也同樣**呈現正宗英國滋味**，無論是手指三明治、司康或蛋糕，全都是在此才品嚐得到的美味，還可選購從各地嚴選而來的世界茶品、英國雜貨。

◉ 船場大樓

船場ビルディング

📍別冊P.24,D3　☎06-6231-8531　🏠大阪市中央區淡路町2-5-8　🕘9:00~17:00　❌週六、日、例假日　🌐www.e-cosmetics.co.jp/momoi/

　　登錄有形文化財的船場大樓由村上徹一設計，築於大正14年(1925)，是棟B1~4樓住商合一的大樓，**玄關處的斜坡空間中間為木製地板，旁邊為煉瓦地磚，可**容納貨車或馬車的進入卸貨，如此便利的機能是大樓設計的特色之一，在當時可是創新的建築思維。內部設計也不馬虎，狹長型的中庭，採自然光的天井式設計，陽光灑落光影交錯的美景讓人驚豔連連，此外四面環繞迴廊式與頂樓獨有的空中花園的設計也是當時少見的設計概念，要不是大樓裡處處都是歷史刻畫的痕跡，還真的會讓人以為這是棟現代設計的建築。

👁 芝川大樓

芝川ビル

🅰別冊P.24,D3 　🏠大阪市中央區伏見町3-3-3 　🆔shibakawa-bld.net

　昭和2年(1927)竣工，由渋谷五郎和本間乙彦設計，**南美馬雅印加風鋼筋混凝土建築**，屋主芝川又四郎看中的是鋼筋混凝土防火耐震的特性，在當時多為日式木造建築的船場地區實在很少見，並於平成18年(2006)登錄有形文化財。

芝蘭社家政学園

芝川大樓舊稱芝蘭社家政学園是一所花嫁學校(女性婚前學習料理、茶道、裁縫等技能)，1929年創校到1943年閉校間培育多達三千名學生畢業，也成為當時關西地區的名門女學校。

🎁 yumiko iihoshi porcelain

📞06-6232-3326 　🏠芝川ビル3F 301号室 　🕚11:00~18:00 　休週一~四 　🆔www.y-iihoshi-p.com

　磁器作家イイホシユミコさん的雜貨直營店，商品除了最著名的un jouru(杯盤組系列)外，也有tori(鳥型小碟子系列)、bon voyage(旅行食器系列)、OXYMORON(咖哩食器系列)、Fuyu no hi(冬天熱湯碗盤系列)、glass tumbler(玻璃杯系列)等，全手工製作，商品傳遞著職人手感的溫度，讓人愛不釋手。

un jouru一日系列

un jouru系列源自於法語一日的意思，分成matin朝(早晨)、apres mid午後(午茶)、nuit夜更け(深夜)三小系列。

🧁 TIKAL by Cacao en Masse

📞06-6232-0144 　🏠芝川ビル1F 103号室 　🕚11:30~19:00(週六例假日至18:00) 　休週一(遇假日照常營業)、週日、不定休(詳見官網) 　🆔www.broadhursts.com

　品牌以午茶或飯後小憩時間品嚐美味的巧克力是一天快樂的泉源為發想而誕生，**多種英式風味的巧克力與甜點任君選擇**，比較特別的口味像是蘇格蘭威士忌、愛爾蘭Guinness黑啤酒和香辛料味道的巧克力，喜歡嘗鮮獨特口味的顧客千萬別錯過。

👁 生駒大樓

生駒ビル

🅰別冊P.24,E3 　📞06-6231-0751 　🏠大阪市中央區平野町2-2-12 　🕘9:00~17:30 　休週六、日、例假日 　🆔www.ikoma.ne.jp

　近看這座完成於昭和5年(1930)的大樓，採取20世紀初期流行的裝飾藝術(art deco)式樣，彩色的玻璃窗從建成當時使用至今，現在外壁上還是能看到生駒時計店的字樣，大樓頂端的大時鐘依然在運作，彷彿當年的美麗光景並未隨著時光消逝，仍然留在人們身邊，伴人們走過每一天。

大阪
∶
中之島・北浜
∶
∵京都
∵兵庫

綿業会館的建築設計風格
面對三休橋筋的綿業会館是由渡辺節設計的棟鐵骨鐵筋混凝土建物，樓高6層，昭和6年(1931)竣工，平成15年(2003)登錄重要文化財，並在2007年經由日本經濟產業省認定為近代化產業遺產。

👁 綿業会館

🏠別冊P.24,D4 ☎06-6231-4881 🕐大阪市中央區備後町2-5-8 🕙10:00～20:00，見學預約制第4個週六(12月僅第2個週六) 10:30、14:30 ❌週日、例假日、第3個週六 💲見學第1梯次10:30(含午餐)￥4500，第2梯次14:30￥500 🌐mengyo-club.jp

昭和初期大阪有「東洋曼徹斯特」之稱，是世界第一的綿製品出口國，已故東洋紡專務理事岡常夫的遺志為了讓日本綿業發展更進步，因此捐出100萬遺產與業界50萬的資金建了這棟會員制的日本綿業倶楽部。義大利文藝復興時期的建築風格，舊時作為迎賓館使用，內部富麗堂皇的讓人瞠目結舌，想要一窺風采一個月只有一次機會，採事先預約制，千萬別錯過這難得的機會。

👁 清水猛商店

🏠別冊P.24,D3 ☎06-6203-4677 🕐大阪市中央區淡路町3-5-6

距離繁華的御堂筋不遠，清水猛商店在小巷上出現。建於大正12年(1923)的清水猛商店最有趣之處在於東西方建築混搭的結構。1樓前雨簷是東方建築的手法，2樓栱型的窗戶全然是西洋式的，再加上以漢字寫成的清水猛商店字樣，建築不大卻饒有意趣。

👁 伏見大樓

伏見ビル

🏠別冊P.24,E3 🕐大阪市中央區伏見町2-2-3

以前作為飯店經營，現今則變成租用大樓，許多小店家及事務所進駐。外觀圓角狀與窗戶上方十字的裝飾是大樓的設計特徵，一進門玄關中央處放置了具歷史感的手水鉢，現在則改利用成為盆栽裝飾，後方還有個小窗戶房間是舊時的電話交換室，整棟大樓散發著濃濃的懷舊風情令人著迷。

伏見大樓的建築設計風格
伏見大樓舊稱澤野ビルヂング，鋼筋混凝土建物，長田岩次郎設計於大正12年(1923)完工，並在平成14年(2002)登錄有形文化財。

🎁 anu

☎090-3718-4781　⌂青山ビル4F
🕐11:00~18:30　❌不定休

　面積不大的空間是原先大樓的電話交換室，牆上的交換機也保留著原貌。店內商品以手袋為主，全為原創商品，以和服和歐美進口的布料為素材，顧客也可依自己的需求在完成的手袋上加入自己喜好的材料。另外，店裡所販賣的帽子在夏天時可以更換內襯，這樣的小細節讓客人對店內的每件商品都十分放心。

👁 青山大樓

牆面爬滿藤蔓植物的青山大樓在熱鬧的堺筋小巷裡頗為顯眼。

青山ビル
🅰別冊P.24,E3　☎06-6231-6397　⌂大阪市中央區伏見町2-2-6　🌐www.aoyama-bld-osaka.co.jp

　經營食品進口的野田源次郎因參與凡爾賽條約的談判過程到赴歐洲後，在大正10年(1921)完成這座西班牙式的個人宅邸。建成之初是地下一樓地面三樓的建築，後來加上四樓和五樓而成為現貌。一直到現在，**大樓內還是能看到從大正時期留存至今的義大利製彩繪玻璃窗等文物**。不少工作室和店面都是因為這裡獨特的環境和氣氛而搬遷到這座大樓裡，即使少了些現代的設施也不在意。

👁 大阪瓦斯大樓

大阪ガスビル
🅰別冊P.24,C3　☎(南館8F)ガスビル食堂06-6231-0901　⌂大阪市中央區平野町4-1-2　🕐ガスビル食堂11:30~21:30(L.O.20:30)　❌ガスビル食堂週六、日、例假日　💲ビーフカレー(牛肉咖哩)¥1980，ハヤシライス(牛肉飯)¥1870　🌐www.osakagas.co.jp/gasbuil/index.htm

　大阪瓦斯大樓在昭和8年(1933)竣工，平成15年(2003)登錄有形文化財，由大阪俱樂部和高麗橋野村ビル的設計師安井武雄(1884~1955)設計，。位在南館8樓的ガスビル食堂也在同年開始營業至今，請來東京帝國飯店的主廚坐鎮德歐風料理，當時招牌名物特製的ビーフカレー(牛肉咖哩)和ハヤシライス(牛肉飯)，至今也依舊能品嚐到。

👁 小西儀助商店

🅰別冊P.24,E3　⌂大阪市中央區道修町1-6-9

　藥街道修町殘存的旧小西家住宅是近代大阪町家集大成的日式建築，舊稱小西儀助商店，樓高三層木造屋，明治36年(1903)竣工，平成8年(1996)主屋、衣裝蔵、二階蔵、三階蔵登錄有形文化財，而後平成13年(2001)主屋、衣裝蔵、二階蔵登錄重要文化財，現今為コニシ株式会社所有，未對外開放。

本町
ほんまち
Honmachi

大阪本町是一個安靜的住宅區域，和南區的堀江頗為相似，靭公園是本區的焦點，將近10公頃的綠意是大阪市區最傲人的綠洲世界，玫瑰花園、網球場、欅木林道和一大片親水的綠地，讓靭公園成為鄰近辦公園上班族享用午餐的最佳地點。受到這美麗的公園綠地吸引，許多可愛生活雜貨店、品味家具店或美味咖啡館紛紛進駐，創造出大阪的綠活主義，吸引許多喜愛尋寶的年輕人在假日前來閒逛。

靭公園

📖別冊P.24,B4 📞06-6441-6748 📍大阪市西區靭本町1-9(東園)、2-1(西園) 🕐自由參觀 🌐www.osakapark.osgf.or.jp/utsubo/

　　總面積將近10公頃的靭公園是一個東西長向的公園綠帶，以浪花筋(なにわ筋)為界分成東園、西園，東園在2004年整建，完成了薔薇花園與4座網球場，薔薇花園內的噴水池每到夏季就成為孩童們嬉戲的親水區域，更有讓公園洋溢著四季風景的欅木林道。

交通路線&出站資訊

電車
大阪地下鐵本町駅➔四つ橋線、中央線、御堂筋線
大阪地下鐵堺筋本町駅➔堺筋線、中央線
大阪地下鐵肥後橋駅➔四つ橋線
大阪地下鐵阿波座駅➔中央線

出站便利通
◎地下鐵四つ橋線本町的28號出口出站距離地標的靭公園最快，徒步約5分即可抵達，途中便會經過許多風格小店。
◎大多數的個性店舖都圍繞著靭公園，推薦可挑選公園附近的餐廳或好天氣時外帶餐盒到公園享用悠閒午後。
◎地下鐵御堂筋線本町駅和船場女將小路可直接連結，不用出到地面就可串聯行程。

PAINDUCE 本店

📖別冊P.24,C3 📞06-6205-7720 📍大阪市中央區淡路町4-3-1 FOBOSビル1F 🕐8:00~19:00(週六例假日至18:00) 🈳週日 💰焼きカレーパン(咖哩麵包)￥300 🌐www.painduce.com

　　PAINDUCE 是法語le pain，英語produce(創作)的意思。麵包皆使用國產麵粉、全麥麵粉與黑麥粉，依循傳統麵包烘培坊方式，與農家合作直送當季新鮮食材製作出各式各樣的健康麵包，就是因為職人對品質的堅持，口耳相傳成為人氣麵包屋，為居民日常帶來微小的幸福。

NEPENTHES OSAKA

📖別冊P.24,B4 📍大阪市西區京町堀1-13-16 📞06-6446-9882 🕐11:00~20:00 🌐www.nepenthes.co.jp

　　NEPENTHES OSAKA是一家風格強烈的服飾店，其以穿著自然為主張，引領大阪的時尚風潮。店內的服飾以男性為主，偶有幾件中性的服飾也適合女性穿著。而在店內一隅也有一處鞋子區，可以在這裡看到純手工打造的工作靴與布鞋，充分展現出大阪的手作精神。

tam-ram

別冊P.24,B4　06-6449-1512　大阪市西區靭本町1-17-8高橋ビルA-201　11:00～17:30(需要預約)　週三、日　手工手套￥6300　tamram.exblog.jp

走上狹窄的樓梯，專賣純手工嬰兒用品與雜貨的純白色調tam-ram完整呈現女性柔美可人的幸福氣氛。店內商品除了首飾類，全都是由縫紉職人田村里香自己創作，手編的蕾絲杯墊、手織的腳踏墊或是完全以手工製作的嬰兒鞋，每件商品都充滿著想要傳遞的甜蜜感，而幸福的創意就在一針一線的編織過程中自然發生。

Meetdish

別冊P.24,C4　06-6266-6006　大阪市中央區本町4-7-8加地ビル1F　11:00～18:00(週六日例假日至17:00)　不定休(展期前後週四、五)　www.meetdish.com

以町家的客廳為概念規劃，販賣的也是傳統日本器皿。

十足率性的老闆磯部幸太郎老家就是擁有多年歷史的藝品店，位於大阪市郊的狹山地區，自小耳濡目染對此產生興趣，長大後即在店內學習經營。多年前，為了將自己喜愛的年輕作家作品引薦給大阪人，也希望客人能夠細細欣賞，特意選在公園附近開了Meetdish。**挑選展示器皿的準則是希望能夠同時適合日本菜與其他菜色**，讓藝術進入每個人的生活之中。

Fetiche

別冊P.24,B4　06-6443-3435　大阪市西區靭本町1-17-8高橋ビルB-3F　13:00～19:00(金工教室課程預約制至21:00)　週一、二　金工教室regular lesson(2小時/次)年費￥3300，講習費￥2750(材料費另計)，工具費￥1100　www.fetiche.jp

藏身於公寓3樓的銀飾店Fetiche入口低調到讓人懷疑是否營業，老闆除了是銀飾設計師，還擁有另一個老師的身分，作品的靈感來自於自然中的形體，在每天通勤的電車時間中，發展出許多讓人驚豔的創意，Fetiche的第一件作品是心型的葉子，最受到好評的則是靈感來自蝴蝶的耳環。

兼營純銀的金工教室，還提供了一天課程讓人體驗到創作的樂趣。

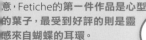

GRAND CANTE靭公園店

別冊P.24,B4　06-6445-3955　大阪市西區靭本町1-9-23布帛会館1F　9:00～18:00(餐點L.O.17:00，飲料蛋糕L.O.17:30)　不定休

在鬧區的RAND CANTE是大阪相當著名的印度餐廳，公園店內空間以印度風的雕刻壁飾、家具和燈具共同組成印度的意象。GRAND CANTE提供的菜色也和空間一樣正宗，少見的印度拉茶、優酪飲料Lassi通通都可嚐得到，配上濕潤的椰汁咖哩或湯汁收乾的波菜咖哩，一次可嚐遍印度的特色料理。

大阪
‧‧‧
本町
▶京都▶兵庫

☕ W.Bolero 大阪本町店 　薦

📖別冊P.24,C4　📞06-6228-5336　🕐
大阪市中央區瓦町4-7-4 南星瓦町ビル
103 1F　🕙10:00~20:00　🚫週六、第
1、3週日　💰オリーベ￥648　🌐www.
wbolero.com

> 大人氣甜點店，不管蛋糕或巧克力甜品都是師傅自信的作品。

　　滋賀有名甜點店2013年秋天在大阪本町
開店，**店內設計融合巴黎和維也納的華
麗的裝潢**，搭配主廚渡邊自信的菓子
作品，有香噴噴的麵包與琳瑯滿目的蛋
糕，**針對季節**當店也**推出限定聖代**，看
了都讓人口水直流，除此之外，**另一招
牌就是巧克力**，除了盛夏生產期外，全年
都有販售巧克力，每樣都可口美味，真讓
人難以抉擇。

☕ Seiichiro,NISHIZONO

📖別冊P.24,B3　📞06-6136-7771　🕐大阪市西區京町堀
1-12-25　🕙11:00~19:00　🚫週二、三、不定休　💰Tarte
Fruits(水果塔)￥710　🌐www.seiichiro-nishizono.
com

　　Seiichiro,NISHIZONO甜點師傅西園誠一郎從法國
學藝回來，歸國後在御影高杉與希爾頓飯店工作，繼
續累積學習製作甜點的經驗與技法，除了蛋糕外觀
美，味道美味外，**師傅特別注重蛋糕的香氣**，因為他
覺得最後回想起來記憶深刻會是蛋糕本身的香氣。

> 美味蛋糕令人回味無窮。

🍴 美々卯 本町店

📖別冊P.24,C3　📞06-6261-7241　🕐大阪市中央區本町
4-6-4北御堂西裏　🕙11:30~ 15:00 、17:00~21:00(L.
O.20:00)　🚫週日、例假日　🌐www.mimiu.co.jp

　　美々卯是**關西美味烏龍麵什錦鍋的創始店**，創始
人摩薩平太郎，出生於有著200年歷史的高級料亭，
所以想要開設一家獨特麵店，放入鍋中與烏龍麵共
煮的食材全是豪華豐富—星鰻、穴子、文蛤、鮮蝦、雞
肉等海陸料理，還有京都代表性高級食材—湯葉、生
麩等，還加上多種蔬菜，是終極美味的烏龍麵。

⛩ 御靈神社

📖別冊P.24,C3　📞06-6231-5041　🕐大阪市中央區淡路町
4-4-3　🕙自由參觀　💰自由參拜　🌐www.goryojinja.jp

　　御靈神社是本町、中之島一帶的信仰中心，其主要
供奉的是天照大神荒魂，自古以來便保佑著這一帶人
們的日常生活。神社境內有一處「御靈文樂座」，是
從明治17年(1884)到大正15年(1926)期間，**人形淨琉
璃文樂發展的重
要場所**，還有一座
紀念碑立在這裡；
而本社前的一對
狛犬更是元和元
年(1615)的產物，
充滿歷史古味。

🍴 鮨 慎之介 堺筋本町

📍別冊P.24,E4 📞050-5593-4418 🏠大阪市中央區安土町2-2-10 ⏰12:00～14:00,17:00～22:00 ㊡週一 💲午間套餐¥4500 晚間套餐¥9900 🌐www.instagram.com/sushi_shinnosuke/

　稍微遠離鬧區的店址,不會有過度擁擠的緊迫感,店內座位數不多但吧台絕對是兵家必爭之地。**套餐的前半是副廚精心製作的和風料理,從涼菜到炙燒海鮮都有,後半段是大將親手捏製的握壽司**,建議選擇晚餐時間前往。

名物海膽壽司不包裹海苔,大將會請客人伸出手來直接把壽司送上,儀式感十足。

🍴 吉野寿司

📍別冊P.24,D3 📞06-6231-7181 🏠大阪市中央區淡路町3-4-14 ⏰09:30～14:00(L.O.) ㊡週六、日、例假日 💲箱壽司 箱2枚折詰(壽司拼盤)¥3802 🌐www.yoshino-sushi.co.jp

　吉野壽司創業於江戶時期,雖然不是箱壽司的創始店,卻仍然保留著箱壽司的古風。吉野壽司的**成功秘訣在於精研壽司飯的調製及改用高級魚類來製作壽司**,推出後果然大受歡迎,吸引了其他壽司屋也群起仿效,箱壽司成了大阪的代表壽司。

擺盤以及菜單設計非常有巧思,美味更不在話下。

おすすめ
薦

🍴 陳麻家 肥後橋店

📍別冊P.24,B2 📞06-6447-6899 🏠大阪市西區江戶堀1-15-13玉水製麵ビル1F ⏰11:00～23:00(週六至14:30) ㊡週日、例假日

在日本難得見到很辣的餐點,陳麻家滿足你想吃辣的慾望,又麻又辣的担担麵,堪稱一絕。

　陳麻家賣的是**正統四川料理**。名為陳麻飯的麻婆豆腐蓋飯與湯頭濃郁**香辣的担担麵是這家店的最大特色**,擺脫日本人不敢吃辣的刻板印象,陳麻家的料理一道比一道辣、吃起來一口比一口麻,嗜辣的朋友絕對要來品嚐。

おすすめ
薦

🍴 É nye

📍別冊P.24,F4 📞050-3503-1420 🏠大阪市中央區安土町1-6-3 ⏰平日18:00～23:00,週末12:00～15:00,18:00～23:00 ㊡週一 💲午餐套餐¥8250(限週末),晚餐套餐¥16500(酒水服務費另計) 🌐www.enye.jp

隱藏在民宅區的米其林一星餐廳。

　全店只有8個吧台座位,由曾經在米其林三星餐廳服務的砂田主廚一人負責全場。晚餐時間需要等到當天全部的預約客人都到了才開始上菜,務必提前預約並且準時前往。**餐點提供有前菜,湯品,小點,Tapas,主菜甚至上了五種**,之後還有西班牙燉飯,餐後甜品飲料,整套吃下來非常滿足。與其說是用餐,不如說是經歷了一場視覺與味覺的精彩演出。

大阪 空堀

➡京都 ➡兵庫

空堀
からほり
karahori

古 難波宮的所在地空崛,是豐臣秀吉為了守住大阪城所建造的無水壕溝遺址,因此稱為空堀,現在壕溝已經被填平,而且還成了熱鬧的商店街。空堀是少數幸運躲過二次世界大戰美軍空襲摧殘的地區,損害程度較少,因此這裡保留下許多江戶時代「長屋」建築,這幾年靠著當地建築師和居民的努力,再次重新修建,賦予長屋新生命,將濃濃古風長屋變身為個性化商店或是特色咖啡廳,現在也有許多獨立藝術家進駐成立工作室,必推景點就是各具特色的長屋再生複合商店「惣」、「萌」、「練」。

交通路線 & 出站資訊

電車
大阪地下鐵谷町六丁目駅⇔谷町線
大阪地下鐵松屋町駅⇔長堀鶴見綠地線

出站便利通
◎若要逛空堀商店街,從谷町六丁目駅4號出口出站,沿著谷町筋向南走,步行3分鐘即抵達。
◎谷町六丁目駅4號出口,步行5分鐘,抵達桃園公園旁再生複合文化設施「萌」。
◎松屋町駅3號出口,沿著右邊斜坡上去,步行2分鐘,抵達長屋再生複合店舖「練」,步行3分鐘,抵達空堀商店街,步行6分鐘,抵達長屋再生複合店舖「惣」。
◎想前往榎木大明神和直木三十五文學館,從松屋町駅5號出口,順著長堀通步行3分鐘,左邊石坂坡道,階梯上去,就可以看到了。

👁 空堀商店街
Ⓐ別冊P.27,B5 **Ⓖ**大阪市中央區瓦屋町、谷町

出身大阪的作家萬城目學,當然少不了要寫本以大阪為背景的作品,因此《豐臣公主》就此誕生了,**故事發祥地**就是在空堀商店街,還在2011年被改編成同名電影,讓我們一起跟著書中主角真田大輔足跡,來趟尋找豐臣公主之旅吧!

🈂 榎木大明神
Ⓐ別冊P.27,B4 **Ⓖ**大阪市中央區安堂寺町2-3 **Ⓞ**自由參觀 **Ⓢ**自由參拜

豐臣秀吉時代,這區是熊野古道的路徑,因此種植許多樹木,在地人暱稱榎木大明神為「巳(みい)さん」,正確來說**它是棵樹齡高達670年高聳參天的槐木樹**,而非榎木(中文名朴樹,學名 Celtis sinensis),當地人在旁邊建了一個小神社,祭祀白蛇大明神,世世代代守護著榎木大明神,這神社就像台灣的土地公廟,守護著地區居民。

萬城目學的關西三部曲
萬城目學 (1976-) 出生於大阪,出道作品《鴨川荷爾摩》即轟動日本,廣受各方讀者和媒體好評;第二部作品《鹿男》以奈良為舞台,不但再次入圍本屋大賞,更入圍日本文壇最高榮譽的直木賞(直木三十五賞),還被改編翻拍成同名日劇,第四部作品《豐臣公主》,以家鄉大阪為舞台,又再次入圍直木賞。萬城目學這三本經典代表作,一上市即席捲日本文壇的奇幻小說,被譽為「關西三部曲」。

榎木大明神的神話傳說
其一,在1945年,二次世界大戰時,大阪地區受到美軍空襲,空堀也沒完全幸免,只是不可思議的是,火勢延燒到榎木大明神的東側一帶就停了,沒有蔓延下去,似乎冥冥中受到榎木大明神保護。其二,大阪的都市道路開發計畫,多次試圖採伐,但工程相關人員卻都發生了不明意外事故,因此最後就放棄相關計畫,就有傳說這是榎木大明神憤怒的表現。

👁 練

📖別冊P.27,B4　🕐依店舖而異　📍大阪市中央區谷町6-17-43　🕐依店舖而異　⛔週三（週假日照常營業）　🌐www.len21.com

御屋敷再生複合店舖「練」是在大正末期，從神戶舞子地區移築來的木造日式房屋，被拆解後以船運的方式運送，前前後後總計花了6年的時間才搬遷完成的浩大工程。「練」占地面積大，裡頭有個中庭花園和小庭院的設計，入駐店家五花八門，有著名的手工巧克力咖啡館、手工藝品店、沙龍、和服教學店、占卜風水店、雜貨小物店、眼鏡店和手工皮件店等商店，吃喝玩樂全包，出入口很多的「練」，像是個小迷宮的設計，東進西出，挺有趣好玩的。

☕ Ek Chuah蔵本店

📞06-4304-8077　🏠練1F　🕐11:00~20:00　⛔週三　💲抹茶チョコケーキ(抹茶巧克力蛋糕)¥660

🎀**薦**

整間都是販賣巧克力商品，全為手工製作巧克力，嚐起來口感就是特別柔順。

1986年創業的Ek Chuah手工巧克力店，是選用比利時巧克力老店Callebaut的高含量可可脂巧克力來製作，店內1樓為販賣部，2樓為本店獨有的咖啡廳，走累了，歇歇腳，悠閒的喝杯下午茶的好所在，店家細心的用冰鎮過的古典宮廷風的盤子裝盤，維持巧克力的溫度，淺嚐一口特製的巧克力蛋糕，甜中帶苦，甜而不膩，再配上一杯熱可可，甜在心裡的好滋味，能盡情享用巧克力盛宴的Ek Chuah，真是巧克力愛好者的天堂呀！

🎁 オープン工房 Follow

📞06-6761-1308　🏠練1F　🕐11:00~19:00　⛔週三　💲手工皮製包包¥18690~26250　🌐r.goope.jp/follow

位於練的後區，經過中庭轉個彎，就可以看到店正門口擺放一輛腳踏車的Follow，簡樸的木造裝潢沒有綴飾，跟店家定調很搭，旁邊還擺放一台象徵Follow靈魂的骨董裁縫機，工作室和店鋪合一，販賣著各式各樣的**純手工製的真皮包包，以及手工皮製配件和充滿藝術風的皮製雜貨**，商品訴求「獨創性」，走簡約設計風格，不挑性別男女皆可使用，皮革是使用天然植物性染劑，不會用幾次就陣亡，是個壽命很長，可長時間使用的包包，皮革也會隨著使用時間越長越有其獨特的皮香味。

Ek Chuah

馬雅人認為可可是神的食物，對其非常敬畏，相傳在馬雅宗教神話裡，有一位身穿黑衣的戰神，負責掌管商人與可可的神祇就叫「Ek Chuah」，從此與巧克力結下不解之緣啦。

大阪 空堀

↓京都↓兵庫

惣

📍別冊P.27,C4 🕐依店舖而異 🏠大阪市中央區瓦屋町1-6-2 🕐依店舖而異 🚫週三 🌐www.so-karahori.com

惣前面的小斜坡,是豐臣公主電影拍攝場景之一,茶子騎腳踏車出現在這兒過喔!

惣日文叫做そう(SO),意思是江戶時代的居民自治組織。惣由明治時代(1868年)**兩層樓的木造長屋改建而成,也是空堀再生複合計畫的第一棟建築**,惣**分為兩大區塊母屋和南長屋**,結合美容院、咖啡廳、雜貨舖、園藝店、藝術畫廊、餐廳等,應有盡有,吃喝玩樂全包了,小小空間,裝了大大世界,每走入一間店,就彷彿拆開一個驚喜包,走一趟包準你印象深刻。南長屋的長廊中,還保有當時豐臣家為了抵禦德川家攻擊所建築的壕溝木柵欄複製品,是非常特別歷史文物。

☕ CRYDDERI CAFÉ

☎06-6762-5664 🏠惣(母屋)1F ●11:00~19:00(L.O.18:00) 🚫週三 🍰日替わりケーキ(每日甜點)¥590 🌐www.crydderi-cafe.com

古意濃濃狹小的長廊,沿著地上鋪滿小碎石的木製通道走到底,**小巧玲瓏的雜貨咖啡小館**,就在這兒歡迎你的到來!小巧的廚房工作區和可愛的手作雜貨們包圍的室內用餐區,有一張歐風木製長桌,很適合三五好友一同聚會,如果你是單獨一個旅人,想獨享片刻靜謐,不妨可以考慮坐與室內用餐區只隔一片玻璃的戶外用餐區,稱它是戶外區,但其實也是在店內喔!半開放式狹長型的戶外空間,就像個小隔間包廂,可以感受到大自然的溫度,但就是看不到戶外風景的用餐區,很特別吧!各有一番風情的輕鬆悠閒氛圍,外加**老闆娘特製的人氣每日蛋糕**,配上一壺濃醇香的熱茶,真的讓人捨不得離開此地。

👁 SPECTRUM ART GALLERLY & LAB

☎06-6710-4648 🏠惣(南長屋)2F ●12:00~18:00(週五至17:00) 🚫週二~四 🌐www.spectrumjapan.com

SPECTRUM ART GALLERLY & LAB致力於協助藝術家有個高品質的展示場地,並開拓新興市場,也很支持大阪空堀的活動。小巧的藝廊,純白色的壁面,明亮的展覽空間,簡單舒適佈置,不會有距離感讓人卻步,**每兩週為一週期的展期,有各式畫作、雕塑品、攝影作品等當代藝術作品的展出**,喜歡藝術的朋友,千萬不要錯過這間藏身在惣南長屋2樓的藝廊。

👁 萌

🏠別冊P.27,C4 🕐依店舖而異
大阪市中央區谷町6-5-26 🕐依店舖而異 🌐www.ho-karahori.com

　萌日文叫做ほう(ho)，三層樓的建築，比起惣與練外觀較新穎，位於日本知名作家直木三十五就讀過的桃園小學旁邊，因而在2樓特別設置了直木三十五的記念館，為萌增添一股濃濃的書香氣息，除此外還有花店、藝廊、手作雜貨店、手工手錶店、餐廳等，等著你來挖寶。

👁 直木三十五記念館

☎06-6796-8834 🏠萌2F 🕐11:00~17:00 🚫週三、年末年始 💰高中生以上￥500，國中生以下免費 🌐naoki35.jimdofree.com

　直木三十五(1891~1934)，本名植村宗一，出生於大阪空堀地區的安堂寺町，「直木」是本名「植」字拆解而來，「三十五」是代表歲數，31歲開始隨著歲數增長，不斷更換筆名，直到34歲時，因4為不吉利的數字，就改成直木三十五，此後一直沿用下去沒變。館內設計是採黑色壁面，以直木先生設計的富岡家為藍圖來設計的，喜歡躺著寫作的他，館內有一區為榻榻米式地板，展出文物包括直木先生手稿短冊、親筆信件、著作作品、早稻田畢業照片等等，還有直木先生愛用的書桌。

👁 直木三十五文学碑

🏠別冊P.27,B4 🏠大阪市中央區安堂寺町2-3 🕐自由參觀

　虔誠的祭拜完榎木大明神，別忘了一旁還有個記念出生於此地的大文豪直木三十五的文學碑，紀念碑上面節錄了其代表作《南國太平記》中一段文句，《南國太平記》故事描寫幕府時代末期，薩摩藩動亂的內戰事件，也因這本歷史小說，讓直木三十五奠定暢銷大眾文學作家的地位。

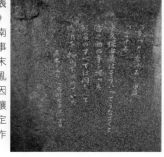

🎁 こんぶ 土居

🏠別冊P.27,C5 ☎06-6761-3914 🏠大阪市中央區谷町7-6-38 🕐9:30~18:00 🚫週日、例假日、年末年始、盂蘭盆節 💰本格十倍出し(十倍高湯)400ml￥1700 🌐www.konbudoi.jp

　空堀商店街不同大阪其他知名商店街如此熱鬧，這裡出入人口大多都是當地居民，逛起來更愜意，而昆布老店こんぶ土居就位在其中，販賣來自北海道函館的昆布相關產品，有昆布粉、昆布高湯、昆布糖、昆布茶、天然真昆布等。

旧ヤム邸

別冊P.27,C5　06-6762-8619
大阪市中央區谷町6-4-23　週二〜六11:30〜14:30(L.O.14:00)，18:00〜21:30(L.O.21:00)；週日11:20〜14:30(L.O.14:00)，18:00〜21:00(L.O.20:00)　週一　カレー膳(咖哩飯)¥1100起

報章雜誌力薦的高人氣咖哩屋，創新的咖哩風味是人氣不墜的秘訣。

老屋改裝成的咖哩屋，充斥濃濃懷舊的歷史氛圍。搭配的米飯是薑黃飯和糙米飯二擇一，主角咖哩則可從提供每日替換3種口味的咖哩菜單中選擇2種口味搭配，**咖哩走的是印度咖哩風且融合日式食材及風味的創新咖哩**，口味重又偏辛辣，每一口皆刺激味蕾，非常下飯，創意加上好味道一直是旧ヤム邸能維持高人氣的原因。

美味的咖哩飯可是旧ヤム邸的午餐限定。

山口果物 上本町本店 おすすめ薦

別冊P.27,C5　06-6191-6450　大阪市中央區上本町西2-1-9宏栄ビル1F　10:00〜19:00(L.O.18:30)　不定休　苺ミルクかき氷(草莓牛奶刨冰)¥950　www.fruit-garden.net

產地直送的新鮮水果，真材實料的好滋味，造就刨冰的高人氣。

山口果物第三代老舖水果屋，所有水果皆為產地直送高品質的新鮮水果，**店內併設咖啡廳，人氣餐點是依季節替換的當季口味的刨冰**，草莓刨冰上淋滿新鮮的現榨草莓汁，鋪上草莓，每一口都是真材實料、貨真價實在的好味道，草莓甜中帶微酸的滋味，讓人一口接一口停不下來，吃到刨冰底部發現個小驚喜，有一球香草冰淇淋藏匿在層層的刨冰中呢！

冬春季的限定草莓刨冰，再冷也要吃！

CHARKHA

別冊P.27,B5　06-6764-0711　大阪市中央區瓦屋町1-5-23　13:00〜18:00　週日〜三　www.charkha.net

喜愛旅行的店主，常常藉由旅行帶回各地的特色雜貨，店裡**主要販售來自東歐各國的雜貨**，像是文具用品、手作工藝品、餐具、琺瑯瓷器製品、東歐傳統圖騰色彩的冷水壺等，也有部分商品是出自店家自製的手作小物，濃濃異國風情CHARKHA，頓時彷彿有置身東歐的感覺，也因為這獨特的異國氛圍，很受到日本時下年輕女性的歡迎。

紙匠雑貨エモジ

⊙別冊P.27,C5　☎06-4392-7972　⌂大阪市中央區谷町6-4-24　◷12:00~19:00　㊡週一、二　🌐kami-emoji.com

想一本**客製化專屬自己的筆記本**嗎？エモジ為文具控提供這項服務，從封面選紙製作，再到依個人需求選購內頁，有空白、橫線、方眼格、直線樣式供選擇，顏色與紙質也皆可自由搭配，最後再選擇要側邊綁帶、鈕釦式或銅釦式設計來讓筆記本密合，過程**只需花上10分鐘的等待**，獨一無二的筆記本就完工啦！除此之外，店內也販售許多特殊的文具雜貨，利用等待時間來慢慢選購，真是一舉兩得。

薦 おすすめ

○△口燒 冨紗家 本店

⊙別冊P.27,B5　☎050-5484-4490　⌂大阪市中央區谷町6-14-19　◷17:00~0:00(L.O.23:30)、週六日例假日12:00~0:00(L.O.23:30)　㊡週一(遇假日順延翌日休)　💲とんとん燒(山芋燒)¥1210、キムチ燒そば(泡菜炒麵)¥1100　🌐fusaya.gorp.jp

> 玉木宏主演日劇鹿男的拍攝地，也是一堆名人推薦的美味大阪燒店。

開業30多年，位於空堀商店街上的冨紗家，是**以創意大阪燒料理聞名**，一進店裡，馬上就被貼在牆上那滿滿知名藝人和名人的簽名板吸引目光。**必點的「とんとん燒」**，形狀很特別，不是常見的圓形，而是長方形，屬於山芋燒的一種，**麵糊的製作不像一般大阪燒店用麵粉，而改用山芋替代**，蛋未混在麵糊中煎，**蛋皮是獨立包裹在外層**，上面再淋上獨特醬汁、美乃滋、以及放上海苔粉。山芋燒是半熟的狀態，口感濕潤，軟軟嫩嫩，內含有高麗菜、豬肉、蔥等食材，軟中帶脆，醬汁口味偏重。

> 本店人氣NO.1的創意大阪燒「とんとん燒」竟是長方形！

> 每日限量50個的空堀布丁是什麼味道呢？

たこりき

⊙別冊P.27,B5　☎06-6191-8501　⌂大阪市中央區瓦屋町1-6-1　◷12:00~16:00(L.O.15:30)、18:00~0:00(L.O.22:00)　㊡週一(遇假日順延翌日休)、二　💲たこ燒き(章魚燒)14個¥1100、からほりぷりん(空堀布丁)¥330　🌐www.takoriki.jp

位在惣旁邊低調的店家，單看外觀不看店名還真的不知道葫蘆賣的是什麼藥呢！看到店名才恍然大悟原來是間章魚燒專賣店，口味重眾多有原味、醬料、醬料美乃滋、醬油、醬油美乃滋、芥末美乃滋等供你選擇。

鶴橋

つるはし
Tsuruhashi

JR 鶴橋駅和近鐵鶴橋車駅高架橋下是關西著名的韓國街，許多韓裔日僑都居住在附近，久而久之就形成韓國商圈，數百家韓貨店舖集中，有賣韓式泡菜、韓國煎餅、豬腳等生鮮食品的店舖，也有訂作韓服、韓風抱枕、布偶的商家，在高架橋下狹長四通的巷弄裡，構築成一處宛若小韓國的世界。這裡更聚集大阪市區內最多韓國燒肉店，炭火現烤的燒肉、有美味的石鍋拌飯、韓國冷麵，絕對物超所值，價格實惠，濃濃的燒肉香，讓人食指大動、難以抗拒。

交通路線&出站資訊

電車
大阪地下鐵鶴橋駅◇千日前線
JR鶴橋駅◇大阪環狀線
近鐵鶴橋駅◇近鐵奈良線、近鐵大阪線

出站便利通
◎前往熱鬧的鶴橋商店街從JR 大阪環狀線鶴橋駅的東改札口出站，商家眾多，若搭乘地下鐵，則從6號出口穿越高架下就可抵達。
◎如果要到鶴橋吃燒肉，JR車站的西改札口出站可看到細窄的巷弄，就藏著許多美味，如鶴橋風月、鶴一、空，只要看到人潮眾多的就是好吃店家。

🎯 鶴橋商店街

🅐 別冊P.23,B4~C5　☎鶴橋商店街振興組合06-6976-6931　🅐大阪市東成區東小橋、天王寺區下味原町　◎依店鋪而異　🌐www.tsurushin.com/ja/

鶴橋地處JR環狀線、近鐵奈良線、地下鐵千日前線交匯處，三鐵共構中心，交通非常方便，這裡是著名的韓國街，由大阪鶴橋卸売市場協同組合、大阪鶴橋市場商店街振興組合、東小橋南商店街振興組合、高麗市場、鶴橋西商店街共同組成，保留許多具歷史的老舊建築物，走在商店街裡就能描繪出昔日風貌，商店街內鱗次櫛比的商店，賣著各式各樣韓國工藝品、各種口味的韓式泡菜和海鮮煎餅、乾貨、醃漬物、民族服飾等等，也是哈韓族的追星地之一。

鶴橋商店街，棋盤式的格局，小巷弄很多，像是大型迷宮一樣，**白天可以去逛逛高麗市場，晚上當然就是要到位於JR、近鐵鶴橋駅西口的燒肉屋通り**，燒肉店的一級戰區，挑個氣氛佳又好吃的燒肉店，填飽肚子後，才心滿意足的離開。

岡村商店1号店

📍別冊P.23,C5　☎06-6712-7718　🏠大阪市生野區鶴橋2-2-20　🕐8:00~20:00

　榮獲2002年光州世界泡菜文化祭金賞加持的岡村商店，在競爭激烈有韓國街之稱的鶴橋商店街內開了兩家店，人氣NO.1就是金賞獎的白菜泡菜，標榜無人工添加物的健康泡菜，第二推薦的就是小黃瓜泡菜，卡滋卡滋清脆的口感，即使沒配飯也能一口接一口吃光光。

ロックヴィラ

おすすめ　薦

📍別冊P.23,C5　☎06-6975-0315　🏠大阪市東成區東小橋3-17-23　🕐8:00~18:30　休週三　💰特製キムチサンド(泡菜三明治)¥700

店內的招牌泡菜三明治，吃完飽足感十足，也是在地人的早餐首選。

　吃膩飯店提供的制式化早餐，還是不知去哪裡吃美味的早餐？來ロックヴィラ準沒錯，這間位於鶴橋商店街的老珈琲館，是在地人一天的活力來源，一早店內就座無虛席，店主的與客人像老友般的閒聊，活絡氣氛看的出大多都是熟客光顧，人情味十足的互動讓人心情愉悅、食慾大開。

美味的招牌泡菜三明治，泡菜、蛋沙拉、小黃瓜和火腿份量十足。

豊田商店

📍別冊P.23,C5　☎06-6717-3113　🏠大阪市東成區東小橋3-17-20　🕐9:00~17:30　休週三　💰ケジャン(蟹醬)500g¥1400　🌐www.toyoda-shouten.com

　創業47年，豊田的招牌韓國料理蟹醬，食材紅蝦來自中國，好吃的秘訣是自製的醬料與澱粉糖漿，以醬油為基底搭配帶點辣味的湯頭，加入一些澱粉糖漿醃漬發酵而成，甜辣口味蟹醬，放入泡菜鍋內，美味更加分。另一招牌チャンジャ(鱈魚胃、腸)使用白令海峽的鱈魚為食材，並採用人工作業將胃附近的纖維一個一個除去，留下精華處醃漬發酵而成，是下酒菜配飯的良伴。

キムチの大盛屋

📍別冊P.23,B5　☎06-6977-9207　🏠大阪市東成區東小橋3-15-1　🕐8:00~20:00　休週三　💰海鮮チヂミ(海鮮煎餅)¥980

　鶴橋的韓國街大多是由韓國新移民或久居日本的韓僑所開設的店舖，韓國料理風味都很正統，各種口味韓國泡菜很多都是老媽媽們親手製作，大盛屋人氣商品是白菜、蘿蔔和黃瓜，而招牌美味則是市場裡最受歡迎的小吃：現煎的韓式煎餅。

大阪

鶴橋

➡京都
➡兵庫

🍴 順天

📖別冊P.23,C5 ☎06-6977-6606 📍大阪市東成區東小橋3-15-11 ⏰8:00~20:00 ⏸週二、三

順天小小的店門口前，擺滿各種冰鎮韓國泡菜，相當吸引過路的人。除了最普遍的高麗菜做的泡菜，也有用白蘿蔔、水芹、豆芽、蒜頭等**各類蔬菜所做的泡菜**，就連小螃蟹、魚的內臟等海鮮也能做成泡菜，加上五花八門的各種辣椒粉，讓人目不暇給。

各式各樣的泡菜種類眾多，大開眼界。

🍴 鶴一本店

📖別冊P.23,B5 ☎06-6772-8929 📍大阪市天王寺區下味原町3-3 ⏰16:00~22:30(L.O.22:00)，週六日例假日11:00~22:30 (L.O.22:00) ⏸週一(遇假日順延翌日休) 💰鶴一ランチ(鶴一午間套餐)￥2000 🌐www.tsuruichi.com

有大阪韓國街之稱的鶴橋，小小一個區域就有超過50家燒肉店，即將邁入第70個年頭的**鶴一本店正是鶴橋第一家烤肉店**，也是引發這活絡地域的大功臣，如果想要品嚐正宗烤肉當然得到小巷弄中的本店。

🍴 空 鶴橋総本店

📖別冊P.23,B5 ☎06-6773-1300 📍大阪市天王寺區下味原町1-10 ⏰11:00~22:00 ⏸週二(遇假日順延翌日休) 💰5種盛りセット(五種綜合燒肉)￥2300、上ロース(上等牛肩背肉)￥2300 🌐www.yakinikusora.jp

おすすめ 薦

氣氛活絡的全牛燒肉店，食材主打在台灣少見的牛內臟部位，可以來嚐鮮看看。

「空」，就隱身在鶴橋燒肉街複雜的小巷弄中，天藍色的店招牌是空的註冊商標，共四間相連店舖。「空」之所以大受歡迎的原因，除了料理本身美味外，店內的用餐氣氛更是一級棒，狹窄的吧檯座位，大家很貼近的坐在一起吃燒肉，將每個客人好心情一個接一個的傳遞渲染；這裡是**全牛料理的燒烤店，牛的內臟就是店家主打商品**，沾點店家特製的獨門沾醬，再搭配附送的高麗菜一起食用，真是絕配。店家**特製沾醬總類多達六種**，依各部位有其特定的醬料，把食材的味道更大大提升了。

牛內臟各部位分得超詳細，非常推薦來嚐鮮！

牛內臟

店名ホルモン的意思是內臟，牛的內臟就是店家主打商品，包含牛肺、牛氣管、牛胃、牛心臟、牛小腸、牛和隔膜等，你叫得出的名字的部位，菜單上都應有盡有。店家推薦初級者的菜單是5種盛りセット(五種組合)，包含ツラミ(牛頰肉)、燒千枚(牛的第三個胃)、ハチノス(牛的第二個胃)、ホソ(牛小腸)、ハラミすじ(牛橫膈膜的周邊)。

新世界・天王寺
しんせかい・てんのうじ
Shincekai・Tennouji

從 難波再往南走，就是熱鬧的新世界、天王寺一帶。天王寺名稱來自於四天王寺，由於是南區重要的交通樞紐，進駐許多百貨而繁榮起來，還可體驗大阪唯一的路面電車「阪堺電車」。而新世界雖然頂著「新」的名號，擁有的卻是一種昔日的氣氛。20世紀初期，受到大阪博覽會吸引人潮與電車線開通的鼓舞，模仿巴黎都市計畫設計街道，建造通天閣，成為當時最大的歡樂地區，進入昭和年代之後，卻猶如時間腳步靜止，就這樣停留在往昔，如今的新世界成為庶民美食街，保留著最有懷舊感的咖啡館、串炸、站著品嚐的立食小吃和將棋店。

通天閣周邊很多存放行李寄放處

惠美須町駅及今宮駅、動物園駅可說是前往通天閣最便利的站點，這裡也聚集很多價格實惠的旅館，常看許多遊客推著行李在這一帶走來走去，但不算大的這幾個車站，其實寄物櫃數量也很少，萬一需要在這附近先寄放行李，建議可以在通天閣下方周邊繞一下，這裡有數個投幣式行李寄放處，不妨善加利用。

通路線&出站資訊

電車
大阪地下鐵惠美須町駅◇堺筋線
大阪地下鐵動物園前駅◇御堂筋線
JR新今宮駅◇大阪環狀線
阪堺惠美須町駅◇阪堺電車阪堺線
大阪地下鐵天王寺駅◇御堂筋線、谷町線
JR天王寺駅◇大阪環狀線、JR大和路線、JR關西空港線
大阪阿部野橋◇近鐵南大阪線
阪堺天王寺駅前◇阪堺上町線

出站便利通
◎要前往阿倍野HARUKAS，從近鐵大阪阿部野橋駅西出口、JR天王寺駅中央出口出站即達。
◎天王寺MIO百貨和JR天王寺駅相通，逛街購物相當便利。
◎要至ABENO Q's Mall的話，從地下鐵天王寺駅出口12直結；JR天王寺駅南口徒步3分；近鐵大阪阿部野橋駅西口徒步3分。
◎新世界地區和天王寺中間隔著開闊的天王寺公園，雖然徒步可達，卻須耗費一些時間，如果沒有前往公園的計畫，建議搭乘一站電車。
◎要前往新世界地區的話搭乘大阪地下鐵御堂筋線在動物園前駅下最近，從地下鐵聯絡口出站就是已經停止歇業的遊樂園，直接穿越此建築內部往東北方向走就是明顯地標通天閣，不過有些冷清可能要注意安全。如果朝東沿著大馬路就可以看到世界的大温泉階梯入口，旁邊有電扶梯上至二樓就可以看到通天閣。
◎要到通天閣，從地下鐵堺筋線惠美須町駅出站，沿著通天閣本通商店街走即達。想要體驗新世界的復古風情，從1號出口出站便可以看到チャンチャン横丁的入口，有許多人潮排隊等著品嚐的串炸老店。
◎若欲搭乘大阪唯一的路面電車，從大阪地下鐵御堂筋線天王寺駅的10號出口出站，走過天橋在谷町筋路面中央的就是阪堺上町線的車站。而阪堺線的惠美須則在地下鐵惠美須町駅旁。

鏘鏘横丁
ジャンジャン横丁
🚉別冊P.23,A1~A2　🕐依店舖而異
🏠大阪市浪速區惠美須東3丁目　💬依店舖而異

　細窄的鏘鏘横丁是昔日最熱鬧的區域，**名稱來自迴盪在街道上的三味線、太鼓、小鼓的琴聲和鼓聲**，還曾經出現在林芙美子的小說中，如今仍保留著最有懷舊感的咖啡館、串炸、站著品嚐的立食小吃和將棋店。

 通天閣南本通
🚉別冊P.23,A1~A2　🏠大阪市浪速區惠美須東界隈　💬中午~深夜(依店舖而異)

薦 熱鬧的炸串街。

　新世界一帶是個昭和氛圍濃厚卻又熱鬧繽紛十足的街區，以通天閣為中心發射出去的兩條街道，一條是從惠美須町駅出站後直接串連通天閣的通天閣本通商店街，穿過素雅商店街從通天閣旁右轉通天閣南本通，簡直又是另一個世界，各式大到嚇人的店家招牌，簡直像是競賽般，而且幾乎整條街道清一色都是餐廳，且以炸串店為主，**幾乎炸串名店都在這裡，不論白天夜晚，都充滿觀光客，熱鬧的不得了。**

大阪 新世界・天王寺 ＊京都＊兵庫

薦 おすすめ

充滿庶民風味的遊樂場所，是南大阪的精神地標。

◉ 通天閣

ℹ 別冊P.23,A1　☎ 06-6641-9555　🏠 大阪市浪速區惠美須東1-18-6　🕙 10:00~20:00(入場至19:30)；戶外展望台「天望パラダイス」、「TIP THE TSUTENKAKU」10:00~19:50(入場至19:30)；遊樂設施「TOWER SLIDER」10:00~19:30　💲 高中生以上￥1000，5歲~國中生￥500；戶外展望台「天望パラダイス」、「TIP THE TSUTENKAKU」除一般展望台外，需另購票，高中生以上￥300，5歲~國中生￥200；遊樂設施「TOWER SLIDER」15~65歲￥1000，7~14歲￥500　🌐 www.tsutenkaku.co.jp　⚠ 3F Café de Luna Park目前暫停營業中

通天閣初建於明治45年，後因火災毀損，現在所見的則是1956年代再建的第二代通天閣，集結2樓、B1樓購物區以及4~5樓展望台、頂樓戶外展望台「天望パラダイス」、「TIP THE TSUTENKAKU」，3樓也有咖啡廳及百年前新世界街區模型再現。而近年也完成了各式整修，讓通天閣老式風情再現。塔頂燈光顏色一樣維持天氣預報功能，白色是晴天、橘色陰天、藍色雨天，全塔另新增美麗霓虹燈光，且一個月就變化一個主色調。當然最受歡迎的好運福神ビリケン，也變得金光閃耀呢。

注意排隊時間很長，須預留時間

想參觀通天閣，可不像一般展望台，買票後電梯上下直達，首先必須從B1樓買票搭乘電梯抵達2樓，再從2樓轉搭另一部電梯上5樓展望台。下樓則是從5樓走到4樓展望台，再搭電梯到3樓看完模型街區，再走樓梯至2樓轉搭電梯至B1樓，才能出去。尤其假日人多時，光等電梯就可能耗掉30分鐘以上，想參觀務必多留點時間。

自己的通天閣自己做

來到通天閣觀賞遊覽，也別忘了帶一份免費小禮物回家喔，那就是以硬卡紙印製的精美介紹摺頁，除詳細介紹通天閣，摺頁背面圖案，拆解凹折後，還能組成一個精美通天閣模型喔。
⚠ 摺頁僅放置在2F，依據季節模型造型顏色也會變

通天閣必看

ビリケン
🔼 通天閣5F
新世界一帶到處都看得到、模樣逗趣ビリケン(幸運之神)，是美國藝術家的作品，據說只要撫摸腳底說出願望，就能美夢成真。在通天閣5樓展望台有個ビリケン神殿，成了許多人一定要拍照合影並許願之處。

通天閣聖代
🔼 通天閣3F
マザー牧場進駐到通天閣3樓了。為了記念開幕，只有在通天閣才吃得到的隱藏版聖代──通天閣聖代隆重登場，由超濃的香草霜淇淋與泡芙組合而成的聖代，再加上些許果凍與果醬，好吃的元素全都濃縮在這一杯裡。

復刻天花板再現
🔼 通天閣1F(免購票即可看到)
百年前第一代通天閣塔底地面建築，就有一個拱頂的壁畫，趁整修計畫，也依據舊照片將復刻版美麗天井壁畫再現，據說這天井畫當初是個美妝廣告！

昭和年代街景模型區
🔼 通天閣3F
想要看看百年前新世界有多繁華，3F除了老照片區，還有一個大型櫥窗以模型呈現百年風情，可見到結合巴黎凱旋門與鐵塔造型的初代通天閣長相，當時周邊還充滿遊樂園等設施，熱鬧十足。

H OMO 7大阪 by 星野集團

別冊P.23,A2 ☎050-3134-8096 ◎大阪市浪速區惠美須西3-16-30 ◎Check In 15:00～，Check Out ～11:00
💲一室一晚附早晚餐￥58000起 🌐hoshinoresorts.com/zh_tw/hotels/omo7osaka/

一踏入OMO 7大阪的公共空間，便被大面積的落地窗與室外一片綠意所吸引。除了舒適的空間環境，可別忘了**參加導覽，跟著OMO Ranger(周邊嚮導)一起探索新世界與木津市場的深厚文化**。此外，每日提供前往環球影城的免費接駁巴士（預約制），無論是參加活動還是信步漫遊在街區，都能深入感受大阪這座城市的活力與多樣性。

OMO7大阪的重點活動之一是**每天晚上的「PIKAPIKA NIGHT」**，這時可以換上免費提供的浴衣，提著彩色燈籠，在裝飾著霓虹燈的花園區「Miya-green」中漫步，感受浪漫而獨特的夜晚氛圍。活動期間還提供**免費的當地特色小吃**，如現烤的章魚燒、大阪的精釀啤酒等，讓人一邊享受美食，一邊欣賞飯店外牆的煙火表演，度過難忘的夜晚。

> 溫浴設施為旅客帶來身心的放鬆，可購票￥1000在入住期間享用。

而飯店的自助早餐以豐富多樣的料理著稱，特別是來自木津批發市場的新鮮食材，讓旅客可以享受到當地漁市場直送的海鮮以及充滿鰹魚香氣的大阪風手工烏龍麵，每一道料理都充滿活力與美味，為一天注入充沛的能量。

> 跟著OMO Ranger前往木津市場，來場高湯的體驗之旅。

🍴 OMO Dining

◎OMO 7大阪 2F ◎17:30～20:00 💲Naniwa Neo Classic￥13000 ❶須事前預約

「Naniwa Neo Classic」是能夠同時感受到大阪傳統飲食文化與探索新穎滋味的晚間套餐。將大阪傳統鄉土料理和當地人喜愛的食材結合，以法式料理為基礎，創新演繹出獨特的風味，讓人能夠更深入理解大阪飲食文化的精髓，並且發現全新的味覺體驗。

> 前菜「箱壽司」是對大阪傳統鄉土料理的現代化詮釋，帶來美味且令人愉悅的視覺享受。

大阪

新世界‧天王寺

▼京都▼兵庫

だるま 新世界総本店

別冊P.23,A1　06-6645-7056
大阪市浪速區恵美須東 2-3-9
11:00~22:30 (L.O.22:00)　総本店
セット 9本(總本店9種串炸套餐)¥1760　kushikatu-
daruma.com

> 串炸品項豐富，
> 食材新鮮且待客
> 親切。

創業於昭和4年(1929)，**已有90多年歷史的だるま
是大阪串炸老店**，至今仍受當地居民愛載，不時高朋
滿座，用餐時刻沒有在外頭等上20分鐘絕對吃不到。
除了串炸，だるま的土手燒略帶辛辣味，適合搭配啤
酒。特製的泡菜雖然單吃就很夠味，但和沾了醬的豬
肉串炸一同入口，更是美味。

近江屋 本店

別冊P.23,A1　06-6641-7412　大阪市浪速區恵美
須東2-3-18　12:00~21:00，週日、例假日11:00~21:00
週四　串かつ(串炸)¥100起

創業於昭和24年的近江屋本店在新世界擁有三家
分店，最出名的就是與眾不同的本家串カツ，**有別於
其他店舖的串炸**，以牛肉裹上一層層加了高湯的調
味麵糊，剛炸起的串炸猶如鼓起的氣球，外皮薄又酥
脆，內部麵糊軟Q咬勁十足，配上肉塊溢出鮮味肉汁，
讓人驚呼美味。

てんぐ

別冊P.23,A2　06-6641-3577　大阪市浪速區恵美
須東3-4-12　10:30~21:00(L.O.)　週一　串かつ(串
炸)¥110起

集結多家串炸店的新世界鏘鏘橫丁中，最具有人氣
的店舖絕對非天狗莫屬。**牛、蝦、洋蔥、蘆筍都是老闆
推薦菜色**，最自豪的則是座位前方的醬汁，自由使用沾
取，切成一口片狀的高麗菜則是無限量供應。以味噌燉
煮燒烤的牛筋肉「土手燒」也是常客必點的美味。

串かつじゃんじゃん新世界本店

別冊P.23,A1　06-6630-0001　大阪市浪速區恵美
須東2-6-1パインフィールドビル　11:00~20:00(L.
O.19:00)　不定休　串かつ(串炸)¥130起
kushikatu-janjan.com

這是新世界裡的串炸專門店，隨時有**超過45種以
上的串炸選擇，其中雞肉捲可是獨家原創好味**。另外
要推薦的是甜點串炸，炸香蕉淋上巧克力醬，炸草莓
淋上煉乳，都是女性喜歡的菜色。

🍴 八重勝

📍別冊P.23,A2　☎06-6643-6332　🏠大阪市浪速區惠美須東3-4-13　🕐10:30~20:30　休週四　💲串かつ(串炸)¥130起

　新世界的鏘鏘橫丁整條巷弄幾乎全是將棋俱樂部和串炸店，有著醒目招牌門簾的八重勝於昭和22年(1947)開業，在巷內創業超過70年，**加入山藥的麵糊讓外皮充滿酥脆口感**，來上一罐冰鎮過的啤酒或冰茶，格外對味。

🍴 餃子の王将 新世界店

📍別冊P.23,A2　☎06-6633-8030　🏠大阪市浪速區惠美須東3-5-16　🕐11:00~21:30 (L.O.21:00)　💲餃子6個¥319，焼めし(炒飯)¥572　🌐www.ohsho.co.jp

　在全日本擁有眾多連鎖店的餃子の王将是**價格實惠的日本口味中華料理店**，最受歡迎的當然就是招牌餃子，有別於台灣的鍋貼，**日本煎餃的麵皮相當薄，包入調味過的肉餡**，即使不沾醬也很美味，另外現點現炒的炒飯和各種中式菜餚也都在水準之上，是想家時的味覺良藥。

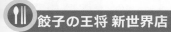

♨️ Spa World世界の大溫泉

薦 おすすめ

📍別冊P.23,A2　☎06-6631-0001　🏠大阪市浪速區惠美須東3-4-24　🕐10:00~翌8:45(8:45~10:00進行館內檢查，禁止入館)，依各設施而異(詳見官網)　💲溫泉+泳池(不含遊樂設施)+毛巾等備品國中生以上¥2000，小學生以下¥1200，0:00~5:00入退館或在館國中生以上需另付深夜費用¥1300+入浴稅¥150　🌐www.spaworld.co.jp　❗停留時間超過9:00，需至2F櫃台支付隔日入館費；5:00後才入館，10:00後則可繼續使用

大阪市區沒有溫泉泉源，來到水療館也能過過泡湯的癮。

　世界的大溫泉是**大阪市區內最大型溫泉設施**，讓人放鬆身心的療養勝地，除了觀光客也吸引許多當地人。館內以世界各國主題的溫泉區域，如峇里島、地中海、西班牙、日本等豐富浴場，另外還有岩盤浴、蒸氣浴等療養區，更有半開放式的露天浴池，讓人有如置身異國。

大阪 新世界‧天王寺

➡京都➡兵庫

古今知

CoConChi

📍別冊P.23,A1　📞06-6634-0606

🏠大阪市浪速區惠美須東2-7-2

🕙10:00～18:00，週六日例假日9:00～20:00　不定休

🌐yotteya.jp/content/shinsekai

各式特色伴手禮一次購足。

おすすめ 薦

　古今知就位於通天閣前方，**由吉本興業的關係企業所開設**，集結了在地特色土產、大阪具代表的豐富伴手禮雜貨、各式搞笑藝人商品、糕點餅乾外，**還有店中店的外帶飲料店與甜點老店**，連大阪人在地都愛的調味料等物產食材也都能買到，寬闊的賣店空間，逛起來格外舒服。

推薦必買

フエキくん煉乳布丁

創業超過100年的不易糊公司，以生產糨糊知名，1957年創造可愛的フエキ君造型糨糊包裝，是很多4～5年級生小時候的記憶。如今的フエキ君面貌更多樣化，有糨糊、有美味煉乳布丁、也可能是身體乳，買之前可得看清楚喔。

ビリケン燒

店中店的「明月堂」是一家以千層蛋糕知名的在地60年老舖，特別推出的幸運福神ビリケンさん人形燒，以製作千層蛋糕麵糊為材料，軟香美味中，又有著把好運一起吃下肚的暢快感，一整袋的人形燒除了ビリケンさん，也有數個可愛的愛心造型燒。

今宮戎神社

📍別冊P.23,A1　📞06-6643-0150　🏠大阪市浪速區惠美須西1-6-10　🕙自由參觀　🌐www.imamiya-ebisu.jp

　今宮戎神社是**大阪最重要的信仰**，供奉的是笑容可掬，一手拿著釣竿，一手拿著鯛魚，**掌管漁業的戎神(Ebisu，又稱為惠比壽神或福神)**，隨著時代變遷，成為保佑市場繁盛的商業之神，在江戶時代躍升為日本最重要商業都市的大阪，當然也就最信奉這惠比壽福神。

💡**十日戎**

每年的1月9～11日，從清晨到深夜，24小時不間斷，為期三天的祭典「十日戎」都會吸引超過100萬以上的人次來參拜，一攤攤江戶時代廟會祭典出現的屋台(路邊攤)吸引許多人，摩肩接踵好不熱鬧，一路上，可以看到人手一枝翠綠竹葉，竹子的生命力旺盛，在十日戎有著象徵商業繁盛的意義，開店的商人們均會來此拿枝充滿福氣的竹葉，掛在自己的店裡，以求招攬來更多客人。

ビリケン神社

📍別冊P.23,A2　🏠大阪市浪速區惠美須東3-6-1　🕙10:00～22:00

　ビリケン(BILLIKEN)是1908年一位美國女藝術家**依夢境中所見之神所創作的形象**，很快地就開始流傳到世界其他地方。以往新世界的通天閣旁有個收費遊園地，1912年便在樂園裡也安置了ビリケン堂，並大受歡迎，儼然成了新世界代表人物。後來樂園關閉、ビリケン神像也跟著消失。直到1980年代於通天閣之上重新安置、2012年迎接新世界100週年，於原址附近重新設置神社，讓更多人隨時都能祈願幸福。

☕ 喫茶ドレミ

🔵別冊P.23,A1　📞06-6643-6076
🏠大阪市浪速區惠美須東1-18-8
🕐10:00~18:00(L.O.22:30)　🚫週一　💲現烤鬆餅￥750

　與通天閣一起在1912年就開始營運的通天閣本通商店街，沿著這條昭和氛圍濃厚的商店街直走，一樣飄散著滿滿昭和氣氛的老咖啡店喫茶ドレミ，就位在這條商店街底端、通天閣旁。一推開門，滿頭白髮的老闆，讓人宛如時光倒回到昭和初期，飄散濃濃懷舊氛圍的店內，提供咖啡、聖代、三明治也有鬆餅與咖哩飯等，尤其是創業以來從未改變味道的鬆餅，更是許多人來這必點的甜點品項。

> 表皮微脆的厚鬆餅，吃起來扎實又帶甜香，製作一份需等20分鐘。

> 水果布丁聖代必點！網美拍照少不了這一款。

🍴 グリル梵 本店

🔵別冊P.23,A1　📞06-6632-3765
🏠大阪市速區惠美須東1-17-17
🕐12:00~14:30(L.O.14:00)，17:00~19:30(L.O.19:00)　🚫6、16、26日，不定休　💲ヘレビフカツサンド(炸牛肉排三明治)￥2200

> 老舗傳承製法，份量十足的炸牛肉排三明治，精準的抓住食物的精髓，成為鎮店名物當之無愧。

　1961年創業的老舗洋食店，招牌名物為炸牛肉排三明治，先送上蔬菜湯暖胃，接著是主角炸牛肉排三明治搭配醃漬過的蔬菜使用有歷史歲月的鐵器盛裝著，跟老建築氛圍相得益彰。微烤過的吐司夾著厚實的炸牛肉排，外酥脆，內充滿飽滿的肉汁，加上祖傳獨門秘傳的醬料，鹹甜的滋味口齒留香，飽餐一頓後，送上一杯草本茶大滿足。

🔶おすすめ 薦

👐 釣鐘屋本舗 本店

🔵別冊P.23,A1　📞06-6644-0212　🏠大阪市浪速區惠美須東1-7-11　🕐9:30~18:30(週日一至18:00)　🚫1/1　💲釣鐘まんじゅう(釣鐘燒)3入￥497　🌐www.tsuriganeyahonpo.co.jp

　通天閣旁的釣鐘屋總本舗就是這著名大阪特產的老總店，仿造四天王寺裡的大鐘形狀所做成的釣鐘燒，已有100多年的歷史，內餡是綿密細緻、不過份甜膩的紅豆餡，另外還有香蕉形狀的「名代芭蕉」，內餡則是北海道的白豆餡，都是歷久不衰的伴手好禮。

> 每個客房都充滿和風設計，部分房間從窗口就能看見通天閣夜景呢。

Ⓗ 逸の彩 HOTEL

🔵別冊P.23,A1　📞06-7777-9789　🏠大阪市浪速區惠美須西1-2-10　🕐Check in 15:00~，Check out~11:00　🌐hinode-h.com/tc/　⑪免費拉麵21:00~22:00，免費體驗17:00~18:00

> 可住可玩還能賞夜景，更可體驗各式文化活動的飯店。

🔶おすすめ 薦

　位於新世界一帶的逸の彩 HOTEL，從惠美須町駅出口幾乎立即就抵達，飯店斜對面就是通天閣商店街，在交通或觀光、餐飲上都相當便利。而這家新飯店也很特別，主打讓國外旅客體驗日本文化的住宿享樂經驗，幾乎天天都在傍晚起安排一連串免費體驗活動，而且天天不一樣，讓住在這裡再多天也倍覺新鮮。

天王寺公園

おすすめ 薦

只需往天際線眺望，高聳的阿倍野大樓是辨識方向的明顯地標。

📍別冊P.23,B1~C1　☎06-6771-8401，てんしば06-6773-0860　🚃大阪市天王寺區茶臼山町 5-55　⏰てんしば(TEN-SHIBA) 7:00~22:00(依各店鋪而異)　💰てんしば(TEN-SHIBA)自由參觀(部分設施需另收費)　🌐www.tennoji-park.jp

集各式休憩設施於一身的綠意大公園。

這座**歷史超過百年的公園**，就夾在充滿昭和氛圍的新世界與光鮮高樓崢嶸的百貨群阿倍野之間，宛如城市裡的綠珍珠般的存在，不僅是市民放鬆休憩處，裡面還包含有動物園、美術館、日式庭園與茶臼山歷史遺跡。2015年重新整建後的公園更增加許多新設施，像是てんしば(TEN-SHIBA)區有特色咖啡餐廳、旅館、農特產店與兒童及寵物遊戲區等，天氣舒適的時候，更多人會攜家帶眷來這裡野餐享受悠閒時光。

天王寺動物園

📍別冊P.23,B2　☎06-6771-8401　🚃大阪市天王寺區茶臼山町1-108 天王寺公園內　⏰9:30~17:00(入園至16:00)、5、9月週六日例假日至18:00(入園至17:00)　🚫週一(遇假日順延翌日休)　💰成人￥500，國中小學生￥200，小學生以下免費　🌐www.tennojizoo.jp

　　成立於1915年的老牌動物園，是日本第三座動物園，歷史悠久，自開園以來深受關西地區人喜愛，直接重現動物棲息地的生活環境，如今園內約有310種1500多頭可愛的動物，其中以非洲草原的草食動物區最受小朋友的喜愛。

標高26公尺的山頂平台，樹意環繞相當舒適，還可到鄰近的一心寺申請登頂證明。

茶臼山

📍別冊P.23,C1　🚃天王寺公園內　⏰7:00~22:00　💰自由參觀

　　標高26公尺的茶臼山，以高度而言根本不算是山，有一説它是個5世紀的古墳，另有一説它是運河遺跡河底池挖掘後堆出的小山，但至今都無法真正得到考據支持。但唯一確認的是它是**戰國時代德川家康與豐臣家的戰將真田幸村會戰之處，冬季與夏季都在此合戰**，最終德川獲勝，因此這裡也立有一些展示説明版介紹，讓人了解這裡過往歷史遺跡。

四天王寺的歷史

四天王寺是由聖德太子創造的第一座日本佛法官寺。1946年從天台宗獨立出來，太子當時創建的佛寺也在1949年以和宗總本山寺天王寺重新立教，並為興盛佛教及讚揚太子精神重新修復佛寺。太子將敬田院、悲田院、施藥院、療病院的四箇院制度用於學校機構進行佛教教育；社會福祉機構進行福利相關事業及營運醫院，至今仍在運作。

四天王寺

🏛別冊P.23,C1　☎06-6771-0066　🏠大阪市天王寺區四天王寺1-11-18　🕐お堂、中心伽藍、本坊庭園4~9月8:30~16:30(每月21日8:00~17:00)，10~3月至16:00(每月21日8:00~16:30)，10/21至17:00)；六時堂8:30~18:00(每月21日8:00~18:00)　💰中心伽藍成人￥300，高中大學生￥200，國中小學生免費；本坊庭園成人￥300，小學~大學生￥200；寶物館成人￥500，高中大學生￥300，國中小學生免費　🌐www.shitennoji.or.jp

是於推古天皇元年(593)由聖德太子創造的第一座日本佛法官寺，可以來感受靜謐的力量唷！

約11萬平方公尺的廣大境內，四周被迴廊包圍，正是日本最古老建築風格之一的四天王寺式伽藍。創建當時所留下的諸多國家寶藏、重要文化財也被收藏於此。而位在境內東北處占地1萬平方公尺幽靜的本坊庭園，園內擁有湯屋方丈、八角亭等貴重的國家重要文化財。

大阪市立美術館

🏛別冊P.23,B2　☎06-6771-4874　🏠大阪市天王寺區茶臼山町1-82 天王寺公園內　🕐9:30~17:00(入館至16:30)　🚫週一(遇假日順延翌日休)、年末年始(12/28~1/4)、換展期間　💰成人￥300，高中大學生￥200，國中生以下免費，特展需另外購票　🌐www.osaka-art-museum.jp

位在天王寺公園內的大阪市立美術館，於昭和11年(1936)開館，開闊大氣的美術館建築與慶沢園就位在隔鄰，一旁隔著水池就是茶臼山——大阪陣跡。這裡曾是江戶時富豪住友家族的住處，後來隨著將地捐贈給大阪市時，一併將慶沢園日式庭園一起捐出。這裡收藏超過8000件日本和中國的美術作品，許多都是日本重要的文化遺產。除了欣賞館藏展外，也定期推出各式主題企劃特展。

天王寺MIO 本館

🏛別冊P.23,C3　☎06-6770-1000　🏠大阪市天王寺區悲田院町10-39　🕐購物10:30~20:30，10Fミオレス10餐廳至22:00，11Fミオレス11餐廳至23:00　🚫不定休　🌐www.tennoji-mio.co.jp

與JR天王寺駅相連的MIO是大型的車站購物中心，MIO來自義大利語，指的是「我的」，從各店色彩繽紛的展示看得出個性化的訴求，流行服飾、書籍、CD、運動用品與生活雜貨，共有超過200家以上的店舖讓人買個夠，1~9樓以不同主題區分，琳瑯滿目的商品讓人每一樣都想買。

大阪

新世界‧天王寺

京都→兵庫

👁 阿倍野HARUKAS 薦 おすすめ

あべのハルカス

🏠別冊P.23,C3　⏰依設施而異　🚃大阪市阿倍野區阿倍野筋1-1-43　💰依設施而異　🌐www.abenoharukas-300.jp

> 登上日本第一高樓最頂點，感受300M高一望無際的美景。

　　雖説東京晴空塔標高634M，劃新了日本的天際線，但其終究不是大樓，要説**關西最高的大樓當屬阿倍野HARUKAS**。HARUKAS在日本古語中為「變心晴朗」之意，不只指天氣，更是指心境、未來與大阪的榮景。高300M的大樓裡有日本營業面積最大的百貨公司「近鐵百貨」、展望台「HARUKAS300」、都市型美術館「阿倍野HARUKAS美術館」、國際連鎖「大阪萬豪都酒店」與美食餐廳、辦公室等，多樣性的機能讓這裡成為新興休閒購物景點，讓這沉寂一時的天王寺‧阿倍野區域重新點燃百貨購物戰火，成為大阪南北區之外的商業繁盛地。

💡 阿倍野熊Abeno Bear

　　阿倍野HARUKAS有一隻吉祥物，以高樓為意象，吉祥物阿倍野熊身上飄著朵朵白雲，他最喜歡的食物是雲、最愛的事就是睡覺，沒睡醒般的呆萌外表非常可愛，而且除了藍天白雲，還有晚霞以及星空版本的阿倍野熊。來到阿倍野HARUKAS，別忘了找找牠的身影喔。

☕ Café & Dining Bar SKY GARDEN 300

📞06-4399-9181　🏠阿倍野HARUKAS 58F　⏰9:30~22:00　🌐www.abenoharukas-300.jp/tc/observatory/restaurant.html

　　阿倍野HARUKAS有許多咖啡廳，但不得不提位在展望台樓層的SKY GARDEN 300，這裡推出許多名物，像是長達300mm的熱狗麵包，還有與大阪在地老牌糖果公司「パイン株式会社」合作推出的「鳳梨糖霜淇淋」，另外也有許多與阿倍野熊結合的餐點，都是熱門的話題點心。

👁 HARUKAS300展望台

☎06-6621-0300　🏠阿倍野HARUKAS 58F~60F
🕐9:00~22:00(入場至21:00)，當日券售票8:50~21:30　💲當日券、月間有效券(日期指定券) 18歲以上￥2000，國高中生￥1200，小學生￥700，4歲以上￥500，未滿4歲免費　🌐www.abenoharukas-300.jp/observatory/　❗購買當日券請至阿倍野HARUKAS 16樓的票券販賣處。欲購買月間有效券者，可在近鐵各大車站購買；指定日期並購票後便不能更改，並要在日期指定券上的指定時間至16樓換取入場券，逾期作廢

　　購票後從16樓搭乘直達展望台的電梯，只要50秒便到達60樓。**四面透明的玻璃營造360度無死角視覺體驗**，從300M的置高點向外望去，**京阪神一帶的風景映入眼底**，天氣晴朗的時候，甚至可以遠眺明石海峽大橋、六甲山、京都、生駒山、關西國際機場等。在59樓是回程出口設有展望台賣店，可愛的吉祥物商品都在這裡。

戀人聖地

阿倍野HARUKAS因為浪漫夜景被認定為「戀人的聖地」，在空中庭園還有個紀念碑，一旁不僅掛滿了小巧的金鎖象徵愛情久遠，還能夠在愛心拱門「Hrukas Herat」下拍張甜蜜照，戀人造訪時可別錯過。
🏠阿倍野HARUKAS 58F空中庭園內

以遼闊的展望風光為背景，拍張紀念照。

踏上關西大樓最高點──停機坪

來到60樓的展望台已經看得夠遠了，但想想爬得更高，不受玻璃帷幕阻礙的話，一定要參加停機坪見學行程。登上60樓後現場報名，約1小時便有一梯次，全程約25分鐘，由專人帶領登上戶外停機坪，除了一望無際的美景外，更能感受300M高空中狂風打在臉上的快感！
🕐09:40~20:30，1小時一梯次，共13梯次(09:40僅限週六、日及例假日)　💲4歲以上￥1500

🛍 阿倍野HARUKAS近鉄百貨

☎06-6624-1111　🏠阿倍野HARUKAS B1F~14F
🕐B2~3.5F10:00~20:30，4F~11F10:00~20:00，12F~14F餐廳11:00~23:00　🌐abenoharukas.d-kintetsu.co.jp

　　老牌百貨近鐵百貨分店遍布西日本，而本店便位在阿倍野。本店占地廣大，**分為塔館(タワー館)與翼館(ウイング館)**，塔館位在阿倍野HARUKAS中，從B1~14層樓大面積選入豐富的品牌服飾，而12~14樓的美食餐廳更是選擇多樣。**主打年輕族群的翼館選入品牌較活潑**，4樓也提供大小尺寸女性服飾；除了女性客群，在7樓也有專門針對年輕男性選入的流行品牌，貼心地服務不同客群。

and

📍別冊P.23,C3 📞06-6625-2800 🏠大阪市阿倍野區阿倍野筋2-1-40 🕐11:00~21:00 🌐www.d-kintetsu.co.jp/and/

位在近鐵大阪阿部野橋站附近，六層樓的小百貨，1~4樓為賣店，集結時尚、生活雜貨、美容等相關店舖，2樓以時尚服飾為主，3樓澤以美容健康為主，大家而熟能詳的品牌LOFT、Marimekko、成城石井在這裡也有設櫃。

Hoop

📍別冊P.23,C3 📞06-6626-2500 🏠大阪市阿倍野區阿倍野筋1-2-30 🕐購物11:00~21:00，B1F美食區至23:00 🌐www.d-kintetsu.co.jp/hoop/

與and相鄰的Hoop，B1樓為美食區，1樓主要為生活雜貨類商店，2~4樓以流行時尚服飾店舖為主，5樓為運動用品區，6樓則為書店，有豐富多樣化的品牌進駐Hoop供顧客選擇。

ABENO Q'S MALL

📍別冊P.23,B3 📞06-6556-7000 🏠大阪市阿倍野區阿倍野筋1-6-1 🕐購物10:00~21:00，3F美食區、Ito Yokado 10:00~22:00，4F餐廳11:00~23:00 🌐qs-mall.jp

大阪真是個讓人吃喝玩樂到虛脫的好地方，瞬息萬別的都市景象隨時都有新的購物中心產生！位於天王寺、阿倍野地區的購物中心Q'S MALL，潔白前衛具設計感的裝潢，打著人們與街道完美結合的涵義，就是要讓人好好享受購物時光。首次進駐關西的「SHIBUYA109 ABENO」，讓少女們眼睛都發亮了，就連彩色的「代言熊」玩偶「ABENO ABENO」都相當可愛呢。

📖 MUGIWARA STOREあべの店

ONEPIECE 麦わらストア

📞06-4393-8441 🏠ABENO Q'S MALL 3F 🕐10:00~21:00 🌐www.mugiwara-store.com

關西唯一的一家航海王商品專賣店，各式豐富商品從造型公仔、絨毛玩具、文具、杯盤、服飾外，也跟知名戶外背包品牌聯名推出航海王圖案的包包，當然全套漫畫也找得到之外，其他台灣較難找到的最新、限量或是紀念版本商品，也是值得尋覓的搜羅目標。

各式可愛的航海王小物扭蛋機，一次200~300日圓。

Krespy Kreme ABENO Q'S MALL店

☎06-6695-7980 ⊕ABENO Q'S MALL B1F ⏰10:00~21:00

招牌原味糖霜甜甜圈,點完餐後店家會幫你加熱,美味更加乘。

　來自美國知名的甜甜圈品牌Krespy Kreme,在台開店時曾造成排隊大熱潮,可見其受歡迎的程度。在日本分店也相當多,這家位於Q'S MALL 2F露臺區的街邊店,內部空間寬敞又能看見戶外景色,很多人都在逛街後來這歇腿坐坐,享受甜滋滋美味。當然除了招牌原味糖霜甜甜圈外,日本也推出一些台灣沒有的特別季節版本,像是與法國動漫主角泡泡先生結合,也很吸睛。

ABC CRAFT ABENO Q'S MALL店

☎06-6649-5151 ⊕ABENO Q'S MALL 3F ⏰10:00~21:00 ⊕www.abc-craft.co.jp

　近年來,日本吹起一陣手作風,追求創意無限的獨特設計,愛上手工創作的成就感,喜歡手作創作的朋友,ABC CRAFT絕對要列入必來的行程清單內!位在Q'S MALL 3樓的ABC CRAFT總店,店鋪面積寬廣,開放式的賣場空間,販賣各式各樣的手工藝的素材和用具,以及可愛復古的雜貨,標榜以平價的價格,帶給顧客最佳的購物環境。

寶寶本舖ABENO Ito Yokado店

アカチャンホンポ

☎06-6641-2520 ⊕ABENO Q'S MALL Ito Yokado 2F ⏰10:00~21:00 ⊕www.akachan.jp

　1932年創立的寶寶本舖是老牌的嬰幼兒用品專賣店,用心搜集來自日本各地媽媽們的心聲和意見,並秉持安心、舒適、愉悅的三大理念,為媽媽們創造出幸福美好的育兒生活。如此用心經營,難怪深得日本媽媽們的心。店內琳瑯滿目的嬰幼兒相關產品,從懷孕初期到產後的媽媽用品,以及新生兒到幼兒的用品,應有盡有,可愛又實用的設計,加上價格平易近人,這裡就是媽媽們的天堂,逛一圈下來,絕對可以滿載而歸。

grill maruyoshi

おすすめ 薦

☎06-6649-3566 ⊕ABENO Q'S MALL ViaあべのWalk 130 ⏰11:00~15:00(L.O.14:30),17:00~22:00(L.O.21:30),週六日例假日11:00~15:30(L.O.15:00)、16:30~22:00(L.O.21:30) ⊛週二(遇假日照常營業) ⊜特製ロールキャベツ定食(特製高麗菜捲套餐)¥1650 ⊕viaabenowalk.jp/shop130/

老店研發的好滋味,歷經70年依然屹立不搖,可見有其過人之處。

　1946年創業洋食屋,招牌名物特製ロールキャベツ,煮得軟嫩但不過爛的高麗菜捲包裹著肉,搭配兩種醬汁,一是黑褐色的法式醬汁多蜜醬(Demi-Glace sauce),帶點甜鹹滋味,另一是土黃色的咖哩醬,微辣但不嗆的咖哩風味,一次滿足雙重享受。

堺
さかい
Sakai

繁華與復古並存，大阪南區的「堺」就是一個例子。連接大阪南區繁華地與堺的阪堺線全線距離超過14公里，以我孫子道為分界點，北區是大阪，南區則為堺市，沿途居民頗多，因此也就發展出頗受在地人喜愛的各種小店，老媽媽的家常菜、個性十足的甜甜圈店或是以大阪為榮、努力發揮創意的和風雜貨老店。來到堺，不但可以體驗最真實的原鄉風情，也能找到日本最老的靈魂，不管是茶道、香道、刀刃工藝、和菓子等，每一樣都樸實又古典，不華麗卻深藏底蘊，縱使沒有鎂光燈，依然能見到最精采、最平實的大阪庶民生活景象。

交通路線 & 出站資訊

電車
阪堺電車天王寺駅前駅➪上町線
阪堺電車惠美須町駅➪阪堺線
南海堺駅➪南海本線
南海堺東駅➪高野線
JR堺市駅➪JR阪和線

出站便利通
◎大阪市地下鐵御堂筋線、谷町線、JR大阪環狀線「天王寺」站、近鐵南大阪線「阿部野橋」站下車徒步約3分抵達阪堺電車上町線「天王寺駅前」站。大阪市地下鐵御堂筋線、堺筋線「動物園前」站、JR大阪環狀線「新今宮」站、南海本線「新今宮」站徒步約7分。
◎堺市的各個景點距離不遠，可以堺市內阪堺電車沿線為中心，來趟散步小旅行。
◎要前往堺伝統産業会館可以搭乗阪堺電車阪堺線於妙國寺駅前駅下車，徒步3分即可達。
◎從南海電鐵線的堺東駅西口出來，左手邊的高樓便是堺市役所。
◎JR的堺市駅離堺市的主要觀光地有點遠，如在此下車還需要轉乗巴士，較不建議。
◎堺的玩法除了以堺為中心的玩法之外，還有及電車沿線的玩法。建議可以買張一日券，便可一次將通天閣、住吉大社、堺、浜寺駅前等地玩透透。
◎全線1日フリー乘車券 てくてくきっぷ(阪堺電車一日券)➪單次搭乗成人￥230、兒童￥120(限大阪市內或堺市內)，阪堺電車一日券成人￥700、兒童￥350，一天內可隨意搭乗阪堺電車全線，車票為刮式，購買之後使用硬物刮除當天搭乗的日期(2019年5月起為令和元年，以此類推)，上車時不需拿取整理券，只要下車時出示一日券請司機過目即可。
⊕www.hankai.co.jp

🔵 堺伝統産業会館

薦 おすすめ

📍別冊P.26,B1 ☎072-227-1001
🏠大阪府堺市堺區材木町西1-1-30
🕙10:00~17:00 ❌第3個週二(遇假日順延翌日休)、年末年始(12/29~1/3)、不定休 💰自由參觀 ⊕www.sakaidensan.jp

刀刃為堺市的傳統特色工藝，來趟文化之旅，深入了解刀刃的大小知識。

堺市位在大阪府的中南部，**刀刃是最著名的特色工藝**，為了推廣這傳統產業，由刀刃聯合會所建造完成的**堺伝統産業会館正是一個刀刃的博物館**，在這

裡可以親眼看到一把好刀的製作過程，還有專業職人教導如何磨出好刀，當然也可以在此買到職人所打造的名刀。

阪堺電車

從大阪南區的「天王寺駅前」，搭上大阪僅存的路面電車——阪堺電氣軌道，以悠閒緩慢的速度前往最真實的庶民生活前進。才過了兩個車站，車窗外的風景就立刻從開闊寬廣的大道進入住宅區之間，只見兩旁縮減的車道拉近了電車與一般汽車的距離，騎著單車的學生們緊鄰著電車一同等候紅燈，剛買完菜要回家的主婦就從車前的斑馬線通過，停靠的車站也只是狹窄腹地的無人月台，沿途還不斷發出「鏘~鏘~」的聲音，讓一整趟阪堺線的乘車經驗充滿著復古情懷。

◉ 堺市役所21階展望ロビー

📖別冊P.26,B2 ☎堺観光コンベンション協会072-233-5258 📍大阪府堺市堺區南瓦町3-1 🕐9:00~21:00 💰自由參觀 🌐www.sakai-tcb.or.jp/spot/detail/73

　想要看**免費的夜景**，來這兒就對了。從高80公尺的展望台，可以將堺市的繁華景色與仁德天皇古墳等歷史景觀盡收眼底。而360度的迴廊設計無死角，更**可以遠眺六甲山、大阪城、關西機場**等著名景點。這裡也是一個休息的好地方，市役所除了貼心設置了許多互動設施與休息座位，還設有一間咖啡廳可讓遊客坐下來邊喝咖啡邊欣賞美麗的風景。

本家小嶋

薦
おすすめ

📖別冊P.26,A2 ☎072-232-1876 📍大阪府堺市堺區大町西1-2-21 🕐9:00~18:00(售完為止) 🈳週一 💰芥子餅￥150，ニッキ餅(肉桂餅)￥150

> 四百多年的一代傳承，堅守傳統技法製作和菓子，老味道絕對值得一嚐。

　室町時代天文元年(1532)創業的老舖和菓子屋，代代一子相傳的秘傳秘技，至今已傳承至20代目，**名物芥子餅，麻糬的外層被芥子包裹住，內餡為紅豆泥**，吃起來富有層次感，芥子的顆粒感，麻糬的Q彈，紅豆泥的細緻感，搭起來絕配的口感，這可是早在豐臣時代千利休就背書過的和菓子，他吃過後覺得驚為天人，大大讚揚芥子餅的美味。

かん袋

📖別冊P.26,A2 ☎072-233-1218 📍大阪府堺市堺區新在家町東1-2-1 🕐10:00~17:00(售完為止) 🈳週二、三(遇假日照常營業) 💰くるみ餅シングル單個￥410 🌐www.kanbukuro.co.jp

　くるみ是日文核桃的意思，但這種叫くるみ餅的食物，其綠色的汁怎麼看都不像是核桃，連日本人都覺得很新奇。據老闆透露，這**綠色的濃稠汁液是由抹茶與獨門秘方調製而成**，吃起來苦味中帶著蔗糖的香，白玉則是堅持當天手工現揉，兩者合在一起吃口感很獨特。

◉ さかい利晶の杜

📖別冊P.26,A2 ☎072-260-4386 📍大阪府堺市堺區宿院町西2-1-1 🕐千利休茶の湯館、与謝野晶子記念館、観光案内展示室9:00~18:00(入館至17:30)，茶の湯体験「立礼茶席」(20分)10:00~17:00(入場至16:40)；茶の湯体験「個人向け茶室お点前体験」(45分/梯次)預約制，第3個週日 10:00、11:30、13:00、14:30、16:00 🈳第3個週二(遇假日順延翌日休)、年末年始 💰千利休茶の湯館、与謝野晶子記念館門票大學生以上￥300，高中生￥200，國中生以下免費；立礼茶席(抹茶和堺的生菓子)大學生以上￥800，高中生￥700，國中生以下￥600；個人向け茶室お点前体験大學生以上￥1000，高中生￥900，國中生以下￥800 🌐www.sakai-rishonomori.com ❗個人向け茶室お点前体験需二個月前預約

　さかい利晶の杜兩大常設展千利休茶の湯館與与謝野晶子記念館，正是介紹堺兩大名人**茶道千家始祖千利休與詩人与謝野晶子的展覽**，逛完後還可以至茶の湯体験施設享用抹茶和和菓子，每日由不同的茶道流派(表千家、裏千家、武者小路千家總稱三千家)來服務。

大寺餅河合堂

📍別冊P.26,A2　📞072-222-1223
🏠大阪府堺市堺區少林寺町西
4-1-27　🕐9:30~17:30　❌週
二、三　💰大寺餅6個¥605

　説到堺的名產，很多人第一個就會想到這裡的大寺餅。**大寺餅指的是由紅豆泥包著香Q麻糬的一種點心**。加了塩調味的紅豆泥吃起來不死甜，配著茶吃還能引出茶的甘味，絕對要來一嚐。

深清鮓

📍別冊P.26,A2　📞072-241-4593　🏠
大阪府堺市堺區出島町1-1-22　🕐
9:30~18:00(售完為止)　❌週一、二
💰穴子にぎり(鰻魚壽司)6個¥1036

　壽司老店招牌鰻魚壽司，用料實在，深受在地人的喜愛。

　老舖壽司創業於1948年，是間**只能外帶的壽司店**，**名物為鰻魚壽司**，穴子にぎり鰻魚是用蒸的，穴子箱すし鰻魚則是用烤的，料理方式不同，但相同是美味不打折，鰻魚上塗上一層甜鹹的醬料，讓鰻魚壽司視覺與味覺都大大加分。

　讓人一口塞一個大寺餅，愈嚼愈香，愈吃愈順口。

大吉 堺本店

📍別冊P.26,A2　📞072-233-8418　🏠大阪府堺市堺區栄橋町2-4-28 堺魚市場內　🕐23:00~翌8:00(L.O.翌7:45)，週六、日至翌9:00(L.O.翌8:45)　❌週一　💰あさりの味噌汁(蛤蜊味噌湯)¥440　🌐t-daikichi-sakai.crayonsite.com

　位在堺魚市場內營業時間配合市場作息在**半夜營業至早晨**，有**名的天婦羅店**，店內**定番名物**不是天婦羅卻是**蛤蜊味噌湯**，店內的有趣特色是將吃完的蛤蜊殼直接往地上丟，因此一夜過後滿地都是被踩踏過的碎蛤蜊殼，很多饕客遠道而來就是為了體驗這另類的飲食文化呢！

　紅色蘋果是超市的Logo商標。

KINSHO 大小路店

📍別冊P.26,B2　📞072-227-0690　🏠大阪府堺市堺區之町東1-1-7　🕐9:00~22:00　🌐www.kinshostore.co.jp

　KINSHO(近商)超市60多年歷史的老牌連鎖超市，全日本共有28家據點，擴及大阪、奈良、京都地區，KINSHO三大營業宗旨Recycle、Care、Safe & Health，提倡不過度包裝，減少塑膠袋的使用量，多利用再生資源的環保意識，以及販賣有機栽培的農產品把關消費者與生產端的健康，為地球環境變遷盡一份心力。

天神餅

📍別冊P.26,B2 ☎072-233-0987 🏠大阪府堺市堺區車之町東3-1-1 🕐9:00~18:00 ❌週一(遇假日照常營業) 💲天神餅¥150 🌐www.kansaisweets.com/tenjinmochi/

隨著茶道的發展，堺的和菓子也十分有名。而這間天神餅也是深受地方愛戴的老舖之一。**柔軟的麻糬包著香甜的紅豆內餡**，吃起來有點像花蓮的麻糬，但再多咀嚼一下，麻糬與紅豆內餡混和的香氣又有一種清新感，十分適合拿來當茶會的小點心。

薰主堂

📍別冊P.26,B1 ☎072-232-2549 🏠大阪府堺市堺區北半町西2-1 🕐9:30~17:30，週日、例假日10:00~16:00 ❌週日 💲におい袋(香包)¥1150 🌐www.kunsyudou.jp

為了供應京都、奈良等地佛寺需要，大阪近郊的堺市為日本線香的製造重鎮，甚至有「泉南佛國」美稱。在線香大量機械生產的現代，薰主堂還**保存有手工製香的傳統工坊**，手工線香的特徵是香氣馥郁自然，且薰煙持久、不易碎斷，因應最近香氛療法潮流，手工線香更顯珍貴，宛若成為香氣的藝術品。

堺市是茶聖千利休的故鄉。

伸庵

📍別冊P.26,B3 ☎072-247-1447 🏠大阪府堺市堺區百舌鳥夕雲町2 大仙公園內 🕐9:30~16:30(10:00~16:00供茶) ❌茶室週一(遇假日照常營業)、年末年始、堺市博物館休館日 💲免費參觀，抹茶¥500(附和菓子) 🌐www.sakai-tcb.or.jp/spot/spot.php?id=107

千利休將自中國傳來的茶道發揚光大，千利休所創立的「千家流茶道」後來分成表千家、裏千家和武者小路千家，各自傳襲著精緻正統的茶道文化，如今在堺市大仙公園內的茶室「伸庵」，可以**體驗千家流的茶道文化**，愉快融入茶會氣氛，品味日式抹茶和茶點。

丸市菓子舖

🅰別冊P.26,B2　☎072-233-0101　🅖大阪府堺市堺區市
之町東1-2-26　🕘9:00~18:00　💲斗々屋茶碗(小)￥200
🌐www.maruichikashiho.com

明治28年創業，名物斗々屋茶碗在平成14年全國
菓子博覽會榮獲最高榮譽的總裁賞，
是**再現千利休的名碗「斗々屋」，
內餡有兩層為丹波大納言紅豆
泥與柚子泥**，一切開濃濃的柚子
香飄散出來，咬一口溫潤的紅
豆泥與微酸甜的柚子泥
組合卻是意外的搭。

大小約直徑15公
分，與實物相近的
斗々屋茶碗饅頭。

曾呂利 本店

🅰別冊P.26,B1　☎072-238-
6504　🅖大阪府堺市堺區宿
屋町西1-1-1　🕘8:30~18:30，
週日、例假日至18:00　🈺年始
(1/1~2)　💲大鏡餅￥300　🌐sorori.co.jp

堺以刃物出名，其中最為人知曉的名匠就是曾呂利
新左衛門了。這間和菓子老舖正是以這位工匠為名，保
存了許多當年的日式糕餅。**最著名的大鏡餅直徑9公
分**，外皮燒得香甜鬆軟，**內餡是白豆沙**，吃起來綿密不
膩，是許多人來到堺後會買回去送禮的堺名物之一。

⛩ 菅原神社

🅰別冊P.26,B2　☎072-232-2450　🅖大阪府堺市堺區戎之町東2-1-38
6:30~17:00　🌐www.sakaitenjin.or.jp

長德3年(997)便已創立的菅原神社，**主要祭拜的是學問之神菅原道真**。
不同於太宰府，菅原神社**還有祭拜南大阪第一的えべっさん**，據說寬文4年
(1664)時，在現在戎島町附近浮起了一座島，島上發現了一座石像，人們便建
造了堺戎神來祭祠石像。昭和26年(1951)年遷入菅原神社，成為境內的一
社。

大阪港區

おおさかベイエリア
Osaka Bay Area

大阪是一個濱海城市，從古時便因港灣而繁榮起來，雖然不像是神戶的港都名氣那麼大，但隨著大阪港區的許多設施建築完成，也成為大阪民眾假日觀海賞景的休閒好去處，事實上大阪灣範圍廣泛，包括大阪環球影城、灣區的天保山周邊、南港、北港等地，甚至涵蓋了關西機場，不僅有購物中心、主題公園可以玩上一整天，搭乘大阪唯一的單軌電車可順路遊覽，也可以坐上各種橫渡港灣的交通船、遊覽船，欣賞大阪港區美麗的海港好風光。

交通路線&出站資訊

電車
大阪地下鐵大阪港駅⇨中央線
大阪地下鐵コスモスクエア駅⇨中央線、ニュートラム南港ポートタウン線(捷運南港區線)
トレードセンター前駅⇨ニュートラム南港ポートタウン線(捷運南港區線)
JRユニバーサルシティ駅⇨JRゆめ咲線(夢想花開線)
JR桜島駅⇨JRゆめ咲線(夢想花開線)

渡輪
海遊館西碼頭~日本環球影城港⇨Capt. Line 單趟航程約10分鐘，國中生以上¥800，小學生¥400，4歲以上¥300
⇨www.mmjp.or.jp/Capt-Line/

出站便利通
◎大阪港區範圍開闊，建議鎖定要前往的景點再選擇交通路線。
◎前往有著大型摩天輪的天保山區域可搭乘大阪地下鐵中央線在大阪港駅下從1號出口徒步約5分即達。天保山的各個景點緊鄰，頗為便利。
◎前往南港地區搭乘地下鐵中央線在「コスモスクエア」站下，離海之時空館最近。
◎若要到大阪府咲洲庁舍展望台則要轉乘ニュートラム南港ポートタウン線(捷運南港區線)在「トレードセンター前」下。

海遊館外型就設計成一個塔形的大水族箱。

海遊館

薦 おすすめ

▲別冊P.25,C3　☎06-6576-5501　◎大阪市港區海岸通1-1-10　◎10:00~20:00(依季節而異，詳見官網)，最後入館至閉館前1小時　⑭不定休(詳見官網)　⑤高中生、16歲以上¥2700~3500(依時段浮動)，國中小學生¥1400~1800(依時段浮動)，3歲以上¥700~900(依時段浮動)，2歲以下免費　⑭www.kaiyukan.com

來到港區就會聯想到海洋生物與海，想了解海底世界的奧秘，來此準沒錯，海遊館讓你飽覽太平洋的神祕的海底世界。

外型相當碩大亮麗的天保山海遊館於1990年開幕，甚稱世界最大的室內水族館，裡面悠遊著太平洋以及環太平洋各個海域的洄游海洋生物，包括瀨戶內海、日本海溝、大堡礁等10個不同型態的海底風貌，運用許多大型水槽展現了環繞太平洋區域的自然生態環境。

從3樓入口進入後，會先穿過11公尺長的藍色海底遂道，這一區代表亞熱帶海洋，有大大小小色彩瑰麗的熱帶魚群就在頭上游過，接著搭長長的手扶梯，直達8樓，就可以沿著緩坡繞著館內中央的大水族箱一圈一圈走下來，這座蓄水量超過5400噸的水槽以太平洋為主題，其中最受遊客喜愛的就是悠游其中的巨大鯨鯊。鯨鯊又稱豆腐鯊，為世界上最大的魚類，居住在海遊館的「海くん」與「大くん」，陪伴了許多小朋友成長，如果來到海遊館未能親眼見到鯨鯊就算白來了！其實，海遊館開幕多年，人氣居高不下的鯨鯊也已傳承到第五代，每天餵食鯨鯊的餌就多達近7公斤。除了海洋生物，海遊館也展示兩棲爬蟲類、鳥類、哺乳類等其他物種，豐富的生物世界走一趟下來，保證讓人大飽眼福。

大阪

大阪港區

➡京都➡兵庫

👁 天保山Market Place

🏠別冊P.25,C3　☎06-6576-5501　🏠大阪市港區海岸通1-1-10　🕐購物11:00~20:00，美食區、餐廳11:00~20:00 (依季節而異，詳見官網)　🚫不定休(詳見官網)　🌐www.kaiyukan.com/thv/marketplace/

　位於海遊館與摩天輪之間的購物中心，有美食餐廳與各式紀念品小店，由於位在海濱娛樂區，整個商場的氣氛休閒而輕鬆，**商場北側是欣賞大阪灣夕陽餘暉美景的好地方**。此外，每到假日，廣場還會有許多街頭藝人表演，更增添熱鬧氣氛。

👁 なにわ食いしんぼ横丁

🏠依店舖而異　🏠天保山Market Place 2F　🕐11:00~20:00　🌐www.kaiyukan.com/thv/marketplace/kuishinbo/

　為了演繹1970年舉辦萬國博覽會的繁榮大阪，なにわ食いしんぼ横丁**以昭和年代的「元氣大阪」為主題**，打造出一個下町氣氛的空間，並請來最能代表大阪美食的許多老舖餐廳，包括自由軒的特色咖哩飯、北極星的蛋包飯，讓熱愛平民美食的遊客們一次就能夠品嘗到所有的好料。

👁 天保山大観覧車

☎06-6576-6222　🏠天保山Market Place外　🕐11:00~19:00(售票至18:45)，週六、日10:00~21:00(售票至20:45)　🚫海遊館休館日　💰3歲以上￥900　🌐tempozan-kanransya.com　❶小學生以下需16歲以上同行者才能入場

　海遊館旁巨型的摩天輪映入眼簾，直徑100公尺，112.5公尺高，晴天時還可遠眺神戶一帶甚至更遠的明石海峽大橋與關西機場。到了夜晚，雖然從摩天輪內觀賞夜景可是一絕，摩天輪上投映的燈光還會隨著明日天氣變換顏色。

👁 LEGOLAND Discovery Center大阪

☎0800-100-5346　🏠天保山Market Place 3F　🕐10:00~18:00，賣店11:00~16:00(詳見官網)　🚫不定休　💰日期指定券3歲以上￥2800(當日券)、￥2200起(預售券)，2歲以下免費　🌐osaka.legolanddiscoverycenter.jp　❶目前不開放購入當日券，來場需事先買預售券；15歲以下小孩需16歲以上大人同行才能入場，16歲以上大人無法單獨入場

　LEGOLAND分為2區，一區為樂高的賣店，另一區則為樂高遊樂園，園區內除了多個互動性遊樂設施外，還有4D劇院，**最有特色的就是Mini Land區，使用100萬個以上的樂高拼出迷你版大阪街景與知名景點**，其相似度令人驚呼連連。身為樂高迷當然少不了逛樂高的專賣店，其中Pick A Brick區，可自由選擇喜歡的樂高。

讓樂高積木帶你發揮天馬行空的想像力。

👁 ATC

📍別冊P.25,B4 📞06-6615-5230 🏠大阪市住之江區南港北2-1-10 🕐11:00~20:00 💲依店舖而異 🌐www.atc-co.com

　面積超過33萬5千平方公尺的ATC，**集中了Outlet、購物中心MARE、保齡球館、電玩遊戲中心、家具雜貨的展示區、各種風味美食餐廳，還會不定期舉辦活動，在現場也有小型音樂會。其中占了ATC貿易中心共2層樓的MARE則是專賣服飾、雜貨等進口精品的賣場**，由於款式流行且價錢合理，十分受到年輕上班族群的青睞。

👁 觀光船聖瑪麗亞號

観光船サンタマリア

📍別冊P.25,B3 📞06-6942-5511 🏠大阪市港區海岸通海遊館西はとば 🕐日間航程11:00~17:00(依季節而異，每整點一班) 🚫1月上旬~2月上旬、不定休(詳見官網) 💲白天航程(45分鐘)成人￥1800，小學生￥900 🌐suijo-bus.osaka/intro/santamaria/

　環繞大阪灣一圈的復古造型觀光船聖瑪麗亞號由海遊館出發，一路飽覽大阪灣風光。除了海天一色的美景，聖塔瑪麗亞號本身也很有看頭，依據美國哥倫布船艦兩倍大的規模來興建，**底層還有個迷你的海事博物館**，展出哥倫布相關資料。

> 在這裡展示著哥倫布相關資料以及大航海時代的物品。

👁 大阪府咲洲庁舍

📍別冊P.25,B4 📞06-6941-0351 🏠大阪市住之江區南港北1-14-16 ⏰COSMO TOWER餐廳約11:00~21:00(依店舖而異) 🌐www.wtc-cosmotower.com

　大阪府咲洲庁舍高達256公尺，不僅有大阪府的辦公室，還有55樓展望台、郵局、銀行等，另外還有設有許多餐廳，提供來此辦公或觀展的人一個休息用餐的地方。

> 不管白天或晚上，美麗海灣風景十分迷人。

👁 大阪府咲洲庁舍展望台

📞06-6615-6055 🏠大阪府咲洲庁舍52~55F ⏰11:00~22:00(入場至21:30) 🚫週一(遇假日順延翌日休) 💲高中生以上￥1000，國中小學生￥600 🌐sakishima-observatory.com

　位於大阪府咲洲庁舍頂層的展望台最吸引人，從展望台可**360度欣賞大阪灣最壯麗的美景**，近景能夠俯瞰散發五彩霓虹的天保山大摩天輪，遠眺關西機場、淡路島或明石海峽大橋，展望台還貼心地規劃許多情人雅座，每天從傍晚就陸續吸引許多情人來此談情賞夜景。

大阪　万博記念公園

万博記念公園

ばんぱくきねんこうえん

Expo '70 Commemorative Park

位 於大阪中北部吹田市千里丘陵的万博記念公園,現今成了大阪著名的三大賞櫻名所之一,其前身為1970年日本所舉辦的萬國博覽會(簡稱大阪萬博、EXPO '70)舊址,會場占地330公頃,由日本建築師丹下健三設計,當時萬博的主題是「人類的進步和協調」,參展者向世界各國展現文化、科技、產業發展對日常生活影響力的國際交流平台,此次也是日本首次主辦世界博覽會,總計有77個國家、4個國際組織參加,進場人數多達6421萬8770人次。

交通路線&出站資訊

電車
万博記念公園駅、公園東口駅⇄大阪モノレール(大阪單軌電車)

出站便利通
◎万博記念公園駅出站,走過天橋,步行約5分鐘,即到達万博記念公園的自然文化園中央口售票亭。
◎万博記念公園駅出站,步行約2分鐘,即到EXPOCITY。

万博記念公園

☏万博公園総合案内所06-6877-7387　♨大阪府吹田市千里万博公園1-1　◷9:30~17:00(入園至16:30);太陽の塔内部公開(預約制)10:00~17:00　⊗週三(遇假日順延翌日休、4/1~黃金週和10/1~11/30無休)、年末年始　⊙自然文化園·日本庭園共通券成人¥260,國中小學生¥80;太陽の塔入館·日本庭園共通券成人¥930,國中小學生¥380;太陽の塔入館成人¥720,國中小學生¥310　⌨www.expo70-park.jp　❶太陽の塔入館需事先預約,最晚於前一日前上網預約

◉ 自然文化園

⏢別冊P.27,B2~C2　☏万博公園総合案内所06-6877-7387　◷9:30~17:00(入園至16:30)　⊗週三(遇假日順延翌日休、4/1~黃金週和10/1~11/30無休)、年末年始　⊙自然文化園·日本庭園共通券成人¥260,國中小學生¥80

> 千萬不要怕辛苦,努力爬到最上層,登高望遠,園內風光盡收眼底,還可以看到太陽的塔喔!

自然文化園以岡本太郎所設計建造的博覽會地標「太陽の塔」為中心,西側是翁鬱蔥蔥的森林步道,東側則是寬敞開闊的綠草坪,四季交替各有風情,春季櫻吹雪,夏季五彩繽紛的鬱金香花海,秋季楓紅葉落,冬季皚皚白雪的銀白世界。除了可欣賞自然景觀,吸收豐富芬多精外,園內還有需另外收費的文化設施,国立民族学博物館、大阪日本民藝館、EXPO'70パビリオン等可供遊客入館參觀。

◉ 遠見の丘

⏢別冊P.27,B2

木棧建築的五層高瞭望台,瞭望台上有觀察自然生態的特殊設施,像是森林集音器,可以聆聽到大自然的蟲鳴鳥叫聲,風吹動葉子沙沙作響的聲音,以及森林萬花筒利用三面鏡反射出變化萬千的森林景色,還有日晷儀,依照自己的影子位置就可得知季節變化。體力不錯的人還可以走一趟高約3~10公尺,長約300公尺的ソラード(森の空中観察路),欣賞沿途的自然景觀,就近觀察動植物生態。

太陽の塔
おすすめ 薦

◎ 別冊P.27,C2

萬國博覽會的地標──太陽の塔，宛如守護神般地矗立在園區內，這是由藝術家岡本太郎設計匠心建造，塔高70 m，基底部直徑20 m，臂長25 m。太陽の塔有三個太陽臉，分別為位在正面腹部，代表現在的「太陽の顏」，與位於頂端，代表未來的「黃金の顏」，黃金太陽金光閃閃色澤，存在感十足，以及位在背後，代表過去的「黑い太陽」，在萬博會展覽期間地底下還有個地底太陽，不過現已拆除了。

> 大阪著名地標之一，春天賞櫻，秋天賞楓的名所。

20世紀少年

太陽の塔也是浦沢直樹《20世紀少年》漫畫迷的朝聖地。2009年，改編浦沢直樹《20世紀少年》漫畫原作的電影《20世紀少年：第2章 最後的希望》在日本上映前夕，曾耗資8千萬日幣實地改造太陽の塔，成為一日限定版的「ともだちの塔（朋友之塔）」，象徵「友民黨」以及「朋友」手比著食指的眼睛標誌出現在塔的頂端和腹部。

春の泉

◎ 別冊P.27,B1

有別於一路上的森林草原風光，春の泉潺潺流水流過，高低起伏、層層相疊的圓弧狀的石堡壘，宛如一座小型石迷宮，一個轉彎，走上一個又一個的石堡壘，處處是風景，石堡壘內的圓形小花圃，又是別有一番風情。

> 這裡是万博記念公園循環水系統的起點，創意設計非常有趣，就像個小型遊樂場。

岡本太郎

岡本太郎（1911-1996）受到畢卡索影響，創造出抽象意像的畫作和立體藝術品，代表作『傷ましき腕』（油彩、1936年，因戰火中燒毀，1949年再重新製作）、『明日の神話』（油彩、1968年）、太陽の塔（鋼筋混凝土藝術品、1970年）。有興趣的朋友，可以造訪位於神奈川縣川崎市的岡本太郎美術館和東京都港區南青山的岡本太郎記念館參觀喔！

森の舞台

◎ 別冊P.27,B1

森の舞台是夏威夷展館的舊址，有個直徑42 cm圓形舞台，由十二支代表動物的鞍馬岩石所組成，從北邊順時針方向依序是子（鼠）、丑（牛）、寅（虎）、卯（兔）、辰（龍）、巳（蛇）、午（馬）、未（羊）、申（猴）、酉（雞）、戌（狗）、亥（豬），舞台旁有個三角山是絕佳的觀賞席，可以一次將12隻動物岩石形體盡收眼底，大家可以仔細看看到底像不像囉！

お祭り広場

◎ 別冊P.27,C2

在萬博當時太陽の塔是被日本建築師丹下健三所設計的大片玻璃製屋頂的大屋根所包圍著，萬博結束後，1979年被拆除，現今只保存一部分的大屋根以茲紀念，近距離觀察太陽の塔，如此壯觀、雄偉的建築，讓人不禁肅然起敬，就可想像出當時萬博熱鬧非凡的情景。

EXPO'70パビリオン

薦 おすすめ

多元有趣的展區設計，帶你重回當年萬國博覽會的熱鬧非凡的場景。

📖別冊P.27,B1 📞06-6877-4737 🏠大阪府吹田市千里万博公園10-10自然文化園內 🕐10:00~17:00(入館至16:30) 🚫12/28~1/1、週三(遇假日順延翌日休，4/1~黃金週和10/1~11/30無休)、年末年始(12/28~1/1) 💰高中以上￥500，國中生以下免費 🌐www.expo70-park.jp/facility/watchlearn/other-07/

　EXPO'70パビリオン是當年萬國博覽會的鋼鐵館舊址改建而成的展覽館，兩層樓的展區，1樓分兩區，分別是舊鋼鐵館展示的作品區和放映室「多目的室」，放映室只於週六、日和國定假日開放，2樓為圓形迴廊的常設展展覽室，14小區的主題，以熱情如火的正紅色為基底背景貫穿全展場，彷彿走入時光隧道，重回現場體驗當時風光熱鬧的盛會。太陽の塔的主題館裡面有還原當時以太陽の塔為中心被大屋頂包圍的會場模型，也有展出位於太陽塔內的生命之樹，以及同為藝術家岡本太郎所設計的紅、藍、黃、綠、黑五色的手掌型椅子，針對各國參展館的資料也有完整介紹，台灣當時也有參與，也成為台灣最後一次以中華民國國名參展的萬博。

日本庭園

📖別冊P.27,B1 🏠万博公園総合案内所06-6877-7387 🕐9:30~17:00(入園至16:30) 🚫週三(遇假日順延翌日休，4/1~黃金週和10/1~11/30無休)、年末年始 💰自然文化園・日本庭園共通券成人￥260，國中小學生￥80

　日本庭園區，將日本造園技術發揮得淋漓盡致，沿著西向東流的潺潺流水，可以欣賞到古代到中世紀到近代和現代的4個造園樣式的變遷，也象徵人類不斷在進步中。悠閒漫步在閒靜雅緻的步道，遠離塵囂，獨享片刻與大自然的對話時光，這宛如世外桃源的祕境，在在令人不捨離開。

洲浜

📖別冊P.27,B1

　泉水圍繞的中洲是12~16中世紀鎌倉和室町時代常見的枯山水庭院造景，以細砂碎石來代表水，石塊表示山，抽象的庭院造景，似真似假，卻與周遭風光融為一體。

千里庵

📖別冊P.27,B1 📞06-4864-9155 🕐呈茶花季週六日例假日不固定營業(詳見官網) 🌐www.expo70-park.jp/facility/watchlearn/japanese-garden-02/

　千里庵外觀仿禪院的方丈(本堂)建造，外圍則以古老寺廟的建構模式為範本，前方枯山水庭院運用細紗和碎石子畫上水波紋，來替代水的漣漪或水流動貌，數量不一的石塊，則代表山或是小島的意象。

遊園火車「森のトレイン」

📖別冊P.27,B2中央口 🏠クレイズ トレイン事務所080-8506-8636 🏠万博公園中央口 🕐周遊自然文化園週六、日運行，中央口出發9:50、10:30、11:10、12:20、13:00、13:40、14:20、15:00、15:45、16:25 🚫前一日10點氣象廳預報翌日降雨率70%以上、車輛維護日 💰3歲以上￥350 🌐www.expo70-park.jp/facility/nature/nature-06/

　園區占地寬廣，景點及設施眾多，沿途走走停停漫步行走繞一圈，大概要花費2~3小時，不想花費這麼多時間的人，可以選擇搭乘園區火車，紫色塗裝的遊園火車，從中央口出發繞行自然文化園一圈(運行路線：中央口→お祭り広場→だんご坂・北口前→西大路広場→ソラード前→お祭り広場→中央口)，沿途風光盡收眼底。

👁 EXPOCITY

🏢別冊P.27,C3 ☎06-6170-5590 🏠大阪府吹田市千里
万博公園2-1 🕐依設施而異 🌐www.expocity-mf.com

　日本最大的兼具寓教於樂的複合式設施EXPOCITY
於2015年11月開幕，是由日本三井不動產公司所投資，
集結百貨ららぽーとEXPOCITY，以及大型娛樂設
施，包含NIFREL、ANIPO、VS PARK、REDEE等，區
內還有2016年7月開始營運的日本最大摩天輪OSAKA
WHEEL，與太陽之塔遙遙相望，美景盡收眼底。

🛍 LaLaport EXPOCITY

ららぽーとEXPOCITY

☎06-6170-5590 🏠EXPOCITY內 💬購物、咖啡廳、餐
廳10:00~20:00(週六日例假日至21:00)、1、2F EXPO
KITCHEN11:00~21:00(週六日例假日至22:00) 🌐
mitsui-shopping-park.com/lalaport/expocity/

　3層樓進駐三百多家店舖的購物中心LaLaport
EXPOCITY，獨到之處，關西初出店有47家店舖，品牌
以新型態店舖經營
方式設櫃，擁有獨
立的美食街EXPO
KITCHEN集結16間
餐廳，提供各式料理
任君選擇。

必吃小食
Calbee+

相信大家都吃過
Calbee+的薯條餅
乾，是非常受歡迎的零食，現在
有現點現炸的升級版本，更能直
接嚐到熱騰騰剛上桌的即時美
味，剛炸好起鍋的洋芋片及薯條，酥脆度更加分，也
更能炸出食材馬鈴薯本身的香氣。除此之外店裡有
販售Calbee+的各式零食，雙重享受一次滿足。

☎06-4860-6575 🏠LaLaport EXPOCITY 1F 🕐
10:00~20:00(週六日例假日至21:00)，現炸洋芋片及薯條
10:00~19:00 💲ポテトチップス(現炸洋芋片)¥300，ポ
テリこ(現炸薯條)¥340 🌐www.calbee.co.jp/
calbeestore/

👁 NIFREL

☎0570-022060 🏠Entertainment
Zone(エンタメゾーン)1F 🕐
10:00~18:00(入場至17:00)，依季節
而異(詳見官網) 💲高中生、16歲以上
¥2200，國中小學生¥1100，3歲以上¥650，2歲以下免
費 🌐www.nifrel.jp/index.html

新型態的生物
館，全新體驗刺
激感官，喚醒你
的感動與感性。

　海遊館製作出品的NIFREL，超越水族館、動物園、
美術館舊有刻板印象的設計，誕生出全新型態結合
藝術的生物館，透過空間、照明、影像、音樂傳達的
空間展示區，與生物接觸產生的共鳴，喚醒深層的感
動與驚奇，好比欣賞了一場五感的感官饗宴。

👁 ANIPO

☎080-8516-8037 🏠Entertainment Zone(エンタメゾ
ーン)1F 🕐10:00~20:00(售票至19:50) 💲空中飛翔腳踏
車、魔法水槍、空中城堡跳跳床¥400，小火車¥300

　戶外小型遊樂園，提供小小朋友歡笑的園地，每個
設施皆須先至購票機購票才能乘坐，遊樂設施共有4
項：空中飛翔腳踏車、魔法水槍、小火車、空中城堡跳
跳床，全部設施都走迷你版路線，小巧又不失樂趣。

箕面
みのお
Minoo

壯闊的箕面瀑布水位落差33公尺，夏季滿水時聲勢浩大。

誰説大阪只有五光十射的鬧區百貨、都會公園、國民美食與瘋狂購物呢？距離大阪市內車程約30分鐘的箕面，有遠近皆知的知名溫泉，也有漫延一整座山的美麗公園，秋日時分，滿山遍野的楓紅景象美得讓人爬山也不覺累，更有小攤販將紅葉摘下炸來吃，讓遊客品嚐將秋日一口咬下的滋味。而遠近馳名的箕面大瀑布下有許多猴子，在這裡野餐可得小心，山中猴子也許就在你身後搶食湊熱鬧呢。

箕面公園

ⓘ別冊P.27,A4　☎072-721-3014
🏠大阪府箕面市箕面公園　◎自由參觀　🌐www.mino-park.jp

箕面公園是**大阪市郊欣賞楓葉的名所**，説是公園，但其實是包含整個山區的超大範圍，沿著中央的箕面川一直向前就會走到箕面瀑布，在這條健行步道周邊種滿了楓樹，每到秋天總是吸引許多賞楓的人潮。**從公園入口走到瀑布約50分鐘**，沿途會經過櫻廣場、開山堂寺廟、昆蟲館、唐人戾岩等景點，其中也有許多岔路小徑，但基本上都可抵達箕面瀑布。

沿路必看

唐人戾岩
傳説有個中國貴族聽説這裡有大瀑布，於是千里迢迢來到這裡。可這個人生性膽小，走到這裡看到這麼大一塊石頭便打了退堂鼓回去了。其實看到這塊石頭就代表瀑布到了，可別半途而廢唷！

野口英世像
舊日幣千円紙鈔上的人像，就是醫學博士野口英世。據說野口英世留學歸國後與母親曾來箕面觀光，當地人士敬仰其功蹟，於是便在此建立銅像以茲記念。

柚子布丁
箕面除了產楓葉之外，柚子也相當有名。當地店家將柚子做成布丁，雞蛋的香甜與柚子的清香結合，十足創新。

猴子
這裡的猴子用橫行霸道來形容也不為過了。由於一開始有幾個遊客餵食物給猴子，導致這裡的猴子開始向人討食物，討不成就用搶的，連店家都遭殃。看起來可愛的猴子其實是具有危險性的，所以如果遇到猴子，可要顧好自己的包包與食物了。

:交通路線＆出站資訊:

電車
阪急箕面駅◊箕面線
北大阪急行箕面萱野駅◊南北線

出站便利通
◎觀光案內中心位在阪急箕面駅外，巴士中心的左邊。要進入公園前不妨先來這裡拿張地圖，才不會漏看沿途風光。
◎從阪急箕面駅出來後，沿著有許多小店的道路向上走就是箕面公園。
◎箕面商店街有許多當地的小店，出阪急箕面駅後向右走即會看到入口。
◎從大阪梅田出發的話，搭乘阪急寶塚線在石橋駅轉乘阪急箕面線，終點站即是箕面駅。

👁 昆虫館

📍別冊P.27,A4　☎072-721-7967　🏠大阪府箕面市箕面公園1-18　🕙10:00~17:00(入館至16:30)　🈺週二(遇假日順延翌日休)、年末年始(12/29~1/3)、發布土石流及暴風警報不定休　💰高中生以上￥280，國中生以下免費　🌐www.mino-konchu.jp

　　箕面山一直是大阪人口中的昆蟲寶庫，為了讓更多人可以認識可愛的昆蟲，昭和28年開館，**展示箕面山出產的各式昆蟲**，館內還有一處「放蝶園」可看到蝴蝶飛舞，還有許多可以動手體驗的小遊戲。

卍 瀧安寺

📍別冊P.27,A4　☎072-721-3003　🏠大阪府箕面市箕面公園2-23　🕙9:00~16:00，客殿‧鳳凰閣特別拜觀10:30~16:00(售票至15:30)　💰自由參拜；客殿‧鳳凰閣特別拜觀成人￥500，小學生~高中生￥300，未就讀小學免費　🌐www.ryuanji.org

　　西元650年創建的瀧安寺是山岳信仰的修行道場之一，自古以來就有來自全國各地的修行者在這裡修行，境內還有役行者的石像，留下許多山岳信仰的神奇傳說。而較廣為人知的是，瀧安寺是日本「**樂透彩券**」的發源地，在本堂的弁財天可以祈求財運，從安土桃山時代起就有許多大阪商人不遠千里前來祈求福氣，據說這可是日本第一座財神廟。

> 喜愛古書的訪客經常來此尋寶，書籍保存良好且價格合理。

📖 日向書店

ひなたブック

📍別冊P.27,A5　🏠大阪府箕面市箕面1-5-4　🕙週末12:00~17:00　🈺平日　🌐www.instagram.com/hinatabk

　　箕面瀑布道上的日向書店是一家充滿復古氣息的二手書店，主要在週末及假日營業。**店內擺設精美，擁有豐富的繪本、生活類書籍以及別緻的洋書和明信片。店外更展示了許多以古書插圖為靈感的藝術品，讓人目不暇給。**1樓以大人讀物為主，並設有可俯瞰瀑布景色的露台。露台邊緣擺滿了各式有趣的書籍，營造出舒適閱讀的氛圍。2樓專為兒童設計，擺放著各式繪本，並提供寬敞的空間讓讀者慢慢挑選心儀的書籍。

☕ YAZUYA CAFE

🏠 別冊P.27,A5　☎ 072-725-9552　🏠 大阪府箕面市箕面2-5-37　🕐 11:00~17:00　❌ 不定休　💰 Little Treasure（柚子大福）＋飲料￥990　🌐 www.franc-et-elegant.com

　法式餐廳フラン‧エレガン旗下的咖啡店及商店，座落於橋本亭的一樓。這裡結合了當地特產柚子製作的商品販售區與觀景開放式咖啡座，讓遊客一邊享受箕面瀑布散步道的美麗景色，一邊品嚐精緻甜點。招牌甜點Little Treasure以公平貿易的白巧克力搭配蛋黃餡，外層用麻糬包裹，並融入清新的柚子香氣，深受客人喜愛。不論是作為伴手禮或自用，都非常適合。

🍴 5+ Cinque Piu

🏠 別冊P.27,A5　☎ 072-735-7535　🏠 大阪府箕面市箕面2-7-98　🕐 法式套餐午餐12:00~15:00，晚餐17:30~22:00。露台11:30~15:00　❌ 不定休　💰 午餐￥3600、￥6500、￥12000三種套餐，晚餐￥8000、￥15000、￥20000三種套餐　🌐 cinquepiu.jp　❗ 套餐為預約制，沒預約的人只能坐露台席並單點。

　「5+ CINQUE PIU」提供法式套餐，將感謝之情融入每道料理，**並在傳統五味（甜、鹹、酸、苦、鮮）中加入創新的元素，為客人帶來全新的味覺體驗**。餐廳的菜單隨著每日採購的時令食材變化，提供當季的前菜、披薩、燉飯和甜點，還供應各式咖啡、紅茶及無酒精飲品，以及當地釀造的啤酒和精選葡萄酒。

> 沒預約的人可以至露台用餐，感受周圍有鳥鳴聲、流水聲和微風吹拂的樹葉的寧靜。

🔗 一の橋

🏠 別冊P.27,A5　☎ 072-721-3069　🏠 大阪府箕面市箕面1-5-1　🕐 10:00~16:00　❌ 週三

　一の橋是**創業100多年的老店舖**，店內當然也少不了箕面名物紅葉天婦羅，除此之外也有販售紅葉饅頭和猴子仙貝，以及箕面吉祥物滝ノ道ゆずる的仙貝，做成紅葉造型的仙貝，上頭烙印著可愛的滝ノ道ゆずる，很適合當伴手禮呢！

> 特殊的標籤設計，希望每一位品嚐者都能在啤酒中找到共鳴。

🍸 Derailleur Brew Works 山ノ麓TAP ROOM

🏠 別冊P.27,A5　☎ 0727-37-7721　🏠 大阪府箕面市箕面1-1-45 箕面阪急ビル1F　🕐 11:00~17:30，週末例假日9:00~20:00　❌ 週四　💰 精釀啤酒S￥700，L￥900　🌐 derailleurbrewworks.com

> 喜歡精釀啤酒的一定會喜歡的品飲空間。

　位在阪急箕面車站外的山ノ麓，是精釀啤酒廠Derailleur Brew Works 的品酒間，**現場提供10多款精釀啤酒、自家烘焙咖啡、新鮮出爐的麵包，以及各式原創商品**。不僅是品味啤酒的好去處，更是感受故事與啤酒融合的獨特體驗。這裡的每一款啤酒都承載著背後的故事與情感，無論是為了慶祝、抒發失落，還是療癒寂寞，都能透過啤酒的風味與獨特的標籤設計傳達。

salunpowaku

サルンポゥク

🏠別冊P.27,A5 ☎072-764-8200 🚃大阪府箕面市箕面6-2-18 🕐11:00～18:00 🈲週三 💻www.salunpowaku.com ❗目前暫時休業中

> 鬧中取靜的咖啡屋，使用有機新鮮食材的料理，健康美味滿分。

　　隱身在商店街旁小巷的salunpowaku，可愛的造景裝潢讓人覺得彷彿剛從喧鬧的國度進入另一個恬靜的世界裡，一切都是這麼的自然、不造作。這裡使**用新鮮自然、有機無農藥的食材，並且不使用動物性食材，通通是健康康有機的蔬食料理**，充分吃到食材的原味更吃出健康。而在咖啡店的2樓不定期會舉行藝文展覽，即使只看展覽不用餐也可以。以這樣輕鬆、自然的理念，店主人想營造出一個讓人忘了自己在何處的舒適空間，而這個空間，就是這樣輕鬆、悠閒且唯美。

錦泉堂

🏠別冊P.27,A5 ☎072-721-3263 🚃大阪府箕面市箕面1-1-38 🕐9:30～17:00 🈲週二、三

> 超可愛的猴子仙貝，是當地名物。

　　到一個觀光地總要帶當地的名產回家與朋友分享，箕面公園的名產就在這！錦泉堂**最出名的就是猴子造型的仙貝(モンちゃん煎餅)，堅持用手工烤出來的仙貝一片約直徑15公分**，是較厚實的仙貝。烤完後再用模子壓出猴子臉，看到這麼可愛的猴子圖案，誰還捨得把仙貝捏碎吃掉呢！

中の家

🏠別冊P.27,A5 ☎0727-21-3224 🚃大阪府箕面市箕面1-4-8 🕐9:30～18:00 🈲週三

　　往箕面車站的小徑上還有許多家賣「**紅葉天婦羅(もみじ天ぷら)**」的店家，中の家正是其中之一，**將食用楓葉裹上厚厚麵糊下熱鍋油炸**之後，立刻變成香酥可口的零嘴，五角楓葉狀的外觀也頗為詩意，

> 楓葉用炸的也很美味。

這可是已經有1300年歷史的傳統點心，不由得佩服大阪人做生意的靈活頭腦呢！

雅楽

🏠別冊P.27,A5 ☎072-721-8033 🚃大阪府箕面市箕面1-8-28 🕐11:00～18:00 🈲週三、四、例假日 💻www.facebook.com/coffee.uta/

　　擁**有日式庭院的窗邊風景**，清幽的環境讓人忘卻煩躁，再加上木造建築的溫暖的氛圍，下山後到這兒喝杯茶、吃個小點心，小憩一下，獨享愜意的午茶時光。店裡還有寄賣些陶藝家的食器和手工製作的布包與雜貨，並不定期舉辦展覽，更增添一股文人風雅的氣息。

大阪

箕面

京都▼兵庫

箕面Q's MALL

🅰地圖外　☎072729-1090　📍大阪府箕上市西宿1-15-30　🕐商店10:00～20:00，餐廳11:00～22:00　🌐qs-mall.jp.t.arp.hp.transer.com/minoh/

　箕面Q's MALL是一處百貨商場，新設施STATION棟在2024年與北大阪急行電鐵的新設車站「箕面萱野駅」同日啟用，包含兩棟新建築：「STATION 1棟」及「STATION 2棟」，為當地居民及通勤族提供多元的購物與餐飲選擇。設施的理念是「為日常生活增添光彩」，涵蓋多種適合日常需求的店鋪，並提供兼顧便利性和品質的購物體驗。在飲食方面匯集了多樣化的餐廳，從一樓的「Soup Stock Tokyo」提供精選湯品與咖哩，到三樓大阪知名的「釜たけうどん」及熱門拉麵品牌「みなめんcafe」，美食選擇多樣且高質，滿足各類口味偏好。

みなめんcafe

☎070-9250-0879　📍箕面Q's MALL STATION 3F　🕐11:00～22:00　🍴ウォーターヌードル（招牌拉麵）¥850

　這家店是「人類皆麵類」系列的新分店，店內的裝潢不像傳統拉麵店，更像是一間充滿少女心的咖啡廳。全店採用自助服務模式，要在櫃檯點餐並付款後再憑呼叫器取餐。招牌拉麵的麵條使用全麥製作，帶有彈性的中粗麵，搭配充滿鰹魚香氣的和風湯底。雖然拉麵的器皿看起來像大號馬克杯，但內容非常豐富，有軟嫩的叉燒肉、半顆溏心蛋和筍乾，所有拉麵愛好者想要的元素都能滿足。此外，店內還提供甜點，客人可以在享用完拉麵後，悠閒地喝杯茶聊聊天。

看似小小一杯麵，嚐起來既美味份量又足。

 ## Q's Kitchen

📍箕面Q's MALL CENTER 2F　🕐11:00～22:00

　位在CENTER棟2樓的Q's Kitcheno集結了大人小孩都愛的飲食店，為居民提供從白天到晚上的服務。目前進駐的店家有有麥當勞、拉麵、壽司、和食、韓國料理等，大多的口味都可以被滿足，假日時可以看到許多家族來此用餐。

池田
いけだ
ikeda

日 清食品的發祥地「池田市」位於大阪北部、鄰近兵庫縣，從梅田搭乘阪急電車約20分鐘就可抵達，是個具豐富歷史、文化的田園都市。恬靜的池田，讓厭倦了人來人往，逛膩了熙熙攘攘知名風景名勝區的旅人，不自覺停下奔波的腳步，悠閒愜意的漫步在其中。純樸沒有過度包裝的商店街，散發著濃濃的人情味，還有當地居民首選的後花園五月山公園，腹地寬廣，四季不同風貌的美景，賞櫻、賞楓皆得宜，除此之外，市內還有有趣又好玩，適合一家大小參觀的日清泡麵安藤百福發明紀念館，親自體驗自己親手製作專屬與你獨一無二的泡麵。

交通路線&出站資訊

電車
阪急池田駅◇宝塚本線

出站便利通
◎池田駅2號出口，往市役所、警察局方向走，徒步5分鐘，公園對面就是滿寿美堂。
◎サカエマチ一番街，池田駅3號出口，往右走，即抵達目的地。
◎池田駅3號出口，沿著阪急電車的高架軌道步行3分鐘，馬上就可以看到吳服神社的大鳥居，再往前走一小段，左轉就到了吳服神社。

◎ 安藤百福發明紀念館 大阪池田
おすすめ 薦

CUPNOODLES MUSEUM
カップヌードルミュージアム

⚐別冊P.26,D3 ☎072-752-3484 ⚑大阪府池田市満寿美町8-25 🕐9:30~16:30(入場至15:30)；チキンラーメンファクトリー(小雞拉麵製作)9:30、11:00、13:15、14:45 🅟週二(遇假日順延翌日休)、年末年始 💲自由參觀，マイカップヌードルファクトリー(杯麵製作體驗，約45分鐘)¥500，チキンラーメンファクトリー(小雞拉麵製作體驗，約90分鐘)國中生以上1000，小學生¥600 🌐www.instantramen-museum.jp/jp/ ❶チキンラーメンファクトリー(小雞拉麵製作體驗)需事先網路或電話預約，且小學生以下無法體驗

> 可以親自動手體驗如何製作泡麵，這種有趣好玩的事，怎麼能錯過呢！

發明泡麵的人，正是現在日本最大食品公司日清食品的創辦人─安藤百福。二次大戰後經過10年的研究，結合了拉麵與天婦羅，想出將拉麵拿去油炸的方式，發明出泡麵。而如今安藤先生所創造出的泡麵仍然廣受日本人歡迎，據統計，每年日本全國有上百種新口味的泡麵推出上市。如果要認識泡麵的發展，或是有關泡麵的故事與歷史，都在泡麵發明紀念館中可以看到。最特別的是人人都可來此親自體驗製作專屬於自己味道，獨一無二的泡麵，自己動手做的泡麵分為2種，有從揉麵粉和水開始，麵糰、麵條到最後油炸成形的袋裝泡麵，還有在既有杯麵上，搭配自己喜愛各種配料的杯麵，無論哪種都可以輕鬆完成，充滿體驗樂趣。

巨大的杯麵是熱門拍照景點。

> 摸摸腳底就能帶來福氣哦！

BILLIKEN

◎ ビリケンさん

⚐別冊P.26,D1 ⚑大阪府池田市榮本町ポケットパーク(落語みゅーじあむ對面) 🕐自由參觀 💲自由參觀

在明治末期，美國藝術家創作出幸運之神ビリケン首次來到日本展出，即被田村駒株式会社創業者田村駒治郎將其註冊為商標，發行各式商品，成為日本眾所皆知的福神。ビリケン像現在放在田村駒總公司供祭拜，出生池田的田村駒治郎對家鄉建設發展不遺餘力，不但提供資金建設池田市的舊公會堂，也在池田市ほんまち通りの公園設立ビリケン像，有象徵「福地池田」之意。

大阪
池田
▶京都▶兵庫

沒有鬧區的人聲鼎沸的喧鬧聲，更能細細體會當地風土民情。

👁 上方落語資料展示館

落語みゅーじあむ

📖別冊P.26,C1 📞072-753-4440 📍大阪府池田市榮本町7-3 🕐11:00~19:00 🚫週二、年末年始 💰自由參觀，落語會另需入場費 🌐www.ikedashi-kanko.jp/spot/recommend-spot04

　　池田因為此地名常常出現在上方落語的題材內而聞名，而有著「落語街區」之稱。於2007年開幕的上方落語資料展示館，館內1樓最醒目的就是落語表演場地「高座」舞台，還特別設置「池田の猪買い」(購買野豬)和「池田の牛ほめ」(誇講牛)以池田為題材的落語展示區，2樓則為介紹珍貴文化遺產的戲棚「吳服座」和說書人後台區實物呈現。

落語

落語，類似中國的說書人或單口相聲表演，是日本傳統的娛樂性十足的民間表演藝術，早期流行於一般庶民之間，以自我解嘲或諷刺日常生活為題材。由於落語家(說故事的表演者)在每個故事的結尾或結束時，會用道具板子拍桌代表表演結束，故稱之「落語」。落語家全程是採跪坐表演，在稱為「高座」的舞台上表演，高座上有一張小桌子，利用豐富的聲音表情，配上小道具扇子、手巾，將這以聲音表情取勝的說話藝術表演，發揮得淋漓盡致。

👁 旧加島銀行池田支店

📖別冊P.26,D1 📍大阪府池田市　本町8-7 🕐9:00~18:30 🚫週一 🌐www.ikedashi-kanko.jp/spot/recommend-spot20

　　列入日本的有形文化財的舊加島銀行池田支店，現在是河村商店，兩層樓的木造建築，築於大正7年(1918)，由日本近代建築的先驅者辰野金吾所成立的辰野片岡建築事務所設計，外觀以「赤煉瓦」紅磚造建築為主，搭配灰白石，加上塔樓設計使得建物更顯的莊重氣派，這就是辰野金吾獨樹一格的設計風格。

💿 満寿美堂 🏅おすすめ薦

📖別冊P.26,D2 📞072-751-4555 📍大阪府池田市菅原町11-3 🕐8:00~21:00 🌐www.mall.gr.jp/masumi/

傳統和菓子沒有花俏的裝飾但味道真樸質真誠，這就是老舖的口碑。

　　満寿美堂是池田人氣和菓子老舖，小小的店鋪，外觀留下許多歷史歲月刻劃的痕跡。店主特別推薦人氣商品麻糬派，有紅豆、芋頭、栗子等口味，依季節性推薦不同口味，秋冬當然是栗子當道，外表酥脆，內餡QQ的麻糬包覆著整顆栗子，微甜不膩。老店雖沒有華麗新穎的包裝，但卻會用印著店家LOGO特有的包裝紙替你包裝，簡單的設計中可以窺見老店的風華。

🎁 引札屋

📖別冊P.26,D2 📞072-751-5591 📍大阪府池田市栄町6-17サカエマチ1番街內ㄋ 🕐10:00~18:00 🚫週二

　　位於商店街內的兩層樓建物的引札屋，是由有著70年歷史的木造町家改建而成的再生建築。2008年轉型為地方案內所，除了提供免費地圖和旅遊資訊，也販賣季節蔬菜和鮮花、手工藝品，池田名產「池田炭」和清酒「春團治」、「池田城」，以及通天閣神像ビリケン和吉祥物ふくまる的相關紀念商品，店內還有個迷你的日式庭院，逛累了，不妨至此歇歇腳。

👁 旧池田実業銀行本店

📍別冊P.26,C1　📍大阪府池田市新町2-14　🕐自由參觀

築於大正14年(1925)，由小笠原釟設計，是**池田最古老的鋼筋魂擬土建築物**。二層樓的建物，底部和上端是水平的灰石壁面，中段牆面則強調垂直感，一樓延伸至二樓縱向的窗與窗間，有著紅褐色的狹小的牆柱，雄偉穩重感的近代建築，就能看出當時古豐能郡池田町(現今池田市)是日本的行政經濟中心的影子。

🍜 吾妻

おすすめ 薦

📍別冊P.26,C1　📍072-751-3644
大阪府池田市西本町6-17　🕐10:30~16:00(L.O.15:30)　🈺週二(遇假日順延翌日休)、不定休　🍜ささめうどん(細烏龍麵)¥80，吾妻うどん(吾妻烏龍麵)¥850　🌐azumaudon.wixsite.com/ikeda

> 招牌烏龍麵ささめうどん是大阪細麵垂的烏龍麵，150年的歷史，美味卻不打折。

元治元年(1864)創業，從木造建築的外觀建物和店門口歷經風霜斑駁的的木招牌，就可以看出吾妻悠久的歷史。吾妻招牌烏龍麵由知名作家谷崎潤一郎的妻子依據她先生谷崎潤一郎的小說《細雪》所命名而來的。**大阪式的細麵烏龍麵，搭配上魚板、炸油豆腐、搗碎的白芝麻、山芹菜、鹽昆布、生薑、柚子皮**，滿滿豐盛的配料，光看就令人食指大動。嚐一口充滿精華的湯頭，不油不膩的清爽感，帶點芝麻香，一點生薑的微辣，以及獨特的柚子香，融合在舌尖慢慢散開，卻意外的契合，誰也不搶戲。

> 至今155年歷史，是大阪最古老的烏龍麵店。

> 被小池子圍繞的二層樓木造建築瞭望休憩舍，登高望遠好風光，可俯瞰池田街景。

👁 池田城跡公園

📍別冊P.26,E1　📞072-753-2767　📍大阪府池田市城山町3-46　🕐9:00~19:00 (11~3月至17:00)　🈺週二(遇假日順延翌日休)、年末年始(12/29~1/1)　🈺自由參觀

池田城跡公園位於丘陵地上，是**室町時代到戰國時代，統治池田、豐中、箕面市周邊一帶的地方豪族池田一家的城堡遺跡**，戰國時代末期，池田城因內亂被舊家臣荒木村重所占領，之後荒木村重移居到伊丹城，池田城就因而荒廢了，經整修過後，在2000年對外開放參觀。白色圍牆圍繞的公園有東西南北四個出入口，主要的出入口為東門，走過長長的木橋進入園內，映入眼簾的是位在門右邊武士風平房建築的管理處，再往前有間小茶室，和回遊式的日式庭園，以及井戶、枯山水、虎口(舊時城的出入口)、排水溝城跡。

✒ 逸翁美術館

📍別冊P.26,E1　📞072-751-3865　📍大阪府池田市栄本町12-27　🕐10:00~17:00 (入館至16:30)　🈺展覽期間的週一(遇假日順延翌日休)　💴企劃展成人¥700，高中生以上、65歲以上¥500，國中生以下免費　🌐www.hankyu-bunka.or.jp/itsuo-museum/

館名為小林一三(1873~1957)的筆名「逸翁」來命名的，他是阪急電鐵、阪急百貨店和東寶的創始者，館內收藏達5500件，這些展示的藝術作品都是從舊美術館小林一三的舊邸宅雅俗山莊裡所搬移過來的，有古書、畫卷、茶器具和陶瓷器等，以及中近世紀的繪畫，其中關於**蕪村、吳春、円山四条派的繪畫作品特別有名**，許多收藏品也被列入日本的重要文化財。

大阪　池田　京都‧兵庫

开 伊居太神社

📍別冊P.26,D1　☎072-751-4652　🏠大阪府池田市綾羽2-4-5　⏰自由參觀　🌐www.ikedashi-kanko.jp/spot/recommend-spot15

古樸且莊嚴的伊居太神社曾因戰國時期動亂而被燒毀，1604年豐臣秀賴下令重建，也成為桃山時代的重要歷史遺跡。正式名稱為「穴織宮伊居太神社」，**本殿的屋頂是採中央是唐破風，左右則是千鳥破風的日**本傳統的建築方式，是**歷代天皇、貴族和將軍非常仰賴的神社**，當地居民暱稱「上の宮さん」，祭拜穴織大神、応神天皇和仁德天皇，因感念在応神天皇、仁德天皇時期，來自中國的織姬姊妹吳織與穴織，在池田教授當地居民紡織、裁縫、編織和染色等專業技術。

神社位於能勢街道旁的半山腰上，想參拜先得爬上又長又陡的石階梯。

开 吳服神社

📍別冊P.26,C2　☎072-753-2243　🏠大阪府池田市室町7-4　⏰自由參觀　💰自由參拜　🌐kureha-shrine.com

池田駅出站，沿著阪急電車的高架軌道步行，馬上就可以看到吳服神社巨大的大鳥居，相對於伊居太神社，吳服神社被當地人暱稱「下の宮さん」，祭拜穴織的姊姊吳織和仁德天皇，**吳服神社的命名，就是指吳織，也是現今吳服這個語詞的來源。**

👁 五月山公園　おすすめ 薦

📍別冊P.26,D1　🏢五月山綠地管理中心 072-753-2813　🏠大阪府池田市綾羽2-5-33(五月山公園總合案內所)　⏰自由參觀　🌐www.ikedashi-kanko.jp/spot/recommend-spot01

占地超廣、設施又多的五月山公園非常適合全家大小一同來走走。

五月山公園被列入大阪綠地百選之一，位於半山腰一帶，春夏秋冬四季各有其風情，春天居民來這兒賞櫻，秋天到這裡賞楓，五月山公園宛如市民自家的後花園。園內也附設各式各樣的設施，動物園、登山步道、都市綠化植物園、兒童文化中心、高爾夫球場、綠色中心等等，一次滿足一家大小的娛樂需求。

可愛的小袋鼠讓人好想摸一摸。

👁 五月山動物園

🏢五月山綠地管理中心 072-753-2813　🏠五月山公園內　⏰9:15~16:45，ふれあい動物園11:00~12:30、13:45~14:40　🚫週二(遇假日順延翌日休)　💰免費　🌐www.satsukiyamazoo.com/

1957年開幕的五月山動物園，位在五月山公園內，是**全日本最小的動物園，而且是免費參觀喔！**園內的大人氣明星動物是來自澳洲姊妹市所贈的袋熊和袋鼠，可愛的外型，深受大人小孩的喜愛和歡迎，園內也特別設置一區ふれあい動物園，一天開放兩個時段，想要和可愛的小動物親密接觸的大小朋友們，千萬別錯過這難得的機會。

京都

きょうと

京都駅
きょうとえき
Kyoto

京 都駅空間相當廣大、設施更是先進，尤其嶄新高科技結構的外觀，讓許多來到京都探尋古都風味的旅客都大吃一驚，任誰也想不到以古都著稱的京都，給遊客第一印象會是這般現代化的風貌。身為京都的交通樞紐，車站內就有著許多體貼遊客的設施，此外，車站就直接與伊勢丹百貨連結，並有直通京都地下鐵的地下通道並可一路通往京都塔，八條口更有近鐵京都駅、利木津巴士乘車處，無論購物或轉乘機能都相當齊全。稍微離開車站與京都塔的大路旁，古寺磅礴而立，香道老舖和古老園林，就隱藏在現代化的街道風景間，從京都駅開始，就可以體會到京都市內古今融合的印象。

Kyoto Cycling Tour Project
位於京都駅附近的自行車推廣設施，提供華文導遊，一路左彎右拐地鑽過大街小巷，每到一個景點，華文導遊會請大家停車，並且拿出資料解說該景點的歷史與細節，一點都不是走馬看花。
☎075-354-3636(預約制) ◎京都市下京區油小路通塩小路下ル東油小路町552-13 ⏰9:00~18:00 ⊘租腳踏車一日￥1000起，導覽行程詳見官網 ⊕www.kctp.net

交通路線 & 出站資訊

電車
JR西日本京都駅◇JR京都線(4-5號月台)；JR湖西線(3號月台)；JR琵琶湖線(2號月台)；JR奈良線(8-10號月台)；JR山陰本線‧JR嵯峨野線(32-33號月台)。關空特急はるか(30號月台)；往北陸的福井、金澤、富山地區；往中部的長野、高山地區；往東北、北海道的秋田、青森、札幌地區；往關東的新潟、草津地區等特急列車(0號月台)。往和歌山、白浜、鳥取、大阪特急列車(6-7號月台)；往福知山、城崎溫泉、天橋立、東舞鶴的特急列車(31號月台)。
JR東海京都駅◇往名古屋、東京方向東海道新幹線(11-12號月台)；往新大阪、博多方向東海道新幹線(13-14號月台)
近鐵京都駅◇京都線
京都地下鐵京都駅◇烏丸線
巴士(數字為可搭乘巴士號碼)
◎「京都駅前」巴士站
A1巴士站◇往【平安神宮‧銀閣寺】5
A2巴士站◇往【四条河原町‧下鴨神社】4‧17‧205
A3巴士站◇往【四条大宮‧二条駅‧千本通】6‧206
B1巴士站◇往【二条城‧上賀茂】9
B2巴士站◇往【二条城‧北野天滿宮‧立命館大學】50
B3巴士站◇往【京都水族館‧梅小路公園‧鐵道博物館】86‧88‧205‧208
C1巴士站◇往【西大路通‧九条車庫】205‧快速205

C2巴士站◇京阪京都交通‧丹海巴士
C3巴士站◇京都巴士17(往大原方面)
C4巴士站◇往【東寺‧久世‧中書島】16‧19‧42‧78‧81‧南5
C5巴士站◇往【洛西‧大秦映画村】33‧特33‧73‧75
C6巴士站◇往【松尾大社‧嵐山‧大覚寺】28、京都巴士72‧73‧75‧76‧77(往嵐山)、京都巴士51(比叡山方面)
D2巴士站◇往【三十三間堂‧清水寺‧東福寺】86‧88‧206‧208
D3巴士站◇往【妙心寺‧嵐山】26
出站便利通
◎由京都駅中央口出來，登上手扶梯上2樓，就能看到觀光案內所，在這裡可以拿到京都的觀光資料與各項服務。
◎欲搭乘空港利木津巴士可從京都駅八条口出站，徒步約3分至京阪京都飯店前的巴士站搭乘。

◎前往西本願寺從京都駅前的巴士總站搭乘9、28、75號往西賀茂車庫的京都市巴士，在「西本願寺前」下車即達。(走路約20分)
◎前往東寺可搭乘近畿日本鐵道只要一站距離，在東寺駅下車即達。或從京都駅前的巴士總站搭乘202、208號京都市巴士，在「東寺南門前」下車即達。
◎前往東本願寺從京都駅沿著烏丸通徒步約5分即可抵達，從東本願寺往東徒步約3分即為涉成園，往西徒步約10分便是西本願寺。
◎前往梅小路公園從京都駅搭乘205、208號京都市巴士，在「梅小路公園前」下車即達，或是搭乘JR嵯峨野線至「梅小路京都西」駅下車，徒步2分即可抵達。
◎三十三間堂距離較遠，搭乘206、208號京都市巴士，在「博物館三十三間堂前」下車；或是搭乘地下鐵轉乘京阪電車至七条駅徒步5分即達。
◎京都駅內有許多可置放行李的置物櫃，置放一天視置物櫃大小約￥300~1000。JR地下一樓中央口改札旁則有專人看管的行李臨時寄放服務「Crosta　キャリーサービス」，窗口服務時間為8:00~20:00，無論行李大小(一件長超過2公尺，重超過30公斤的物品不可置放)置放一天都是一件￥800，以天計費，最多可放15天。

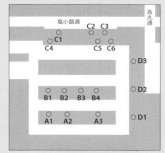

京都塔的代表吉祥物「TAWAWA醬」(たわわちぇん)是京都塔為了紀念開業40年而設計出來的可愛角色。

おすすめ
薦

👁 京都塔

京都タワー

📖別冊P.5,B2 ☎075-361-3215 📍京都市下京區烏丸通七条下ル東塩小路町721-1(JR京都駅正面) 🕐展望台10:00~21:00(入場至20:30) 💰展望台成人￥900,高中生￥700,國中小學生￥600,6歲以下￥200 🌐www.keihanhotels-resorts.co.jp/kyoto-tower/

> 京都代表高塔,只有100公尺卻能看遍整個市區。

　京都塔是京都駅前最醒目的地標,建築以海上燈塔為藍圖所設計,蘊含著照亮京都古老城鎮的寓意。京都塔上有展望台,雖然只有100公尺高,但由於古都的禁建令,一般房舍都不高,所以從這裡可以360度欣賞京都的風景。展望台內可以免費使用望遠鏡,從南側能仔細欣賞進出京都駅的來往車輛,新幹線各系列車都難逃眼底。

🏢 KYOTO TOWER SANDO

☎075-746-5830(10:00~18:30) 📍京都市下京區烏丸通七条下ル東塩小路町721-1 🕐1F10:00~21:00、2F10:00~19:00、B1F 11:00~23:00(部分店鋪有異) 🌐www.kyoto-tower-sando.jp/

　2017年4月開幕的KYOTO TOWER SANDO地下一樓至二樓的三層空間,納入了美食、特色伴手與體驗,帶給旅客逛街的全新感受。1樓以MARKET為主題,光從挑選的店家就能看出品味出眾。2樓則是WORKSHOP,共有4間不同的體驗店家,也適合帶小朋友同樂。

🎁 YODOBASHI京都

京都ヨドバシ

📖別冊P.5,B2 ☎075-351-1010 📍京都市下京區烏丸通七条下る東塩小路町590-2 🕐9:30~22:00 🌐www.yodobashi.com

　在日本各地都有分店的大型家電販賣店YODOBASHI,於2010年11月在京都駅前開設了一家複合型大樓,在這裡不只有電器,舉凡時尚、美妝、家用、雜貨、甚至是餐廳、咖啡廳,一次就能滿足一家大小的逛街需求,也為京都駅前再添一處購物休閒新去處。

京都駅

別冊P.5,B2　京都市下京區烏丸通塩小路下ル東塩小路町　www.kyoto-station-building.co.jp

　落成於1997年7月的京都駅是座非常嶄新的高科技建築，除了**充滿未來感的空間藝術設計，也結合交通運輸與住宿娛樂等功能**。車站裡還有自然採光的中庭咖啡座、屋頂展望台以及空中走廊車站一樓則是近鐵線地下一樓有可以託放行李的大型置物箱，和有專人保管的置放服務站；地下二樓是地鐵烏丸線；車站地下街則有美食購物商場，可將土產一網打盡。通往關西空港的利木津巴士則要至八条口的京阪京都飯店前搭乘。

THE CUBE

別冊P.5,B2　075-371-2134　京都市下京區烏丸通塩小路下ル東塩小路町901京都駅ビル　B2F 10:00~20:00，B1F書店10:00~20:00、藥妝店7:00~22:00，1Fおみやげ小路 京小町8:30~20:00，2F京名菓 名菜　8:30~21:00，11F美食街11:00~22:00(L.O.21:30)；店舖營業時間依季節而異(詳見官網)　不定休　www.thecube.co.jp

　京都駅大樓內的THE CUBE相當具有人氣，**佔據了共4層樓的面積分為11樓的美食、1樓京都菓子、2樓特產與B2樓的流行等區域**，請來將近200間熱門的店家和櫃位，由於櫃位十分集中，有書店、藥妝、服飾與京都必買伴手禮，不分男女老少通通能夠被滿足。

京都拉麵小路

別冊P.5,B2　075-361-4401　京都市下京區烏丸通塩小路下ル東塩小路町　京都駅ビル10F　11:00~22:00(L.O.21:30)　www.kyoto-ramen-koji.com

各路拉麵集結一方，不知道吃什麼的時候總是第一個想到這裡！

　京都拉麵小路集合了日本最火紅的人氣拉麵店，每年這裡的拉麵店都會有所變動，定番店家是**富山的麵家いろは、京都的麵匠たか松、高槻的中村商店、德島的ラーメン東大、博多的一幸舍**等；想要盡嚐日本各地的拉麵美味，來到這裡準沒有錯！

👁 🍴 PORTA

📖別冊P.5,B2　☎075-365-7528　🏠京都市下京區烏丸通
塩小路下ル東塩小路町９０２　🔽購物、美食街
10:00~20:30,餐廳11:00~22:00
🌐www.porta.co.jp

　位於京都駅下方的PORTA寬敞清爽的空間讓人逛
起來十分舒服，**長長的地下街中有各種店鋪，包括書
店、服裝、藥妝等**，並有京都多家土特產進駐，對於
趕時間的旅客來説，可以立刻買到所需的商品。

Ⓗ HOTEL GRANVIA KYOTO

📖別冊P.5,C2　☎075-344-8888　🏠京都市下京區烏丸
通塩小路下ル(JR京都駅中央口)　🌐www.granvia-
kyoto.co.jp

　HOTEL GRANVIA KYOTO除了地利之便外，更擁有充
滿京都故事的許多客房。其中最推薦的，當屬**正對京
都塔的豪華套房「眺洛」(Choraku-Suite)，別名「古
都的棲家」**，是京都名空間設計師杉木源三的作品。
面北的大片落地窗，沉浸滿室暖陽；遠山錯落、層疊出
煙雨朦朧，是專屬於眺洛主人的山水畫軸。

👜 JR京都伊勢丹

📖別冊P.5,B2　☎075-352-1111　🏠京都市下京區烏丸通
塩小路下ル東塩小路町　🕐10:00~20:00，11F 美食街
「eat PARADISE」11:00~22:00，7~10F OPEN VIEW
RESTAURANT11:00~23:00　❌不定休　🌐kyoto.wjr-
isetan.co.jp

　京都駅大樓的JR伊勢丹百貨包括各種話題性十足
的餐廳、咖啡館到讓京都人更美更有療癒感的美妝、
雜貨小物一應俱全，遊逛空間帶有時尚感卻能夠讓
人感到舒服，成為許多京都美人的通勤必逛之處。**3
樓最醒目的位置的中村藤吉，可是每天一開店就吸
引大批排隊人潮**，京抹茶美味就是如此吸睛。

🍴 森田屋

モリタ屋
☎075-365-7788　🏠JR京都伊
勢丹 11F　🕐11:00~22:00　❌不
定休　💲壽喜燒 梅￥5500，極
￥12100　🌐moritaya-kyoto.
co.jp/restaurant/jr-kyoto-isetan/

　擁有超過150年歷史的森田屋創業自1869年(明治
2年)，作為京都首間專營牛肉的店鋪，在明治維新
後迅速推廣了牛肉的食文化，並隨著文明開化的浪
潮，成為京都飲食文化的重要象徵。創業者森田卯之
助開創了「盛牛舍森田屋」，自此以來，6代傳承，森
田屋始終以提供最高品質的京都牛肉為使命，秉持
安全、安心與高品質的理念供應優質產品，更希望來
京都的人都能享受到美味餐食。

高達54.8公尺的五種塔是日本最高的木造建築。

據說摸摸西院前的蠹肩,就可以治癒身體病痛。

 喫茶Cizool

喫茶キズール

別冊P.5,A3 075-286-7940 京都市南區西九條川原城町5 9:00~15:00 週日例假日 午間套餐¥1200起 www.instagram.com/cizool.kyoto

　喫茶Cizool擁有別緻而寧靜的氛圍,提供豐富的選擇,包括單品咖啡、早餐和午餐套餐,還有各式果汁和美酒。午餐時段「喫茶店的拿坡里義大利麵」料多麵條彈牙,還有「鬆鬆軟軟蛋包飯」搭配濃郁的特製番茄醬,非常美味。

薦 おすすめ

卍 東寺

別冊P.5,A3 075-691-3325 京都市南區九條町1 08:30~16:00(依日期改變,詳見官網) 自由參拜;金堂、講堂成人¥500,高中生¥400,國中生以下¥300;寶物館、觀智院高中生以上¥500,國中生以下¥400;特別公開或特別拜觀期間:五重塔初層內部、金堂、講堂成人¥800,高中生¥700,國中生以下¥500;寶物館、觀智院高中生以上¥500,國中生以下¥300 www.toji.or.jp

日本第一高的木造古塔,弘法市熱鬧有趣,值得一遊。

　東寺的正式名稱為教王護國寺,建於平安京遷都時期(延曆13年,794年),**除了有鎮守京城的意義外,更有鎮護東國(關東地區一帶)的目的。**創建時期的建築毀於多次戰亂烽火,因而一無所存,現在能看到的主要建築群是距今約500年前的江戶初期,按照奈良時代的伽藍堂宇所重建。話雖如此,**東寺仍藏有眾多國寶及重要文獻,東寺可說是日本密教美術的寶庫**,於西元1994年被登錄為世界遺產。

立體曼荼羅
曼荼羅是密教教義的一種可視化表達方式,用來幫助理解複雜的教義。為了更真實地表達曼荼羅的概念,弘法大師空海構思了具體化的曼荼羅形式,在講堂的須彌壇上安置了以大日如來為中心的二十一尊佛像,並將東寺整個寺域設計成一個龐大的曼荼羅,讓信徒可以在實際的空間中感受到曼荼羅的意義和結構。

弘法市
每月21日是弘法大師的忌日,在東寺境內都有俗稱「弘法市」的市集舉行,各式攤販約上千家集中在此,叫賣的商品從古董雜貨如陶瓷器、書畫、二手和服、舊書和佛器、小吃到盆栽、新鮮蔬果等什麼都有,如果旅行途中恰巧遇上21日的話不妨來逛逛。

拿坡里義大利麵香氣十足,午間用餐時段供應。

在充滿佛法的空間中，感受這跨越時空並帶來心靈平靜的城市綠洲。

早上跟著OMO Ranger一同前往東寺散步，或是進入金堂欣賞立體曼荼羅，感受東寺早晨的悠閒美好。

24小時自由利用的OMO Food & Drink Station，提供滿滿在地好料，感受東寺附近的生活脈動。

©Hoshino Resorts

Ⓗ OMO3京都東寺 by 星野集團

🏠 別冊P.5,A3　📞 050-3134-8096　📍 京都市南區西九条藏王町11-6　🕐 Check In 15:00～，Check Out ～11:00　💲 一室¥10,000起　🌐 hoshinoresorts.com/zh_tw/hotels/omo3kyototoji/

　來到京都，想要遠離觀光人潮，讓心靈稍事休息，最推薦來到寺廟中度過被佛像療癒的時刻。OMO3京都東寺小巧精緻，房型有雙床房、單人房、高級雙床房等，配合1200年歷史的東寺街區，以沉穩色調帶入自然光線營造出來的清新明亮感，讓人感受輕鬆氛圍。在特別室中還能從窗外遙望東寺五重塔，沉浸在古都風情之中。OMO3京都東寺在大廳都設有**OMO Food & Drink Station，常備80種以上的食品，結合京都名物，以自助方式挑選食物飲料後再自助結帳。**以無人商店的模式24小時營業，針對自己作息與行程，在喜歡的時段挑選喜愛的餐飲，隨性但不隨便地度過住宿時光。

　入住這裡，最推薦參加飯店提供的散步行程，**由「OMO Ranger（周邊嚮導）」帶領，一探平安京唯一留下的遺跡東寺，沿路還會介紹深受當地民眾喜愛的歷史老舖等，**帶你來場時空旅行，感受這個閑靜區域隨處都有的歷史氣息。東寺為平安京第一座寺廟，在優美的寺境內散散步、進入大殿與佛祖進行對話、看看描繪佛陀世界的曼陀羅，回到OMO，更可以寫經、在抄經台的沙子上寫字，結合木造的沉穩內裝，以東寺21尊佛像組成的「曼荼羅藝術」充滿禪意與佛像元素，藉由佛教的世界觀讓人遠離日常並度過心靈平靜的片刻，離密教的世界更近一點。

　若是喜愛泡湯文化，推薦選購「錢湯體驗」方案，提著飯店準備好的浴巾與泡澡小物，踏上京都居民日常穿梭的小巷街道，前往「日之出湯」跟在地人一同享受京都庶民的泡澡文化吧！回來後還有美味的牛奶可以享用，讓人享受身心靈都被療癒的精緻款待。

卍 西本願寺

ⓜ別冊P.5,A2 ☎075-371-5181 ◎京都市下京區堀川通花屋町下ル ◷5:30~17:00 ⓢ自由參拜 ⓦwww.hongwanji.or.jp

西本願寺是淨土真宗本願寺派的總本山，**建築風格屬於桃山文化，唐門、書院、能舞台，都是日本國寶，也是世界遺產**。寺內的唐門，雕刻刀法精緻璀璨，華麗非凡，總讓人駐足許久流連終日，因此有「日暮門」之稱。此外，西本願寺的能舞台，據考證是日本現存最古老的一座；與「金閣寺」、銀閣寺並稱為「京都三名閣」的「飛雲閣」則是由豐臣秀吉在京都的宅邸──聚樂第移過來的。

🏛 風俗博物館

ⓜ別冊P.5,B1 ☎075-342-5345 ◎京都市下京區新花屋町通堀川東入る井筒左女牛ビル5F ◷10:00~17:00 ⓧ週日例假日、盂蘭盆節（8/13~8/17）、換展期間（6/1~7/31、12/1~2/3）ⓢ成人￥500，國中~大學生￥300，小學生￥200 ⓦwww.iz2.or.jp

風俗博物館以模型的方式重現了「源氏物語」主角光源氏所建「六條院」中的春之御殿。雖然館內空間不大，但**春之御殿精雕細琢的佈置、人偶細緻華麗的作工及配合季節變換的場景十分引人入勝**，也可以透過展覽，一窺平安時代的貴族生活。

聞香步驟較懂，最好會日本前往參加。

👜 負野薰玉堂 薦 おすすめ

ⓜ別冊P.5,B1 ☎075-371-0162 ◎京都市下京區堀川通西本願寺前 ◷9:00~17:30 ⓧ第1、3個週日、年末年始 ⓢ線香（短寸5把入）￥2200起 ⓦwww.kungyokudo.co.jp ❗香道體驗需事先預約，人數需5人以上才開放，需穿著襪子入內；目前暫停體驗活動

參加香道體驗，從文化了解歷史，進而提升氣質。

安土桃山時代文祿三年(1594)創業的國寶級老舖薰玉堂，是**日本最古老的御香調進所，守護著傳統的製法，使用香木與天然香料的調合**，調配出能散發出溫順且使人放鬆的香氣，亦致力於香道的普及與推廣，開設以一般人為對象的香道體驗教室。

卍 東本願寺

ⓜ別冊P.5,B2 ☎075-371-9181 ◎京都市下京區烏丸通七條上る ◷5:50~17:30(11~2月6:20~16:30) ⓢ自由參拜 ⓦwww.higashihonganji.or.jp/

東本願寺是日本淨土真宗大谷派的大本山，**境內的御影堂是世界最大的木造建築**，供奉著淨土真宗的創教人「親鸞上人」。寺內的建築都是明治28年(1895)重建的，之前原本的面貌因多次火災而不復見，據說再建時過程很不順利，於是女信徒們便斷髮結繩祈願，並編成粗壯的毛繩搬動木材，才得以建成。

大阪
京都 京都駅 兵庫

🎁Kyoto Denim

📍別冊P.5,C2 📞075-352-1053 🏠京都市下京區小稻荷町79-3 🕐9:00~19:00 💴牛仔褲￥17777起 🌐kyoto-denim.jp

京都自有品牌,別處買不到的日風丹寧時尚。

2008年問世的品牌「KYOTO Denim」由1977年出生的青年設計師桑山豐章所主導,**利用日本和服的傳統技法,將天然草木染、西陣織、京友禪等京都傳統的工藝融入牛仔褲的設計中**,就連銅釦也印上了代表京都季節的櫻花,而立體剪裁則是讓女性看來更顯瘦,一推出就大受歡迎,位在京都駅旁的店舖可以此品牌唯一的直營店,喜歡傳統結合現代設計的朋友可別錯過了。

☕aotake

📍別冊P.5,C2 📞070-2287-6866 🏠京都市下京區木町485 🕐10:30~16:30,週末例假日10:30~17:00 🈺週一、二、三 💴茶品￥1500起,麻糬￥200 🌐kyoto.aotake-heigo.com ⚠不接待學齡前孩童

十字路口旁的百年老屋,神奇隔絕了屋外大半的雜音,讓店裡保有寧靜。經店主整理之後,理想中的品茶場一一成形。**地板到內牆古木與建材重新配置,在刻畫茶類相關元素的同時,盡可能藏起現代電器的存在感,維持古風中的舒適**。二樓為鋪滿榻榻米的純和風場域,前後的窗方便清風吹進室內帶來些許涼意。色彩斑駁的屋梁上寫著老屋落成時的日期標記,只有仔細凝觀才找得到這份小驚喜。

老闆自製的三色麻糬會配合季節推出不同口味。

🎁AEON MALL KYOTO

📍別冊P.5,B3 📞075-691-1116 🏠京都市南區西九條鳥居口町1 🕐10:00~21:00,餐廳11:00~22:00,超市9:00~22:00 🈺不定休 🌐tw.aeonmall.global/mall/kyoto-aeonmall/

在京都車站附近要找超市就來這裡!

位於京都車站八條口步行約5分鐘的AEON MALL KYOTO內許多商店提供免稅服務,非常適合在京都進行舒適的購物。分為「Sakura館」與「Kaede館」;「Sakura館」內擁有各式衣物、生活用品、餐飲選擇、超市和電影館等設施,而「Kaede館」則設有玩具店、書店以及寵物用品店等。**無論是尋找時尚服飾、享受美食還是購買日常用品都能滿足需求。**

🍸ALKAA

📍別冊P.5,C3 📞070-9017-1507 🏠京都市南區東九條西山王町15-7 🕐14:00~24:00,週五18:00~24:00 🈺不定休 💴每款酒類不一,平均單杯￥800左右 🌐www.instagram.com/alkaa_kyoto/ ⚠17:00起店內將收取500日圓的入場費

ALKAA是一家專注於天然葡萄酒和烘焙甜點的酒吧,提供多款輕食和葡萄酒配餐,讓人在愉悅的氛圍中享受美酒與美味。店內常備超過250種酒類,選擇豐富滿足各種口味需求。為確保每位客人的體驗,每人入座皆需要點杯葡萄酒。另外,為了不影響其他顧客的品酒體驗,這裡也不接受使用強烈香水的顧客,大家要多注意。

平成知新館由直線構成的簡單空間以日本的「粹」為精神。

🏛 京都国立博物館

薦 おすすめ

📍別冊P.5,D2 ☎075-525-2473 ⏱京都市東山區茶屋町527 ⏰名品Gallery常設展 9:30~17:00(入館至16:30)，特展期間 9:00~17:30(入館至17:00) 🈳週一(遇假日順延翌日休)、年末年始、不定休(詳見官網) 💰名品Gallery常設展成人￥700，大學生￥350，高中生以下、70歲以上免費； 特展期間成人￥1800，大學生￥1200，高中生￥700，國中生以下免費 🌐www.kyohaku.go.jp/jp/ ❶特展期間名品Gallery常設展不開放參觀

京都國寶齊聚，每一樣都是值得一看的名品珍藏。

　　国立博物館收藏的**京都美術、工藝品種類豐富，且數量超過一萬件，每一件都是相當珍貴的文化遺產**；明治古都館本身則為文藝復興風格的磚造樓房，也是日本重點文化財之一。由知名設計家谷口吉生設計的平成知新館於2014年開幕，室內氛圍典雅，現代化設計融和古意，館內收藏品以日本古老佛教文化為主，帶人一窺京都的文化核心。

卍 蓮華王院 三十三間堂

薦 おすすめ

📍別冊P.5,D2 ☎075-561-0467 ⏱京都市東山區三十三間堂廻り町657 ⏰8:00~17:00(11/16~3月9:00~16:00)，入堂至閉門前30分鐘 💰成人￥600，國高中生￥400，小學生￥300 🌐www.sanjusangendo.jp

輝煌卻顯得樸實，日本佛教底蘊完整呈現。

　　三十三間堂意指「以柱隔間，共有三十三室的大殿」，而每一間室堂內都是觀音佛像，總計有一千零一座，正式的名稱為蓮華王院。**位居所有佛像正中間的「坐姿千手觀音」乃出自鎌倉時代(1192~1333)名雕刻師湛慶之手**，眼鑲水晶，雕工細膩，是日本有名的國寶。雖名為「千手」觀音，但其實每個觀音共有四十隻手，而每一隻手又都握有二十五種拯救塵世的法器；此外，千也代表了「無限無量」，故稱為千手觀音。

☕ 🍡 甘春堂東店

📍別冊P.5,D1 ☎075-561-1318 ⏱京都市東山區大和大路通正面下る茶屋町511-1(豊国神社前) ⏰9:00~17:00，2F茶房 10:00~17:00(L.O.16:45)；和菓子體驗(75分/場)一天4場:9:15、11:00、13:15、15:00 💰大 餅￥141；和菓子體驗￥2750 🌐www.kanshundo.co.jp/ ❶需2人以上才開課

　　每一顆可愛的和菓子，都有背後的故事和代表的季節意義。**在甘春堂東店的課堂上，有機會使用的木形、篩網、布巾等各種道具，以不同技巧做出和菓子，並享受手作和菓子的趣味與成就感。**

生菓子與干菓子是什麼？

　　和菓子依照含水量，可以分成生菓子、半生菓子和干菓子。含水量在30%以上的為生菓子、10%~30%為半生菓子、10%以下為干菓子。上生菓子並非比較高級，只是在砂糖珍貴的年代中，使用了較多的砂糖。

七条甘春堂 且坐喫茶

📖 別冊P.5,D2 ☎ 075-541-3771 ♈ 京都市東山區七条通本町東入西の門町551 🕘 9:00~17:30 Ⓢ 抹茶パフェ（抹茶聖代）￥1320 🔶

www.7jyo-kansyundo.co.jp

　創始於江戶末期的甘春堂，藉由菓子職人的手，一代一代將傳統京菓子美味傳承下來，至今已經第七代了。除了和菓子的販賣之外，甘春堂也開設**茶房「且坐喫茶」，提供多種和菓子套餐**；另外在這裡還能夠體驗手工製作和菓子，需要2人以上同行且事前預約才可以。

👁 渉成園

📖 別冊P.5,C2 ☎ 075-371-9210 ♈ 京都市下京區正面通間之町東玉水町 🕘 9:00~17:00(11~2月至16:00)，入園至閉園前30分鐘 Ⓢ 維護園景自由捐獻，成人捐獻￥700以上、高中生以下￥300贈送園內介紹 🔶 www.higashihonganji.or.jp/about/guide/shoseien/

　純日式庭園，相傳是源氏物語主人翁原型—嵯峨天皇的皇子「源融」的別邸，走進此園，可領受平安時期的園林之美。曾在江戶時代進行整備工程的涉成園，屬於池泉回遊式庭園，花木扶疏，池庭處處，再加上設計巧絕的亭台樓閣點綴其中，景致宜人。

☕ Kaikado Café

📖 別冊P.5,C2 ☎ 075-353-5668 ♈ 京都市下京區河原町通七条上ル住吉町352 🕘 10:00~18:30(L.O.18:00) 🈺 週四、年末年始 Ⓢ 咖啡￥1100起，茶類￥1100起 🔶 www.kaikado-cafe.jp

京都代表高塔，只有100公尺卻能看遍整個市區。

　開化堂是京都知名的老舖，專賣手工茶筒，每個要賈不斐。由這樣老舖所開設的咖啡廳，自然每一個小細節都十分講究。**改建自京都市電的車庫兼事務所，洋式建築十分古典**，室內則大量運用木質與金屬，現代明亮開放的感覺，配上**北歐風格桌椅、各種京都職人工藝器具**，和洋融合出自我風格。店內提供的餐點也絕不馬虎；採用中川鱷魚(中川ワニ)的咖啡品牌、倫敦Postcard Teas的紅茶、利招園茶舖的日本茶與丸久小山園的抹茶，特別的是，這裡也提供城崎溫泉GUBIGABU精釀啤酒，滿足客人的每一個需求。

©Plan・Do・See

©Plan・Do・See

©Plan・Do・See

Ⓗ 丸福樓

📖 別冊P.5,C2 ☎ 075-353-3355 ♈ 京都市下京區正面通加茂川西入鍵屋町342 🕘 check in 15:00，check out 12:00 Ⓢ 二人一室一泊三食￥59400起 🔶 marufukuro.com

留住任天堂舊社樓歷史新花樣。

　這棟1930年位於京都鍵屋町的老建築，外型結合昭和初期洋式建築風格，**是任天堂誕生的地方**，也是創業者山內一家子居住的所在。獲得新名稱的「丸福樓」在2022年全新開幕，過去建樓時設計的特色，**在建築大師安藤忠雄的巧思下，窗架上鏤空雕花、牆面上的雲彩花卉**，都選自花牌上的圖樣，也是暗藏在丸福樓裡的各種花牌痕跡。門面上的丸福標誌，沿用了任天堂前身「株式會社丸福」的商標，飯店內處處可見刻意保留下來的舊時風華，同時以新時代低調時尚的嶄新風貌，為京都帶來一陣驚嘆。

大阪

京都

京都駅

兵庫

梅小路公園

鄰 近京都駅的梅小路公園,可説是京都人最常去的地方,因為這裡不僅是公園,光周邊各式設施齊聚,加上鄰近還有比東京築地歷史更老的市場,可以尋找海鮮美味,每月一次的梅小路市集更是人潮滿滿。

⌂京都市下京區観喜寺町56-3 ◍www.kyoto-ga.jp/umekouji/

☕ 梅小路パークカフェ

Umekoji Park Cafe

⊚別冊P.5,A2 ☎075-352-7660
⌂京都市下京區親喜寺町15 梅小路公園内 ◷9:00~18:00 ◉野菜PIZZA¥980,飲料¥300起 ◍www.u-parkcafe.com/

　位於公園內鏘鏘電車的車站及兒童遊具區旁,以落地玻璃引入大量公園景致的パークカフェ,不論何時總是人潮不絕。這裡以當日直送的新鮮京野菜、自家製甜點及咖啡等頗受好評,豐富的菜單,從外帶野餐盒、內用各式餐點、早餐、兒童餐及飲料,或想來一支冰涼霜淇淋通通有。

◉ 市電廣場

⊚別冊P.5,A2 ☎075-352-2500 ◌京都市下京區観喜寺町56-3 梅小路公園内 ◌鏘鏘電車每20分鐘一班,週六日例假日10:00~16:00、暑假(7~8月)至17:00 ◌鏘鏘電車週一~五 ◉鏘鏘電車小學生以上單程券¥150,一日券¥310 ◍www.kyoto-ga.jp/umekouji/facilities/train.html

　大正時期幾乎整個京都市區都是以市電為主要交通工具,昭和時期退役後,為了讓市民懷舊老時代,特別在公園內闢了一處市電廣場。以舊市電車的車廂,轉化為賣店、咖啡、旅遊處及休息區,最酷的是還復原一台老鏘鏘電車,鋪設軌道於公園中,設有鏘鏘電車站及展示室可參觀外,也可買票搭上電車體驗並巡禮公園風景。

老車廂成了咖啡、賣店及免費休息區。

◉ 京都水族館

⊚別冊P.5,A2 ☎075-354-3130 ◌京都市下京區親喜寺町35-1梅小路公園内 ◷10:00~18:00(依日期變化詳見官網) ◉成人¥2400,高中生¥1800,國中小學生¥1200,3歲以上¥800 ◍www.kyoto-aquarium.com

　弧線型的山水造景槽,這是京都水族館最想介紹給大家的「京都河川生態區」。三面環山的京都盆地,有鴨川、桂川等十多條河流貫通,優良的水質賦予了京野菜等食材豐富美味,川床、友禪染等文化,也都依著河川衍生;京都的活力,可說是由眾多河川注入而成。「水族不應該只有海洋生物」,京都水族館負起的教育責任,就是將源泉一滴匯流至汪洋大海、生物共生的生態體系,完整地介紹給內陸的孩子們。

🏛 京都鐵道博物館

おすすめ 薦

📖別冊P.5,A2 ☎0570-080-462 📍京都市下京區観喜寺町 🕙10:00~17:00(入館至16:30) ❌週三(遇假日及春假、暑假照常開館)、年末年始(12/30~1/1) 💰成人￥1500，大學高中生￥1300，國中小學生￥500，3歲以上￥200，場內蒸汽火車搭乘券高中生以上￥300，國中生以下￥100 🌐www.kyotorailwaymuseum.jp

> 鐵道迷必訪的口袋名單。

　2016年4月底開幕的京都鐵道博物館，已經成了最新鐵道文化的教育新展場，館內以一具大型的扇形車庫為主要展場，連接主樓的展覽設施，展示著館場主旨「與在地共進的鐵道文化據點」。館內收藏有大量的鐵道文獻歷史資料，提供來訪者深入研究京都鐵道的歷史與文化，或是來到體驗區搭乘一段蒸汽火車之路，不論大人小孩來此都能盡到學習育樂相長的歡樂時光。

👁 🎁 Jimukiro-Uedaビル

📖別冊P.5,C1 ☎& PAPERS 075-354-0351；BOX&NEEDLE 075-748-1036 📍京都市下京區五条通高倉角堺町21 Jimukinoueda bldg. 1F(& PAPERS)、3F-303(BOX&NEEDLE) 🕙& PAPERS 10:00~18:00；BOX&NEEDLE11:00~17:00 ❌& PAPER週三、不定休；BOX&NEEDLE週四 🌐(& PAPER) andpapers.com/；(BOX&NEEDLE) boxandneedle.com/

　Ueda大樓是一棟老大樓，**以集結創意工作者進駐賦予大樓新活力，有紙器店、咖啡店及工作室**等。推薦3樓的BOX&NEEDLE這家超百年的紙用品店，有世界各國的紙品以及手工紙製品，想DIY也有各式課程可以選擇。

☕ 🍴 O2 Café(MARNI CAFE)

マルニカフェ

📖別冊P.5,B1 ☎075-344-0155 📍京都市下京區五条通新町西入西錺屋町25 つくるビル2F 202号室 🕙11:30~16:00，鯛魚燒14:00~售完為止 ❌週一、週日、不定休 💰鯛魚燒￥450起 🌐www.facebook.com/AtelierCafeMalni/

> 烤燒完成紅豆鯛魚燒，周邊還帶有很多脆皮，搭配2種奶油享用超美味。

　O2 Cafe所在的 つくるビル是一棟超過50歲老公寓，**位於2樓的咖啡廳佈置相當舒適**，老闆料理手藝了得，以京都美味食材烹調出各式創意菜，當然若錯過用餐時間，這裡也是**喝咖啡享受安靜一隅的好去處**，記得多點上一條熱門必吃甜點—鯛魚燒。

H 月屋

📍別冊P.5,B1　☎075-353-7920　🏠京都市下京區新町通五条下る蛭子町139-1　🕐check in 16:00~21:00，check out 11:00　💰兩人一室1人￥5000起　🌐tsukiya-kyoto.com

由知名的guest house 錺屋主人所經營的二號店，是間**有著泡澡空間、提供手作早餐、並且一日限定四組客人入住的B&B民宿**。建築改建自九十多年歷史的老町家，從建材細節到室內布置，在能感受到於京都出生長大的主人，對傳統物件與生活的愛惜之情。

🍴 KYOCA Food Laboratory 薦

📍別冊P.5,A2　🏠京都市下京區朱雀正会町1-1　🕐依店舖而異　🌐kyoca-fl.com/

老建築裡的新尋味處。

位於梅小路公園與中央御売市場之間的一棟舊大樓，過往是京果大樓。**老大樓重新整裝後變成食物&設計為主題的新實驗場所**；1樓是各色餐廳，食材就從一旁的市場新鮮直送；2樓包含咖啡廳、模型組裝、甜點製作體驗、建築事務所等專注一物的特色區；4~5樓則是飲食相關活動舉辦場所及活動場地出租。

2樓維持舊建築格局趣味，有許多特色店家進駐。

穿過建於江戶時期蓋的「島原大門」，就是舊花街。

👁 舊花街・島原

📍別冊P.5,A1　🕐自由參觀

很難想像現在已經是一派安靜住宅區風貌的島原，**百年前是京都最早設立花街**。現在來這裡仍可見到一些過去被稱為「置屋」(藝者們的訓練處)、「揚屋」(類似料亭，可以請找來藝妓者們同歡)的氣派老屋建築，像是被列為文化財的「角屋」及仍營運料亭中的「輪違屋」。另也有揚屋改成的咖啡館，適合來一趟悠閒歷史漫步。

昏黃的燈光搭配下，室內氣氛優雅迷人。

H ☕ きんせ旅館 薦

📍別冊P.5,A1　☎075-351-4781　🏠京都市下京區西新屋敷太夫町80　🕐咖啡廳17:00~0:00(L.O.23:00)　🚫週二　💰咖啡￥500　🌐www.facebook.com/kinseryokan/、kinseinn.com/

藝妓茶屋改建咖啡館。

曾經作為經營「揚屋」(有藝妓陪同飲酒做樂的料亭)之處，歷經數代的改建，內部裝飾也隨時代移轉有了不同趣味。**超過250年歷史的老屋，整建後成了旅館兼具咖啡屋的空間**，一推開門，室內印象立即從日式轉變成大正時代浪漫歐式風格，一旁的咖啡烘焙作業，讓咖啡香飄散整個室內空間中，到了晚上也適合來此小酌一杯。

大阪
京都
四条・河原町
兵庫

四条・河原町

しじょう・かわらまち
Shijyo・Kawaramachi

四条通、河原町通與烏丸通、三条通所圍成的地區是京都最熱鬧的繁華街，也是造訪京都必逛的購物與美食區。在這裡集中了多家年輕人必去的流行百貨商場與服飾精品店；御池通與四条通所隔住的寺町通由寺町商店街與寺町京極商店街所串聯，是許多年輕人喜歡遊逛的商店街。街道上面覆蓋著遮雨棚，包括書店、服飾、藥妝等，讓遊客無論是豔陽還是雨天都能在這裡盡情購物。越過鴨川再向東走去便是祇園，而先斗町、木屋町更是京都夜生活的精華區，美食餐廳、居酒屋、Bar等都集中在這裡，不看地圖隨意走，處處都會有意想不到的驚喜！

交通路線&出站資訊

電車
阪急電鐵京都河原町駅➪京都本線
阪急電鐵烏丸駅➪京都本線
京都地下鐵四条駅➪烏丸線
京都地下鐵烏丸御池駅➪烏丸線、東西線
京都地下鐵京都市役所前駅➪東西線
京都地下鐵三条京阪駅➪東西線
京阪電車三条駅➪京阪本線
京阪電車祇園四条駅➪京阪本線

巴士(數字為可搭乘巴士號碼)
◎「四条河原町」巴士站
A巴士站➪往【山越】10・15・37・59
B巴士站➪往【三条京阪】11・12
C巴士站➪往【京都駅】4・17・80・205
D巴士站➪往【千本通・立命館大學】12・31・32・46・51・201・207
E巴士站➪往【松尾橋・京都駅】3・5・11・203

F巴士站➪往【祇園・平安神宮】31・46・201・203・207
G巴士站➪往【下鴨神社・北大路BT】4・205
H巴士站➪往【出町柳・銀閣寺】3・17
I巴士站➪往【平安神宮・銀閣寺・岩倉】5・32
◎「四条烏丸」巴士站
J巴士站➪往【三条京阪】5・11
K巴士站➪往【京都駅】5・26・43
L巴士站➪往【千本通・立命館大學】12・32・46・55・201・207
M巴士站➪往【四条通・松尾橋・久世・高雄】3・8・11・13・特13・臨13・26・29・91・203
N巴士站➪往【祇園・平安神宮】3・12・32・46・201・203・207
O巴士站➪往【立命館大學・岩倉】51・65

出站便利通
◎從阪急河原町駅徒步至祇園八坂神社約10分；徒步至四条烏丸路口也大約10分，可以把整個區域串聯起來一起逛。
◎從阪急京都線河原町駅下車，沿著四条通往東徒步約2分即為夜生活熱鬧的木屋町通、先斗町通地區，再往東走過四条大橋就是祇園地區。
◎從阪急京都線烏丸駅或京都市地下鐵烏丸線的四条駅下車，出站的十字路口就是COCON KARASUMA，沿著四条通往東徒步約1分就是大丸百貨。走入大丸百貨旁的東洞院通，朝北徒步的第一個路口即為錦市場入口，往東延伸至新京極通的錦小路就是市場範圍。
◎從阪急京都線河原町駅下車，出站的十字路口就有高島屋百貨、河原町OPA百貨等多家購物中心，沿著四条通往西徒步約2分即達年輕人最愛的新京極通、寺町通商店街，四条通的另一側則有時尚流行百貨藤井大丸。
◎從阪急京都線河原町駅下車，出站沿著河原町通往北徒步約5分可抵達另外深受年輕族群歡迎的BAL與mina百貨。

🛍 京都高島屋 S.C.

おすすめ **薦**

京都玄關口最大百貨，T8專門店吸引年輕人聚集。

📖別冊P.2,E5　☎075-221-8811　⏰京都市下京區四条通河原町西入真町52　🕙10:00~20:00，7F DINING GARDEN 京回廊11:00~21:30　🚫不定休 🚇
www.takashimaya.co.jp

　　河原町四条交叉口是京都最熱鬧的地區，高島屋就矗立於其中一角，除了豐富的商品與齊全櫃位之外，較特別的是其於2023年整修擴展為「京都高島屋S.C.」，結合了地下1樓至地上7樓的新專門店區「T8」。此次擴展共引入了51家店鋪，包含首次進駐關西與京都的餐飲、時尚及藝術類店鋪，帶來全新的購物與文化體驗。

【 T8 】

　　「T8」專門店區與現有的「高島屋京都店」無縫連接，覆蓋地下1樓至地上7樓，並且與阪急京都河原町駅直通，集結了多元的業態，不僅限於購物，還融入了豐富的文化與藝術元素。地下1樓為餐飲與外帶食品區，1樓設有精緻禮品店與意大利餐廳，2樓提供服飾與選品雜貨，3樓則有日本茶咖啡館與日常用品。4樓是喜好動畫、唱片和藝術的樂園。5、6樓引入了「蔦屋書店」及共享休息區，而7樓則設有任天堂的「Nintendo KYOTO」展示與體驗空間，是任天堂迷必訪之地。

🎮 任天堂 京都

Nintendo KYOTO

☎0570-008-188　⏰京都高島屋S.C. T8 7F　🕙10:00~20:00　🚫不定休

　　Nintendo KYOTO是繼東京涉谷、大阪梅田後，任天堂在日本開設的第三家直營官方商店。店內裝飾靈感來自於遊戲角色的原始形象，如像素（Pixel）和網格（Grid）設計，讓人仿佛回到遊戲的起點。牆面和天花板等處都採用正方形圖案，讓人有更多的視覺驚喜。這裡提供超過1500種商品，除了擁有各式各樣的角色公仔、文具、日用品、服飾及糖果等，還首次推出以「超級瑪利歐」和「皮克敏」為主題的全新商品。

大阪
京都
四条‧河原町
兵庫

中村藤吉 四条店

☎075-606-5100 ⚲京都髙島屋S.C. T8 3F ⏰10:00～20:00 Ⓢ抹茶¥950，聖代¥1700 🌐tokichi.jp

中村藤吉創立於1854年，以提供手摘玉露為主的獨特甜點，尤其是精緻的抹茶和玉露風味的特製聖代而走紅。**店內亦提供多樣化的日本茶，如煎茶、玉露以及創新的生茶果凍等。**中村藤吉以獨特「合組」技術，將七種不同的茶葉按照秘訣比例混合，讓每位顧客都能輕鬆沖泡出美味的茶湯。

> 餡蜜¥1500甜而不膩，一入口茶香滿盈，清新宜人。

蔦屋書店

☎075-606-4525 ⚲京都髙島屋S.C. T8 5～6F ⏰10:00～20:00 🌐store.tsite.jp/kyoto/

蔦屋書店匯集了書籍、文具、工藝品等多樣商品，將傳統與現代完美結合。**高島屋店內擁有約6萬冊來自全球精選的藝術書籍，並定期展出原畫與插畫作品，還會邀請作家舉辦講座與交流活動，讓訪客透過書籍邂逅全新的知識與創意。**店內還展示了許多適合作為日常生活藝術品的文具與工藝品，並設有藝術作品展示區，讓整個空間充滿藝術的氛圍，成為京都的藝術與文化發信地。

Mandarake Kyoto

まんだらけ 京都店

☎075-255-0777 ⚲京都髙島屋S.C. T8 4F ⏰12:00～20:00 🌐www.mandarake.co.jp/dir/kyt/

Mandarake源自東京中野，匯集了豐富的次文化商品，不僅吸引了深度收藏家，也適合輕度愛好者。**店為販售的商品類型多樣，包括玩具、娃娃、鐵道模型、藝術書籍、影像軟體、卡片、貼紙、動漫原畫和簽名色紙等，**為廣大的顧客提供多元且獨特的購物體驗。

> 長長的紅鳥居代表京都意象，眾多珍貴的公仔玩偶等著你來挖寶。

LINA STORES

☎075-744-1090 ⚲京都髙島屋S.C. T8 1F ⏰11:00～22:00 Ⓢ義大利麵單點¥1300起，套餐（前菜＋副餐＋義大利麵＋飲料＋冰淇淋）¥2800 🌐linastores.jp

LINA STORES源自倫敦蘇活區，在關西地區開設了第一家分店，提供從午餐到晚餐的全日餐飲服務。**餐廳以手工製作的新鮮義大利麵為主打，並搭配各式開胃菜和隨季節變換的經典義大利甜點。**店內設計以輕鬆愉快的氛圍為主，特別是面對廚房的吧台座位，讓顧客可以近距離感受到現場烹飪的樂趣。

> 份量精緻，大食量的人可能會吃不飽。

藤井大丸

📍別冊P.2,D4　📞075-221-8181　🏠京都市下京區寺町通四条下ル貞安前之町605　🕐10:30~20:00　🌐www.fujiidaimaru.co.jp

雖然距離不到500公尺，但是藤井大丸與大丸百貨可是毫無關係，這個**1912年就開業的京都老牌百貨為了和周邊的商店有所區別，請來許多年輕人最愛的潮流品牌進駐**，從生活雜貨plaza、Franc Franc到United Arrows、IENA服飾，成了京都品味人士購物的最佳去處。百貨的地下一樓與阪急京都河原町出口10連結，不必出站就能輕鬆到達。

mina

📍別冊P.2,E3　📞075-222-8470　🏠京都市中京區河原町通三条下ル大黑町58　🕐購物11:00~21:00，7F咖啡廳、餐廳11:00~23:00(L.O.22:00)　🌐www.mina-kyoto.com

位在河原町通上醒目的mina是京都年輕女性中人氣最高的百貨，昔日原址上的京都寶塚劇場因為受到附近現代電影院開業的影響而沒落，因此重新建設了這棟充滿時尚感的流行大樓，**鎖定20~30歲的女性**，服飾、美食與健身中心等女性關心的店舖齊聚，還有京都最大的UNIQLO、LOFT可以逛。

KOTO CROSS

📍別冊P.2,E4　🕐依店舖而異　🏠京都市下京區四条通河原町北東角　🕐依店舖而異　🌐kotocross.hankyu.co.jp

KOTO所指的就是古都，而cross則代表了四条河原町的交叉口。**聳立於河原町重要街角的KOTO CROSS是阪急百貨為了創業100週年而設立的京都地標**，不但進駐書店、時尚服飾、與多家美味餐廳，更是以打造出一個流行、情報與美食的發信中心為目標，受到大家好評。

GOOD NATURE STATION 薦

📖別冊P.2,E5　☎75-352-3712　🏠京都市下京區河原町通四条下ル2丁目稻荷町318-6　🕙10:00～21:00,依各店舗不一　🅿️依各店舖不一　💳

崇敬自然、將天然好物融入日常生活的概念店舖。

goodnaturestation.com

GOOD NATURE STATION 旨在提供舒適且健康的生活提案，鼓勵大家不必過度拘謹或自我限制，而是自然而然地在日常中實踐健康、環保且充滿幸福感的生活方式；是一個以自然為核心，結合傳統智慧與現代生活方式的場所。館內精心挑選各種產品與活動，讓訪客體驗到融入自然的樂趣。

舒適的環境深受京都婦女的喜愛。

🎁 GOOD NATURE Market

🏠GOOD NATURE 1F　🕙10:00～21:00

GOOD NATURE MARKET 是一個以健康與環保為核心理念的市集，提供自家品牌的食品、獲得有機認證的農產品，以及來自京都本地的友善環境食品。這裡特別關注日本傳統的發酵食品文化並設有展示區域。此外，市集還有眾多依照自然法則釀造的天然葡萄酒供顧客選購。

可可泡芙￥990。選用來自哥斯大黎加的有機可可豆，並由巧克力師與當地小農合作，共同研發出獨特風味。

☕ RAU CAFE

☎075-352-3724　🏠GOOD NATURE 3F　🕙11:00～19:00　💲甜點￥1480起，聖代￥1760　🌐rau-kyoto.com　❗1F還有禮盒專賣店

各種甜點不僅美麗，味覺層次更是顛覆對甜食的認知。

RAU以「將情景轉化為形狀」為理念，由主廚甜點師松下裕介與巧克力師高木幸世聯手創作出具有故事性的甜點。每一款甜品不僅在味道和設計上精心雕琢，還通過細膩的製作過程呈現出獨特的情感。「生甜點」以及「Bean to Bar巧克力」皆是其代表作。在RAU，甜點不僅僅是美食，還是一種藝術創作。

🎁 KASOKEKI

🏠GOOD NATURE 3F　🕙10:00～20:00

KA SO KE KI展示的器皿、玻璃工藝品，以其簡潔高雅的風格吸引人心；美麗的手工飾品更是讓人愛不釋手。此外，充滿歷史故事的古董，以及讓身心感到舒適的全方位保健服飾等，匯集了來自「創作者」的熱情與精湛工藝，讓每位訪客能親身感受「真品」的魅力。

河原町OPA

📖別冊P.2,E4　☎075-255-8111　📍京都市中京區河原町通四条上ル　🕐11:00~21:00　🈔不定休　🌐www.opaclub.com

河原町的OPA之於京都就像渋谷的109之於東京，是年輕辣妹的大本營，商品從衣服、鞋子、包包、內衣、化妝品、首飾等配件，到假髮、假睫毛都光鮮亮麗的不得了，只要是VIVI或JJ雜誌上、電視明星最流行的造型，立刻就可在此找到。

分別以玉露：煎茶(5:5)、覆蓋茶：煎茶(5:5)的比例，體驗混茶的魅力。

☕ 福壽園 京都本店

📖別冊P.3,D4　☎075-221-2920(各樓層電話不一，詳見官網)　📍京都市下京區四条通富小路角　B1~1F、4~5F 11:00~18:00(2F京の茶庵L.O.17:30，入室至17:00)；2F茶寮FUKUCHA 四条店11:00~18:00(L.O.17:30)；3Fメゾン・ド・マツダ福壽園11:30~15:00、17:30~21:30(預約制)，茶講座體驗(60分、90分/場)11:30~16:00　🈔1/1、週三，メゾン・ド・マツダ福壽園1/1、週二~三　☕茶講座體驗￥2200~3300　🌐www.fukujuen-kyotohonten.com
❶茶講座需7天前網路或電話預約

來自宇治的福壽園是開業超過兩百年的宇治茶老鋪。外觀充滿現代感的京都本店，1樓是陳列商品的茶鋪，從一旁階梯潛入地下一樓，則是名叫「京の茶蔵」的有趣空間。在這裡，**不但可以和調茶師一起尋找自己喜歡的日本茶、現場調配出符合個人喜好的「My Tea」**，更可以報名參加日本茶講座，從基礎開始，認識日本茶的種類、味道和泡法。

◉ ☕ 元・立誠小學校

📖別冊P.2,E3　☎075-708-5318　📍京都市中京區蛸藥師通河原町東入備前島町310-2　🕐Traveling Coffee 11:00~17:30，校舍其他部分僅活動舉辦時開放　🈔不定休　🌐www.rissei.org/；(Traveling Coffee)www.facebook.com/kyototravelingcoffee/

鄰近河原町通鬧區的高瀨川邊，有一棟優美建築的小學，名叫立誠小學校。1920在高瀨川卸除運河功能後，學校接著在1928年建蓋，但隨著少子化，也不免面臨廢校命運，1993年廢學校後，其他單位來這裡接替運用，因此建築及內部都保存完好。**近來又成為多功能的文化發信地與咖啡館，成為文化藝術、電影演出的新空間。**

由職員室改成的咖啡館，能在優雅音樂中享受一杯咖啡。

寬永堂 四条本店

別冊P.2,E4　☎075-229-6282　◎京都市中京區先斗町四条上ル柏屋町171-3　◎9:00~21:00　⑤傳承饅頭 寬永傳8個¥1280　⑩www.kaneido.com

創業於寬永年間的寬永堂也是京都的和菓子老店，經典商品是技巧精煉、香味濃郁的黑豆茶羊羹，擁有一般羊羹少有的清爽餘味。「傳承饅頭 寬永傳」的外皮薄而焦香，內餡的白鳳豆沙香甜不膩，也很好吃。四条本店的2樓也設有茶寮，可以即時品嚐這百年好滋味。

六傳屋

別冊P.2,E4　☎075-212-9224　◎京都市中京區先斗町四条上ル下樵木町199　◎11:30~14:00、17:00~22:00(L.O.21:00)　⑥週三　⑤白味噌担担麵¥980，一口餃子¥680　⑩kiwa-group.co.jp/rokudenya_pontocho/

每天入夜開始，熱鬧先斗町上人氣最高的餐廳正是六傳屋，一杯冰涼涼的清酒搭配關西風的土手燒(燉煮牛筋串)更是對味。到了晚上還供應的火鍋，最有名的是鱉鍋，放入了京都大蔥與豆腐等好料，除了美味更讓饕客們擁有滿滿的活力。

柚子元

別冊P.2,E4　☎075-254-0806　◎京都市中京區先斗町四条上る鍋屋町212　◎17:00~22:00 (L.O.21:00)　⑥週二　⑤柚子雞肉鍋¥2800/1人　⑩kiwa-group.co.jp/yuzugen_pontocho/

柚子香氣令人食慾大開，不油不膩的料理堪稱一絕！

先斗町上不知為何火鍋店特別多，店招牌是個黃澄大柚子的「柚子元」就是其中一家。柚子元賣的是以柚子為主題的各種相關食物：包括柚子拉麵、柚子肉包、柚子酒和柚子火鍋等。店裡使用的柚子比一般台灣看到的柚子小很多，濃郁的香氣和略酸的口味相當開胃，而且和肉品意外的十分搭配。吧台的座位有些狹窄，但很有日式小店的氣氛。

喫茶築地

別冊P.2,E4　☎075-221-1053　◎京都市中京區米屋町384-2　◎11:00~17:00　⑤ウインナーコーヒー(維也納咖啡)¥750

被紅絲絨厚重座椅包圍的空間，鑲金杯盤在昏黃的吊燈照耀下曖曖含光，這是1934年就創業的老牌喫茶店築地。高雅的空間中滿溢著咖啡的香氣，店家最受歡迎的「維也納咖啡」，選用的咖啡豆苦味較濃厚，正好跟店內提供的多款蛋糕相搭配。小巧可愛的慕斯蛋糕，鮮奶油頂端綴上糖漬櫻桃，再淋上一圈藍莓醬，優雅又帶點花俏，就像是老京都的印象。

◎ 壽大樓
寿ビルディング

🏠別冊P.2,E5 🕐依店舖而異 🏠京都市下京區河原町通四条下ル市之町251-2 🕐依店舖而異 ❗除了minä perhonen，其他設施的公休日都訂在週四

> 京都代表性懷舊大樓，大人遊樂場般，每推開一扇門都是新體驗。

昭和2年建成的壽大樓是京都懷舊建築裡少有的白色磚石造大樓，每層都挑高共有5層，簡潔的造型甚有古典主義的均衡感，大門上的拱型壁飾顏見氣派，階梯的木質扶手、每間店家或工作間的隔板上都留著下了以往使用痕跡。

🏠 minä perhonen Kyoto

☎075-353-8990 🏠壽大樓 1F 🕐11:00～19:00，週六日例假日10:00~18:00 🕐週四 🌐www.mina-perhonen.jp

多次登上巴黎時裝週的皆川明以布料設計聞名，**minä perhonen就是皆川明的直營店**。店名minä是芬蘭文的「我」，perhonen 則是「蝴蝶」之意。從在京都店裡，minä perhonen 的各產品線服飾都有，**女裝為主，也有童裝，男士服飾極少**。和丹麥家居品牌弗利茲‧漢森(Fritz Hansen)合作的座椅可在此訂購，還有各式的布料(這是皆川明最著名的商品)也可依所需尺寸購買。

🏠 村上重 本店

🏠別冊P.2,E5 ☎075-351-1737 🏠京都市下京區西木屋町四条下る船頭町190 🕐9:00~19:00 🕐1/1~1/3 💴大根のゆず風味漬(柚子風味的醃蘿蔔)150g¥500 🌐www.murakamijyuhonten.co.jp

> 內行人才懂的淡雅滋味，是京都伴手低調卻高雅的不二首選。

名氣響亮卻沒有設分店，重度粉絲只能千里迢迢地跑來這裡選購，絡繹不絕的客人證明堅持下的好味道。村上重200年來一直都以不分你我的心意來做漬物，**全京都只有一家的名漬物屋，比起大量複製的商業模式，只想給予獨一無二的美味。**

🏠 MERRY GO ROUND KYOTO

☎075-352-5408 🏠壽大樓 5F 🕐10:00~18:00 🕐週四 🌐www.merry-go-round.co.jp

雖然標榜著是童書專門店，MERRY GO ROUND所賣的可不只有童話或繪本，只要是店主覺得適合兒童閱讀的書籍通通會選入，為了讓大人小孩都能夠有著童心，特別設計的閱讀空間讓人有如置身故事書中的閣樓，MERRY GO ROUND還會不定期舉行展覽，請來作者和讀者展開互動與對話。

☕ Kawa Café **薦**

🏠別冊P.2,E6 ☎075-341-0115 🏠京都市下京區木屋町通松原上ル美濃屋町176-1 🕙10:00~0:00 🌐www.kawa-cafe.com

明亮空間，暖暖的日式情調，來這裡就能享受正宗京都小清新。

　由傳統京町家改建的Kawa Café，維持了骨構但打掉向陽的那一面牆，一推開大落地窗，就可以走到納涼露臺，夏天正是川床納涼的最佳場所。**店家自豪的法式吐司早午餐**包含了吸足蛋汁牛奶、煎得鬆軟酥脆的法國麵包和草莓醬，微苦的芝麻菜拌上微酸的義大利油醋，再加上滑嫩的奶油蛋和煎培根，**嚐來既清爽又飽足。**

配著咖啡歐蕾，川床也吹起了紐約風。

☕ Soiree **薦**

ソワレ

🏠別冊P.2,E4 ☎075-221-0351 🏠京都市下京區西木屋町通四条上ル真町95 🕙13:00~19:00(L.O.18:00)，週六日例假日至19:30(L.O.18:30) 休週一(遇假日順延翌日休) 💴ゼリーポンチ(果凍飲料)￥750 🌐www.soiree-kyoto.com/

彩色果凍與輕輕飄浮的氣泡，古典卻又奇幻。

　位在木屋町上，充滿昭和懷舊風的Soiree，一進入室內，微藍的昏暗燈光讓人稍稍恍惚，舉目可及、充滿古典主義的歐式懷舊裝飾，營造出懷舊的少女情懷。來到2樓藍光更加強烈，點了杯招牌果凍飲，五顏六色的果凍在杯中，加上蘇打水反射出的藍光，讓飲料也變得奇幻不已。

Ⓗ 葵 KYOTO STAY

🏠別冊P.2,E6 ☎075-354-7770 🏠京都市下京區木屋町通仏光寺上る天王町146(葵 HOTEL KYOTO) ✓check in 14:00~22:00，check out 11:00 🌐kyoto-stay.jp ❗考量房客隱私，詳細住宿地址在完成訂房後由工作人員主動提供，工作人員會於約定時間前往辦理

　葵 KYOTO STAY 是2011年設立的町家旅宿集團，五棟Villa型的旅宿，一棟限一組客人，其中「葵·鴨川邸」的**建築本身擁有百年以上的歷史**，過去曾是藝妓的住處。左伴高瀨川、右傍鴨川，坐擁河畔的四季流轉、**獨門獨戶的傳呼式管家服務**，無論景致、便利性還是私密性，皆無可挑剔。

☕ フランソア喫茶室

Francois

🏠別冊P.2,E4 ☎075-351-4042 🏠京都市下京區西木屋町通四条下ル船頭町184 🕙11:00~22:00(輕食L.O.20:00，飲料、蛋糕L.O.21:30) 休12/31~1/2 💴咖啡￥700起，特製プリン(特製布丁)￥900 🌐www.francois1934.com

　列為日本有形文化財的這家咖啡館，融合日洋特殊建築風格，以咖啡廳身分被登錄在日本算是很稀有。義大利巴洛克形式的建築、內裝則宛如華麗客船內部，在昭和9年(1934)以咖啡廳開幕，瞬間成為很多音樂藝術家的聚集地，宛如高級沙龍般的存在。

麺屋優光 河原町

おすすめ **薦**

📖別冊P.2,E5　📞075-365-8818　🏠京都市下京區稲荷町329　🕐11:00~22:00　⛱不定休　🍜貝らーめん¥850

yukou-kiyo.com

清爽貝類系湯頭為主打，在地人都推薦的拉麵店。

京都人氣拉麵店，**以清爽貝類系湯頭為主打的拉麵，以牡蠣、蛤蜊和淡水蛤蜊為基底，喜歡清爽拉麵的人肯定會喜歡**。拉麵店創始人表示在他長大的過程中，常常在想「我想做一份讓人們微笑的工作」，於是選擇開設餐館，並且在以親民價格，希望能有更多人吃到，展露出更多的微笑。

ホルモン千葉 本店

📖別冊P.2,E4　📞075-352-6162　🏠京都市下京區船頭町234-1　🕐17:00~23:00(L.O.22:00)　⛱週二　🍜千葉のコース(千葉套餐：塩味5種+黑醬5種+炒麺)¥3500

www.chiba-group.jp/hormone/

喜歡重口味、大口吃肉的人，就不能錯過在美食排行榜上人氣居高不下的千葉。店內沒有單點菜單，統一採取套餐式，食材約8成是內臟；為了不讓客人錯過最美味一刻，**全店皆為吧台座位，由店員親手烤肉**，第一輪是塩味，第二輪則是醬味。特製傾斜烤盤，讓第一輪經過煎烤的肉汁配上大量豆芽菜十分美味，肉汁流到底下混入特調味噌醬汁裡後，再拿來烤第二輪。兩輪都吃完後，店員會詢問需要烏龍麵或炒麵，加入滴肉汁的味噌，滋味濃厚，讓每一個人都吃得飽飽飽！

アジェ 木屋町団栗店

📖別冊P.2,E5　📞075-371-2727　🏠京都市下京區天王町144-3(木屋町団栗下る東側)　🕐15:00~23:00(L.O.22:00)　⛱不定休　🍜ホソ(小腸)¥750，ホルモンミックス(綜合內臟)¥850　🌐www.aje.to

門口總是排了長長人龍，充滿庶民的氣息鬧轟轟得讓人不飲自醉。打開菜單，即使懂日文的人也很難搞懂的各種內臟應有盡有，一定要點的便是**小腸部位的「ホソ」**，以直火碳烤，逼出濃厚的油花與彈脆口感，好吃到讓人欲罷不能。另外老闆的私房料理清燉牛尾入口軟嫩不腥臭，充滿膠質的口感堪稱一絕！

とんがら屋

📖別冊P.2,E5　📞075-344-0308　🏠京都市下京區西木屋町通市之町248　🕐17:00~0:00(L.O.23:30)　⛱不定休　🍜晚餐預算約¥3000起

隱藏在小巷內的**とんがら屋**是傳統的町家建築，顧名思義，其是家**以辣椒料理為主打的居酒屋**，以辣椒入菜的料理非常多項，且調味與烹調手法與台菜相近，香濃四溢、口味十分大眾化，料理單價約日幣500圓起跳，所以深受外國觀光客的眷顧。

大阪

niki niki

超可愛生八橋和菓子，超適合IG打卡。

📍別冊P.2,E4　☎075-254-8284　🏠京都市下京區四条通西木屋町角　🕐11:00~18:00　💰カレ・ド・カネール(carré de cannelle)¥110　🌐nikiniki-kyoto.com/

由老舖聖護院八橋研發，結合傳統生八橋，將之轉換成一個個可愛又精緻的現代風和菓子，nikiniki不但受到觀光客喜愛，連在地人都是極力推薦。位在河原町轉角的小店面常常擠滿人，「卡哇伊~~」的驚呼聲此起彼落，精美造型很適合當伴手禮。

🍴 Santa Maria Novella Tisaneria京都店

📍別冊P.3,B4　☎賣店075-254-8691，餐廳075-254-8692　🏠京都市中京區東洞院通四条上ル　🕐賣店11:00~20:00，餐廳11:00~22:00　🚫週一　💰午間套餐¥3080起，晚餐¥8800起　🌐www.santamarianovella.jp

　　Santa Maria Tisaneria為1221年發源於佛羅倫斯，是世上最古老的藥局，以純天然花草製作的藥劑與保養品聞名。2004年12月在京都開設了第一家附設餐廳的分店，以正統的義式料理並搭配佛羅倫斯的蜂蜜、橄欖油、火腿等進口特產，另以當季食材承襲一貫的健康路線，給人清新的味覺享受。

🍴 出逢ひ茶屋 おせん

📍別冊P.2,E3　☎075-231-1313　🏠京都市中京區木屋町通蛸藥師西入る　🕐12:00~14:00(L.O.13:30)，17:00~23:00(L.O.22:00)　🚫週三　💰たぬきご飯(豆皮羹飯)小¥660　🌐www.yagenbori.co.jp

　　大盆大盆的御番菜(早期京都的家庭料理)擺在吧台案頭，おせん小小的空間卻讓人感受到家庭般的溫暖。爽朗的老闆娘熱情招呼客人，在櫃台與場內忙進忙出，而料理長認真處理食材，變幻出一道道最傳統的日式家庭料理。不像旅館的懷石，這裡的料理樸實卻讓人感到溫暖，充滿家庭的感覺，絲毫沒有京都料亭那般拒人千里的疏離感。

和菓子教室每天14:00開始，約70分鐘充實有趣。

薦 おすすめ

亀屋良長 本店

有趣的和菓子體驗帶人進入和文化，自己做的菓子最好吃！

📍別冊P.3,A5　☎075-221-2005　🏠京都市下京區四条通油小路西入柏屋町17-19　🕐9:30~18:00，茶房11:00~17:00，和菓子體驗(70分)14:00　🚫1/1~1/2　💰烏羽玉6入¥540；和菓子體驗：2種共3個成人¥3300，高中生以下¥2750　🌐kameya-yoshinaga.com　🈺和菓子體驗2人以上開課，需事先以電話預約

　　被譽為是京菓子名門的亀屋良長，創業時的名菓「烏羽玉」至今已有200年以上的歷史。使用日本最南端「波間島」產的黑糖，嚐起來表層甘甜還有深蘊的糖香，內餡綿密紮實，風味典雅。亀屋良長為了讓更多人能夠體驗做和菓子的樂趣，特別開設了和菓子教室，在不同的季節前來還能體驗不同的和菓子。

🧁👁 chichi

📖別冊P.3,C5 ☎075-600-9210 🏠京都市下京區塩屋町62-1 k3building 2F ⏰13:00~22:00 休不定休 💲開心果可頌霜淇淋￥980 🌐chichi.storeinfo.jp/

藝術空間與可頌霜淇淋。

隱身於民宅區2樓的chichi非常不起眼,其實這裡是個藝術展設空間,晚上還會變身為酒吧,空間內擺放了五顏六色小山般的箱子就像是裝置藝術,大家買了擠在特製可頌麵包上霜淇淋後就直接坐在藝術品上吃了起來,品嚐霜淇淋的人們儼然也變成了藝術空間的一環。這一切都很京都,很藝術,也就是chichi提供的趣味。

🎁 京極井和井

📖別冊P.2,D4 ☎075-221-0314 🏠京都市中京區新京極四条上ル ⏰11:00~20:00 💲和風零錢包￥990起 🌐www.kyoto-iwai.co.jp

位於京都正中心的京極井和井已有50餘年的歷史,專賣原創設計的和風雜貨ちりめん、京都和紙、線香、清水燒陶器等各式各樣來到京都必買的特產,面積開闊的店面還結合了古董,從古和服、古布到穿著和服時必備的日本味首飾、髮簪等一應俱全,還會依季節推出不同商品的展示,例如躍上雜貨的櫻花、紅葉圖樣。

🍴 壽喜燒 木村

すき焼き キムラ

📖別冊P.2,D4 ☎075-231-0002 🏠京都市中京區寺町通四条上ル大文字300 ⏰12:00~21:00 休週一、第三個週二 💲壽喜燒一人份￥3100起 🌐www.instagram.com/sukiyakikimura/

自昭和7年(1932年)創業以來,這家老字號的壽喜燒專門店致力於提供價格合理和牛壽喜燒,並通過多年來的經驗,精心挑選當日最上等的和牛來滿足顧客的味蕾,深受顧客喜愛。餐廳也提供6人至100人規模的大小宴會,適合團體聚會和特別場合。午餐時段提供實惠的套餐,並提供多種飲品選擇,如日本酒、啤酒、燒酎和紅酒等。

🎁 永楽屋細辻伊兵衛商店 四条店

📖別冊P.2,D4 ☎075-222-1622 🏠京都市下京區四条通河原町西入ル御旅町34 ⏰11:00~22:00 💲帆布包￥4950起 🌐www.eirakuya.jp/

伊兵衛是創業於1615年的木棉布料批發商「永樂屋 伊兵衛」旗下的品牌之一,如今成了熱門的京都帆布包店。沿襲傳統技術製作的帆布包經久耐用,除了單色系的Tote基本款之外,發展出多種尺寸款式,和風紋樣也十分可愛。另外,伊兵衛能依照顧客需求量身製作包款。

詩の小路TERAMACHI

別冊P.2,D4 ☎075-211-5100 ♠京都市中京區寺町通四条上ル ●11:00~20:00 ㊡不定休 ⓦwww.utanokoji.com

在河原町地區擁有三家分店的詩的小路是京都年輕人最喜歡的潮流大樓,進駐了許多潮流品牌,而寺町通上的詩的小路則**擁有8家個性小店,除了男性潮流服飾、和服出租店、美髮SALON、珠寶店外,另有武士忍者博物館與尼泊爾異國餐廳等**,各式不同型態店家,滿足不同客群。

SOU・SOU 伊勢木棉

薦

別冊P.2,D4 ☎075-212-9324 ♠京都市中京區新京極通四条上ル二筋目東入ル二軒目P-91ビル1F ●12:00~20:00 ㊡週三 ⓢ零錢包¥2120起 ⓦwww.sousou.co.jp

獨樹一格的和風小物,不管是自用或買來送人都十分適合。

以工作便靴打響名號的**SOU・SOU成立唯一的布料專門店,讓傳統走入現代,製作出更多符合潮流的商品**,例如手機吊飾、日本風布包,也可以單獨購買布料自己變化出更多品項。如果你也喜歡隨身小物,怎會錯過SOU・SOU那結合傳統手工藝的舒適質感與融會和洋風格的摩登設計。

Sancho

サラタの店　サンチョ

別冊P.2,E4 ☎075-211-0459 ♠京都市中京區裏寺町通四条上ル中之町572 ●11:30~22:00 ㊡週三 ⓢ每日午餐¥1100起,豚肉と夏野菜のソテーとサラダ(豬肉與夏野菜沙拉定食)¥1430 ⓦsancho.co.jp

創立於1972年的Sancho是一家專門提供新鮮沙拉的小店。店內嚴選新鮮的蔬菜,並不使用添加劑,力求提供對身體友善且美味的料理。**每份肉料理都附上大量綠色沙拉,搭配自製的沙拉醬,清爽又營養。**此外,店內提供多達20以上餐食選擇,從基礎的綠色沙拉到和風口味的沙拉,滿足不同顧客的需求,讓人在健康與美味之間取得完美平衡。

京うちわ 阿以波

獨樹一幟的團扇作品不單在日本僅此一家,放諸海外也絕無分號。

別冊P.3,C3 ☎075-221-1460 ♠京都市中京區柳馬場通六角下ル井筒屋町424 ●10:00~18:00 ㊡週日、例假日(4~7月無休) ⓦwww.kyo-aiba.jp ❶工房不開放參觀

團扇是日本夏季的風物詩,不單是日常隨身用品,也凝縮了季節之美。阿以波的團扇已經跳脫單純的日常用品,成為可以左右空間視覺主軸的藝術品。除了大家常見的紙面團扇之外,**鏤空紙雕團扇更是結合了造型、構圖與團扇特有的結構美的設計,纖細的工法完美平衡了精緻與力度、華麗與典雅。**

☕ さらさ花遊小路

🏠別冊P.2,D4 ☎075-212-2310 📍京都市中京區新京極四条上ル中之町565-13 🕐12:00~22:00 🈺每月最後一個週三 💰每日午餐¥1150起

創業於1984年的SARASA，原本像是大雜院一樣與腳踏車店、二手樂器屋、英文會話教室等八竿子打不著一塊的行業濟濟一堂，經過時代變遷，SARASA也遷移到目前四条河原町附近這個店址，但還是保留了活潑跳躍的動感氣氛。**無論在1樓的吧台區或是2樓的座位區，都可以看到許多玩心十足的陳設**，有時2樓也會舉行小型演唱會呢。

🎁 カランコロン京都 本店

Karankoron

🏠別冊P.2,E4 ☎075-253-5535 📍京都市下京區四条通小橋西入真町83-1 🕐12:00~20:00 💰がま口(零錢包)¥1760起
🌐kyoto-souvenir.co.jp/brand/karancolon/

1895年創業的伊と忠是專門製作販賣穿著和服所搭配鞋子與提袋的京都老鋪，為了融入現代，推出年輕品牌カランコロン京都，**將傳承百年的圖紋布樣變化出現代人喜愛的和風雜貨小物**，無論是散步用的小袋、零錢包或是京都風味濃厚的帆布包，都成了最流行的配件。

🎁 印 裏寺本店

🏠別冊P.2,D4 ☎075-254-6066 📍京都市中京區新京極通四条上ル中之町577-2 🕐11:00~20:00 🈺不定休
🌐www.in-net.gr.jp

在關西擁有多家店舖的「印」總店就位於裏寺町，**主打街頭風商品，最大的特色就是找來藝術家和各種職人合作**，經過印染加工後展現與眾不同的風格，無論是簡單的T恤或運動衫都更有質感，最熱門的商品是單車包，頗符合單車熱潮。

> 竹籃隧道呈現和風幽靜的氛圍。

🧁 koé donuts kyoto

薦
おすすめ

🏠別冊P.2,D4 ☎075-748-1162 📍京都市中京區新京極通四条上ル中之町557 🕐9:00~20:00 💰koé donutsクッキー缶(甜甜圈餅乾盒)¥2280 🌐www.koedonuts-onlinestore.koe.com

知名設計師操刀和風空間甜甜圈店。

koé 原本是服飾品牌，品牌概念是「new basic for new culture」，標榜著全部產品都源自於自然，而 koé donuts kyoto請來**建築大師隈研吾操刀**。與品牌概念相呼應，**店內使用京都嵐山的竹子編成的竹籃共572個**，為冷硬的空間增加了和風的柔美。除了提供內用外帶的甜甜圈，店內還有特製甜品飲料以及品牌設計的限量伴手禮。

🍴 かねよ

📍 別冊P.2,D3　☎ 075-221-0669
🏠 京都市中京區六角通新京極東
入ル松ヶ枝町456　🕐 11:30~15:30
17:00~20:00(L.O.20:30)　🚫週三　💰きんし丼(蛋皮鰻魚
飯)￥2800起　🌐 www.kyogokukaneyo.co.jp

　從大正時期便已經是京都名店的かねよ，最有名的
便是きんし丼(蛋皮鰻魚飯)。**不同於一般切成細絲的
蛋皮鰻魚飯，這裡的是在烤得香噴噴的鰻魚上蓋上
一層厚厚的煎蛋**，煎得嫩嫩的蛋皮配上鰻魚，夾著飯
一口吃下，富有層次的口感讓鰻魚飯的層次更向上
提升。

👁 梅體驗專門店 蝶矢 京都店

📍 別冊P.3,C3　🏠 京都市中京區六角通堺町東入堀之上町
108　🕐 10:00~19:00　🚫不定休(年末年始、盂蘭盆節)
💰梅酒體驗基本S瓶￥1500、M瓶￥2400、L瓶￥3300，
換不同的梅、糖要另外加價，詳見官網　🌐 www.
choyaume.jp/　❗體驗約1小時，需上官網預約時段

　梅酒品牌CHOYA，以漢字「蝶矢」在京都六角通上
開設了間體驗設施，**梅酒體驗課程得預約才能參加**；
若是平時造訪，可以選擇來杯以蝶子為基底調的蘇打
水或紅茶、綠茶，滋味酸甜。這裡提供**5種梅子、5種
糖、4種基酒**，即使材料固定，但透過充滿創意的搭
配，**100種的組合讓每一個人都能製作出專屬自己味
道的梅酒**。

不加酒的7天後會
變成梅子糖漿，
加了酒的放一個
月就能飲用。

寺內有許多鴿子，
而可愛的鴿子籤
詩也很受歡迎。

卍 六角堂

📍 別冊P.3,C3　☎ 075-221-2686　🏠 京都市中京區六角通
東洞院西入堂之前町　🕐 6:00~17:00　💰自由參拜
www.ikenobo.jp/rokkakudo/

　六角堂，又稱頂法寺，本堂依著佛法中六根清淨
(眼、耳、鼻、舌、身、意)之意而建，在北面還有留下聖
德太子當年在此沐浴的遺跡。早年，**寺廟人士會在這
池遺跡四周奉上鮮花，據聞這也是日本花道(いけば
な)的最早由來**。

京都的肚臍眼

　穿過大門，在右前側可以看到一塊中心有凹洞、六角
型的石頭崁在地上，這石頭原本在門前的六角通，
明治初期才移至現所。由於石頭所在位置是京都的
正中心，故又被稱為「肚臍石」(へそ石)。

八百一本館

別冊P.3,C3 依店舖而異 京都市中京區東洞院通三条下る三文字町220 10:00～21:00(依店舖而異)
www.kyotoyaoichihonkan.com

　由十數家京都在地老舖品牌結合而成的精緻食材賣場，以蔬果店日文「八百屋」為名，立志做到蔬果店首選。除了帶給顧客美味的食材外，還開闢了多個農場，讓員工學習農作進而了解愛護農產品。在八百一本館，另設有兩間餐廳可以立即品嚐利用京都在地食材做出的料理，也可以到頂樓參觀代表八百一的理念的六角農場。

きょうのおかず

075-223-2370 八百一本館2F 11:00～15:30(L.O.15:00)，17:00～21:00(L.O.20:30) 週二 午間套餐￥1380起，晚餐套餐￥2500起

　位於八百一本館2樓的きょうのおかず，中文的意思就是「今日小菜」，使用京野菜等在地食材烹調出的一道道美味佳餚，無論是根莖類或是葉菜類、肉類或是魚類、清蒸或是碳烤，只需要簡單不繁複的烹調手法，就能帶出食材原本清新的滋味。

> 4～12月提供，每個月不同口味的寒天「琥珀流し」。

栖園 大極殿本舖 六角店

別冊P.3,C3 075-221-3311 京都市中京區六角通高倉東入南側堀之上町120 喫茶10:00～17:00，賣店9:00～19:00 週三 琥珀流し(寒天點心)￥850
www.instagram.com/daigokuden.seien/

　栖園是家和菓子老舖，店裡的人氣甜品為**清涼可口且甜而不膩的寒天點心琥珀流し**，以及冬天時用上等的丹波大納言，也就是丹波產的大紅豆加年糕所熬成的**紅豆年糕湯**，紅透飽滿的大紅豆滋味十分高雅，是冬天不容錯過的逸品。

> 手機讀取QR碼就可以找到菜單，減少不必要的接觸。

小川珈琲 堺町錦店

薦 おすすめ

別冊P.3,C4 075-748-1699 京都市中京區堺町通錦小路上る菊屋町519-1 7:00～20:00(L.O.19:30) 漢堡排午間套餐￥1900 www.oc-ogawa.co.jp/nishiki/

藝術與濃香咖啡的交響曲。

　京都起家的小川珈琲已經是日本咖啡界的指標品牌，傳統京町家改造而成的空間，分出2樓藝廊及1樓咖啡廳兩個區塊，進門的挑高用餐開放感十足，通過綠意盎然的中庭則是另一個特別包廂可以欣賞日光變化，2樓藝廊還會不定期舉辦特展，還會為了特展調配專屬風味咖啡。

錦市場

從 新京極通到高倉通之間的錦小路就是錦市場，有「京都的廚房」之稱，舉凡京懷石料理到一般家常菜的素材都可在此買到，其中也有賣廚具、餐具等日式烹調用品，以及充滿濃濃京都味的美食小舖，營業時間約為早上9點到黃昏6點。

想了解京都的民生日常，來到錦市場便能窺探一二。

錦 天滿宮

別冊P.2,D4 京都市中京區新京極通四条上る中之町537 075-231-5732 8:00~20:00 自由參拜 nishikitenmangu.or.jp/

錦天滿宮是錦市場的鎮守神社，也是京都商人們的重要信仰中心，祭拜的神祇菅原道真，除了是一般人熟悉的學問之神外，也是掌管商業才能。錦天滿宮入口處的黑牛塑像，據說摸了就會有好運，因此牛頭被摸得閃閃發亮。

仔細看看錦天滿宮前的鳥居，竟然直直就插入兩側房屋之中！這在日本獨一無二！

カリカリ博士 京都錦店

別冊P.3,C4 075-212-0481 京都市中京區錦小路柳馬場東入ル東魚屋町185-6 11:00~19:00 不定休 たこ燒(章魚燒)6個￥260

カリカリ指的是章魚燒的外皮香脆，咬下去會發出 卡哩卡哩 的聲音，能夠將章魚燒煎烤到酥香，內餡卻柔滑軟嫩，可要有一身好功夫，永遠有著饕客等候的カリカリ博士賣的是特別的京都風章魚燒，有美乃滋、起士、原味、蔥花沙拉等風味可選擇，每一種都可嚐嚐看。

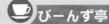

びーんず亭

別冊P.3,C4 075-213-1445 京都市中京區高倉通錦小路下ル中魚屋町511 11:00~18:00 週二、週三 咖啡￥200 www.beanstei.com

選在錦市場開了這個小小的咖啡吧，就是鎖定擁有挑剔味蕾的京都人，沒有座位，每個人都只能站著品嚐一杯香醇濃郁咖啡，卻照樣吸引客人不斷上門。びーんず亭提供的是專業的單品咖啡，所有豆子都是自己烘焙而成，也兼賣咖啡豆，咖啡雖然平價，卻擁有專業職人風味，遊逛錦市場前來喝一杯吧。

錦一葉＆まめものとたい燒き 錦市場店

可愛的背景牆可以讓顧客利用手上的鯛魚燒發揮各種創意拍照留念。

別冊P.3,D4 075-746-7731 京都市中京區東魚屋町185-2 10:00~18:00 不定休 奶油紅豆鯛魚燒￥390 www.kyoto-nishiki.or.jp/stores/ichiyo-taiyaki/

賞味期限只有一分鐘的可愛鯛魚燒。

為於京都的台所錦市場內，是最近人氣爆發的網紅甜點店，有別於以往的傳統鯛魚燒，特殊模具烤出來的原型小魚非常上相，但除了外觀可愛之外味道也絲毫不馬虎，由明治4年創業的石田老舖監修，無論是香甜內餡或是酥脆外皮，甜而不膩的口感讓人吃了口齒留香。

🎁 三木雞卵 錦 本店

ⓐ別冊P.3,C4 ☎075-221-1585 ⓗ京都市中京區錦小路通富小路西入ル東魚屋町182 ⓣ9:00~17:00 ⓗ年始 ⓢだし巻き玉子(高湯煎蛋)￥580起 ⓦmikikeiran.com/

　強調使用嚴選食材的三木雞卵主要賣的是高湯煎蛋,以北海道利尻昆布與柴魚熬煮的高湯,在職人的巧手下一塊塊煎出日式煎蛋的標準形狀,完美的奶油色讓煎蛋彷彿一件藝術品,一咬下,層層疊疊的軟嫩的口感中竟然溢出滿滿的鮮美高湯,鹹味恰到好處。

🍢 こんなもんじゃ

ⓐ別冊P.3,C4 ☎075-255-3231 京都市中京區錦小路堺町通角中魚屋町494 ⓣ10:00~18:00 ⓗ不定休 ⓢ豆乳ドーナツ(豆乳甜甜圈) 8個￥350 ⓦwww.kyotofu.co.jp

　由京都知名豆腐店藤野所開設,使用豆乳做成的現炸迷你甜甜圈非常受

到歡迎,購買時店員會詢問想要現場品嚐或是外帶回家,如果是立刻吃,店員會給剛剛炸好,熱騰騰的美味,另外豆乳霜淇淋也十分出名,尖峰時間還常會大排長龍。

🎁 有次 錦店

ⓐ別冊P.3,D4 ☎075-221-1091 ⓗ京都市中京區錦小路通御幸町西入る鍛冶屋町219 ⓣ10:00~16:00 ⓗ1/1~1/4、週三 ⓢ特製三德牛刀18cm￥27500 ⓦaritsugu.co.jp/

　創業的藤原有次從1560年就開始用心製造一把把讓食物更美味的刀子,到了1969年,後代選在錦市場開業,「有次」就成了每個日本廚師的夢想。錦市場的有次店內可以看到職人現場製作磨刀,在此製造並販賣由頂級廚房配件,從刀子到鍋子,每一個都是職人以手工一次又一次敲擊打磨出的商品。

🎁 打田漬物 錦小路店

ⓐ別冊P.3,C4 ☎075-221-5609 ⓗ京都市中京區錦小路通柳馬場西入る ⓣ9:30~18:00 ⓗ1/1 ⓢ漬物￥324起 www.kyoto-uchida.ne.jp

　京都醬菜相當有名,昔日京都人會隨著季節甚至當天的氣候溫度與料理的主菜搭配醬菜,醬菜不是低調的配角,而是不可或缺的滋味。創業超過一甲子的打田漬物強調醬菜也會呼吸,延續傳統製作手法在木桶內培養美味醬菜,希望品嚐的饕客們都能夠感受到京都的精神。

🍴 花よりキヨエ

おすすめ 薦

Hanayori Kiyoe

🚩 別冊P.3,D1 🚃 阪急「京都河原町駅」徒步約5分 📞 075-746-5811 🏠 京都市中京區御幸町通蛸藥師下ル船屋町399番地(さしあの樓1F) 🕙 10:00~18:00、週末10:00~19:00 ❌ 不定休 💲 湯葉豆皮奶油可樂餅¥390 🌐 hanayori-kiyoe.jp/

買份錦市場的名物可樂餅，邊逛市場邊吃吧！

清早來逛京都人的廚房——錦市場，雖然沒辦法跟當地人一樣把美味蔬菜食材通通買回去，但仍有許多熟食店，絕對不可錯過。其中錦市場名物「湯葉豆皮奶油可樂餅」你一定要試試。乾淨清爽的店內有內用區，必點的湯葉豆皮奶油可樂餅，是使用店內販售的高級橄欖油「Kiyoe」炸出的獨創風味，**外酥內軟**，熱熱的吃，讓人一口接一口停不下來。其他還有加入抹茶的Kiyoe可樂餅、烤玉米可樂餅等也很受歡迎。除了各式炸物，也有咖啡等飲品可以搭配，非常貼心。

錦市場的名物湯葉豆皮奶油可樂餅，不知道選哪一樣的話，選這個就對了！

明亮的店內 也設有內用區。

買份可樂餅邊吃邊逛市場，體驗滿滿新發現！

🎁 まねきねこのて 招喜屋 錦本店

🚩 別冊P.3,D4 📞 075-213-2960 🏠 京都市中京區錦小路通麩屋町東入鍛冶屋町221-2 🕙 10:00~18:00 ❌ 不定休

用各色和風彩布縫製的「緣起物」，也就是日本傳統的吉祥物如招財貓、金魚、青蛙、長壽龜、白鶴、不倒翁、茄子等，將店裡妝點得熱鬧繽紛，想要買可愛的小東西送人，來這兒準沒錯！

🍴 omo cafe

🚩 別冊P.3,D4 📞 075-221-7500 🏠 京都市中京區錦小路通麩屋町上ル梅屋町499 🕙 10:30~22:00(L.O.21:00)週五、週六及例假日前一日(L.O.22:00)22:45 close ❌ 週三 💲 omo cafeごはんプレート(6樣拼盤)¥2000、おもぱふぇ(聖代)¥900 🌐 www.secondhouse.co.jp

omo café是一家使用筷子的法式料理餐廳，內部用餐空間改造自町家的石造倉庫。兼具日式與法式優點的料理，選用錦市場當日新鮮食材，搭配主廚的創意，使每道佳餚都充滿自由的美感。

🛍 大丸 京都店

📖別冊P.3,C4　☎075-211-8111　⚑京都市下京區四条通
高倉西入立売西町79　🕐10:00~19:00(B1~2F至20:00)
🈺1/1　🌐www.daimaru.co.jp

　　由於位處最熱鬧的河原町，大丸百貨就成了京都
婆婆媽媽們的最愛，**最受歡迎的當然是地下一樓的
美食區**，包括京都特色的老舖和菓子和各種讓人垂
涎三尺的西洋甜點，還有近20家專賣熟食的店舖，鰻
魚、玉子燒、天婦羅、烤雞串等，美味程度和旁邊的錦
市場相比可是毫不遜色。

🛍 古今烏丸

COCON KARASUMA

📖別冊P.3,B5　☎075-352-3800　⚑京都市下京區烏丸
通四条下ル水銀屋町620　🕐11:00~0:00　🈺不定休　🚇
www.coconkarasuma.com

　　京都四条烏丸的古今烏丸**由知名建築師隈研吾操
刀**，將舊有建築重新再利用，外觀充滿日本傳統風
的唐長文樣，**以生活美學為提案的各家店舖深受輕
年喜愛**，如北歐設計魅力的Actus、和風唐紙的KIRA
KARACHO、百種色彩絢爛且香氣各異的線香lisn等，異
國風美食餐廳則以現代和風的氣氛讓料理更添美味。

🎁 布屋みさやま

📖別冊P.3,B3　☎075-231-
8126　⚑京都市中京區御射山町
281　🕐10:30~19:30　🈺年末年始
💲化妝包¥1260起　🌐www.nunoyamisayama.com

　　在東洞院通上遊逛，純白色的布屋みさやま以透明
櫥窗內的美麗和風雜貨吸引行人的目光，強調以 日
本之心 為品牌精神開業，布屋みさやま**販賣餐具、文
具、薰香、居家雜貨、服飾配件等**，希望顧客藉由這
些精緻商品讓人從五感體驗追求極致的日本精神。

🍴 GYOZA OHSHO烏丸御池店

📖別冊P.3,A2　☎075-251-0177　⚑京都市中京區兩替町
通姉小路上ル龍池町430　🕐10:30~23:00(L.O.22:30)，
週日至22:30(L.O.22:00)　💲煎餃6個¥290　🌐www.
ohsho.co.jp/

　　幾乎**遍佈全日本各地的餃子的王將**，一改之前親
和簡樸的裝潢，**在京都烏丸御池這開了間精品旗艦
店**，以沈穩的木質內裝，昏黃燈光以及黑白配色，大
走質感時尚風。雖然形象改頭換面，但餐點的價格還
是一樣親民，而且還能品嚐
到由營養師小針衣里加利
用京野菜所調配、當店才
有的獨特菜單，吃得健
康又高雅。

名代とんかつ かつくら 四条東洞院店

📖別冊P.3,B4 ☎075-221-4191 🏠京都市中京區東洞院通四条上ル阪東屋町674 ⏰11:00~22:00(L.O.21:30) 🍴各式豬排定食￥1440起 🌐www.fukunaga-tf.com/index.html

名代とんかつ かつくら是發源於京都的和風豬排專門店，採用來自山形縣平田牧場的新鮮豬排，嚴選精瘦少脂的部份，以特調的京風醬製醃製，經純植物油酥炸後異外的鮮嫩爽口，淋上用西京味噌調製的沾醬，再配上京都口味的日式醃菜和茶碗蒸，料好實在，深受大眾歡迎。

英多朗

📖別冊P.3,B4 ☎075-211-2239 🏠京都市中京區錦烏丸東入ル元法然寺町683 烏丸錦ビル1F ⏰11:30~14:30，17:30~22:00，週六、例假日至21:00 🚫週日 🍴肉カレーうどん(咖哩豬肉烏龍麵)￥1300 🌐www.kyoto-eitaro.com

有別於京都烏龍麵的柔軟口感，英多朗以咬勁十足的烏龍麵為賣點，深受在地食客歡迎，推薦最適合自家手打烏龍麵條的咖哩口味。拉麵也是令人意外的好滋味，獨家的柚子拉麵可讓客人自行榨入酸桔汁，濃厚湯頭變得十分清爽，一次品嚐兩種風味。

旬風庵

📖別冊P.3,A6 ☎075-353-6185 🏠京都市下京區新町通高辻上ル岩戶山町430-1 ⏰12:00~14:00(L.O.11:00)，18:00~21:30(L.O.18:30) 🚫週三、四(遇假日照常營業) 🍴午餐￥4180，晚餐￥9800起 🌐shunpuuan.amebaownd.com/ ❶平日及聖誕節不接待學齡前兒童，僅週日接待

由舊町家改建，旬風庵店裡訴求每日從金澤港運來的新鮮漁獲與精選京野菜、陶藝家的原創器皿，還有洋溢著古都風情的町家空間。強調運用當季在地食材、創造屬於京都人的法式味覺，**精緻中又帶點鄉土懷舊、一點家常的滋味，是一種京都式的法式懷石料理。**

旬風庵標榜居家氛圍、季節感受。

在特製的小巧竹簾上，搭配海苔、晶瑩剔透的醋飯，再配上各式配料。

AWOMB烏丸本店

📖別冊P.3,A4 ☎050-3134-3003 🏠京都市中京區姥柳町189 ⏰11:30~15:00(L.O.14:00)，17:30~21:00(L.O.20:00) 🍴名代 手織寿し(名代手織壽司)￥3630 🌐www.awomb.com

獨一無二的「手織壽司」，一口咬進最新鮮也最真實的京都旬味。

AWOMB的烏丸本店選擇改建帶有京都風味的町屋，人氣招牌料理「手織壽司」堪稱一道絕美精緻的藝術品。**以當季京都家常菜為中心**，在黑色石盤上層層堆疊擺放牛蒡、金時蘿蔔、真姬菇、鮭魚等各式各樣壽司素材與新鮮時蔬，並提供梅肉、石野味噌、奶油起司、杏仁等高達十四種的天然調味料，隨心所欲製作出獨一無二的「手織壽司」。

大阪↓
京都
四条・河原町
兵庫↑

🎁 鈴木松風堂 本店

📖別冊P.3,C3 ☎075-231-5003 🏠京都市中京區柳馬場六角下ル井筒屋町409·410 🕐11:00~19:00 🈲不定休 🌐www.shofudo.co.jp

鈴木松風堂位在小巷弄中，木質古味建築門口有寫著「紙の和雜貨」青蛙彩繪。走進店裡，燈光照映的是色彩繽紛的**和紙雜貨，和風包裝紙、錢包、紙皿、紙燈、紙盒**等，甚至紙製手機保護殼，讓人大呼驚奇，原來紙的用途這麼多！

🎁 竹中木版 竹笹堂

📖別冊P.3,A5 ☎075-353-8585 🏠京都市下京區綾小路通西洞院東入ル新釜座町737 🕐賣店11:00~18:00 🈲週三 💲ブックカーバ(書衣)¥880起 🌐www.takezasa.co.jp

竹中木版創立於明治24年，作為手工木版印刷師(摺師)工房，屹立在京都街頭百年餘，是日本屈指可數。第五代傳人竹中健司在1999年開設了新品牌「竹笹堂」，**除了包裝紙、團扇、扇子等日用品和工藝品外，也運用傳統木版畫的設計元素推出家飾與文具用品。**

🎁 さんび堂 烏丸本店

📖別冊P.3,B5 ☎075-341-2121 🏠京都市下京區室町通綾小路下ル白楽天町504 🕐10:00~18:00(祇園祭期間延長營業) 🈲週二、年末年始 🌐www.sanbido-shop.com

擁有127年歷史的荒川益次郎商店為一間「半衿」專門店。現代人和服穿得少了，於是荒川益次郎商店以「布的現代使用」為源頭，開發出多樣化產品，如包包、手帕、圍巾、掛飾，甚至是包裝酒的布包等，並開設了さんび堂作為**和小物與風呂敷的賣店，可以買到最具風格的日式小物。**

半衿是和服領巾，利用顏色多樣的半衿小物讓變化更豐富。

🍴 京料理 す満家

薦
おすすめ

📖別冊P.3,B5 ☎075-351-4598 🏠京都市下京區東洞院通綾小路下る扇酒屋町284 🕐午間班11:00，晚間班19:00，課程約2~2.5小時 🈲不定休(詳見官網) 💲おばんざいA(番菜基礎課程)¥8000 🌐3514598.com ❗每一時段最多6人，請先至官網查詢預約狀況

由食物傳達京都文化，藉由手作更能深入其中。

藤田老師原是京都創業70年以上、佛光寺御用「京料理·す満家」第四代傳人，由於女性料理人在日本傳統料理界仍佔極少數，在不願老舖滋味被其他料理人改變而黯然決定結束營業，以「**傳達京料理乃至於和食的獨特魅力**」為出發，**開辦了這樣的番菜料理教室。**在す満家的課程中，學員們與藤田老師一同洗手作羹湯，從最基礎的如何切洗、調味，到了解京野菜的鮮美、高湯的重要、豆腐的多變。

番菜 (おばんざい，Obanzai)

京都家常料理「番菜」已經成為和食中的專有名詞，顯現出其做為京文化一環的獨特性。一般正餐的配菜在其他地方稱為おかず(Okazu)，唯獨京都人叫它番菜。尤其在媒體上不斷地被這麼介紹，現在一講到おばんざい，大家自動會認為是京都家常料理。

都野菜 賀茂 烏丸店 薦 おすすめ

📖別冊P.3,C5 ☎075-351-2732 🏠京都市下京區東洞院通綾小路下る扇酒屋町276 🕐8:00~10:00(L.O.9:15,入店至9:00)、10:30~16:00(L.O.15:30)、17:00~22:00(buffet、飲料吧L.O.21:30) 💰早餐￥550；午餐￥1180(週六日例假日￥1390)；晚餐￥1590(週六日例假日￥1790)；飲料吧￥380/1180(含酒精) 🌐nasukamo.net/ ❶早餐buffet7:00開始發放整理券；午晚餐buffet客滿時才有限時。

一次品嚐各式京野菜。

　與京都農家直接合作直送的當日新鮮蔬菜,都在賀茂成為各式美味,**以京野菜為主題,每天至少提供30種類以上料理**,包含煮、燉、炒、蒸及生鮮蔬菜沙拉吧,也有部分肉食料理,**採吃到飽模式,想吃什麼自己拿**。另可額外預訂火鍋,各式蔬菜及地產肉類,絕對澎湃。

當日鮮送的野菜沙拉吧,口感鮮甜。

Crochet 京都本店 薦 おすすめ

📖別冊P.3,D5 ☎075-744-0840 🏠京都市下京區綾小路富小路東入塩屋町69 🕐10:30~18:00 🚫不定休(詳見官網) 💰各式京飴一份￥540 🌐crcht.com

從一顆糖果的繽紛色彩看到整個日本文化的現代包裝。

　今西製菓為創立於1876年的京飴老舖,池村武彥將歐陸的糖果追求繽紛炫目的色彩,結合傳統的京飴著重的滋味的呈現,融合兩者之長,創造出嶄新的京飴。Crochet創作出宛如皇朝再現的華麗風采,色澤的呈現很西方,色彩的選擇卻很東洋,目前三十餘種口味,**每一種口味都有自己的顏色與專屬故事**,不妨自己前來探索。

Crochet以傳統京飴的工法,把古往今來、東西采風,織進一顆顆小巧精緻的糖果中。

上羽繪惣 おすすめ 薦

使用天然貝殼粉製成的指甲油,沒了化學臭味,也更天然無害。

📖別冊P.3,C6 ☎0120-399520、075-351-0693 🏠京都市下京區東洞院通高辻下ル燈籠町579 🕐9:00~17:00 🚫週六、日、例假日 💰胡粉ネイル(指甲油)￥1452起 🌐www.gofun-nail.com/ ❶在全日本多處都能買得,可上網查詢「胡粉ネイル取扱店舖」一項

顏色豐富、好擦好卸,最重要的是天然無毒。

　創業於1751年的上羽繪惣從260多年前,就利用天然貝殼研磨成的「胡粉」製作各式繪畫用顏料,日本畫、人形娃娃、寺廟藝術等都會使用到。而現在上羽繪惣更創造了**胡粉指甲油,透氣性高、易上色**,也快乾,更有金粉款與加入精油款,滿足了女性的美麗需求。

平等寺 因幡堂 おすすめ 薦

📖別冊P.3,C6 ☎075-351-7724 🏠京都市下京區因幡堂町728 🕐6:00~17:00(事務所9:00~17:00) 🌐inabado.jp

貓奴必訪!祈求寵物平安健康。

　因幡堂平等寺位於京都市烏丸高辻,**創建於平安時代,供奉著重要文化財的本尊藥師如來立像**。據傳此尊靈像來自天竺,後從因幡國(現鳥取縣)飛來京都。該尊像與善光寺阿彌陀三尊像、清涼寺釋迦如來立像並列,被稱為「日本三如來」。

田為毛小孩御守而爆紅

因幡藥師以祈求「健康無病」聞名,近年來更推出了寵物專用的「六貓御守」(無病守)模樣可愛,吸引眾多貓奴前來購買。

無病守

🎁 D&D京都

別冊P.3,C6 ☎075-343-3217 ♀京都市下京區高倉通仏光寺下ル新開町397 本山佛光寺 ●11:00~18:00 休週三、不定休(詳見官網) ⊛www.d-department.com/

在日本各地以「長居生活創意」為主題，導入「在地化」小物販賣、餐飲、觀光概念的D&DEPARTMENT，來到京都正好是第10號據點。以本山佛光寺為根據地，並且找來京都造型藝術大學為夥伴，引進了京都老店的工藝品、生活雜貨，甚至調味料、防火水桶都有陳列販賣。

🍽 ☕ d食堂

おすすめ 薦

☎075-343-3215 ♀D&D京都內 ●11:00~18:00(餐點L.O.15:00，其他L.O.17:00) 休週三、不定休(詳見官網) ⑤豆乳肉味噌うどん(豆乳肉味噌烏龍麵)¥1300

集結地產美味料理與咖啡。

d食堂所在的獨立建築，以往是寺院信徒們聚會講經所，榻榻米的內部上放上桌椅，成了以味嚐京都味的好地方。料理使用京都旬之食材、醬油、醬菜、咖啡及茶等也都是來自京都知名老舖或職人咖啡選豆，食堂氣氛優雅、美味也值得細嚐。

依季節變化菜色的京都定食最推薦，可品嚐京都旬之美味。

🧁 petit japonais

別冊P.3,C5 ☎075-352-5326 ♀京都市下京區高橋町605-2(東洞院仏光寺東入ル) ●1F外帶12:30~18:00，2Fcafé至17:30(L.O.16:30) 休不定休(詳見官網) ⑤モンブラン(蒙布朗) ¥600 ⊛petitjaponais.com/

petit japonais是由老町家改作的甜點店，從1樓望入僅會看見糕點櫃與展示著餅乾、麵包的小桌子，必須沿著左側的小樓梯拾級而上，才會到達2樓內用區。petit japonais推出的甜點不僅外表可愛誘人，味道更是出眾。店家特別推薦的檸檬塔，便用了當季的國產檸檬來製作卡士達醬，酸甜平衡的恰到好處。

☕ Café Marble 仏光寺店

別冊P.3,C5 ☎075-634-6033 ♀京都市下京區仏光寺通高倉東入ル西前町378 ●11:00~21:00 休每月最後一個週三 ⑤鹹派 ¥700起，咖啡¥500起 ⊛www.cafe-marble.com/

Cafe Marble創立於2007年夏天，由設計團隊Marble.co於其事務所內設立。仏光寺店位於擁有120年歷史的京町家，保留了町家的獨特風貌。店內設有日式庭院與傳統的吹抜土間，搭配古董家具，營造出舒適寧靜的氛圍。不只有咖啡、還提供簡單的晚餐菜單，適合與親友在此享受一個靜謐的夜晚。

◉ 京友禪染體驗工房

別冊P.3,A6 ☎075-823-0500 ⏰京都市下京區高辻通猪熊西入る十文字町668 ⏰9:00~17:00 年末年始 型染體驗(30~40分)：手帕¥1430，束口袋¥2420 www.kodaiyuzen.co.jp

京友禪為全日本首屈一指的織品，來到古代友禪苑除了可欣賞這兒蒐集的高級友禪染和服，還可以體驗友禪染的工坊；這裡提供的主要是「型染」。所謂的型染指的**是用型板當模子，再用沾著染料的刷子刷在布上的染色法，簡單又好玩，適合入門者體驗**。另外在紀念品店內也有多種友禪染相關商品可選購。

🍴 木乃婦

別冊P.3,A6 ☎075-352-0001(預約制) ⏰京都市下京區新町通仏光寺下ル岩戸山町416 ⏰12:00~15:00(L.O.13:30)，18:00~21:30(L.O.19:30) 週三 お昼の会席(午餐會席料理，平日限定)¥6600、11000起，便當¥4320起 www.kinobu.co.jp

創業已經近百年的木乃婦，現任主廚以「保留京都古典氣息，結合新的創意」為理念，**配合季節更迭，以最高級的食材結合創意，將美觀又美味的季節會席料理呈現在客人面前**。在享用日式料理時，能夠再搭配主廚推薦的紅白酒，東西飲食文化也在這時撞出新鮮的火花。

🎁 Mimizukuya

ミミズクヤ

別冊P.3,A5 ☎090-5044-4747 ⏰京都市下京區新釜座町772-10 10:00~18:00 週四 www.mimizukuya.com/

年輕的設計師花山菜月自己經營的小店舖，賣的並不是出席正式場合的「正裝」，而是充滿玩心的可愛和服。正因為在現代，和服已經不是必需品，Mimizukuya以**年輕人的視角出發，像挑選一件洋裝般，將和服融入多元配件與基布，碰撞出趣味且可愛的新感受**。

店主花山菜月小姐親自顧店，為每個顧客介紹最適合的商品。

🎁 くろちく本店 天正館

別冊P.3,A4 ☎075-256-9393 ⏰京都市中京區新町通錦小路上ル百足屋町380 ⏰10:00~18:00 1/1~1/3 www.kurochiku.co.jp

おすすめ 薦

多樣式的和風小物讓人看得目不暇給，東挑西選買得好滿足。

くろちく的創辦者黑竹節人致力於推廣京都文化的傳統與再生，在町家建築與和雜貨重返流行的風潮裡，扮演著重要的推手角色。旗下的同名品牌**くろちく天正館位於新町通上，是隱藏在町家建築裡的和雜貨店**，販賣各種京味商品，從和風小袋、手拭巾、ちりめん布織小物等不一而足，狹長的店內深處則是精美的人形藝廊。

三条

さんじょう
Sanjyo

對大多人來説，京都是千年古都，行事流儀華美嚴謹，盡是舊日王朝風情。然而京都的面向不只如此，不同於繁華的河原町四条一帶，三条通兩旁嶄中帶新的建築更是透露出不同於別處的懷舊氛圍。京都的懷舊建築集中區以三条通為主，這裡大多是大型機構的京都分社或分店，現在則吸引很多對歷史氣氛有興趣的個性商店和藝廊選在懷舊大樓中設點；再加上近年眾多潮店和潮牌也紛紛選擇三条通設立分店，懷舊大樓和新興店舖使得三条通的氣氛格外時髦。走在三条通上，隨意散步就能在日常生活裡看到身邊舊建築無可取代的時光氛圍。

🏛 京都文化博物館 別館

🔖別冊P.3,C2　📞075-222-0888　📍京都市中京區三条高倉　🕐10:00~19:30　🈺依店舖而異　💰成人￥500、大學生￥400、高中生以下免費　🌐www.bunpaku.or.jp

　三条通上的京都文化博物館別館和本館相鄰，設計者長野宇平治是辰野金吾的學生，紅磚外觀上有一條條的白色飾帶，這是很典型的「辰野式」風格。別館可自由入內參觀，保留原先日本銀行在此營業時舊貌，後方的金庫區也有座位可休憩。

👁 中京郵便局

🔖別冊P.3,C2　📞075-255-1114　📍京都市中京區三条通東洞院東入る菱屋町30　🕐郵務9:00~19:00，週六9:00~15:00　🈺週日、例假日　🌐www.post.japanpost.jp/cgi-shiten_search/shiten.php?id=11928

　採新文藝復興式風格的中京郵便局建於明治35年(1902)，最初這裡即是作為公部門使用。20世紀初的三条通是全京都的金融中心，從京都中京郵局看來確實頗有威嚴。仔細看看內部，就會發覺，這裡也是將外觀保留而內部全部更新的範例。

👁 家邊德時計店

🔖別冊P.3,D3　📞075-221-0450　京都市中京區三条通富小路東入中之町27　🕐外觀自由見學，賣店10:00~20:00

　雖然創業於明治4年(1871)的家邊德時計店已遷移到熱鬧的四条通上，但這座於明治23年(1890)完成的紅磚建築即使成了和風服飾店，從外牆兩層式的構造仍可看到往日住商合一的建築形式，這裡是京都最早的商業用西式建築。

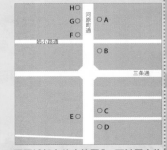

交通路線 & 出站資訊

電車
京都地下鐵三条京阪駅◇東西線
京阪三条駅◇京阪本線
京都地下鐵京都市役所前駅◇東西線
阪急河原町駅◇京都本線
京都地下鐵烏丸御池駅◇烏丸線、東西線

巴士(數字為可搭乘巴士號碼)
◎「河原町三条」巴士站
A巴士站◇往【三条京阪】10・15・37・59
B巴士站◇往【京都駅・九条車庫】4・17・205
C巴士站◇往【京都駅】5・86
D巴士站◇往【京都外大・松尾橋・山越】3・11・32
E巴士站◇往【錦林車庫・銀閣寺・岩倉】5・32
F巴士站◇往【北大路BT・上賀茂神社】4・205
G巴士站◇往【錦林車庫・北白川仕伏町】3・17
H巴士站◇往【立命館大學・山越】10・15・37・51・59

出站便利通
◎從河原町三条巴士站下車，沿著三条通往西走是許多個性小店聚集的區域，相較於人潮眾多的百貨公司更吸引有型的風格男女。
◎從三条一帶，到河原町、烏丸、祇園區域都在徒步範圍內，可以用走的逛遍京都最好買的精華地帶。

👁 1928大樓

1928ビル

🏛別冊P.2, D2　🚉京都市中京區三条通御幸町東入弁慶石町56　🌐www.dohjidai.com/

> 三条通上的代表舊大樓，懷舊氣息吸引眾多好點聚集。

　　1928大樓的名稱就是其建成的年代，1928年（昭和3年）。**位在京都懷舊大樓密集區三条通上的1928大樓，幾乎在三条東的最東側，想要在三条通做一次懷舊建築散步，這裡是頗為合適的起點。**裝飾藝術風格的淺橘的外觀頗為特別，有別於一般懷舊建築常見的紅磚建築或辰野式風格，1928大樓使用鋼筋混凝土建造，頂層的星形窗戶和陽台來自每日新聞社的社章形狀（每日新聞京都支社在這裡使用到1998年）都是著名特色。目前裡面作為藝廊、咖啡館和表演廳使用。

👁 同時代Gallery

☎075-256-6155　🏛1928大樓 2F　🕐12:00~19:00，展期最終日至17:00　🚫週一（遇假日照常營業）　💲自由參觀　🌐www.dohjidai.com/gallery/

　　同時代Gallery的成立就是要呈現我們所身處的時代，**對作品的選擇全不設限，只要能夠呈現出這個時代的特質就能在此舉辦展覽。**偌大的空間裡憑任來此辦展的藝術家自由使用，在空間上很有餘裕，位在2樓的位置，沒有特別的接待人員，可以隨意入內參觀。需要協助的話藝術家本人可能就在展場裡，一旁也有藝廊的辦公室可供詢問。

> 自由自在的藝術氣息、新時代和舊建築的和諧共存都是1928大樓的魅力。

☕ 獨立咖啡館

CAFÉ INDÉPENDANTS

☎075-255-4312　🏛1928大樓 B1F　🕐12:00~23:00　💲週替わりパスタ（本週義大利麵）¥1500起　🌐www.cafe-independants.com

　　在獨立咖啡館裡可以感到京都的自由派作風。咖啡館所在的地下室原來用作倉庫，改為咖啡館後壁面也未經粉刷翻新，大致保留著原貌，以年輕人為主的客層更像是大學食堂，點餐採取自助的形式，在櫃檯結帳後先領回飲料，隨後會有侍者將餐點送到桌上，**每日的主廚特餐很受歡迎，太晚到的話是吃不到的。**每週三、五還會有不定期的音樂表演和影片放映等活動，可至網站確認。

👁 薩可拉大樓

SACRAビル

🏛別冊P.3, D2 📍京都市中京區三条通富小路西入ル中之町20

文藝青年男女的必逛老大樓。

建於大正5年(1916)的薩可拉大樓就和許多懷舊建築一樣,屬於日本政府登錄在案的國有文化財,在外貌的保存上十分嚴謹,沒有附掛任何招牌或非必要的物件。大樓前方設置燈箱,上面有各家店舖與餐廳的招牌,門前擺放著開店中的商家各自的看板。這裡最初是日本最大的銀行「不動儲金銀行」的京都分行,文藝復興的風格帶有莊重感,除了1樓是磚造,2、3樓是木骨磚造,在1988年進行整修而成為我們現今看到的樣貌。

🎁 iiivko

📞075-254-0909 📍薩可拉大樓2F
🕐13:00~19:00 🈺不定休 🌐www.instagram.com/iiivko/

究竟 iiivko 是什麼意思?「開店的時候我想要一個不會和別人重複的店名,我的名字是亞由子(Ayuko),就自己創造了 iiivko 這個和我的名字讀音很像的字。」店主每年從美國和芬蘭進貨,品項以1960和1970年代的玻璃器皿、餐具和珠寶為主,店內的另一半商品則是日本藝術家的原創商品。讓日常生活有些華麗的氣氛是 iiivko 期待傳達給客人的主張,曾至留學美國的店長也能以流利英文提供選購協助。

🎁 idola 本店

📞075-213-4876 📍薩可拉大樓3F
🕐11:00~17:30 🈺週二、三 🌐www.idola-kyoto.com

1993年11月開始,idola 開始專賣鈕釦和串珠,一直到現在,店內還是一如初衷地販售著各式各樣的鈕釦和繽紛的串珠。置身 idola,就好像走進鈕釦和串珠的微型博物館一般,木質的陳設架上,一格一格的放著鈕釦和串珠,從最基本的材質、形狀到顏色就已應接不暇,鈕釦上還有各式的小型圖樣,浮雕或印刷都造成不同的印象和表情。

👁 文椿大樓

文椿ビルヂング

🏛別冊P.3, B2 📍京都市中京區三条通烏丸西入ル御倉町79 🌐www.fumitsubaki.com

原先用作貿易公司的文椿大樓建於大正9年(1920),使用木材建造的西洋建築在京都較為少見。而目前的樣貌經過身為建築師的業主久和幸司重新整理、規劃,在保留主結構的同時也加入不少現代的建築原素,給人一種穩重又舒服的元素。和不少懷舊建築一樣,這裡嚴選進駐的商店,所以每間店都有一定的特色和品質。

大阪➡
京都
三条
⬅兵庫

🍡 本家 船はしや

📖 別冊P.2,E2　☎ 075-221-2673　
京都市中京區三条通河原町東入ル中島町112　⏰ 10:00~20:00　💰 五色豆六角盒￥490　🌐 www.funahashiya.com

　位於三条大橋橋頭的豆菓子和煎餅店，雖然現址始於1950年，但創業可追溯到天正18年(1590)，可是貨真價實的京都老舖。**可以帶來好運的迷你煎餅「福だるま」造型可愛，香甜的滋味令人憶起兒時。**

老舖風景迷人，煎餅個個古樸美味。

👁 TIMES　薦 おすすめ

📖 別冊P.2,E2　⏰ 依店舖而異　📍 京都市中京區三条通河原町下ル

⏰ 依店舖而異

當代設計師的精心大作，建築之外眾多商店也是遊逛目標。

　位於木屋町的三条小橋附近，有棟代表日本現代風潮的清水模建築，就是由大名鼎鼎的建築師安藤忠雄所設計，沿著高瀬川傍水而建，分成二期工程完成，1樓的咖啡廳就可接近清涼可川，大面積的玻璃窗中透出商店的黃色燈光，更為這略顯冰冷的建築增添溫暖氣氛。春天時河畔櫻花盛開，美不勝收。

外表一派簡潔俐落的風格，看似教堂尖頂的外觀是取自舊町屋瓦頂的線條。

☕ Cao Cafe Ishikawa

📖 別冊P.3, A3　☎ 075-211-1814　📍 京都市中京區三条通新町西入ル釜座町31　⏰ 18:00~翌1:00(L.O.0:00)，週五六日例假日12:00至1:00(L.O. 0:00)　🈚 不定休　🌐 www.instagram.com/caocafe___kyoto/

　由京都當地的知名建築師辻井久信所設計的Cao Cafe Ishikawa，走進店內會先看到吧台，想走到主要的用餐區前，則會經過一條明亮的細長甬道，令人不免想到了被喻為「鰻魚的被窩」的典型町屋形式。座位區的後方的戶外空間，則是一片小巧的石庭，由細沙代表的水，石頭代表的山，表現出日本文化所重視的禪意。**室內利用北歐風花紋沙發點亮的現代感，提供義式洋食、法式甜點。**

🧁☕ Chocolate BEL AMER 京都別邸

📖 別冊P.3,C2　☎ 075-221-7025　📍 京都市中京區三条通堺町東入ル枡屋町66　⏰ 10:00~20:00　🈚 不定休　💰 三層下午茶套餐（雙人份）￥6600　🌐 belamer-kyoto.jp/

　BEL AMER品牌誕生於京都，旨在將傳統與國際風情結合，將日本的優質素材、技術與四季變化融入每一顆巧克力。精選全國各地與巧克力相配的食材，並以日本特有的精緻技藝與設計，將巧克力變成獨特的藝術品，體現出日本對「贈禮」文化的重視。**店內設於傳統町家建築中，保留了古雅的氛圍。二樓的「巧克力吧」提供驚喜創意的甜點與飲品，如季節限定的巧克力甜點和巧克力飲品，讓每一位來訪者都能享受到獨特的味覺體驗。**

🎁 Gallery遊形
ギャラリー遊形

📍別冊P.3, D2　📞075-257-6880　🕐京都市中京區姉小路通麩屋町東入ル　🕙10:00~18:00　⏰不定休　💰香皂3入￥762　🌐www.yukei.jp/

　Gallery遊形販賣俵屋旅館內為了住客更加舒適而特別獨家開發的商品，其中最受歡迎的特製香皂，含有200多種香料的香皂是旅館主人特別跟花王訂購的，高雅的香氣與細膩的泡沫大受好評。除了舒適寢具用品，現在更有袋子等個人配件與餐具器皿等。

☕ 遊形salon de thé
遊形サロン・ド・テ

📍別冊P.3, D2　📞075-212-8883　🕐京都市中京區姉小路通麩屋町東入ル　🕙11:00~18:00　⏰週二　💰俵屋のわらび餅抹茶と(俵屋蕨餅與抹茶套餐)￥2300　🌐www.yukei.jp/　目前暫停營業中

薦 おすすめ

> 以染井名水製作的蕨餅原是只有入住俵屋才吃的到的珍味，也成為每桌必點的熱門商品。

　遊形salon de thé是俵屋第11代當家佐藤年女士所企劃製作的咖啡館，位於俵屋同一條巷弄內，隔壁則是販賣俵屋設計商品與備品的Gallery遊形。由明治時期的町家改建而成，保存結構並在老式生活氛圍下，自佐藤女士長年珍藏挑選出來的北歐經典家具完美地融入和風中。來此特別推薦品嚐蕨餅；Q彈滑順的蕨餅裝盛在竹筒裡，撒上清香的黃豆粉，入口融化在輕妙的黑糖滋味與淡淡的植物香氣中。

☕ 喫茶葦島

📍別冊P.2, E2　📞075-241-2210　🕐京都市中京區三条通河原町東入大黑町37文明堂ビル5F　🕙12:00~21:00(L.O.20:30)，週五六日至11:00~21:00(L.O.20:30)　⏰週一(遇假日順延翌日休)　💰葦島咖啡(葦島ブレンド)￥800，三条起司蛋糕￥690　🌐ashijimacoffee.com/

　喫茶葦島的門口，除了一面小小的木板招牌外別無線索，忐忑不安地登上電梯五樓後，眼前豁然出現使用大量原木裝潢、充滿現代感與大人氣氛的靜謐咖啡館，方才熱鬧喧嘩的市區恍然如夢。喫茶葦島提供自家焙煎的手沖咖啡，招牌「葦島」與「百年」都是中深烘的混豆咖啡，入口溫潤、餘韻深厚，搭配店家費心挑選的蛋糕，格外美味。

俵屋喝得到染井名水?
俵屋為經營超過三百年的日本頂級傳統旅宿，與炭屋和柊家並稱京都三大飯店(御三家)，更有日本第一旅館之稱，名列日本有形文化財。古典而富含詩意的空間、細膩至微的服務外，料理更是享譽盛名，而支撐著俵屋世世代代正風味的，便是俵屋的井水。俵屋的井水與梨木神社的「染井名水」同源，屬軟水，俵屋與遊形所端出的料理、飲品和點心都是以俵屋的井水來製作。

☕ Smart Coffee 薦

スマート珈琲店

🏠 別冊P.2, D2 ☎ 075-231-6547 🏠 京都市中京區寺町通三条上る天性寺前町537 ⏰ 喫茶8:00~19:00，2F午餐11:00~14:30(L.O.) 🚫 午餐週二 💲 咖啡￥600，ホットケーキ(現烤鬆餅)￥750 🌐 www.smartcoffee.jp

> 京都人的早餐都吃什麼？來這裡跟著隔壁桌就沒錯！

創業於昭和7年的Smart Coffee並不聰明，而是老老實實地提供最靈巧的服務給每一位顧客，讓人倍感溫馨。每到早上開店後門口便排著人龍，大家都是為了要品嘗那懷舊滋味的熱鬆餅。**剛煎好的鬆餅淋上蜂蜜，切開鬆鬆軟軟的餅皮透著微微熱氣，一早吃了胃都暖了起來。**另外也是招牌的法式吐司六面煎到金黃，口感濕潤不乾，微焦香氣極為美味。

> 總店圓桌、扶手椅、吸煙席與室內挑高，一派老店氛圍。

☕ INODA COFFEE 本店

🏠 別冊P.3, C3 ☎ 075-221-0507 🏠 京都市中京區堺町通三条下ル道祐町140 ⏰ 7:00~18:00 💲 フルーツサンド(水果三明治)￥1030，京の朝食￥1780 🌐 www.inoda-coffee.co.jp ❗ 京都各地支店眾多，距離一個轉角的三条支店也很有人氣

發源自京都的INODA COFFEE擁有70年以上的歷史，是谷崎潤一郎等作家與藝術家喜愛的老舖咖啡館。店裡的咖啡除了單品、義式，還有自家烘焙混豆的獨家口味，**招牌「阿拉伯的珍珠」(アラビアの真珠)，在菜單上就寫著適合加糖與奶精，和一般對咖啡的想像不同，但出乎意料的甘美順口**，在入口處可以買到自家調配的豆子，另外，大門左側的白色咖啡間，是當年最早的INODA COFFEE復刻店面，告知店員後，也可以入內用餐或參觀。

☕ 六曜社地下店

🏠 別冊P.2, E2 ☎ 075-241-3026 🏠 京都市中京區河原町三条下ル大黑町36 B1F ⏰ 12:00~18:00，Bar18:00~23:00 🚫 週三(Bar無休) 💲 加啡￥500起，甜甜圈￥160

聚集許多日本文人的六曜社，一直是京都的知名文青咖啡廳。從夾長樓梯步下，推開大門意外寬廣，青綠色磁磚、木造家具與吊燈組成的空間漂散沉靜靜氣氛，除了各式讓人激賞的手沖咖啡外，而來此的人大多都會再點一分當店特製的甜甜圈，外皮炸得酥脆，一口咬下內部適體扎實香鬆，愈吃愈能感受質樸的美味。

🍴 三嶋亭 本店

🏠 別冊P.3, C2 ☎ 075-221-0003 🏠 京都市中京區寺町三条下る ⏰ 11:00~20:30(L.O.19:0) 🚫 週三(遇假日擇日補休)、不定休 💲 午間套餐￥8591，月コース￥17545 🌐 www.mishima-tei.co.jp

創業於明治6年的三嶋亭，是京都數一數二的壽喜燒老舖，創業始祖三嶋兼吉曾赴橫濱學習如何製作「牛鍋」，爾後回到京都，發展出獨特的烹調方式，不變的好口味傳承140多年。**三嶋亭引以為傲的肉品，嚴選黑毛和牛霜降肉，在燒烤時散發出的油脂香氣十分迷人，嚐來更是芳醇。**

🍴 和久傳 堺町店

📖別冊P.3, C2 ☎075-223-3600(需預約) 🏠京都市中京區堺町通御池下ル東側 🕐1F賣店 10:00~19:00；2F茶菓席13:00~17:00(L.O.16:30) 🚫年末年始 🌐www.wakuden.jp

在京都擁有多家高級料亭與點心舖、喫茶店的和久傳，分店皆坐落在遠離鬧區、卻又位處市中心的位置，就如同它比鄰堺町舊町家群、卻又想藏身於街景之中的不張揚，一如京都人低調，但就是這樣的氣質，渾身透著京都味。**結合賣店、茶菓席、料亭三區域的堺町店風雅意趣，想體驗頂級日式饗宴就不能錯過。**

2樓是能品味老店風情的茶菓席，同時滿足想品嚐不同日本味覺的人。

🎁 土屋鞄製作所 京都店

📖別冊P.3, C2 ☎075-256-8711 🏠京都市中京區堺町通姊小路下ル大阪材木町690-3 🕐11:00~19:00 🚫週二·不定休 💰真皮鑰匙包¥6050起 🌐www.tsuchiya-kaban.jp

2008年夏天開幕的京都店是土屋鞄製作所的第三家店，店內空間以紅磚與木頭打造出溫暖的氣氛，也等於強調了主力商品皮革的溫潤質感，**從一張張皮革開始由職人細心打造的各種皮件小物全都是獨家商品**，從需求開始發想設計，讓每一件商品都更能貼近人性，雖然價格較高，卻能夠經久耐用。

🎁 鳩居堂 薦

📖別冊P.2, D2 ☎075-231-0510 🏠京都市中京區寺町姊小路上ル下本能寺前町520 🕐10:00~18:00 🚫1/1~1/3 🌐www.kyukyodo.co.jp

重度文具迷的必逛老舖，優雅和風讓人心花怒放。

創業於1663年的鳩居堂是**江戶時代的老舖，專賣線香與和風文具**，舉凡因應四季的各式薰香，以及圖案美麗的信紙、明信片、便條紙、筆墨等文具皆有，充滿優雅的京都風情。若想買些伴手禮，手工繪製的和風小信封花色豐富，頗為適合。

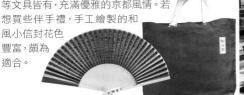

SHIOYA

◎別冊P.3, C2　☎075-212-5710　●京都市中京區三条通高倉枡屋町70ライオンズマンション京都三条101　11:00~19:30　⊗不定休　ⓦwww.shioya-shop.com

　在日本熱潮不退的北歐居家風也吹進京都，**SHIOYA正是專賣北歐各大品牌的布品**，包括最出名的marimekko到高價的jobs等，**精挑細選了200種以上的花色隨時提供挑選**，無論是窗簾、抱枕等各種家飾布甚至是浴衣都可以訂做，人氣最高的商品則是SHIOYA利用北歐布料獨家設計的各款包包，也只有在此才買得到。

45rpm 京都

◎別冊P.3, C3　☎075-252-0045　●京都市中京區三条通高倉東入枡屋町61　⊘11:00~19:00　ⓦwww.45rpm.jp

　45rpm是日本相當受到歡迎的個性品牌，**運用天然材質製作服飾為品牌最大的特色**，穿起來當然舒適。三条通上的京都店入口以一根懸吊的枯木與石材、木頭打造出獨特風格，將京都町家重生的空間更讓人駐足許久，2樓還有還自瑞士的皮件品牌Henry Cuir，同樣能夠感受對於自然環境的尊重。

也可將現代服裝染色，為普通服飾添上京都的風格。

京都 便利堂 本店

◎別冊P.3, A1　☎075-231-4351　●京都市中京區新町通竹屋町下ル弁天町302　⊘10:00~19:00　⊗週日、例假日　⑤絵はがき(明信片)¥110起　ⓦwww.benrido.co.jp

　明治20年(1887)創業以來，便利堂一直致力於美術出版與傳承美術文化的工作。店主表示，將美術的魅力傳達到日本全國，讓人們的生活中充滿美妙事物，是便利堂的使命。也因為這層關係，便利堂徵求各家美術館的同意，將館藏的各項書畫作複製成明信片，讓人們可以更容易將名品畫作收藏在家中。

馬場染工業 柊屋新七

薦 おすすめ

◎別冊P.3, A3　☎075-221-4759　●京都市中京區西洞院通三条下ル柳水町75　⊘9:00~17:00，體驗10:00~11:00、12:00~17:00　⊗週六日例假日、年末年始(12/29~1/5)、盂蘭盆節(8/14~8/16)　⑤¥1650(含體驗1小時¥550+杯墊¥550+家紋印刷¥550)　ⓦwww.black-silk.com　❶體驗為預約制，多點印刷需額外計價，平日可當日預約，建議於一週前預約

親手體驗傳統染工藝，找到自己最喜歡的家紋做紀念吧！

　黑染，指的是以植物性染料將衣物染色，為17世紀的江戶時代在武士之間的流行服裝趨勢，而馬場染工業正是擁有130年歷史的老舖黑染工廠，至今仍以傳統技法染出許多被稱為京黑紋付染的傳統日本禮服。**由馬場師傅開設體驗工房「柊屋新七」讓一般大眾可以透過親手設計或是印製家紋**，對印染有更深的了解，並重新連結起個人與家紋的關係。

祇園
ぎおん　Gion

祇園，是京都過去最主要的花街，也就是藝妓、舞妓們出沒的風月場所，現在則是最讓觀光客著迷之處，花街時代保存至今的茶屋木造建築群讓祇園飄散著濃濃的京味。黃昏時一盞紅燈籠在夜色中搖曳，藝妓和舞妓掀起玄關的暖簾、在街道上碎步行走，忙著趕場的她們自然是無法停下腳步陪觀光客拍照，但光是驚鴻一瞥她們在祇園街道上的姿影，就足以讓人興奮不已，不過近來已經較少見到真正的舞妓或藝妓，大多都是觀光客所扮，但仍舊會吸引路上人潮瘋狂拍照。

每個女孩來到這裡都一定要鑽進緣切緣結碑。

おすすめ
薦

安井金比羅宮

別冊P.2,G6　075-561-5127　京都市東山區東大路松原上ル下弁天町70　自由參觀；繪馬館、玻璃館10:00~16:00；授与所(販售御守、繪馬等)9:00~17:30　繪馬館+玻璃館：週一(遇假日順延翌日休)、年末　自由參拜；繪馬館+玻璃館成人￥500，高中生以下￥400，未就學兒童免費　www.yasui-konpiragu.or.jp

特別的參拜方式，讓好緣來，惡緣切！

　　經過祇園甲部歌舞練場後不久，就會抵達氣氛寧靜的安井金比羅宮，是間以保佑結良緣、斬惡緣而聞名的神社，也是日劇「Anego」的取景地之一。境內最醒目的是個覆滿白色籤紙、中間有開口的大石，名叫「緣切緣結碑」，只要先在籤紙上寫下願望，再穿過中間的洞口，願望就能實現。如果祈求良緣，要從石洞的裏口(うら)爬到表口，想切斷惡緣則反過來從表口往裏口，可千萬別弄錯了。另外，金比羅宮還有展示古今繪馬的繪馬館和玻璃館可以參觀。

交通路線＆出站資訊

電車
京都地下鐵三条京阪駅➡東西線
京阪電鐵三条駅➡京阪本線、鴨東線
京阪電鐵祇園四条駅➡京阪本線
巴士(數字為可搭乘巴士號碼)
「祇園」巴士站
1巴士站➡往【東山通‧百万遍‧銀閣寺】31‧46‧100‧201‧202‧203‧206
2巴士站➡往【千本通り‧壬生‧上賀茂神社】12‧31‧46‧80‧201‧203‧207
3巴士站➡往【東山七条‧京都駅】202‧206‧207
出站便利通
◎在祇園巴士站下車的東大路通與

四条通交叉路口就是著名的八坂神社，穿越八坂神社右轉可漫步走到高台寺地區。
◎在祇園巴士站下車沿著四条通往西徒步約2分就可以看到花見小路通，兩旁盡是京風濃濃的町家建築，有許多真假藝妓在此散步，往南徒步約3分就可以看到建仁寺。
◎從京阪電鐵祇園四条駅下車出站就是川端通與四条通交叉路口，上演傳統戲劇歌舞伎的祇園南座就在旁邊，沿著四条通往東盡頭正是八坂神社，沿途都有許多店舖可購物或品嚐京風甜點。
◎從京阪電鐵祇園四条駅下車出站沿著鴨川旁的川端通往北徒步，遇

上白川水道轉往東徒步約3分就是祇園風情濃濃的白川地區，櫻花季節一定要造訪。

舞殿上總是掛滿商家奉納的無數提燈，夜間提燈點亮時甚是美麗。

🈂️ 八坂神社 薦

📍別冊P.2,G4　📞075-561-6155　📍京都市東山區祇園町北側625　⏰自由參觀　💰自由參拜　🌐www.yasaka-jinja.or.jp/

位在祇園盡頭的繁盛神社，是通往東山的必經之途。

　從東大路通上的階梯拾級而上，香火鼎盛的八坂神社，是關西地區最知名且歷史悠久的神社之一，京都人暱稱它為「祇園さん」。八坂神社和圓山公園相通，傳說因為昔日災疫不斷而建廟祈願，是京都藝妓們經常造訪的寺廟，也是京都商人們的信仰。八坂神社拜的是保佑商家生意興隆、消災解厄的神祇，建築獨特的神社大殿被稱為「祇園造」，是日本獨特的神社建築，最早的記載見於西元925年。

🈂️ 美御前社

📍八坂神社境內　⏰自由參觀　🌐www.yasaka-jinja.or.jp/about/utukushisha.html

　來到八坂神社很多人大都只是穿越過去，並不會停留太多時間。下次再經過時，不妨到裡頭的美御前社參拜一下喔。這裡是主祭「宗像三女神」，是祈求身心靈都美的地方，因此大受藝妓及女性從事美容工作者的崇敬，當然男生也適合來參拜，畢竟不論男女大家都想美美的啊。

社殿前湧出的美容水，可以用手捧個2-3滴拍在臉上，但不可飲用喔。

運氣好的話在街巷也常能見在茶屋間穿梭趕場的藝妓或舞妓。

八坂神社前梯代表人與神的分界地

　一般要進入神社前，最明顯顯示聖俗邊界的就是鳥居，但最多人進出的祇園四条這側的西門口並無設置鳥居，因此只要踏上西門口與人行道交界處的第一個階梯，就算是進到神的境域了。神奇的是，整個八坂神社的界境就位在山丘上，在地質上也確實有一個斷層存在，京都盆地與山丘的兩種地層的接壤處就剛好在第一階的樓梯下方。

八坂神社的御神水

　根源可上溯至京都的「四神相應」說，相傳京都四方各有青龍、白虎、朱雀、玄武四神鎮守。青龍潛伏於清泉湧出處的「龍穴」，一路通往昔日皇室御花園的神泉苑，而龍穴就位在八坂神社本殿下方，故境內四處湧出自然泉。位於本殿旁的「祇園御神水」被稱作「力水」，喝了這裡的水，再到境內的子社「美御前社」參拜美貌與藝能三女神，取殿旁湧出的「美容水」輕拍臉上，美顏更美心，是祇園藝妓與舞妓磨練「女子力」的秘密武器。

👁️ 花見小路

📍別冊P.2, G3-G5

　花見小路是日本名氣最大的花街，精華區主要在四条通南面的一段。以紅殼格子的一力茶屋為起點，可以南行抵達春舞表演的祇園甲部歌舞練場和傳統藝能表演的祇園藝場。藝妓們表演的茶屋和高級料亭在林立花見小路兩旁，隨意折進兩旁巷弄，更能在大門深鎖的木造茶屋間，感受到這裡獨特神秘的氛圍。

卍 建仁寺 薦

📖別冊P.2,F5 ☎075-561-6363 🚉京都市東山區大和大路通四條下ル小松町 ⏰10:00~16:30(17:00關門) 💰成人¥800，國高中小生¥500，未就學兒童免費 🌐www.kenninji.jp

古老寺廟建築與國寶名物，每一樣都讓人看得心馳。

　　建仁寺創建於建仁2年(1202)，是日本最古老的禪寺，也是日本禪宗臨濟宗的名剎，端寧的氣氛和不遠處藝妓穿梭的花街彷彿是兩個世界。**境內迦藍配置從勒使門、三門、佛殿、本坊、方丈等都在一直線上，非常壯觀**，除了以枯山水知名的方丈庭園之外，名畫師俵屋宗達的「風神雷神圖屏風」和法堂大天井上的「大雙龍圖」都是參觀的重點。

建仁寺必看名物

大雙龍圖
位在法堂天井的大雙龍圖出自小泉淳作之筆，是其為2002年建仁寺創寺800年紀念而作。巨大畫作約有108個塌塌米大，歷時2年才完成，是別處看不到的巨大宗教至藝術創作。

風神雷神圖屏風
俵屋宗達的屏風畫作，可以說是京都數一數二的知名國寶。現在實物展示於京都國立博物館中，寺院中展示的是複製畫作，但也同樣精彩。

坐禪與瑜珈體驗

兩足院的坐禪與瑜珈體驗歷時130分鐘，先做70分鐘的瑜伽，爾後是1小時的坐禪。是為坐禪而瑜伽，老師便從基本的呼吸法與暖身開始：15分鐘調節呼吸與熱身、中段開始一步步地難度往上調，最後15分鐘再緩緩地下坡，慢慢讓身體靜下來。接著實際體驗坐禪：坐在簷廊上面對方丈前庭，雙盤腿、挺直腰桿，左手圈右手拇指、疊放在腿上，放鬆肩膀，雙眼半閉，進入冥想境界。

卍 兩足院 薦

📖別冊P.2,F6 ☎075-561-3216 🚉京都市東山區大和大路通四條下る4丁目小松町591(建仁寺山境內) ⏰每年冬季、初夏開放特別拜觀，特別拜觀期間10:00~16:00(16:30關門)，詳見官網 💰特別拜觀成人¥1000，國高中生¥500 🌐www.ryosokuin.com

禪寺中體驗瑜珈，藉由身體與精神感受禪的最高意境。

　　兩足院位於建仁寺腹地內，環境清幽、別有一番天地。穿過寺舍與坪庭「閼伽井庭」，迂迴之後映入眼簾的，是本堂外的**枯山水「方丈前庭」**，松木、嶙石，濡濕的苔原散發瀅瀅光澤，本堂供養著阿彌陀如來，香煙裊裊。拐過簷廊進入書院，自聯排的玻璃障子向外望，池泉回遊式的「書院前庭」宛如卷軸般展開，草木扶疏、流水蜿蜒，饒有趣致；無論從哪個角度欣賞，都伴隨著自然的因子在四季遞嬗間律動，動靜自如，取之師法自然。

卍 摩利支天堂

📖別冊P.2,F6 ☎075-561-5556 🚉京都市東山區大和大路通四條喁る4丁目小松町146 ⏰10:00~17:00 💰自由參拜 🌐zenkyoan.jp/

　　摩利支天堂又名禪居庵，為建仁寺的塔頭之一，這裡供奉著開運、勝利之神摩利支天，據傳摩利支天誕生於亥年，於是亥年的生肖豬(在日本為野豬)便成了守護神，化成狛豬立在堂前守護，也接受膜拜。

えびす神社

📖別冊P.2,F6 ☎075-525-0005 ⏰京都市東山區大和大路通四条下ル小松町125 ⏰9:00~17:00 💲自由參拜 🌐www.kyoto-ebisu.jp/

守護著商人們的惠比壽大神，在商賣行為繁盛的京都，自然不會少了祭祀他的神社。京都えびす神社與全國惠比壽神社的總社「西宮神社」、大阪今宮神社並稱為日本三大惠比壽神社。相傳京都惠比壽神社建設於1202年，至今已經有900年以上的歷史。

福箕

境內除了參拜以及古蹟巡禮之外，最特別的是在第二鳥居上，有個惠比壽大神形象的福箕，據說只要能夠把賽錢投入福箕中，願望就能實現，大家來到此地不妨試試準度囉。

祇園甲部歌舞練場

祇園甲部歌舞会

📖別冊P.2, G5 ☎075-541-3391 ⏰京都市東山區祇園町南側570-2 ⏰約4/1~4/30公演，一天3場(依公演節目而異，詳見官網) 💲一般門票成人1~2F￥6000，3F￥4000(依公演節目而異，詳見官網) 🌐www.miyako-odori.jp

祇園甲部**舞妓、藝妓的舞蹈公演是京都一項傳統**，無論服裝、背景都非常講究，即使外國觀光客聽不懂詞曲、看不明舞妓身姿的意義，但故事不難猜，華美精緻的舞台也真是好看，絕對值回票價。

舞妓跟藝伎有什麼不同？

舞妓

修業中的藝妓通稱為舞妓(20歲以下)，從外觀來看，舞妓的和服較粉嫩華麗，且頭髮全是真髮，通常梳一次要撐一個星期。

藝伎

藝伎是以「藝」立足的女性，除了專業才藝外，更需要豐富的涵養與待人的純熟技巧，由舞妓開始，修業完成後才能從代表舞妓的紅色衣領換成藝伎的白色衣領，獨當一面。另外藝妓是戴假髮，髮際線明顯看得出不自然。

祇園南座

📖別冊P.2, G5 ☎075-561-1155 ⏰京都市東山區四条大橋東詰 ⏰依演出節目而異 🏖年末年始 💲依演出節目而異 🌐www.shochiku.co.jp/play/theater/minamiza/

祇園南座古色古香的豪華建築非常醒目，是**日本傳統藝能之一的歌舞伎表演的劇場**。除了歌舞伎表演，還有大牌明星、著名演員擔綱的舞台劇公演，以及趣味性高的現代風格喜劇。

祇園藝場

ギオンコーナー

📖別冊P.2, G5 ☎075-561-1119 ⏰京都市東山區祇園町南側570-2 弥栄会館 ⏰每日2場18:00、19:00，12~3月只有週五~日、例假日公演 🏖12/29~1/3 💲成人(23歲以上)￥5550，高中大學生(16-22歲)￥3850，國中小學生(7-15歲)￥3300，未就學兒童免費 🌐www.kyoto-gioncorner.com ⚠個人不需預約，團體(20人以上)需網路預約

祇園藝場是能**近距離欣賞日本古典藝能表演的場所**，包括茶道、琴藝、花道、文樂，以及京舞、雅樂、狂言等，約一小時的節目讓一般遊客**對日本傳統藝能有初步的體會**，十分受到觀光客的歡迎。在祇園藝場的入口是「祇園藝廊」，以深入淺出的方式，介紹京都的藝妓與花街文化、展示藝妓的日常用品等，可以一探藝妓的神秘生活。

お茶屋 富菊

📖別冊P.2, G4　📞075-561-0069　🏠京都市東山區祇園町北側347　🕐依方案而異　❗需一週前電話預約

　一般想要親近藝妓，多數還是得透過茶屋或料亭安排宴席，而富菊的女將富森れい子女士是京都少數「國際派」的女將，不單本身會說英文，旗下的富津愈更是擁有留學紐西蘭四年的經驗，2013年7月正式出道時在媒體上造成不小的騷動。所以除了提供給熟客的宴席與舞妓派遣之外，亦推出各式與舞妓同樂的輕體驗，讓一般普羅大眾、乃至於外國朋友都可以近距離接觸這些傳統文化傳承者。

舞妓花の席 丸梅

📖別冊P.2, F5　📞075-451-1881　🏠京都市東山區祇園町南側570-120　🕐週六日例假日14:00~15:00　💰¥6500(含抹茶、和菓子)　🌐www5e.biglobe.ne.jp/~photon　❗需3天前電話或e-mail預約，因疫情目前限制8人/場

　丸梅在晚上是家小酒吧，在假日的白天則提供舞妓表演的活動，一場京舞結束後，由舞妓親手奉上抹茶，還能與舞妓交談與拍照。由於場地僅能容納13人，最好是可以事先以日文用電話預約。但若當日場次尚有空位的話，店家也接受當天在表演開始前購票入場。

舞妓裝束

頭飾：隨著蓮步輕移而搖曳生姿的頭飾會依著季節而改變，歌詠四時節令的情懷，化為繽紛的花朵綻放垂掛在如綢緞般的髮髻上。

妝容：妝容有幾個重點，口紅，以舞妓的身分出道未滿一年只能畫下嘴唇。後頸，在重重的裝束之下，敞開呈半月形的領子下，露出雪白的頸背，髮際的部分卻留下二至三條髮釵狀、未刷上白粉的留白，若隱若現便是性感的象徵。

衣飾：又以結在後方、總長7公尺的垂帶(だらり帶)具現了舞妓做為「藝」之傳人的風采，迤邐如涓的垂帶與振袖是舞妓專屬的美麗，隨著舞妓或款步生姿、或翩然起舞，構成流動的浮世繪。

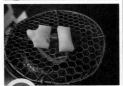

祇園德屋

📖別冊P.2, F5　📞075-561-5554　🏠京都市東山區祇園町南側570-127　🕐12:00~18:00　💰本わらび餅(蕨餅)，¥1450，もちやきぜんざい(年糕紅豆湯)¥1130　🌐gion-tokuya.jp/

　德屋開設在藝妓、舞妓行走的花見小路上，店內提供的便是充滿濃濃京都風情的和風小點，夏天來盤冰得涼涼的香甜蕨餅，沾上黃豆粉嚐來格外溫醇。在冷呼呼的冬天午後，點份年糕紅豆湯，端上來的竟是個小烤爐，自己將雪白年糕烘烤鼓至渾圓即可泡入紅豆湯享用，好吃又好玩。

🎁 井澤屋

📖別冊P.2,F4　☎075-525-0130　⚲
京都市東山區四条通大和大路西入
ル中之町211-2　🕙10:30~19:00　🚫
冬、夏季連休(詳見官網)　🌐www.
izawaya.co.jp

　位在祇園的井澤屋從1865年便
創業,明治時代更以京都和風小
物賣店聞名,不只一般民眾喜愛,
連祇園的藝妓們也都時常光顧。
這裡的商品種類很雜,有和服用
的小雜貨、縮緬布製品、包包、帶
等,讓人逛得眼花撩亂。

> 施以傳統漆工藝「蒔繪」
> 的中山塗手鏡。千鳥等
> 經典傳統紋樣,搭配以
> 傳統高級感的紅黑二色
> 為主,有點老派又可愛。

🎁 不老庵

📖別冊P.2, G5　☎075-525-2266
⚲京都市東山區祇園町南側570-
240　🕙11:00~18:00　🚫不定休
　花見小路上的不老庵在門口就
有展示京都最有名的下酒菜「ちり
めん山椒」,這是**將小魚以山椒拌
炒,成為能夠保存更久的食物,
除了搭配日本酒,和白飯更是對
味**,只要一點點就可以吃下大碗白
飯,加入熱茶變成茶泡飯也很好
吃。不老庵提供多種口味試吃,讓
人滿意再購買。

🍴 十二段家 本店

📖別冊P.2, G5　☎075-561-0213　⚲
京都市東山區祇園町南側570-128
🕙11:30~14:30(L.O.13:00),
17:00~22:00(L.O.20:00)　🚫每月第
2個星期三、週四　💲しゃぶしゃぶ(涮
涮鍋)¥3800起　🌐junidanya-
kyoto.com/　❗不接待12歲以下兒童

　在台灣到處可見しゃぶしゃぶ
(涮涮鍋)的招牌,不過卻和日本正
宗大有不同,日本重視的是涮的過
程,因此湯頭相當澄澈,並沒有其
他食材配料,放入肉品涮幾下就
起鍋,品嚐鮮味,這種美食據說就
是**發源自十二段家,來到祇園當
然得嚐嚐這創始老店**。

> 近年轉型,出品
> 了不少人氣護
> 膚化妝品。

🎁 よーじや 祇園店

📖別冊P.2, G4　☎075-541-0177　⚲京
都市東山區祇園四条花見小路東北角
🕙平日10:00~18:30、假日及例假日
10:30 ～ 19:00　💲あぶらとり紙5冊(吸
油面紙5組)¥2250　🌐www.yojiya.co.jp

> 京都必買美粧
> 小物,走在祇
> 園必會看到人
> 手一袋。

　**よーじや的吸油面紙是京都最有人氣
的必買名物**,帶有金箔成份
的吸油面紙吸油力特強。此
外像是純植物性的香皂、彩
妝用品、化妝水、化妝工具、柚子口味的護
唇膏等,都很受顧客歡迎,也是大家來這裡
的首要搶購目標。

祇園小森

おすすめ

推薦人氣蕨餅系列甜點！

📖別冊P.2,F4　☎075-561-0504　🏠京都市東山區新橋通大和大路東入元吉町61　🕐11:00～19:00(L.O.18:30)　🈺週一、週日、不定休(詳見官網)　🍴わらびもちパフェ(蕨餅聖代)￥1700　🌐www.giwon-komori.com/

　祇園小森位在祇園白川旁，建築的前身為藝妓表演的茶屋，飄散著濃濃的京都花街風情。這裡**專賣和風甜品，使用的素材像是大納言、吉野葛、柳櫻園抹茶等，每一樣都是最上等的材料**，讓人吃來格外安心。榻榻米座位旁隔著竹簾就是潺潺流水與迎風搖曳的揚柳，使在這裡品嚐甜食成了純和風的優雅享受。

右到左為：紅茶、烏龍茶、焙茶、煎茶、抹茶。

祇園 北川半兵衛

📖別冊P.2,G5　☎075-205-0880　🏠京都市東山區祇園町南側570-188　🕐11:00～22:00(夜咖啡18:00～22:00)　🈺不定休　🍴茶詠み～お茶五種飲み比べ 一口菓子つき(5種茶與甜點套餐)￥2900　🌐gion-kitagawahanbee.kyoto/

　北川半兵衛是創業於1861年的宇**治老茶舖，2018年在祇園南側開設了間咖啡沙龍**，低調的門口若不仔細找還真的很容易會錯過。改建自老町屋的空間歷史感中又帶點城市的優雅，1樓的吧台面對著坪庭、2樓隔出各空間皆充滿大人的沉穩氣氛。這裡提供的餐點，主要**以茶品為主，但也備有咖啡供人選擇**。不妨點份套餐吧，一字排開，依發酵程度的五杯茶風味各異，配上各自適合的5種小點心(依季節替換)，體驗不同以往的品茶文化。

ZEN CAFE

📖別冊P.2,F5　☎075-533-8686　🏠京都市東山區祇園町南側570-210　🕐11:00～18:00(L.O.17:30)　🈺週一 (遇假日順延翌日休)　🍴特製くずもち(特製葛餅)￥800，加飲料￥1500　🌐www.kagizen.com

　由善鍵良房開設的ZEN CAFE限定的**特製葛餅使用吉野葛所製作**，簡單盛放在竹葉上，晶瑩剔透的外觀非常誘人，一入口卻有令人驚艷的Q度和彈性，葛粉麻糬本身帶有淡淡清香，單吃就很爽口，搭配一杯日式煎茶，口腔縈繞著舒服清香，日光恣意灑落，就是最完美的京都午後。

可視個人口味加入黃豆粉和黑糖蜜，黃豆香氣與濃郁黑糖讓甜品層次更加豐富。

茶寮都路里 祇園本店

🅐 別冊P.2,F4 ☎075-551-1122 🏠京都市東山區四条通祇園町南側 573-3 祇園辻利本店 2、3F ⏰10:30~20:00(L.O.19:30) 🈺不定休 🅢特選グリーンティーフロート(特選抹茶漂浮)¥650 🌐www.giontsujiri.co.jp

茶寮都路里是京都最受歡迎的甘味店之一,門口總是大排長龍,真材實料用**上等宇治抹茶**做的各式聖**代冰品讓人讚不絕口**,聖代裡除了抹茶霜淇淋,還添加了甘栗、抹茶蜂蜜蛋糕塊、抹茶果凍,讓人吃了還想一口接一口。

祇園小石 祇園本店

🅐 別冊P.2,G4 ☎075-531-0331 🏠京都市東山區祇園町北側286-2 ⏰10:30~17:00(L.O.16:30) 🈺不定休 🅢黑糖シフォンパフェ(黑糖戚風聖代)¥1400,抹茶シフォンパフェ(抹茶戚風聖代)¥1400 🌐www.g-koisi.com

祇園小石店裡**最有人氣的就是淋了黑糖蜜的黑糖戚風聖代**和抹茶戚風聖代,戚風蛋糕塊配上冰淇淋、甘栗餡、果凍和香甜的紅豆泥,讓人大為滿足,除了聖代,沾了黃豆粉的蕨餅也十分美味,不愛吃冰的人可以嚐試看看。

祇園きなな

薦 おすすめ

🅐 別冊P.2,F5 ☎075-525-8300 🏠京都市東山區祇園町南側570-119 ⏰11:00~17:30(L.O.18:00) 🈺不定休 🅢きなな八ポン(KINANA聖代)

> 美味和風聖代,不甜不膩,對女孩來說再多也吃得下!

¥1600,きなな三種盛(三種口味冰淇淋)¥1600 🌐www.kyo-kinana.com

近幾年在年輕女性間口耳相傳的祇園きなな,就藏在花見小路旁的小巷子裡。各式口味的和風冰淇淋聖代十分受歡迎,像是**加了胡麻抹茶冰淇淋、藍莓、覆盆子、碎餅乾的莓果KINANA聖代**,除去了聖代的甜膩感,取而代之的是莓果的酸甜與冰淇淋的調和。而加了栗子、紅豆、蒟蒻等配料的KINANA聖代,配著日式焙茶一起享用,更能品味出日式風情。

KEZURIHIYA

🅐 別冊P.2,G4 ☎075-541-2650 🏠京都市東山區祇園南側 555 APA Hotel B1 ⏰12:30~17:30(L.O.17:00)夏季11:00~18:30(L.O.18:00) 🅢刨冰+茶 ¥1000 🌐kezurihiya.com

在不起眼的地下室裡竟然有這樣的美味!**超細的刨冰裝在京都品牌SIONE的圓碗裡,上面用抹茶粉做出圖樣,重點是份量適中**,吃起來不會太甜,很適合怕胖又想吃冰的女孩。

やまもと喫茶

別冊P.2,G3　075-531-0109
京都市東山區白川通東大路西入ル
石橋町307-2　7:00~17:00(L.O.
16:30)　週二、不定休　www.
instagram.com/yamamoto_
kissa/?hl=ja

　靜靜佇在白
川旁，やまもと喫茶
約有30個座席，在吧
檯座位可以看到不少
常客與老闆談笑，在
復古的氣氛下，充滿日
常生活感。少女們來到
這裡，最喜歡點一杯淡
綠色的Cream Soda，
或是酸甜的Lemon
Squash，可愛的杯子裝著氣泡
飲，上頭再浮著一大粒冰淇淋，坐
在窗邊看著行走的人們，優閒的
下午便這麼度過了。

金竹堂

別冊P.2,F4
075-561-7868　京都市
東山區祇園町北側263
10:00~20:00　週四

　舞妓們搖曳生姿的儀態，雪白
臉蛋配上髮頂那一串串美麗的飾
品，美麗不可方物。舞妓頭上的髮
飾稱為「花簪」，會依四季花卉、
節令而有所改變，最是色彩繽紛。
金竹堂便是製作這種花簪的老
舖，創業於江戶末期，也是目前
唯一仍手工製作舞妓用花簪的店
舖。由於舞妓專用的花簪一般人
不適合配帶，店家也特別製作了單
朵花髮叉，可愛中帶點古典，很適
合送給愛美的朋友。

喜歡布丁的人也
別錯過，香甜焦
苦的布丁可是深
受好評。

権兵衛

おすすめ
薦

別冊P.2,F4　075-
561-3350　京都市
東山區祇園町北側
254　11:30~20:00
週四　玉子とじうどん(蛋花烏龍
麵)¥950，親子丼¥1800

低調老舖，
端上桌的烏
龍麵卻是驚
人的美味。

　說到祇園的烏龍麵名店，権兵衛
可不能不提。許多名人都曾造訪此
権兵衛，主要是以親子丼聞名，這
裡的**親子丼偏甜，加上山椒粉的**
微麻感十分順口。而另外比較特
別的是玉子とじうどん，像是混著
濃濃的蛋花湯吃，十分美味。

大阪
京都
祇園
兵庫

加加阿365

📖 別冊P.2,G5　📞075-551-6060　📍京都市
東山區祇園町南側570-150　🕐10:00~17:00　💲加加阿
365(巧克力) 2入¥1296　🌐www.malebranche.co.jp

　　加加阿365是京都知名菓子舖malebranche的祇
園店，專賣巧克力。店名的加加阿用日文讀成カカオ
(kakao)，指的便是巧克力的原料「可可」，而**365則
是指一年365天皆能品味這循著由京都而發的巧克
力，享受愉悅的巧克力生活**。巧克力上設計了花紋，
每種皆有節令、節日的意義濃縮其中，讓人吃的不只
是巧克力，更是京都的生活流儀。若是下午才造訪極
有可能巧克力皆已售罄，這時也可以品嚐有眾多口味
的巧克力冰棒。

Ki Yan Stuzio祇園本店

📖 別冊P.2,G4　📞075-746-3777　📍京都市東山區祇園
町北側296　🕐11:00~19:30　🚫週三（詳見官網）　💲ファ
ブリックトート〈Blue Carp〉(藍鯉魚帆布肩背包)¥4180
🌐www.ki-yan-stuzio.com

　　1942年出生的木村英輝是活
躍於京都的藝術家，**擅長以華
麗風格在大面牆壁上畫出各種
動物**，作品散見於京都市區，而
高台寺旁的Ki Yan Stuzio即是將
其創作製作成限量商品的個性店舖，包包、皮帶、職
人靴、T恤上都可以看到藝術，和一澤信三郎合作的
帆布包更成了京都必買特產。

原了郭 本店

📖 別冊P.2,F4　📞075-561-2732　📍京都市東山區祇園町北側267　🕐
10:00~18:00　🚫1/1~1/2　💲黑七味
(罐裝)5g¥825　🌐hararyoukaku.co.jp

　　元祿16年(1704)創業的原了郭，傳至現在已經是第
13代。這300多年的傳承，一直都是以人工製作，而
且製作過程也需要依天氣、季節有所調節，所以無法
大量生產。**商品的品嚐重點在「香氣」，在常溫下保
存2個月仍能維持清香不走調**，買來送禮最適合。

KIZASHI THE SUITE

📖 別冊P.2,G4　📞075-551-9600　📍京都市東山區祇園
町北側275くろちくビル3、4F　🕐check in 14:00，check
out 11:00　💲うさぎ雲(兔雲)303兩人一室一晚¥68000
🌐www.kizashi-gion.jp

　　隱身在京都祇園最熱鬧的觀光大街，KIZASHI THE
SUITE 的入口處是紀念品專賣店，旅館接待處在3
樓。**接待處的歐式風格懷舊典雅，以木製辦公桌取
代高聳的櫃台，就從入住的那一刻起，開始緩慢了
起來**。KUZASHI THE SUITE融會東西的設計風格與服
務，提供許多傳統文化體驗的客製化方案，讓不諳京
都文化的旅客，也能過過當一日京都人的癮。

©Hoshino Resorts

©Hoshino Resorts

以「在祇園生活」為主調，入住飯店好好感受心動時刻的京都時光吧。

美味的水炊雞外送，讓人在房內就能品嚐京都淡雅美味。

薦 おすすめ

Ⓗ OMO5京都祇園 by 星野集團

🏠別冊P.2,G4 ☎050-3134-8096 🏠京都市東山區四條通大和大路東入祇園町北側288 🕐Check In 15:00～・Check Out ～11:00 💰一室¥24,000起 🌐hoshinoresorts.com/zh_tw/hotels/omo5kyotogion/

超好的地理位置，貼心的服務，帶人深度玩遍祇園大街小巷。

被優雅華麗氣氛包圍的祇園一帶，入住就位在八坂神社門前的OMO5京都祇園，無論清水寺、高台寺、知恩院等著名觀光景點皆可步行到達。可以鎖定老店、走進巷子享受茶點時光，或是參加導覽，在無人的清晨散步祇園巷弄，一窺平常不得見的祇園日常生活。

OMO BASE營造出猶如走進茶屋般讓人放鬆的公共空間，一旁牆上展示著祇園歲時行事的相關物品，藉由眼見、手碰，深入學習祇園的生活與文化。除了大大的地圖標示著附近名店之外，更**推薦在少有人煙的早晨，跟著「OMO Ranger（周邊嚮導）」逛逛充滿京都風情的花見小路&寧寧之道**，最後到八坂神社參拜的導覽之旅。沿途會告訴你許多觀光客不會知道的小知識，比自己走馬看花還要充實。所回飯店後再享用「御香煎」，用味蕾的刺激洗去一身疲憊。

祇園傳統的外送習慣，在這裡也能感受到。**與附近老舖聯手，將料亭美味直接送進房間**，像是鳥久市的水炊雞、いづ重的壽司等，三五好友直接在房間就能享用京都的好滋味。不只如此，客房內還有麵包機，只要睡前倒入飯店備好烘焙包再按下開關，隔天早起散步後回到房間，房裡都飄散著芬芳香氣。配上多種抹醬與茶飲，將現烤麵包大口塞入，快樂的一天就從美味麵包開始。

よーじや限定房（よーじやべっぴんルームステイ）

由京都老字號品牌「よーじや」與OMO聯手推出的住宿體驗，專為追求美麗與獨特體驗的旅客設計。客房以「京美人」為主題，手染的暖簾與和服風格的布置讓人感受到濃厚的京都風情。房內備有よーじや的專屬護膚產品，可在舒適的環境中享受全面的自我護理。除此之外，還可享用特別的「夜間聖代」，由よーじや咖啡廳的糕點師設計，結合抹茶、莓果等京都風味，為夜晚增添甜蜜氛圍。

🍴🍴 炭燒鰻-土井活鰻 祇園八坂店

おすすめ
薦

提供活鰻燒烤的百年老舖美味。

🏠別冊P.2,G5　🚃京阪本線「祇園四条駅」
6號出口徒步約11分　☎075-746-6689
📍京都市東山區清井町492-3　⬇
🕐11:00~15:00、17:00~20:30(L.O. 20:00)　🚫不定休　💰
極上一匹重(附有蓬鬆錦糸玉子)￥5,800、上ひつまぶし
(上級鰻魚三吃)￥4,600　🌐doikatsuman.net/
doikatsu_chn/information

將鰻魚飯列為訪日必吃的人，如果來訪京都，推薦你前往這家**燒烤鰻魚的百年老店「土井活鰻」**。原本做淡水河魚批發業的店主，對於挑選魚鮮特別在行，

精選愛知縣三河產的肥美青鰻，並**以超值的價格提供，是其魅力所在**。加上鰻魚採店內現宰、現烤，以炭火燒烤至外皮酥脆、魚肉蓬鬆，可說是喜愛品嚐鰻魚的饕客必吃絕品。

想要大口盡情享受美味的話，**推薦直接選擇一整條鰻魚的「極上整條重(極上一匹重)」**吧。喜歡變化口味的話，多重口感的**「鰻魚三吃」也深受顧客喜愛**，第1碗直接享用其原美味。第2碗可以加入調味料，第3碗建議可以加入高湯當茶泡飯來享用，也是推薦必吃一品。由於午餐時段經常大排長龍，想吃的話，錯開尖峰時間會比較適當，另外在伏見稻荷神社附近也有1號店（總店），2024年2月更於金閣寺東邊開設了3號店，都在熱門旅遊點鄰近，也都可以就近前往大啖美味。

使用高級鰻魚一整隻烤出的「極上一匹重」，大大満足！

舒適內裝，不論是一個人或是多人，都很適合。

金光閃閃的金閣寺店限定菜單！

🍴 いづ重

📍別冊P.2, G4 📞075-561-0019 🏠京都市東山區祇園町北側292-1 🕙10:30~17:00 ⊗週三、四 ⊘外帶鯖姿ずし小(鯖壽司小份)¥2538 🌐gion-izuju.com/ ❗目前店舖改裝中,僅可外帶

擁有超過60年的歷史,いづ重始終在八坂神社前默默地提供美味京都壽司,**招牌的鯖壽司挑選真鯖魚**,直到現在依然搭配用柴火炊煮的米飯,在壽司職人的熟練技巧下一個個壓得緊實,作出完全融入味的美食。

夏日造訪,品嚐季節限定的香魚壽司。

☕ COFFEE Cattleya

祇園喫茶カトレヤ

📍別冊P.2, G4 📞075-708-8670 🏠京都市東山區祇園町北側284 🕙11:00~18:00 ⊗週一、二 🌐www.instagram.com/coffeecattleya

為創業60年以上的老店,**改建自170年以上歷史的町家**,由內至外充滿了大正時期的復古情調。上一代原經營骨董店,後來才在原址改開咖啡店。由於所在地原本是八坂神社的腹地,所以留有神社的水井,與現在八坂神社境內的井水同源。店主人自己有所堅持,使用的咖啡豆是按自己的喜好請人烘焙、調配的,沖泡出來的口感也是自己愛的濃味。

啜飲一口御神水咖啡,或許你也會感覺到,神水特殊的充電效果喔!

🍴 祇園 奧岡

祇園 おくおか

📍別冊P.2, G6 📞075-531-5155 🏠京都市東山區東大路通毘沙門町44-66 🕙12:00~15:00(週六日例假日11:30開始),17:30~22:00 ⊗週一

不同於京都傳統湯豆腐,祇園奧岡自豪的料理可是店主自己研究出豆漿煮豆腐的獨創菜單,活用京都好水質做出最好吃的豆腐。**利用豆漿為基底的火鍋,加熱後火鍋表面會凝結美味的「湯葉(豆皮)」**,攪著小團扇讓豆漿凝結成豆皮也是用餐的樂趣之一。

☕🧁 Cacao Market by MarieBelle KYOTO 薦

📍別冊P.2, F4 📞075-533-7311 🏠京都市東山區常盤町大和大路通165-2 ⊙賣店11:00~19:00,ANGEL LIBRARY11:00~18:00(L.O.17:30) ⊗週二 ⊙下午茶套餐¥1760 🌐www.cacaomarket.jp/angel_library/

おすすめ·宛如童話世界的巧克力店與咖啡廳。

在鴨川旁Cacao Market有著童話般設定,宛如魔法世界中會出現的甜點店一般,店內的氣氛非常甜蜜且色彩飽滿。位於地下室的**附設咖啡店ANGEL LIBRARY,需要先向店員索取密碼**,輸入之後才能打開秘密之門進入。咖啡店的設定是天使們的圖書館,**依照著店員提供的秘密地圖找到自己的座位**,就可以在這童話般的空間內享用特製的下午茶。非常推薦這邊的巧克力蛋糕或是冰淇淋,恰到好處的苦味與香甜融合,是小天使們獻給世界上的禮物。

🍴 挽肉與米

挽肉と米

📖別冊P.2,F4 ☎075-708-2529 �🏠京都市東山區清本町363 🕐11:00～15:00，17:00～21:00 🚫週三 💲挽肉と米定食¥1600 🌐hikinikutocome.com/locations/kyoto

挽肉與米祇園位在翻新的歷史町家中；這棟建築原為藝妓和舞妓的取次所「檢番」，充滿古色古香的氣息，店內的木製招牌甚至由舊建築的樓梯改造而成。其致力於提供現做現吃的美味體驗，**採用每日新鮮絞製的100%牛肉，炭火現烤，搭配剛炊煮好的羽釜米飯，堅持「絞肉現拌、漢堡排現烤、米飯現煮」三個關鍵時刻**，為顧客帶來極致的漢堡排定食。

餐點包括90克漢堡排三個、免費續碗的炊煮米飯、味噌湯、自家製醬料及配菜等。

店主推薦的三大吃法
原味品嚐：首先不加任何調味料，直接咬下一口剛烤好的漢堡排，享受肉汁與炭火香氣的完美融合。
清爽配料：第二塊漢堡排搭配鬼おろし（粗磨大根）和自家製ポン酢，讓口感清爽，增添食慾。
生蛋拌飯：最後，將生蛋黃與漢堡排混合，或把肉汁拌入米飯，製作成美味的蛋拌飯。

👁 SFERA Building

📖別冊P.2, F3 🕐0F Cafe DOnG by Sfera 075-532-1070，1F SferaShop 075-532-1105 2F SferaArchive / SferaExhibition 075-532-1106，3F SferaBarSATONAKA 075-541-1197 �🏠京都市東山區繩手通り新橋上ル西側弁財天町17 Sfera Building 🕐12:00～19:00 🚫週三，3F SferaBarSATONAKA週日 🌐www.ricordi-sfera.com

有著優雅古意的祇園地區卻有一棟十分現代的建築，SFERA在義大利文中指得是氣氛、氛圍，從餐飲起家的SFERA以「食」為出發點，拉入了所有相關領域，5層樓的空間內有咖啡廳、專賣餐具器皿的商店、展示空間、酒吧等，透過這些創造出一棟講述食文化的建築。

☕ Café DOnG by Sfera

☎075-532-1070 �🏠SFERA Building 0F 🕐12:00～19:00(L.O.18:30) 🚫週三 💲嘯月セット(嘯月套餐)¥1300

發散著青翠綠光的空間內，紅色的坐墊相當耀眼，木板席了取代榻榻米，雖然提供的是和食茶品，卻以絕對的現代感詮釋日本傳統空間。這裡的推薦美食是每天更換的精緻京菓子搭配抹茶，連普通的熱咖啡也是專業的職人單品咖啡，讓人再三回味，所使用的美麗餐具都在1樓的SFERA就可買到。

壱銭洋食 祇園本店

おすすめ 薦

🏠別冊P.2, F4 ☎075-533-0001
京都市東山區祇園町北側238
11:00~翌1:00，週六及例假日前1日
11：00~翌3：00，週日、例假日
10:30~22:00 💰壱銭洋食¥850
📱www.issen-yosyoku.co.jp

與京都靜雅氣質格不入的搞怪惡趣味，美味料理引人進入嚐鮮。

壱銭洋食的店門口有個小孩被狗咬住褲子的人像，意謂著好吃到狗會追著咬人的地步，十分醒目且逗趣。全店內就只賣一

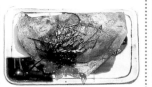

種食物，也就是招牌的壱銭洋食。這壱銭洋食據説可是大阪燒的始祖，在鐵板上用麵糊煎出餅皮，再於餅皮上加入洋蔥、蒟蒻、蒜、蝦及兩顆蛋，淋上濃厚味重的醬料，是讓人難忘平民美食。

一澤信三郎帆布

おすすめ 薦

🎁別冊P.2, G3 ☎075-541-0436
京都市東山區東大路通古門前上ル高畑町602 🕐10:00~18:00 週二
💰單色帆布袋(小)¥11000起

京都帆布品牌老舖，用料佳，手工足，雖然價格偏高卻是值得擁有。

www.ichizawa.co.jp/

繼承傳統京都帆布製作技術的一澤信三郎帆布包是京都出身的人氣品牌，**細膩質感來自師傅們的手工製作，式樣簡單卻十分耐用**，並有種類眾多的顏色和花樣可供選擇，而且隨著使用時間的增長，帆布包還會產生使用過後手感與色澤。

最受歡迎的商品是簡單又具性格的單色帆布包。

喫茶六花

🥤別冊P.2,G3 ☎075-541-3631 京都市東山區稲荷町南組577-4 🕐10:00~17:00(早餐至11:00) 週二、三 💰季節の野菜スープランチ(季節野菜套餐)¥1550 📱www.kissa-rokka.com/

黑木招牌面板、白色外牆與可愛的條紋遮雨棚，喫茶六花光是門面就觸動了大家的少女心。店內雖然不算寬闊，但是後方的小庭園可以讓人一邊用餐一邊觀賞自然風光。而店內的人氣手作餐點會隨季節變化食材，**自家製的無農藥野菜莎拉配上手工麵包，大大滿足食客的心**，飯後再來上一杯烘豆達人特製的咖啡，放鬆心情細細感受一下午的慵懶好陽光。

清水寺

きよみずてら
Kiyomizutera

大致可分為東西南北四區的京都，東面通稱東山，而清水寺周邊正是此區的精華旅遊景點。寺院、古民家，長長斜斜的石疊小徑兩旁盡是木窗烏瓦的二層樓京風建築，穿著豔色和服的真假舞妓穿梭其中，許多典型京都風情都可在此一次見到。若不準備在京都市內較大區域的移動，即使幾天時間都在東山緩步盤桓，也是感受京都的良策。二年坂、三年坂、高台寺和寧寧之道(ねねの道)一帶久享盛名，終日遊客成群；石塀小路時常清幽無人，隱身其中的小店則非常有安靜氣氛，閒坐聊天可以感覺京都時間特有的閑靜魅力。

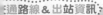
通路線 & 出站資訊

巴士(數字為可搭乘巴士號碼)
◎「東山安井」巴士站、「清水道」巴士站、「五条坂」巴士站
東大路通往北巴士站⇨往【熊野神社、西京円町】202；往【北大路】206；往【祇園、四条大宮】207；往【祇園、四条河原町】80
東大路通往南巴士站⇨往【東福寺、九条車庫】202、207；往【東山七条、京都駅】206
出站便利通
◎於東山安井巴士站下，往西徒步約3分可達建仁寺，往東徒步約5分可達高台寺。
◎於清水道巴士站下，沿著清水坂的坡道往上，徒步約10分就可看到清水寺，途中遇到七味家的交叉路口就是產寧坂，往下走便可街上二年坂，二年坂盡頭就是高台寺。
◎藝妓漫步的寧寧之道位於高台寺前，另頗有風情的石塀小路則可由寧寧之道走入。
◎東山一帶與祇園、河原町一帶相鄰，常常互相串聯，用走路的就可以玩一整天。

卍 **清水寺**

📖 別冊P.4,C6　☎ 075-551-1234
京都市東山區清水1-294
6:00~18:00(7、8月至18:30)，夜間特別拜觀春櫻、千日詣り、秋楓至21:30(售票至21:00)　高中生以上¥400，國中小學生¥200　🌐 www.kiyomizudera.or.jp

薦 おすすめ

不管來京都幾次，每次造訪總是要來清水寺參拜，由高處眺望京都的市景。

清水寺位於京都洛東東山境內，**建於西元798年**，是平安時代建築物，歷史相當悠久，因為寺內擁有一處清泉(音羽の瀧)而得名。由於曾經多次遭受祝融之災，目前所見的清水寺，是1633年時依照原貌重建的。**清水寺本堂正殿中央，供奉著一尊十一面千手觀音**，這座十一面、四十二臂的千手觀音比一般十一面、四十臂的千手觀音多了二臂，最上面左右兩臂上各捧著小如來像，所以又有「清水型觀音」之稱。這座佛像每隔33年才開放參觀(下次公開時間是西元2033年)，為清水寺的信仰中心，也是國家重要文化財。

清水寺必看

清水舞台
清水寺的正殿殿前的木質露台被稱為「清水舞台」，使用139根木頭構架而成、建於斷崖上的懸造清水舞台，高達12m，靠著超水準的接榫技術，沒有動用任何一根釘子。初春時，清水舞台上能欣賞腳下如細雪般飛舞的櫻花，深秋之際則有宛若烈火般燃燒的紅葉。

音羽の滝
清水寺後方的音羽の滝，相傳喝了這裡的水，可以預防疾病與災厄，因此又有「金色水」、「延命水」的別稱，為日本十大名水之一，不妨拾起木杓，嚐嚐清水寺名水的滋味

夜間點燈
每年到了春櫻秋楓之時，清水寺都會開放夜間特別拜觀，讓人在夜間欣賞京都的最佳美景。

卍 知恩院

◎別冊P.4,B1　☎075-531-2111　◎京都市東山區林下町400　◎5:40~17:30(依季節而異,詳見官網),方丈庭園9:00~15:50,友禅苑9:00~16:00　◎方丈庭園高中生以上￥400,國中小學生￥200;友禅苑高中生以上￥300,國中小學生￥150;共通券(售票至15:20)高中生以上￥500,國中小學生￥250　⊕www.chion-in.or.jp

知恩院是日本淨土宗的發源地,西元1175年法然上人悟道後在知恩院現址立願、傳道。之後陸續得到織田信長、豐臣秀吉、德川家康的庇護與支持,成為遠近馳名的寺院。在**正出入口處雄偉壯觀的木造塔門,已有三百多年的歷史,也是日本最大的寺廟塔門。**寺內北東兩方另有側堂(日文稱為「大方丈」、「小方丈」),是江戶時期以來同型建築中最具代表性的傑作,裡面還有日本畫家狩野尚信、信政、興以等人的刻畫作品。知恩院重達70噸的青色大鐘,鑄於西元1636年,是重要文化財之一。**每年12月31日,17人合**

力敲響108響「除夜之鐘」,總是吸引著絡繹不絕的參拜人潮,渾厚的鐘聲迴蕩在古老東山區,可說是代表性的京都冬夜風物詩。

💡 七個不可思議

知恩院的「七個不可思議」也十分有名,饒富趣味且具有鄉野傳奇色彩。

❶忘記傘:一說是當年的建築名匠左甚五郎在建寺時為了驅魔,將傘放在大殿正面的東側屋樑上。現在抬頭上望,仍可以看見置於樑上的雨傘。

❷鶯聲走廊:在院中大殿到大、小方丈間,有道約550公尺的長廊,在上頭每走一步,地板就會發出類似黃鶯鳴叫的聲響,因此被稱為鶯聲走廊,聽說連輕功高明的忍者走過,也無法避免。

❸三面貓:在大方丈走廊杉木板上,有一名畫家狩野信政所繪的貓畫像;聽說無論從哪一個角度觀看,都會和畫裡的貓正面相對。

❹白木棺:在知恩院三門的第二樓中,置有參與知恩院三門興建工程的工頭五味金右衛門夫婦的自製木像及納棺。

❺瓜生石:位於知恩院中黑門附近,傳說這塊石頭會開花結出黃瓜。

❻大杓子:在大方丈走廊的屋樑上,長達2.5公尺、重30公斤。

❼逃脱雀:在大方丈「菊之間」的房間紙門上,所繪的麻雀因為太過逼真,居然飛離而去,只剩畫痕猶存。

卍 青蓮院 　おすすめ 薦

◎別冊P.4,B1　☎075-561-2345　◎京都市東山區粟田口三条坊町　◎9:00~17:00(售票至16:30);春櫻秋楓夜間特別拜觀18:00~22:00(售票至21:30)　◎成人￥600,國高中生￥400,小學生￥200;春櫻秋楓夜間特別拜觀成人￥800,國高中小學生￥400　⊕www.shorenin.com

> 京都最新話題名勝,重新修築的青龍殿公開拜觀。

> 由木村英輝Ki-Yan繪製的襖繪是人氣打卡景點。

青蓮院是賞櫻和觀楓名所,寺廟建築相傳是在平安時代從比叡山的青蓮院移築而來,**歷代住持都是由出家的皇室親王擔任,**光格天皇在皇居失火燒燬時也曾在此暫住,可見青蓮院與皇家的關係深遠;因此,境內的建築如宸殿、小御所、華頂殿等都帶著貴族般的高雅氣質。以龍心池為中心的池泉回遊式庭園,據說是室町時代的畫家相阿彌所建,北側以杜鵑花聞名的霧島之庭,則為江戶時代的茶師小堀遠州所修築。

将軍塚青龍殿

軍塚位在東山的山頂,並不在青蓮院內。2014年底拆解平安道場建材重建的青龍殿就位在 軍塚,殿前有1046平方公尺的舞台造(懸造),約是清水寺的清水舞台的5倍大。而這裡也是京都有名的夜景地,可以一望比叡山、大阪與京都市街。由於位處山頂交通不便,建議可搭接駁巴士;從青蓮院開門後每30分便有一台車直達￥100。

🈷️ 京都地主神社

🅐 別冊P.4,C6　☎075-541-2097　🅐 京都市東山區清水1-317
🕐 9:00～17:00　🅢 自由參拜　🌐 www.jishujinja.or.jp

2020年8月19日起進行為期3年的社殿修復工事，不開放參拜。

地主神社是奉祀姻緣之神，**正殿前方有一對相距17至18公尺的「戀占之石」**，聽說信男信女只要蒙起眼睛，口中唸著愛慕者名字，從這顆石頭走到那顆石頭，日後都可成就美滿姻緣。

卍 高台寺

🅐 別冊P.4,B3　☎075-561-9966　🅐 京都市東山區高台寺下河原町526　
9:00～17:30(售票至17:00)，夜間特別拜觀17:00～22:00(售票至21:30)　🅢 成人￥600，國高中生￥250，含掌美術館門票；高台寺、掌美術館、圓德院三處共同拜觀券￥900　🌐 www.kodaiji.com

高台寺是豐臣秀吉將軍逝世後，秀吉夫人「北政所寧寧」(ねね)晚年安養修佛的地方，建於慶長10年(1605)，開山堂、靈屋、傘亭、時雨亭等都是國寶級古蹟。高台寺也是京都賞櫻、紅葉名所之一，尤其夜晚的點燈活動，是一年一度遊客最期待的花見樂事。

卍 圓德院

🅐 別冊P.4,A3　☎075-525-0101　🅐 京都市東山區高台寺下河原町530　🕐 10:00～17:30 (售票至17:00)　🅢 成人￥500，國高中生￥200；高台寺、掌美術館、圓德院三處共同拜觀券￥900　🌐 www.kodaiji.com/entoku-in

圓德院為高台寺的塔頭之一，以優美的庭園造景聞名，據說北政所寧寧晚年16年就是住在這裡，於是成為眾人前來尋幽之處。圓德院最有看頭的庭院**「北庭」是由伏見城北政所前庭所移築過來的池泉回遊式庭園，由小泉遠州改為枯池泉座視式，用假山巨石、枯瀑、枯池、石橋等營造出枯山水的趣味**，是日本少見的庭園。而境內也收藏長谷川等伯所畫的屏風畫，現展示的為複製品，原作存放於京都國立博物館等處。

茶席體驗
高台寺茶席體驗請來茶道老師，帶領著門外漢一同窺探京都的文化之心。由於外國人大多無法跪坐太久，這裡也貼心準備座椅。湖月庵的茶席體驗主要針對團體(7人以上)，每人￥3000(含入寺門票)；少人數(2人以上)，則會移至玄路庵，每人￥4000(含入寺門票)。茶席體驗需要預約，詳洽寺方。

季節點燈
京都四季折衷，不管什麼季節造訪皆能看到不同面向。高台寺配上燈光與寺內造景，營造出京都的特別情調。春季的枝垂櫻，夏季燈明會，秋季臥龍池畔的華麗紅葉點燈，每一場都如夢似幻，引人入勝。

卍 八坂之塔

🅰別冊P.4,A4　☎075-551-2417　🅖
京都市東山區八坂上町388　⊝
10:00~15:00　🅢國中生以上￥400
❶不接受國中生以下參觀

　沿著八坂通的上坡道前行，可以見到坂道盡頭高處黝黑的「八坂之塔」，也是東山地區的象徵。「八坂之塔」相傳是在1500年前聖德太子所建，保留了日本現存最古老、白鳳時代的五重塔樣式。經過多次祝融之災，現在的塔身建築是西元1440年由幕府將軍足利義教重建。**走下八坂通時，別忘了背對東大路通，回頭看看「傾斜坂道通往高處的八坂之塔」，可是東山區最具代表性的一席風景。**

卍 八坂庚申堂

🅰別冊P.4,A4　☎075-541-2565　🅖
京都市東山區金園町390　⊝
9:00~17:00　🅢自由參拜

　熱鬧的八坂通上除了各式小店與八坂之塔串起的好拍街景外，八坂之塔不遠處的庚申堂前的菩薩像前掛著許多色彩鮮豔的布猴子「くくり猿」，買一個￥500的布猴子，寫下自己的願望在上面後掛在庚申堂，據說可讓願望實現。

和服妹妹IG拍照熱點

小小的八坂庚申堂總是人潮滿滿，其中最多的要算是穿著各式花色的和服妹妹們。整個佛堂到處掛滿鮮豔的彩色布猴子外，加上各色和服妹，不論鏡頭內、鏡頭外，簡直像個萬花筒世界。

☕ %ARABIKA

🏅薦　おすすめ

🅰別冊P.4,A4　🅖
075-746-3669　🅞京
都市東山區星野町
87-5　⊝9:00~18:00
🅗不定休　🅢拿鐵￥400起　🅦www.
arabica.coffee

品味拉花的純熟、咖啡與牛奶融和的醇厚口感。

　%ARABIKA是來自香港的品牌，店主山口淳一於2014年得到了世界拉花冠軍的殊榮，現在也是每天站在店頭為客人拉花。**不只拉花技巧純熟，自家烘焙的豆子香味宜人，入口不苦不澀**，且全店不同於古都氣氛，透明玻璃與原本裝潢，牆上的世界地圖點綴著，味覺就這麼跟著咖啡一同旅行於世界中。

由拉花冠軍做的拿鐵咖啡特別好喝。

🎯 十文堂

おすすめ
薦

📍別冊P.4,A4 ☎075-525-3733 📍京都市東山區玉水町76 🕐11:00~18:00(L.O.17:30) 🈶週三、四 💰団楽(五種糰子)¥750，抹茶らて(抹茶拿鐵)¥630 💳jumondo.jp

> 特別的迷你串烤糰子，每一口滋味不同，滿足好奇的每個心。

十文堂以伴手禮「鈴最中」走紅，而其的炙烤糰子近來也是人氣上升，小小的店面裡總是擠滿人，等著品嚐這小巧又可愛的烤糰子。**烤糰子份量不大，每一種口味一口就能吃下**，吃完不太飽，也滿足了口腹之慾，東山散步途中不妨來這裡休息一下。十文堂的招牌「団楽」有五種口味，份量不大，一口一種口味，吃完剛剛好。

団楽(五種糰子)

❶紅豆粒：使用產自丹波的大納言紅豆，一顆一顆的口感十足。

❷磯辺燒：沾著鹹甜醬油的糰子經炭火燒烤後香味四溢，配上海苔一同享用。

❸京風白味噌：透著淡淡香甜白味噌醬汁覆滿糰子，溫淳優雅。

❹御手洗：傳統的甜醬油口味，加上黃豆粉十分清爽。

❺黑芝麻醬油：加入黑芝麻的糰子烤好後，沾著原了郭的黑七味來提出香味。

❶
❷
❸
❹
❺

🎁 大塚吳服店

📍別冊P.4,A4 ☎075-533-0533 📍京都市東山區星野町88-1 🕐11:00~19:00 💳www.otsuka-gofukuten.jp/

來京都體驗和服是很多女孩都很喜歡的活動，但光穿和服拍照還不夠？若想買一套美美的和服帶回家，那麼可以來大塚吳服店逛逛。這裡的**價格合理又透明外，重點是設計相當符合現在流行，各式年輕設計，買現成或訂做都可以**，連搭配和服或夏季浴衣的配件都很豐富。

🧁 京あみ

📍別冊P.4,B6 ☎075-531-6956 📍京都市東山區清水1-262-2 🕐10:00~18:00 🈶不定休 💰八ッ橋しゅー(八橋泡芙)¥380 💳www.kiyomizukyoami.com/

還沒走近京あみ就可以看到長長的排隊人龍，原來是專為這獨家的八橋泡芙而來，居然一天可以賣出2000個。**以獨家秘方製作的泡芙加入了八橋風味，帶點肉桂香氣，和抹茶奶油或卡士達蛋奶醬都十分對味**，春天還會推出櫻花口味，由於每個都是點了才擠入奶油，需要等候一些時間才能吃到美味。

京清水燒 朝日堂 本店

別冊P.4,B6　☎075-531-2181　🏠京都市東山區清水1-280　🕐9:30~18:00　🌐www.asahido.co.jp

清水寺門前的朝日堂是創業於明治2年的清水燒老舖,**寬廣的兩層店面內收集了琳瑯滿目的清水燒食器,其中不乏作工細緻的名家之作**,也有鐵器、漆器和其他地方的陶器等藝品。隔壁的朝日陶庵也是隸屬朝日堂的店家,裡頭以年輕陶藝家的作品為主,穿過店面,可以從店門的另一頭沿著有茶房、手作工房和藝廊的可愛小路「朝日坂」走到茶碗坂。

忘我亭 清水店

別冊P.4,B5　☎075-525-1479　🏠京都市東山區清水3-337-3　🕐10:00~18:00　🌐www.bougatei.com

擁有200坪開闊日式庭園的忘我亭是間複合式的店舖,由商店、藝廊與餐廳所組成,位於最底端的正是販賣各種和風雜貨的同名商店,舉凡帽子、包包、配件、T恤等都有著獨特的和風紋樣,最受歡迎的就是以著名的鳥獸戲畫所製作的雜貨,保證與眾不同。

JIZO堂

別冊P.4,A5　☎075-561-8216　🏠京都市東山區清水4-163　🕐10:00~18:00　㊡不定休　🌐www.jizodou.jp

從公車牌沿著清水坂往清水寺前進的路上就會發現這麼一家可愛小店JIZO堂,店內**所有的可愛陶瓷器皿通通由女性設計師主導製作**,既然以「地藏」為名,最多的就是可愛的地藏相關商品,只見掛上佛珠的地藏可以裝鹽、當酒瓶,還是花器,難怪總擠滿了女性驚呼「卡哇伊」!

八ッ橋茶屋 ぎをん為治郎 清水坂店

別冊P.4,B5　☎075-541-8286　🏠京都市東山區清水2-240-2 2F (本家西尾八ッ橋 清水坂店2F)　🕐09:00~17:30(春秋清水寺夜間拜觀期間至21:00)　西尾の八ッ橋パフェ(西尾八橋聖代)¥1020　🌐www.8284.co.jp

京都專賣名產生八橋的店家有很多,據説**率先作出八橋的是就是西尾八ッ橋,創業至今已有300年的歷史**,八ッ橋茶屋ぎをん為治郎則是老舖開的甜點店,最有人氣的甜點正是加入了八橋的聖代,只見純米威風蛋糕、八橋、鮮奶油和抹茶冰淇淋層層疊疊交織出和滋味,甜食一族一定要來嚐嚐!

文の助茶屋 本店

➔別冊P.4,B4 ☎075-561-1972 京都市東山區下河原通東入八坂上町373 ◐10:30~17:30(L.O.) 不定休 わらび餅(蕨餅)小盒¥389 ecstore.bunnosuke.jp/

　文之助茶屋是家藏在八坂之塔後面巷子裡的甘味處，軟綿甜蜜的白玉蜜豆冰、冰涼透明的蕨餅、清爽可口的抹茶蕨餅，和茶香清甜的宇治金時冰等，都美味極了。店裡榻榻米座位旁的牆壁上貼滿了各色名片貼紙，不倒翁、狐狸面具、紅燈籠、招財貓等叮叮咚咚地掛滿店裡每個角落，逗趣又討喜。

七味家 本舗

別冊P.4,B5 ☎075-551-0738 京都市東山區清水2-221清水寺参道 ◐9:00~18:00(冬季至17:00)，清水寺夜間拜觀期間至21:00 七味袋(七味辣椒粉)15g袋裝¥864 www. shichimiya.co.jp

> 説是清水寺的寺前名物一點也不為過，香辣粉末融合多種滋味，京都優雅的辣度當讓如此。

> 裝在竹筒中的七味粉，讓餐桌更有日本風。

　就位在三年坂與清水坂交叉路口的七味家是一家**擁有350年歷史的老舖**，看似不起眼的店內賣得可是京都人必備的七味粉，七味指的是各種香辛料的組合，**包括辣椒、白薑、麻種、紫蘇、陳皮、山椒、胡椒等，吃起來除了辣味之外還帶有獨特香氣。**

青龍苑

別冊P.4,B5 ☎075-525-2080 京都市東山區清水3-334 依店舖而異 www.seiryu-en.com

> 老町屋中集結了眾多伴手禮商店，有美景有美食，進來走走逛逛都很愜意。

　在清水寺一帶有不少舊町家建築改建成的複合式商店，青龍苑就是其中之一。苑內保留了小川治兵衛所造的日式庭園，在詩情畫意的池塘、草庵與茶室周邊，是多家京都有名的品牌小店及餐廳，如白臉娃娃的「よーじや」、香老舖「松榮堂」、京都千枚漬名店「京つけもの西利」和老牌咖啡館「イノダコーヒ」等齊聚。

☕ 無碍山房 Salon de Muge

🅐別冊P.4,C4　☎075-744-6260；
075-561-0015(預約電話)　🅞京
都市東山區下河原通高台寺北
門前鷲尾町524　🕐午餐「時雨弁
当」(預約制)11:30~13:00，喫茶
11:30~18:00(L.O.17:00)　🅗第
1、3個週二、年末年始　🅢濃い
抹茶パフェ(濃抹茶聖代)
¥1980，時雨弁当¥5500
🅤kikunoi.jp/restaurant/
muge.html　❶不接受6歲
以下兒童入店

> 依季節還有不同的冰品選擇，冬季的草莓義式冰淇淋美味無法抵擋。

老舖料亭菊乃井所開設
的咖啡沙龍Salon de Muge，以時段區分餐點，**中午
提供風雅的日式便當，下午則是各式甜品與飲料**，價
格雖然較高，但提供的服務、空間與餐點皆比照料亭
的規格，摩登中不失京都風味，是想品嚐米其林三星
料亭滋味的入門首選。推薦在午後散步來這裡，品嚐
超濃的抹茶聖代，或是嚐杯講究的紅茶，一邊欣賞小
巧精緻的庭園空間，享受愜意時光。

🍴 二軒茶屋 中村楼

🅐別冊P.4,A2　☎075-561-0016　🅞京都市東山區祇園町
八坂神社鳥居內　🕐11:30~14:00、17:00~19:00　🅗週三
(遇假日照常營業)　🅢懷石料理午餐¥8800起，晚餐
¥18975起　🅤www.nakamurarou.com/

要品嚐道地的懷石料理，又稱「二軒茶屋」的「中
村樓」絕對是獨一無二的選擇。一開始只是單純賣
茶水，愈來愈知名便於明治時代後興建壯觀的料亭
建築。前來用餐的大多是文人墨客、官場名流，其贈
與的珍貴字畫藝術品仍展示在各餐室中，為中村樓增
加風雅氣質。

懷石料理

「懷石」二字，據稱緣起於修行的禪僧為了抗寒與
止飢，會把石頭溫熱抱在懷中以慰藉，寺裡有訪
客到來，卻苦無任何食物可招待，便也將溫石遞給
訪客聊以止飢，這樣おもてなし──不分你我的心意，
與主人在茶會前先體察客人空腹喝如此刺激的茶湯
會引發不適，所以端出料理來款待是一樣的心意，茶
食便借用懷石二字而發展至今。

京懷石

❶前菜(Zensai)：
運用當季特產製作的
前菜，開宗明義提醒著
人們季節的流轉。

❷向付(Mukozuke)：
在京懷石中指的是生魚片料理，講
究細節處理上的功力。

❸煮物(Nimono)：
多為蒸煮之物，如麩(麵筋)、
湯葉、蒸丈等由豆類、蛋類或
魚漿等製成的加工品，所以也
被稱為蒸物。

❹御凌ぎ(Oshinogi)：
日文「凌ぎ」有忍耐之意，所
以這道菜原本是用來充飢
的，而今則是作為串連主
食之間增添飽足感的菜
餚，通常為飯類。

❺燒き物(Yakimono)：
燒烤類主餐，大多為烤
魚。京都不靠海，以味
噌醃過的魚肉烤還更
增添焦糖般的香甜，
肉汁鮮甜鎖在魚肉裡，
更顯滋豐味鮮。

❻炊合せ(Takiawase)：
以三種以上的食材組合而成，
清淡的調味中尚得勾勒出滋
味的層次，是最能吃出京料
理清雅滋味的菜餚。

❼揚物(Agemono)：
揚物即為油炸物，在
收尾時來上一份酥
脆的油炸物，原本已
經八分飽的胃馬上就
復活了起來。

❽酢の物(Sunomono)：
以水物(Mizumono)即甜點
或水果作結。

◉ 円山公園

📍別冊P.4,A1~C2 ☎075-643-5405 ⊙京都市東山區円山町・鷲尾町 ⊙自由參觀 ⑤自由參觀

京都最著名也是最大眾化的賞櫻花見公園，占地約8600平方公尺，公園內除了以坂本龍馬、中岡慎太郎像著名之外，還有一棵京都人最愛的「祇園夜櫻」，擁有70多年的歷史，是第二代的老枝垂櫻花樹，每到櫻花季節就有許多人特地前來欣賞。

🍴 石塀小路 豆ちゃ

📍別冊P.4,A3 ☎050-5868-2878 ⊙京都市東山區下河原通八坂鳥居前下ル下河原町463-16 ⊙12:00~15:00(L.O.14:30)，17:00~22:00(入店至20:00) ⑭年末年始 ⑤季節の豆ちゃ昼懷石(午間季節懷石)￥4800

隱藏於高台寺與八坂神社之間的羊腸小徑「石塀小路」上，**由町家改裝而成的居酒屋**，多達80餘種**的季節料理與小菜**，裝盤精緻漂亮不輸高級日式料亭，推薦午餐到此享用充滿京都風味的懷石料理。

☕ Ⓗ 長樂館

📍別冊P.4,B1 ☎075-561-0001 ⊙京都市東山區八坂鳥居前東入円山町604 ⊙咖啡廳11:00~18:30(L.O.18:00) ⑤長樂館咖啡￥1100，蛋糕套餐￥1700 🌐www.chourakukan.co.jp

已經被京都市政府指定為有形文化財產的長樂館是**1909年完工的洋風建築，外觀為文藝復興式樣，昔日曾經是京都的迎賓館**，有伊藤博文等許多名人造訪，如今這裡是餐廳、咖啡廳與飯店，內部也有許多古董家具。較可惜的是如果沒有消費，一般人無法進入參觀。

🍴 ひさご 薦 おすすめ

人氣親子丼飯名店，就算大排長龍也不惜浪費時間就為了吃一口！

📍別冊P.4,A3 ☎075-561-2109 ⊙京都市東山區下河原通八坂鳥居前下ル下河原町484 ⊙11:30~19:30 ⑭週一(遇例假日順延翌日休) ⑤親子丼￥1010

位於石塀小路附近的「ひさご」，賣的是被稱為京都第一美味的親子丼。創業超過70年，從以前就深受京都的舞妓們喜愛，以鰹魚和昆布熬煮而成的高湯燉煮來自丹波的土雞，然後打入最新鮮的雞蛋，便馬上起鍋盛入丼碗中，再灑上芳香山椒粉正是親子丼的美味基礎秘訣。

☕ Salon de KANBAYASHI

⬣別冊P.4,A4 ☎075-551-3633 ⬣京都市東山區下河原通高台寺塔之前上る金園町400-1 ⬣11:30~17:00 ⬣週二、週六日例假日不定休 ⬣抹茶づくし(抹茶甜點盤)￥1800，瑞玉玉露￥1210 ⬣salondekanbayashi.com/ ❶週六日可能因婚禮包場無法接待散客

　　與可口可樂公司合作推出瓶裝茶飲「綾鷹」的老牌茶行上林春松本店，自創業以來已經有450年悠久歷史，原本是宇治地區的御茶師，經過多年傳承，目前已是第14代。在京都創立的Salon de KANBAYASHI，則是**把宇治茶園的優質茶飲與京都風開放式庭園，以及京都陶藝家河原尚子手作陶瓷器皿高雅地融合**，這是自詡為日本茶飲開創先驅者的上林春松本店，創作出的優雅品茗新天地。

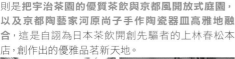

☕ 星巴克 京都二寧坂ヤサカ茶屋店

⬣別冊P.4,B4 ☎075-532-0601 ⬣京都市東山區高台寺南門通下河原東入桝屋町349 ⬣8:00~20:00 ⬣不定休 ⬣www.starbucks.co.jp/store/search/detail.php?id=1476 ❶店內為單向通行，點餐後至二樓用餐，再遵循指標從另一個樓梯下樓出店

　　咖啡龍頭星巴克不只遍地開花，還在二年坂上的老町屋裡開起概念店，一推出便受到遊客歡迎，成為遊玩清水寺一帶的必訪新景點。老町屋內，除了一般的點餐櫃台之外，更是處處充滿巧思，**將老屋特色發揮得淋漓盡致**。往深處走去，一個義式咖啡機吧台正對著坪庭，職人在此做的拿鐵都變得很京都味了！餐點都領完後，可以上到二樓，還有榻榻米座位區，完全展現和風優雅。

◔◔ 鍵善良房 高台寺店

⬣別冊P.4,A3 ☎075-525-0011 ⬣京都市東山區下河原通高台寺表門前上ル ⬣10:00~18:00(L.O.17:30) ⬣週三(遇假日順延翌日休) ⬣葛きり(葛切涼粉)￥1100 ⬣www.kagizen.co.jp

　　有百年歷史的鍵善良房是京都有名的甘味舖，其中又以像洋菜般透明的「葛切涼粉」最出名，冰涼的**葛切涼粉都是現點現做才能保持新鮮的透明感**，吃的時候沾點沖繩產的黑糖蜜，口感滑溜極了。

滑溜的葛切沾上黑蜜超級美味！

金網つじ

（與開化堂咖啡合作生產的咖啡濾網。）

📖別冊P.4,B4 ☎075-551-5500
📍京都市東山區高台寺南門通下河原東入桝屋町362 🕙10:00~18:00 🈺夏、冬季週三,不定休 💴手付きセラミック付き 焼き網 小(附把手小烤網)¥7700 🌐www.kanaamitsuji.net/

　喜歡料理的人,一定都知道京都那精緻的手編烤網。其中最有名的,便是位在高台寺一念坂的金網つじ。金網,指的是用金屬線所編成的各種物品,像是篩子、瀝水盤、烤網,**每一個品項的數量皆不多,精緻作工堪稱工藝品**,是許多人夢寐以求的廚房逸品。

二井三

📖別冊P.4,B4 ☎075-551-2265
📍京都市東山區高台寺南門通下河原東入桝屋町351-4 🕙10:00~17:00 💴加茂のせせらぎ(線香)15根¥990 🌐www.kou-niimi.com

　二年坂從大正、昭和年代開始就是文人聚集的街道,二井三所在的建築就曾經是文人經常造訪的旅館,因此也讓二井三的知名度提升。到了現在,**二井三是香的專賣店**,自家製造香、香爐、香水與香包等,超過150種以上的豐富選擇每一種都有獨特香氣,讓人好生猶豫不知該買哪一種。

東山八百伊 高台寺店

📖別冊P.4,B3 ☎075-551-5311 📍京都市東山區高台寺下河原町530 🕙10:00~17:00 🈺週二 💴各式漬物 ¥486起 🌐www.higashiyamayaoi.jp

　高台寺前圓德院旁的洛市「ねね」是京風濃濃的複合設施,專賣京都名產漬物(醬菜)的**東山八百伊唯一分店就位於此,所有的醬菜都大方提供試吃**,最受歡迎的自然是冬季美味:以蘿蔔浸入獨家昆布醬汁中製作而成的千枚漬,夏天的黃瓜和茄子也是人氣美味。

洋食の店 みしな

📖別冊P.4,B4 ☎075-551-5561 📍京都市東山區高台寺南門通下河原東入桝屋町357 🕙12:00~14:30(L.O.),17:00~19:30(L.O.) 🈺週三、第1、3個週四(遇假日順延翌日休) 💴かにクリームコロッケと海老フライ(蟹肉奶油可樂餅與炸蝦組合)¥2800

　在和風濃濃的二年坂上竟可嚐到洋食?雖然隱藏在巷弄之內,みしな仍舊以其美味吸引饕客上門,**餐廳為家庭式經營,小小的空間只有吧台座位**,花上2星期燉煮醬汁的燉牛肉入口即化,而現點現炸的可樂餅和炸蝦組合搭配上塔塔醬更是對味,另外還有熬煮許久逼出甜味的洋蔥濃湯更是不可錯過。

岡本和服租賃 本店

レンタルきもの岡本

📖別冊P.4,B6　☎075-532-1320　📍京都市東山區五条橋東6-546-8　🕘9:00~18:00　💲女性和服體驗￥3278~5478，男性和服體驗￥4378　www.okamoto-kimono.com/

　創業180年以上的「岡本和服出租」，備有1000件以上的和服，**1日套組價格￥3278~5478，包含和服、腰帶、草履，和服的必要配件。髮型設計提供￥550及￥1010兩種選擇。**讓客人無須自備任何物品，便能輕鬆化身和服美人！從選衣到穿衣，所需時間約1小時。如果是住宿京都市內飯店，多加￥1010~2020，就可使用「飯店歸還和服」服務，將顧客放在店內的衣物送至住宿飯店，顧客可將租借的和服返還給飯店櫃檯，相當方便。另有提供夏季才有的浴衣租借，套組金額￥4378。

著裝流程

① 按自己的行程選擇去方便的店舖。

② 可從約千款和服中選擇自己喜歡的一款。

③ 專業的店員會為你穿上和服打造美麗造型。

④ 只需加￥550~￥1010髮型設計，可從各式髮型中選擇喜歡的樣式。

⑤ 換好和服在店內的庭園拍照留念，就可以外出散步啦。

染匠きたむら

📖別冊P.4,A4　☎075-531-3981；0120-979-817　📍京都市東山區下河原通高台寺門前下河原町470　🕘10:00~18:00　💲着物レンタルセット(和服出租半日)13:00~18:00￥5500　sensho-kitamura.jp　❗需事先電話預約

> 薦
> おすすめ

不同一般觀光客的體驗，染匠提供正統和服，雖然樣式不華麗，但質感內敘品質佳。

　這裡提供和服出租的服務，依季節變化約有50多套和服可供選擇。雖然花色較不俏麗，但質感頗佳，親切且略通英文的阿姨會幫妳穿起整套和服、梳挽髮髻，還附有稱為「巾著」的小布包和洋傘。

ぎおん彩

📖別冊P.4,A2　☎075-532-6666　📍京都市東山區下河原通八坂鳥居前下る下河原町499-8　🕘9:00~17:00，換裝所需時間約1小時　⏸不定休　💲散步方案3小時(含變身、一張室內拍照與散步1小時)￥14850　kyoto-maiko.co❗體驗採事先預約制

　位於花見小路旁巷弄的彩擁有絕佳的地理位置，穿上和服變身之後，若想要專業攝影師跟隨妳外出拍攝，可選擇「舞妓體驗＆戶外攝影方案」，**拍完棚內後攝影師會帶妳到戶外的最佳取景地為你用專業相機拍照，就好像自己也成為封面模特兒般呢！**

京都御所・二条城

きょうとごしょ・にじょうじょう

Kyoto Gosho・Nijo Castle

位在東側的京都御所和西側的二条城，分別是天皇家與德川幕府將軍家，日式建築與庭園風景美不勝收。由於古時為了應付達官貴人們的日常需求，許多和菓子、花道、茶道、工藝品的老店都集中在這一帶，百年老舖在這一點也不稀奇。雖然這些老舖的門面都相當低調，但是依然吸引許多日本觀光客前來朝聖。

交通路線&出站資訊

電車

京都地下鐵京都市役所前駅◇東西線
京都地下鐵烏丸御池駅◇烏丸線、東西線
京都地下鐵丸太町駅◇烏丸線
京都地下鐵今出川駅◇烏丸線
京都地下鐵二条城前駅◇東西線
京都地下鐵二条駅◇東西線
JR二条駅◇山陰本線(嵯峨野線)

巴士(數字為可搭乘巴士號碼)

◎「市役所前」巴士站
河原町通往北巴士站◇往【銀閣寺、錦林車庫、北白川仕伏町、北大路BT】3・4・10・17・32・37・59・205
河原町通往南巴士站◇往【三条京阪、京都駅】3・4・10・17・32・37・59・205
御池通往西巴士站◇往【立命館大學】15・100円循環巴士
御池通往東巴士站◇往【三条京阪、四条河原町】15・51
◎「二条駅前」巴士站
千本通往南巴士站◇往【四条大宮、

祇園、京都駅】6・15・46・55・69・201・206
千本通往北巴士站◇往【立命館大學、百萬遍、北大路BT】6・15・46・55・69・201・206

出站便利通

◎京都御苑占地甚廣，搭乘京都市烏丸線地下鐵在丸太町駅或今出川駅下車即達，最為快速。
◎前往二条城搭乘京都市地下鐵東西線在二条城前駅下即達。
◎京都御所往南至御池通，甚至延伸到京都市役所的一整個街廓範圍聚集許多昔日為天皇服務的御用老舖，有和菓子、京都茶葉等，至今仍保存町家風，也進駐許多可愛小店、咖啡廳，十分適合遊逛。
◎搭乘京都地下鐵烏丸線或東西線在烏丸御池駅下，一出站的十字路口就可以看到位於西北角的京都國際漫畫博物館，動漫一族絕不能錯過。
◎要往京都大倉飯店，則是由地下鐵東西線京都市役所前駅出口直結。

御苑內的櫻花主要分布於前往御所的參道上。

👁 京都御苑

🏠 別冊P.6~7,F4~6　☎075-211-6348　🏠京都市上京區京都御苑3
⏰自由參觀；京都御所(清所門集合)日文導覽9:30、10:30、13:30、14:30，中文導覽10:00、14:00，英文導覽10:00、14:00；京都仙洞御所(日文導覽)9:30、11:00、13:30、14:30、15:30，當日申請僅有下午梯次(日文導覽)　🏠京都御所、京都仙洞御所週一(遇假日順延翌日休)、年末年始(12/28~1/4)、特殊日子　💲自由參觀
🌐sankan.kunaicho.go.jp　❗參觀京都御所、京都仙洞御所導覽可事先網路預約或當天現場抽整理券，申請時需出示護照，每場次有人數限制，建議事先上網預約申請；導覽解說僅少數梯次提供中、英文解說，若參加日文導覽，建議可使用免費提供的各國語言導覽機；京都仙洞御所不接待18歲以下參觀

御所就是天皇住所，京都御所的外苑就稱為**京都御苑**，**為一占地廣達63公頃、結合歷史古蹟與美麗自然的公園。**開闊的園內有五萬餘株包含櫻花、紅葉、銀杏等的林木，千餘株春櫻也使這兒成為賞櫻名所之一。

👁 京都市役所

🏠別冊P.7,F2　☎075-222-3111　🏠京都市中京區寺町通御池上る上本能寺前町488　⏰8:45~17:30　🏠週六日例假日、年末年始　💲自由參觀　🌐www.city.kyoto.lg.jp

京都的市政府前有一大片開闊的廣場，無論平時或假日，總吸引許多人來此靜靜地享受京都恬淡生活，1927年完工的建築外觀採用當時最流行的巴洛克式樣搭配充滿東洋味的細部設計，可以看到日本、中國、印度甚至回教的建築元素，也吸引了許多建築迷前來。

大阪▼
京都
京都御所・二条城
◂兵庫

⛩ 梨木神社

🅟 別冊P.6,F5　☎075-211-0885　🏠京都市上京區寺町通広小路上ル染殿町680　🕐6:00~17:00　💰自由參拜　📶

nashinoki.jp

梨木神社與京都御苑東側緊緊相鄰，隱身在高大的林木之後。**神社裡的「染井」，與「醒井」、「縣井」並列為京都三大名水，且是三大名水中僅存的一座。**九月中，花朵細小的萩花開始綻放，神社會舉辦萩之俳句大會，9月的第三個週末則是「萩祭」的日子，內容以傳統音樂、舞蹈和詩歌吟誦為主。

染井名水

梨木神社境內擁有京都三名水之一的「染井」。這口井源自藤原良房之女、清和天皇之母染殿皇后的御所跡。傳說染井的水曾用於宮中染所，味道甘甜柔和，非常適合茶道。至今這裡仍能取用到名水，吸引眾多參拜者來此品味。

☕ Coffee Base NASHINOKI

☎075-600-9393　🏠京都市上京區染殿町680 梨木神社境內　🕐10:00~17:00　🚫週三　🧊冰咖啡¥500，抹茶拿鐵¥600　📶www.kanondo.coffee/

於2022年開幕的Coffee Base NASHINOKI，致力於守護現存唯一的京都三名水之一「染井之水」。這裡提供的咖啡均使用自家焙煎的新鮮咖啡豆，並以染井之水製成。咖啡廳原為梨木神社境內的春興殿，經過精心改造後，融合了傳統與現代的特色，成為一個獨特的咖啡空間。特別的是，店內提供了完全預約制的咖啡課程，讓客人能夠在半封閉的環境中享受咖啡與甜點的完美搭配。這裡的水出咖啡以其柔滑口感獲得了高度好評，而自家焙煎的咖啡豆則保證了每一口都能帶來獨特的風味體驗。

卍 廬山寺

🅟 別冊P.6,F5　☎075-231-0355　🏠京都市上京區寺町通広小路上ル北之辺町397　🕐源氏庭9:00~16:00　🚫1/1、2/1~2/9　💰源氏庭成人¥500，國中小學生¥400　📶

www7a.biglobe.ne.jp/~rozanji

位於京都御所附近的**廬山寺，曾是平安時代最重要作家紫式部的住所。**紫式部從少女時期到結婚生子，大半生都在此度過，並撰寫了「源氏物語」、「紫式部日記」、「紫式部集」等書。

⛩ 護王神社

🅟 別冊P.6,E6　☎075-441-5458　🏠京都市上京區烏丸通下長者町下ル桜鶴円町385　🕐6:00~21:00　💰自由參拜

相傳在奈良時期晚期，掌握實權的弓削道鏡覬覦天皇之位，借用了假的神諭想要篡位，當時清麻呂公為了阻止舉出了真的神諭，卻被道鏡砍斷了腳筋後流放九州，在路上危急時刻劃出了300頭山豬守護著清麻呂公安全，之後受到傷害的腿部又不可思議地不藥而癒，所以**護王神社成了腰腿的守護神地，許多運動選手都會來此參拜，祈求身體健康平安。**

京乃雪 薦

🏠別冊P.6,E7　🚇京都市營地下鐵「二條城前駅」2號出口徒步3分　☎075-256-7676　🏠京都市中京區二條通油小路東入ル西大黑町331番地1　⏰10:00~18:00　🚫週三、四、年末年始、黃金週、盂蘭盆節，不定休　🌐www.kyonoyuki.com/

以京都天然水、漢方植物萃取的天然清潔保養品。

坐落在二條城附近小巷中的「京乃雪」，是2004年創立於**京都的美妝保養品牌，主打以京都富含礦物質的京都天然水，來萃取多達27種對肌膚有益的漢方植物**，以「每日溫柔呵護肌膚」的理念，讓天然漢方植物的各式萃取，溫柔對待肌膚，產品涵蓋了從卸妝油、洗面乳到按摩霜、修護乳霜、美容液等，滿足女性對基礎保養品的需求，而且實際數據也顯示，使用過的人當中高達97%以上都表示滿意，**連京都當地的舞妓們也愛用呢！**

針對第一次接觸京乃雪的人，店內提供所有商品都能免費試用外，溫馨舒適的店內氣氛，也讓人能安心放鬆的自在選購。當然如果還是不知道該怎麼挑，推薦先買小份量的基礎4件試用套組，也是很便利的選項，而且套組還附上可愛的巾著束口袋，當成送閨密的伴手禮也很適合。

讀者優惠專享、立省880日幣！
只要向店員出示本頁面，就能夠以優惠價1,100日幣購買「櫻花與舞妓」巾著束口袋旅行套裝(定價1,980日幣)，足足省下一杯咖啡的錢，也太划算了！內含明星熱銷4件基礎護膚品(卸妝油、天然皂、按摩霜、修護乳霜)，可別錯過。

❗各季節價格可能不同，實際價格依店鋪現場為準。

所有原料都來自日本的天然保養品牌。

店內明亮舒適，所有產品都可以免費試用。

潔白的牆面與可愛的紅色招牌與門，在充滿風情的小巷中格外顯眼！

🛍 新風館　おすすめ 薦

📖別冊P.3,B2 🕐依設施而異 🚇京都市中京區烏丸通姉小路下ル場之町586-2 🕐購物11:00~20:00，餐廳10:00~22:00 🌐shinpuhkan.jp

融合傳統與革新的新風格複合設施。

　前身為舊京都中央電話局的新風館在建築師隈研吾操刀下換新面貌重新開張，改裝後的新風館，保留了大正時代竣工的紅磚瓦，融合了京都風格的黃銅裝飾，以及日式建築特有的木造結構，傳統與創新的組合，帶出了這個京都指定文化財的全新風格。館內有除了有賣店、餐廳及電影院進駐之外，還開設了飯店，綠意盎然的中庭中矗立著象徵生生不息的雕塑作品，宛如建築名稱「新風館」的含義，讓來到這裡的旅人們，無論是逛街或是歇息，都能感受到這股沁涼新風帶來的暢然快意。

🧁 (This is)SHIZEN　おすすめ 薦

☎075-585-5226 🚇新風館1F 🕐9:00~19:00 💰繡球花冰淇淋¥1350 🌐thisis.website

視覺味蕾新世界，夢幻繡球花冰淇淋。

　由經營「SOLSO FARM」等體驗式植物商店的「DAISHIZEN」以「自然、工藝和藝術」為主題的最新業態。店內以日本本土植物為中心設計擺設，使用日本土壤燒製的陶器，並提供自然農法食材製成的甜點。巨型植栽和岩石有如欣賞大型裝置藝術般。一定不能錯過採用京都和菓子文化不可缺少的甜豆沙，**現場由店員一個個手工擠成絕美的花卉冰淇淋「ICE BOUQUET」**，再現最美的季節自然風景，來一場視覺味蕾的全新體驗。

絕美的繡球花冰淇淋，根據不同季節會有不同的花卉和限定配色。

📓 TRAVELER'S FACTORY KYOTO

☎075-241-3003 🚇新風館1F 🕐11:00~20:00 💰TRAVELER'S notebook Refill KYOTO EDITION¥55◯ 🌐www.travelers-factory.com

　原本在東京才有門市的TRAVELER'S FACTORY也進駐新風館設立了關西一號店，TRAVELER'S FACTORY是喜歡旅行的文青朋友們很熟悉的品牌，設計出來的各類文具小物或是旅行相關的產品都走簡約又帶點巧思的獨特風格，例如設計形成用的筆記本，可以留言給旅途過程中相遇的新朋友的便簽等，都能讓人在旅途中增添不少趣味。

專門為了京都設計的原創商品，為這趟值得回憶的旅程點綴上更多繽紛的色彩。

⛩ 御金神社

🅰別冊P.6,E8　☎075-222-2062　🅰京都市中京區西洞院通御池上ル押西洞院町618　🕐自由參拜，社務所10:00~16:00　🌐mikane-jinja.or.jp/

　大老遠便看到閃閃發亮的金色鳥居，連屋瓦上都寫著大大的金字，其實御金神社的主祭神金山毘古神是掌管刀、劍等武具，鋤、鍬等農具的神明，也就是說這裡原本是在祭拜金屬的神社，近代的工業用器具、礦業等也會來這裡祭拜。但自古以來錢幣是由金、銀、銅等金屬製成，慢慢地就演變成對能夠**提升金運的神社**了。

🏛 京都漫畫博物館

薦

京都國際マンガミュージアム

🅰別冊P.7,D2　☎075-254-7414　🅰京都市中京區烏丸御池上ル(元龍池小学校)　🕐10:30~17:30(入場至17:00)　🈳週三(詳見官網)、年末年始、維護日　🉐大人1200，國高中生￥400，小學生￥200　🌐www.kyotomm.jp

大人小孩都聽過的漫畫全套收藏，每一本都充滿了童年回憶，待一整天看漫畫也不覺得浪費時間。

　利用昭和4年建造的國小校舍所改裝，京都國際漫畫博物館**保存明治初期流傳下來的珍貴漫畫書、漫畫刊行雜誌，以及共三十多萬冊收集自海內外不同語言譯本的人氣漫畫**，還會不定期舉辦漫畫主題特展，走在80年前建造的老校舍穿廊裡，還可感受到彷若日劇情節般的懷舊風情。

每週末還會有漫畫家在漫畫工房裡實際畫給你看！

👁 二条城

薦

一探將軍的華麗住宅，藉由語言導覽了解上位者的生活起居。

🅰別冊P.6,D7　☎075-841-0096　🅰京都市中京區二条通堀川西入二条城町541　🕐8:45~16:00(17:00閉城)；二の丸御殿8:45~16:10　🈳12/29~12/31休城；二の丸御殿1、7、8、12月週二、1/1~1/3、12/26~12/28(遇假日順延翌日休)　🉐入城費成人￥800，國高中生￥400，小學生￥300；入城費‧二の丸御殿成人￥1300，國高中生￥400，小學生￥300　🌐nijo-jocastle.city.kyoto.lg.jp/

　建於慶長8年(1603)，正式名稱為「元離宮二条城」的二条城，1994年登錄為世界遺產，和江戶幕府將軍德川家康有著極深厚的關係，是**1602年德川家康在京都的居城。桃山式武家建築十分華麗**，大廣間更是1867年日本轉變為現代化國家的關鍵「大政奉還」的儀式場所。

◎◎ 二條若狹屋 本店

除了抹茶口味，還有紅豆湯、純葛湯可以選擇。

🅰別冊P.6,E8　☎075-231-0616　🅰京都市中京區二条通小川東入西大黑町333-2　🕐8:00~17:00　🈳週三　💲不老泉 3個￥864　🌐www.kyogashi.info

　在京都老舖林立的街道上，二條若狹屋還稱不上是超級老舖。初代主人芳次郎曾在總本家若狹屋修業，明治時期創業，以不老泉打響名號。現在也有家喜芋、燒栗等名菓十分受歡迎。

🍜 めん馬鹿一代

ⓜ別冊P.6,D7 ☎075-812-5818 ⓖ京都市上京區南伊勢屋町757-2 ⏰11:00~21:00 ⓗ週二 ⓢネギラーメン(噴火蔥拉麵)¥3000 ⓦwww.fireramen.com/ ❶人多時需先抽號碼牌,再等候叫號進店

吃膩了千篇一律的拉麵了嗎?想要找樂子,就來馬鹿一代嚐試超有名的**噴火拉麵**吧!就座後店家會依照國別請你閱讀指引,主要便是説明店內的規定,像是不能加蔥、不能不要蔥、倒油點火時不能逃等等,由於事關安全問題,一定要遵從店家指示。至於拉麵的滋味,蔥香十足,但口味偏鹹偏油,平時口味清淡的人可能無法吃太多。

🧁 ひつじ

ⓜ別冊P.7,E1 ☎075-221-6534 ⓖ京都市中京區富小路通夷川上る大炊町355-1 ⏰11:00~18:00 ⓗ週日~三、不定休(詳見FB粉絲團) ⓢ天然酵母和三盆甜甜圈¥237

店主下村高浩想要讓每一個愛吃甜甜圈的小朋友都能輕易記住的店名,才會取名ひつじ(綿羊)。以**發酵24小時以上的麵團製成的甜甜圈,嚐來鬆軟可口,就像店名綿羊一樣,讓人感到溫暖、輕鬆。**內用空間小小的卻十分溫馨,即使是一個人旅行也不覺得侷促。外帶甜甜圈的甜粉或黃豆粉等會另外附送,待要食用時再撒上,吃起來就像剛做好一樣美味。

コロナ玉子燒三明治復刻版,用了5顆雞蛋的超厚煎蛋配上鬆軟吐司。

☕ la madrague

喫茶マドラグ

ⓜ別冊P.6,E8 ☎075-744-0067 ⓖ京都市中京區押小路通西洞院東入ル北側 ⏰11:30~22:00 (L.O.21:00) ⓗ週日、不定休(詳見FB粉絲團) ⓢ咖啡¥400,コロナの玉子サンドイッチ(コロナ玉子燒三明治)¥990 ⓦwww.facebook.com/lamadrague.kyoto

懷舊風格咖啡廳,不只販賣美食飲料,也販賣一種難以回去的舊時光景。

昭和38年(1963)年創業的咖啡老舗SEVEN,因店主人年事已高不得不休業,同樣的,位在木屋町的老洋食店コロナ也因店主人過世而讓許多老饕因再也吃不到名物「玉子燒三明治」。2011年開幕的la madrague則將這兩家的精神延續,SEVEN懷舊的店內風景不變,店主人依自己品味選入適合的老物讓店內氣氛提升,也提供名物玉子燒三明治,傳承好味道。

☕ 然花抄院 京都室町本店

🅐別冊P.6,E8 ☎075-241-3300 🅐京都市中京區室町通
二条下ル蛸薬師町271-1 ⏰11:00~18:00(Zen Café
L.O.17:30) 🅗第2、4個週一(遇假日順延翌日休) 🅢茶庭
ノ膳(茶庭套餐)¥1540 🌐www.zen-kashoin.com

身為「長崎堂」的第四代，店主荒木志華乃將自己
對藝術、設計的喜愛，與家族企業
做了徹底結合，由她一手規劃改
裝的「然花抄院京都室町本店」
為經典蜂蜜蛋糕換上的新包裝，
更獲得2010年德國紅點設計大獎
的傑出設計獎。

在原為和服店倉庫
改裝而成的茶房內，
品嚐然蜂蜜蛋糕的
濃醇的新鮮蛋香。

🍴 Restaurant 信

🅐別冊P.7,E1 ☎075-231-1211 🅐京都市中京區寺町通
竹屋町下ル久遠院前町667-1 ⏰11:30~14:30，
18:00~21:00 🅗週一 🅢午間套餐¥2525起、晚間套餐
¥4545起 🌐kyoto-shin.jp

舊町家改建的Restaurant信，外觀潔白的牆面飄蕩
著壽司屋般的簡潔自持。主廚兼負責人奧村信宏在飯
店任職多年，看中了京野菜的潛力，選擇京野菜作為
探索法式料理的新嘗試，纖細的味覺層次，還有同時
兼顧健康與美味的信念，迅速在饕客間打響知名度。

🎁 菊屋雜貨店

🅐別冊P.6,E6 ☎075-222-0178
🅐京都市中京區寺町通押小路
角 滿寺前町469 ⏰12:00-17:30
🅗不定休 🌐kikuyazakkaten.com/
concept.html

由於相信「買東西」也能改善某些事
情，店主岡本津由子與姊姊兩人繼承了奶奶留下的町
屋，成立了一間**無國籍選貨雜貨舖，大至家具，小至
衣飾、點心，皆挑選使用天然素材的物品，提倡環
保與公平交易原則**。原為化妝用品店的老屋子，當初
不論牆壁、地板或是窗框都漆上了白漆，姊妹倆接手
後，選擇恢復屋子原本樣貌，希望町屋木質的溫暖氛
圍，能夠讓人更加放鬆無拘束地前來。

🎁 山田松香木店 京都本店

🅐別冊P.6,E6 ☎075-441-1123 🅐京都市上京區勘解由
小路町164 ⏰10:30~17:00 🅗年末年始、盂蘭盆節 🅙
www.yamadamatsu.co.jp

在傳統上，日本的香取自大自然中的天然香木，主
要有「沈香」、「白檀」、「伽羅」等，每一種都有其特
性與香氣。**原本專賣中藥材的山田松香木店，古色古
香的店內擺滿中藥櫃，環境清幽氛香**。其以在香道發
源地京都繼承傳統，發揚薰香文化而為傲，可以在這
裡體驗許多與香道有關的活動。

itokobaco

イトコバコ

別冊P.6,C7 📞075-822-0011 🏠京都市上京區主税町1071 🕐10:00~18:00 🈲週一、四 💻itokobaco.com

位於住宅區巷弄內的itokobaco，就像每個人心中都有的隱藏版勞作教室。由日本知名毛線織品公司ハマナカ株式會社的直營店，希望能創造一個讓年輕人體驗針織樂趣的地方。**除了販售毛線和各式手工藝素材之外，每個月會推出不同的手作課程**，從立體花朵胸針、遮陽帽、室內鞋、森林系提袋等，初學者也不用擔心，另外有襪子、杯墊等都是第一次可以簡單上手。

> 完整的教學組合袋，內含所有材料和說明書，可以當成送自己的禮物帶回家完成。

伊藤柳櫻園

別冊P.7,E2 📞075-231-3693
🏠京都市中京區二条通御幸町西入ル丁子屋町690 🕐9:00~18:00 🈲週日 💰かりがねほうじ茶「香悦」86g 用缶¥1080

隱藏在二条通上，外觀看起來毫不起眼的伊藤柳櫻園可是大有來頭，茶道發源自京都，當然也就有許多茶道家的御用老舖茶店，**柳櫻園是這些茶道家的御用老舖茶店**，一走入店內就會被抹茶的香氣團團包圍，店內還不時傳出以石臼磨碎抹茶粉的聲音風景，最有名的茶是「香悦」，包裝更是用近來紅透半邊天的「鳥獸戲畫」圖樣。

薦
おすすめ

UCHU wagashi 寺町本店

別冊P.7,F1 📞075-754-8538 🏠京都市上京區寺町通丸太町上ル信富町307 🕐10:00~17:00 🈲週二 💰swimmy mini ¥1586 💻uchu-wagashi.jp/

和菓子化身粉嫩可愛風。

新創品牌UCHU wagashi，堅持職人技術與高品質原料素材，創造出不同以往的新食感和菓子糖。小小的店舖裡糖果宛如展示精品般擺置，**每盒糖果裡的色彩與配置都被精心鋪排，不但呈現出和菓子的視覺美感、更加入設計元素**，不同季節、不同送禮主題甚至京都風景，成為一盒盒令人驚艷的彩色糖果風景。

> 以琥珀糖、和三盆糖及金平糖組成的青空、白雲與鳥的畫面，送禮絕對大人氣。

Petit a Petit

別冊P.7,F1 📞075-746-5921 🏠京都市中京區寺町通夷川上ル藤木町32 🕐10:30~18:00 🈲週四、年末年始 💻petit-a-petit.jp

2014年春，中村雪與織品印刷總監奧田正廣，在京都御所一帶為他們的設計品牌「petit à petit」設立據點，以織品色彩呈現她在京都生活中所感受到的**季節流轉之美**，這些圖案製成手帕、提袋、抱枕、杯墊等生活小物，為人們點亮每一天的生活。「petit à petit」一名取自法國諺語「Petit à petit, l'oiseau fait son nid(小鳥一點一點地築成巢)」，意思是只要每天都累積努力，總有一天能達成目標。

🎁☕ 一保堂茶 京都本店

📍別冊P.7,F2　📞075-211-4018　🏠京都市中京區寺町通二條上儿常盤木町52　⏰茶舖10:00~17:00，喫茶室「嘉木」12:00~19:00(L.O.18:00)　🚫年末年始、不定休　💰煎茶 嘉木 小缶箱90g￥3240，抹茶 蓬萊の昔20g缶￥1296　🌐 www.ippodo-tea.co.jp

不只買茶，更能在茶室中品嚐煎茶、抹茶，深入了解各種烘焙下茶滋味的差別。

一保堂已經有280年的歷史，是京都茶的高品質代表。京都總店依然是木造日式傳統老屋，店門口隨風飛揚的麻布簾，有著濃濃的老舖風情。附設的喫茶室「嘉木」名字來自唐朝陸羽《茶經》一書的「茶者，南方之嘉木也」，店內供應日本茶，並隨季節變換不同口味的和菓子。

🏯 本家 尾張屋 本店

📍別冊P.7,D2　📞075-231-3446　🏠京都市中京區車屋町通二條下る　⏰蕎麥麵11:00~15:30(L.O.15:00) 菓子販售9:00~17:00　🚫1/1~1/2　💰宝来そば(寶來蕎麥麵)￥2970，天せいろ(季節時蔬天婦羅蕎麥麵)￥2420　🌐honke-owariya.co.jp

尾張屋在江戶時代開始就是晉奉宮廷的御用蕎麥麵司，**製作蕎麥麵已有530多年歷史。**寶來蕎麥麵將麵條分裝在5層漆器盒裡，配上一籃日式佐菜，吃完麵後將蕎麥麵湯倒入醬汁，又成為一碗樸實的湯品，讓吃蕎麥麵變成一種幸福樂趣。

🧁☕ 村上開新堂

📍別冊P.7,F2　📞075-231-1058　🏠京都市中京區寺町通二條上儿東側　⏰10:00~18:00，咖啡11:00~17:00(L.O.16:30)　🚫週日、例假日、第3個週一　💰コシアケーキ(果醬餅乾)一片￥205，好事福盧￥508　🌐www.murakami-kaishindo.jp

明治40年(1907)，村上清太郎在寺町二條創立了西洋菓子舖，是京都的第一間洋菓子店舖。和洋折衷的洋館在一片町屋之中顯得特別突出；現在店內仍殘留著往日風華，像是大片玻璃門、大理石柱等皆完整地保存下來。雖是菓子店，這裡**不賣蛋糕類，而是專精在「餅乾」類**的小點心。遵循創業時的風味，11種口味的餅乾各有特色，想吃一定得要預約。若是到現場，則可以至**店後附設的咖啡廳，坐下來享用一杯紅茶**，配上一片果醬餅乾，或是特製戚風蛋糕。

好事福盧

每年到了冬季(11~3月)，除了餅乾，村上開新堂還有個「好事福盧」，以大正時代的食譜製作而成的甜品。將和歌山產的蜜柑果肉取出，加入寒天後再放回殼內，嚐來冰涼甘勁，傳統又美味。

店內高掛的「開新堂」匾額，乃明治三筆之一「日下部鳴鶴」的大作。

☕ まつは

🏠別冊P.7,E2　☎075-231-7712　📍京都市中京區晴明町671　🕙10:00~22:00(L.O.21:00)　❌週日、一、不定休　🌐www.instagram.com/matsuha225/

　由姐妹倆營運的まつは，低調的門面與木質基調，面對著庭園與的座位，佔了全店三分之二的廚房工作區，看似無機質的環境，在裡頭待上一陣子，便能慢慢感受到每一處皆用心的溫馨特質，特別是從食物更能感受。まつは**以自然食為主，提供一汁一菜、一汁三菜，全套餐點三種，看你想吃多少就點哪一種**。若是想要下午茶或是來杯小酒，也都有相應的甜點、小菜可以選擇。

🍴 串くら

🏠別冊P.7,E2　☎075-213-2211　📍京都市中京區高倉通御池上ル柊町584　🕙11:30~14:30(L.O.14:00)，17:00~22:00(L.O.21:00)　💰串燒一串￥350起，鶏のひつまぶしコース￥4800　🌐www.kushikura.jp

　串くら的建築已有100多年歷史，十多年前將內部改裝為町家風情的串燒店。**採用岩手縣產的南部雞和滋賀縣產的近江雞為主要燒烤素材**，用最高級的備長炭高溫燒烤，配上伏見酒藏特別釀造的清酒，暢快過癮！

㊉㊉ 俵屋吉富 本店

🏠別冊P.7,E3　☎075-432-2211　📍京都市上京區室町通上立売上ル　🕙8:00~16:00　❌週三、日　💰復刻 雲龍1棹￥1728　🌐www.kyogashi.co.jp

薦 おすすめ

隨季節變化的各式和菓子，每一款都細緻動人。

　俵屋吉富為和菓子的百年老店，附設的和菓子資料館中許多珍貴的和菓子食譜，每頁都繪有彩色的和菓子設計圖，說明每個細節使用的材料、顏色等，十分細膩。**招牌為水嫩滑溜的生菓子，口感相當特殊**，甜蜜蜜的滋味讓喜愛日式甜食的人大呼過癮。

🍴 京のすし処 末廣

🏠別冊P.7,E1　☎075-231-1363　📍京都市中京區寺町二条上ル要法寺前町711　🕙11:00~18:00(售完為止)　❌週一、二　💰京風ちらしずし(散壽司)一人份￥2100，あなご箱ずし(鰻魚壽司)￥1760　🌐sushi-suehiro.jp

　重視季節美食的京都人**到了冬天最期待的就是「蒸壽司」**，將散壽司放入器皿中蒸熱，讓味覺感受溫暖的熱騰騰版花壽司，會放上金黃色的蛋絲、香菇、蓮藕、豌豆等，而這也是末廣壽司最出名的菜色，另外常見的鯖壽司等關西風壽司同樣可品嚐。

👁 堀野紀念館

薦（おすすめ）

📖別冊P.7,E2 📞075-223-2072 📍京都市中京區堺町通二条上ル亀屋町172 🕐11:00~17:00(入館至16:30) 🈺週二、年末年始、7~8月不定休(詳見官網) 💲導覽與試飲￥500；京都町家麥酒等系列啤酒單瓶330ml￥543 🌐www.kinshimasamune.com

> 不只各式酒品讓人心花怒放，詳細解說讓人更是喝得出門道。

堀野酒造成立於1781年，在1880年酒廠遷往伏見後，位於京都御所南邊的原酒廠維持著幕末到明治京都傳統町家的風格，直到**1995年於原址設立堀野記念館，開放創始地舊堀野家本宅、擁有230年以上歷史的文庫藏、展示百年釀工藝的天明藏等深具歷史價值的建物予以參觀**，1997年更於記念館旁創立京都町家麥酒釀造所，是目前京都唯一由女性職人研發並釀造的在地啤酒品牌。

三款經典啤酒

京都町家麥酒、京都平安麥酒、京都花街麥酒，以桃井水釀造。總的來說，還是屬於日本人所偏好的低啤酒花口味、輕盈、順口，綿密的泡泡過濾掉苦味，獨留通過喉嚨時的暢快與充盈口腔的馥郁香氣。

❶京都町家麥酒：
以大麥芽與小麥麥芽混合低溫熟成，擁有清爽的酸味。

❷京都平安麥酒：
以烘焙過的麥芽製成，滋味濃烈、苦味深厚。

❸京都花街麥酒：
琥珀一般的色澤，充滿麥芽糖般的甜蜜香氣。

🎁 紙司柿本

📖別冊P.7,E2 📞075-211-3481 📍京都市中京區麩屋町通三条上ル下白山町310 🕐9:30~17:00 🈺週一、例假日 🌐www.kamiji-kakimoto.jp/ ❗因本社進行新辦公室施工中，店鋪暫移至現址

1845年成立的紙司柿本為和紙老店，和紙就是造紙職人利用傳統技術所製作出柔軟卻堅韌，並有**各式各樣質感的日本紙張，還可因應需求專門訂做出顧客所要的紙**，唯一店舖可以親自觸摸各種紙張，老店也製作出各種相關商品販售，最特別的就是放在信中的香包，傳遞舒服的香氣。

> 1樓的烘焙小舖販售的麵包都好美味的樣子。

☕ café Bibliotic Hello！

📖別冊P.7,E2 📞075-231-8625 📍京都市中京區二条通柳馬場東入ル晴明町650 🕐Café 11:30~0:00(L.O.23:00)，1F Bakery11:30~23:00 🈺1F Bakery週一 💲咖啡￥500 🌐cafe-hello.jp

門口有著濃濃南國風的椰子樹，Hello是京都人最愛的咖啡廳之一，**由町家改建而成的二層樓挑高空間內有一個大型書櫃，擺滿繪本、雜誌和小說**，彷彿走入圖書館，隔鄰還有個可愛的麵包店，並附設販賣雜貨器皿的藝廊，幾乎就是一本立體的日本生活雜誌。

tezomeya

手染メ屋

⊕ 別冊P.7,E1　**☎** 075-211-1498　**⊕** 京都市中京區麩屋町通夷川上る笹屋町456 2F　**⊙** 11:00~18:00　**⊛** 週一、二(週假日照常營業)、週日、年末年始、盂蘭盆節　**⊗** www.tezomeya.com

　曾經在內衣品牌華歌爾當過9年上班族的老闆因工作第一次遇到自然染料技法就愛上了，最後甚至以此當作職業，店內**所有的商品都是老闆自己運用天然染料所染出**，牛仔褲、T恤或圍裙，都有著與眾不同的風格，選在寧靜的小路上開店兼染坊，照樣能夠吸引許多人特地來購買。

松榮堂 京都本店

⊕ 別冊P.7,D2　**☎** 075-212-5590　**⊕** 京都市中京區烏丸通二条上ル東側　**⊙** 9:00~18:00；薰習館10:00~17:00　**⊛** 年末年始；薰習館不定休　**⊗** 線香¥550起　**⊗** www.shoyeido.co.jp

　創業於寶永2年、至今已有300餘年歷史的松榮堂也是京都的香老舖之一，甚至在美國擁有分店。**在二条城附近的松榮堂本店裡，店員會親切為顧客們介紹香道知識，並教導如何品香**，除了各種不同的香外，也可以買到香台與周邊商品。

結

⊕ 別冊P.7,E2　**☎** 075-334-5821　**⊕** 京都市中京區麩屋町通二条下ル尾張町212-1　**⊙** 12:00~18:00　**⊛** 週一、日(遇開展期間照常營業)、不定休(詳見官網)　**⊗** yui.shop-pro.jp/

　以「結」為名，希望將創作職人的用心與使用者緊緊聯繫在一起，**專賣日本各地陶瓷器皿與玻璃的「結」店面不大，清爽地展示了許多年輕藝術家的作品**，無論是簡單的筷子、筷架，都可以看出細膩的設計感，而杯盤酒器，每一件都是藝術，讓人彷彿走入小型藝廊。

ウサギノネドコ 京都店

⊕ 別冊P.6,B8　**⊕** 住宿、店舖075-366-8933；Café 075-366-6668　**⊕** 京都市中京區西ノ京南原町37　**⊙** 住宿check in15:00~18:00，check out10:00；店舖11:00~18:00；Café 11:30~19:00(L.O.18:00)　**⊛** 店舖、Café週四、年末年始、不定休(詳見官網)　**⊗** usaginonedoko.net

　名叫「兔子的被窩」店名相當可愛。店主吉村紘一的曾祖父原為神社的木匠師傅，這間町屋為學徒們的宿舍，爾後才由東京返鄉的吉田先生夫婦經營**雜貨與咖啡店，町家2樓則提供一日一組的住宿**。屋內保留了木格子、花窗與榻榻米，又以乾燥植物和標本做成的藝術品裝飾，充滿古老又奇異的溫馨氣氛。

西陣·紫野
にしじん・むらさきの
Nisijin・Murasakino

西陣在早期是織物產業的集中地，由於充滿著寧靜卻宜人的町家街道氣氛，因此近年也進駐了許多個性小店與咖啡廳。往北一點的紫野地區也充滿生活況味，沿著街道漫步閒逛，體驗看看京都人的日常生活，隨意就能走進織物博物館參觀，若想挑選美味餐廳休息一下，有個小秘訣，只要門口停滿了單車，就是在地人最愛的人氣店。

大阪 京都 西陣 紫野 兵庫

通路線&出站資訊

電車
京都地下鐵鞍馬口駅◇烏丸線
京都地下鐵今出川駅◇烏丸線
嵐電北野白梅町駅◇嵐電北野線

巴士（數字為可搭乘巴士號碼）
◎「堀川今出川」巴士站
堀川通往南巴士站◇往【京都駅】9；往【三条京阪】12
堀川通往北巴士站◇往【西賀茂車庫】9；往【金閣寺】12；往【上賀茂神社】67
今出川通往東巴士站◇往【四条河原町】51；往【三条京阪】59；往【祇園】201；往【銀閣寺道】203
今出川通往西巴士站◇往【北野天滿宮】51・203；往【金閣寺】59
◎「千本北大路」巴士站
千本通往南巴士站◇往【四条大宮】6、往【祇園・平安神宮】46；往【三条京阪】59；往【京都駅】206
千本通往北巴士站◇往【西賀茂車庫】1；往【上賀茂神社】46
北大路通往東巴士站◇往【出町柳駅】1；往【三条京阪】12；往【銀閣寺道】204；往【京都駅】206
北大路通往西巴士站◇往【金閣寺・北野天滿宮】：12・59；往【銀閣寺道】204；往【京都駅】205

出站便利通
◎西陣指的是一個區域，並沒有被編入住址裡面。一般泛指東到堀川通，北到鞍馬通、西到七本松通、南到中立売通的範圍，想要在這裡遊玩的話建議可以從晴明神社一帶開始。
◎西陣雖然地鐵交通較為不便，但周邊是二条城，東邊是京所御苑，西邊是北野天滿宮，所以在做這三個地方的行程時，不妨也可以就近來到西陣散步，將西陣也穿插入行程之中。
◎要到晴明神社，搭乘9號、12號市巴士於「一条戻橋」巴士站下車，徒步2分即達。
◎要到大德寺，搭乘1、12、204、205、206號巴士於「大德寺前」站下車即達。
◎前往西陣一帶可在堀川通或今出川通一帶的巴士站下車，建議從「堀川今出川」巴士站下，徒步1分即達西陣織會館。

境內隨處可見五芒星圖案。

おすすめ 薦

开 晴明神社

ⓐ別冊P.7,D4 ☎075-441-6460 ◎京都市上京區堀川通一条上ル晴明町806 ◉9:00~17:00(授与所至16:30) ⓢ自由參拜 ⓤwww.seimeijinja.jp

安倍神力之地，五芒星商品眾多，安倍迷的京都朝勝必訪地。

晴明神社供奉的是平安時代的御用陰陽師(風水師)安倍晴明，由於這裡曾是其昔日居所，因而建造神社。陰陽師負責天文、氣象、曆法、占卜等術，傳說擁有降魔除厄的道法，安倍晴明就是其中法力特高，最知名的陰陽師，留下許多傳奇故事，還曾拍成電影，每年9月22、23日在神社前會舉辦多達400人的古裝祭典追祀。

晴明神社必訪名所
一条戻橋
傳說晴明將式神(聽從召喚的靈體)藏在橋下，只要有人經過他便會知曉。真正的一条戻橋位在神社不遠處，而境內的縮小版則是供人憑弔。

晴明井
京都名水之一，據傳有治療百病的功效。每到立春時節，社方人員會依照天干地支來調整水流方位，十分有名。

厄除桃
自古以來，桃子被陰陽道認為是除厄的果實，瘋狂的日本人更深信把手機的桌面改成厄除桃的照片，便能招來好運。

西陣織會館

🅐別冊P.7,D4 ☎075-451-9231 🅐京都市上京區堀川通今出川南入 ⏰10:00~16:00(週六日力假日至17:00) 🈲週一(遇假日順延翌日休)、12/29~1/3 💰自由參觀,租借和服(預約制)¥3300~16500 🌐nishijin.or.jp/nishijin_textile_center/ ❗3F和服秀目前暫停舉辦

　京都傳統工藝中與穿有關的首推西陣織與京友禪。西陣是地名,自十五世紀起,織物職人們慢慢在這一帶聚集,製造於此的華美織品,於是被稱為西陣織。**西陣織會館中可以看到西陣織的發展歷史及手織機的現場表演,還可以欣賞彷如時裝發表會的和服秀。**光看仍嫌不過癮的話,2樓還有商店街展售手帕、錢包、浴衣等西陣織相關商品,也提供一般十二單衣或舞妓的試著體驗服務(需事先預約)。

釘拔地藏

釘拔地藏

🅐別冊P.7,C3 ☎075-414-2233 🅐京都市上京區千本通上立売ル花車町503 ⏰8:00~16:30 💰自由參拜

　正式名稱是石像寺的釘拔地藏,相傳堂內的地藏像是由空海大師親手雕刻的,創寺於819年。但之所以以釘拔地藏的名字聞名,**相傳是因為古時一位受莫名病痛侵擾的富商,夢見了這裡的地藏菩薩從他身上拔出兩根釘子,一覺醒來居然不藥而癒。**商人飛奔進寺內,只見地藏像前擺著兩支染血的八吋釘子,這尊地藏菩薩於是被稱為釘拔地藏,據說能替人們拔除疾患苦痛。和其他大寺院比起來,釘拔地藏多了種寧靜的庶民氛圍。

鳥岩樓

薦
おすすめ

🅐別冊P.7,C4 ☎075-441-4004 🅐京都市上京區五辻通智惠院西入ル五辻町75 ⏰11:30~15:00 🈲週四(遇假日照常營業) 💰名代親子丼¥900(供應時間12:00~14:00)

鮮嫩雞蛋與入口彈牙的雞肉共譜成樸實美味的一碗;雞骨高湯也極為美味。

　原本是以提供水炊き(雞肉火鍋)為主的鳥岩樓,想不到在中午時段推出親子丼後大受歡迎,成為大家口耳相傳的京都必吃美味餐廳之一。鳥岩樓的親子丼美味的秘訣就在於**熱騰騰的半熟蛋汁上再打上一粒鵪鶉蛋,趁熱將蛋汁與米飯混合,**再配上隨飯附上的雞骨湯,香濃滑口的美味不言而喻。

喫茶 大象

薦
おすすめ

喫茶 ゾウ

🅐別冊P.6,E5 ☎075-406-0245 🅐京都市上京區三丁町440-3 ⏰9:00~18:00 (L.O 17:00) 🈲週三,不定休(於Instagram公告) 💰卡士達布丁 ¥540;大象餅乾 ¥100;抹茶拿鐵 ¥605;漂浮冰淇淋蘇打(含餅乾)¥726 🌐www.instagram.com/kissa_zou/

療癒大象陪伴,日式復古喫茶店。

　「喫茶大象」是愛知縣味噌店「今井釀造」,因為希望能讓年輕人能更親近味噌而開設的咖啡廳。從「ぞうめし屋」到名古屋的「喫茶ゾウメシ」,第三間「喫茶 大象」便插旗京都。充滿昭和氛圍的復古建築外觀讓人彷彿坐上時光機回到過去。**店內處處可以發現可愛的大象標誌,從玻璃窗到食器,打造無比療癒的懷舊空間。**經典招牌是色彩繽紛誘人的冰淇淋漂浮蘇打,口感紮實的濃郁布丁和香氣迷人的奶油紅豆吐司也非常值得一點。

療癒可口的大象餅乾加上經典布丁,享受復古喫茶店時光。

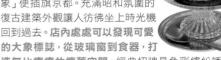

👁 織成館

手織ミュージアム 織成館

🏠別冊P.7,C3 ☎075-431-0020 🏠京都市上京區浄福寺通上立売上る大黒町693 🕐10:00~16:00 📅週一（週假日照常開館）、年末年始 💰成人￥1000，高中生￥700 📱orinasukan.com/

　1989年開幕的織成館是將昔日西陣織的商店活化再生而成的博物館，過去為西陣織和服綁帶的店舖兼住宅，已有超過70年的歷史，改建時特別留存傳統建築的特色，如今**展示來自日本全國的手工織品、和服配飾與傳統衣飾**等，可以看到製作工廠，並體驗手工織物的樂趣。

🔎 鶴屋吉信 京都本店

🏠別冊P.7,D4 ☎075-441-0105 🏠京都市上京區今出川通崛川西入る 🕐1F賣店9:00~18:00，2F菓遊茶屋10:00~17:30(L.O.17:00) 📅週三 💰季節の生菓子とお抹茶（季節和菓子附抹茶組合）￥1210 📱www.tsuruyayoshinobu.jp

　在全日本擁有超過80家店舖的京都老店鶴屋吉信創業於1803年，最有名的和菓子為美麗的羊羹。這裡的和菓子原料不出糯米、糖與紅豆、大豆之類的穀物，但其**千變萬化的美麗造型及精巧的程度常讓人只願欣賞而不忍入口**。

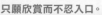

菓遊茶屋

位在2樓的「菓遊茶屋」，可以親眼欣賞和菓子師傅當場製作精美的菓子，不但可以一探和菓子的萬種風情，配上一杯抹茶，更是讓人神心放鬆。

🍴 Kitchenpapa

キッチンパパ

🏠別冊P.7,C3 ☎075-441-4119 🏠京都市上京區上立売通千本東入姥ヶ西町591 🕐11:00~13:30，17:30~19:30 📅週四 💰お昼のきまぐれハンバーグ（午餐時段漢堡排）￥1300 📱

おすすめ 薦

老米店開設的洋食屋，每到中午大排長龍，就算沒吃到限定午餐，多汁的漢堡排也夠讓人回味無窮。

kitchenpapa.net/

　Kitchenpapa對美味食物的用心就反應在顧客長長的人龍。由老舖米屋所開設的洋食餐廳，每天提供的米飯是當店最自豪的白米，主廚所選的素材都是當天的新鮮貨，連沾炸蝦的塔塔醬、漢堡排肉醬、沙拉油醋等都是店家親自製作。推薦**中午可以品嘗數量限定的當日午餐**，若是太晚到，點份漢堡排保證會吃得讚不絕口。

dorato 京都西陣本店

ドラート

📖 別冊P.7,C4 ☎075-411-5101 🏠京都市上京區西陣紋屋町323 🕐13:00~18:00 ⚫週四 💴国産ドラート春の蜜(國產dorato春之蜂蜜)180g¥1944 🌐www.dorato.net/

西陣的小路錯綜複雜，但也因為這樣，在巷弄中尋找喜歡的小店倒成了另一種樂趣。dorato是間隱藏在小巷裡的蜂蜜屋，由古町屋改成的展示空間有著一大面牆的蜂蜜，**店主人特地跑遍全世界，將許多特別的蜜帶入日本**，其中也有來自台灣的龍眼蜜。難得來到日本，建議可以購買日本產的蜂蜜，品嚐日本限定的甜蜜滋味。

蜂蜜罐一字排開，十分誘人。

CAFE FROSCH

📖 別冊P.7,D4 ☎075-200-3900 🏠京都市上京區七本松通り五辻上ル東柳町557-7 🕐11:00~17:00 ⚫週四、週五(遇假日或25日順延翌日休) 💴パンランチ(午間 麵包餐)¥1280，自家製ケーキ(蛋糕)¥480起 🌐www.cafe-frosch.com

CAFE FROSCH前身為西陣織屋的町家，如今掛上了德文「Frosch」的招牌，**以超人氣的手工發酵麵包與貝果，成為社區居民們讚不絕口的「巷仔內美食」**。最受歡迎的三明治，是以自家製土司夾入淋上橄欖油的現烤京蔬菜(如茄子、蘿蔔)，咀嚼一會兒後還能嚐到特別的芝麻葉香氣。有機會來到 Café Frosch，臨走前還建議您外帶現做麵包，無花果雜糧麵包口感紮實、麥香十足，即使隔夜再吃，也依然美味。

茶房 宗禪 西陣本店

📖 別冊P.7,C3 ☎075-417-6670 🏠京都市上京區寺之内通 福寺東角中猪熊町310-2 🕐茶房(預約制)週六日例假日11:30~18:00(L.O.17:30)，賣店10:30~18:00 ⚫週一、二(遇假日照常營業) 💴京の春まち焼きアイス『五山に降る雪』(燒烤冰淇淋)¥1100 🌐www.souzen.co.jp

位在西陣120年町屋中的宗禪，以和菓子「京あられ(小煎餅)」聞名日本，而其賣店附設的茶房不只提供小煎餅，更是推出多種有趣又好吃的新型和風甜點。從最基本的聖代到最近在年輕女性間流行的「燒烤冰淇淋」，每一樣都很美味。燒烤冰淇淋是將打成細緻泡沫的和三盆糖覆在抹茶、黃豆粉、黑芝麻口味的冰淇淋上，用火烤過再吃。

冨田屋

📖 別冊P.6,D5 ☎075-432-6701 🏠京都市上京區大宮通一条上ル石薬師町697 🕐9:00~17:00 💴町家見學+學習京都文化(30分鐘)¥2200，茶席體驗(30分鐘)¥5500 🌐www.tondaya.co.jp ⚠需要事先上網或電話預約，英文可

おすすめ 薦

進入傳統老町家中，細細品味建築、生活文化與各項古董藝品。

被登入為國家有形文化材的冨田屋，前身是老和服舖，第十三代繼承人田中峰子希望能夠保存並發揚京都的老文化，因此特地將冨田屋以「**西陣生活美術館(西陣くらしの美術館)**」的形態公開，讓喜歡京都文化的人都可以來這裡參觀體驗。像是茶道、和服等京都自古以來的生活習慣，還有町家建築的構造、老京都人的生活等，原汁原味的呈現在人們面前。想要深入京都、體驗京都、了解京都的朋友一定會愛上這優美的建築與文化。

🎁 山中油店

📍別冊P.6,C6 ☎075-841-8537 📍京都市上京區下立売通智惠光院西入下丸屋町508 🕐8:30～17:00 休週日、例假日、年末年始、盂蘭盆節 💰お手入れ用椿油60g¥1760、玉締めしぼり胡麻油180g¥972 🌐yoil.co.jp/

　靜靜佇立在民家巷弄中的山中油店創業於文政年間，至今已有二百餘年歷史。其將油依不同用途而分為各種類，從食用油到保養木器的塗裝油，甚至是適合乾性肌膚、髮質使用的椿油，每一款都經過職人細心製作，有所堅持。除此之外，山中油店也開設了Guest house與町家咖啡「綾綺殿」，不只傳承傳統製油技巧，也致力推廣京都的町家之美。

☕ 卯晴

📍別冊P.7,D4 ☎075-441-4772 📍京都市上京區大宮通り笹屋町下ル石藥師町689-13 🕐11:30～17:00(L.O.16:30) 休不定休 💰任選紅茶+現烤派¥1000 🌐www.instagram.com/uharu2006/

　喜愛紅茶的女主人特地選在西陣的老町家開設了可愛的紅茶小舖。嚴選自然農法栽培的紅茶，讓人能夠安心飲用。**每一款紅茶的產地不同、特性不同、泡法不同，在這裡，女主人都會親切為你解說**，除了內用外，1樓也販售多種紅茶，可以將茶業帶回家，延續紅茶館的悠享氣氛。

船岡溫泉平日15:00才營業，只有週日才在8:00開門，要注意造訪的時間。

♨ 船岡溫泉

おすすめ **薦**

📍別冊P.7,C3 ☎075-441-3735 📍京都市北區紫野南舟岡町82-1 🕐15:00～翌1:00、週日8:00～翌1:00 💰成人¥430，小學生以上¥150，未就學兒童¥60 🌐funaokaonsen.net

充滿老派氣息的溫泉池，與在地人坦誠相見，做個一日京都人。

　建於大正12年(1923)的船岡溫泉，為當年層級較高的澡堂，從戶外的庭園造景、建築上的雕樑畫棟，都不難想像其曾有過的風光。脫衣場中仰頭可見的樑柱木雕，刻畫了日本人喜愛的花木(如松、櫻、梅)，還有對二次大戰陸、海、空戰役的描繪，相較於京都其實在二戰期間未受戰火波及的歷史，此處獨立於亂世之外的昇平氣息，悄悄地反映在富人們的生活享受之上。浴場中四處可見的瓷花磚，至今也保存良好，仍可見最初豔麗的色彩圖紋，透過巧妙的拼貼彷彿成了掛在牆上的華麗地毯，此帶有點巴洛克精美風格的裝飾手法，甚至可算是日本在明治維新後與西方文化相容的特徵，因而使其**被列為「國指定文化財」**，在提供大眾洗澡之外，「船岡溫泉」存在與值得造訪的意義，也更具厚度了。

☕ SARASA西陣Café

さらさ西陣カフェ

🏠別冊P.7,C3　📞075-432-5075　⊙京都市北區紫野東藤ノ森町
11-1　🕐週日至週四11:30~21:00(L.O.20:30)、週五、週六
11:30~22:00(L.O.21:30)　🚫週三　💲ケーキセット(蛋糕套餐)¥1100
www.cafe-sarasa.com；sarasan2.exblog.jp

氣氛絕佳的老房子咖啡廳。

　這棟昭和年代所建，已有80年歷史的**木造老房子前身是公共澡堂「藤の森温泉」**，有如龜殼側面的圓弧綠色門簷讓人馬上聯想到電影《神隱少女》裡那間眾神泡澡的巨型湯屋。細長的木格窗櫺與歷經風霜的屋瓦看得出時光留下的美麗印記，還有那個家家戶戶往澡堂跑，人與人距離還很近的年代。為了符合懷舊親切的日式氛圍，**餐點部分也以搭配米飯的家庭式料理為主，午餐每週更換**，以鹽醬調味的炒五花肉有媽媽的味道，搭配滿滿的蔬菜沙拉和開胃小菜，一碗蛋花湯就暖胃也暖心。

☕ 梅園茶房

うめぞの茶房

🏠別冊P.7,C3　📞075-432-5088　⊙
京都市北區紫野東藤ノ森町11-1　🕐
11:00~18:30(L.O.18:00)　🚫不定休
💲季節のパフェ(季節聖代)¥1200
🌐umezono-kyoto.com/nishijin

　櫃檯玻璃櫥中一只只粉白高台皿盛著**小巧別致的和菓子**，又似羊羹又似蛋糕，是費時一年研發的**「飾羹(かざり羹)」**。揉合了和洋元素，以寒天和蕨粉製作水羊羹般的清爽口感，內裡填入溫潤的白豆餡，最後以當季鮮果、堅果、香草和生奶油，依時令為題，裝飾了繽紛活潑的色彩。

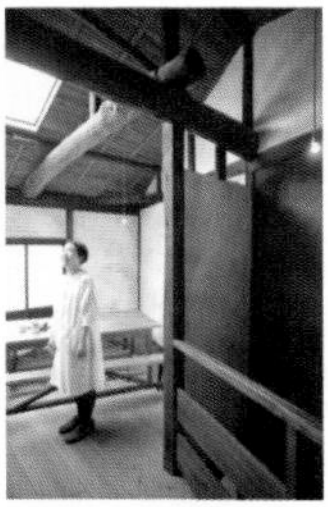

飾羹的雅致清甜，佐以日本茶的深沉醇美，再適合不過。

👁 藤森寮

🏠別冊P.7,C3　📞075-600-0149
京都市北區紫野東藤ノ森11-1　🕐依各店舖而異

　藤森寮原是當地立命館大學的宿舍，但在立命館部分校舍遷至滋賀縣後，面臨廢置的命運。經過有心人士號召當地藝術家入住，並開放空間承租給年輕藝術家，將**已有九十歲屋齡的藤森寮，打造成一處店面展示結合手作工房的複合空間**。

🎁 かみ添え

☎別冊P.7,C3　📞075-432-8555　
京都市北區紫野東藤ノ森町11-1　
12:00~18:00　週一、不定休　🌐kamisoe.com

　　源自中國的事物被冠以「唐」，唐紙，自奈良時代渡海東傳、原為高級舶來品。かみ添え的店主嘉戶先生進入復興京唐紙之濫觴「唐長」修業五年，約莫五年前獨立出來，於京都西陣開設了唐紙設計與印刷工坊「かみ添え」。**工坊前是店頭，販售自家唐紙明信片，頗得文青青睞；用於室內設計的唐紙屬訂製品，依據客人的需求，以自海內外蒐集而來的版木手工按壓印刷**，或是由嘉戶先生設計、雕刻師製作版木再行手工印刷。

卐 大德寺

☎別冊P.7,C1　📞075-491-0019　京都市北區紫野大德寺町53　自由參觀；龍源院9:00～16:30；瑞峰院9:00～17:00；大仙院9:00～17:00(12～2月至16:30)；高桐院9:00～16:30　自由參拜；龍源院大學生以上¥350，高中生¥250，國小學生¥200；瑞峰院高中生以上¥400，國中小學生¥300；大仙院高中生以上¥400，國中小學生¥270；高桐院高中生以上¥500，國中生¥300，小學生以下免費　🌐www.rinnou.net/cont_03/07daitoku/

　　大德寺最早的建築毀於大火，直到15世紀時，一休禪師復興臨濟宗大德寺派，重建這裡作為總本山，使得大德寺在京都歷史上有一定的地位，豐臣秀吉也選在這裡舉行戰國名將織田信長的葬禮。**大德寺內的國寶甚多，但公開讓一般民眾參觀的只有四個禪院。**

名物見所

高桐院
高桐院的石坂參道旁綠蔭蔽天，夏天盈滿青翠的綠意，深秋則被紅葉包圍。

大仙院
大仙院的庭園是室町時代的枯山水傑作，象徵寧靜大海的白砂庭間，點落著巨石，象徵蓬萊山泉流流向大海。

瑞峰院
表現禪宗方丈建築特徵的瑞峰院，在枯山水式的獨座庭中白砂如波，展現浪濤拍岸的意境，閑眠亭則特意拼出十字架形狀的石組，記念信奉基督教的創建者。

龍源院
龍源院是大德寺中最有名的一處，裡頭的三個庭苑各有特色，其中的「一枝坦」宛若水滴漩渦般的白沙地上，錯落著綠苔與岩石，線條與構圖極其優美，在方寸間凝結宇宙的狹小壺庭「東滴壺」，也是京都知名的石庭之一。

🍴 泉仙 大慈院店

📞075-491-6665　京都市北區紫野大德寺町4 大慈院內
11:00~16:00　年終無休　精進料理おやめ¥3800
🌐kyoto-izusen.com

　　泉仙的大慈院店於1963年營業至今，一直秉持喜心(以愉悅的心製作料理)、老心(以對待孩子般的心情來細心料理)與大心(不偏不倚，正確判斷)為原則經營。食堂內是簡樸素淨的褟褟米房間，只有桌椅與簡單裝飾，精進料理一份一份送至桌上，就放在客人面前，用餐時恭敬地端起碗筷，感受精進的精神。

大阪

京都

西陣・紫野

➡兵庫

🎁 一休こんぶ 松田老舗

📍別冊P.7,C2　📞075-492-4697　📍京都市北區紫野下門
前町37　🕘9:00~18:00　💰大德寺納豆50g￥540
🌐 matsudashinise.com

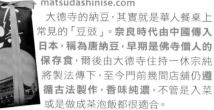

大德寺的納豆，其實就是華人餐桌上
常見的「豆豉」。**奈良時代由中國傳入
日本，稱為唐納豆，早期是佛寺僧人的
保存食**，爾後由大德寺住持一休宗純
將製法傳下，至今門前幾間店舖仍遵
循古法製作，香味純濃，不管是入菜
或是做成茶泡飯都很適合。

> 品嚐完美味料理
> 後，可別忘了來上
> 一杯「蕎麥湯」。

🍴 五

📍別冊P.7,C2　📞075-494-0500　📍京都市北區紫野雲林
院28紫野和久傳 大德寺店 2F　🕘1F賣店10:00~17:00；
2F五11:30~15:30(L.O.15:00)，17:30~21:00(L.O.20:30)
🈲週四　💰鯖壽司(鯖魚壽司)￥1100，昼のおまかせ(午間
套餐，預約制)￥4400、6600，夜のおまかせ(晚間套餐，預
約制)￥13200　🌐www.wakuden.jp/ryotei/itsutsu/

店名「五」源自蕎麥的五個顏色：黃根、紅莖、白
花、黑實、綠葉。傳承和久傳的風雅格調，**五專賣蕎
麥麵，中午提供單點與套餐，晚餐則是完全預約制，
有三種套餐可以選擇**。食物擺盤極為精緻，食材鮮度
更是不馬虎，如同料亭般的規格，將蕎麥麵的風味發
揮至最大。

🎁 ギャラリー器館

📍別冊P.7,C2　📞075-493-4521
📍京都市北區紫野東野町20-17
🕘11:00~19:00　🈲週三、週四
🌐www.g-utsuwakan.com

ギャラリー器館不只是可以
購買陶器的地方，更是喜歡陶
器的朋友必訪的聖地。藉著每月的
陶器、燒物展，從這裡發跡的創作者也不在少數。店
主認為真正的陶瓷或玻璃藝品，不該是只可遠觀不
得靠近的藝術，因為它們最初便是源於生活之中，因
此，**ギャラリー器館除了將3、4樓規劃為展覽空間，
1、2樓也同時販售藝術家、素人的作品，其中1樓以
食器為主，2樓則是裝飾性藝術品**。

🈺 一和(一文字屋和輔)

⚞ 別冊P.7,C1　☎075-492-6852　◎京都市北區紫野今宮町69　🕙10:00~17:00　⊗週三(遇1、15日、例假日順延翌日休)　💲阿ぶり餅(串烤黃豆粉麻糬)11支￥600

今宮神社東門附近有賣現烤的知名點心「あぶり餅」，據說吃了這甜的麻糬就能祈求疾病痊癒，**擁有1000年歷史的一文字屋和輔(簡稱一和)就是這「あぶり餅」的創始老店**，古風建築讓人彷彿回到那個時代，如大拇指般大小的麻糬沾上黃豆粉再以備長炭細火慢烤出香氣，品嘗時可沾著白味噌，口感十足的麻糬洋溢著焦香，讓人一支接一支。

⛩ 今宮神社

⚞ 別冊P.7,C1　☎075-491-0082　◎京都市北區紫野今宮町21　🕙9:00~17:00　⛩自由參拜　🌐imamiyajinja.org

> **薦** おすすめ
>
> 遠離人擠人的觀光鬧區，寧靜的朱紅鳥居引人進入千年古都之美。

今宮神社有著朱紅色的社殿，供奉著醫藥之神，為了奉祀平安時代建都之前的瘟疫之神而打造，雖然歷經荒廢與燒毀，明治35年時重建之後，就廣受西陣地區的居民愛戴。每年4月第二個週日舉辦的「やすらい祭」有京都三大奇祭之稱，扮演的惡鬼的人在插著櫻花、松枝和山茶花的花傘下隨著太鼓跳舞，傳說走入花傘下就可消除病魔。

阿呆賢

神社內有顆靈石「阿呆賢さん」，許願前先捧起石頭，接著輕撫石頭並許願後，再捧起石頭，如果變輕了願望便會成真，現在常常能看見女孩們排隊進行靈石占卜的有趣畫面。

🈺 かざり屋

錺屋

⚞ 別冊P.7,C1　☎075-491-9402　◎京都市北區紫野今宮町96　🕙10:00~17:30　⊗週三(遇1、15日、例假日順延翌日休)、12/16~12/31　💲あぶり餅(串烤黃豆粉麻糬)￥600

> **薦** おすすめ
>
> 今宮神社名物糰子，焦香誘人，一次不吃個一把可不過癮。

與一文字屋和輔對門而立的老店錺屋只賣一味，將捏得小小的麻糬沾上大量黃豆粉，串在竹籤上用備長炭火烤得焦香，再淋上只用糖與京都白味噌調出的沾醬，一口一個，香香甜甜得十分美味。

北野・金閣寺

きたの・きんかくじ
Kitano・Kinkakuji

北野區域與西陣一帶，有祭拜學問之神的北野天滿宮，若是遇上櫻花季節，平野神社美得如詩如夢，而從北野前往嵐山的路面電車更有濃濃的昭和復古風情，讓人感受不一樣的京都風景。離北野一小段距離的金閣寺用金箔所貼覆而成，也是京都最耀眼的象徵，寺內的池泉回遊式庭園以鏡湖池為中心，向背後的衣笠山借景，金碧輝煌的金閣倒影在水中搖曳甚是美麗，再與不遠的龍安寺、妙心寺等串聯，位置雖稍稍遠離市區，卻是造訪京都絕對不能錯過的世界遺產。

🈺 北野天滿宮

📖別冊P.7,A4 ☎075-461-0005 📍京都市上京區馬喰町 ⏰4~9月5:00~18:00，10~3月5:30~17:30；寶物殿1/1、12/1、每月25日、梅花紅葉季 9:00~16:00；梅苑2月初~3月下旬9:00~16:00；もみじ苑10月下旬~12月上旬9:00~16:00，夜間點燈11月中旬~12月上旬日落~20:00；緣日(天神日)每月25日6:00~21:00(日落開始點燈) 💰自由參拜；寶物殿成人￥1000，國高中生￥500，小學生￥250，小學生以下免費；梅苑(附茶菓子)國中生以上￥1000，兒童￥500；もみじ苑(附茶菓子)國中生以上￥1000，兒童￥500 🌐www.kitanotenmangu.or.jp

學問之神香火鼎盛，每當有考試前必來一拜以求心安。

北野天滿宮供奉著平安時代的學者菅原道真。他在日本的民間是位非常有道德勇氣的文人學者，也是**有名的學問之神，許多人會來此祈求學業進步、金榜提名**。每到冬天，北野天滿宮就成了京都最有名的賞梅所，400年前盛開時還曾讓豐臣秀吉驚艷、讚嘆不已。每年2月25日梅花祭時，上七軒的藝妓及舞妓會來此參拜，衣香鬢影間美不勝收。

交通路線&出站資訊

電車
京福電氣鐵道(嵐電)北野白梅町駅⇨嵐電北野線
巴士(數字為可搭乘巴士號碼)
◎「金閣寺前」巴士站
1巴士站⇨往【立命館大學、山越】12・59
2巴士站⇨往【三条京阪】12・59

◎「金閣寺道」巴士站
3巴士站⇨往【京都駅、銀閣寺、九条車庫】204・205・M1
4巴士站⇨往【立命館大學、山越】12・59
5巴士站⇨往【北大路BT、三条京阪、大德寺】12・59・204・205・M1
出站便利通
◎前往金閣寺在金閣寺前巴士站下車即達，巴士站旁就有許多土特產店可逛逛。
◎若要從金閣寺前往北野、西陣一帶，徒步也能到達，但距離頗長約要15~30分鐘不等。
◎前往祭拜學問之神的北野天滿宮搭乘巴士在「北野天滿宮前」巴士站下即達，巴士站旁就是上七軒歌舞練場和許多老舖，平野神社則位於天滿宮的西側，徒步約3分可達。
◎若從嵐山搭乘嵐電而來，從北野白梅町車站往東北方向徒步約15分即可達北野天滿宮。

北野天滿宮天神市

「天神市」是每月25日在北野天滿宮境內定期舉辦的跳蚤市場。雖然每個月都有，但又以1月25日的「初天神」，和12月25日的「終天神」最為熱鬧，多達千餘家的攤販在此聚集，除了古董和服店，還有販賣日本昭和年代雜貨、古董玩具、舊時鐘、舊洋娃娃、陶瓷器等店家。

🛕 大將軍八神社

🅐別冊P.6,A5　☎075-461-0694　🅐京都市上京區一条通御前西入西町48　🕐6:00~18:00；方德殿特別拜觀5/1~5/5、11/1~11/5)10:00~17:00(入館至16:00)，其他時間需預約　🅢自由參拜；方德殿￥500　Ⓤwww.daishogun.or.jp

位在北野天滿宮南邊巷弄內的大將軍八神社，屬於陰陽道信仰的神社，是京都在**平安時代建都時，因為風水考量而設**。祭奉掌管方位的星神大將軍神，也是**保佑旅人平安的神祇**。神社境內的方德殿，收藏了大將軍信仰全盛時期(西元10~12世紀)共約80尊型態各異的大將軍神像。順著小小的神社繞一圈，只見境內老樹參天，氣氛安靜，沒什麼觀光氣息。

妖怪大街

神社前的商店街又被稱作妖怪大街，因為據考證，這條名叫一条通的路，就是平安時代「百鬼夜行」時，百鬼們走的那條路，沿路的商家也放了不少百鬼夜行登場的小妖怪們在自家店門口，十分有趣。

◎◎ 長五郎餅 本店

🅐別冊P.6,B5　☎075-461-1074　🅐京都市上京區一条通七本松西入ル滝ヶ鼻町430　🕐9:00~17:00，茶席10:30~15:00　🅗週四　🅢長五郎餅2個+抹茶￥700　Ⓤwww.chogoromochi.co.jp

豐臣秀吉賜名的長五郎餅是有400年歷史的北野天滿宮名物，每到天神市及賞梅季時，就會在境內的茶寮掛起「出張」(出差中)的牌子，提供頗甜的長五郎餅、抹茶和煎茶。

◎◎ 粟餅所 澤屋

おすすめ
薦

🅐別冊P.6,A5　☎075-461-4517　🅐京都市上京區今小路通御前西入紙屋川町838-7　🕐9:00~17:00　🅗週四、每月26日　🅢粟餅 紅梅3個￥500　❶粟餅很快就會變硬，如果可能的話，建議在店裡食用

手作麻糬口感極佳，剛做好配杯熱茶吃，日式風情讓人大大滿足。

位於北野天滿宮對面公車站旁的粟餅所澤屋也是天滿宮前有名的點心之一，開業至今有300多年的歷史。粟是小米，餅是麻糬；澤屋的粟餅，**有長條狀佐黃豆粉的和球形外裏紅豆泥的2種，吃起來不但毫不甜膩**，還可以充分感受到黃豆、紅豆和小米的香氣，並享受麻糬柔軟中帶著彈性的口感。

大阪

京都

北野・金閣寺

兵庫

上七軒ビアガーデン

ⓘ別冊P.7,A4 上七軒歌舞練場 ☎075-461-0148 ⓙ京都市上京區今出川通七本松西入真盛町742 ⓣ7/1～9/5 17:30～22:00(L.O.21:30) ⓗ盂蘭盆節 ⓢ入場基本消費含飲料一杯和小菜二盤￥2000，每加點小菜1道￥1000 ⓤwww.maiko3.com

每年夏天7月至9月初，京都五花街之一的上七軒會特別將其歌舞練場的前院開放為啤酒花園，裡面提供啤酒、飲料與各式下酒菜，每天還會有5名舞妓或藝妓們穿著夏日浴衣輪流與遊客聊天同樂。除了事前預約座位外，若當天有空的席位也可隨到隨入，除了順口清涼啤酒，並有燒賣、蒸蝦餃、毛豆、日式炒麵等下酒配菜。

CRICKET

ⓘ別冊P.7,A4 ☎075-461-3000 ⓙ京都市北區平野八丁柳町68-1サニーハイム金閣寺1F ⓣ10:00～18:00 ⓗ12/31、週二不定休 ⓢクリケットゼリー(招牌果凍)￥800 ⓤwww.cricket-jelly.com/

創業於1974年的CRICKET是一間專賣世界進口水果的水果店，除了各種水果禮盒外，店內還設置了小小的喫茶區域，提供了**用葡萄柚、檸檬等柑橘所製成的各種水果果凍**。清香甘甜的柑橘水果製成的果凍嚐來入口即化，吞下後香氣在口中久久無法散去，夏天吃來更感清涼。

天喜

ⓘ別冊P.7,C4 ☎075-461-4146 ⓙ京都市上京區千本今出川上ル上善寺町89 ⓣ11:30～22:00(L.O.20:00) ⓗ週一(遇假日照常營業) ⓢ平日午間特別會席￥8000 ⓤkyoto-tenki.com

天喜是創業自昭和8年的高級天婦羅專門店，清幽環境吸引許多富商名士，也是**將天婦羅帶入京都懷石料理的創始者**。富季節感的京野菜以及新鮮魚蝦天婦羅，沾以薄粉輕炸，口味清爽鮮甜，連好萊塢大導演史蒂芬史匹柏都曾是座上客呢！

たわらや

ⓘ別冊P.6,B5 ☎075-463-4974 ⓙ京都市上京區御前通今小路下ル馬喰町918 ⓣ11:00～16:00(L.O.15:30 ⓗ不定休 ⓢたわらやうどん(招牌烏龍麵)￥760

北野天滿宮前有棟400年歷史的京都町家建築，烏龍麵老舖たわらや便以此為據點，使用嚴選食材熬煮湯頭，最出名的就是**粗達1公分的超長烏龍麵，長長的就連一根**，配上清爽的特製湯頭和薑泥，口感十足，滋味非常特別，以筷子夾起唯一一條烏龍麵慢慢吧嚼，用餐過程也相當有樂趣。

卍 龍安寺

ℹ️ 別冊P.9A2 ☎075-463-2216
京都市右京區龍安寺御陵下町13
🕐8:00~17:00，12~2月末8:30~16:30
💰成人￥600，高校生￥500，國中小
學生￥300 🌐www.ryoanji.jp

> 必見枯山水庭園，藉由禪的意境思考宗教之無限，值得細細品味。

　龍安寺創建於室町時代的寶德2年(1450)，以著名的枯山水石庭「渡虎之子」聞名。這枯山水石庭長30公尺、寬10公尺，以白色矮土牆圍繞。庭中沒有一草一木，白砂被耙掃成整齊的平行波浪；其中搭配的**十五塊石頭，如果站在廊下面向外面的話，石頭從左到右以5、2、3、2、3的排列組合設計，象徵著浮沈大海上的島原**。白砂、苔原與石塊，單純而簡潔的組合被譽為禪意美感的極致。白牆外側，四時的花朵不時探進牆頭，更增添四季轉折的美感。這座石庭也可由佛教的角度來觀覽。以無垠白砂代表汪洋、以石塊代表浮沉人間以及佛教中永恆的蓬萊仙島。方寸間見無限，就是枯山水的最高境界。

> 據說十五塊石頭不管從哪個角度都只能看到十四個。

🍴 龍安寺西源院

☎075-462-4742 📍龍安寺境內 🕐10:00~17:00 💰七草湯豆腐￥1500，精進料理￥3300

　跪坐在龍安寺的名庭內品嘗以七草湯豆腐為主的精進料理，感覺格外風雅。此地的湯豆腐是由丹波地區產的最頂級大豆磨成，除了能夠增添香氣的香菇、口感俱佳的蒟蒻之外，還在**湯豆腐中加入七樣蔬菜及京都有名的生麵麩，所以稱為「七草湯豆腐」**，食材種類相當豐富，也有益身體健康因此大受歡迎。

> 金閣寺與富士山並列為日本最具代表性的名景。

卍 金閣寺

ℹ️ 別冊P.9,C1 ☎075-461-0013 📍京
都市北區金閣寺町1 🕐9:00~17:00 💰
高中生以上￥500，國中小學生￥300
🌐www.shokoku-ji.jp/kinkakuji/

> 金黃色的建築輝眼非凡，依山傍水的景色已成為京都定番景點。

　金閣寺是由足利義滿於1397年打造，**在建築風格上融合了貴族式的寢殿造與禪宗形式，四周則是以鏡湖池為中心的池泉迴遊式庭園，並借景衣笠山**。三層樓閣的金閣寺位於鏡湖池畔，底層為「阿彌陀堂法水院」，第二層是稱為「潮音閣」的觀音殿，最上層則是仿唐建築的格局，一隻飛舞的金色鳳凰矗立在屋頂，十分醒目。**整座寺閣都是使用金箔貼飾，也因而被封上「金閣寺」的美名**。天晴之日，金碧輝煌的金閣寺映於水面，倒影搖曳，甚是美麗；每到冬季時，「雪粧金閣」更令人們趨之若鶩的夢幻秘景。昭和25年7月2日(1950)，金閣寺慘遭焚燬，稱為「金閣炎上事件」，現在所看到的金閣寺是於昭和30年(1955)重建，30年後再貼上金箔復原的。

卍 等持院

🅐別冊P.9,B3 ☎075-461-5786 🅰京都市北區等持院北町63 🕘9:00~16:30(售票至16:00) 💰高中生以上¥5600,國中小學生¥300 🌐toujiin.jp/

　1341年,室町幕府第一代將軍足利尊延請**國師夢窗疎石打造的名園**,如今成為足利家族的家族寺廟,供奉立代足利將軍的木像。院內的西庭借衣笠山為景,以芙蓉池為中心,茶花、杜鵑等依照四時綻放,景色優美,茶室清漣亭則是足利義政所喜愛的茶亭。

卍 仁和寺

🅐別冊P.9,A4 ☎075-461-1155 🅰京都市右京區御室大內33 🕘9:00~17:00(售票至16:30);12~2月至16:30(售票至16:00);靈寶館4/1~5月第4個週日、10/1~11/23開放 💰御所庭園成人¥800,高中生以下免費;靈寶館成人¥500,高中生以下免費 🌐ninnaji.jp/

　仁和寺與日本皇室關係密切,曾有數位天皇退位遁入佛門後,在仁和寺執行「法皇」的政務權利,因此**仁和寺又有「御室御所」之稱**(御室為僧坊,御所則是天皇居所之意)。它同時也**是日本佛教教派「真言宗御室派」的大本山**,在宗教上地位甚高。仁和寺的建築規模宏大,在寺院建築上享有最高格式之名。寺廟為光孝天皇於仁和2年(886)所建,後來在應仁之亂中不幸全數燒毀,直到江戶時代的正保3年(1646)才重建完成,當時並將京都御所內的紫宸殿、清涼殿移築仁和寺,成為現在見到的金堂和御影堂。

开 平野神社

🅐別冊P.7,A4 ☎075-461-4450 🅰京都市北區平野宮本町1 🕘6:00~17:00(櫻花季期間至21:00) 💰自由參拜 🌐www.hiranojinja.com/

　平野神社為平安時期遷都京都的桓武天皇所移築的古老神社,**境內種植有數十種、約500株的珍貴櫻花**,數量之多居京都之首,京都人稱之為「平野の櫻」,約三月中旬就有「桃櫻」開花,與仁和寺晚開的「御寺の櫻」恰成反比。每年四月上旬時500株櫻花齊放,還有夜間賞櫻的活動,4月10日還會舉辦櫻花祭。

💡 御寺櫻

　仁和寺的櫻花也十分有名;這裡的花期比京都市內晚十天至二個星期,因此有「京洛最後の花見」的稱號,京都俗諺說:「清水寺花落,正是仁和盛開時」。這裡的櫻花被稱為御寺櫻,最大的特色就是從根部,大約離地2、30公分起,就開始開出櫻花來,不像一般櫻花,多長在枝頭樹梢;因此仁和寺櫻花盛開時,有種近在眼前的獨特美麗。

卍 妙心寺

🔹別冊P.9,B5 ☎075-463-3121 🏠京都市右京區花園妙心寺町64 🔻自由參觀；法堂和大庫裏9:00~12:00、13:00~16:00(售票至15:30) 💲自由參拜；法堂和大庫裏成人￥700，國中小學生￥400 🌐www.myoshinji.or.jp ❶12:00~13:00無售票，因大庫裏施工無法參觀，門票價格變更為成人￥500，國中小學生￥200

為臨済宗妙心寺派大本山的妙心寺，位在京都市右京區花園。以前這裡曾是各大公卿的住所，所以開墾了許多花田，才會有這麼美麗的名字。妙心寺原本是皇室的離宮，當時住在這裡的**第95代天皇「花園法皇」在這裡鑽研佛法，進而將這裡改成佛寺**。妙心寺境內共有46座大大小小寺院，法堂中有國寶雲龍圖，這可是狩野探幽的親筆真跡，十分值得一看。

卍 退蔵院

☎075-463-2855 🏠京都市右京區花園妙心寺町35 妙心寺內 🔻9:00~17:00 💲成人￥600，國中小學生￥300，小學生以下免費；特別拜觀￥1000 🌐www.taizoin.com

在妙心寺境內46座寺院之中，退蔵院要是居其二，可沒有別的寺院可以稱是第一了。在600多年前(1404)，由妙心寺的第三代傳承人無因宗因禪師建造而成的退蔵院，**以庭園山水與收藏日本水墨畫派初期作品「瓢鮎図」而聞名**。其中相傳由狩野元信製作的枯山水庭園「元信の庭」、通過竹管能聽到水音的「水琴窟」，都是難得一見的景點。

卍 東林院

☎075-463-1334 🏠京都市右京區花園妙心寺町59 妙心寺內 🔻每週二、五上午10:00~13:00 💲精進料理體驗教室￥3500 ❶需電話確認後再寄明信片預約，且課程以日文進行，建議日文有一定程度再參加

參加東林院的精進料理會，**可以實際進到寺院廚房裡，學會3道素食料理，以及料理為修行的精進料理精神**。在住持說明後，會依當天人數分成2~4組、一起動手煮菜，在住持帶領下念誦〈食事五觀文〉，接下來在氣氛幽靜的寺院內享用素食午餐。

大阪
京都
銀閣寺・平安神宮
兵庫

銀閣寺・平安神宮
ぎんかくじ・へいあんじんぐう
Ginkakuji・Heianjingu

稍 稍微遠離鬧區，銀閣寺・平安神宮的周邊範圍廣闊，在綠意盎然的區域內，有著仿平安時代王朝宮殿的平安神宮，以及以湯豆腐聞名的南禪寺，此外還有美術館、動物園、大學校區和許多名寺古剎。每到京都旺季的櫻花、紅葉時節，哲學之道上就擠滿人潮，櫻花大約是在3月底至4月初約一週的期間盛開，紅葉時期則約為11月份，這些季節裡遊客摩肩接踵，美麗的櫻枝低低地垂入水渠中，小徑兩旁還有許多茶亭、咖啡館和藝品店，讓人可坐下來賞景喝茶，度過優雅的京都時光。

交通路線＆出站資訊

電車
京都市地下鐵蹴上駅⇒東西線
京都市地下鐵東山駅⇒東西線
京阪神宮丸太町駅⇒京阪本線
巴士(數字為可搭乘巴士號碼)

今出川通
白川通
哲学之道

◎「銀閣寺前」巴士站
1巴士站⇒往【四条河原町・京都駅】32
「銀閣寺道」巴士站
2巴士站⇒往【錦林車庫】17
3巴士站⇒往【京都駅・東寺西門・北野白梅町】17・203
4巴士站⇒往【岩倉・北大路バスターミナル】5・204
5巴士站⇒往【京都駅・四条通】5・32・203・204
◎「京都會館美術館前」巴士站

二条通上往東巴士站⇒往【銀閣寺】32；往【上賀茂神社・千本通】46
二条通上往西巴士站⇒往【四条河原町、京都外大前】32
◎「南禪寺、永觀堂道」巴士站
白川通上巴士站往南⇒往【京都駅・四条通】5
白川通上巴士站往北⇒往【銀閣寺、岩倉操車場】5
出站便利通
◎前往銀閣寺在「銀閣寺前」巴士站下就是鼎鼎有名的哲學之道，往西至銀閣寺約徒步5分即可達，若是在「銀閣寺道」巴士站下則往西徒步約10分。
◎前往法然院從巴士站沿著哲學之道徒步約10分可達。
◎前往紅葉名所真如堂在「銀閣寺道」巴士站下沿著白川通徒步約15~20分可達。
◎前往平安神宮從「京都會館、美術館前」巴士站下車即達。
◎青蓮院與知恩院在同一區，從「京都會館、美術館前」巴士站下車沿著神宮道往南徒步約10分可達。
◎前往南禪寺可搭京都地下鐵東西線於「蹴上」站下，往東北方向徒步約7分可達，永觀堂則再往北徒步約8分，若是搭乘巴士就於「南禪寺、永觀堂道」巴士站下，往東徒步約5分會先抵達永觀堂，往南則是南禪寺。

枯山水庭園的銀沙灘上，有一座白沙砌成的向月台，據說在滿月之夜能將月光返照入閣。

卍 銀閣寺
おすすめ 薦

⊕別冊P.8,C1　☎075-771-5725　⊙京都市左京區銀閣寺町2　⊙8:30~17:00，12~2月底9:00~16:30　⊕高中生以上￥500，國中小學生￥300；特別拜觀￥1500　⊙www.shokoku-ji.jp/ginkakuji/

不同於華麗金閣寺，內斂典雅的銀閣寺更有京都風雅，銀沙灘也是必看名景。

銀閣與金閣的奪目耀眼大異其趣，境內全體造景枯淡平樸，本殿銀閣也僅以黑漆塗飾，透著素靜之美。占地不大的銀閣寺，同時擁有枯山水與回遊式庭園景觀。以錦鏡池為中心的池泉回遊式山水，是由義政親自主導設計，水中倒影、松榕、錦鯉、山石，似乎透露著歷經紛亂之後的沈澱與寧靜。

哲學之道

春季來哲學之道在櫻花下漫步，更顯浪漫。

📖別冊P.8,C1~C4 🚇銀閣寺~南禪寺一帶 🕐自由參觀

　　哲學之道**沿著水渠兩旁的小徑共種植著500多株「關雪櫻」**，名稱的由來為大正10年，京都畫壇名家橋本關雪的夫人在此栽種櫻花因而得名。而哲學之道的由來也是因昔日哲學家西田幾多郎經常在此沉思散步之故，所以取名為「哲學之道」。

jazz spot YAMATOYA

📖別冊P.8,A4 📞075-761-7685 🏠京都市左京區東山丸太町東入ル2筋目下ル 🕐12:00~22:00 📅週三(遇假日照常營業)、第2個週四、1/1 🌐www.jazz-yamatoya.com

　　Jazz spot YAMATOYA前身是店主人岳父的閒置倉庫，在昭和期間店主人改成今日的爵士酒吧，**晚上7點以前僅提供無酒精類飲料，入夜後則由爵士迷的店主親自上陣，對音樂有研究的他，也能調出許多絕妙的雞尾酒**。這間店卡上印有艾靈頓公爵名曲《Things Ain't What They Used To Be》的爵士音樂酒吧，數十年來一如往昔地播放著扣人心弦的爵士樂，像是企圖將時光凝結在黑膠唱片最盛行的七〇年代一般。

位在山區的茂庵不太好找，從銀閣寺徒步約30分鐘才能到。

茂庵

📖別冊P.8,B2 📞075-761-2100 🏠京都市左京區吉田神楽岡町8 🕐11:30~18:00(L.O.17:00)，午餐至14:00 📅週一、二(遇假日順延翌日休)、8/17~8/31、年末年始 🍴チェリー入りチョコレートケーキ(櫻桃巧克力蛋糕)¥500，抹茶ミルク(抹茶牛奶)¥720 🌐www.mo-an.com

　　位在京都市中心的山區，茂庵是許多旅人費盡千辛萬苦也要一訪的**秘境咖啡廳**。茂庵原是建於大正時期的茶室，就位在京都大學、百萬遍、銀閣寺的交會之處，但由於**位在山中，人跡極少，十分清幽**。茂庵提供簡單餐食，除了氣份極佳外，料理精緻美味，選面窗的位置，一邊欣賞山景一邊悠閒享用下午茶最是愉快。

熊野若王子神社

📖別冊P.8,C4 📞075-771-7420 🏠京都市左京區若王子町2 🕐自由參觀 🙏自由參拜

　　位於永觀堂北側，與熊野神社、新熊野神社並稱「京都三熊野」的**熊野若王子神社是日本古代山岳信仰神道教所屬的神社**，為1160年由後白河天皇所建，明治時代神教與佛教分離，如今僅存神社，秋天是內行人才知道的紅葉名所。

⛩ 大豊神社

🚇別冊P.8,C3 ☎075-771-1351 ◎京都市左京區鹿ケ谷宮ノ前町1 ●自由參觀 ⑤自由參拜

建於平安時代前期仁和3年(887)的大豊神社,在境內的末社大国社前,還可以看到特別的狛鼠。相傳祭神**大國主命當年遭野火侵襲,命在旦夕時,就是小老鼠出現,將大國主命引至附近的洞穴中**,大國主命也因而能存活。因此,大国社前不用傳統的狛犬,而是以老鼠取代之,使老鼠在這裡成為健康、長壽、福德的象徵。

卍 法然院

🚇別冊P.8,C2 ☎075-771-2420 ◎京都市左京區鹿ケ谷御所ノ段町30 ●6:00~16:00;伽藍內特別公開春季(4/1~4/7)9:30~16:00,秋季(11/18~11/24) 9:00~16:00 ⑤自由參拜;伽藍內特別公開春季(4/1~4/7)￥800,秋季(11/18~11/24)￥800 🌐www.honen-in.jp

建於西元1680年的法然院為了紀念日本佛教淨土宗開山祖師——法然上人所建。法然院包括本堂和庭園,本堂供奉著一尊阿彌陀佛如來座像,庭園則屬於池泉回遊式。**春天以山茶花聞名,秋天則是紅葉名景之一**。法然院的紅葉集中點綴在樸素的茅草山門前,方形門框正好框出一幅錦繡畫作,兩旁漫天蓋地的火紅,畫框內外都是美景,因而成為許多專業攝影師必訪的祕境。門前參道兩旁有兩座白砂堆成的「砂盛」,砂上描繪有花草、水紋等圖樣,象徵潔淨的清水,走過砂盛中間有潔淨身心之喻。

卍 住蓮山安楽寺

🚇別冊P.8,C3 ☎075-771-5360 ◎京都市左京區鹿ケ谷御所ノ段町21 ●春季(4月上旬週六日、5月上旬週六日例假日、5月下旬~6月上旬週六日)、夏季(7/25)、秋季(11月週六日例假日、12月上旬週六日)10:00~16:00 ⑭除春季(4月上旬週六日、5月上旬週六日例假日、5月下旬~6月上旬週六日)、夏季(7/25)、秋季(11月週六日例假日、12月上旬週六日)之外 ⑤成人￥500,國中生以下免費 🌐anrakuji-kyoto.com

法然上人的弟子,住蓮和安樂所開設的念佛道場,後鳥羽天皇的兩位皇妃因愛上這兩人而出家,使天皇大怒,竟判住蓮和安樂予以死罪,安樂寺就是為了記念這兩位僧人而建的,**境內景致尤以五月杜鵑花開時最為美麗。**

卍 真如堂

🚇別冊P.8,B3 ☎075-771-0915 ◎京都市左京區浄土寺真如町82 ●9:00~16:00(售票至15:45) ⑭不定休 ⑤高中生以上￥500,國中生￥400,小學生以下免費;特別拜觀高中生以上￥1000,國中生￥900,小學生以下免費 🌐shin-nyo-do.jp

春櫻秋楓時都極美,人潮卻不過於擁擠。若在這兩個季節造訪值得特地前來。

真如堂的正式名稱為真正極樂寺,堂裡的阿彌陀如來立像是京都六大阿彌陀佛之一,也是日本的重要文化財,寺寶經藏甚多,但要到每年11月5日~15日中的「十夜大法要」最後一天,阿彌陀如來立像才有特別公開。**這裡不但是紅葉名所,秋萩和銀杏也相當有名。借景東山三十六峰的枯山水庭園「涅盤庭」,也是京都的名庭之一**。真如堂的紅葉來得遲,11月中有本堂前開始換上紅色楓貌,11月底至12月皆可欣賞到境內槭樹及楓葉的一片火紅。

平安神宮

別冊P.8,A4　075-761-0221　京都市左京區岡崎西天王町97　2/15～3/14、10月6:00～17:30、3/15～9月至18:00、11月～2/14至17:00；神苑2/15～3/14、10月8:30～17:00、3/15～9月至17:30、11月～2/14至16:30，入苑至閉苑前30分　自由參拜；神苑成人￥600，兒童￥300　www.heianjingu.or.jp

　　平安神宮位於岡崎公園北邊，是**1895年日本為了慶祝奠都平安京1100年所興建的紀念神社**。站在京都美術館前的神宮道遠遠望去，最先映入眼簾的是巨大的紅色「鳥居」。每年春天櫻花盛開之際，花海就從三條通渠岸一路簇擁到這裡。平安神宮的格局以3分之2的比例，仿造平安時代王宮而建，裡面共有3座建築，並以長廊銜接北邊的應天門和南邊的大極殿。從入口的應天門走進平安神宮，可以看見色澤豔麗、紅綠相間的拜殿和中式風格的白虎、青龍兩座樓閣，至大殿參拜和遊逛廣場都不需要門票。

平安樂市集

岡崎公園 (平安神宮前)　第2個週六10:00～16:00

如果你是剛好是每月第二個週六來到平安神宮，別忘了順道逛逛在宮外岡崎公園裡的平安樂市，這個手作市集主要以有在京都開店的店家來擺攤為主，因此商品水準都很整齊，聚集攤位從吃喝、買通通有，相當多元，加上公園範圍廣大，即使隨時想歇腿放鬆，也空間廣闊、氣氛悠閒。

蔦屋書店

別冊P.8,A5　075-754-0008　京都市左京區岡崎最勝寺町13 ロームシアター京都Park Plaza 1F　8:00～20:00咖啡8:00～22:00　real.tsite.jp/kyoto-okazaki/

　　大名鼎鼎的蔦屋書店已經是前往東京旅遊的遊客們必訪之處，而在關西，蔦屋書店則選擇落腳在京都岡崎區，靜靜地入駐在平安神宮旁的ロームシアター京都會館一角，2016年開幕的蔦屋書店，一樣**承襲著建築師前川國男「融入在地」的設計理念**，昏黃的燈光與低調招牌，不帶給周遭環境負擔。店內雖然占地不大，但也為外國旅客開設了免稅櫃檯，**店內書籍都可以攜入一旁星巴克，一邊品嚐咖啡一邊翻閱**，把京都風情融入後的蔦屋，讓書店格局又提升了一個層次。

Rohm Theatre Kyoto

蔦屋書店所在的**Rohm Theatre Kyoto**，可說是日本最著名的現代主義代表建築。在1960年代，為了要設立公立文化展演中心，選定了岡崎區做為京都會館的興建地，但當時京都市財政困難興建不易，期待著文化中心誕生的市民們便慷慨捐獻，補足了資金缺口。負責設計的日本代表性建築師前川國男，為了讓建築物融入岡崎地區的環境，採取了強烈水平設計的概念，完成了這間現代主義建築的傑作，並獲得了日本建築學會的大獎表揚。

京都modern terrace

京都モダンテラス

075-754-0234　ロームシアター京都Park Plaza 2F蔦屋書店內　11:00～22:00　不定休(配合展館休日)　www.kyotomodernterrace.com

承襲了日本最具代表性現代主義建築的精神，京都modern terrace 餐廳內裝陳設走簡約低調華麗風格，此處**提供全天候餐飲服務**，最具特色的就是柴燒料理，帶點煙燻氣味的野菜肉類海鮮，都讓餐點的風味大大提升，另外還有手沖咖啡以及和洋菓子的下午茶組合，在這邊好好放鬆也是個不錯的生活提案。

🎁🍴 京都‧時代祭館 十二十二

📍別冊P.8,A4 ☎075-744-1680 🏠京都市左京區岡崎西天王町97-2 ⏰10:00~18:00 🏖週一(遇假日照常營業) 🌐www.1022.kyoto/

　　為了紀念平安神宮遷都日期10(十)月22(二十二),特意以此為名,於2017年底開幕,除了將京都知名祭典「時代祭」找來映畫作家,以科影影像作品融入空間設計中之外,也把京都職人提燈布置其中。2層樓的寬廣空間中更引入**超過30家美食與京都代表名品,其中不乏京都老舖與話題店舖商品。**

2樓的商品區,集結各式日本好物,提供購物免稅服務。

📷 京都市京セラ美術館

📍別冊P.8,A5 ☎075-771-4334 🏠京都市左京區岡崎円勝寺町124 ⏰10:00~18:00(最後入館時間依展覽內容而異) 🏖週一、年末年始(12/28~1/2) 💰常設展成人¥730,國中小學生¥300,小學生以下免費;企劃展、別館依展覽內容而異 🌐kyotocity-kyocera.museum/

　　在紅色鳥居一側的京都市京セラ美術館建築古典,**開幕於昭和8年,是日本第二古老的大型公立美術館。**館內**收藏近、現代作品和以京都主題的美術品、工藝品**等,除了常設展外,也提供做為企畫展和公募展的空間,可以在這裡看到從市民作品發表會到國外作品展的多元展出。

📷 京都國立近代美術館

📍別冊P.8,A5 ☎075-761-4111 🏠京都市左京區岡崎円勝寺町26-1 ⏰10:00~18:00(入館至17:30),週五至20:00(入館至19:30) 🏖週一(遇假日順延翌日休)、年末年始、換展日 💰常設展成人¥430,大學生¥130,18歲以下、65歲以上免費;夜間(週五六17:00後)成人¥220,大學生¥70,18歲以下、65歲以上免費 🌐www.momak.go.jp ❗當日持京都市京セラ美術館或細見美術館票根入館可享團體票折扣

　　京都國立近代美術館主要**收藏日本的近代美術作品,**範圍包括日本畫、陶藝、染織、雕刻、金工等,相當多元。除了在collection gallery有館藏定期展出,也時常有各種精采的相關企畫展。

位於町家老房子內的茶道體驗,每天都可參加。

🎯 Ami Kyoto

📍別冊P.8,A6 ☎080-4240-8866 🏠京都市東山區堀池町373 ⏰茶道體驗(60分鐘)10:00~16:00,每日2場,詳見官網 🏖週日 💰¥3500 🌐www.whattodoinkyoto.com

　　Ami Kyoto是間位於住宅區巷弄內的美麗町家老屋,**提供以全英文進行的茶道、書道和花道文化體驗。**這裡的茶道體驗,包含介紹、完整的茶會流程,最後還會讓所有參加體驗的客人練習打一碗自己的抹茶,配上點心一同享用。身著和服的女主人Kimiko和茶道老師Mari兩人流暢的英文和傳統的日式老屋風景,形成了有趣的對比。

京都伝統産業ふれあい館

ⓘ別冊P.8,A5 ☎075-762-2670 ⓐ京都市左京區岡崎成勝寺町9-1 勸業館B1F ⏰10:00~18:00（入館至17:30），體驗教室10:00~16:30（受理至15:00） ⏸不定休（詳見官網） ⓢ常設展成人￥500，高中生以下￥400，小學生以下免費；手描友禪染體驗￥2000起 ⓦkmtc.jp ❶傳統工藝品製作體驗教室需於15天前預約

位於勸業館地下一樓的京都傳統產業ふれあい館，以影片、作品等方式展示出包括西陣織、友禪染、佛具、京繡等60種以上的京都傳統工藝，並附設簡單有趣的友禪染體驗活動。ふれあい館**不定期會有工匠製作或舞妓表演等特別的活動企畫**，除了可以近距離接觸日本之美外，也可以和這些生活與傳統緊緊相依的職人們聊聊天。

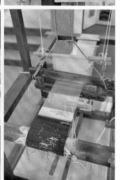

💡 **手描友禪體驗**
京都傳統產業交流館的一角，有處提供手作體驗的空間，直接來到現場就可以體驗手描友禪：從挑選圖案、配色到上色，製作出杯墊、手帕、團扇、托特包等各種和風小物。
⏰10:00~16:30（受理至15:00）

細見美術館

ⓘ別冊P.8,A4 ☎075-752-5555 ⓐ京都市左京區岡崎最勝寺町6-3 ⏰10:00~17:00（入館至16:30）；茶室11:00~16:00；Café 10:30~17:00(L.O.16:30) ⏸週一（遇假日順延翌日休）、換展期間；茶室不定休 ⓢ依展覽內容而異 ⓦwww.emuseum.or.jp ❶當日持京都市京セラ美術館或京都國立近代美術館票根入館可享團體票折扣

出身大阪的企業家族——**細見家歷經三代的日本美術工藝收藏傑作**，包括佛教、神道美術、水墨、陶藝等相關作品中，有30餘件作品被列為國家重要文化資產。美術館空間上以1樓樓面為入口向下延伸，建築設計相當具現代感。位於地下廣場旁的美術館商店內，精選不少獨特細膩的京味雜貨與食器，值得一逛。

茶道是一種待客之道，也是一種精神的品茗。

古香庵

☎075-752-5555 ⓐ細見美術館內 ⏰11:00~17:00 ⏸不定休 ⓢ抹茶體驗2~19人￥2500/人，20人以上￥2000/人 ⓦwww.artcube-kyoto.co.jp/koko-an/ ❶抹茶體驗需2人以上，且於前一天中午前預約

おすすめ 薦
由正統茶道老師帶領進入抹茶的黛色世界。

茶道主要的目的並不在於品茶，而是在於貫徹「一期一會」的簡中精神。在細見美術館的茶室古香庵，可以邊欣賞日本裏千家抹茶的製作過程邊品嚐日式點心，即使不懂茶道的奧義，但藉由品茶的過程，相信會更近一步接近日本的文化，體會這文化深層的底蘊。

Grill小宝

別冊P.8,A4　☎075-771-5893　京都市左京區岡崎北御所町46　11:30~20:30　週二、三、12/31~1/3　オムライス(蛋包飯)中￥11050，小￥750　grillkodakara. com/grillkodakara/Home.html

　1961年開業的小宝，是**深受當地人喜愛的老字號洋食屋**。招牌蛋包飯和牛肉燴飯都是絕頂美味，各有死忠擁護者。其實小宝美味的關鍵，就在於那花18天熬製的濃濃醬汁，嚐來回甘不死鹹，讓人一吃上癮。

> 醬汁是美味關鍵！

卯サギの一歩

Usagi No Ippo

別冊P.8,A5　☎075-201-6497　京都市左京區岡崎円勝寺町91-23　11:00~15:00，晚餐為4人以上預約制　週三、四，遇假日營業　午間套餐￥1200起　usaginoippo.kyoto/

　卯サギの一歩是一間位於京都平安神宮附近，步行約5分鐘的百年古民家咖啡館。這座傳統建築經過精心改造，保留了古樸的氛圍，為客人提供獨特的用餐體驗。**店內以手工製作的蒟蒻料理為特色，不僅適合享用午餐，還可以在悠閒的下午時光中品嚐美酒。**咖啡館的二樓是精心佈置的和室，提供多功能的租借服務。這裡經常舉辦市集、個展、冥想會、插花課程、卡牌占卜等活動，也是攝影、學習和休閒的理想場所。

京都生ショコラ

別冊P.8,A4　☎075-751-2678　京都市左京區岡崎天王町76-15　12:00~18:00(L.O.)　週一、二(遇假日順延週三休)　生チョコセット(生巧克力附飲料組合)￥1100，生チョコレート(生巧克力)16入￥2560　www. kyoto-namachocolat.com

　來自加拿大的女主人是這家京都町屋咖啡中最耀眼的身影，也是這裡最會說故事的人。由於堅持不透過機器生產，**這裡的生巧克力每日的發售數量僅限定於20到30盒左右**；分成苦味、甜味、抹茶口味的巧克力，全擁有入口即化的濃醇口感，店主人推薦的是抹茶口味，另外加入了沖繩奄美燒耐的100%苦味巧克力帶有黑糖香醇，真是充滿了幸福的滋味。

Lignum

リグナム

別冊P.8,A5　☎075-771-1711　京都市左京區岡崎円勝寺町36-1　9:00~18:00，週末例假日8:00~18:00　週一　自家製檸檬氣泡水￥830、水果吐司￥1200　lignum-kyoto.jp/

> 芒果做成的水果塔美到讓人捨不得吃！

　Lignum門口小庭院的橄欖樹把招牌微微遮掩，讓人看不出來人氣咖啡廳就在此地。店內有乾燥花以及英式學院風格的裝飾，同時營業著麵包店以及餐飲內用，所以整間店內充滿著奶油以及麵粉的香氣。**滿滿京都女子力的內用餐點或是甜品都是造型精緻美觀又美味。唯一的缺點就是真的很難預約，而且人氣真的太旺備料常常用完，所以建議前往時要提早預約並且選擇較早的場次，以免想吃的全都賣光了！**

☕ Three HORSES KYOTO

🏠 別冊P.8,A5　📞 080-2579-1050　📍 京都市左京區岡崎円勝寺町65-1 パークハウス京都岡崎有楽荘 1F ◎ 8:00~18:00　🚫 週四 ☕ 大杯熱拿鐵￥700，布丁￥550
🌐 www.instagram.com/threehorseskyoto

以白色為基調、開放感十足的Three HORSES KYOTO，大片落地窗引進了滿滿的日光，主樑柱旁圍繞著木質調座位，配上鮮明烘托出京都風格的質感以及悠閒氣氛。**店內提供咖啡輕食早午餐以及各種甜點，紮實的司康排列在櫃檯讓人口水直流**，小馬餅乾是網美照的主角、古早味布丁口感偏硬，苦甜的調味是大人的口味。店內座位數不多，選擇價格優惠的外帶到岡崎公園野餐度過悠閒的下午，也會是個不錯的選擇！

卍 南禅寺

🏠 別冊P.8,C5　📞 075-771-0365　📍 京都市左京區南禅寺福地町 ◎ 8:40~17:00(售票至16:40)，12~2月至16:30(售票至16:10)　🚫 年末(12/28~12/31)　💰 自由參拜；方丈庭園成人￥600，高中生￥500，國中小學生￥400；三門成人￥600，高中生￥500，國中小學生￥400；南禅院成人￥400，高中生￥350，國中小學生￥250 🌐 www.nanzenji.or.jp/

薦 京都必遊景點之一，以秋楓聞名，但四季皆能看見其不同風彩。

南禅寺**範圍不小，包括方丈庭園、方丈、三門、水路閣、南禅院等**。巨大的三門建於1627年，式樣古樸而氣勢恢宏，站在樓頂可以遠眺京都周遭美景。方丈建築分為大方丈、小方丈兩個部分，其中小方丈在清涼殿後方，是從伏見城移建而來的小書院，其中的「襖繪」(隔間木門上的繪畫)色彩繽紛，以狩野探幽的傑作「水吞虎」最為有名。

🍴 bistro&wine 苑

🏠 別冊P.8,A5　📞 075-748-1811　📍 京都市左京區岡崎円勝寺町57-8 ◎ 11:00~23:00　🚫 週一 🍴 午間套餐￥3200、￥38502、￥4800三種價位 🌐 en-bistro-wine.com/

bistro&wine 苑是位在河邊的古民家，室內只有8帝的吧台位以及2樓的6人桌位，**中午提供了非常優惠的法式三四五件式午間套餐**，所以一開門馬上被預約的顧客坐滿。**套餐內容由主廚使用當天採購的新鮮食材開立菜單**，前菜拼盤看起來樸實卻意外美味，主菜的熟度也是完美比例，最後用香醇的紅茶以及甜點劃下完美句點，如果有安排去平安神宮活動，推薦預約這裡的午餐，絕對物超所值！

主餐牛胸肉外表酥脆內裏是粉嫩的3分熟，口感香嫩，十分推薦。

南禅寺必看名所

方丈庭園枯山水
方丈庭園「虎子之渡」是江戶初期枯山水庭園的代表，由小堀遠州在慶長年間所作。庭內以白砂當作海洋，岩石與花草象徵人間天堂，砂海中的兩塊巨石代表老虎與小虎，描繪著老虎帶著幼子前往人間淨土的意境。

水路閣
南禅寺境內的水路閣，是明治年間所建的疏水道。紅磚拱型的西式建築古典而優美，沿步道走至水路閣上方，清澈的水流依然奔流不息。穿過水路閣、位於南禅寺高點的南禅院，則是由夢窓疎石所打造的池泉回遊式庭園。

◎ インクライン 薦

ⓐ別冊P.8,B6 ⓒ京都府京都市左京區 ⓓ自由參觀 ⓢ免費

櫻花季人氣拍照景點。

位於琵琶湖疏水道靠南禪寺的一段,因為高低的落差使得船隻無法順利通行,**當年建造了專門載運船隻接駁的台車及專用的軌道,名為インクライン**,即是譯自英文的incline。現在這段軌道上留有當年的台車和簡單的紀念碑,**以春櫻爛漫時最為美麗**。

◎ 琵琶湖疏水紀念館

ⓐ別冊P.8,C5 ⓣ075-752-2530 ⓓ京都市左京區南禪寺草川町17 ⓒ9:00~17:00(入館至16:30) ⓗ週一(遇假日順延翌日休)、年末年始(12/29~1/3) ⓢ自由參觀 ⓦbiwakososui-museum.jp/

流經南禪寺、平安宮前的琵琶湖疏水道,竣工於明治23年(1890),曾**身兼航行、發電、灌漑等多重功能,是推動京都整體的都市化發展的功臣**,也是當時的重大工程之一。現在船隻已不再航行,但每到春天,粉色櫻花沿著寬闊水道綻放紛落的美景,仍然吸引人們前往。紀念館內保存當時的資料,讓民眾更了解這項工程的艱困。

卍 永観堂 薦

ⓐ別冊P.8,C5 ⓣ075-761-0007 ⓓ京都市左京區永觀堂町48 ⓒ9:00~17:00(售票至16:00) ⓗ秋季寺寶展 ⓢ成人￥600、國高中小學生￥400 ⓦwww.eikando.or.jp

若是只能選擇一間寺廟欣賞秋楓,那不用考慮了,就是永觀堂了!

永觀堂以秋天紅葉聞名,而有「紅葉的永觀堂(もみじの永觀堂)」之雅稱。院內本堂安置的阿彌陀如來像非常有名,特別在於佛像的臉並不是看著前方,而是往左後方回頭,稱為「回望阿彌陀佛」。最建議秋季來到這裡,雖然人較多,但絕美楓景值回票價!

◎ 無鄰庵

ⓐ別冊P.8,C5 ⓣ075-771-3909 ⓓ京都市左京區南禪寺草川町31 ⓒ4~9月9:00~18:00(10~3月至17:00),入場至閉園前30分鐘;庭園Café9:00~17:45 ⓗ12/29~12/31 ⓢ小學生以上￥600,特殊日期￥900或￥1300(詳見官網),小學生以下免費;庭園Café(附茶點)￥1200 ⓦmurinan.jp/ ❶庭院裡禁止人像攝影

引自琵琶湖水的無鄰庵是明治大老山縣有朋的別館,由山縣有朋設計、七代小川治兵衛所建的池泉回遊式庭園,被譽為明治庭園設計的原點。園內水流潺潺、高低交錯的庭木借景東山,構成了活潑而和諧的景致,除了茶室之外,園內有間二層樓的白色洋館,光線晦暗的2樓房間是當年日俄戰爭前,決定日方作戰方向的密談「無鄰庵會議」的舉行地。

☕ Blue Bottle Coffee Kyoto

◎別冊P.8,B5　◎京都市左京區南禅寺草川町64　⊙
9:00~18:00　⊙カフェラテ(拿鐵)￥657
bluebottlecoffee.jp/cafes/kyoto

　　2015年登陸日本的Blue Bottle人氣持續上揚，於2018年3月進軍關西，地點就選在**南禅寺旁的百年町屋中**。活用町屋建築特性，將店舖分為四大空間，分別是推薦客人找到理想味道的杯測區Cupping Space、周邊商品陳設區Shop Space，與能夠享用咖啡的座位區Cafe Space、中庭。Cafe Space挑高天井空間保留町家特色，再融入大片玻璃、霓虹等現代元素，和諧不衝突。而最有京都特色的中庭，則將座位區設在白砂地上，讓人可以**一邊啜飲咖啡，一邊領略京都的四季風情**。

🍴 瓢亭

薦 おすすめ

眾人口中的夢幻早餐，纖細的日式粥品與淡雅配菜開啟一天味覺。

◎別冊P.8,B5
075-771-4116　◎
京都市左京區南禅寺草川町35　⊙本店
12:00~21:30(L.O.19:00)，早粥(3/16~11/30)
8:00~11:00(L.O.10:00)；別館
8:00~11:00(L.O.10:00)、
12:00~16:00(L.O.14:30)　⊙本店週三；別館週四　⊙別館早粥￥5445　⊙
www.hyotei.co.jp　❶別館早粥的供應時間與粥品依季節而異，詳見官網

　　鄰近無鄰庵的瓢亭是京都知名的京料理店，已有400年歷史，並且得到米其林三星的光環加冕。古意盎然的門口，能見到穿著和服的女將在門口等待客人。如果無法負擔瓢亭的昂貴，瓢亭隔壁的別館也有同樣精緻、式樣較為簡單的美味料理，**早餐還有提供日本少見的京都傳統吃食──粥**。

🍴 南禅寺順正

◎別冊P.8,B5　☎075-761-2311　⊙
京都市左京區南禅寺門前
11:00~21:30(L.O.20:00)　⊙不定休
⊙ゆどうふ 花(湯豆腐套餐)￥3630
⊙www.to-fu.co.jp

　　1839年即創業，南禅寺門外環境優雅的**順正書院以湯葉料理、湯豆腐著稱**，由於頗受喜愛，如今在京都市內擁有3家店，提供「引きあげ湯葉」，也就是現做現吃的湯葉料理，新鮮湯葉沾著薄醬油和桔汁品嚐都非常美味可口。

Ⓗ 京都威斯汀都飯店

The Westin Miyako Kyoto
ウェスティン都ホテル京都

◎別冊P.8,B6　☎075-771-7111　⊙京都市東山區粟田口華頂町1(三条けあげ)
⊙www.miyakohotels.ne.jp/westinkyoto

　　創立於1890年的威斯汀都飯店，是**京都老字號的口碑飯店，更有京都三大國際級飯店之一的美稱**。威斯汀都飯店一方面維持京都優美的傳統，一方面又為了提供旅客更舒適的住宿空間，全館重新整修，呈現古典與新潮兼具的挑高設計，讓人眼睛為之一亮。而美食也是威斯汀都飯店用心的特色之一，為滿足不同客層的需求，館內具備了道地法國菜與傳統京料理等多間美食餐廳。

大阪 京都 出町柳·一乗寺 兵庫

出町柳·一乗寺

でまちやなぎ·いちじょうじ
Demachiyanagi·Ichijyoji

以叡山電鐵為主要交通工具的一乗寺·出町柳地區範圍廣闊，最受矚目的是櫻花與紅葉名所的下鴨神社。這裡雖然是京都的住宅區，主要的白川通是一條擁有綠意盎然的林蔭大道，由於聚集京都造型藝術大學、京都大學、同志社大學等學校，因此別具文化氣息，更有一個京都人喜愛的書店惠文社，以其特色吸引許多別具個性的愛書人，此區也因而進駐許多風格十足的咖啡廳、餐廳，還是競爭激烈的拉麵名店街，成為大學生們課餘時間最喜歡的去處。

熱呼呼的現烤糰子5個一串，配上祕傳的黑糖醬油，香甜對味。

鴨川跳烏龜

來到出町柳，千萬別忘了來到賀茂川與高野川的交匯處這跳跳烏龜！由烏龜、千鳥等形狀組成的石頭就這麼橫布在淺淺的鴨川上，人們喜歡邊數邊跳至對岸，趣味無窮。在跳時，除了要注意對面是否也有人跳來別撞上了，也會意外發現，石頭與石頭的間隔其實挺大的呢！

加茂みたらし茶屋 薦 おすすめ

別冊P.5,B6 ☎075-791-1652 ○京都市左京區下鴨松ノ木町53 ◯9:30~19:00 (L.O.18:00) ⑬週三(週假日照常營業) ○みたらし団子(御手洗糰子)3支￥500

必吃御手洗糰子，鹹甜香Q好滋味。

加茂御手洗茶屋是御手洗糰子的始祖，相傳是下鴨神社境內御手洗池底的泡泡幻化而成；另一說則是在下鴨神社御手洗祭時，有小販賣這種糰子，所以也就漸漸以祭典的名字來稱呼這種糰子了。

交通路線&出站資訊

電車
京阪出町柳駅◆京阪本線
叡電出町柳駅◆叡山本線
地下鐵北大路駅◆烏丸線
叡電一乗寺駅◆叡山本線
巴士(數字為可搭乘巴士號碼)
◎「下鴨神社前」巴士站
下鴨本通上巴士站往南：往【出町柳駅前】1；往【出町柳駅、四条河原町、京都駅】4；往【京都駅、九条車庫】205
下鴨本通上巴士站往北：往【西賀茂車庫】1；往【上賀茂神社】4；往【千本大路、北野白梅町】205
◎「北白川別当町」巴士站、「一乗寺

木ノ本町」巴士站
白川通上巴士站往南：往【四条河原町、京都駅】5；往【高野、北大路BT】北8
白川通上巴士站往北：往【岩倉操車場】5；往【松ヶ崎、千本北大路】北8
出站便利通
◎前往下鴨神社搭乘京阪本線在出町柳駅下車，穿越河合橋往北徒步約15分即達。或者可搭1號、20號巴士在「下鴨神社前」巴士站下過馬路即達，較為方便。
◎前往北山周邊：可搭乘市巴士北8、204、205、206至「植物園前」站牌下車可抵達府立植物園正門；或搭乘

北8至「植物園北門前」站牌下車。
◎前往修學院、一乗寺周邊：可搭乘市巴士5、北8至「一乗寺下松町」、「修學院」、「修學院離宮道」站牌下車；若由京都駅出發於「A1」乘車處乘車。
◎一乗寺最適合遊逛的地區在惠文社書店周邊，從一乗寺車站往西徒步約5分即達，附近就有許多小咖啡廳和個性小店，若再向西走去，詩仙堂等地也很棒。
◎拉麵激戰區在一乗寺車站附近，另外白川通上的也有許多著名的拉麵店。

薦

🛕 下鴨神社

🔸別冊P.5,B6　☎075-781-0010　🔸京都市左京區下鴨泉川町59　⏰6:30~17:00,特別拜觀「大炊殿」10:00~16:00　💰自由參拜;特別拜觀「大炊殿」成人￥1000,國中生以下免費　🌐www.shimogamo-jinja.or.jp

朱紅寺社,綠意森林,建築與自然調和讓下鴨的美永存心中。

　有著朱紅外觀的下鴨神社,擁有古典的舞殿、橋殿、細殿與本殿等建築皆**按照平安時代的樣式所造,線條簡潔卻帶著濃濃的貴族氣息**。下鴨神社境內還有處特別的地方,就是配置有十二生肖的七座「言社」,每座言社都代表兩個生肖,是十二生肖的守護神社,每個言社都有賣屬於自己生肖的守護符和繪馬,十分有趣。而下鴨神社的本殿不但是國寶,更是每年5月舉行的京都兩大祭典流鏑馬(5月3日)與葵祭(5月15日)的重要舞台,過年時的踢足球儀式「蹴鞠始め」也是一大盛事,穿著平安時代貴族衣飾的人物按照古代的儀禮舉行各項活動,時空彷彿瞬間拉回了千百年前風雅的平安朝。

糺之森

糺之森位於賀茂川和高野川的三角點上,是包圍下鴨神社的高大森林,也是京都市內唯一的原生林,森林內有幾處曲折清緩的水流流經,令人忍不住想順水而行,一探究竟;另外還有保佑美麗的河合神社和古代祭壇等,隱藏在林木和小川之間。由於這裡保留了平安建都以來,京都高速發展的原初地貌,所以1994年時,糺之森和下鴨神社一同被列入世界遺產。

葵祭

葵祭為日本最古老的祭典,傳說源起於六世紀欽明天皇的時代。當時由於穀物欠收疾病蔓延,天皇派遣勅使(傳達天皇命令的使者)到下鴨神社和上賀茂神社祭拜以祈求五穀豐收、風調雨順,而這項儀式逐漸演變成國家的例行活動。祭典的所有遊行者的裝束都非常講究,裝飾著紫藤花和鳶尾花的典雅牛車、插上人造花的紅色風流傘,和齋王乘坐的輿轎穿插其間,隆重優雅的祭禮讓在一旁觀看的遊客彷彿回到千年以前的平安京,陶醉在和協優美的古典情緒之中。

🛕 河合神社

🔸別冊P.5,B6　☎075-781-0010　🔸下鴨神社境內　⏰6:30~17:00　💰鏡繪馬￥800,かりん美人水￥450

　河合神社為下鴨神社裡的摂社,位在廣大的糺之森裡,**想要祈求變美,便不能錯過**。這裡於神武天皇時期創建,主祭神為玉依姬命;自古以來便被視為女性的守護之神,安產、育兒、結緣等與女性相關的祈願,皆由其掌管,也因為如此,這裡終日充滿女性參拜客所,**除了買個鏡繪馬供奉外,還有花梨煮出來的美人水、結緣御守**等,深受歡迎。

鏡繪馬

以手持小鏡為造型,河合神社的繪馬以女性的美麗祈願聞名。記得要帶上自己平常用的化妝品,像是用眉筆勾出眉毛、口紅塗出唇型等,讓鏡繪馬裡呈現出你的貌,進而祈求變美。

🛕 相生社

🔸別冊P.5,B6　☎075-781-0010　🔸下鴨神社境內　⏰6:30~17:00　💰緣結繪馬￥500

　相生社是下鴨境內的結緣神社,小小的神社祭祀生成宇宙萬物的「產靈神」,自古便以緣結而廣為人知。**社前有一株「連理賢木」,由兩棵樹相纏而生**,而且數年後便會枯掉,再新生出來,目前的已經是第4代的神木了。來這裡想要**祈求好姻緣**,可以至社務寺購買繪馬,將願望寫在上面,接著從神社正面開始,女生順時鐘,男生逆時鐘繞神社三圈,並在第三圈的途中將繪馬供奉在社後,再回到正面行二禮、二拍手、一禮參拜。

🍴☕🧁 進々堂 京大北門前

🅰別冊P.5,C7 ☎075-701-4121 🏠京都市左京區北白川追分町88(京都大學北門前) ⏰10:00~18:00(L.O.17:30) 🈺週二 🆖www.shinshindo.jp/ ❗店內禁止拍照攝影

位在京都大學的北門前,1930開設至今,內外裝改變不大,在30年代的京都,可說引領風潮。**至今仍飄散著昭和氛圍這家老咖啡館**,優雅的歐式建築內飄散安靜氛圍,數張可圍坐6-10人厚重的大木桌,加上老派風格餐飲與咖啡香,是想遠離人潮、感受人文咖啡館之處。

👁 百萬遍知恩寺手作市集

百万遍さんの手づくり市

🅰別冊P.5,C7 知恩寺 🏠京都市左京區田中門前町 知恩寺境內 ⏰每月15日8:00~16:00 🆖www.tedukuri-ichi.com/

京都有許多手作市集,其中最盛大、熱鬧的非百萬遍莫屬了。**每月15日在知恩寺御影堂前聚集約350家店舖**,大多來自左京區的許多店家,不論是手工藝、雜貨、糕餅、咖啡等傾巢而出。由於每個月的店舖都是由抽籤決定,所以每個月設展的店有可能會不同,看到喜歡的店舖可得把握機會。

「百萬遍」地名的由來

在京都大學附近一代雖非正式地名,但通稱叫做「百萬遍」,連公車站都有一站叫做百萬遍。原來這裡有個知恩寺,1331年時因京都疫病流行,天皇命知恩寺和尚念佛百萬遍以區退疾病,後來賜予寺院百萬遍封號,從此這一帶就有了「百萬遍」的地名通稱。

🔗 出町ふたば

🅰別冊P.5,B7 ☎075-231-1658 🏠京都市上京區出町通今出川上ル青龍町236 ⏰8:30~17:30 🈺週二、第4個週三(週假日順延翌日休)

位於出町柳商店街內的百年點心店。招牌的**名代豆餅餅皮柔軟Q彈**,**紅豆內餡鬆軟香甜**,餅皮上的黑豆卻帶著淡淡的鹹味,是令人難忘的素樸點心。

推薦必吃

三色糰子
¥190

柏餅
¥280

名代豆餅 ¥240　福豆大福 ¥240　田舍大福 ¥260

大阪
京都 出町柳‧一乘寺
兵庫

◉ Haru Cooking Class

📍別冊P.5,B6 📞090-4284-7176 (英日文可) 📍京都市左京區下鴨宮崎町166-32 ⏰料理課12:00開始,約3~4小時 💰非素食日式料理課(含神戶牛)¥9800,素食日式料理課¥7700 🌐 www.kyoto-cooking-class.com/ ❗需網路預,英文OK

　　Haru Cooking Class一週固定開課四天左右,菜單在多方嘗試下,慢慢調整到現在**以日式家庭料理為主、依季節變換菜色**的形式。體驗分成素食和非素食兩個類別,其中提供正統神戶牛的非素食課程,很受外國旅客的歡迎。另外還有包含逛錦市場買食材的半天課程,不論內容或肚子都相當充實。

◉ 舊三井家下鴨別邸

📍別冊P.5,B7 📞075-366-4321 📍京都市左京區下鴨宮河町58-2 ⏰9:00~17:00 ❌週三 💰入場平日¥500,週末例假日¥600 🌐www.instagram.com/shimogamobettei/

　　別邸原先位於鴨川旁,之後才整棟遷移到下鴨神社南方。一樓現作茶室使用,是目前唯一開放自由參觀的室內空間。**靠庭院的門窗採全開設計,坐在室內觀賞時能看遍庭院各處。最推薦在茶室中點杯茶邊賞景**,感受富豪日常在此坐看庭景的意趣。茶飲選擇包含京都老茶店一保堂茶舖的冷泡綠茶及熱抹茶,配上另一家京都老甜點店龜屋良長特製的蕨餅等爽口甜點,輕鬆除去夏天裡惱人的溽熱,帶來身心上的清涼。

🧁 茶寮 寶泉 〔薦〕

📍別冊P.5,B5 📞075-712-1270 📍京都市左京區下鴨西高木町25 ⏰10:00~17:00 ❌週三、四 💰蕨餅¥1400;季節上生菓子套餐¥1200 🌐housendo.com

下鴨絕美日式庭園午茶,品入口即化的頂級蕨餅。

　　隱身下鴨神社附近的靜謐住宅區內,「茶寮 寶泉」是京都甜點老舖寶泉堂開設的日式甜點茶室。店主每年親自至產地挑選的最高等級黑大豆和丹波大納言紅豆,製成美味和菓子。在百年以上的數寄屋造京町家建築裡,一邊眺望優雅枯山水庭園,一邊品嚐日式甜點,就是至高享受。由和菓子職人手工做的上生菓子,外觀美麗精緻,體現京都美學的極致。絕對不能錯過採用嚴選頂級本蕨粉,滑順富彈性、入口即化。店內還有販售其他和菓子,作為伴手禮也非常適合!

滑順富彈性、入口即化的手工做蕨餅,淋上黑糖蜜美味更上一層。

京都府立植物園

📖別冊P.5,A5 ☎075-701-0141 ⌖京都市左京區下鴨半木町 🕐9:00~17:00(入園至16:00)，溫室10:00~16:00(入室至15:30) ❌12/28~1/4 💲入園成人¥200，高中生¥150；溫室成人¥200，高中生¥150 🌐www.pref.kyoto.jp/plant

　位於賀茂川清流旁的京都府立植物園，是**日本歷史最悠久的植物園**，創於大正13年(1924)。園內的溫室是日本規模最大的溫室，一年四季都有奇花異卉輪番綻放，戶外庭園則西式與日式庭園兼具，也有著廣大的半木之林以及日本的針葉樹林等著高大優雅的森林，行走其間，令人心情平靜。

きのこ文庫

☎075-701-0141 ⌖京都府立植物園境內 🕐自由參觀 💲自由參觀

　充滿童話故事色彩的「きのこ文庫」，是個**開放的可愛圖書館**，最初的立意雖是為了提供孩子一個接近自然、特別的閱讀環境，卻也十分受到大人的歡迎。這裡不是營利的書店，卻是個特別的閱讀空間，不論是自己來，或與親朋好友一起都各有樂趣。きのこ文庫的藏書**約三千冊，主要以介紹森林裡的動、植物為主**，偏向繪本、童話故事書的類型，讓大人小孩都能輕鬆地閱讀。

陶板名画の庭

📖別冊P.5,A5 ☎075-724-2188 ⌖京都市左京區下鴨半木町(京都府立植物園北山門出口東鄰) 🕐9:00~17:00(入場至16:30) ❌12/28~1/4 💲成人¥100；陶板名画の庭・京都府立植物園共通券成人¥250，高中生¥200，國中生以下、70歲以上免費 🌐www.kyoto-toban-hp.or.jp

　由安藤忠雄所打造的陶板名畫之庭，**將雷諾瓦、達文西、莫內和張澤端等人的名畫，以寫真製版的方式轉作為陶板畫，鑲嵌於牆壁之中**，也是首座戶外的名畫庭園。灰色的清水模廊道、流淌其間的水流和大小不一的陶板畫作，順著光線變化產生不同的光與影，雖然規模不大，遊人不多，卻是可以靜靜欣賞建築與空間藝術的地方。

長生堂菓舖

📖別冊P.5,A5 ☎075-712-0677 ⌖京都市左京區下鴨上川原町22-1 🕐10:00~17:30 ❌週一、二 💲かも川(鴨川)10入¥1080 🌐chouseido.com

　位於植物園正門入口旁的長生堂是和菓子老舖，**傳統京菓子的手製精神與纖細風雅，在這裡發揮得淋漓盡致**。例如最有名的代表性商品之一鴨川(かも川)，外皮輕裹著半透明的丹波寒天象徵鴨川水色，裡頭則是象徵溪底小石甜柔的紅豆粒，充滿意境，口感也十分細緻。臨棟也設有茶房長壽庵，可以嚐嚐季節限定的各種美味茶點。

修學院離宮

ⓘ別冊P.5,D4　☎宮內廳075-211-1215　♁京都市左京區修學院藪添　☯日文導覽 9:00、10:00、11:00、13:30、15:00　⏳週一(遇假日順延翌日休)、年末年始(12/28~1/4)、特殊日子　💰免費　🌐sankan.kunaicho.go.jp　❶未滿18歲無法參觀；可事先網路預約或當天向日本宮內廳京都事務所參觀課(位於京都御苑前御門南)提出申請，當日只能申請下午梯次。

　　修學院離宮是德川幕府為了懷柔逼退後水尾上皇所建的一座行宮，宮內占佔地54萬平方公尺，**包括離宮、茶室、神社和三處稱作御茶屋的庭園**，至今仍由皇室管理。上御茶屋是典型的築山迴廊式庭園，下御茶屋的地勢最低，屬於池泉觀賞式庭園，而中御茶屋內部最令人感興趣的是杉板門上的鯉魚圖案。當日現場申請時需出示護照，每場次有人數限制，建議事先上網預約申請，節省排隊時間；導覽解說僅少數梯次提供中、英文解說，若參加日文導覽，建議可使用免費提供的各國語言導覽機。

🍴 Les Deux Garcons

ⓘ別冊P.5,A5　☎075-708-7500　♁京都市左京區下鴨上川原町3　☯11:30~14:00、18:00~22:00　⏳週四、隔週週三、週五午間、夏季不定休、年末年始　🌐www.lesdeuxgarcons.jp

　　位於北大路站的鴨川旁，一幢醒目的兩層樓藍色建築，就是法式小酒館「Les Deux Garcons」。取自法文的店名意為「兩個男孩」，指的便是店長長谷川琢馬與法國主廚韋·法蘭克(Huet Franck)。Les Deux Garcons的**餐點多元，需精準控制熟度的加拿大焗烤螯龍蝦是最受歡迎的料理**；每個法國家庭必備的長麵包是餐廳自豪的祕密武器，撕成小塊後蘸上佐醬享用；前菜拼盤適合分享，一次收藏各種道地法式滋味。

到河邊野餐喝咖啡超級愜意。

☕ wife and husband

ⓘ別冊P.5,A5　☎075-201-7324　♁京都市北區小山下內河原町106-6　☯10:00~17:00(野餐L.O.15:00，Café L.O.16:30)　⏳不定休　💰PICNIC BASKET(野餐籃含咖啡＋小點心)1.5hr¥1400/人　🌐www.wifeandhusband.jp

　　位於窄巷的小巧咖啡店一如店名，由夫妻兩人共同經營，除了美味咖啡，這裡還提供特別的野餐服務：**可以租借草蓆或板凳，提著店家準備的野餐籃，走到附近的河畔喝咖啡。**

卍 曼殊院

🅰別冊P.5,D5　☎075-781-5010　🅰京都市左京區一乗寺竹ノ內町42　🕐9:00~17:00(售票至16:30)　💰成人￥600，高中生￥500，國中小學生￥400　🌐www.manshuinmonzeki.jp

曼殊院的枯山水庭園具禪風又有王朝的風雅，在日本的庭園建築中，有相當高的評價，秋天紅葉時分更是名勝之地。枯山水庭園以大書院為舟、白砂為流水，綠松、杜鵑、苔原等點綴其間。從大書院的茶室看出去的主要景觀是霧島杜鵑，一欉欉剪成圓形矮木的杜鵑，在五月初旬花開時節，增加庭園的色澤。

👁 詩仙堂

🅰別冊P.5,D5　☎075-781-2954　🅰京都市左京區一乗寺門口町27　🕐9:00~17:00(入場至16:45)　🚫5/23　💰成人￥700，高中生￥500，國中小學生￥300　🌐kyoto-shisendo.net/

薦　秋天賞楓名所，除了美景之外，歷史文化亦是一絕。

詩仙堂的庭園之景以**5月下旬杜鵑花開和秋天紅葉時間最迷人**，堂內收藏著日本知名畫家狩野探幽所畫的中國漢晉唐宋三十六位詩人，包括蘇軾、陶淵明、韓愈、柳宗元、杜甫、李白等，詩仙堂因而得名。**11月深秋時，紅葉和綠竹各佔半天顏色**，透過山間迷濛的霧氣剛好將秋天的氣氛帶到最高點。

庭園美景美不勝收。

卍 圓光寺

薦　如詩如畫，漫步絕美楓葉名庭。

🅰別冊P.5,D5　☎075-781-8025　🅰京都市左京區一乗寺小谷町13　🕐9:00~17:00；秋季特別參拜8:00~17:00　💰一般參拜￥600；秋季特別參拜￥1000　🌐www.enkouji.jp

說到京都最知名的紅葉名所之一，一定會提到位於京都洛北的圓光寺。**寺院腹地遼闊，春櫻、夏苔、秋楓、冬雪，每個季節都有無與倫比的美景可供參拜者欣賞**。踏入半開放的本堂眺望「十牛之庭」，眼前展開如絕美屏風般絢爛似錦的黃葉紅葉，是優雅的秋之協奏曲。沿著石子路往「應舉竹林」前進，一路上被宛如彩色雲朵般的橙黃楓紅所包圍，位於十牛之庭後方的壯觀孟宗竹林，讓人靜下心聆聽風與竹之婆娑細語。圓光寺可說是日式庭園的集大成，一次可以欣賞到枯山水、楓紅、竹林等豐富景致。推薦坐在緣廊旁，靜觀詩意盎然的庭園，忘卻時光，就是人生最高的享受。

🏯 八大神社

📍別冊P.5,D5 ☎075-781-9076 📍京都市左京區一乘寺松原町1 🕐自由參觀 🎫自由參拜 🌐www.hatidai-jinja.com

　　八大神社建於永仁2年(1294)，主要供奉的是素盞嗚尊與稻田姬命。**古時候人們來這裡祈求農耕、山林方面的願望，近年來更是以「結緣神社」廣為人知。**八大神社最有名的就是傳說劍聖宮本武藏曾在這裡與吉岡一門決鬥，也是時代劇宮本武藏的拍攝景點之一，是許多宮本武藏迷的必訪聖地。

🍡 中谷 薦 おすすめ

📍別冊P.5,C3 ☎075-781-5504 📍京都市左京區一乘寺花ノ木町5 🕐9:00~18:00(茶屋L.O.17:00) 🈺週三 🍧わらびもちパフェ(蕨餅聖代)¥900，でっち羊かん小豆(蒸羊羹紅豆)¥450 🌐ichijouji-nakatani.com

蒸羊羹口感獨特，除了和菓子外洋式菓子也值得品嚐。

　　位在一乘寺下り松附近的中谷，是間**結合西洋與日式菓子的店舖**。原先以一乘寺名菓「蒸羊羹」起家的中谷，在第三代的創新下，結合西洋菓子技法而研發出許多點心。老字號的蒸羊羹指的就是將丹波產的**紅豆與米粉一同煮爛，用竹葉包起來蒸熟的羊羹。**

📖 惠文社 薦 おすすめ

📍別冊P.5,C5 ☎075-711-5919 📍京都市左京區一乘寺払殿町10 🕐11:00~19:00 🈺1/1 🌐www.keibunsha-books.com

京都文藝青年的聚集地，更是藝文訊息集中發信地。

　　左京區從北白川到一乘寺這段路被稱為「書蟲小徑」，不但京都大學和京都造型藝術大學都在這條線上，還有一間文青最愛、豐沛京都人精神生活的惠文社一乘寺店。在書店密集度極高的京都，要買書不難，但要「遇見」特別的書卻不簡單，如果你是**不甘於連鎖書店的愛書人，「惠文社一乘寺店」會是令你驚喜連連的特別書店。**聞名全日本的「惠文社」雖然遠離市中心，但因為除了店裡販售的書籍、舉行的展覽、嚴選與惠文社氣質相符的各式生活雜貨、文具、CD、DVD、服飾等，仍吸引許多人特地搭車前來朝聖。

☕ アカツキコーヒー

別冊P.5,C6　☎075-702-5399
京都市左京區一乗寺赤ノ宮町15-1
🕐10:00~17:00，週日11:00~16:00
🈂週三、第1、3、5個週四
akatsukikohi.base.shop

灰藍色大門襯著白色磚牆的アカツキコーヒー店內請來WEEKENDERS COFFEE 的烘焙師協助烘焙咖啡豆。**咖啡豆會不時更換，通常一個月更換一次**，但因為是少量烘焙，有時興致一來甚至一天就會換兩次咖啡豆，早上和下午喝到不同的咖啡豆也是種驚喜。アカツキコーヒー工業風的**簡單空間讓人可以盡情享受午後時光**。

狹長形的小空間與溫暖黃光，縈繞一股淡淡木頭香氣。

☕ CAFE Uchi

別冊P.5,C4　京都市左京區山端森本町21-24北原ハイツ1F
🕐11:00~18:00　🈂週一、二、三、不定休(詳見官網)　Café Uchiトーストセット(吐司套餐:含吐司、米粉麵包、沙拉、手工果醬、咖啡)¥1000
cafeuchi.wixsite.com/website

CAFE Uchi充滿老時光的韻味，將京都原生的魅力發揮得自然而然。從裸麥檸檬皮麵包、奶油起司麵包、抹茶菠蘿到法式鹹派，種類雖然不多，用小竹盤裝著的一個個麵包都精緻可愛得像櫥窗樣品。**最能代表 CAFE Uchi 的就是以米粉製成的紅豆麵包**，熱騰騰、烤得均勻酥脆的深棕色外皮帶著漂亮光澤，用手輕輕剝開，馬上就能感受到與市面上紅豆麵包截然不同的鬆軟綿密感。

☕ Tea Holic

別冊P.5,C6　☎075-724-0370
京都市左京區一乗寺樋ノ口町19-7
🕐11:30~17:30(L.O.17:00)　🈂週一、不定休　熱紅茶¥600，本日シフォンケーキ(本日戚風蛋糕)¥500，點蛋糕+飲料可以折價¥200
teaholic.web.fc2.com/

位在北白川通向東的小巷子裡的Tea Holic，是間小小的紅茶專門店，店內**備有來自中國、印度、斯里蘭卡等地產的紅茶約20種**，讓人可以挑選自己喜歡的紅茶享用。店內以南歐風格為基調，配上義大利製的餐具，下午時來此享受一杯暖暖的紅茶，配上店主自豪的戚風蛋糕，十分愜意。

🍜 東龍ラーメン 北白川本店

別冊P.5,C7　☎075-703-0900　京都市左京區北白川上別当町1第2青山 一階6号　🕐11:30~14:45，18:00~21:45(L O.)　🈂週三、不定休(詳見官網)　東龍そば(招牌拉麵)¥1000　www.tonryu.net

一乗寺是京都的拉麵激戰特區，其中最有人氣的莫過於由和食職人森元於2000年所開的東龍，無論何時前來總會看到門口等候的人潮。在店主堅持下端出的完美招牌拉麵，**以豚骨和雞骨熬煮出濃濃的鮮味湯頭，搭配豐富的蔬菜以淡雅的鹽味展現終極滋味**，另外還賣有台灣的滷肉飯，也可試試日本人喜歡的中華風。

比叡山
ひえいざん
Hieizan

従 傳教大師最澄在比叡山上築草庵傳道以來，許多佛教高僧皆出自比叡山，比叡山延曆寺就像是佛教的大學講堂，一千二百多年來無數僧人受教求道於此，再下山開宗立派、修道結廬。除了諸多重要文化財，比叡山延曆寺的紅葉也相當精彩。遍布於東塔及西塔周遭的山巒和谷坡，尤其是從國寶館到大講堂、根本中堂附近的參道兩旁的楓樹是更加密集。

以莫內睡蓮系列畫作為主題的「睡蓮之庭」，重現畫中景色。

Garden Museum Hiei
ガーデンミュージアム比叡

🅐別冊P.15,A6 ☎077-707-773 ⌂京都市左京區修學院尺羅ヶ谷四明ヶ嶽4(比叡山頂) ⏱每年不一，約是春季至秋末(2024年為4/20~12/8)，10:00~17:30(入園至17:00)；11/1~12/8至17:00(入園至16:30) ⏱週四(5/2、8/8、8/15照常開館)、冬季(12/5~4月中旬) 💴4/20~11/24國中生以上￥1200，小學生￥600；其他時間國中生以上￥600，小學生￥300 🌐www.garden-museum-hiei.co.jp

　　位在比叡山頂的比叡花園美術館裡種植著紫藤、睡蓮、玫瑰、薰衣草等四時花朵，依照季節綻放，花園間並配合景觀，裝飾莫內等西洋印象派畫家的複製陶板畫。**展望台上可看到滋賀縣的琵琶湖景**，還可以在花園裡喝咖啡或參加押花或調香的體驗課程。

交通路線 & 出站資訊

電車
叡電八瀨比叡山口駅➔叡山本線
空中纜車比叡山頂駅➔叡山ロープウェイ
JR比叡山坂本駅➔湖西線
坂本纜車坂本駅➔比叡山鐵道線
坂本纜車延曆寺駅➔比叡山鐵道線

巴士
◎比叡山ドライブバス(京都巴士51號、京阪巴士57號)◆這台公車是唯一可以直接連結京都市區與比叡山的巴士，由於不必轉換多種交通工具，所以很受到旅客的歡迎。在京都駅的發車點在京都駅前C6乘車處，沿路會經過京阪三条(部分班次不停)、京阪出町柳、銀閣寺道等，而在比叡山附近則會停夢見ヶ丘、L'Hotel de比叡(ロテル‧ド‧比叡)、東塔，終點站是比叡山頂。京都駅至比叡山頂單程約1小時，￥840。
🚌京都バスwww.kyotobus.jp/、京阪バスwww.keihanbus.jp/
◎比叡山內シャトルバス◆在比叡山上，只要能看準巴士時間，利用山內接駁巴士巡遊在各大景點，算是很方便的一種交通方式。山上各大景點，包括東塔、西塔、橫川等各區域皆可，L'Hotel de比叡、Garden Museum比叡等，也都能抵達。
🚌江若交通www.kojak.co.jp/bus/rosen/ ❶比叡山連接市區巴士、比叡山內回遊巴士，皆冬季(12月上旬~3月下旬)不運行，每年運休時間不定，需事先查詢。

出站便利通
◎從京都方向前往比叡山，可至「出町柳」搭乘叡山電車至「八瀨比叡山口駅」，換乘比叡山纜車，再換乘空中纜車至「比叡山頂駅」，步行10分鐘左右至東塔的巴士站轉乘比叡山內接駁巴士至各大景點。叡山電鐵出町柳→八瀨比叡山口駅14分，成人￥280；叡山纜車(叡山ケーブル)八瀨→比叡9分，成人￥550；叡山空中纜車(叡山ロープウェイ)比叡駅→比叡山頂駅3分，成人￥350。

◎比叡山各景點分散，主要仰賴山內巴士；而冬季下雪時交通較不便，巴士也不開，可安排春秋三季前往。

優惠票券
◎比叡山內1日乘車券(比叡山内1日フリー乘車券)◆使用此券可以在一日內自由搭乘比叡山內回遊巴士。
販售日期：2022/3/19~12/4
使用期限：限購入當日有效
💴成人￥1200，兒童￥600
⌂販售地點：叡山電車出町柳駅、延曆寺巴士中心、坂本纜車站購入
🌐www.keihanbus.jp/local/bus_fare.html
◎比叡山延曆寺巡拜 叡山電車通票(比叡山延曆寺巡拜叡山電車きっぷ)◆包含一日內自由搭乘叡山電車(出町柳駅~八瀨比叡山口駅)、叡山纜車‧空中纜車、比叡山內回遊巴士以及延曆寺巡迴拜觀券，另附贈京阪沿線店鋪及設施優惠券。
販售日期：2024/3/20~12/8
使用期限：購入當日至次月底選一天有效
💴成人￥3400，兒童￥1600
⌂販售地點：叡山電車出町柳駅
🌐eizandensha.co.jp/good-value/
◎比叡山延曆寺巡拜 京阪線通票(比叡山延曆寺巡拜 京阪線きっぷ)◆包含一日內自由搭乘京阪電車全線(京阪線全線、石清水八幡宮参道ケーブル、大津線除外)、叡山電車(出町柳駅~八瀨比叡山口駅)、叡山纜車‧空中纜車、比叡山內回遊巴士(比叡山頂~東塔~橫川；往L'Hotel de比叡、夢見ヶ丘、京都方向無法使用)以及延曆寺巡迴拜觀券，另附贈京阪沿線店鋪及設施優惠券。
販售日期：2024/3/20~12/8
使用期限：限購入當日有效
💴成人￥4000，兒童￥1900 ⌂販售地點：京阪電車的京阪線各站 🌐www.keihan.co.jp/traffic/valueticket/ticket/hieizan/

寺內莊嚴肅穆，不滅法燈是參觀重點。

�卍 根本中堂

📖 別冊P.15,C5　⛩ 延曆寺東塔　🕐 9:00~16:00，12~2月9:30~16:00　💰 東塔・西塔・橫川共通券成人￥1000，國高中生￥600，小學生￥300　ℹ 根本中堂現在正在進行10年修改，但內部依然可以參觀

　　根本中堂為延曆寺總本堂，超過百年的歷史已登錄為國寶建築，堂**內持續燃燒了1200年的「不滅法燈」**更是延曆寺的至寶。開山傳教大師最澄法師將佛陀的教誨比喻為光明，設立法燈，並願其永不熄滅，因此僧侶們每天都會增添燈油避免燈火斷絕，遭祝融時曾一度斷絕，其後特地自分至山形縣立石寺的法燈再分燈回寺，奉於堂內。

�卍 比叡山延曆寺　薦 おすすめ

📖 別冊P.15,A4~D6　☎ 077-578-0001　⛩ 滋賀縣大津市坂本本町4220　🕐 東塔地區9:00~10:00；西塔・橫川地區9:00~16:00，12~2月9:30~16:00　💰 東塔・西塔・橫川共通券成人￥1000，國高中生￥600，小學生￥300；國寶殿(寶物館)成人￥500，國高中生￥300，小學生￥100　🌐 www.hieizan.or.jp

被推崇為日本第一聖山的比叡山頂，恢弘建築與靈聖山林相依，宗教人文與自然和諧共存。

　　比叡山延曆寺位於比叡山山頂、四明岳東北方，是天台宗大本山。天台宗最澄法師在山上苦修7年之後，於西元788年所建立的延曆寺，其實並無實體建築，應該說比叡山上並沒有一座叫做延曆寺的建築，而是所有比叡山上的廟宇堂塔都表示為延曆寺。平安時代末期，延曆寺勢力達到最高峰，當時山上總共建有3000坊。到了南北朝戰國時代，政經大權在握的延曆寺僧侶被視為擾動政權的根源，西元1571年織田信長征討此地，放火焚燬所有寺院建築，直到17世紀，比叡山延曆寺才得以重建。

🍜 鶴喜蕎麥麵 比叡山大講堂店

鶴喜そば

📖 別冊P.15,B5大講堂　☎ 077-579-0335　⛩ 延曆寺東塔大講堂　🕐 9:30~16:30　💰 天ぷらそば(天婦羅蕎麥麵)￥680　🌐 tsurukisoba.co.jp

　　位在東塔大講堂內的鶴喜蕎麥麵，一直提供最平實的美味料理給來此參拜的信眾們。想品嚐美味麵點，先得至販券機購買食券，再至櫃台交給工作人員。**鶴喜蕎麥麵的麵體較為柔軟，不太有麵條的筋性，蕎麥味道也不重，湯頭甘醇不死鹹**，在比叡山爬上爬下地走了一上午，很適合來這裡吃碗門前蕎麥麵填填肚子。

卍 元三大師堂(四季講堂)

⚑別冊P.15,C4 ⌂延曆寺橫川 ◷9:00~16:00,12~2月9:30~16:00 ⊙東塔·西塔·橫川共通券成人￥1000,國高中生￥600,小學生￥300

慈惠大師良源是深受信眾愛戴的高僧,被稱為元三大師、角大師、厄除大師等,而元三大師堂則是其晚年的住所。這裡也是**抽籤運的起源**,但並不是由信眾自己抽,而是必需在參拜時先誠心祝禱,之後將問題寫下,並由經過重重修行的僧侶來為你抽出運勢,之後僧侶則會以你的問題為你解籤,以佛法為你指點迷津。

角大師

元三大師堂可以看到「角大師」鬼怪的身影,其實傳說早期京都疫病流行時,良源上人為了救世而座禪,此時身形幻化成鬼怪,其弟子便將其鬼怪身形刻成木板畫廣為流傳,震退病魔。因此角大師也被信眾奉為除厄避邪之物。

卍 橫川中堂

⚑別冊P.15,C4 ⌂延曆寺橫川 ◷9:00~16:00,12~2月9:30~16:00 ⊙東塔·西塔·橫川共通券成人￥1000,國高中生￥600,小學生￥300

橫川中堂又稱為首楞嚴院,是第三世天台座主慈覚大師圓仁於848年所開創的,主要奉祀觀世音菩薩,在初建之時稱為根本觀音堂。早期建築在信長的攻討時燒燬,現在看到**朱紅色的舞台造建物,是昭和46年才再建的**,豔紅色的朱塗在佛寺之中並不常見。

連接法華堂與常行堂的長廊,又被稱為負荷堂(にない堂)。

卍 釋迦堂(転法輪堂)

⚑別冊P.15,B5 ⌂延曆寺西塔 ◷9:00~16:00,2~2月9:30~16:00 ⊙東塔·西塔·橫川共通券成人￥1000,國高中生￥600,小學生￥300

西塔的中心轉法輪堂,其內供奉本尊**釋迦如來高達3公尺**,由最長上人建造,所以也被稱為「釋迦堂」。自從比叡山被信長攻討燒燬後,豐臣秀吉在1595年下令將三井寺園城寺的金堂(建於1347年)移到現址,這裡也是延曆寺**境內現存最古的建築**。

👁 八瀨紅葉小徑

📖別冊P.15,A6　🕐秋天的夜間點燈約11月~12月初16:30~20:00(入場至19:45)　💰自由參拜

　　秋天時分從叡山電車的八瀨比叡山口駅下車，越過澄澈的高野川，處處皆是楓紅美景。而在八瀨纜車站一旁的紅葉小徑，雖然短短一小段，但沿路有水力發電廠的遺跡、遷都一千年紀念塔等，**每到秋季楓紅最盛時，還會在夜間打上燈光，製造夢幻華麗的錦秋景色。**

卍 瑠璃光院

📖別冊P.15,A6　📞075-781-4001　🏠京都市左京區上高野東山55　🕐僅春夏秋季開放，春季(4月中~6月中旬)、夏季(7月中~8月中旬)、秋季(10月初~12月上旬)10:00~17:00(售票至16:30)；每年公開時間有些許變動，詳見官網　💰￥2000　🌐rurikoin.komyoji.com　❗賞楓季人多時會發號碼牌等候入寺

　　位在八瀨的瑠璃光院，**只有在春、夏、秋季開放特別拜觀時才能得以一窺其祕。**被大片楓樹包圍的山門，讓人未進門前就先被大氣的風景震懾，穿過前庭，先會看到水池裡的大錦鯉，順著動線前進，會先到2樓書院，這裡是最美的地方，一旁也有寫經可以體驗。

> 連紅茶的冰塊都是可愛的貓掌！

> 貓咪襖繪是這裡的必看賣點，數一數共有幾隻貓呢？

☕🎁 猫猫寺 開運ミュージアム

📖別冊P.15,A4　📞075-746-2216　🏠京都市左京區八瀨近衛町520　🕐11:00~17:00(週六日例假日至18:00)　🚫週二　💰大人￥800，高中生以下￥600，小學生以下免費；咖啡￥500　🌐nyannyanji22.www2.jp/

　　位在比叡山麓的猫猫寺，全名為「招喜猫宗総本山猫猫寺」，以貓為主題，設了個神龕，供奉了大日猫來神。但這裡可不是寺廟，而**是間咖啡廳兼貓咪雜貨店。**充滿玩心的老闆加悅徹，是傳統寺社的繪師，還有個繼承衣缽兒子加悅雅乃，小小年紀便得遍海內外各大獎項，**咖啡空間中的貓貓襖繪**便是出自其手。除了各種造型的貓狗雜貨之外，坐在店內，還可以品嚐咖啡、甜點，午間有咖哩套餐，運氣好時還會遇到貓住持，即使地處偏遠，還是有許多人慕名而來。

貴船・鞍馬
きぶね・くらま
Kibune・Kurama

在京都旅遊區來説，洛北顯得格外的青山綠水，尤其是貴船一帶，由於地勢高又有溪谷，夏天時氣溫比京都市區低個10度，是避暑第一選擇。京都洛北的鞍馬、貴船一帶位居山林之間，因為森林茂密、交通不便，自古就被視為神秘之地，有著不少神怪、天狗傳説。而鞍馬地區長久以來便是修行人的靈修之地，環境未經過人為過度開發，仍舊保有原始的自然景觀。隨著叡山電鐵的開通，洛北這塊靈山寶地總算呈現在世人面前。

交通路線＆出站資訊

電車
叡電貴船口駅➡叡山電鐵鞍馬線
叡電鞍馬駅➡叡山電鐵鞍馬線

巴士
◎從叡電貴船口駅裡步行約30分，或是轉乘京都巴士33號即達貴船。貴船口駅前→貴船約5分，¥170。
◎從地下鐵国際会館駅搭京都巴士52號至貴船口，從貴船口步行約30分，或是再轉京都巴士33號即達貴船。国際会館駅前→貴船口約20分，¥280。貴船口駅前→貴船約5分，¥170。

出站便利通
◎從叡電車鞍馬線的貴船口駅走到貴船神社約需半小時。從貴船口駅也有巴士駛至貴船神社，只是班次稀少，需要先查好時間。
◎鞍馬寺後山的木之根道連接鞍馬與貴船，沿途有不少小殿、寺廟，以及與源義經傳説相關的地點。山裡的氣氛十分悠靜，走完全程大約是一個半小時。建議可以從鞍馬走到貴船，一路下坡較不費力，但還是得耐耐體力。
◎叡山電車也有發售1日券，如果在同天前往叡山電車終站的鞍馬、貴船、一乘寺、出町柳等多處景點，就可善加利用。叡電1日乘車券「えぇきっぷ」成人¥1200，兒童¥600，可以在一天內無限次搭乘叡山電車。

薦 おすすめ

🈂 貴船神社

📍別冊P.14,A4　☎075-741-2016　🏠京都市左京區鞍馬貴船町180　🕕6:00~20:00，12~4月至18:00(1/1~1/3至20:00)，授与所9:00~17:00；點燈期間參拜時間延長(詳見官網)　💰自由參拜　🌐kifunejinja.jp

穿過貴船神社最著名的是紅色鳥居後，石塊堆疊的參道兩旁，一枝枝朱紅色的燈籠成排並列，深深淺淺的紅葉掩映著社殿，十分寧靜清幽。貴船神社**包括本殿、拜殿、權殿、末社、奧宮等，周圍紅葉遍布，每年秋季的11月初還會舉行又叫做「御火焚祭」的紅葉祭**。另外，因為貴船神社奉祀京都人最崇敬的水神，每年7月7日這裡舉行的「貴船水祭」，都有許多從事和水有關的行業，例如：造酒業、料理店、和菓子屋等前來參加。

以結緣神社聞名，御守與水籤更是每個少女必買的貴船風物詩。

> 貴船神社自古便以水神而被廣泛信仰。早期向天祈求晴天時會獻上白馬，求雨時則獻上黑馬，爾後以畫在木版上的馬來代替，就是現在繪馬的起源。

戀愛靈泉占卜
(水占みくじ)

貴船神社裡最受女性歡迎的就是「戀愛靈泉占卜」，日幣200圓就可抽張籤詩，再將籤詩浮在水上，緊張萬分的戀愛籤詩也漸漸浮現眼前，讓少女們尖叫連連。

🈂 奧宮

📍別冊P.14,A4　🏠貴船神社境內　🕕6:00~20:00，12~4月至18:00(1/1~1/3至20:00)；點燈期間參拜時間延長(詳見官網)　💰自由參拜

貴船神社的創建年代不詳，據説最初是神武天皇之母玉依姬命從鴨川搭乘黃色的船溯川至此祭祀水神，因此**貴船的古名為「黃船」**，現在在奧宮還能看到「御船型石」即為當初的黃船。永承元年(1046)神社被水災沖毀，天喜3年(1055)在現在的本宮建造新的神社，原址則為現在我們看到的奧宮，是京都數一數二的知名能量景點。

Ⓗ 🍴 貴船 ひろ文

🏠別冊P.14,A4　☎075-741-2147　📍京都市左京區鞍馬貴船町87　🕙11:00~14:30，17:00~21:30(L.O.21:00)，流水素麵只在5-10月中旬11:00~15:00供應，川床料理5-10月下旬供應　❌12/30~1/1、不定休　💰一泊二食，二人一室每人￥40140起，流しそうめん(流水素麵)￥2000　🌐hirobun.co.jp/　❗流水素麵當日10點前為雨天則中止

　　直接面對著貴船神社的旅館，客房下方就是清涼的貴船川，依隨四季變化的京料理也相當風雅。**每年5~10月也會推出「川床料理」，讓人可以在溪面上露天享受河中鮮味**，最有夏日風情的燒烤香魚，盛裝於冰涼器皿中的季節蔬菜，盡情體驗在溪流上竹筏用餐的樂趣。

💡 流水素麵

　　由於會席料理一般給人較高價的印象，無法太輕易嚐試，ひろ文於是在川床上也架起流水素麵的竹架子，把川床與流水素麵結合。想品嚐流水拉麵，必需先至專門的櫃台領取號碼牌，等叫到號時才能入座。入座後店員會解釋如何享用流水素麵，最重要的是，當紅色的素麵流來時即是結束的信號。

美味與外貌兼具的草莓在中搭配抹茶拿鐵，坐在川床享受夏日沁涼。

☕ 兵衛cafe

🏠別冊P.14,A4　☎075-741-3077　📍京都市左京區鞍馬貴船町101番地　🕙10:00~17:00　❌不定休　💰酒粕草莓最中￥660；抹茶拿鐵￥660　🌐hyoue.com/cafe　❗川床cafe為5月~9月夏季限定開放，時間11:00~16:00，雨天不開放，不可預約。川床全座位指定，座位費每人550日圓／座位費之外另需加上一人低消一杯飲料，限時30分鐘。

夏日必訪，貴船川床文青咖啡。

　　兵衛cafe是貴船知名料理旅館「兵衛」經營的咖啡廳。夏季限定的川床cafe絕對是下午茶必訪。**綠意滿載的貴船山林，川床竹蓆感受自然包圍，聽著潺潺流水聲，啜一口濃郁的抹茶拿鐵，還能將雙腳泡在沁涼河水中，一秒暑氣全消**。別忘了點一個顏值滿分的草莓最中，讓人捨不得入口的可愛外表，綿密紅豆餡搭配酸甜草莓和酥軟外皮，不僅層次豐富，美味也滿分。

☕ 貴船倶楽部

📖別冊P.14,A4 ☎075-741-3039 🏠京都市左京區鞍馬貴船町76 ⏰11:00～18:00 🌐www.ugenta.co.jp/kifuneclub.html

　由貴船的川床料理名店左源太右源太經營的咖啡廳,**一整面的開放觀景窗可以眺覽貴船的自然景觀,是休憩好去處**。店內提供抹茶拿鐵或是咖啡等飲品,可以搭配抹茶聖代或是蕨餅來個風雅下午茶,每年的10月到次年5月還有使用貴船名物湯葉做的湯葉丼飯等輕食可以品嚐,前往貴船神社時,這是一個很不錯的歇腳處。

🎁 kifune cosmetics & gallery

📖別冊P.14,A4 ☎075-741-1117 🏠京都市左京區鞍馬貴船町27 ⏰11:00～17:00 🈺不定休 💰貴船石鹼(貴船香皂)¥495 🌐www.ugenta.co.jp/kifunegallery.php

　貴船素有「氣生根」(日文讀音與貴船相同,意指氣產生的根源地)之稱,**以貴船名水再結合8種類的泥與宇治的茶、北雪造酒的米精、丹波黑豆等京都的精華,製成化妝品為肌膚帶來更多生氣**,是深受造訪貴船的女性們喜愛的一品。除了美妝品,這裡還有許多雜貨,都是讓女性能變更美的元素。

每年只在5~9月開放的川床,是貴船的特色。

🏨🍴 右源太

📖別冊P.14,A4 ☎075-741-2146 🏠京都府京都市左京區鞍馬貴船町76 💰依季節不同,一泊二食,二人一室每人¥64000起,只限電話預約 🌐www.ugenta.co.jp/ ❶可預約叡山電鐵「貴船口」接送

　右源太的**住宿僅有兩室,依據內裝分為和室、洋室兩間**,在旅遊旺季時要搶到房間預約不太容易。室內的裝設以輕柔原木色為主,大片的觀景窗讓日光充滿室內,坐著即可欣賞山景風光。為了體貼旅客們都能感受到川床料理特有的風味,右源太也**將川床料理的價格分成多個階段,可吃巧也可豐盛**,多樣化的設定讓旅客自由選擇。

◎ 木之根道

🏠 別冊P.14,A4~B5　📍 京都市左京區鞍馬貴船町　⏰ 自由入山　💰 愛山費(含鞍馬寺)¥500

　鞍馬寺後山的木之根道連接鞍馬與貴船，長2.5公里，有豐富的自然生態，以及數十間小寺廟、戰國武將源義經的遺跡等，其中一段，大量的樹根突起，也是這段路叫「木之根道」的名稱由來。山裡的氣氛十分悠靜，**走完全程大約是一個半小時**。不管從鞍馬或是從貴船走都有高有低，還是得斟酌體力。

在登山入口有免費的登山杖可以使用，抵達對面時再自行返還即可。

🔴 由岐神社

🏠 別冊P.14,B5　☎ 075-741-1670　📍 京都市左京區鞍馬本町1073　⏰ 自由參觀　💰 自由參拜　🌐 www.yukijinjya.jp

　由岐神社奉祀的是鞍馬地區的氏神，神社拜殿構造有如舞台，周圍楓樹密集成林。**神社中央是又長又陡的石階參道**，屹立著巨大的杉木，杉木頂端綠意參天，秋季時分可見紅豔的楓葉枝椏低垂，吸引遊客在此留影。最有名的就是**每年10月22日在此舉行的「鞍馬火祭」，是日本三大奇祭之一。**

卍 鞍馬寺

おすすめ 薦

🏠 別冊P.14,B4　☎ 075-741-2003　📍 京都市左京區鞍馬本町1074　⏰ 9:00~16:15，靈寶殿(鞍馬山博物館)至16:00　❌ 靈寶殿(鞍馬山博物館)週二(遇假日順延翌日休)、12/12~2月底休　💰 愛山費¥500(包含木之根道)；靈寶殿(鞍馬山博物館)¥200　🌐 www.kuramadera.or.jp/

充滿靈氣的鞍馬山，是登山健行、尋幽探勝的好去處。

　鞍馬寺山門前是一條長長的石階參道，春天有櫻花迎風飛舞，秋天則出現層層疊疊的紅葉，**境內包含轉法輪堂、寢殿、本殿、童形六体地藏尊**和一座育兒園。本殿內的靈寶殿，收藏許多佛教美術品與名歌人謝野晶子遺物、鞍馬山動植物標本等。古代的鞍馬寺，據說是惡魔和盜匪出沒之處，傳說日本古代的悲劇英雄——源義經，曾在這裡與紅臉、長鼻子的天狗妖精一起修煉呢。

鞍馬火祭

　鞍馬火祭源自西元640年，由岐大明神遷往由岐神社時民眾夜間的迎接隊伍，現在則是最熱鬧的夜間祭典，也是京都三大奇祭之一。火祭當天，穿著祭典服飾的小孩子，會持松明(由松、竹等細紮的火把)繞街，男人們則兩至三人一組，將300多支巨大松明扛到鞍馬寺山門前集合參拜，熊熊燃燒的篝火與松明將夜色染得一片通紅，聲勢懾人，魄力十足。

鞍馬登山小火車(鞍馬山ケーブル)

　鞍馬寺境內，從山門~仁王門到以楓景聞名的多寶塔之間，約有200公尺的爬坡路程，為了幫助遊客省點腳程，這裡特別設置了登山小火車。只消2分鐘的時間，就可以輕輕鬆鬆上山參觀多寶塔。這段高低差達90公尺的傾斜鐵道，乘坐起來頗有意思。票價單趟成人¥200，小學生以下¥100(不過進山門時需繳納入山費)。乘車處在仁王門旁一座叫「普明殿」的建築之中，小心不要走過頭了。

大阪
京都
貴船・鞍馬
▶兵庫

♨ 鞍馬溫泉

くらま溫泉

- 別冊P.14,B5
- ☎ 075-741-2131
- ♠ 京都市左京區鞍馬本町520
- ⏱ 11:00~20:00(入湯至19:00)；餐廳11:40~15:00(L.O.14:30)16:30~20:00(L.O.19:30)
- ⑤ 露天風呂成人￥1000，4~12歲￥700(毛巾另售)；露天風呂+內湯+休息室成人￥2500，4~12歲￥1600
- 🌐 www.kurama-onsen.co.jp
- ❶ 目前因疫情暫時休業中

　　京都內並沒有太多溫泉地，而位在鞍馬深處的鞍馬溫泉，以**純正天然琉璜泉**為號招，吸引了大批死忠泡湯客前來。**露天風呂被山林圍繞，春櫻夏綠秋楓冬雪**，四季皆有不同感受。鞍馬溫泉會配合叡山電鐵的班次前來迎接，出車站後看到往鞍馬溫泉的車可以免費搭乘，約5分鐘即達。

🎁 渡辺木の芽煮本舖

- 別冊P.14,B5
- ☎ 075-741-2025
- ♠ 京都市左京區鞍馬本町248
- ⏱ 9:00~16:00
- ❌ 不定休
- ⑤ 木の芽煮120g￥760
- 🌐 www.kinomeni.jp

　　鞍馬有一種叫做「木之芽煮」的特有食物，是用**切碎的山椒葉和昆布、醬油一同熬煮而成**，據說牛若丸

(源義經的幼名)當時在這裡修行時以此為食，現在已經是鞍馬寺的門前名物。木之芽煮嚐起來味道有點嗆，與熱呼呼的白飯一同食用最是美味。

寺前名物
牛若餅。

⭕ 多聞堂

- 別冊P.14,B5
- ☎ 075-741-2045
- ♠ 京都市左京區鞍馬本町235
- ⏱ 9:30~17:00
- ❌ 週三(5~11月第1個週三照常營業)
- ⑤ 牛若餅￥130

　　一出鞍馬駅，朝著鞍馬寺走去的路上，就先被多聞堂「牛若餅」的招牌吸引。鞍馬寺有許多傳說，其中可以算是與牛若丸(源義經)有十分深的關係。這裡的**和菓子以牛若丸命名，其實就是普通的紅豆麻糬。**牛若餅吃起來不沾牙，紅豆內餡吃得到顆粒，配上一杯抹茶拿鐵十分對味。

🍴 心天狗

- 別冊P.14,B5
- ☎ 075-741-2257
- ♠ 京都市左京區鞍馬本町246
- ⏱ 約9:00~17:00
- ❌ 不定休
- ⑤ 白玉ぜんざい(白玉紅豆湯)￥620，心天狗そば(心天狗蕎麥麵)￥980
- 🌐 nagomiyakotengu.web.fc2.com/

　　心天狗是鞍馬寺門前的小茶屋，賣的是日式蕎麥麵、和菓子等，讓旅人歇歇腳的休憩小站。位在日本古民房中，來到這裡就像來到朋友家般親切，除了蕎麥麵之外，登山前想要喝個熱茶、吃個大福、麻糬的話這裡也都有。

大阪

京都
......
上賀茂

➡兵庫

上賀茂
かみかも
Kamikamo

朱 紅的上賀茂神社是世界遺產，也是古都裡年代最久遠的神社，能在此感受到深刻的歷史氛圍。此區原是寧靜的住宅區，廣大的公園綠地吸引許多人前來開設咖啡廳、甜點店，也因為優閒的步調與時尚的感覺成為女性最愛造訪的景點之一。

薦 おすすめ

🈚 上賀茂神社

📍別冊P.14,D4　☎075-781-0011　🕐京都市北區上賀茂本山339　5:30～17:00，本殿特別參拜10:00～16:00(週六日例假日至16:15)、神山湧水珈琲 煎10:00～16:00，神馬「神山號」週日例假日、祭典日9:30～15:00　💰自由參拜；本殿特別參拜￥500，國中生以下免費，夏秋季特別公開拜觀費(詳見官網)　🌐www.kamigamojinja.jp

京都市內最古老神社，社境廣大，若遇上手作市集可閒逛一整天。

上賀茂神社(賀茂別雷神社)位於鴨川上游，是**京都最古老的神社**，朱紅色的漆牆、檜皮葺的屋頂，莊重典麗的氣質，流露出平安時代的貴族氛圍。從「一ノ鳥居」走進神社境內，首先映入眼簾的是兩旁寬廣的草坪，春暖花開時，參道旁的枝垂櫻如瀑布般流洩而下，周圍的草坪正好成為野餐的好地點。樓門前的小橋圍著結界，一般人不能踏橋而過，要從旁繞道進入參拜，本殿及權殿在神社建築中與下鴨神社一樣，稱作「三間社流造」，**檜皮葺頂與壯麗的樑柱為其特色**。每年5月5日這裡會舉辦傳統行事「賀茂競馬」，穿著平安朝服飾的貴族人物策馬狂奔，是一年一度的精彩盛事。

🚃 交通路線＆出站資訊

電車
京都地下鐵北山駅◇烏丸線
巴士
◎前往上賀茂周邊◇可搭乘市巴士4、46至「上賀茂神社前」站牌下車，或市巴士9至「上賀茂御薗橋」站牌下車；若由京都駅出發以「B1」乘車處乘車。
◎搭乘市巴士4、46至「上賀茂神社前」站牌下車，穿過鳥居即是上賀茂神社。建議抵達時先到神社入口處對面的小商店門口公車站牌看回程班車的時刻，以節省等公車的時間。

神社必看名所
立砂

沿著參道走進「二ノ鳥居」後，會看到舞殿前兩座圓錐狀的「立砂」，代表陰陽兩座神山，在陰陽學裡有除厄驅邪的功效，也成為上賀茂神社最特別的一景。

上賀茂手作市集
🕐每個月第4個週日
🌐kamigamo-tedukuriichi.com

沿著楢之小川(ならの小川)設置的上賀茂手作市集，一個月只在第4個星期日舉行，總是引來上百家各式攤販前來設攤，有賣食器、卡片、衣物、糕餅等，只要是手作的都看得到，十分熱鬧。由於楢之小川四周林木扶疏，故又有森林裡的市集之稱。

一膳飯屋 りぃぼん

📖 別冊P.14,C4 ☎075-723-3329 📍京都市北區上賀茂朝露ケ原町28-20 🕐11:30~15:00(L.O.14:00)，17:00~22:30 ⊗週三 💰午餐定食¥1430起

想要找間在地人才知道的好店品嚐美食嗎？來到一膳飯屋りぃぼん一定不會讓你失望。小小的店面裡除了有吧台區外還有大廣間，可以容納的人不少。**每到用餐時間這裡總是擠滿了人，為的就是那超值的家庭味料理。**不管是雞、豬、海鮮，主廚都能夠將其烹調得治到好處，連套餐附的湯也是料好實在的豚汁(有蔬菜、豬肉片的味噌湯)，美味又滿腹。

おすすめ
薦

神馬堂

📖 別冊P.14,C5 ☎075-781-1377 📍京都市北區上賀茂御薗口町4 🕐7:00~16:00(售完為止) ⊗週二下午、週三 💰やきもち(烤餅) 一個¥130

上賀茂神社的社前名物，不論男女老少參拜完都會吃上一塊。

提到上賀茂神社，就不能不提寺前名物「神馬堂的烤餅」。從一開始營業就排了長長人龍的盛況看來，神馬堂的烤餅還真有不小魅力。**剛出爐的烤餅又稱為葵餅，香Q的外皮烤得微酥，內餡紅豆香甜不膩，就算冷冷吃也很美味。**由於名氣太大，在上賀茂手作市集或是有祭典時，約中午一點就會賣光收店，所以假日或是人多時最好早點購買。

ひめりんご

📖 別冊P.14,C4 ☎075-492-6048 📍京都市北區西賀茂鹿ノ下町47 🕐9:00~18:00 ⊗週一 💰抹茶パフェ(抹茶聖代)¥1300

位在西賀茂的ひめりんご是間充滿懷舊氣息的老喫茶店。位在車水馬龍的大路旁，ひめりんご歐式鄉村風格的外觀很難讓人不去注意。進到屋內，**老桌椅、古董桌枋、連牆上壁花都再再讓人感到懷舊。**如果不趕時間的話，建議選擇坐窗邊的位置，一邊品嚐香濃咖啡，一邊欣賞窗外美景，好時光就該這麼度過。

大阪
京都
伏見稲荷・東福寺
兵庫

伏見稲荷·東福寺
ふしみいなり·とうふくじ
Fushimiinari·tofukuji

伏見稲荷距離京都車站僅僅5分鐘車程，雖然主要是住宅區，周邊卻有好幾處精采旅遊景點，比如有著京都數一數二的紅葉名所——東福寺，還有日本稲荷信仰的總神社伏見稲荷大社，還外再向右邊遊去就是醍醐地區，重點正是醍醐寺。簡而言之，這附近的景點名氣都不是頂大，但交通其實甚為便利，只要約10來分鐘車程，就有一股近郊旅遊的舒暢感，東福寺的紅葉以更是錯過可惜的名所。

登上後山還可以遠眺京都市街景。

交通路線 & 出站資訊

電車
京阪東福寺駅⇨京阪本線
JR東福寺駅⇨JR奈良線
京阪伏見稲荷駅⇨京阪本線
JR稲荷駅⇨JR奈良線
巴士
前往伏見稲荷大社⇨搭乘市巴士南5至「稲荷大社」站牌下車；若由京都車站出發於「C1」乘車處乘車。
前往東福寺、泉涌寺⇨搭乘市巴士202、207、208至「東福寺」、至「泉涌寺道」站牌下車；若由京都車站出發於「D2」乘車處乘車。
出站便利通
◎搭乘京阪本線至伏見稲荷駅下車後，往東走去會先經過名店寶玉堂，再越過JR的鐵路後，便進入伏見稲荷大社的境內。
◎JR東福寺駅與京阪電鐵東福寺駅相連，要到東福寺的話，從此站出來向南東徒步約10分鐘即可達。
◎有稱貴妃廟之稱的泉涌寺離地下鐵站較遠，有腳力的朋友不妨散步邊遊玩；若趕時間的人還是建議直接坐巴士至泉涌寺道下車比較快。

开 伏見稲荷大社

⊕別冊P.10,A5　☎075-641-7331　🕐京都市伏見區深草薮之内町68　◐自由參觀　🌐inari.jp

おすすめ
薦

千本鳥居的壯麗景色絕對是不能錯過的景點！

日文中，稲荷指的是管理、保佑五穀豐收、生意興隆的神祀，而伏見的稲荷大社更了不得，是全日本四萬多座稲荷社的總本社，香火之鼎盛可想而知。伏見稲荷大社內，到處看得到口中叼著稲穗或穀物的狐狸，高高在上，接受人們的膜拜與禮敬，每隻的表情都不同，值得細看。除了**本殿和奧社之外，穿過千本鳥居至後方的整座稲荷山也都屬伏見稲荷大社的範圍**，一路上滿是大大小小的神社、五花八門的大明神和不同年代留下的石碑或石祠，**繞行全山約需2小時**。

千本鳥居

伏見稲荷大社境內約有一萬座的紅色鳥居，其中又以本殿通往奧殿的一段最為密集；這段充滿神秘感、綿延不盡的紅色甬道，被稱為「千本鳥居」。過了千本鳥居，一路還是有無數鳥居，或密或疏的往大社後方的稲荷山連綿而去，氣勢驚人。

🍴 仁志むら亭

⊕別冊PP.10,C5　☎075-641-2482　🕐京都市伏見區稲荷山官有地四ツ辻　🕙10:00~16:00(L.O.14:00)，週末例假日9:00~16:00(L.O.15:00)　🈺不定休(週五居多)　🍜きつねうどん(豆皮烏龍麺)¥700，ぜんざい(紅豆麻糬湯)¥600　🌐nishimuratei.gorp.jp/

造訪伏見稲荷大社時，穿過重重鳥居，繞行稲荷山的話，**攻上山頂時就會看到這創業於元治元年(1864)的茶屋**。為了來這裡健行的人們，店主在山頂提供日式甜點與涼水，讓人可以在這裡歇歇腳。夏зал時喝點涼飲，冬季時點碗熱熱的善哉(紅豆麻糬湯)，小口小口喝下，身體也都跟著暖和了起來。

大阪

京都 **伏見稲荷･東福寺** ◆兵庫

寶玉堂

📖別冊P.10,A5 📞075-641-1141 🏠京都市伏見區深草一ノ坪町27 🕖7:30~17:00 🍘小きつね煎餅(小狐狸煎餅)5枚¥750

寶玉堂是狐狸煎餅的創始店，口感酥脆充滿香氣的狐狸臉煎餅，造型十分可愛。若從京阪電車的伏見稻荷駅要走至伏見稻荷大社的話，越過鐵道，就能馬上感受到一股烤煎餅的香味撲鼻而來。寶玉堂的**煎餅加入白味噌，口感不是那麼甜，還帶點微微的焦香味**，再加上這裡的煎餅是狐狸面具的形狀，算是很能代表伏見稻荷的在地伴手禮。

狐狸面具形狀的煎餅，拍照打卡必備！

🍴日野家

📖別冊P.10,A5 📞075-641-0347 🏠京都市伏見區深草開土町1 🕖10:30~17:00 ⊗不定休 🍱いなり(豆皮壽司)6個¥840

伏見稻荷的名物非豆皮壽司莫屬，京都人管豆皮壽司叫お稻荷さん，一般日本人稱為稻荷壽司，來到伏見稻荷可千萬不能錯過這地方美味。位在參道上的日野屋是間專賣當地料理的小店，創建於大正5年，提供多樣化的美味餐點，除了必吃的稻荷壽司之外，烏龍麵、蕎麥麵等也廣受好評。

豆皮壽司與狐狸
據說稻荷大明神的御前使者是狐狸，所以在伏見稻荷大社中隨處可見狐狸塑象供人膜拜。在日本傳統文化中，認為狐狸最喜歡吃的東西便是炸油豆皮，於是人們便將炸油豆皮當成供奉獻給神明。伏見稻荷附近的人們將油炸豆皮加以燉煮成甘甜好滋味，包上壽司米，做成三角型，便成了受歡迎的豆皮壽司了。

寺子屋本舖 伏見店

📖別冊P.10,A5 📞075-643-0050 🏠京都市伏見區深草稻荷御前町65 🕖9:30~17:30 🍘手焼「昔しょうゆ」(古早醬油味仙貝)¥140

就位在伏見稻荷大社參道商店街上的寺子屋本舖，是**聞名全京都的烤仙貝專賣店**。這裡的烤仙貝口味眾多，從最普通的醬油、海苔口味，到季節限定的柚子胡椒、激辣口味等，應有盡有。為了品質，這裡的仙貝可是**手工現烤**，想吃美食可得花點耐心。

北庭以正方的塊狀石組與同樣形狀的綠苔拼組而成。

卍東福寺

おすすめ **薦**

📖別冊P.10,D2 📞075-561-0087 🏠京都市東山區本町15-778 🕖4~10月9:00~16:00(16:30關門)、11~12月第1個週日前8:30~16:00(16:30關門)，12月第1個週日~3月底9:00~15:30(16:00關門) 💰本坊庭園成人¥500，國中小學生¥300；通天橋･開山堂成人¥600，國中小學生¥300，秋季成人¥1000，國中小學生¥300；本坊庭園･通天橋･開山堂套票成人¥1000，國中小學生¥500，秋季不販賣套票 🌐tofukuji.jp/

提到東福寺人人都會稱讚其紅葉，但庭園與伽藍也十分值得一看，算是京都南邊的必訪勝景。

耗費19年建成的東福寺，列名京都五山之一，原本兼學天台、真言和禪等宗派，多次經火燒後，現在則屬禪寺，為臨濟宗東福寺派的大本山。論京都紅葉，東福寺排名在清水寺之前，尤其是**通往開山堂的通天橋和洗玉澗，數千株的楓樹，火紅遮天**。東福寺方丈內苑東西南北各有巧妙不同的庭園配置，稱為八相庭，是重森三玲在1938年的作品，也是近代禪宗庭園的代表作。庭園秋日苔石之上楓紅似錦，春天則有粉紅杜鵑相互配搭，色彩繽紛而和諧。

卍 毘沙門堂 勝林寺

🅐別冊P.10,A1 ☎075-561-4311 🅖京都市東山區本町15-795 🕙10:00~16:00,坐禪體驗12:30、週日11:30、週六時間非固定(詳見官網);另有春秋季特別拜觀與夜間拜觀(詳見官網) 🅢一般拜觀成人¥800,高國中小學生¥500;新春、秋季特別拜觀成人¥700,國高中生¥300,小學生以下免費;坐禪體驗成人¥1700,國高中生¥1000,小學生¥800、抹茶+干菓子¥600、抹茶+生菓子¥800 🌐shourin-ji.org 🅘毘沙門堂內禁止攝影拍照;坐禪體驗需以電話、網站或email預約(抹茶與茶點最慢於前一日預約),8人以上可在一般體驗時間外另預約包場體驗

　　勝林寺是臨濟宗東福寺的塔頭之一,創建於1550年,寺院建築相當簡樸,周圍有美麗庭院環繞。供奉的主佛毘沙門天王像傳自平安時代,保佑財運、勝利與驅除惡運。在勝林寺,**每天都有坐禪和寫經寫佛體驗,另外還有坐禪結合瑜珈、早粥、煎茶道或夜間坐禪等特殊體驗**。固定舉辦的坐禪體驗,不論初學者、小學生都可以參加,針對外國觀光客則會附上英文說明,相當容易親近。

坐禪

勝林寺的坐禪體驗歡迎初學者參加,一小時的體驗會從坐禪的基本說明開始,讓參加者體驗兩段15分的正式打坐,結束後可以留在寺院內喝茶用點心。

卍 芬陀院

🅐別冊P.10,A3 ☎075-541-1761 🅖京都市東山區本町15-803東福寺山內 🕙9:00~16:30(冬季至16:00) 🅢高中以上¥500;國中小學生¥300;附抹茶¥800

　　芬陀院為東福寺的塔頭之一,**院內最為著名的,便是雪舟所建的庭園,因此又有「雪舟寺」之稱**。位在方丈的南庭與東庭,是畫聖雪舟所作的枯山水庭園,雖曾在元祿與宝暦年間因火災而荒廢,到了昭和14年(1939)由重森三玲復原,呈現我們今日所見樣貌。

卍 泉涌寺

🅐別冊P.10,C2 ☎075-561-1551 🅖京都市東山區泉涌寺山內町27 🕙9:00~16:30(17:00關門),12~2月至16:00(16:30關門) 🈺心照殿(寶物館)第4個週一 🅢成人¥500,國中小學生¥300;特別拜觀國中生以上¥500 🌐www.mitera.org

　　泉涌寺由弘法大師空海一手創建,京都人習慣稱呼其為「御寺」(みでら),但更讓人好奇的是**這兒有楊貴妃的觀音廟**,日本不但景仰絕世美人楊貴妃的美,還有人相信她沒有死在鬼馬坡,而是東渡東瀛了呢。從大門望向佛殿,左手邊就是祭祀楊貴妃的觀音堂,面積雖不大,但楊貴妃是美的象徵,**女性拜觀者必定先來參拜祈求美貌**。而泉涌寺的佛殿是17世紀德川家康彷唐朝樣式再建,裡頭安置著釋迦、彌陀和彌勒三尊神明,象徵三世的安泰和幸福。鏡天井上則有日本名畫家狩野探幽所畫的龍,牆上則畫著白衣觀音像。

卍 雲龍院

🅐別冊P.10,C2 ☎075-541-3916 🅖京都市東山區泉涌寺山內町36 🕙9:00~17:00(售票至16:30) 🈺1月成人日、2/18、4/27、6/27、9月中、12/23 🅢¥400 🌐www.unryuin.jp

　　位在泉涌寺境內南方高地的雲龍院,是泉涌寺的別院,由後光巖天皇發願建造而成。從此以後,雲龍院便與日本皇室有著深厚關係,後小松天皇(一休和尚的父親)也在這裡皈依佛門。秋天時,從**悟りの窗看出去的紅葉與窗框形成一幅美麗的畫,美不勝收**。現在來到這裡還可以抄寫佛經,讓心靈沉澱。

DRAGON BURGER 東福寺店

おすすめ 薦

ドラゴンバーガー 東福寺店

🏠 別冊P.10,A1　☎075-525-5611　◆京都市東山區本町13-243　🕚11:00~20:00　週三　🍴Dragon Burger　¥1500　🌐dragon-burger.com

以京都為意象的和洋融合美味漢堡。

　Dragon Burger的設計總監是倫敦出生、巴黎長大的Adam Rawso，15歲就開始接觸烹飪的他，走訪多國料理，並曾在倫敦的漢堡大賽拿過兩屆冠軍。Adam以京都意象設計菜單，**漢堡選用了京都當地的食材融入**，例如以京都著名的漬物取代酸黃瓜，或是加入海帶芽，九條蔥，調味醬料則使用了和風芥末醬，**柚子胡椒**等滿滿和風元素，創造出獨創的和洋混搭特製漢堡。特別推薦含有芥末醬的哇沙米漢堡，一口咬下爆開濃郁的肉汁，用芥末的清爽勁辣來化解掉油膩只剩下滿口醇香。

いづ松

🏠 別冊P.10,A1　☎075-561-3551　◆京都市東山區本町13　🕚10:00~17:00(售完為止)　週四　🍣京寿司(京壽司)　¥1512

　延續了最傳統的京都古風，東福寺車站旁的いづ松供應各種關西風味的壽司，最受到歡迎的當然是料理人自豪的鯖壽司，**以鹽和醋醃漬了一個晚上的鯖魚美味通通滲入壽司米飯內**，另外還有箱壽司、卷壽司、蒸壽司等，夏天更可品嘗到季節鮮味的鱧魚壽司。

◎ 城南宮

🏠 地圖外　◆京都車站搭乘近鐵京都線在「竹田」駅下車，徒步15分　☎075-623-0846　◆京都市伏見區中島鳥羽離宮町7　🕤神苑「楽水苑」9:00~16:30(售票至16:00)　🎫自由參拜；神苑「楽水苑」國中生以上¥800，小學生¥500(7~8月小學生以上¥300)，茶席¥300　🌐www.jonangu.com

　城南宮**原為平安時代的離宮，千百年前的貴族建築在這裡完整重現**，其中池泉回遊式的庭園裡栽植有『源氏物語』中登場的花草樹木，更添幾許優雅。每年的4月29日的午後2點，還會舉行「曲水之宴」，重現平安貴族們賦詩歌詠、曲水流觴的風雅遊戲。

卍 醍醐寺

おすすめ 薦

🏠 地圖外　◆京都市營地下鐵「醍醐」駅下車，徒步13分　☎075-571-0002　◆京都市伏見區醍醐東大路町22　🕤三宝院・靈宝館・伽藍9:00~17:00(售票至16:30)，12月第1個週日翌日~2月底至16:30(售票至16:00)；上醍醐入山9:00~15:00，12月第1個週日翌日~2月底至14:00　🎫三宝院庭院・伽藍成人¥1000，國高中生¥700，小學生以下免費；春期(3/20~黃金週最終日)三宝院庭院・伽藍・靈宝館庭院成人¥1500，國高中生¥1000，小學生以下免費；靈宝館本館・平成館特別展示國中生以上¥500，三宝院御殿特別拜觀國中生以上¥500；入山費成人¥600(持三宝院・靈宝館・伽藍拜觀券¥500)，國高中生¥400(持三宝院・靈宝館・伽藍拜觀券¥300)，小學生以下免費　🌐www.daigoji.or.jp

醍醐寺有個最老五種塔，雖不是最大但結構莊嚴引人入勝。

　這座占地相當深廣的古廟，是平安時期就已創建的真言宗醍醐派的總本山，醍醐、朱雀、村上等三位天皇都曾在此皈依。**醍醐寺建於日本平安時代，寺內約有80座建築而建，擁有許多國寶級古蹟**，難得的是，創建於951年的醍醐寺五重塔，至今仍保留完整，是京都最古老的木造物。

大阪

京都

伏見

▶兵庫

伏見
ふしみ
Fushimi

酒藏之町伏見，位在京都市南方的不遠處，卻有著與古都截然不同的地方風情。因為這裡擁有泉質良好的地下水，使得伏見成為美味清酒的主要產地。在安靜的小巷裡，木色與白牆的藏元並立；更因為大河劇「龍馬傳」的播出，吸引了不少劇迷專程前來，追尋坂本龍馬的足跡。

交通路線＆出站資訊

電車
近鐵桃山御陵前駅⇨近鐵京都線
京阪伏見桃山駅⇨京阪本線
京阪中書島駅⇨京阪本線、京阪宇治線

出站便利通
◎要到大手筋商店街，可以由近鉄桃山御陵前駅或是京阪伏見桃山駅出站，沿著大手筋向西走就會看到。商店街內有許多店家，吃喝玩樂一應俱全，當地人笑稱這裡可是連接當地人心的重要場所。
◎要到月桂冠大倉紀念館，可由京阪中書島駅下車，徒步約5分鐘即達。

御香宮神社

ℹ️別冊P.14,D6　📞075-611-0559　🏠京都市伏見區御香宮門前町174　🕐9:00~16:00　💴自由參拜；石庭成人¥200，學生¥150　❌石庭不定休　🌐gokounomiya.kyoto.jp/

　原本名叫御諸神社的御香宮神社，因為在貞觀4年(862)境內忽然湧出了香氣四溢的「御香水」而得名。**喝起來甘甜柔軟的御香水，據說能治百病，因此在神社裡常能見到排隊取水的日本人。**御香宮神社的祀神是神功皇后，是以保佑安產聞名的神社。大殿前有虔誠祈禱的年輕夫妻，也有帶著小嬰兒來接受祝福的家族。另外，神社也幸運逃過戰火，保留下來的表門和本殿，能令人感受桃山文化的絢麗風華。

懷舊的釀酒設備帶人回到過去，了解日本酒文化。

月桂冠大倉紀念館

薦　おすすめ

ℹ️別冊P.14,C6　📞075-623-2056　🏠京都市伏見區南浜町247　🕐9:30~16:30(入場至16:00)　❌盂蘭盆節、12/28~1/4　💴20歲以上¥600，13~19歲¥100，12歲以下免費，13歲以上有附贈禮品　🌐www.gekkeikan.co.jp/enjoy/museum/　💡月桂冠的酒藏「月桂冠酒香房」就在大倉紀念館旁，在冬季製酒期也有開放見學參觀，須在前一天電話預約。

　了解知名酒廠月桂冠的釀酒過程，也能了解伏見美水與美酒的相關歷史。

　已有將近四百年歷史的清酒知名品牌「月桂冠」出身伏見，在1987年，月桂冠將**過去的酒藏建築開放為月桂冠大倉紀念館，建築本身歷史悠久，是京都市指定的有形民俗文化財**。連棟的木造建築內，可以看到傳統藏元裡的各種設備與用具、昔日酒藏的照片和月桂冠歷年來的海報、酒瓶包裝等，在出口處還提供3種月桂冠的酒類試喝。如果有中意的商品，也可以到入口旁的商店購買。

🎁🍴 黃櫻河童王國
黄桜カッパカントリー

ℹ️別冊P.14,C6　📞075-611-9919　🏠京都市伏見區塩屋町228　🕐酒廠11:30~14:30(L.O.14:00)、17:00~21:30(L.O.20:50)，週六日例假日11:00~14:30(L.O.14:00)、17:00~21:30(L.O.20:50)；商店10:00~20:00；黃櫻紀念館·河童資料館10:00~16:00　❌12/31~1/1，黃櫻紀念館·河童資料館週一(遇假日照常開館)　💴自由參觀；京都麦酒飲み比べSET(京都麥酒三小杯試飲)¥700　🌐kizakura.co.jp

　清酒老舖「黃櫻」從開業之始，就以河童作為商標，因此在**伏見所開設的黃櫻紀念館就以河童王國為名，是包括商店、廣場、酒場、麥酒工坊和河童資料館等複合設施**。除了可以看到黃櫻歷年來的河童廣告，也可以喝到黃櫻原創的京都精釀啤酒——京都麥酒。在河童天國的對面，有另一處簡單的小藝廊，介紹黃櫻釀酒的歷史。

伏見夢百眾

📍別冊P.14,C6 ☎075-623-1360 🏠京都市伏見區南浜町247 🕐10:30~17:00(L.O.16:30) 🈺週一(遇假日照常營業) 🌐ameblo.jp/fushimi-yume100shu/

　由月桂冠的舊本社建築改裝而成的喫茶處，**空間中充滿了大正時代浪漫的復古情調**。除了販賣各種酒的試飲組合之外，伏見夢百眾也提供用伏見名水所泡的咖啡和日本酒口味的蛋糕等，入口處也有小小的商店，販售各藏元自家推薦的酒品。

寺田屋

📍別冊P.14,C6 ☎075-622-0243 🏠京都市伏見區南浜町263 🕐10:00~16:00(售票至15:40) 🈺1/1~1/3、週一不定休 💰成人¥400，國高中大學生¥300，小學生¥200

為了坂本龍馬而造訪的人不在少數，進入參觀彷佛墜入時光隧道，龍馬生前事跡歷歷在目。

　寺田屋是幕末志士們定宿的旅館，除了1862年的「寺田屋騷動」外，知名的「寺田屋之變」也以這裡為舞台。1866年，伏見的警方偷襲在寺田屋留宿的坂本龍馬，幸好龍馬情人阿龍的機警，才使他逃過一劫。現在的寺田屋仍是旅館，但**當年坂本留宿的房間「梅之間」則有開放參觀，牆上的刀痕彈孔，彷彿訴說著當年的激戰**。寺田屋前的商店街龍馬通上，則有販賣龍馬相關的各種紀念品。

龍馬通

📍別冊P.14,C6 🏠京都市伏見區塩谷町

　龍馬通指的是寺田屋前的一條道路。**相傳當時龍馬遭襲逃命時，就是沿著這一帶的屋簷奔走**，因此這一條小路又被叫作龍馬通。不同於長崎的龍馬通，現在這裡沿路都是一些日式小店，平常日人朋不多，是一條古樸的商店街。

坂本龍馬(1836~1867)

坂本龍馬是日本一個家喻戶曉的悲劇英雄，很巧的是，他的生日與忌日都是同一天(11月15日)，更加深了他的傳奇性。坂本龍馬在政治上並沒有太顯赫的地位，但他對鼓吹「廢幕府迎天皇」可說是不遺餘力，不但促成討幕軍的結合，也到處宣揚日本必須加速成為現代化國家的理念。對日本近代有關鍵性影響的「大政奉還論」也是由阪本提出。就出於他極力主張政權應由幕府交回到天皇手中，因此當時的德川將軍對他絕對是去之而後快，就在明治維新的前夕，坂本被刺身亡，未能親眼目睹自己一生志業有了結果就英年早逝。

魚三樓

📍別冊P.14,D6 ☎075-601-0061 🏠京都市伏見區京町3-187 🕐11:30~14:30(L.O.13:30)，17:00~22:00(L.O.19:30)，週日(週一非例假日)、週一例假日17:00~20:30(L.O.18:00) 🈺週二、年末年始、夏季 💰午餐限定花籃御膳¥6000 🌐www.uosaburo.com

　魚三樓是創業於1764年的京料理老店，也是伏見過去的酒藏老闆、富商等喜愛的料亭。1868年，新政府軍以伏見為據點，和慶喜將軍所派出的幕府軍在此展開激烈的戰役，史稱伏見鳥羽之戰。當年新政府軍將陣營設在魚三樓前的京町通，魚三樓在戰役中並供給新政府軍餐食；**現在老舖前木格子上，還留有當年的彈痕**。

油長

📍別冊P.14,C6 ☎075-601-0147 🏠京都市伏見區東大手町780 🕐10:00~20:00(L.O.19:30) 🈺週二(遇假日當天17:00開店，順延翌日休) 💰日本酒試飲猪口單杯¥160起 🌐aburacho.jp/

　位於大手筋商店街上的油長，販賣伏見酒藏們生產的美味地酒，琳瑯滿目的美麗酒瓶將小店塞得滿滿的，不少別處少見的珍品。店的內側則是提供日本酒和葡萄酒的吟釀酒房和葡萄酒房。尤其吟釀酒房，是少處可以從80種以上的伏見地酒裡，挑選自己喜愛品項的地方，**一組三小杯的試喝組合，可以淺嚐不同日本酒的風味**。

宇治
うじ Uji

京都除了市中心的觀光景點，郊外也不乏景色優美的遊憩之地，適合坐上電車來一趟悠哉的鐵道之旅。若時間不夠，距離市中心不算遠的宇治是如詩如畫的小山城，以源氏物語之鄉讓人嚮往。宇治除了有著溫婉的山水風景，也是著名宇治茶的故鄉。自茶師千利休始，宇治茶受到歷代茶人的喜愛，像是伊藤久右衛門、中村藤吉等老舖的名號，一般人也都耳熟能詳。沿著風光明媚的宇治川兩側，有著平等院、宇治上神社等世界遺產，寧靜的氣氛、舒適的林野綠意和空氣中飄蕩的茶香，漫步其間，令人不由得心情舒暢。

交通路線＆出站資訊

電車
JR西日本宇治駅◊JR奈良線
京阪宇治駅◊京阪宇治線
JR西日本黃檗駅◊JR奈良線
京阪黃檗駅◊京阪宇治線
京阪三室戶駅◊京阪宇治線

出站便利通
◎從京都車站搭乘京阪電鐵京都線至中書島駅轉搭京阪電鐵宇治線，至黃檗駅、三室戶或終點站宇治駅下車。
◎也可由JR京都駅搭乘JR奈良線，至黃檗駅、宇治駅下車。只是JR宇治駅離主要觀光地較遠，要有多走一小段路的心理準備。
◎宇治附近的景點靠步行即可輕鬆遊覽。如果是先逛平等院再前往黃檗山萬福寺、三室戶寺的話，則可以搭乘京阪電鐵連接。

卍 平等院

薦 おすすめ

📍別冊P.11,B5　☎0774-21-2861　🏠京都府宇治市宇治蓮華116　🕐庭園8:30~17:30(售票至17:15)；鳳凰堂9:30~16:10(每20分一梯次，9:00開始售票)；鳳翔館9:00~17:00(售票至16:45)；茶房藤花10:00~16:30(L.O.16:00)　🚫茶房藤花週一~三(遇假日照常營業)　💰庭園+鳳翔館成人￥700，國高中生￥400，小學生￥300；鳳凰堂內部拜觀￥300　🌐www.byodoin.or.jp

宇治的必訪景點，從堂前阿字池拍攝的鳳凰堂倒影傳達平衡的美感。

位於宇治川南岸，自建於西元998年的平等院，是平安時代權傾一時的藤原道長的別墅，當時的規模佔了今日宇治市一半以上的面積。**別名為「鳳凰堂」的平等院，因為置奉著阿彌陀如來，原本稱為阿彌陀堂**，後來到了江戶時代初期，因為其外型類似振翅欲飛的禽鳥，樑柱的兩側又各有鳳凰，才開始有鳳凰堂的稱呼。平等院是藤原文化碩果僅存、也是集大成的代表性建築物；頭上有雙華蓋、堂內還有**51尊雲中供養菩薩像**。除了鳳凰堂之外，平等院另一值得注意的是鳳凰堂前的阿字池。**阿字池是典型的淨土式庭園**，整個庭園的設計是以阿彌陀堂為中心，池塘及小島則左右對稱的分布兩旁，希望營造出一個象徵曼陀羅的極樂淨土。

中堂脊沿上兩尊展翅高飛的鳳凰像，也是日本錢幣上的精神象徵。

藤原文化代表建築

藤原指的是平安時代後期，一個與皇室有著深切姻親關係的顯赫家族，這個家族的鼎盛時期是在十一世紀，藤原道長與藤原賴通父子掌權的近一百年時間。在文化史上，藤原文化指的是王朝風華，是一種完全的貴族趣味，這個時候的生活文化與美感品味，完全是貴族式的，而由於當時的貴族流行的是對於極樂淨土的追尋，因此，平等院也代表了當時的日本貴族對淨土世界的一種想像：豪華、絢爛、優美、安定。

👁 鳳翔館

☎0774-21-2861　🏠平等院境內　🕐9:00~17:00(售票至16:45)　💰庭園+鳳翔館成人￥700，國高中生￥400，小學生￥300　🌐www.byodoin.or.jp

平等院境內的鳳翔館，是**收藏重要寺寶的博物館，現代而低調的建築，和平等院氣氛相當協調**。這裡除了可以近距離欣賞到雲中供養菩薩、梵鐘、鳳凰等重要國寶，還運用數位的方式，展示出千年以前鳳凰堂內部的鮮豔色彩，當年的富麗堂皇對照今日的陳舊素樸，更令人感受到歲月的流逝。

橋畔的紫式部雕像如今也成為觀光客來訪必留下合影的景點之一。

◉ 宇治橋

📖別冊P.11,B5 ☎宇治市觀光協會 0774-23-3334 �📍京都府宇治市

　　與「瀨田の唐橋」、「山崎橋」一起被稱為三大古橋的宇治橋，興建於646年，現在看到長155公尺，寬25公尺的大橋則是於1996年重鋪而成。由於這座橋曾經出現在《源式物語》之中，所以現在橋畔還有《源式物語》作家紫式部的雕像。而橋上有一相當特別的小廊，稱為「三之間」，據傳豐臣秀吉曾由此汲水煮茶。

⛩ 宇治神社

📖別冊P.11,B5 ☎0774-21-3041 📍京都府宇治市宇治山田1 ⏱自由參觀 💲自由參拜 🌐uji-jinja.com/

　　位在宇治川右岸的宇治神社，傳說原本是 神天皇的離宮，主要是祭祀菟道稚郎子命的神靈。而這位**菟道稚郎子命自幼聰穎，所以現在大家也都會來這裡祈求學問、考試合格。**宇治神社的本殿屋頂以檜木皮建成，是鎌倉時代初期的建築形式，而本殿中還有放置一尊建於平安時時的菟道稚郎子命的木造神像，十分珍貴。

⛩ 宇治上神社

📖別冊P.11,C5 ☎0774-21-4634 📍京都府宇治市宇治山田59 ⏱9:00~16:00 💲自由參拜 🌐ujikamijinja.amebaownd.com/

　　宇治上神社被高大樹林所環繞，境內十分肅穆樸靜，充滿濃濃的古風。神社位於宇治川東岸，與另一座世界遺產——平等院，正好隔川相對；**宇治上神社正是鎮守平等院的神社。**神社建築包括本殿、拜殿、春日神社等建築，其中，規模最大的本殿裡頭，並排著三間內殿，形式特殊，也是最早的神社建築樣式。依據年輪鑑定，這間**本殿建築的年代可以追溯至西元1060年，也是現存最古老的神社建築。**

兔子造型籤詩

宇治神社與兔子十分有緣，傳說中引著菟道稚郎子命前來此地的，便是可愛的小兔子！於是這裡的造型籤詩是以兔子回頭，手指前方的意象製造，正說明了這一段神話故事。

桐原水

在宇治茶盛極一時的室町時代，除了七大茶園「宇治七茗園」外，還有與茶道息息相關的「宇治七名水」；桐原水是七名水當中唯一留存至今的水源，神社境內的小屋裡，仍能見到泉水汨汨流出。

🎁 🍡 中村藤吉 宇治本店　薦 おすすめ

🗺別冊P.11,A6　☎0774-22-7800　🏠京都府宇治市宇治壱番10　🕙10:00~17:30 (咖啡L.O.16:30蕎麥麵L.O.15:00)　🍵生茶ゼリイ抹茶(生茶果凍抹茶)￥990　www.tokichi.jp

> 茶席的餐點十分精彩，每一樣都讓人想點來吃吃看。

創業於1859年的中村藤吉為宇治茶的老舖，光是店舖本身就能令人感受到濃濃古風。平等院店裡除了提供各式茗茶外，也有內用的茶席，茶製的甜品尤其有名。包括擺盤精緻的抹茶霜淇淋、口感香氣俱佳的抹茶厥餅等都很受歡迎，不過明星商品當屬**裝在竹筒裡的生茶ゼリイ「抹茶」，竹筒裡盛裝著白玉糰子、抹茶果凍、抹茶冰淇淋和紅豆等**，不但視覺華麗，吃起來也很美味。

茶道體驗

想要再更進階體驗抹茶的話，可以事前網路預約報名參加中村藤吉的茶席體驗，每週四、六、日、例假日三時段，10:30、13:30、15:30，一次約90分鐘。從磨茶到正式進入茶室「瑞松庵」中品嚐濃茶與薄茶與季節和菓子，墜入濃淡相間的綠色世界。
💰￥6600　⚠小學生以下無法參加體驗

① 磨抹茶
先在大廣間裡等待集合後，親手沉重的石磨將碾茶(還沒變成粉狀的茶葉)磨成粉末狀。

② 進入茶室
移動至茶室前的通道，在老師指導下用手水鉢清潔手口後，擺好鞋子，進入茶室中。

欣賞濃茶點前
一般用茶筅唰唰地打出泡來的是薄茶，濃茶則是用大量抹茶粉和一點點水調出、幾乎呈膏狀的茶。先吃點生菓子墊墊胃，接著所有人輪流品嚐同一碗濃茶。

④ 享用薄茶
在品嘗干菓子後，一人享用一份用自己磨的抹茶粉打出的薄茶。

> 季節限定的聖代，春天裝點成櫻花般粉嫩。

🎁 🍡 伊藤久右衛門本店

🗺別冊P.11,B4　☎0774-23-3955　🏠京都府宇治市菟道荒槙19-3　🕙10:00~17:00 (茶房L.O.16:30)、週六日至17:30(茶房L.O.17:00)　⚫1/1　🍵抹茶パフェ(宇治抹茶聖代)￥790　🌐www.itohkyuemon.co.jp

伊藤久右衛門位在離宇治市街稍遠的地方，不同於平等院店只能夠購買商品外帶，本店**設置了喫茶空間**，也販賣傳統植育方法栽培、烘製的宇治綠茶。除了一般分店的商品這裡都有之外，**還有一些本店限定的西式的菓子，比如宇治抹茶瑞士卷等**也都很受歡迎。

🏛 源氏物語博物館

源氏物語ミュージアム

📖別冊P.11,B5 ☎0774-39-9300 🕐
京都府宇治市宇治東内45-26 🕙
9:00~17:00(入館至16:30) 🈲週一
(遇假日順延翌日休)、年末年始 💰成
人¥600、兒童¥300 🌐www.city.
uji.kyoto.jp/soshiki/33/

　　宇治市立的源氏物語博物館，
巧妙**運用多媒體聲光效果，重現**了華美綺麗的平安時代。一走進館內，首先印入眼簾的是超大幅螢幕，唯美的畫面、流暢的樂音，讓人立刻沈醉在情深意美的意境中；為數不多的展示室中，有與宇治十帖相關的文物、模型與淺顯易懂的說明，讓一般人也能更接近書中的世界。除了靜態展示，源氏物語博物館還請日本知名導演筱田正浩拍攝了一齣30分鐘的影片「浮舟」。

👁 對鳳庵

📖別冊P.11,B6 🏢宇治市観光センター0774-23-3334 🕐
京都府宇治市宇治塔川2 🕙1/10~12/20 10:00~16:00，濃
茶と薄茶セット7~9月、12~2月限定 🈲12/21~1/11 💰茶
道表演：薄茶(抹茶+和菓子)¥1000，濃茶と薄茶セット(濃
抹茶與薄抹茶+和菓子)¥3000，玉露と煎茶セット(玉露與
煎茶+和菓子)¥2000；お点前体験(茶道體驗)¥2400 🌐
www.kyoto-uji-kankou.or.jp/taihoan.html ❗濃茶と
薄茶セット、玉露と煎茶セット、茶道體驗需於3日前預約

　　宇治茶等於日本高級茶的代名詞，**宇治市政府為推廣日本茶成立了「對鳳庵」，讓一般人也有機會親近茶道**。對鳳庵是完全針對觀光客而設的茶道體驗教室，可說是老少咸宜，就算是外國人也不會感到太過拘束，不妨來這簡樸的日式小屋，與來自日本各流派的老師共享茶的芳美。

宇治茶的起源

由於臨近京城，加上擁有理想的自然條件，宇治在茶葉從中國傳入不久後，開始大量的茶葉種植。千利休等茶人帶來茶道的繁榮，也鞏固宇治抹茶作為高級茶的地位。江戶時代，宇治人永谷宗円發明了先蒸後揉的「青製煎茶製法」，至今是日本煎茶主要的製作方法，煎茶成為日本茶的最大宗，宇治茶名聲也更加響亮。

自己拉動重重的臼，磨出來的茶特別香。

🎁 🔗 福壽園 宇治工房

薦 おすすめ

📖別冊P.11,B5 ☎0774-20-1100 🕐
京都府宇治市宇治山田10 🕙
10:00~17:00，茶寮11:45~17:00，磨
製抹茶體驗(40分)10:00~15:30 🈲週
一(遇假日順延翌日休) 💰磨製抹茶體驗¥1650 🌐www.
ujikoubou.com

有喝過綠茶，但不知道綠茶怎麼製成，就來親手體驗磨茶吧！

　　在宇治神社不遠處的福壽園，是擁有自己茶園的宇治茶老字號之一。**老字號茶舖福壽園在宇治開設了兼具文化體驗、茶寮、茶室與茶店的多重空間**。在體驗工房內，提供包括磨製抹茶、製作煎茶、還有從採摘開始製作日本茶的體驗。2樓的茶寮也提供各種茶品、甜點及以茶為主角的創意料理，店員還會親切告知點茶的客人如何泡出美味的日本茶。1樓的商店販賣有福壽園的各種茶葉，還有隔壁的老窯元朝日窯所燒製出的美麗茶器。

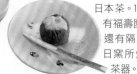

通圓茶屋

別冊P.11,B5　0774-21-2243　京都府宇治市宇治東內1　9:30~17:30　上抹茶とお菓子(上品抹茶與和菓子)¥860，抹茶パフェ(抹茶聖代)¥880　www.tsuentea.com

位在宇治橋的東邊，曾經在吉川英治的小説「宮本武藏」中登場的通圓茶屋，其實是創業於西元1160年，**將近900年歷史的老茶屋**，目前本店的建築物則是建設於1672年，幾經朝代更迭，多位將軍幕府也都有讓通圓茶屋奉茶的紀錄，歷史非常悠久。茶屋開設的茶房就在宇治川旁，可以眺望宇治橋與宇治川的美景，**使用剛磨好的抹茶入料做出的抹茶甜點是店內招牌**，搭配抹茶共享，來一場宇治散步途中的小美好。

宇治上林記念館

別冊P.11,B5　宇治上林記念館0774-22-2513，賣店0774-22-2509　京都府宇治市宇治妙樂38　10:00~16:00，賣店9:00~日落　週五、8/13~8/16、12/30~1/5　入場¥200　www.shunsho.co.jp

宇治上林家早在十四世紀後半，受到當時的幕府將軍足利義滿招募，在宇治開闢了茶園奉茶以來，就一直受到將軍的庇蔭，並被尊稱為「御茶師」，雖然在十六世紀的內戰中，茗茶業受到了不小的傷害，之後在豐臣秀吉將軍與喜愛品茗文化的民眾復興宇治的活動中，重新站回日本茶歷史地位。而這些**重要的歷史文物都被收納在有著「茶師的長屋門」之稱的古老建築中**，成立了「宇治上林記念館」，緩緩地記述著日本茶業的時光演變。

橋寺

別冊P.11,B5　0774-21-2662　京都府宇治市宇治東內11　9:00~17:00(11~3月至16:00)　本堂¥500，宇治橋斷碑¥300，小學生以下免費

橋寺本名為「放生院常光寺」，為守護宇治橋的寺廟，所以又被通稱為橋寺。一開始建造宇治橋時，為了要祈求工程順利，因而建造。寺內本堂的前庭有一座宇治橋斷碑，目前被指定為國家重要文化材，與群馬縣的多胡碑、宮城縣的多賀城碑並稱為三大古碑。

とどう庵

別冊P.11,B5　0774-21-2537　京都府宇治市宇治連華20　10:00~17:00　不定休　茶だんごと抹茶セット(抹茶與茶糰子組合)¥800　b-omotesando.com shop/todoan/

位於平等院參道上的とどう庵是一家位於有著120年歷史、傳統茅草屋建築的日本茶室，供應的正是宇治最出名的抹茶，坐在庭院中的日本紅傘之下，相當具有氣氛，此外**甜而不膩的紅豆湯也是深受喜愛，和帶點甘苦的抹茶更是對味。**

🍴 地雞家 心

📖別冊P.11,B5 ☎0774-22-5584 🏠京都府宇治市妙楽25 🕐11:30～14:30(L.O. 13:45)，18:00～22:30(L.O. 22:00) 🈳週日 💴KOKOROランチ(KOKORO午間特餐)¥1450 🌐www.kokoro-uji.com/

使用在地土雞為主角的地雞家心特製午餐，是眾多美食家介紹的超值美味。店內招牌kokoro午間特餐，除了大塊鬆軟酥脆的炸雞塊以外，還有野菜沙拉、烤雞肉糰子、涼拌雞絲、雞骨高湯、拌飯用的山藥泥等**滿滿一大份，白飯可以無限續碗，價格卻非常親民**。把涼拌雞絲與蛋絲、海苔絲等配料盛放在白飯上，再澆淋上雞高湯大口扒飯，這是內行美食家推薦的獨特吃法，來到宇治，不妨趁著午餐時間前往地雞家心打打牙祭。

> 午間套餐份量超大，男生也能吃得飽！

Ⓗ 花やしき浮舟園

📖別冊P.11,B6 ☎0774-21-2126 🏠京都府宇治市宇治塔川20-21 🌐www.ukifune-en.co.jp

花やしき浮舟園以「五感の講究」為宗旨，打造最舒適的慢活空間。**和風為基調的館內，大量融入西式裝潢手法，整體空間摩登時尚**，彷彿濃縮了宇治的憂雅與人文，將京都古老的意象帶到室內，原木桌椅傳遞天然的木頭質感。每間房皆面向宇治川，透過落地玻璃，住客可以在坐椅上欣賞風景，也可步出露台，進入自然的懷抱之中。

> 內溫泉名為「鳳凰湯」，取自鄰近的等院鳳凰堂，附設設備，讓人能洗一身疲憊。

卍 三室戶寺

📖別冊P.11,C4 ☎0774-21-2067 🏠京都府宇治市莵道滋賀谷21 🕐8:30～16:30(售票至15:40)，11～3月至16:00(售票至15:10) 🈳8/13～8/18、12/29～12/31 💴成人¥500，兒童¥300；あじさい園(紫陽花園)開園期間成人¥1000，兒童¥500 🌐www.mimurotoji.com

三室戶寺是奈良時代開創的觀音名寺，也是西國三十三所之一，參拜信徒因此絡繹不絕。館內收藏的佛像、佛畫也為數不少，以藤原時代的作品居多，並有日本最古老的清涼寺式釋迦如來立像。寺裡**擁有五千坪檜木林立的寬闊庭園，園內四季皆有不同風情**，十分美麗。此外，初夏的紫陽花與多達兩萬株的躑躅(杜鵑花)，七月的荷花及秋天的紅葉也相當著名。

壯麗繡球花海

三室戶寺也被稱為「繡球花寺」。園中種植了兩萬株共50種的繡球花，錯落於筆直杉木間的點點花朵，背景是藍天襯著紅色寺門，有如走入一幅優雅日式畫卷。夏季六月中旬到下旬繡球花盛開時，綿延不見盡頭的花海，紫藍、粉紫、粉紅到白，美不勝收。品種有西洋繡球花、額繡球花、柏葉繡球花、夢幻紫陽花和七段花等，幸運的話還有機會看到心型繡球花喔！

大魚梆的口裡啣著一棵木製寶珠,則是象徵人間的煩惱。

卍 黃檗山萬福寺

📖別冊P.11,B1　📞0774-32-3900

📍京都府宇治市五ヶ庄三番割34　🕐9:00~17:00(售票至16:30)　💲成人￥500,大學高中生￥500,國中小學生￥300　🌐www.obakusan.or.jp

萬福寺由中國明朝高僧隱元禪師所創建,**以福建省黃檗山萬福寺為藍本**,一些在中國人眼中沒什麼好驚訝的佛寺景觀,如成排的古松、鼓著大肚子的布袋佛、圓形格子窗或是有著卍字圖騰的迴廊勾欄,在日本人眼中都成了異國風情。而自隱元禪師開山以來,陸續還有十三代的住持也都是由中國的明朝渡海而來,**寺裡的齋飯素食「普茶料理」也十分具有中國情調**。萬福寺的迴廊上懸吊著一個巨大的魚梆,造型樸拙,是寺裡用來通報時時辰的工具,也用來提醒寺裡修行者,不可一日怠惰散漫。

普茶料理

普茶,是由「向普羅眾生奉茶」之意延伸而來。以日本山野的自然物產料理出中華文化的香氣,是為眾生報佛恩的料理。在一團和氣中享用料理,並且不浪費任何一點食物,是食用普茶料理應有的態度。普茶便當(週六日例假日限定)￥3300。

🏛 任天堂博物館

ニンテンドーミュージアム

📖別冊P.11,A5　🚫無　📍京都府宇治市小倉町神楽田56番地　🕐10:00~18:00　❌週二、年末年始　💲大人￥3300,國高中生￥2200,小學生1100　🌐museum.nintendo.co❗目前入場皆需要抽籤,預約時需要任天堂帳號(可免費申請),詳洽官網。

　　任天堂博物館是一個可以親身體驗並了解任天堂悠久歷史的場所。第一展示棟陳列了任天堂歷年來推出的多款產品,涵蓋了公司從傳統遊戲製作到現代數位遊戲的各個階段。這些展品沒有詳細的解說,目的是讓遊客根據自己的經歷和回憶,從不同角度欣賞和討論這些產品的意義。此外,博物館的一樓還提供了現代化的互動體驗區,將過去的遊戲以全新的技術形式呈現,讓遊客實際操作並享受當今版本的任天堂遊戲。

無論是對任天堂熟悉的粉絲,還對遊戲不甚了解的訪客,都能在這找到共鳴。

💡 宇治小倉工場

博物館原址是任天堂的「宇治小倉工場」,該工廠自1969年以來一直是任天堂的重要生產基地,見證了玩具生產和家庭遊戲機的誕生與發展。

參加朱印帳的製作,需3天前預約。

卍 宝善院

📖別冊P.11,B1　📞0774-32-4683

📍京都府宇治市五ヶ庄三番割34-3　🕐9:00~17:00　🌐www.hozen kyoto.com

　　作為黃檗宗大本山塔頭之一的宝善院,位在萬福寺的西北位置,於江戶時代元祿3年(1690)創建,**境內供奉12干支(12生肖)的8尊佛像**,除了佛像巡禮外,近來還提供普茶料理、瑜珈課、朱印帳製作等體驗,讓人在寂靜寺社裡感受寧靜的美好。

宇治田園・京田辺

うじたわら・きょうたなべ
Ujitawara・Kyotanabe

從鎌倉時代起便是日本茶葉栽培生產地的京都南部一帶，被稱為南山城地區，這裡遍植茶葉，800年的日本茶發展歷史，不但培育出高品質的宇治茶，日本遺產也以這裡為主題『日本茶800年の歷史散步』將南山城八個區域列入其中。而以交通發展便利的京田辺市以及從京田辺市出發的宇治田園町，也是日本茶的重要產區，京田辺市有日本屈指可數的高級玉露生產地，飯岡茶町一帶可見大片玉露茶畑。宇治田園町則是日本綠茶起源、茶神的出生地，這裡的湯屋谷有著綿延的茶田區、茶問屋與茶農家，適合規劃散步路線。

通路線＆出站資訊

電車
JR京田辺駅◇JR學研都市線
近鐵新田辺駅◇近鐵京都線
JR宇治駅◇JR奈良線、JR宇治京阪線

出站便利通
◎要至一休寺，於JR京田辺駅搭乘74號、75C號巴士，於「一休寺道」下車徒步約5分。
◎從京都駅搭乘JR奈良線至宇治駅，約20分鐘，再轉京都巴士至永谷宗丹生家、正壽院附近，約30分鐘(需再徒步前往)。
◎從京都駅搭乘近鐵京都線至新田辺駅，約23分鐘，再轉搭京都巴士至永谷宗丹生家、正壽院附近，約30分鐘(需再徒步前往)。
◎宇治田園町區域內並無電車路線經過，區域內最方便的交通方式便是開車，距離最近的電車站是利用宇治駅或是新田辺駅。從這兩個車站開車至町中心點大約20~30分鐘，雖然也可利用巴士，但班次不多且都距離目的地還有一段距離。

卍 酬恩庵 一休寺

おすすめ 薦

⊙別冊P.16,A3 ☎0774-62-0193 ⊙京都府京田辺市薪里ノ内102 ⊙9:00~17:00，宝物殿9:30~16:30 ⊙成人¥600，高中生¥300，國中生¥300，小學生¥200 ⊛www.ikkyuji.org/

一窺一休的人生哲學。

安靜又風雅的一休寺，是日本知名狂僧一休純宗(簡稱一休和尚)晚年居所，原本稱為妙勝寺，建蓋於鎌倉時代，後因戰火燒毀，身為妙勝寺創立高僧大應国師的第六代法孫，1455年他在此重新復建，為感念第一代恩師，取名酬恩庵。一休雖然生活狂放不羈，但仍受到一般庶民與京都大德寺住持高僧青睞，從66歲住在這裡，直到81歲高齡接任大德寺住持後，仍不時從這裏往返京都，死後更入葬於此，後人因而稱這裡為一休寺。

一休和尚的真實身分是皇族？

一休(1394~1481)是出生於町時代的奇僧，據說當時南、北共有2位天皇，他是北朝後小松天皇的皇子，但母親卻是南朝之人，南朝被滅後，他就被送到寺院出家以絕後代，但一休自小天資聰穎過人、光芒難掩，即使看不慣當時僧人私下揮霍淫蕩的生活，故意讓自己更加酒色不羈，但當時高僧卻看透他行為背後具有的高深禪師風範，足以擔當大任。

從江戶時代起就設免費奉茶間，充滿人情味，在日本相當罕見。

卍 観音寺

別冊P.16,A4　☎0774-62-0668
🏠京都府京田辺市普賢寺下大門13
🕘9:00~17:00　💴本堂￥400

観音寺原本為奈良興福寺的別院，因為受到藤原氏的庇護而興盛一時，但隨著藤原氏的式微而跟著沒落。不同於一般大寺廟的人聲雜沓，観音寺與周圍山里連成一體，給人寂靜、悠遠的好感；**本堂的十一面観音立像是由傳統「木心乾漆」法製成，是十分難得一見的國寶。**值得一提的是，日本眾多被列入國寶的佛像幾乎都是具有比較莊嚴肅穆的特性，但観音寺的十一面観音立像表情柔和，衣物的雕刻線條也是十分輕柔，給人一種安祥、容易親近的感覺。

👁 永谷宗円生家

別冊P.16,D2　☎宇治田原町産業觀光課0774-88-6638　🏠京都府綴喜郡宇治田原町湯屋谷空廣　🕘週六日例假日10:00~17:00　🈲週一~五　💴維護管理費
￥100　🌐ujitawara-kyoto.com/sightseeing/scenery/nagatanisouenseika/

江戶中期，研究並開發出「青製煎茶製法」，奠定今日日本綠茶製作基準的茶人便是永谷宗円，永谷宗円家族世代就在這裡種茶、製茶。在永谷之前，日本的綠茶製作技術其實相當粗造並不講究，永谷為了做出好茶，在這裡日夜研究，終於發展出一套技術，更不藏私廣佈製作方法，成就今天日本綠茶風貌。這個老式屋敷於昭和年代在原址重建，保留當時珍貴的焙爐，為日本綠茶留下歷史見證。

除參觀老焙炉遺跡，還可邊喝茶邊觀賞傳統綠茶製作過程影片。

开 猿丸神社

別冊P.16,C1　☎0774-88-3782(日)、0774-88-2362(夜)　🏠京都府綴喜郡宇治田原町禅定寺粽谷４４　🕘7:00~16:00　💴自由參拜　🌐www.sarumarujinja.jp/

這個小小的神社，祭祀的是傳說中身分充滿謎團的平安時代歌人猿丸大夫。據說他是平安時代藤原家族的36歌仙之一，至今他最為人知的一首歌謠，就放在傳統遊戲花牌中的第五首，描述著秋天。但**來這裡祭拜的人卻不是來求文采精進，反而是乞求身體健康，尤其是消除身體的不良腫瘤，**甚至很多病癒的人還呈上樹瘤，形成殿前奇特景象，尤其每月13日舉辦的月次祭，更吸引許多人來祈願。

茶人變成神

開發並普及「青製煎茶法」的永谷宗円，除了是日本綠茶的始祖，更將賺得的錢財用於建設鄉里，死後鄉民奉為干田大明神，後因製茶功績，再改為茶宗明神社。神社離其生家徒步5分鐘距離內，而他的墓塚就位在神社上方的丘陵上。除了春秋舉辦祭典外，5月生家也會舉辦採摘新茶、製茶等體驗活動。

お茶の郷 木谷山

🎁 ♿

📍別冊P.16,C1 📞0774-88-2218 🏠京都府綴喜郡宇治田原町岩山休場8 🕐09:00~17:00(製茶廠週六至12:00) 🏠製茶廠週日、例假日、咖啡廳、石臼抹茶製作體驗週三 💰抹茶パフェ(抹茶聖代)¥600,抹茶霜淇淋¥310；石臼抹茶製作體驗¥1400(提前繳費¥1300) 🌐www.kitani-s.com 🈺石臼抹茶製作體驗需於前一天中午前網路預約

從江戶時代開始種茶、製茶，傳承至今第六代的木谷製茶廠，2002年**在茶廠前方併設了店鋪お茶の郷 木谷山，讓人不但可以買，還能隨時吃到以自家茶葉、抹茶製作的各式甜點、飲料**。茶就跟咖啡一樣，風味隨時間的延長而向下遞減，尤其剛製好的茶葉前兩週風味更是頂尖，想嚐鮮，從工廠做好直接上架銷售，新鮮又選擇多。而且還能坐在店裡享受各式甜點，另外也有提供石臼研磨抹茶體驗及抹茶Art體驗喔。

以石臼慢慢磨出的抹茶絕對比機器香氣濃，但一杯抹茶要磨20分鐘需要點耐性。

一次放入三顆蛋，滑嫩半熟的狀態，光視覺美味感就好誘惑人。

MAIKO茶ブティック

🎁 ♿ 薦 おすすめ

📍別冊P.16,C3 📞0774-68-2472 🏠京都府京田辺市田辺中央5-1-7 🛍賣店10:00~19:00(1~2月至18:00)，喫茶11:30~18:00(1~2月至17:00) 🏠週二 💰玉露そば(玉露蕎麥麵)¥800，抹茶パフェ(抹茶聖代)¥900 🌐maiko-tea.com/

高級玉露平價體驗。

京田辺市是日本少數幾個高級玉露生產地，MAIKO茶ブティック(舞妓の茶本舗)可說是京田辺相當知名的高級茶店，**日本很多地方雖都買得到舞妓的茶本舗的茶，但直營店鋪卻只有京田辺市有，除位於市郊的本舗，設於市中心JR車站邊的店鋪則結合喫茶室**，讓顧客除了可以買到各式玉露、綠茶、煎茶，高級茶品也製成甜點、麵食、飲料等，價格意外也相當平實，可以坐在店裡慢慢享用。

玉露泡完還能吃茶葉

玉露優雅的甘、香氣息，讓人打開日本茶的另一扇味覺之窗。尤其沖泡時須以40~50度水溫來沖泡，倒茶也務必將最後一滴倒盡，才能讓風味盡出是最大重點，茶湯呈淡綠色，每回沖一次都滋味不同。特別的是，玉露的栽培是遮住陽光直曬並只摘取茶葉的頂心，因此能喝也能吃，喝完茶湯後，茶葉澆上一點柚子醋吃或捏成飯糰都很美味。

人氣NO.1的抹茶巧克力，以石臼研磨出宇治抹茶粉，讓巧克力外層的茶香氣更提升。

やまぼうし

🍴 薦 おすすめ

📍別冊P.16,B4 📞0774-62-5090 🏠京都府京田辺市田辺尼ケ池1-1 🕐9:30~16:00 🏠週日、一

招牌美味蛋包飯。

已經開業20多年，一直是在地人氣鼎盛的餐廳。面對著美麗池畔的餐廳，前庭卻意外的是傳統日式庭園，原來餐廳老闆娘的先生是知名庭園匠師，難怪光餐廳坐落位置與庭院就很美。這裡**最受歡迎的招牌就是宛如半熟蛋般融化在飯上的歐姆蛋包飯，還有運用各式季節蔬菜鋪陳的主廚推薦，結合女生什麼都想吃一點的豐富感**，光看擺盤與顏色配置就讓人胃口大開。

卍 正寿院 薦

ⓐ別冊P.16,D2　ⓣ0774-88-3601　ⓞ京都府綴喜郡宇治田原町奥山田川上149 ▽　愛心窗景成IG熱點。
9:00~16:30，12~3月10:00~16:00，售票至閉門前15分
ⓗ4月第3個週日、8/17　ⓢ¥600(附和菓子)，風鈴祭、特別夜間拜觀¥800(附和菓子)　ⓦshoujuin.boo.jp

　　近來在日本IG瘋傳的愛心窗景(豬目窗)，就是位於正寿院的客殿裡，很難想像一個位於茶畑區域、交通不算便利的地方，卻能發現很多年輕人的蹤影。寺院裡雖然有著鎌倉時代快慶所雕的「不動明王坐像」坐鎮，但更多人是來這裡安靜享受風吹動風鈴的涼意，尤其每年夏季集結全國各式風鈴，景象優美，清脆鈴聲讓人暑意全消；而豬目窗外的景色變化，四季皆美；躺在榻榻米上欣賞客殿天井美麗的160幅畫作，更令人陶醉。

天井畫作中藏有4幅春夏秋冬的舞妓，你也找找看吧！

什麼是豬目窗？

正寿院裝置於客殿以豬目(いのめ，豬的眼睛)文樣為妝點的窗，就稱為豬目窗。豬目其實是日本自古以來就有的一種傳統文樣，常見於神社寺廟的建築裝飾上，既用於消災也有祈福之用，而鐵製的這個裝飾上的四周心形文樣就叫豬目，另外他也有隱藏釘子不被外部看見、影響視覺美感的功能。

◎ 京阪奈記念公園

ⓐ地圖外　ⓙJR祝園駅、近鐵新祝園駅轉搭奈良巴士56號約9分在「けいはんな記念公園」下車　ⓣ0774-93-1200　ⓖ京都府相楽郡精華町精華台6-1　ⓦ水景園9:00~17:00(入園至16:30)　ⓗ12/28~1/4、不定休(詳見官網)　ⓢ成人¥200，國中小學生¥100　ⓦkeihanna-park.net/

　　為了針對未來城市能有更好的規劃與各式研究資料基礎，由京都、大阪、奈良三個府縣共8個市町，一起在這個城市交界處成立了京阪奈学研都市(關西文化學術研究都市)，而京阪奈記念公園就位在此。集結各式研究機構的這裡，將公園也變成實踐各式概念的場所，總達24公頃的園區，以超大水景池為中心，將日本自然、風土、里山環境、文化等融合，透過四季變化，既有美麗水景、梯田、觀月橋、巨石群及環池生態步道，也有藝術展覽廳。

嵐山・嵯峨野
あらしやま・さがの
Arashiyama・Sagano

京都觀光點中，嵐山嵯峨野別具山水之美。相傳嵐山是日本平安時代王公貴族最愛遊覽的觀光地，嵯峨野則林立著許多寺院和從前貴族的離宮，春天來臨時，天龍寺境內與渡月橋和大堰川兩岸的櫻花群相開放，櫻雪瀰漫間更有種空靈的美感；此地不僅是櫻花名所也是觀賞紅葉最佳地點，吸引許多文學名著以此為背景，春秋兩季的觀光人潮更是將嵐山擠得水洩不通。嵐山由於腹地範圍廣大，漫步須耗費一定的時間和體力，想要盡覽名所古寺，建議利用公車、人力車或以腳踏車代步，騎乘單車周遊嵐山嵯峨野最為方便，也能夠掌控時間。

◎ 渡月橋

おすすめ
薦

🔺 別冊P.12,D5 ◎嵐山保勝會075-861-0012
🏠京都市右京區嵯峨

渡月橋幾可說是嵐山的地標，由於昔日龜山天皇看見明月當空，一時興起命名，目前的風貌是1934年以鋼鐵重建的，構造與舊橋相同，以春天櫻花或秋日紅葉作為前景拍攝渡月橋，已經成為嵐山的景觀代表之一。

車來人往的跨河大橋可以嵐山地標，站在橋上欣賞河岸風景十分美麗。

◎ 嵐山溫泉 駅の足湯

列車月台泡溫泉，是難得的享受。

🔺 別冊P.12,C4 ☎075-873-2121 🏠嵐電嵐山駅月台 🕘9:00~20:00(冬季至18:00)，售票至關門前30分鐘 💲¥200(附毛巾) ❶出示嵐電1日券享折扣價¥150(附毛巾)

全日本相當少見的月台足湯在嵐電嵐山駅就可親身體驗，對神經痛、肌肉酸痛、慢性消化器官與恢復疲勞具有功效的嵐山溫泉被引入月台，旅客們可以脫下鞋襪在此泡個足湯，建議泡個10分鐘以上，讓腳泡得暖呼呼的，促進血液循環，尤其在秋冬時節更是一種簡單的享受。

通路線 & 出站資訊

電車
◎JR嵯峨嵐山駅◇山陰本線(嵯峨野線)
嵐電嵐山駅◇嵐電嵐山本線
嵐電嵐山嵯峨駅◇嵐電嵐山本線
嵯峨野觀光鐵道トロッコ嵯峨駅◇嵯峨野觀光鐵道
嵯峨野觀光鐵道トロッコ嵐山駅◇嵯峨野觀光鐵道
阪急嵐山駅:阪急嵐山線

巴士(數字為可搭乘巴士號碼)
◎「嵐山」巴士站
三条通巴士站往東◇經【四条河原町往三条京阪】11；經【丸太町通往錦林車庫】93；經【丸太町通往太秦天神川駅前】特93
三条通巴士站往西◇往【山越中町】11
◎「嵐山天龍寺前」巴士站、「野の宮」

巴士站
嵐山街道上巴士站往南◇經【四条河原町往三条京阪】11；經【丸太町通往錦林車庫】93；經【丸太町通往太秦天神川駅前】特93
嵐山街道上巴士站往北◇往【山越中町】11；往【大覺寺】28
◎「嵐山公園」巴士站
公園前巴士站往南◇往【京都駅】28
公園前巴士站往北◇往【大覺寺】28
◎「嵯峨釋迦堂前」巴士站
嵐山街道上巴士站往南◇往【京都駅】28；經【西大路四条往四条烏丸】91
嵐山街道上巴士站往北◇往【大覺寺】28、91
「大覺寺」巴士站◇往【京都駅】28；經【西大路四条往四条烏丸】91

出站便利通
◎前往嵐山、嵯峨野有多種交通方式，搭乘巴士在「嵐山」巴士站下就是嵐山最熱鬧的渡月橋畔。
◎從阪急嵐山駅出來後，向前走會走到桂川邊，此時在前方就是最著名的渡月橋。
◎以「嵐山」巴士站為起點遊逛嵐山，往北徒步約8~10分是最熱鬧的土特產店集中區域，再往北就是較為安靜的清涼寺。若是體力不佳，可直接搭乘巴士，從嵐山至清涼寺約三站距離，若是要前往大覺寺則大約6站距離。
◎來到嵐山建議在紅葉或櫻花季節搭乘嵐山小火車，最能感受嵐山風雅。
◎若是進階玩嵐山，建議一定要來到嵯峨野，享受悠閒的嵐山散步趣。

👁 嵯峨野小火車

嵯峨野トロッコ列車

📖 別冊P.12,A4
📞 075-861-7444
🚉 京都市右京區嵯峨天龍寺車道町
🚃 トロッコ嵯峨駅出發10:02~16:02之間每小時一班，一天約8班，依季節另有加開班次
🚫 週三不定休(詳見官網)
💴 起站「トロッコ嵯峨」~終點站「龜岡」，單程12歲以上¥880，6~12歲¥440
🌐 www.sagano-kanko.co.jp

> 造訪嵐山可以不吃美食，但千萬不能錯過走在溪谷旁的小火車。

造型復古的蒸汽小火車「嵯峨野號」沿著保津川，奔行於龜岡到嵐山間，全程約25分鐘。搭乘者可以**用絕佳的角度，欣賞保津峽的山水景色**；途中列車還會特別減速，讓乘客飽覽周圍風景。每到春櫻和秋楓時節，小火車上還可以欣賞沿途兩岸特別美麗的山景。

> 由平田精耕揮毫的達摩圖。

卍 天龍寺

📖 別冊P.12,B4　📞 075-881-1235　🚉 京都市右京區嵯峨天龍寺芒ノ馬場町68　⏰ 庭院8:30~17:00(售票至16:50)；諸堂(大方丈‧書院‧多宝殿) 8:30~16:45(售票至16:30)；法堂「雲龍図」特別公開1/29~7/18、8/6~8/16、9/10~12/4 9:00~16:30(售票至16:20)，其他時間僅週六日例假日開放　🚫 法堂1/1~1/2　💴 庭園(曹源池‧百花苑)高中生以上¥500，國中小學生¥300，未就學兒童免費；諸堂(大方丈‧書院‧多宝殿)¥300(需先付庭院參拜費才能參拜諸堂)；法堂「雲龍図」¥500，未就學兒童免費　🌐 www.tenryuji.com

> 嵐山香火最盛的一座寺廟，境內可看之處眾多，值得購票進入。

天龍寺建於1339年，據說是因為一位和尚在夢中看見一條飛龍從附近的江中騰空飛起而取名，境內因此隨處可見龍的造型。天龍寺的法堂內供奉釋迦、文殊、普賢等尊相，最特別的是**天花板上有幅難得一見的雲龍圖**，是在1997年記念夢窓疎石圓寂650周年時請來畫家加山又造所創作，十分輝煌且壯觀。包括總門、參道、白壁、本堂大殿、曹源池庭園、坐禪堂等建築，除了曹源池庭園屬早期建築外，其餘諸堂是明治以後重建的。**曹源池庭園是夢窓疎石所作的一座池泉回遊式庭園**，裡頭以白砂、綠松，配上沙洲式的水灘，借景後方的遠山、溪谷，設計的構想據說來自鯉魚躍龍門。在京都五山裡天龍寺排名第一，是造訪嵐山必遊的著名景點之一。

🍴 天龍寺 篩月

📞 075-882-9725　🚉 天龍寺境內　⏰ 11:00~14:00　💴 雪(一湯五菜)¥3800，月(一湯六菜)¥6500，花(一湯七菜)¥9000　❗ 需支付庭院參拜費才能入內用餐；月(一湯六菜)、花(一湯七菜)2人以上需一日前預約

篩月的精進料理食材，大部分都來自天龍寺內裡種植的蔬菜，自給自足簡樸不浪費。**精進料理本身依照古訓製作**，除了「雪」以外的精進料理都必須先以電話預約，寺方才能依照預定的份量製作料理，而不會浪費。

竹林の道

⊙別冊P.12,B4 ⊙天龍寺北側的道到野宮神社周邊

由野宮神社通往大河內山莊的路段，是條**美麗的竹林隧道**。夏日涼風習習，翠綠的竹蔭帶來輕快的涼意；冬天則有雪白新雪映襯著竹子鮮綠，別有一番意境。這片竹林也是特別有嵐山氣氛的風景之一。

御髮神社

⊙別冊P.12,A4 ☎075-882-9771 ⊙京都市右京區嵯峨小倉山田淵山町10-2(嵯峨観光鉄道トロッコ嵐山駅前) ⊙自由參觀 ⊙自由參拜 ⊙ mikami-jinjya-kyoto.com

御髮神社是**日本唯一一個以「美容、頭髮、化妝」等事業為主要祭祀的神社**。在昭和年間，全日本的美容美髮業開始興盛，但卻於每個月17日定為公休日，就是要祭祀御髮神社的神靈。比較特別的是，為了供奉神靈，人們還會獻上一點自己的頭髮以表達感謝之意，故神社境內還有一個髮塚作為供養地。

野宮神社

⊙別冊P.12,B4 ☎075-871-1972 ⊙京都市右京區嵯峨野宮町1 ⊙9:00~17:00 ⊙自由參拜 ⊙ www.nonomiya.com

以黑木鳥居聞名的野宮神社，據信是源氏物語中六條御息所之女要前往擔任齋宮時途中的住所。與伊勢神宮相同，都是供奉天照大神(按：此神被視為是日本皇室的先祖)，但今日卻**以金榜題名與締結良緣著稱**，吸引眾多學生與年輕女性，可說是嵯峨野香火最盛的神社。

竹乃店 本店

⊙別冊P.12,B5 ☎075-861-0076 ⊙京都市右京區嵯峨天龍寺造路町35 ⊙10:30~17:30，週六日例假日10:00~18:00 ⊙www.takenomise.com

1935年創業的竹乃店顧名思義就是販賣各種竹製商品，**選用表皮色澤艷麗的最上等的竹子**，以傳統手法來製作京都茶道、花道的各種用具，店內展示了一千種以上的商品，在1樓就可以看到職人現場製作竹製品，無論調理用具、玩具或文具都可買到。

大河內山莊

薦
おすすめ

⊙別冊P.12,A4 ☎075-872-2233 ⊙京都市右京區嵯峨小倉山田淵山町8 ⊙9:00~17:00 ⊙高中大學生￥1000，國中小學生￥500(入園附抹茶)

私人庭園欣賞山林美景，登高可一望京都市街，是想遠離人群的好選擇。

大河內山莊是日本昭和初期知名的演員「大河內傳次郎」花了三十餘年所興建的私人宅邸。這座位於小倉山的山莊，沿著山腹建造的庭園四季皆有不同風情，但被京都人**公認最美的時節就是在秋天**。秋天時這裡紅葉遍谷，登高還能眺望比叡山與京都市區，風景十分秀麗。逛完庭園，還可以至茶屋享用正統抹茶，稍微休息後再前往下一個景點。

大阪
京都
嵐山・嵯峨野
➡兵庫

🍴 鯛匠HANANA 薦 おすすめ

📖別冊P.12,B4　☎075-862-8771　📍京都市右京區嵯峨天龍寺瀬戸川町26-1　⏰11:00~售完為止　❌不定休(詳見官網)　💴鯛茶漬け御膳(鯛魚茶泡飯套餐)￥2880　🌐www.hanana-kyoto.com

> 光吃生魚片已不夠看,造成話題的鯛魚茶泡飯新鮮美味沒話說!

　　鯛匠HANANA在嵐山算是一間人氣店舖,**以鯛魚茶泡飯起家,美味一傳千里**,造成長長的排隊人龍。不只招牌的鯛魚新鮮,配菜也選用嵐山在地蔬菜,品質毫不妥協。在品嚐鯛魚茶泡飯套餐時,建議可以先吃鯛魚的生魚片,感受魚肉的鮮。接著將生魚片沾滿芝麻醬,放至白飯上一同吃下,品嚐鯛魚與白飯咀嚼後的甜。最後則是一樣將沾滿芝麻醬的生魚片放置白飯上,再倒入煎茶,變成茶泡飯,愈吃愈覺清香甘甜,令人回味無窮。

🎁☕ よーじや 嵯峨野嵐山店

📖別冊P.12,B4　☎075-865-2212　📍京都市右京區嵯峨天龍寺立石町2　⏰9:30~18:00　💴あぶらとり紙5冊(吸油面紙5組)￥1960　🌐www.yojiya.co.jp

　　早已經成為京都代表的よーじや在各觀光地都可以找到,而嵐山店則擁有寬敞的空間,拾級而上,可在庭園中的坐椅稍事歇息,**店左側是專賣以吸油面紙為主的各種美容產品**,最新推出的護手霜十分滋潤,右側則有よーじや的咖啡廳,大面玻璃窗引入溫暖陽光,提供京蔬菜咖哩、和風蛋包飯等輕食,成為用餐或喝杯よーじや咖啡的最佳場所。

🎁 まゆ村 嵐山店

📖別冊P.12,B4　☎075-882-0564　📍京都市右京區嵯峨天龍寺造路町19-5　⏰9:00~17:00　🌐www.mayumura.com

　　位在天龍寺對面的まゆ村,是**專賣以蠶繭製作成一個個可愛的人形玩偶**。看著這些可愛的擺飾,很難想像原來這是利用蠶繭做成的。結合目前最紅的美妝,這裡也有專門用來去角質的蠶繭;而位在鳥居本的本店還提供蠶繭人形的體驗活動,喜歡可愛小東西的朋友不妨也動手做一個留念。

> 可愛小動物是由蠶繭做成的。

🎁 嵐山ちりめん細工館 嵐山本店

📖別冊P.12,B4　☎075-862-6332　📍京都市右京區嵯峨天龍寺造路町19-2　⏰10:00~18:00　💴金魚ミニ巾着(金魚迷你束口袋)￥418　🌐mrucompany.co.jp/realshop/chrimen-arashiyama/

　　顏色鮮豔、布料柔軟的「ちりめん」是充滿京都味道的日式織布,嵐山ちりめん細工館**運用ちりめん織布做成各式和雜貨和手工小飾品**,像是可愛的青蛙、蝸牛、晴天娃娃、牽牛花、金魚、繡球花,甚至壽司、京野菜等等,色彩繽紛,又充滿和風趣味。

琴きき茶屋

別冊P.12,B5 075-861-0184 京都市右京區嵯峨天龍寺芒ノ馬場町1 11:00~17:00 週三、四 www.kotokikichaya.co.jp

渡月橋畔的琴きき茶屋有著大大的紅色燈籠，十分醒目。琴きき茶屋在江戶時代時就在櫻花名所車折神社內開業，昭和時代遷至嵐山，歷史悠久的招牌美味就是櫻餅（櫻葉麻糬）。**定番的抹茶組合包括兩個櫻餅**，一是將道明寺麻糬包住紅豆餡再以醃漬過的櫻花葉包起，另一個則是以紅豆餡裹住的麻糬，配上抹茶都很適合。

> 櫻花葉也可以一起吃下肚。

老松 嵐山店

薦 おすすめ

別冊P.12,B4 075-881-9033 京都市右京區嵯峨天龍寺芒ノ馬場町20 賣店09:00~17:00，茶房09:30~17:00(L.O.16:30) 本わらび餅(蕨餅)¥1430，夏柑糖¥935 www.oimatu.co.jp

> 春夏秋冬皆有季節名菓，附設茶席內品嚐純手工日式甜點，優雅又滿足。

老松在室町時代就已是獻貢給宮廷的御用和菓子老舖，夏天的「夏柑糖」十分有名，其在**新鮮柑橘裡填入寒天**，充滿酸甜的香氣，是每年夏天都會大排長龍的人氣限定品，夏天來到嵐山一定要品嚐這季節限定的美味。而平時也可進來茶屋品嚐日本甜點，像是**蕨餅、善哉等，日式風情滿溢**。

> 「夏柑糖」充滿清涼柑橘清香，美味至極！

> 外牆的黑牡丹、兩間和室「白獅子」與「赤獅子」，充滿個性的壁畫出自木村英輝Ki-Yan之手。

eX café京都嵐山本店

別冊P.12,C5 075-882-6366 京都市右京區嵯峨天龍寺造路町35-3 10:00~18:00(L.O.17:30) ほくほく、お団子セット(烤糰子套餐)¥1650 www.facebook.com/excafe.official

稍稍遠離嵐山車來人往的大街，在天龍寺入口對面小巷子裡，低調隱藏著一間咖啡廳，暖簾如同高級料亭般飄揚著，穿過大門入內，彷彿進到古民家般，極上的和風空間令人感到沉穩。來到eX café，千萬不能錯過的還有話題的**竹炭蛋糕捲，不只能在店內享用，還可以當作伴手禮買回家**。喜歡日式點心的人，也很推薦點份烤糰子，自己在小火爐上烤出自己喜歡的焦痕，特別美味！

嵯峨野湯

別冊P.12,C4 075-882-8985 京都市右京區嵯峨天龍寺今堀町4-3 11:00~19:00(L.O.18:30) プレーンパンケーキ(鬆餅)¥1150，お豆腐パスタ(豆腐義大利麵)¥1380 www.sagano-yu.com

建於大正12年的**嵯峨野湯原為大眾浴池**，在擔任澡堂角色八十多年後，決定以不同形式來保存澡堂文化的店主，在昔日澡堂的中央擺上自巴黎蒐集而來的古董家具，再加上和洋交融的料理，於2004年將這裡**改建成富有歐式風味的咖啡館**。嚐起來清爽的燻鴨和風義大利麵中，因為有青蔥與洋蔥的調味，點亮了法式燻鴨肉的香氣，令人回味再三；招牌甜點蘋果塔，或是具有京都風味的抹茶歐蕾，都可作為餐後的完美句點。

大阪▼
京都
嵐山・嵯峨野
▲兵庫

茶寮八翠

別冊P.12,B5　075-872-1222
京都市右京區嵯峨天龍寺芒ノ馬場町12 翠嵐hotel京都　11:00~17:00　八翠のおさんじ(3種甜點+飲料組合)￥3500、和のアフタヌーンティー(和風下午茶)￥6100　www.suihotels.com/suiran-kyoto/restaurant/cafe-hassui/

　茶寮八翠**以日本料理技法融會了法國料理美感**，特製搭佐絕景的食藝。一日限定十份的和風下午茶，依季節色彩發想，使用和食及和菓子的食材，創作令人耳目一新的茶菓子及輕食三明治等，搭配京都老茶舖一保堂的日本茶，和洋風情在口中融會成絕佳美味，佐以近在眼前的河山景致，可謂最令人嚮往的絕景茶席。

和風下午茶依季節變換內容，每次造訪都有新感覺。

Platz

別冊P.12,C4　075-861-1721　京都市右京區嵯峨天龍寺造路町5　10:00~19:00　週四不定休　www.kyoto-platz.jp

　由於日本人習慣席榻榻米或木地板而坐，每個家庭都一定會有被稱為座布團的和風坐墊，而創業於明治20年(1887)的Platz就是以手工專門製造座布團，一走入店內，**各種尺寸的坐墊應有盡有**，另外也引進廚房用品等生活雜貨與和風家具。

人形小包包實用又可愛。

Bruce 2nd

別冊P.12,B4　075-881-6966　京都市右京區嵯峨天龍寺北造路町50-3　週五六日12:00~18:00，週二、三先打電話確認是否營業　週一、四　www.bruce-kyoto.com

　低調的店門口前擺了一個畫著可愛人偶形狀的招牌，讓走過的人都相當好奇，這是一個嵐山在地的設計品牌，於1993年開始**以人形為主題製作小包**，人形的中央是拉鍊，可以**運用作為筆袋、化妝包或錢包**，材質則有豐富選擇，包括和風布紋、合成皮、仿皮草等，另外也有小尺寸的人形可作為手機吊飾或掛飾。

嵐山咖哩

別冊P.12,C4　090-3611-5423　京都市右京區嵯峨天龍寺車道町8-5二チエーマンション1F　10:00~17:00　不定休

　在嵐山想吃咖哩，推薦來到JR嵯峨嵐山駅對面的咖哩屋品嚐。**嵐山咖哩的配料變化多樣，不管是炸豬排、雞排、海鮮等應有盡有**，不但有配好的套餐，也可以自己選擇搭配，連難得的京野菜也能在這裡吃到。炒過的加茂茄子上撒上大量九條蔥，與咖哩中香料的香味相襯，微嗆的大人滋味讓人深深著迷。

卍 大覚寺

📖別冊P.12,B1　☎075-871-0071
🏠京都市右京區嵯峨大沢町4　🕐9:00~17:00(售票至16:30)　💰成人¥500、國高中小學生¥300；大沢池區成人¥300、國高中小學生¥100　🌐www.daikakuji.or.jp

大覺寺是由**平安時代嵯峨天皇的離宮所改建而成的寺院**。到了鎌倉時代，接連幾位天皇都習慣在此處理院政，因此後人也稱此地為嵯峨御所。大覺寺境內的宸殿、御影殿、正寢殿、五大堂都**以迴廊步道相互連接**，其中宸殿是後水尾天皇由宮中移築而來的寢殿建築，宸殿內的牡丹間，裝飾有名畫家狩野山樂繪製的豪華壁畫。另外，**仿照中國洞庭湖建造而成的大澤池**，是日本最古老的庭苑池，也是春天的賞櫻名所，每年9月中旬月圓時分，還有月見大會在這兒舉行。

寫經

寫經，指的是抄寫心經。大覺寺是日本抄寫心經的起源地，收藏有多位退位天皇為祈求國泰民安而抄寫的心經。寺裡備有宣紙和毛筆，隨時歡迎參拜者進入本堂之內，寫經奉納，般若心經寫經¥1000。

卍 清凉寺

📖別冊P.12,B2　☎075-861-0343　🏠京都市右京區嵯峨釈迦堂藤ノ木町46　🕐9:00~16:00(4、5、10、11月至17:00)；霊宝館特別公開4、5、10、11月　💰自由參拜，本堂成人¥400、國高中生¥300，小學生¥200；本堂霊宝館共通券成人¥700、國高中生¥500、小學生¥400　🌐seiryoji.or.jp/

當地人都稱為「釋迦堂さん」的清凉寺包括仁王門、本堂、阿彌陀堂等，現在的釋迦堂是元祿14年(1701)重建的，裡面**收藏佛具佛畫等宗教文物，其中最珍貴的是來自中國宋朝木造的釋迦如來立像本尊**，只有每月8日上午11點及4、5、10、11月才會對外公開。

卍 宝筐院

📖別冊P.12,B2　☎075-861-0610　🏠京都府京都市右京區嵯峨釈迦堂門前南中院町9-1　🕐9:00~16:00(11月至16:30)　💰高中生以上¥500，國中小學生¥200　🌐www.houkyouin.jp　寺廟禁止攜帶三腳架進入

這個寺院是以南朝武將楠木正行的首塚，和室町幕府二代足利義詮的墳墓相鄰而聞名。不僅庭園覆蓋的落葉很美，連紅葉也富有詩情畫意，尤其是**本堂南側的庭園景觀尤佳，白砂與青苔上堆積著落葉，宛如華麗的西陣織一般。**

卍 油掛地蔵

📖別冊P.12,C3　☎075-881-3596　🏠京都市右京區嵯峨天龍寺油掛町30-1　🕐自由參觀　❶為怕引發火警，在這裡請勿吸菸

看過人把水澆在地藏身上，但卻很少見到有人將「油」直接淋在佛像上。在嵐山的油掛町，有一尊油掛地藏。**人們在祭拜後，會誠心將油淋在地藏身上。**百年前電力還不普及時的油是十分珍貴的消耗品，但人們卻捨得將珍貴的油獻給地藏，可見對當地人來說，這裡是當地十分重要的信仰中心。

為確保安全，角落還設有滅火器。

☕ Momi Cafe

📖別冊P.12,A2　☎075-882-6982　📍京都市右京區嵯峨二尊院門前北中院町15　🕚11:00~17:00(L.O.)　⚫不定休
🌐momi-cafe.com

　從清涼寺沿著道路往二尊院前進，突然出現一棟白色建築，擁有大片翠綠庭園，Momi Cafe就是每個人夢想擁有的咖啡廳。咖啡豆來自京都焙煎職人的咖啡工房，而人氣的甜點包括紅豆湯、和菓子與抹茶冰淇淋則是以京都風呈現。**午餐提供的是京都家常菜，10種以上的配菜有知名的森嘉豆腐、可樂餅等，滿滿都是京都滋味。**

☕ 甘味カフェ ふらっと

📖別冊P.12,A2　☎075-882-9636　📍京都市右京區嵯峨二尊院門前往生院町14-2　🕚11:00~17:00　⚫不定休　💰京の抹茶白玉ぜんざい(抹茶湯圓紅豆湯)¥880　🌐www.huratto.shop-site.jp/index.htm

　走在嵯峨野小路上往鳥居本前進時，不留意就很容易錯過這家小小的甘味咖啡。ふらっと**提供京都風的甜食與咖啡，讓散步的旅客能夠稍事休憩。**偌大的室內擺設小花，營造出乾淨簡單的空間，並會依季節推出不同甜品；夏天時進來店中吃上宇治金時冰或是特製冰淇淋，暑氣全消；冬天來碗熱呼呼的紅豆湯，暖暖身子再繼續行程。

🍴 森嘉

📖別冊P.12,B2　☎075-872-3955　📍京都市右京區嵯峨釈迦堂藤ノ木町42　🕘9:00~17:00(8/16、12/31至售完為止)　⚫週三(遇假日順延翌日休)、週二不定休、年始　💰嵯峨豆腐¥443　🌐sagatofu-morika.co.jp

　清涼寺旁有家遠近馳名的豆腐店「森嘉」，森嘉的豆腐以甘美的京都地下水製成，**又名為「嵯峨野豆腐」，充滿濃濃的豆腐香。**天龍寺後方巷內的「湯豆腐嵯峨野」就可嚐到森嘉豆腐的好滋味。

👁 厭離庵

📖別冊P.12,A2　☎075-861-2508　📍京都市右京區嵯峨二尊院門前善光寺山町2　🕚11/1~12月上旬9:00~16:00，其他時間需預約　💰¥500

　「欣求淨土，厭離穢土」離開污穢的人世，喜悅地追求淨土，位於小倉山麓的厭離庵正是這樣的所在。**此庵平日不對外開放，只有在紅葉的季節對外公開。**苔蘚庭園和紅葉絕妙調和，離塵脫俗的清幽淨土。

◎ 落柿舍

ⓐ別冊P.12,A3　☎075-881-1953　◎京都市右京區嵯峨小倉山緋明神町20　◉9:00~17:00，1~2月10:00~16:00　⊗12/31~1/1　◉￥300

　落柿舍最美的時刻當屬深秋，平時素樸的草庵，因紅葉點綴而遊人如織，院內40株柿木的果實在秋風中吹落一地，更添詩意。這裡因日本歷史上最著名的**俳句詩人松尾芭蕉曾於此駐留，而成為俳句愛好者的朝聖地**。舍內角落還擺了筆箋，讓遊人可以即興創作俳句，優秀作品會被收進落柿舍的文集裡。

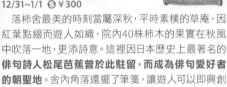

卍 祇王寺

ⓐ別冊P.12,A2　☎075-861-3574　◎京都市右京區嵯峨鳥居本小坂町32　◉9:00~16:50(售票至16:30)　⊗成人￥300、國高中小學生￥100；大覚寺祇王寺共通拝觀券￥600　ⓤwww.giouji.or.jp

　相傳**祇王是「平家物語」中大將軍平清盛所寵愛的舞妓**，不料平清盛迷上另一名舞妓佛御前，祇王和妹妹祇女慘遭流放。隔年春天，平清盛又厭倦了佛御前，召回祇王一舞；祇王的舞姿讓平清盛和諸臣感動得流淚，但深感人世無常的祇王，卻毅然和妹妹祇女、母親一起剃髮出家，隱居於祇王寺，後來佛御前也加入她們的行列。**庵內氣氛沉靜，祭祀著四人和平清盛的木像，都是鎌倉時代的作品。**

卍 常寂光寺

ⓐ別冊P.12,A3　☎075-861-0435　◎京都市右京區嵯峨小倉山小倉町3　◉9:00~17:00(售票至16:30)　⊗￥500　ⓤwww.jojakko-ji.or.jp

　這座以紅葉聞名的古寺位於小倉山麓，四周是靜寂蓊鬱的綠林，當年開山僧人即是看上它的幽僻，才選作隱居修行之地。「常寂光」這個寺名也饒富禪意，出自佛典，是天台四土之一，意為佛教的理想境界。秋楓時節的常寂光寺，**以滿地楓紅而聞名**，與一般枝頭紅葉相比，多了種華麗清寂的奇妙感受。

卍 二尊院

ⓐ別冊P.12,A3　☎075-861-0687　◎京都市右京區嵯峨二尊院門前長神町27　◉9:00~16:30　⊗國中生以上￥500，小學生以下免費　ⓤnisonin.jp/

　二尊院位於小倉山東麓，境內植有常綠的松樹，充滿寧靜清幽的氣氛。院內的總門，是從伏見城的藥醫門移築而來，本堂供奉有釋迦如來和阿彌陀如來等兩尊佛像，這就是二尊院寺名之由來。此外，**二尊院的參道被稱為「紅葉的馬場」，不難想像這裡也是紅葉名所之一。**

卍 化野念佛寺 薦

📖別冊P.12,A1　☎075-861-2221　🏠京都市右京區嵯峨鳥居本化野町17　🕐9:00~16:30(12~2月至15:30)　💰成人￥500，國高中生￥400，小學生以下免費　🌐www.nenbutsuji.jp

> 遊客不多，即使櫻花楓葉期也不會擁擠，是適合慢慢走慢慢逛的美麗佛寺。

　　化野是由生轉化為死的地方，原本是古時逝者風葬長眠之地。後來改用土葬之後，許多無名氏都沒有留下墓碑，僅有簡單的石佛、小石堆或石塔，作為葬身的標記。

　　化野念佛寺原是法然上人的念佛道場，到了明治中期，一名當地的和尚發願**將散置化野之中，無人照料的石佛、石塔集中一處，最後並在中間安置釋迦說法佛像，為這些無名死者祈求永世的平靜**。現在的化野念佛寺內共有8000尊以上的佛像和佛塔，入口附近的石佛像，是鎌倉時代的作品，佛塔則是模仿聖地(Santi)的印度舍利塔所建。每年8月23、24日，寺方會舉辦「千燈供養」的活動，在石群中點起無數小燈，祈求逝者冥福，燈火飄搖下，有種淒清祥和的奇異美感。

◎ 鳥居本町並み保存館

📖別冊P.12,A1　☎075-864-2406　🏠京都市右京區嵯峨鳥居本仙翁町8　🕐10:00~16:00　🚫週一(遇假日補休日順延翌日休)、12/26~1/6　💰自由參觀　🌐www.city.kyoto.lg.jp/tokei/page/0000281308.html

　　提到嵯峨野的觀光，大多數人都會在渡月橋、竹林、古剎間走走看看便打道回府。其實在稍遠一個的地方，還有一個重要的文化景點。**被選定為重要傳統建造物群保存地鳥居本，位在嵯峨野的較深處**，目前還保存著昭和初期的房舍樣式，傳統的民家與商家與這歷史環境並存，由**茅草築成的屋頂是最大的特色**。鳥居本町並み保存館就位在鳥居本舊建築群裡。當初為了推廣嵯峨野的散步行程，特地在此展示昭和初期鳥居本町並み的精密建築模型，讓來這裡稍事休憩的民眾不但可以近距離接觸老房舍，也可以透過保存館的展示，對這一方地區的人文歷史與地理環境有更深的了解。

🍴 🍵 鮎司平野屋 薦

📖別冊P.12,A1　☎075-861-0359　🏠京都市右京區嵯峨鳥居本仙翁町16　🕐11:30~21:00　💰季節套餐￥5000起，志んこ+抹茶￥880　🌐ayuchaya-hiranoya.com

> 日本茅草屋中品嚐傳統美味，寂靜中更添風雅。

　　在鳥居本町並み的盡頭，巨大的鳥居矗然而立，這是嵯峨野愛宕神社的一之鳥居。在鳥居旁的**平野屋已有400年歷史，自古以來便是參拜者登山前休息之處**。因位地處保津峽谷，早期這裡也以販賣香魚而聞名。現在來到這裡，可以品嚐以嵯峨野地區採得的山菜、川魚、山豬等鄉土料理，若是散步途中經過，不妨前來歇歇腿，飲一服抹茶，並嚐嚐這裡的鄉土美食志んこ。

志んこ(Shinko)

在早期愛宕信仰繁盛時期，鳥居本一帶有許多旅宿與茶屋，志んこ便是當時起源的寺前名物。將米磨成粉，除了米的原色，另分別加入肉桂與抹茶，成為三色糰子，來表現愛宕山崎嵋的山路意象。採捏成米糰後在老灶上蒸熟，端至席前再撒上黑糖粉，400年不變的傳統滋味品於今人嘴裡，格外柔膩甘甜。

亀岡
かめおか
Kameoka

位 在京都中西部的亀岡，對許多朋友來説有點陌生，但如果提到大名鼎鼎的嵐山トロッコ小火車與保津川下り，相信大家馬上會點頭稱是。舊名亀山的亀岡，位在古代丹波國的最南，西周群山環繞，地理環境優美，還是古代神話的著名場景。充滿神祕氛圍的亀岡與嵐山相近，不但有トロッコ小火車與保津川相連，像是出雲大神宮、丹波亀山城等歷史景點等都十分引人入勝，尤其春秋兩季景色宜人，厭倦京都市區內的人擠人的話，來到較無商業觀光氣息的亀岡，必能有新的體驗。

通路線 & 出站資訊

電車
JR西日本亀岡駅◇JR山陰本線
JR西日本千代川駅◇JR山陰本線
JR西日本馬堀駅◇JR山陰本線
嵯峨野觀光鐵道トロッコ亀岡駅◇嵯峨野觀光鐵道

巴士(數字為可搭乘巴士號碼)
◎「JR亀岡駅南口/北口」巴士站
1號南口乘車處◇往榛 つつじヶ丘】循環30‧循環32；往【馬堀駅】34‧36
2號南口乘車處◇往【京都先端科學大學】60‧57；亀岡市コミュニティバス
3號南口乘車處◇往【穴太寺】34‧59；往【湯の花温泉】40；往【千代川駅‧園部駅】3
4號南口乘車處◇往【保津川下り乗船場】2
5號南口乘車處◇往【阪急桂駅‧京都駅】1‧2
6號北口乘車處◇往【出雲~千代川駅前】F11

出站便利通
◎來到亀岡，最好先到位於JR亀岡駅2樓的觀光案內所，拿份巴士時刻表以免因為交通而浪費時間。
◎想要坐トロッコ小火車至嵐山的話，可以搭乘JR至馬堀駅，徒步約5分即可達トロッコ亀岡駅。
◎要遊玩嵐山與亀岡，建議可以先從嵐山搭乘トロッコ小火車至トロッコ亀岡駅，再由亀岡體驗保津川下り，回到嵐山。
◎從JR亀岡駅北口出站，徒步約10分可達保津川下り乗船場。或是搭乘2號巴士亦可。

◉ JR亀岡駅觀光案內所

別冊P.13,F2 JR亀岡駅　☎0771-22-0691 ◯京都府亀岡市追分町谷筋1-6 JR亀岡駅2F ●9:00~17:30 休12/29~1/3 ⊕www.kameoka.info/ ●英文可

來到亀岡市，如果**對交通、觀光資訊有不甚了解的地方，都可以來到位在JR亀岡駅2樓的觀光案內所**。不但有詳細的巴士時刻表與各景點的介紹，熱心的服務人員還會幫忙規劃一天行程，讓亀岡行更加完美。另外在這裡也可以買到亀岡的吉祥物「かめまる」(亀丸君)的周邊商品，熱愛可愛吉祥物的人別忘了順道來逛逛。

◎ 保津川遊船

保津川下り

📖別冊P.13,F2　☎0771-22-5846　📍京都府亀岡市保津町下中島2　🕐3/10~12/1一天共7班，9:00(有運休，詳見官網)、10:00、11:00、12:00、13:00、14:00、15:00；12/2~3/9、週六日例假日9:00~15:00滿員24名即開船　🈲12/29~1/4　💰成人￥6000，4歲~小學生￥4500　💳
www.hozugawakudari.jp

　聯絡龜岡與嵐山的交通，除了トロッコ小火車之外，還建議可以在亀岡乘坐保津川手搖船，順著保津峽而下直至嵐山。**從亀岡到嵐山約16km，坐這種傳統手搖船的方式有船夫泛舟的新鮮感**，全程回到嵐山約費時2小時，途中可以購買小點心邊欣賞兩岸風光邊品嚐，但經過溪水湍急河段十分刺激，要注意。

◎ 亀山城跡

📖別冊P.13,F2　☎大本本部0771-22-5561　📍京都府亀岡市荒塚町内丸1　🕐境內自由，大本神苑9:30~16:00(售票至15:30)　💰自由參觀，大本神苑￥300，國中生以下免費　💳
www.city.kameoka.kyoto.jp/site/kankou/3618.html
❗要參觀天守台必須至大本本部提出申請

　在明治光秀統治丹波國時，以此為據點築造了亀山城；明治10年(1877)後一直無人管理，直到被宗教法人大本購入重新整頓後，才得以開放讓大家參觀。**現存的城跡只有本丸與護城河跡的一小部分，從外堀望過來，依稀可以看見當年的樣貌。**

⛩ 出雲大神宮

📖別冊P.13,F1　☎0771-24-7799　📍京都府亀岡市千歲町出雲　🕐自由參觀　💳www.izumo-d.org

　出雲大神宮位在亀岡市的東北部，主要祭祀大國主命與三穗津姬命。**這裡主要可以保佑人們長壽、金錢運與戀愛運**，所以一直受到各地民眾的愛載，**近年更以「能量景點」聞名全日本**。在本殿後方山林裡有個稱為「磐座」的巨石，據說這裡富有不可思議的能量，吸引了許多人前來摸摸這塊巨石，希望能夠得到更多能量。另外由於這裡也是以保佑戀愛運聞名，境內有許多「愛心」形狀，就等著人們一起來找尋。

真名井の水

　出雲大神宮境內有一處湧泉，稱作真名井の水。由於這裡的水是由地下石灰岩層所湧出來的，終年常溫，所以夏天會感到清涼，冬天時會感到有些溫暖呢。由於水質甘甜，且據研究顯示，這裡的水富含礦物質，對人體很好，所以不時都可以看到有人提著大桶子來裝水回家。

卍 養仙寺

📖別冊P.13,F1 ☎0771-23-0506
📍京都府亀岡市千歳町国分南山ノ口17 ⏰自由參觀

　想看丹波七福神之一的布袋尊,推薦一定要來到養仙寺。**養仙寺內外供養著大大小小共400多尊的布袋尊,所以也被人稱為布袋寺。**笑口常開的住持説,看著這些布袋尊,體會到哭也是過一天,笑也是過一天的道理,所以希望人們來到這裡,也都可以帶著笑呵呵的心情回去,讓布袋尊永存心中。

🍴 丹山酒造

📖別冊P.13,F2 ☎0771-22-0066 📍京都府亀岡市横町7
⏰9:00~18:00,酒蔵見學8:30~17:00 💲日出る国1800ml ¥55000,純米酒丹山1800ml ¥2750
🌐www.tanzan.co.jp ❗酒蔵見學以日文進行

　走進亀山城的城下町,看到的是白壁古蔵的優美日式風情。有人説過,水是酒的生命,亀岡能以清酒聞名,可見這裡的水質一定十分清甜。**熱情的老闆娘招呼客人參觀造酒過程,還提供試喝,讓人找到適合自己的口味再購買。**偶爾還會有店內的新品試吃,讓人嚐鮮。

Ⓗ ほん梅の里

📖別冊P.13,D1 ☎0771-26-3087 📍京都府亀岡市本梅町中野清水口3 ⏰check in 15:00,check out 10:00
🌐www.honmenosato.com

　位在湯之花溫泉內部的ほん梅の里,以料理旅館而聞名。這裡沒有華麗的裝潢與氣派的房舍,房間小小的,衛浴設備也要公用。即便如此,每到假日這裡還是有許多住客。因為在這裡,**春天可以吃到最鮮嫩的山間野菜、夏天有香魚料理、秋天可以體驗採松茸、冬天還有山豬肉火鍋。一整年都有丹波才吃得到的山林美味**,無怪乎只要是遇到連續假期,不提早訂房的話都很難入住一晚呢。

Ⓗ すみや龜峰菴

ⓜ別冊P.13,D2 ☎0771-22-7722 ⓐ京都府龜岡市ひえ田野町湯の花溫泉 Ⓢ山の菴一泊二食每人￥26400起 ⓦwww.sumiya.ne.jp ❶從JR龜岡駅、トロッコ龜岡駅有預約制的免費飯店接送巴士

湯之花溫泉位在保津川上游的山野裡，是處隱身在翠綠山林裡的優質溫泉鄉。就位在湯之花溫泉鄉的すみや龜峰菴，以精緻的和風美學結合**泡湯文化，透過傳統的茅草屋頂、充滿木香的建材和細膩的懷石料理，再配合以四季環境如春櫻、秋楓和冬雪，營造出山中草庵的幽靜感。**女性專用的露天風呂內還有兩座用千年樹齡的櫻木巨根所鑿成的湯槽，秋天時湯槽旁開著金桂花，桂花的香氣在溫泉湯煙中更為馥郁迷人。此外，還有處包租式露天溫泉，藏在一片楓樹林中的涼亭下，溫泉湯池用取自溪谷的石塊不造作地圍起，在深秋時紅葉包圍下，或是隆冬的細雪裡，景色更是美麗。

🍴 旬膳 瑞禾

☎0771-22-0394 ⓐすみや龜峰菴1F ⏰早餐7：30～10：00，午餐11：30～14：30，晚餐18：00～22：00 Ⓢ泡湯+午餐方案￥7150

旬膳瑞禾是すみや龜峰菴所附設的餐廳。**以「季節料理」為名，提供的餐點絕對是最新鮮、最道地的美味。**造訪時節正是隆冬2月，這時邊享用丹波特產「野豬肉火鍋」，配上酒侍師推薦的紅酒，在舒服的用餐環境下看著窗外雪景，平日的疲憊都在這時候忘卻了。

🎁 ひしほの匠庵

ⓜ別冊P.13,F2 ☎0711-22-0204 ⓐ京都府龜岡市突拔町30 ⏰9：00～18：00(週六至16：00) ❌週日、例假日 Ⓢひしほの匠庵 しょうゆセット(五入醬油組)￥10000

有好水的地方，除了酒以外，也很適合醬油的生產。創業自江戶時期的ひしほの匠庵，是龜岡名物難波醬油的生產工廠。來到這裡，**可以親眼見到使用上百年的大釀造槽，甚至是親自登上工作台，體驗攪拌的樂趣。**老闆說，新作成的醬油(約1年)吃起來比較鹹，而放愈久的醬油口感則愈柔合。店內的招牌醬由京緋むらさき是放置1年半的濃口醬油，由於熟成度適中，不管用在怎樣的料理都很適合，也是熱銷日本的知名醬油。

高雄·周山

たかお·しゅうざん
Takao·Shyuzan

尾楓在晚秋染紅了京都諸山，和北山杉的綠形成強烈對比，豔麗得猶如藝妓撐著的風流傘；最完美的京之紅葉絕對在洛北的高雄山一帶。位於京都西北方山野的高雄，以清幽的山林風景和秋天的楓紅聞名。原本幽靜的各山寺觀光客爆增，飽滿的山色，秋紅翠綠，絕對賞心悅目，開闊的天地，絕對是在京都市區享受不到的。而在周山地區近來多了點藝文氣氛，除了富有傳統的造酒工廠，更有許多獨立雜貨咖啡店，隱居山林令人悠然神往。

通路線&出站資訊

巴士
◎JR巴士高雄·京北線
這是連接京都市與京北最方便的大眾交通運輸，總站由京都駅中央口前的巴士總站發車，可再分為三條路線，差只差在京都市內的行經路線不同，高雄、周山等目的地是不變的，若是在京都駅以外的站牌搭車，則要注意班次的不同。京都→周山1小時又30分鐘，¥1080；京都→高雄，約50分鐘，¥230。
立命館大學經由◎京都車站出發後，經過四條大宮、二條駅前、北野、立命館大學、仁和寺再至高雄·周山。
一條通經由◎京都車站出發後，經過四條大宮、二條駅前、北野、妙心寺再至高雄·周山。
烏丸經由◎京都車站出發後，經過四條烏丸、千本丸太町、北野、妙心寺再至高雄·周山
🌐www.nishinihonjrbus.co.jp/local_bus/kyoto/
◎京北ふるさとバス
這是運行在京北地區的巴士，為了推廣民眾少開車、多搭大眾運輸而設，路線有六條，以周山為中心點向外幅射。不過由於班次並不多，若要搭乘巴士遊玩京北的話，最好上官網下載時刻表，每日運行的班次也不定，需要費心比對。
🌐fuw.jp/furusatobus

優惠票券
目前優惠票券皆只有一日券，若是打算到高雄、周山住一晚則不適用。不過若是安排日歸行程，一日券十分划算，不妨精打細算一番。
周山フリー乗車券▷限購入當日使用，乗車範圍是京都至周山的一往復，而在北野至周山之間則能在當日無限搭乘。售價成人成人¥1850(通常¥2360)，兒童¥930(通常¥1180)，在京都駅前巴士售票中心(京都バスチケットセンター)購買。

出站便利通
◎高雄區域內的主要景點：高山寺、西明寺和神護寺，均在步行可以抵達的範圍。
◎周山景點分散，若想深入遊玩，會建議自駕前往。

善財童子立在石水院的廂之間，寂靜神聖。

卍 高山寺

薦 おすすめ

△別冊P.14,B6 ☎075-861-4204 ⏺京都市右京區梅ケ畑栂尾町8 ⏰8:30~17:00 ⑤自由參拜，紅葉期間入山費¥500；石水院國中生以上¥1000，小學生¥500
www.kosanji.com/

古寺美景引人入勝，鳥獸戲畫更是值得一看的重點行程。

　　高山寺建於寶龜5年(774)，當時稱作「神願寺都賀尾坊」，建成後卻荒廢四百多年，直到鎌倉時代的建永元年(1206)，明惠上人在此宣講真言宗法道而再興。周圍被一片高大挺拔的杉林和楓樹所環抱，**秋天楓葉轉紅時則是京都著名的紅葉名勝**。境內有處古老的茶園，因陽光充足且排水優良適合茶樹生長，連帶使得茶道漸漸普及，成為日本深度文化的一部份，**是日本茶的起源地**之一。

鳥獸人物戲畫

高山寺除了以日本最古老的茶園聞名外，「鳥獸人物戲畫」也是有名的國寶。鳥獸人物戲畫有甲乙丙丁共四卷，生動地將鳥獸給擬人化，線條活潑迫趣，有點類似現代的漫畫一樣，卻是平安時代和鎌倉時期的作品。原畫已搬到東京國立博物館保存，現在放在高山寺展示的是複製品，寺內還有以鳥獸人物戲畫為主題的許多商品，可以購買。

卍 西明寺

📖別冊P.14,B6　☎075-861-1770　🏠京都市右京區梅ケ畑槙尾町1　🕐9:00~17:00　💰成人¥500，國高中生¥400，小學生以下免費　🌐www.saimyoji.or.jp/

於天長年間(824~834)由空海和尚的弟子智泉所開創的西明寺，也被稱為平等心王院。現在的寺院於西元1700年重建而成，佛像、歷史文化遺跡甚多，寺內還有一尊造於**平安時代的千手觀音像，也被指定為重要文化財**。除此之外，每到秋天楓葉轉紅之際，巨大槙木與一片火紅相映，是高雄的賞楓名所。

👓 高雄茶屋

📖別冊P.14,A6　☎075-872-3810　🏠京都府京都市右京區梅ケ畑高雄 神護寺門前　🕐9:00~17:00　🈺不定休(紅葉季無休)　💰お抹茶お菓子付き(抹茶附和菓子)¥600

位在通往神護寺必經路徑的階梯旁，高雄茶屋是參拜者中途休憩的好去處。廚房位在一側，搭幾個簡單的棚子，擺上桌椅在大自然中休息吃飯，十分愜意。秋天時在紅葉林中撐開紅傘，就這麼坐在樹下吃著糰子，或是來一碗熱騰騰的蕎麥麵，一路向上爬的辛勞似乎也變得微不足道了。

卍 神護寺

📖別冊P.14,A6　☎075-861-1769　🏠京都市右京區梅ヶ畑高雄町5　🕐9:00~16:00　💰國中生以上¥1000，小學生¥500，另有特別拜觀(詳見官網)
www.jingoji.or.jp

薦 高雄的代表紅葉景點，是不容錯過的賞楓景點。

神護寺是京都有名的賞紅葉山寺，**空海(弘法大師)就在此弘法**，同時也是日本平安時代佛教的起源地，所以在日本佛界地位崇高。登上五大堂前左側石階是金堂，也是境內的最高點，下望在火紅的楓樹間佇立的各堂，是另一番美景。金堂後方，位於更高的山徑上的多寶塔，隱身在綠葉紅木間，彷若水墨畫。通往多寶塔的山徑前，還有另一條山徑通往地藏院，從這裡眺望山谷下清瀧川形成的錦雲峽，是神護寺另一紅葉絕景。

神戶寺境內名所

五大堂
先後成為這裡住持的最澄(傳教大師)、空海(弘法大師)都曾在此弘法，同時也是日本平安時代佛教的起源地，所以在日本佛教界地位崇高。五大堂曾被火燒掉，昭和時代有人捐獻才後才又重建。

毘沙門堂
堂前及堂側各有兩大棵楓樹，毘沙門堂的黑簷、廊欄間金亮火紅的楓樹更加豔麗，是神護寺境內最美的紅葉景致。

大師堂
是弘法大師從唐朝歸來後講佛的地方，也是境內唯一避過應仁之亂兵火的建築物，被指定為重要文化財，歷經七世紀的風霜，依然靜謐堂正。要入大師堂參觀(11/1~11/7)再另付¥500的拜觀料金。

大阪
京都
高雄・周山
兵庫

H 高雄もみぢ家

別冊P.14,A6 075-871-1005 京都市右京區梅ヶ畑高雄 螢火蟲與舞妓表演鑑賞的川床料理宴¥14300起 www.momijiya.jp

　もみぢ家是高雄的老牌旅館，每到了秋季賞楓時節如果沒有提早預約，不只訂不到房，連中午用餐也是一位難求。除了秋天之外，**每年的6月初到7月的夏天會推出可以坐在川邊欣賞舞妓表演的晚餐活動**，舞妓還會為你斟酒與聊天拍照。為了體貼沒開車的客人，高雄もみぢ家也提供接送服務，接駁巴士從京都市地下鐵東西線的「天神川」站和JR的「花園」站接送客人，不妨多加利用。

卍 常照皇寺

別冊P.13,C3 075-853-0003 京都市右京區京北井戸町丸山14-6 9:00~16:00 志納¥500

　走上長長參道，兩側楓林夾道，穿過山門後，依山勢而建的古老茅葺寺廟映入眼簾。常照寺於貞治1年1362由光嚴天皇建造，數任天皇在此皈依。進入方丈，可以感受歷史在這裡刻出的許多痕跡，**殿內的木造阿弥陀如来像以及両旁的侍像，被列入重要文化財。**據說開山當時，光嚴天皇親手種下**枝垂櫻，至今樹齡6百多年**，被稱為九重櫻，已被例入國家天然紀念物。

老舊的山門充滿京北風情。

蔵元一旁有塊田地種植酒米，夏初能看見農人插央、秋季能見稻穗飽滿。

羽田酒造

別冊P.13,B4 075-852-0080 京都市右京區京北周山町下台20 10:00~16:00(試飲至15:30) 週三、夏季、年末年始 3種酒試飲¥500；初日の出レミアム大吟醸 720ml¥8800 www.hanedashuzo.co.jp

　創業已經超過百年的羽田酒造是**周山地區著名的老牌酒廠**，以京都軟水與自己種植的米釀成富有地方特色的「初日の出」，一推出便打響名號，現在在京都市內的各大百貨、料亭內都品嚐得到這種酒的美味。

現烤的納豆餅沒有臭味，香香QQ很美味。

京蕎庵

別冊P.13,B3 075-854-0300 京都市右京區京北下中町町田15-2 11:00~15:00(L.O.14:30) 週二、週一晚上休 天重とそば(炸天婦羅蕎麥麵)¥1730、焼き納豆もち(烤納豆麻糬)¥500 keihoku-m.com/

おすすめ
薦

人潮絡驛不絕的鄉間蕎麥麵店，新鮮好吃吸引各路饕客不惜遠道而來。

　京北地區的好山好水，使這裡種植的蕎麥品質佳，製成的蕎麥麵更是絕品。位在道路旁的京蕎庵無時無刻不是高朋滿座，原因就在京蕎庵那微白細緻的蕎麥麵；剛**入口的蕎麥麵Q彈有嚼勁，愈嚼口中愈是蕎麥的香氣**。而坐在店家搭起的蓬舍中，望向一旁的蕎麥田更顯風雅。

大阪

京都・高雄・周山

兵庫

ⓘ ウッディー京北

📖別冊P.13,B4 ☎075-852-1700 ⓐ京都市右京區京北周山町上寺田1-1 ◷9:00~18:00() 用餐10:30~ 16:00(L.O.) ⓗ年末年始 ⓦfuw.jp/woody/

ウッディー京北是京都市第一個成立的道路休息站。位在連結京都與若狹(福井縣南部)的周山街道與國道477號線的交叉口上,ウッディー京北作為休息站,不只**提供簡易餐點**,也在木造的房舍中**販賣地產的蔬菜水果、土產**,新鮮又便宜,許多日本觀光客經過都會下車帶些地產蔬果回家享用呢!

ⓘ ☕ らふ工房360

📖別冊P.13,A4 ☎075-852-1152 ⓐ京都市右京區京北西町下迫田5-1 ◷週五、六日、例假日10:00~17:00 ⓗ週一~四、不定休 ⓦrough-360.com ❗目前暫時休業中

最能體會北山移住者的生活感小店。

遺世獨立的らふ工房360,工房可分為三個區域,一進門的左手是工藝品展示區,展示著主人三村先生的木工作品,當中也有不少**京北的職人之作**,值得細細玩味。再往深處則是女主人的**草木染織品**,製成絲巾、衣服,給肌膚更天然的觸感。而右邊的主屋則是**咖啡空間,販售女主人以蔬食為主的手作定食**,深受女性歡迎。三村太太用當季的蔬食,搭配健康的肉品,從前菜、湯、主餐、甜點,每道都是最不尋常的家常好滋味,有種到朋友家做客的溫柔感。

特別選用櫻木、檜木等比較硬質的樹木為材料,增加作品的耐用性。

ⓘ ◉ 山の家具工房

📖別冊P.13,C3 ☎075-853-7039 ⓐ京都市右京區京北塔町宮ノ前58 ◷週四~六12:00~17:00 ⓗ週一~五、日 ⓢ手作小碟子體驗¥3000 ⓦyama-kagu.com

有感於現在人的生活空間中使用太多人造素材,年限一到便得汰新,店主人田路宏一移住京北後,選擇**以自身過去7年修復古董家具的經驗為基礎,開設了這間家具工房**。木質家具經過人手的觸摸,隨著歲月會展現不同的潤澤感,稍加保養便能代代相傳。來到工房除了能挑選、訂製家具,**也能參加體驗課程,自己動手製作木造小物**。

一路指引人們進入森林的小屋指標也是出自主人之手。

ⓘ 生活アートギャラリー栖

📖別冊P.13,B4 ☎075-853-0308 ⓐ京都市右京區京北下町藤原1-4 ◷週六、日13:00~17:00 ⓗ週一~五 ⓦsumikam.exblog.jp

從ウッディー京北沿著國道477號線,轉入一處山林,栖就位在這片綠意裡。栖是由一對嚮往簡單生活的夫婦共同開設,**從庭院房舍到展示商品全都是由他們一手精選**,從布織、木工、陶器、造形創作品等,每一樣都如同有自己的生命一般展示著;而庭院中種植著許多花草,整間小店都充滿生活感。

🎁 ☕ カフェギャラリーYU

📍別冊P.13,B4　📞090-2702-8793　🏠京都市右京區京北下熊田町妙見谷1-1
🕐11:00~17:00(週五至16:00)　🚫週一、二　💰ガラスモザイク体験(玻璃馬賽克體驗)¥1000　🌐ccafegyu.wixsite.com/yuyu

　位在山林裡的YU，是間**結合咖啡與工藝展售的小店**，這裡集結了京北、美山等地的工藝家作品，如木工、陶藝、玻璃、石彫等。爽朗的女主人打理店外大小事情，靦腆的男主人則專心於玻璃工藝，並在小小的咖啡廳中開設玻璃工房，不只販賣精緻的彩色玻璃製品，也可以預約體驗教室，親手製作可愛的玻璃珠。

🎁 京北すえひろ

📍別冊P.13,B3　📞075-854-0113　🏠京都市右京區京北上弓削町段上ノ下16
🕐10:00~18:00　🚫不定休　💰杉鮓(杉壽司)7入¥1944
🌐www.keihokusuehiro.com

　京都不靠海，早期要從小浜的海邊將鯖魚運來，而這條「鯖魚街道」正會經過北山。すえひろ**將北山盛產的杉木刨成薄片，包著美味的鯖魚壽司，24小時熟成後**品嚐起來米鬆肉實，帶點木頭的香氣，堪稱逸品。不只能外帶，也可在現場品嚐大將的手藝，也可以自己試做；想要現場吃可得記得電話預約。

> 用杉木片包著的鯖魚壽司美得像工藝品。

🎁 龜屋廣清

薦（おすすめ）

📍別冊P.13,B4　📞075-852-0009　🏠京都市右京區京北周山町西丁田10-2　🕐10:00~19:00　🚫週三、不定休(詳見官網，遇聖誕節、年末年始、黃金週、盂蘭盆節照常營業)　💰ほろ酔いの酒ケーキ(清酒蛋糕)¥1650　🌐kameyahirokiyo.com

> 使用當地清酒製作的蛋糕是最佳伴手禮。

　大正11年(1922)創業的龜屋廣清，有著老派的名號，但其實是蛋糕店。**使用周山羽田酒造的初日の出大吟釀製成的清酒蛋糕可是店裡的招牌**，要注意的是，這款清酒蛋糕在夏天有可能會持續發酵，所以需要冷藏保存。而其他菓子也都富有北山情調，可以親自店內選購。

🎁 塩治軒

📍別冊P.13,B3　📞075-854-0012　🏠京都市右京區京北上中町九兎状16-3　🕐8:00~19:00　🚫1/1　💰きびもち(黍餅)¥170　🌐www.shiojiken.com

　大正5年(1916)創業至今，是京北地區本格的和菓子老舖，**最受歡迎的便是口感香Q的黍餅**，妙的是這款黍餅並非由黍米製成，而是因為創作之時將紅豆餡與麻糬一同攪打，顏色像黍米一樣澄美，所以才以此命名。

田中夫婦親切待客。

H Farm Stay Banja

別冊P.13,B4　075-855-1700　京都市右京區京北下熊田町杉ノ谷31　check in 15:00，check out 11:00　www.banja-kyoto.com/　在周山附近民宿主人可接送，需預約

北山型的古老建築裡，玄關口的土灶正燒著柴薪、木地板上的圍爐裏正冒著輕煙、要吃飯前再去田裡拔的蘿蔔，20多年前民宿主人田中先生與太太一同移住京北，看中的便是這**悠閒的生活氣氛與寧靜的生活空間**。在猶如童話故事中的山裡中，早期人們並無姓名，而是以屋號來互相稱呼；Banja便是這幢古民宅的屋號，田中先生因機緣購入，成了第9代屋主，也在這一方天地中，藉由農業體驗、陶藝體驗，加深人與人之間的交流，提供一般都市生活沒有，但卻也最難得的住宿體驗。

H 五右衛門

別冊P.13,B4　075-855-1700　京都市右京區京北下熊田町泓ケ2　check in 15:00，check out 11:00　www.banja-kyoto.com/goemon　在周山附近民宿主人可接送，需預約

民宿五右衛門改建自北山型入母屋造的民家，每一個角落都充滿昭和年代的生活感。民宿裡最特別的，當屬位在屋外的另一間浴室了。**用鐵鑄成的澡盆叫作「五右衛門風呂」**，嵌在土灶上利用柴火加熱，再以餘火保持溫度，太熱就加冷水降溫；泡澡時在盆底墊著木板阻隔熱源，與其說是浸在溫水裡，泡這種風呂時要把身體屈著、靠著鐵盆，讓溫度透到心裡。當你一邊泡著澡，外面幫忙添柴火的家人一邊問道：「水溫還合宜嗎？」，民宿主人田中生先所嚮往的，便是這樣純真的人情交流。

「讓我介紹從金星來的朋友」模樣可愛。

陶窯京の実

別冊P.13,B4　075-855-1700　京都市右京區京北下熊田町杉ノ谷31　陶藝體驗預約，最少2人，一人￥4600　kyounominori.jimdo.com/　體驗後的2~3個月才會收到成品。郵寄回台灣的費用約￥2000左右

農家民宿Banja的太太，在Banja的公共空間所開設的陶窯工房，**使用古民家圍爐裏的灰來上釉，調出不思議的色彩**。田中太太的獨特宇宙觀，製作了可愛的作品「讓我介紹從金星來的朋友」，三隻腳的奇妙生物，圓圓的頭，像臉的地方還能打開變成置物空間，可愛逗趣。參加捏陶一次可以做兩樣作品，初捏成坯後，田中太太會再燒初坯、上釉，等**出窯之後再幫忙寄回來台灣**。

美山

みやま
Miyama

位在京都府中心位置的美山町，坐落在800~900公尺群山環抱的山谷中，由良川水系的美山川則從中央流過，是處山明水秀的山間農村地區，至今仍保留了自然的原貌。其中與福島縣大內宿、岐阜縣白川鄉名列日本三大茅草屋集落的京都美山町「北」地區，被指定為國家的重要傳統建造物群保存地區，古樸的茅草屋沿著河畔而建，與自然景色完美融合的日本農村風情，洋溢著祥和的氣息。在這傳統的茅草屋集落，除了欣賞古老建物與田園相映成趣外，也可走進古老民家改裝的店家一探究竟，住一晚則更能充分體驗舊時光。

🚌路線&出站資訊:

電車
JR園部駅➡JR山陰本線
JR日吉駅➡JR山陰本線
❶搭乘電車至各車站，皆需要轉乘巴士。
巴士
◎園部駅、日吉駅下車，轉搭往知見口、美山町自然文化村方向的南丹市營巴士，在「佐本橋」、「北」、「知見口」、「田土」等站牌下車。
❷園部駅◇「北」站單程￥900
日吉駅◇「北」站單程￥600
🚌南丹市營バスwww.city.nantan.kyoto.jp/www/life/116/001/000/index_90801.html
美山観光まちづくり協會
提供地圖、景點咨詢服務
☎0771-75-9030 ◎京都府南丹市美山町安掛下23京都丹波高原國定公園ビジターセンター內 ◷9:00~17:00 ㊡週三
🌐miyamanavi.com/information/aboutDMO

> 每20年就要修理一面茅草屋頂。

◎ 美山町茅屋之里

美山町かやぶきの里

🔗別冊P.13,E3 ☎0771-77-0660 ◷自由參觀 🚗
kayabukinosato.jp/

傳統的茅草屋集落，古老建物與田園相映成趣，住一晚更能充分體驗舊時光。

美山町「北」地區為茅草屋保存區，集中有**38棟茅草屋，每一棟都是百年以上的老屋**，裡面還保存著傳統的圍爐裏。美山村最美的時刻為四月上旬櫻花盛開和楓紅季節，融合了大自然的田園風光讓所有遊客都能感受到日本原鄉之美。來這裡逛逛，最吸引人的就是純樸的鄉間風景和小小的藝廊及民宿，晚間可以找間民宿借住在茅草屋裡，感受日本鄉村濃濃的人情味。

美山 放水銃訓練

每年的春天與秋天，美山的かやぶきの里就會一齊將消防栓的開關打開，數十個水柱一齊衝上天，甚是壯觀。為了守護一幢幢古老的茅草屋，整個かやぶきの里共設置了62座消防栓，春秋這難得的景色總是吸引眾多觀光客前來欣賞。

ちいさな藍美術館

別冊P.13,E3　0771-77-0746　京都府南丹市美山町北上牧41　11:00~17:00　週一、二、五、冬季休館(詳見官網)　￥300　shindo-shindigo.com/museum/

　　ちいさな藍美術館的主人是深受美山風景吸引而搬遷來的藍染作家新道弘之,這裡除了是**作家個人的專屬藝廊也是工作室,可親眼看到如何以純天然染料完成一件件精緻藍染藝術**,喜歡的話也可以選購各種小巧精緻的藍染工藝品帶回家做紀念。

café美卵

別冊P.13,E3　0771-77-0569
京都府南丹市美山町北上牧42　10:00~17:00(L.O.16:30)　週三

　　位於かやぶきの里內的café美卵,是以中野養雞場的雞蛋直銷所兼咖啡館。店內**販售平飼(自由放養)方式產下的雞蛋製作的布丁**以及美山牛乳冰淇淋等,都是這裡必嘗的美味。另外還有戚風蛋糕、美山冰沙等點心。若是肚子有點餓了,灑點鹽就很美味的水煮蛋也是人氣之選。

Cafe ギャラリー 彩花

別冊P.13,E3　0771-77-9038　京都府南丹市美山町北揚石21-1 かやぶきの里 北村 かやぶき交流館内　11:00~17:00(L.O.16:30),冬季只於週三、六日、例假日營業　不定休　きび工房のお団子セット(團子套餐)￥600　www.instagram.com/accounts/login/?next=/cafe_gallery_saika/

　　就開設在かやぶき交流館裡的彩花,是一間**結合藝廊與喫茶的小咖啡廳,古老的茅屋地板架高,鋪設上榻榻米**營造出山里人家的悠閒氣氛。來到這裡可以慢慢的欣賞藝廊裡的作品,也可以點杯咖啡或是糰子,坐在門廊下,望向遠方美麗的山景,忙碌的塵囂都彷彿漸漸遠離般,令人感到放鬆。

美山民俗資料館

別冊P.13,E3　0771-77-0587　京都府南丹市美山町北中牧4　10:00~16:00　週一、年末年始、盂蘭盆節(約8/10~8/17)　高中生以上¥300, 國中生以下免費　miyamanavi.com/sightseeing/Miyama-Folk-Museum

藉由參觀古老民家更深入了解美山茅草屋的構造與歷史。

曾經遭逢祝融之災的美山民俗資料館重建於平成14年(2002),由老舊建材重新再利用所建成的房舍展示著北山型的茅葺式民家的母屋(起居室)、納屋(收納室)、蔵(倉庫),重現了200年前的樣貌。而在各個房間內也展示了富有歷史文化意義的農用品,讓人能夠感受到美山地區豐厚的農耕文化。

H 久屋

久や

別冊P.13,E3　0771-77-0550　京都府南丹市美山町北中牧5　年末年始　check in 15:00,check out 10:00,一泊二食,二人一室每人¥15000　https://www.kayabuki-hisaya.com/　暫時休業中

夜晚投宿在茅草屋的民宿久屋中,感受到的不僅只是美山的日本原鄉之美,更有民宿主人的熱情。為了讓住客們充分體會美山的氣息,一天只接待三組客人,晚餐是自家養的雞肉壽喜燒,搭配上直送的美山米,有的只是住客們的交談和此起彼落的歡笑聲。

自己手切的蕎麥麵粗細不一,美味度卻不減。

⬆ きたむら

別冊P.13,F3　0771-77-0146　京都府南丹市美山町北揚石21-1　10:00~15:00　週三　美山のもりそば(美山蕎麥麵)¥840　kayabukinosato.jp/eat/

在かやぶきの里前的きたむら,由古老的茅屋改建而成,提供美山最道地的蕎麥麵給到訪的遊客品嚐。推薦來到這裡可以體驗親自製作蕎麥麵,從蕎麥粉與水的比例到揉製、切麵的手法都由主廚指導,完成的蕎麥麵嚐起來香氣十足又滑溜,吃起來更是有成就感。

H 民宿またべ

別冊P.13,E3　0771-77-0258　京都府南丹市美山町北下牧25　年末年始　check in 14:00,check out 10:00,一泊二食,二人一室每人¥12100　miyamanavi.com/stay/matabe

民宿またべ就位在北村茅草屋保存區裡,不但風光明媚,還能吃到民宿媽媽依四季提供季節風味的料理,包括用自家栽種飼養的有機蔬果和河禽溪魚所烹調出的京都傳統田園鄉土料理。讓造訪美山地區的人們更留下深刻印象。

きび工房

⬆ 別冊P.13,F3　☎0771-77-0378　⬆京都府南丹市美山町北揚石21-1　⬆不定時　🕐不定休　🌐kayabukinosato.jp/eat/

　位在きたむら一旁的きび工房，專賣手工揉製的各式麻糬，而這裡麻糬的原料，像是**白米、黍米、蓬草**等都取自店前的農田

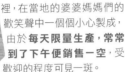

裡，在當地的婆婆媽媽們的歡笑聲中一個個小心製成，由於**每天限量生產，常常到了下午便銷售一空**，受歡迎的程度可見一斑。

美山おもしろ農民倶楽部

⬆ 別冊P.13,E3　☎0771-77-0884　⬆京都府南丹市美山町內久保池ノ谷33　⬆10:00~日落　🕐週二　💰菲力火腿100g￥756　🌐www.miyamahamu.com/

　以美山杉為主要建材的賣店兼咖啡館內，販售著**講究自然、無添加化學物質**的各式火腿，在去除筋膜與多餘油脂後，以海之精、天草鹽、沖繩島鹽等3種鹽加上甜菜等調製的調味液醃製10~20天，熟成後再**以美山町與鄰近地區的木材燻製而成**，嚐來香氣撲鼻，口口入味。

廚房ゆるり

⬆ 別冊P.13,E3　☎0771-76-0741　⬆京都府南丹市美山町盛鄉佐野前15　⬆完全預約制，12:00~14:00，18:00起　💰午間套餐￥5500　🌐youluly.umesao.com

　ゆるり是京都方言，指的是日本傳統的囲炉裏(地爐)，而在建築超過百年歷史的茅草屋餐廳ゆるり中，一進門就可看到古意濃濃的地爐，在此品嚐的是最有**當令鮮味的美山料理**，伴隨著地爐火焰的是陣陣豆腐香氣，還有窗外一整片自然美景。

許多料理用的香料，喜歡做菜的人一定會挑得很開心！

Herbalist Club・美山

はーばりすとくらぶ美山

⬆ 別冊P.13,E4　☎0771-75-1192　⬆京都府南丹市美山町野添夷堂49-3　⬆10:00~17:00　🕐週一~三、1~2月

　要造訪Herbalist Club前可得先爬個小坡，也因為這樣，這裡居高望下，開放感十足。店內一處咖啡廳，**室內空間充滿香草的香氣，同時也販售由香草製成的各式調味料、裝飾物、草木染與美山工藝品**等。在主屋旁有座標本香草園，植了200種香草；女主人表示，5~6月是賞花的最佳時機，屆時整個庭院都會開滿色彩豔麗的香草花卉，十分美麗。

美山ふれあい広場

ⓘ 別冊P.13,E4 ☎0771-75-1906 ⌂京都府南丹市美山町安掛下23 🕐9:00~17:00 休週三、年末年始 ⓦwww.michi-no-eki.jp/stations/view/653

美山ふれあい広場可以說是**美山的資訊集散地**。這裡不但設置了觀光協會，還有專賣當地農產品的「ふらっと美山」，裡面的新鮮蔬果都是販賣當天由美山農家提供的產品，新鮮有保證。另外境內的牛乳工房有好吃的冰淇淋，喜歡牛奶或冰淇淋的人可千萬不能錯過。

ふらっと美山

☎0771-75-0190 ⌂京都府南丹市美山町安掛下23-2 🕐8:30~18:00(10~3月至17:00) 休週三(1~3月，8~11月無休) ⓦwww.miyamafurusato.com/directsales

1989年由當地居民出資打造的產地直銷所，就位在美山ふれあい広場內，裡面販售的**新鮮蔬果都是由美山農家當天直送**，新鮮有保證，另外還有當地與鄰近市鎮的特產、加工品、陶藝、工藝品等。

美山のめぐみ 牛乳工房

☎0771-75-0815 ⌂京都府南丹市美山町安掛下23 道の駅「美山ふれあい広場」内 🕐10:00~16:00 休1/12~3/29 休週二 ⑤ソフトクリーム(霜淇淋)¥330、ジェラート(冰淇淋)單口味¥330、雙口味¥400 ⓦwww.miyamamilk.com/ ❗先在外頭的販券機買票，再入內取餐。

就在美山ふれあい広場內的牛乳工房，以**美山牛乳為基調**，結合地產的各種蔬果，製成一個個香醇又清爽的美味冰淇淋。而使用平飼(自由放養)所得的雞蛋製成的布丁香濃滑順，不只可以現場品嚐，也是美山伴手禮的人氣商品。

在美術館2樓還可以近距離參觀茅草屋頂的內部構造。

美山かやぶき美術館・郷土資料館

ⓘ 別冊P.13,D4 ☎0771-75-1777 ⌂京都府南丹市美山町島朴ノ木21 🕐10:00~16:30 休週一(遇假日順延翌日休)、12~3月 ⑤成人¥500，國中生以下¥300 ❗改團體預約制(10人以上)
ⓦwww.miyama-kayabuki.org

在擁有150年歷史的美山かやぶき(茅草)美術館中，可以欣賞各種藝術品味十足的展覽，主要是**展示、販售和美山町相關的藝術品**，像是陶藝、木工、繪畫等，每一樣都是出自當地藝術家之手；而郷土資料館內則收集了各種傳統日本器物、農具與書本，藉由參觀郷土資料館可深入認識美山的茅草屋文化。

大阪◆

京都

美山

◆兵庫

ぎゃらりぃ甚弥

📖別冊P.13,F3　☎0771-77-5345　⏱
京都府南丹市美山町江和小字上ㄗ前
19　⏰11:00~17:00　休不定休　🌐
web1.kcn.jp/hp3dflsw　⑩造訪之
前請一週前先致電店主人

　稻草的宿命通常都是被燒掉，但在美山，古人拿來蓋屋頂，而甚弥則是拿來築牆。這種用稻桿製成的牆在歐美已行之有年，為straw-bale house，這種由一根根吸管(稻桿)所組成的草磚牆具呼吸的特質，可在日出時吸收熱能，天黑後釋放熱能，具室內溫度調節的作用。甚弥就位在這樣一間特別的房舍中，除了**販售美山地區藝術家的工藝品外，陽台一隅也隔成咖啡**，提供旅人一個小憩空間。

Hcafe里山舍 薦

📖別冊P.13,D4　☎
0771-75-0015　⏱
京都府南丹市美山町
島朴ノ木8美山里山
舍　⏰11:00~14:00
休週一~五、例假日不定休　美山の親
子丼￥900　🌐satoyama-sha.com/
cafe.html

以傳統工法新建而成的里山舍，除了提供餐點也提供住宿，真正的慢生活當該在這裡度過。

　以土壁與傳統軸組構法所建成的里山舍位在高地上，夏天微風涼爽，冬季燒柴滿室生暖。**里山舍講求回歸原始生活的實踐**，店舖一側有條水道，在這裡利用水力發電提供小店一日所需，而廚**房內也不使用瓦斯與電力，只起一火灶便能生出滿桌佳餚**。里山舍也開放給旅人留宿，可以體驗自己自足的農家住宿。

H河鹿莊

📖別冊P.13,F3　☎0771-77-0014　⏱
京都府南丹市美山町中下向56　▽
check in 15:00~21:00，check out
10:00；露天風呂大浴場(非住宿
客)11:00~20:00(冬季至19:30)　⑤一
泊二食，兩人一室每人￥11000起；純
泡湯成人￥600，4歲~小學生￥400
🌐miyama-kajika.com/

　河鹿莊雖然不是茅草屋造型，但仍以**舒適的住宿空間與取自大自然的山野料理**和飄著玫瑰花的露天風呂(限假日)，受到眾多登山遊客歡迎，除了住宿、泡湯，在這還可購買到美山村民們手工製作的各種農特產品，如果醬、漬菜等。另外這裡不定時有農村體驗，不妨看準時機來趟美山深度之旅。

並坐在露台欣賞農村景觀，一派愜意。

◎芦生森林

📖別冊P.13,F3　☎芦生もりびと協会
050-5326-8824　⏱京都府南丹市美
山町芦生　⏰4~12月(積雪前)開放部
分路線，包括林道(到欅坂為止的路
段)、ブナノキ峠步道以及軌道(到フタ
ゴ谷前為止的路段)。當天須先到事
務所或仮入林BOX繳交申請書後方能
行入林，1人單獨前往時，入林與出林
時都要到事務所登記(窗口開放時間
為平日8:30~17:15)。⑤自由參觀　🌐
www.ashiu.kais.kyoto-u.ac.jp/

　這座由京都大學芦生研究林管理的原始森林，於2016年指定為國定公園「京都丹波高原國定公園森之京都・美山之森」，位置座落在由良川源流處。為保存森林的自然原貌，裡頭並未做過多的整修或鋪設，讓這處**蘊藏豐富動植物與昆蟲生態的大自然寶庫**，成為許多民眾健行、感受自然能量洗滌的絕佳去處。

大原

おおはら
Oohara

位於京都市北面的大原，因地處通往北方若狹地區的要衝而繁榮，平安時代以來，不少宮廷貴人選擇在此隱居，加上受臨近比叡山延曆寺影響，古寺名剎所在多有，以出家、遁世之地而聞名，氣氛格外幽靜。一進大原，就能見到翠綠田園與清淺小溪交織而成的清新風光。大原素以涼爽氣候以及秋季時分的滿山紅葉著稱，除了有三千院、寂光院等紅葉名寺，還有舒適的溫泉民宿或旅館可供宿泊。近年來觀光參業興盛，許多工藝小店、富日本風情的旅宿也應運而行，十分適合來這裡度過悠閒時光，體驗純正的日式風情。

通路線&出站資訊

巴士
◎從京都駅搭乘京都巴士17號，車班由7:24~19:21，一小時約2班車，單程成人￥560、兒童￥280，約50分。或由地下鐵「國際會館」駅前搭乘京都巴士19號往大原方向，車班由6:49~19:42，一小時約1~2班車，單程成人￥360、兒童￥180，約25分於「大原」站下車，即可徒步至各大景點。

出站便利通
◎大原區域內的觀光景點都在步行可抵的距離，從寂光院步行至三千院約半小時就能到達。另有京都巴士運行，建議事先查好巴士時刻。
◎以大原巴士站為中心，往東走是三千院和実光院，往西走則是寂光院以及兩間有溫泉的旅館：大原之里與大原山莊。沿途風景怡人，還有漬物店、工房、茶屋和名產店等，可以一路邊走邊逛。
◎勝林院、宝泉院、実光院三院都位在相同位置，徒步大約只要1分，可以互做行程串聯。
◎若想繼續在京都郊區遊玩，大原距離鞍馬、貴船(請見P.2-125)並不遠，可搭乘京都巴士55號至「貴船口」或「鞍馬」站牌下車，至貴船口單程成人￥380，約23分。

> 坐在正對庭園的位置點碗抹茶，品嘗這難得的靜好時光。

卍 **三千院** おすすめ 薦

◎別冊P.13,C2　☎075-744-2531　○京都市左京區大原来迎院町540　○9:00~17:00，11~2月至16:30，11月8:30~17:00　⑤成人￥700，國高中生￥400，小學生￥150　◐www.sanzenin.or.jp

> 大原優美寺廟，無論是欣賞佛教文化為是單純享受人文美景，來到這裡都能感到滿足。

三千院是**大原地區最優美的古寺，同時也是櫻花和紅葉名所**。三千院的佛殿供奉著三尊佛陀，中間是阿彌陀佛，右邊是救世觀世音，左邊是不動明王，還有佛陀普渡眾生到極樂世界的繪畫。此外，三尊佛陀連席而坐的阿彌陀如來連坐像，背後有巨大如船體的光芒，非常壯觀。

大阪
京都 大原
➡兵庫

大阪➡
京都
‥‥‥‥
大原
➡兵庫

卍 宝泉院

🏠 別冊P.13,C2 ☎
075-744-2409 📍京都市
左京區大原勝林院町187
🕐9:00~17:00(售票至16:30) 💰成
人￥900，國高中生￥800，小學生
￥700；附抹茶、菓子 🌐www.
hosenin.net

　寶泉院的**門票中包含一碗抹茶
與和菓子,鼓勵遊客坐在庭院前
喝茶賞景**,秋天楓紅時還有夜間
點燈的活動,火紅的夜楓更是醉
人。寶泉院中還有處「水琴窟」,可
以透過竹管聽到水滴落在石間的
叮咚聲,雅趣十足。

卍 実光院

🏠 別冊P.13,C2 ☎ 075-744-2537
📍京都市左京區大原勝林院町187
🕐9:00~16:00(依季節而異),茶席至
15:00 💰國中生以上￥500(附抹茶、
菓子￥800),兒童￥300(附抹茶、菓
子￥600) 🌐www.jikkoin.com/

　実光院是勝林院內的子院,就
位在勝林院入口一旁。実光院內
最著名的便是引進律川流泉,**以
心字池為中心的池泉回遊式庭園
「契心園」**,在一旁的茶屋品嚐抹
茶與和菓子,寂靜的氣氛與佛音
共伴,讓人心情平靜。而庭園中的
不斷櫻只在深秋時分盛開,運氣
好能在楓紅或是雪地中欣賞美麗
的櫻花,蔚為名景。

卍 勝林院

🏠 別冊P.13,C2 ☎ 実光院075-744-
2537、宝泉院075-744-2409 📍京都
市左京區大原勝林院町187 ▾
9:00~16:30 💰國中生以上￥300,兒
童￥200 🌐www.shourinin.com/

　勝林院以「大原問答」聞名,西元1186年法然上人在此與各家佛學宗派
的僧侶進行辯論,討論淨土宗唸佛往生的道義宗論,為當時宗教盛事。勝
林院擁有**清幽雅致庭園的古寺**,比起其他大原地區在建築上顯得更為開
闊豪邁,木造的**本堂顯得古意盎然**,在下雪的寂靜景色更為優美。

卍 寂光院

おすすめ
薦

🏠 別冊P.13,A1
☎ 075-744-3341
📍京都市左京區
大原草生町676

平家衰亡後遁隱
之尼庵,豐厚的
歷史秘話與美景
讓人流連再三。

🕐9:00~17:00,12月、1/4~2/28為
16:30,1/1~1/3 10:00~16:00 💰高
中生以上￥600,國中生￥350,小學
生￥100 🌐www.jakkoin.jp

　寂光院為聖德太子弔祀父親用
明天皇所建,包括山門、本堂和書
院,構造十分簡樸,古老的庵舍上
長滿植樹苔蘚。寂光院本堂以奉
祀本尊的地藏菩薩立像為主,境內
植有許多楓樹,**每年秋天楓葉轉
紅之際,是景色最美的時刻**。附近
有幾家販賣漬物的土產店與點心
店,可在此喝杯抹茶稍做休息。

大原女變身

別冊P.13,B2 大原觀光保勝會
075-744-2148　10:00~14:00
雨天中止　換裝體驗¥2500
kyoto-ohara-kankouhosyoukai.
net/detail/5410/　採電話預約制，一日限5人。著大原
女衣裝在大原各店家消費都會有折價或小禮物優惠

每個女孩來到大原必做的變身體驗，就換上傳統服飾裝個可愛吧！

古時候大原的女性從山區收集柴薪，然後步行至京都市集販賣，沿街叫賣的大原女們頭頂柴木，身穿純樸而不失俏麗的藍染服飾，頭髮則有別於其他京都人挽成一束，成為過去熱鬧繁華的京都市街中，令人難以忘懷的風景。現在來到大原也能**體驗變裝**，就換上可愛的傳統衣束在大原的街上散步吧！

大原女祭

每年春季舉辦的大原女祭，是為了紀念這些大原女所舉辦，為期十數天的祭典中有可免費體驗大原女裝束的「回憶大原女」、「大原女時代行列」。不像一般祭典的參加者只限於當地民眾，外來遊客只要事先預約，便可以一同參與。「大原女時代行列」是整個祭典活動的高潮，約有70幾名從年長到只有7、8歲大的當地女性，分別打扮成室町、江戶、明治、大正各時期造型的大原女。遊行路線為勝林院與寂光院之間，每年輪流從勝林院或寂光院出發。

大原工房

別冊P.13,B2　075-744-3138　市都
市左京區大原草生町327　9:00~17:00
週三　染布體驗¥1000起　www.
ohara-koubou.net

自己種棉、紡紗、草木染、織布，大原工房利用大原土地的恩惠，創作出**一件件溫暖的紡織作品**。來到工房可以親眼見到職人工作的情景，也能直接購買手工作品。想要深刻體驗山里生活的人更可以參加多日體驗行程，從撿集草木、染絲、紡紗、織布等，讓人一次了解草木染作品的所有製程。

喜歡體驗課程的人也可以事前預約，動手染出屬於自己的淡藍作品。

工房 藍の館

別冊P.13,B2　075-744-2404　京都市左京區大原大長瀨町276
10:00~15:00　不定休、年末年始
藍染體驗(2小時，需預約)手帕¥3000，T恤¥8000起　aizomeya.com/　由於職人並非專營體驗課程，若想體驗則需配合職人的時間

原本創業於京都西陣的藍の館於平成5年移居至離三千院稍遠的高地上，**藍染職人堅持使用由灰汁發酵的天然藍染原料**，染好的布會與本地設計師合作，裁成一件件美麗的衣裳，雖然大多作品皆於各大百貨中展售，但**工房中也有一些衣服、布包可供選購**。

🍴 ☕ OHARA River side café KIRIN

大原リバーサイドカフェ キリン(来隣)

📖 別冊P.13,B2　☎ 075-744-2239　📍京都市左京區大原来迎院町114　🔽
11:30~21:30　📅週二　🌐www.facebook.com/OharaRiverSideCafeKirin/

　　位於河邊的舒服咖啡館。**午餐時段提供大原山菜吃到飽的豐盛中餐，可以一口氣嘗到十道以上以大原季節蔬菜與食材做成的當地料理，美味又健康**，非常受女性歡迎。下午時段則提供飲品和甜點。咖啡豆也是大原本地工房所烘焙的。店裡還有一小區雜貨區，邊吃邊逛邊拍照，一不小心就逗留了好久。

可愛的飯糰主食有好多口味可以挑選。

🎁 みつる工芸

📖 別冊P.13,A1　☎ 075-744-2069　📍京都市左京區大原草生町60　🕘9:00~17:00　📅週日、例假日　💰麻の日傘￥17600~26400
🌐 kakishibuzome.com

　　みつる工芸是間**柿涉法染布老舖**，在大原乾淨的泉水旁遵循古法，**一張一張手刷染色**，十分用心。早期用柿子擠出來的汁來染布是為了防水、防蟲，但在這則延續其耐用防黴的特性，再加上創新的設計，保留素材原有的特性，創造出一件一件別具心裁又富古意的實用作品。

🎁 和紙工房 もとしろ

📖 別冊P.13,C2　☎ 075-744-2038　📍京都市左京區大原来迎院町400-3　🕘10:00~15:00　📅11月中　💰和紙體驗￥500　❗體驗需1日前預約，2人以上開課

　　和紙工房もとしろ**店內擺著許多由和紙製成的商品，小到平常的信紙、便箋，大到像是錢包、桌上擺飾、玩具等**，種類千變萬化，每樣都充滿濃濃和風，讓人愛不釋手。來到店內一隅還有處可以讓人親手製作和紙的小小工房，喜歡和紙粗樸質感的人一定要來體驗看看。

H 大原山莊

ⓐ別冊P.13,A1 ☎075-744-2227 ⓝ京都府左京區大原草生町17 ◉check in 15:00，check out 10:00 ⓢ一泊二食，二人一室每人¥8800起 ⓦwww.ohara-sansou.com

大原的溫泉源泉就位在大原山莊，**山莊後方沿著花木扶疏的步道順著山坡走，就可看到用岩石堆砌成的露天風呂**，可眺望山莊前的青翠山巒，以及夜晚的滿天星斗。山莊內所提供的料理都是用附近農家栽培的新鮮蔬菜做成，鮮嫩碩大的有機蔬菜不需多加調味就能散發自然的甘美，冬季還能品嚐山里特有的山豬肉火鍋，充滿鄉間純樸味道。

H 芹生

ⓐ別冊P.13,C2 ☎075-744-2301 ⓝ京都市左京區大原三千院畔 ◉check in 15:00，check out 10:00 ⓢ一泊二食，二人一室每人¥30250起 ⓦwww.seryo.co.jp

位在三千院參道前的芹生，一般時段除了提供精緻味美的和風料理，同時也是**以懷石料理聞名的料理旅館**，館內提供溫泉風呂設施，擁有庭園風格的造景與檜木湯池，泡起來格外舒適。

♨ ☕ 足湯café

ⓢ大原山莊075-744-⋯227 ⓝ大原山莊前 ⋯1:00~17:00 ⓧ週一~五 ⓑホットコーヒー(熱咖啡)¥990 ❶住宿在大原山莊的客⋯折價¥100.附毛巾可擦腳，人潮多時每人限泡40分鐘

大原山莊以溫泉聞名，為了服務無法泡湯的客人，⋯地在旅館門開設了足湯咖啡，提供一個可以放⋯的自在空間。逛完寂光院感到腳痠時，不妨來這⋯里泡泡腳，待體力回復後再繼續行程。

> 一邊泡腳一邊喝飲料太舒服了。

Ⓨ 味工房志野 大原街道店

ⓐ別冊P.13,B2 ☎075-744-2470 ⓝ京都市左京區大原戶寺町173-2 ◉9:00~18:00，週日7:30~18:00 ⓢゆずのぽん酢(柚子醋沾醬)400ml¥918 ⓦwww.sino.co.jp

味工房志野以手作沙拉醬汁起家，清爽健康的口味深受許多年輕女性與家庭主婦喜愛，近年來更**因沙拉醬汁而成為網路購物的人氣店家**，於是許多人特地來到大原，就是為了購買志野的商品。另外醬油、醋等調味料也很值得試試，雖然店家並不強調其產品無化學添加物，但因為只使用天然素材，從大家熱烈買氣就知道有一定的水準。

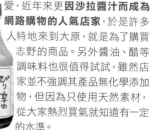

天橋立·伊根
あまのはしだて・いね
Amanohasidate·Ine

天橋立與松島、宮島並列為日本三景，有一道長3.6公里的白沙灘，以S形的姿態橫跨在宮津灣的西邊，沙灘上長滿青松，形成藍綠交織的美景。自古以來，這個不思議的天然景觀就流傳著許多美麗的傳說，當地人相信這道長灘是天神在地上架設的橋，因此就取名天橋立。除了美景與百大名水、溫泉之外，天橋立的紅酒和海鮮也相當有名；再往北的伊根舟屋風情引人入勝，而冬季的螃蟹，更是這兒的定番美味。海景、歷史、美食加上近年來新開發的溫泉，讓這一帶成為京都府北邊一個充滿魅力的熱門景點。

🌳 元伊勢 籠神社

🏠別冊P.15,B1 ☎0772-27-0006 📍京都府宮津市字大垣430 ⏰7:30~16:30(年末年始依季節而異，詳見官網)，授与所8:30~16:30 💰自由參拜 🌐www.motoise.jp

與三重伊勢神宮同樣，祭祀著天照大神與豐受大神的籠神社，而這裡的本殿也與伊勢神宮一樣採取神明造的樣式，訴說著其歷史性的正統與悠久。籠神社四周森林環繞，通往傘松公園的小路上商店林立，當地小吃、名產一應俱全。

交通路線&出站資訊

電車
丹後鐵道宮津駅➪丹後鐵道宮福線、宮舞線、宮豐線
丹後鐵道天橋立駅➪丹後鐵道宮豐線
ℹ雖不是JR西日本的車站，但從京都駅每天會有4~5班特急列車はしだて往返天橋立

巴士
◎從宮津駅前可搭乘丹後海陸交通巴士「伊根線、蒲入線、経ヶ岬線」，可直達天橋立駅與伊根町。
天橋立→伊根◔約1小時，¥400
◎從京阪市區搭乘丹後海陸交通巴士高速巴士可直達至天橋立與伊根：
大阪梅田→天橋立駅◔約2小時40分，國中生以上¥2700，小學生¥1350，未滿6歲免費
京都→天橋立駅◔約2小時10分，國中生以上¥2900，小學生¥1450，未滿6歲免費
🌐丹後海陸交通巴士www.tankai.jp

優惠票券
丹後天橋立伊根フリー(丹後天橋立伊根Free)➪這是一張可以在期限內無限次搭乘範圍內路線巴士、觀光船、遊覽船的車票，如果想要兩天內玩遍所有大小景點，才會划算。
🚌範圍：路線巴士(宮津市、京丹後市、伊根町等)、天橋立觀光船(宮津棧橋~天橋立棧橋~一の宮棧橋)、伊根灣めぐり遊覽船，及傘松公園登山車與吊椅式纜車(府中駅~傘松駅)。使用成相寺登山巴士及入山費時，出示票券也可享有打折價
⏰使用期間：連續2日 💰購買地點：天橋立棧橋乘船處、一の宮棧橋乘船處、府中駅 💴成人¥2600，兒童¥1300 🌐www.tankai.jp

出站便利通
◎天橋立範圍甚大，靠步行搭配腳踏車等交通工具，就可以輕鬆遊逛區域內的所有主要景點。
◎想從天橋立前往伊根可利用巴士往返，JR天橋立駅出站即可看到巴士站牌，搭乘5、7、8、9號巴士在「伊根湾めぐり·日出」、「伊根」、「舟屋の里公園前」等站牌下車。
◎天橋立可以分為JR天橋立駅附近的文珠地區和傘松公園附近的府中地區，兩區中間以天橋立沙嘴相連。兩區之間則可靠腳踏車、乘船或步行串連。
🚲腳踏車➪天橋立兩端有腳踏車租借處，2小時以內¥500，超過1小時加收¥300。
🌐www.tankai.jp/rentacycle/
⛴觀光船➪一趟時間約12分，班距30分鐘一班；天橋立棧橋~一の宮棧橋單程成人¥800，兒童¥400；來回人¥1300，兒童¥650。
🌐www.tankai.jp/sightseeingboat/
◎伊根小鎮順著伊根灣而建，道路相當單純，從最西邊的觀光船碼頭繞上高處的舟屋之里公園是2.9公里，觀光船碼頭到最東邊的龜山岬角大約是4公里。
◎由於伊根巴士班次不多，建議依個人腳力信步遊逛。
◎伊根町コミュニティサイクル(無料自転車)➪在伊根町觀光案内所每日9:00~16:45(除年末年始外)提供免費腳踏車租借(大人用10台、小孩用3台)，需填寫申請書，繳交保證金¥2000，並於16:45前歸還至伊根町觀光案内所即可。
🌐 www.ine-kankou.jp/active/freecycle922

天橋立觀光協會
☎0772-22-8030 📍京都府宮津市字文珠314-2 天橋立駅內 ⏰9:00~18:00 🌐www.amanohashidate.jp
伊根町觀光協會
☎0772-32-0277 📍京都府与謝郡伊根町字平田491 ⏰9:00~17:00 🌐年末年始 🌐ine-kankou.jp

👁 天橋立View Land 薦 おすすめ

📖別冊P.15,B1 ☎0772-22-1000 ⚲京都府宮津市天橋立文珠 🕐(2/16~6/20、10/1~11/15)9:00~17:00；(7/16~9/15)8:30~18:00；(11/16~2/15)9:00~16:30；(7/1~7/15、9/16~9/30) 9:00~17:30

搭乘纜車，從制高點欣賞到的天橋立美景猶如是奔龍一般無限壯麗。

登山纜車定期檢修期間，週三居多(詳見官網) 💰入園+登山纜車(リフト・モノレール)來回券國中生以上￥850，小學生￥450，可自由選擇搭登山纜車(モノレール)或是吊椅式登山纜車(リフト)；摩天輪￥300 🌐www.viewland.jp

　天橋立View Land是一個多方位的遊樂園，由於**從這裡看出去的天橋立像昇天飛龍，故又暱稱這裡望出去的景色為「飛龍觀」**。除了可以展望美景之外，這裡也有一些遊樂設施，像是緩緩轉動的摩天輪、高架腳踏軌道車，都是可以更高一層欣賞天橋立美景的設施，不怕高的人一定要試試！

飛龍観回廊

從天橋立View Land看到的天橋立景色已經夠美了，但天橋立View Land更在園內建了座高台，讓人可以更上高點觀賞美景。站上飛龍観回廊看得更遠，又為免費設施，很受歡迎。

湧泉可直接飲用，清涼甘甜。

👁 傘松公園

📖別冊P.15,B1 ☎天橋立觀光協會0772-22-0830 ⚲京都府宮津市大垣75 🕐ケーブルカー(登山車)車程4分，9:00~18:00每0、15、30、45分發車；リフト(吊椅式登山纜車)車程6分，3/1~12/15 9:00~16:00隨時運行 ❌リフト(吊椅式登山纜車)12/16~2月平日休息(1/1~1/5除外) 💰登山車(ケーブルカー・リフト)來回國中生以上￥800，小學生￥400 🌐www.amano-hashidate.com/cablecar/

　「傘松」名字的由來是位在台地上的兩株老松樹遠看像兩把傘一樣，因而取名傘松。搭乘纜車登上傘松公園可以一眼望盡天橋立的美景，**從這裡望去的天橋立呈現斜斜的一劃，故又被稱為「斜め一文字」**，與「天龍觀」、宮津的「雪舟觀」、与謝野的「一字觀」並稱為天橋立四大觀。

股のぞき

在天橋立有一種有趣的欣賞方法，叫作「股のぞき」，也就是説站在指定的位置，低下頭從兩腳之間反著看天橋立的景觀，這麼做的話，就會發現天橋立真的就好像橋在天上的橋一樣呢！

⛩ 真名井神社

📖別冊P.15,B1 ☎元伊勢籠神社0772-27-0006 ⚲京都府宮津市中野 🕐自由參觀 💰自由參拜

　真名井神社是籠神社的奧宮，以純淨甘甜的湧泉聞名；據說豐受大神的臉化為藤花，靈魂化為湧泉，所以這方湧泉又被稱為御神水。境內綠蔭處處十分清幽，主殿後方的磐座是塊神聖的大石頭，近來更被認為是充滿能量的靈場，是著名的能量景點。

大阪→

京都

天橋立·伊根

→兵庫

👁 天橋立 松並木

🅰別冊P.15,B2　🚹天橋立觀光協會
0772-22-0830　📍京都府宮津市文殊～
府中　🕐自由參觀　💲自由參觀

全長約3.6公里的天橋立沙嘴分隔了宮津灣與阿蘇海(內海)，狹長的沙灘上植滿大大小小約8000株松樹，原本的目地是用來防風，但現在已經成為散步、騎腳踏車的好去處，更被選為日本名松百選之一。沙嘴上有幾處海水浴場，度假氣氛濃厚。

> 走完單程約1小時，騎腳踏車約20分。

🍴 橋立茶屋

はしだて茶屋

🅰別冊P.15,B2　🚹0772-22-3363　📍京都府宮津市文殊 天橋立公園内　🕐10:00~17:00　🚫週四(夏季無休)　💲あさり丼(花蛤丼) ￥1100　🌐www.hashidate-chaya.jp

這是間位在天橋立白砂青松上的一間飲食店，店內有舒服乾淨的座席，而店外也有紅傘與椅子，不管是中午前來用餐，或只是散步途中想要喝杯茶、吃份糰子，都十分適合。尤其要推薦這裡的名物あさり丼，由天橋立四周的海裡撈上來的花蛤，鮮甜美味，值得一試。

卍 智恩寺

🅰別冊P.15,B2　🚹0772-22-2553　📍京都府宮津市字文珠466　🕐自由參觀　🌐www.monjudo-chionji.jp/

「三人寄れば文殊の知惠」意思類似我們的「三個臭皮匠勝過一個諸葛亮」，而文殊菩薩在日本人心目中正是一個充滿智慧的象徵，日本全國總共有三大供奉文殊菩薩的地方，稱做日本三文殊，而天橋立的智恩寺就是其中之一，別稱文殊堂。智恩寺的木造建築保存著簡樸恢弘的古風，因為這裡有護佑學子智慧增長的傳說，每年到了考季，許多家長考生都湧到這裡參拜，希望可以增長智慧考運順暢。

> 據說撿到三支松針連在一起的「三鈷の松」，就能得到幸福！

勘七茶屋

🅰別冊P.15,B2　🚹0772-22-2101　📍京都府宮津市文珠471-1　🕐8:00~17:00　🚫不定休　💲智恵の餅3個￥300　🌐www.monjusou.com/group/

> 薦 おすすめ
>
> 在好吃的麻糬覆上紅豆泥，加了點鹽引出甜味卻不膩口，好吃至極！

位於智恩寺正對面的勘七茶屋隸屬於旅館文珠莊，創業於1690年，是寺前「四軒茶屋」，也就是唯「四」獲准能在寺廟前販賣智恵餅的老舖之一。傳說文殊菩薩將智慧託付在餅上，吃過的人能夠讓智慧倍增，是前來參拜的人一定不能錯過的名物。

Ⓗ 對橋樓

🔖 別冊P.15,B2 📞0772-22-2101 🏠京都府宮津市文珠
471 ⏰check in 14:00~18:00，check out 10:30 Ⓣ
www.taikyourou.com/

　對橋樓是**天橋立第一間開業的旅館**，從1870年至今，已有超過百年以上的歷史，百年來遊客絡繹不絕，**歌人與謝野晶子夫婦等文人曾在此下榻**。對橋樓**總共只有十間房**間，也讓這裡擁有獨特的溫馨感，並保有傳統旅館引以為傲的待客之道——各個角落細心插置的美麗鮮花、初到時迎客的熱茶與智慧之餅、細膩美味而貼合時令的日式晚餐、選自日本各地的眾多日本酒，以及總是親切有禮的服務人員。另外，留宿的客人除了對橋樓一樓充滿古風的溫泉，也可以免費使用姐妹館文珠莊現代豪華的溫泉浴場。

👁 天橋立酒莊

天橋立ワイナリー

🔖 別冊P.15,B1 📞0772-27-2222 🏠京都府宮津市字国分123 ⏰10:00~17:00 ⓧ週三
Ⓣwww.amanohashidate.org/wein

　天橋立的府中地區也是著名的紅酒產地，在此可試喝紅酒，少見的以百分百丹後盛產的葡萄所釀造，實屬珍品。當然也可參觀讓紅酒沉睡的橡木桶酒窖，由專人解說。2樓的餐廳就可眺望環繞著葡萄酒館的大片葡萄園，並可看到最有名的天橋立景觀。

♨ 智惠の湯

🔖 別冊P.15,B2 📞0772-22-1515 🏠京都府宮津市文珠
640-73 丹後鉄道天橋立駅構内 ⏰12:00~21:00 ⓧ週三、週四 💰國中生以上￥800，小學生￥400 Ⓣwww.viewland.jp/chienoyu/

　天橋立還擁有天然溫泉，天橋立車站前就有唯一一分公共溫泉浴場「智惠の湯」，**無味、顏色淺褐的天橋立溫泉中含有「重曹質」**，泡過之後皮膚感覺滑溜溜的，也希望智慧如同健康身體一起成長。

🍴 ぶどう畑のマルシェ&レストラン

📞0772-27-1717 🏠天橋立ワイナリー2F ⏰午餐
11:00~14:00(L.O.)，咖啡廳11:00~17:00 ⓧ週三及第2、第4個週二 💰成人￥1800，65歲以上￥1700，小學生￥900，4~6歲￥530

　天橋立ワイナリー的別幢2樓有一間以地產蔬菜為主題的餐廳，採取吃到飽的方式，但由於**料理大多為蔬菜，且空間明亮時尚，十分受到女性歡迎**，中午用餐時段一眼望去都是並嚐紅酒邊享用料理的女性居多。除了吃到飽外，飲用紅酒需要另外加價，可以詢問待者推薦適合的酒類，為美味餐點加分。

大阪
京都
天橋立‧伊根
↓兵庫

👁 伊根灣めぐり

薦 おすすめ

🅰別冊P.35,C5 🅱日出棧橋乘船場
0772-32-0009 🅲京都府与謝郡伊根町字日出11 ⏱9:00~16:00,每小時的整點與30分發船,周遊一圈約25分鐘 🅢國中生以上¥1200,6~12歲¥5600 🅦www.inewan.com/#kankousen

> 要說從陸地上看到的舟屋是沿著海灣延伸的錦帶的話,那從海上看到的舟屋則整齊排列像是積木。

　想要從海上欣賞舟屋之美,建議可以搭船巡遊伊根灣。搭乘伊根灣遊覽船一次**約25分鐘,船會繞行伊根灣一舟**,可以看到整個伊根的舟屋風景,接近成排舟屋時還會稍停讓遊客拍照。不只如此,沿岸風景悠美,飛翔在船尾的海鷗搶食遊客手上的飼料,也是另一種風趣。

伊根舟屋

　伊根舟屋是日本難得的水上船屋景觀,二層樓的木造房屋就著海灣而建,形成獨特景觀。位在丹後半島伊根町的舟屋群,因為海灣三面環山、海灣中又有一小島「青島」形成天然的防波堤,平靜無波且漲潮幅度不高的灣岸就成為舟屋形成的要素,舟屋的1樓就是漁民停泊船隻的倉庫,2樓則是住家。

🎁 向井酒造

🅰別冊P.35,C5 🅲0772-32-0003 🅲京都府与謝郡伊根町平田67 ⏱9:00~12:00,13:00~17:00 🅷週四、年末年始 🅢伊根滿開720ml ¥2090 🅦kuramoto-mukai.jp/

　向井酒造創業於1754年,是伊根的老牌酒蔵。近年來,這裡因為女兒久仁子回家繼承「杜氏(酒蔵的領導者,需負成品好壞的全責)」職位引起不小的話題,而她使用古代米的原創酒「伊根滿開」因為創新的想法與美味的成果,釀造出向井酒造的再高峰。這由難得一見的**女性「杜氏」**所創造出的獨特酒品,口感溫潤令人不敢相信杯中那酸甜猶如果實酒的竟是清酒的一種。如今來到這裡可以試飲各式清酒,但季節不同能品到的酒也不同。

> 伊根滿開口感溫潤,酸甜猶如果實酒。

👁🍴☕ 舟屋日和

🅰別冊P.35,D5 🅱鮨割烹 海宮 WADATSUMI 0772-32-1710;INE CAFÉ 0772-32-1720 🅲京都府与謝郡伊根町字平田593-1 ⏱鮨割烹 海宮11:30~14:30(L.O.14:00)‧17:00~20:30(L.O.20:00);INE CAFÉ 11:00~17:00(L.O.16:30);依季節而異 🅷週三、INE CAFÉ午餐不定休 🅦funayabiyori.com/

　舟屋日和改建自傳統舟屋及其一側的母屋,以觀光交流設施之姿,為造訪伊根的遊人打造出一個能夠快速認識伊根的環境。除了不定期舉辦體驗、講座之外,**常設的咖啡INE CAFE與餐廳鮨割烹海宮也提供面向伊根灣的無敵海景座位**,讓人不管是品嚐咖啡還是海鮮餐點,都能感受最美的一刻。

◉ 舟屋之里公園

道の駅・舟屋の里公園

📖別冊P.35,D5 ☎0772-32-0680 ♨京都府与謝郡伊根町字亀島459 ⏱9:00~17:00(依店舖而異)

　舟屋之里公園是個道路休息站，這裡不但**有觀光案內所、土特產店、知名的餐廳**，更特別的是其居高臨下的地理位置，可以**遠眺伊根灣舟屋美景**，若是開車前來伊根，千萬不能錯過這裡。而有名的餐廳油屋便位在此處，吸引眾多饕客前來一嚐美味，每到用餐時間可是人山人海。

🍴 油屋

☎0772-32-0750 ♨道の駅・舟屋の里公園1F ⏱11:00~17:00 週三 🈹海鮮丼￥2000

　由京都丹後老舖溫泉旅館油屋所開設的食事處，不管何時造訪，就算過了用餐時間，也總是排著長長的人龍，為了要一嚐最鮮美的伊根海味，等上1小時都甘願。油屋只**提供定食與海鮮丼兩種料理**，新鮮的海產都是**當天現撈鮮剖**，切得厚實的生魚片吃來更是豪快！若是不敢吃生魚片的人，也很推薦醬油煮魚，傳統日本好滋味更是讓人意猶未盡。

從慈眼寺能一望伊根灣的美麗舟屋景色！

卍 慈眼寺

📖別冊P.35,D5 ☎0772-32-0012 ♨京都府与謝郡伊根町字亀島887 ⏱自由參觀

　慈眼寺是曹洞宗的寺院，也是伊根龜山地區的居民信仰中心。嚴格算起來這裡並不是給遊客觀光的寺院，而是在1982年的男人真命苦系列電影「寅次郎的紫陽花之戀(寅次郎あじさいの)」曾出現的場景，**美麗的伊根灣美景深刻烙在人心，也成為電影迷的朝聖之地。**

☕ 伊根工房・ギャラリー舟屋

📖別冊P.35,D5 ☎0772-32-0071 ♨京都府与謝郡伊根町字亀島848 ⏱10:00~15:00 週二 🈹藝廊可免費參觀，舟屋見學(含咖啡)￥500

　由陶藝家倉攸佳衣開設的伊根工房就位在由舟屋改造的房舍之中，除了**作為工作室之外也展示陶藝作品**，許多諧趣的陶藝品與陶杯陶盤，溫潤的光澤讓舟屋裡的時間似乎也變慢了。舟屋內靠海的一側開設咖啡廳，不妨坐下來聽聽海潮，一邊品嚐美味的咖啡吧！

大阪
京都
天橋立・伊根
➡兵庫

🍴H 兵四樓

🅐別冊P.35,C5 ☎0772-32-0055 🏠京都府与謝郡伊根町字平田155-2 ⏰11:00~14:00，17:00~21:00 🈺週四 💴燒魚定食￥1800

　推開厚重的門，女將親切的招呼聲，讓人感受到伊根濃濃的鄉土人情。兵四樓是當地**少數晚間也營業的餐廳**，許多不包餐的民宿都會推薦來這裡用餐，當然，**食材新鮮**，料理手法道地，也是大家推薦的原因。

煮魚鹹香下飯，關西特有的香甜醬油更是誘人食慾。

H 鍵屋

おすすめ
薦

🅐別冊P.35,D5 ☎0772-32-0356 🏠京都府与謝郡伊根町字亀島864 ⏰check in 15:00，check out 10:30 🌐www.ine-kagiya.net

夜宿舟屋體驗海上生活。

　伊根目前保存下來的舟屋約有230棟，其中約有10多家經營民宿，而**鍵屋是連在地人也大力推薦的優值民宿之一**。以舟屋改建的鍵屋，將停放漁船、漁業準備的1樓改為客廳，2樓起居室則改為房間與交誼庭，小小的空間每天只接待一組客人，可以盡情享受寧靜的舟屋住宿體驗。

H WATER FRONT INN 與謝莊

WATER FRONT INN 与謝

🅐別冊P.35,D5 ☎0772-32-0278 🏠京都府与謝郡伊根町字平田507 ⏰check in 20:00，check out 10:00；與謝莊女將伊根舟屋散策導覽9:00~15:00 💴一泊二食，兩人一室一人￥14300；與謝莊女將伊根舟屋散策導覽￥2000 🌐yosasou278.wixsite.com/mysite ❶衛浴共用，房內部無電視、網路

　與謝莊是一間改建自舟屋的民宿，房間設施樸實，而位置稍低的餐廳就建在海平面上，一邊享用美食、一邊聽著潮音，十足舟屋享受，提供的海鮮料理也令人讚嘆不已。由於衛浴設施共用，費用也相對低廉也是這裡的魅力之一。

H 舟屋の宿「蔵」

🅐別冊P.35,D5 ☎0772-32-0815 🏠京都府与謝郡伊根町字亀島863-1 ⏰check in 15:00，check out 10:00 🈺不定休 🌐www.ine-kura.com/

　「蔵」以優雅的日式風情加上舟屋特色，一天只接待一組客人，為旅人量身打造了一處可以自在放鬆的小天地。民宿仍然保留舟屋樣式，房間位在2樓，最特別的是**在2樓的主房間與陽台之間，特別擺放了一個信樂燒浴缸**，邊泡澡時一邊欣賞窗外伊根灣美景，一邊聽著海浪濤濤，至高無上的享受如此而已。

舞鶴
まいづる
Maizuru

位 在在京都府北邊的舞鶴市，是依靠著日本海的臨海城市，從京都市區約2小時的車程即可抵達，與鄰近的天橋立、伊根等有「海之京都」的稱號。因地理位置臨海其海鮮自是發達，來到舞鶴不錯過的就屬海鮮市場裡每天新鮮活跳的漁獲，現抓現煮的鮮味令人一吃上癮；舞鶴是日本海上自衛隊的駐紮地外，也利用現有的軍事港口、20世紀初的海軍建築、國家指定文化財「紅磚倉庫群」等發展觀光活動，因而成為軍事迷的必訪聖地。

交通路線&出站資訊

電車
JR西舞鶴駅→JR舞鶴線、京都丹後鐵道宮舞線
JR東舞鶴駅→JR舞鶴線、JR小浜線

巴士
梅田出發→一天2班次，首班車8:50，末班車17:10。梅田→西舞鶴約1小時50分，單程成人￥2450，小孩￥1230；梅田→東舞鶴約2小時10分，單程成人￥2450，小孩￥1230。
難波出發→一天5班次，首班車7:30，末班車20:30。難波→西舞鶴約1小時50分，單程成人￥2300，小孩￥1150；難波→東舞鶴約2小時10分，單程成人￥2450，小孩￥1230。
三宮出發→一天7次，首班車8:00，末班車20:00。三宮→西舞鶴約1小時40分，單程成人￥2050，小孩￥1030；三宮→東舞鶴約2小時，單程成人￥2150，小孩￥1080。
🚌日本交通www.nihonkotsu.co.jp/bus/highway
🚌京都交通www.kyotokotsu.jp/highway

優惠交通票券
舞鶴魚板票一日乘車券(舞鶴かまぼこ手形)以舞鶴名產「魚板」底下的木板作為通票，這張票不但是舞鶴市內的巴士一日乘車券，更可以免費參觀紅磚博物館、舞鶴引揚記念館、五老天空塔等設施，還能集點換取免費紀念品，超級划算。
🚌京都交通在舞鶴市內的路線巴士一日無限次搭乘 ⏰販賣地點：東舞鶴チケットカウンター、西舞鶴駅前案内所、紅磚博物館、まいづる智恵蔵、まいづるベイ・プラザ(商工観光センター)、まいづる観光ステーション(JR西舞鶴駅1F) 💰成人￥1000，兒童￥500 🌐www.kyotokotsu.jp/information/newkamaboko.html

出站便利通
◎舞鶴分為東舞鶴與西舞鶴兩個區域。
◎以丹後鐵道宮舞線連接宮津、天橋立的是西舞鶴駅，附近有美味的海鮮市場與各式美食店舖，不但便宜份量又足，是老饕口中的美食穴場。
◎自東舞鶴駅出站可選擇搭乘巴士至舞鶴紅磚公園一覽重要文化財的紅磚建築群，如時間、體力足夠不妨花個10～15分鐘散步前往，享受緩慢的海城時光。

觀光旅遊攻略
◎舞鶴觀光中心(まいづる観光ステーション)
☎0773-75-8600 ⏰京都府舞鶴市伊佐津213-8 JR西舞鶴1F ⏰9:00～17:30 🌐www.maizuru-kanko.net

舞鶴港遊覽船
海軍ゆかりの港めぐり遊覧船

📖別冊P.16,C5 ☎090-5978-8711 ⏰乘船處位在紅磚博物館前方 ⏰3月下旬~12月上旬週六日例假日、黃金週、盂蘭盆節，一天6班10:00~15:00，每小時一班，航程約30分，週一、四、五一天3班11:00、13:00、14:00；其他時間一天3班(詳見官網) ⏰年末年始 💰國中生以上￥1500，3歲~小學生￥800，2歲以下免費 🌐www.maizuru-kanko.net/recommend/cruise/ ❗平日只能現場購票，其他時間則可網路預約購票

軍事迷不可錯過的舞鶴港遊覽船，**一天開三~六個班次，是造訪舞鶴的重頭戲！** 巡遊舞鶴港一周約30分，現役軍艦近在眼前，軍艦工廠的作業情況、四周的鐵工廠等，每一個角度都讓軍事迷興奮不已。

在小賣店裡可選購軍艦模型、紀念T恤等紀念品。

舞鶴軍事基地

📖別冊P.16,C5 ☎0773-62-2250 ⏰京都府舞鶴市字余部下 北吸桟橋 ⏰週六日例假日10:00~15:00(入場至14:30) ⏰天候不佳時 💰自由參觀 🌐www.mod.go.jp/msdf/maizuru/kengaku/kengaku.html

熱愛軍艦的軍事迷們，除了搭遊覽船巡遊舞鶴軍港之外，更可以**進入海上自衛隊的舞鶴軍事基地，親自走在港邊，感受軍艦的巨大迫力！** 只是要注意，海上自衛隊軍事基地只有週末、例假日開放，且只有特殊活動日才能登船。

大阪

京都

舞鶴

兵庫

親臨軍事基地，舞鶴的人文象徵。

舞鶴紅磚公園

舞鶴赤れんがパーク

🅰別冊P.16,C5 ⓐ舞鶴紅磚公園0773-66-1095；紅磚博物館0773-66-1095；舞鶴市政記念館0773-66-1096；まいづる智惠蔵0773-66-1035 ⓖ京都府舞鶴市字北吸1039-2；紅磚博物館 京都府舞鶴市字浜2011 ⓒ紅磚博物館9:00~17:00(入館至16:30)；舞鶴市政記念館、まいづる智惠蔵9:00~17:00 ⓗ年末年始(12/29~1/1)、設備檢修日 ⓢ紅磚博物館大人¥400，小學生~大學生¥150；舞鶴市政記念館、まいづる智惠蔵免費 ⓦakarenga-park.com

　　舞鶴作為軍港發展造就了當地特殊的人文風情，想要完整了解舞鶴軍港的文化背景，來到這裡就沒錯。**港邊的紅磚倉庫建造於明治至大正時代**，曾是海軍所屬，平成24年(2012)則**改建成博物館、市政記念館、餐廳、物產店**，12棟建築中有8棟被指定為國家重要文化財，是舞鶴港邊超越時空的存在。

充滿傳統風味的紅豆冰。

☕ Café Jazz

☎0773-63-7177 ⓖ舞鶴紅磚公園 市政記念館1F ⓒ10:00~17:00 (L.O. 16：00) ⓗ週三 ⓢ海軍カレー(海軍咖哩)¥800，海軍肉じゃが丼(馬鈴薯燉肉蓋飯)¥800

　　紅磚倉庫2號棟(市政記念館)建於明治35年(1902)，原本為舊海軍武器工廠的倉庫，現在則規劃為展示空間並進駐咖啡餐廳。在舞鶴紅磚公園裡肚子餓了，不妨來到jazz，品嚐**從海軍食譜中再復製出來的「咖哩飯」與「馬鈴薯燉肉蓋飯」等復古的海軍料理**。若不餓想要坐下來歇歇腿，也可以喝咖啡吃甜點，氣氛很不錯。

海軍咖哩

早期海軍長期在海上作業，不知今夕是何夕的混亂生活讓人鬱悶，於是廚房每便在固定時間推出咖哩，所以只要看到當天吃咖哩，便知道這天就是星期五！這項傳統一直流傳下來，讓人想到日本海軍的餐食，就想到咖哩！

◉ 舞鶴吉原地區

🅰別冊P.16,A5 ⓖ京都府舞鶴市字吉原 ⓒ自由參觀 ❗附近為住宅區，參觀時請放低聲量

　　吉原地區，位在舞鶴的北端，因為運河造成狹長的地型，又被分為東西兩部分。**沿著運河而建造的房舍與接臨停泊的船隻，形成美麗的水鄉風景**，也點出了這個地區漁業興盛的榮景。在水道巷弄中漫步極為愜意，最後別忘了來到水無月橋這裡，欣賞的角度最是經典。

山頂上的高塔能欣賞舞鶴灣美麗的海岸線。

咖啡廳nanako的護衛艦「妙高」牛肉咖哩飯，忠實呈現船上咖哩滋味，連鐵盤都完美復刻！¥1490。

🍴 美味星 薦 おすすめ

Ⓐ別冊P.16,A5 ☎080-6166-1158 Ⓖ舞鶴市下安久 京都府漁協舞鶴支所西地區 ⏰6/1～8月底週六11:00~21:00，週日例假日至17:00 Ⓗ週一～五、不定休 Ⓤkdjapan.net/maizuru/kakigoya/

跟著在地人一起品嘗最美味的海鮮燒烤，就要來到美味星！

只有在地人才會造訪的美味星由當地年輕漁師經營，將現撈海味放在爐上炭烤，一杯啤酒在手，三五好友同歡氣氛正High。舞鶴灣因為豐富的礦物質與微生物，十分適合養殖牡蠣，除了冬季特別開設的牡蠣小屋外，**夏天來到這裡更可以品嘗到比拳頭還大的岩牡蠣**，多汁飽滿的牡蠣鮮甜無腥味大受好評！

夏天盛產的岩牡蠣個頭極大，擠點檸檬汁鮮吃超過癮！

👁 五老岳公園

Ⓐ別冊P.16,B5 ☎五老スカイタワー0773-66-2582；SKY CAFE nanako 0773-63-0414 Ⓖ京都府舞鶴市上安237 ⏰五老スカイタワー(Sky Tower) 9:00~19:00，週六日例假日至21:00；12~3月至17:00；SKY CAFE nanako10:00~17:00(L.O.16:30) Ⓗ SKY CAFE nanako天候不佳時不定休 Ⓢ Sky Tower高中生以上¥300，國中小學生¥150 Ⓤgoro-sky.jp/

五老岳位在舞鶴的中央位置，**從山頂望向港灣的風景被選為近畿百景的第1名**，湛藍大海與蜿蜒的綠色海岸，絕美不輸天橋立，說是第一名當之無愧。來到山頂公園就能看到美景，但若想要看得遠，還可以登上海拔325m的五老Sky Tower展望室，咖啡廳餐點也是公認的美味，美景美食讓人流連忘返。

自己做的竹輪在烤台上滾呀滾，十分療癒。

👁 舞鶴魚板工房

舞鶴かまぼこ工房

Ⓐ別冊P.16,A6 Ⓖ舞鶴廣域観光公社0773-77-5400 Ⓖ京都府舞鶴市下安久1013-11 ⏰魚板手作體驗14:30~16:00，採電話預約制(週一～六9:30~17:00受理) Ⓢ魚板手作體驗(90分鐘)¥3000 Ⓤwww.maizuru-kanko.net/recommend/kamaboko/ ❶預約制，請於4日前透過舞鶴廣域観光公社預約，3人可成行

舞鶴出產的魚板彈牙可口，是當地人都愛的地元名物。為了讓更多人了解美味魚板是如何製成，特別設了手作魚板教室，讓觀光客能**實際操作，動手做出竹輪、魚板，再現場品嘗**，自己做的特別美味呢！

海鮮現場處理現場吃，美味有口皆碑。

舞鶴港海鮮市場

舞鶴港とれとれセンター

◎別冊P.16,A6 ☎0773-75-6125
○京都府舞鶴市字下福井905
9:00~17:00，週六日例假日至18:00
休週三、不定休（詳見官網）
toretore.org

舞鶴港海鮮市場裡有一般的海產、土特產，也有餐廳提供美味料理，有點像道路休息站，是日本人開車來遊玩時必訪的景點。除了攤販外，這裡最大的特色就是可以買碗白飯、味噌湯，端到市場裡直接請店家把海鮮放在你的碗裡，變成最鮮的海鮮丼！

魚源 西舞鶴店

◎別冊P.16,A6 ☎0773-77-5534 ○京都府舞鶴市字引土263-18 ◷11:00~14:00，17:00~22:00(飲食L.O.21:00、飲料L.O.21:30) 休週四 ◉海鮮蓋飯￥2800，お造り盛り合わせ(綜合生魚片)￥2000 ◐www.totogen.net/

舞鶴必嚐最鮮的時令海鮮！來到位在西舞鶴駅附近的魚源，**熱絡的居酒屋氛圍，想得到的當季海鮮都有提供，料理方式十分豐富**，怎麼吃也不會膩。當然，喜歡小酌的人別錯過店家精選的清酒，從甘口到辛口一應俱全！

Restaurant+Bar M.ILK

◎別冊P.16,D5 ☎0773-63-1377 ○京都府舞鶴市浜436-2 JB21ビル102 ◷18:00~翌日2:30 休週日 ◉調酒￥600起，ドイツウィンナーセット(綜合德國香腸)￥1000 ◐restaurant-milk.com

東舞鶴的商店街藏有許多美味的小店，這間在八島商店街裡的M.ILK結合餐廳與酒吧，讓人在老商店街裡嗅到時尚的味道。店內**常備有350瓶酒，除了各式調酒外，威士忌、紅白酒等種類也十分豐富**；昏暗燈光與各式調酒、美味料理，懶懶的夜晚時光就在這裡度過吧！

福知山
ふくちやま
Fukuchiyama

都府範圍相當大，除了一般遊客所熟知的京都市中心外，位於京都府北側的福知山市，一派優閒的城鄉交織風光，是可以遠離擁擠的京都，感受另一種不同風貌的裏京都之地。若從京都要前往著名的天橋立，福知山幾乎是必經之地，這裡自古因臨北近畿交通要衝，加上1579年明治光秀受織田信長之命，在這裡蓋築福知山城，於是帶動這個城下町的發展。有悠久歷史，也是大江山鬼怪傳說之地，丹波知名食材衍伸的甜點之城，更是美味但馬牛燒肉激戰區。

路線&出站資訊

電車
JR福知山駅➡JR山陰本線、JR福知山線、JR舞鶴線
丹後鐵道福知山駅➡京都丹後鐵道宮福線

出站便利通
◎福知山市中心範圍不大，從福知山駅前往福知山城徒步約15分鐘可抵達。
◎前往大江山、伊勢神宮、長安寺等稍為郊外的區域，部分可以搭配電車抵達外，由於巴士班次不多，大部分仍以開車自駕較為便利，車站前也有租車點。
◎福知山市中心範圍並不算大，說遠不遠、說近也不算太近，若不想走路，車站前北口的觀光案內所就有腳踏車可租借，由於市中心大都是平坦道路，相當容易騎乘，來這不妨借個單車，半日市區巡禮，舒適又恣意。
◎9:00~18:00 ⑤單車500/2H，電動單車600/2H
🌐dokkoise.com/facilities/rental.html

鬼怪發源地的福知山

來到福知山的大江山山麓一帶，由於連峰地勢險惡，自古留下許多鬼怪棲息傳說，尤其又以「酒吞童子」等鬼怪傳說最多，而三個鬼退治的繪卷傳說中也都圍繞這裡為場景，區域內到處都會看到各式鬼怪招牌或人形，每年10月更舉辦酒吞童子節。有興趣的話，這裡還有座「日本的鬼怪交流博物館」，等著你來探秘鬼怪傳說世界。

👁 福知山城

📍別冊P.14,D1　☎0773-23-9564　🏠京都府福知山市字內記5
🕘9:00~17:00(入城至16:30)　🚫週二(遇假日順延翌日休)、12/28~12/31、1/4~1/6　💴成人¥330，國中小學生¥110　🌐www.fukuchiyamacastle.jp/

400年前以各式石材推砌的石垣，看似無秩序卻又相當穩固，也有心形石可以找找看。

　　位於福知山市中心的**福知山城，雄據山丘上的公園裡，雖然海拔低，但卻是可以登高一覽市區景致的最佳地方**。原本在1579年由明智光秀奉織田信長之命所建，直到明治時期因廢城政策遭到拆除，1986年市民發起「一片瓦運動」在僅存的舊石垣上重建天守閣。如今天守閣以作為展示被當地奉為明君的明智光秀與福知山歷史展示的資料館。

🍴🎁 ゆらのガーデン

📍別冊P.14,D1　🏠京都府福知山市堀今岡6　🕘11:00~23:00(依店鋪而異)　🚫依店鋪而異　🌐www.facebook.com/Yuranogaden/

　　逛完福知山城後，別急著離開，就**在天守閣城下對面新闢了一區集合美食餐廳、咖啡、服飾雜貨與麵包店的小區**，總共7個獨棟屋宅式店家就圍著一個大草皮而建，小水渠的潺潺流水就在區域內流過，抬頭一看，福知山城就在眼前，白天氣氛悠閒，夜晚時分，餐廳裡有洋食、和食、肉類料理等，人潮聚集後又是另一番熱鬧氣氛。假日時草皮也成為活動舉辦地點，功能相當多元。

まいまい堂

📖別冊P.14,C1 ☎0773-22-4686 📍京都府福知山市下新26 🕐12:00~19:00 ⊗週一、日 🌐maimai-do.com/

　まいまい堂位在傳統的老商店街裡，是一間**充滿手感溫度的小店**，店裡賣的除了有店主人的手作菓子、朋友家產的蜂蜜等，到鄰近職人的手工藝品，**十分著重在人與人之間的交流**。溫柔的老闆娘盡心接待每一位客人，像招呼朋友般親切地接待，舒服優雅的空間，好像到朋友家作客那般輕鬆自在。

足立音衛門 京都本店

おすすめ 薦

📖別冊P.14,D1 ☎0120-535-411 📍京都府福知山市內記44-18 🕐9:00~18:30 ⊗1/1 💰磅蛋糕¥1620起 🌐www.otoemon.com

　以城下町發展的福知山市，自古就有茶席與甜點招待的款待習慣，加上是高級食材丹波栗子、丹波大黑豆、丹波大納言紅豆產地，讓甜點店繁花盛開。**開業20多年的足立音衛門，是在地人氣名店，連東京、大阪等都有分店**，嚴選各式栗子製成的美味磅蛋糕知名，尤其以地產高級丹波栗子製作的磅蛋糕「天」，定價一萬多日元，當然混搭不同地域的栗子蛋糕，也有實惠又美味的選擇，適合當伴手禮。

> 丹波栗子極品美味，磅蛋糕、冰淇淋、泡芙都很美味。

> 本店位於大正時代的指定文化財老建築內。

> テリーヌ冷蔵栗子磅蛋糕混和日本與國外三種栗子，人氣NO.1。

柳町

📖別冊P.14,C1 ☎0773-22-1809 📍京都府福知山市下柳町21 🕐餐廳11:30~14:30 (L.O.14:00)、18:00~23:00 (L.O.22:00)，週日例假日18:00~22:00 (L.O.21:00)；Café&Bar11:00~16:00，週六20:00~翌1:00 (L.O.翌0:30) ⊗12/31~1/4 💰鴨すき(鴨肉火鍋)一人¥3000 🌐yanagimachi.kyoto.jp

　柳町位在福知山城下町中最有下町風情的「下柳」地區，故以此命名。改造自明治時代老町屋的柳町，分為咖啡空間與餐廳空間。挑高的咖啡空間結合酒吧型態經營，任何時間造訪都很舒服。另外，**京都名店「鳥名子」的鴨肉火鍋更是必嚐重點**。新鮮鴨肉切片，在淡雅的高湯中輕涮後夾上大量的青蔥，鮮美滋味讓人一吃難忘。

> 樓梯間的一篇標題「文字禍」文章，就是モジカ(Mozica)店名由來。

古本と珈琲・モジカ

おすすめ 薦

📖別冊P.14,C1 ☎0773-24-4664 📍京都府福知山市字中ノ28-3まちのば2F 🕐11:00~20:00(Cafe L.O.19:00) ⊗週二(週假日照常營業)、年末年始 💰咖啡¥330起，輕食¥500起，甜點¥150起 🌐www.machinova.com/mozica

> 令人意想不到的古書尋趣。

　位在「まちのば」這棟複合式活動空間的2樓，**整片牆壁的滿滿書籍讓人印象深刻外，來自選物店的特色家具妝點與咖啡香**，讓書店空間自在又充滿文青風格。愛書也到處收集書的老闆，廣泛收納文藝、歷史、文學等各式特色書籍，像是江戶時代美食探討論文都有成套的新版書，甚至同一本書，有不同語言與時代版本，宛若書籍們的時空交錯同樂會。

☕ プロバンス

BAKREY CAFÉ PROVENCE

📍別冊P.14,B3 ☎0773-20-2828 🏠京都府福知山市土師新町2-119-1 🕐7:00~19:00(週六日至17:00) 💲フルーツサンド(水果三明治)¥378 🌐provencenet.base.shop/

位於九號國道邊的這家麵包咖啡店，是福知山市幾乎人人都知道的人氣麵包老店。在這裡還附設咖啡餐廳空間，不但有提供早餐、午餐，美味又CP質高的各式現烤麵包都可在這裡直接享用，**蜂蜜吐司、三明治等也是人氣美味**，最推薦則是明太子長根麵包，可說是鎮店之寶。

🍴 丹の吉

おすすめ 薦

📍別冊P.14,D1 ☎0773-27-4968 🏠京都府福知山市土師宮町1-216 🕐17:00~23:00

舌尖上的華麗美味。

有著鮮紅色門簾與遮雨棚的丹吉，入夜後燈光亮起、食客掀開門簾入內，烤肉煙霧香氣四溢。原本經營平價烤肉店的老餐廳，2017年在法餐主廚兒子回鄉接棒後，讓老店增添新風貌，**以法菜厚實基礎，精選各式肉類與蔬菜**，也增添較不常見的鴨肉、野豬、鹿肉等燒烤食材，美麗擺盤上桌更是道道驚喜，價實質精，更酷的是還有隱藏菜單等你挖掘，只要主廚老闆不忙、廚房有材料，想吃點法式風味都可探詢看看喔。

福知山市好多燒肉店

來到福知山市若想品嚐美食，千萬不可錯過的就是燒肉店，你可能很難想像這裡的燒肉店密度曾經高居日本第一。原因是這裡從明治時期開始就是丹波、丹後地域的肉品集散流通處，目前日本的肉品的集散地，也仍舊高居前三位。尤其美味的但馬牛更是知名又美味，每個店家都有各自美味配方與堅持，想跟當地人一起嚐美味，燒肉店一定要試試。

產房位於稍微遠離拜殿的河岸邊，但產房門口面對神社，獲得神的保佑。

⛩ 大原神社

おすすめ 薦

📍別冊P.14,C3 ☎0773-58-4324 🏠京都府福知山市三和町大原191-1 🕐自由參觀 💲自由參拜 🌐www.kyoto-jinjacho.or.jp/shrine/24/040/

日本僅存古代產房。

以祈求安產而知名的大原神社，不僅是在地甚至遠達京都南部及兵庫縣，自古以來都有絡繹不絕的祈拜者。852年就已經有了神社的原型創建，現在所見的社殿則是1796年再建的，**唐風建築的拜殿，各式雕刻相當精采之外，還有貴重的「四季耕作圖」，更特別的是這裡仍保有日本唯一的古代產房**，直到大正年間這產房仍持續使用著，產婦在生產前七天就必須入住，在神的庇護下，生下健康的寶寶。

貓狗是安產的吉祥物

來到大原神社除了祈求安產與小孩健康之外，也可買神明加持的產婦束腹帶及小孩用的毛巾等，除此之外也記得摸摸神社旁的狗狗石雕像，據說因為貓跟狗一下子就能產出好幾個寶寶，因此也常被用來當作安產的象徵吉祥物。

藥師堂可見平安時代藥師如來座像，天花板雕刻也令人驚豔。

卍 長安寺

📍別冊P.14,A2 ☎0773-22-8768 🏠京都府福知山市奥野部577 🕐9:00~16:30 💲高中生以上¥300，國中小學生¥100 🌐www.chouanji.jp

以「丹波紅葉寺」而知名的長安寺，秋天楓紅時節，可說是人潮最多的時候，與長安寺公園串連成一氣，景致優雅又迷人。沿著山坡而建的長安寺，最早啟建是在飛鳥時代，後來幾經火災毀損，現在所見的寺院建築，大都是在1680年的延寶年間由福知山城的初代城主杉原家次公所建，而他的陵墓也設置於此。以藥師佛而聞名，除了來這裡祈求身體健康，藥師堂也相當值得一看，另外寺院內枯山水庭園由名家所建，可以細賞。

大阪
京都
福知山
▼兵庫

开 元伊勢三社

📖 別冊P.14,A1 ☎0773-56-1011 🅖京都府福知山市大江町內宮字宮山217 🅢自由參拜

宛如被包覆在蔥鬱森林中的元伊勢三社，包含元伊勢內宮皇大神社、元伊勢外宮豐受大神社、天岩戶神社等三社。雖然這裡所奉祀的天照大神、豐受大神後來輾轉都移到了三重縣伊勢神宮落腳，但這裡悠久的歷史與廣受民眾崇敬的地位不減。**包含內外宮以及端立於河谷沿岸上的天岩戶神社，境域內千年古木參天、黑色鳥居、83個小宮圍繞也相當壯觀**，2公里的參拜路徑當成是一場森林浴步道漫步，舒適又幽靜。

💡 夏季日落聖地
「一願成就」！

從元伊勢皇大神社到天岩戶神社參拜的途中，會經過一處參拜所，這裡正好可以瞭望有日本金字塔之稱的日室嶽，這個神聖之地自古就是禁足之地，讓他更添神秘。尤其7月夏至時節日落剛好在山尖之處，宛如與神祕力量有著緊密聯繫，據說此時許願，更加容易心想事成。

⛩ 鬼そば屋な々姫

📖 別冊P.14,A1 ☎0773-36-0016 🅖京都府福知山市字雲原1248 ⏰11:00~15:00 🅧週二、三（遇假日照常營業） 🅖鬼ўく らべ（粗+細麵）￥1500 🌐www.onisobaya.net/

🔲おすすめ 薦

Q彈口感蕎麥麵。

位於雲原也就是大江山一帶的這家蕎麥屋，從江戶時期就在這裡營業，採用百分百蕎麥粉(十割)製作的粗切蕎麥麵，因咬勁十足當地人以「怖い」來形容很硬，結果以訛傳訛與大江山一帶鬼怪傳說結合，就成了鬼そば屋。當然這裡用餐一點也不可怕，**傳承至今第七代，作風新潮的店長不但持續傳遞150年粗蕎麥麵美味，還帶入江戶風格的細蕎麥麵，所有食材、醬料堅持品質，不但要吃得健康，還要把十割蕎麥麵的百年好風味讓大家品嘗。**

想一次吃到粗細不同風味，可點粗細麵雙拼，推薦冷麵最能品嘗到香氣與美味。

愛上鄉村與古風貌，與法國在2009年移間，當起民宿主

寒冷的夜晚，客廳的柴燒暖爐提供溫暖又舒適的一角。

Ⓗ 古民家ふるま屋

🔲おすすめ 薦

感受里山靜謐風景。

📖 別冊P.14,C3 ☎0773-58-2236 🅖京都府福知山市三和町上川合156 ⏰check in 15:00~20:00，check out 10:00 🅧週日到週二、不定休（詳見官網） 🅢一泊二食2人￥15000~16000；料理教室￥2200；採摘體驗￥500 🌐www.furumayahouse.jp ❶可提供接送，需事先預約；料理教室需有預約晚餐者才可參加

鄰近大原神社的ふるま屋，位在一個連村中唯一小學都廢校了的安靜聚落中，從事翻譯及各式國際事務工作的澤田，靠著自己與親友協助，一處一處仔細修整，將**江戶古民宅變身雅致又舒適的民宿空間**，每天一開窗就能感受滿滿山村的氣息與季節變化。**每天只接待2組客人**，親手料理各式自家栽種美味，也歡迎喜愛鄉村生活體驗的來客一起到菜園採摘蔬果，若想一起動手料理，這裡也**提供料理文化體驗教室**。

兵庫

ひょうご

三宮
さんのみや
Sannomiya

三宮是神戶最熱鬧的街區，JR、阪神、阪急、市營地下鐵等重要電車路線都在這交會，前往人工島PORT ISLAND的港區捷運線(PORT LINER)也從三宮出發。如以電車軌道來橫貫劃分，鐵道以南有頗受年輕人歡迎的百貨包括0101、SOGO通通可以找到，路面下的地下街同樣能夠享受購物樂趣。往西出發則是熱鬧的商店街，一路直通元町區域，除了逛街血拼，也吸引各國美食餐飲聚集，最值得品嘗的，當然就是神戶鼎鼎有名的洋菓子與神戶牛排。再向北就是充滿異國風情的異人館街道，成為吸引年輕人聚集、約會閒晃的聚點。

交通路線&出站資訊

電車
JR三ノ宮駅⇄JR神戶線
神戶市地下鐵三宮駅⇄西神線、山手線
神戶市地下鐵三宮・花時計前駅⇄海岸線
阪急三宮駅⇄阪急神戶線
阪神三宮駅⇄阪神本線
神戶高速鐵道三宮駅⇄東西線
神戶新交通三宮駅⇄ポートライナー(PORT LINER)線

出站便利通
◎三宮駅是由許多鐵道路線所組成，每條路線的車站都不同，轉乘時需多預留時間。
◎事實上三宮的主要遊逛區域都是步行就可抵達，從三宮駅往北沿著北野坂徒步約15~20分可達北野，往南徒步約12分可達舊居留地，往西徒步約10分可達元町，從元町再向南行約10分便可抵達神戶港濱。
◎JR三ノ宮駅西口與阪急三宮駅東口直結，出站就是年輕人喜歡的百貨OPA，經由行人天橋可接到時尚百貨M-int神戶、SOGO、0101等，皆徒步約3分可達。
◎三宮最熱鬧的當然就是商店街，車站地下有Santic地下街，由阪神電車三宮駅出站即是。而地下街連接處處，依指標就能找到想去的地方。
◎若想搭乘神戶地下鐵海岸線，除了從地下街連通，也可出三宮車站之後沿著最大條的馬路Flower Road徒步約5分就可看到車站入口，十字路口上就是著名的花時計。
◎前往神戶有名的生田神社從車站北側出站。
◎沿著高架鐵道，從三宮至元町一段路線下方同樣有許多商店可逛，就是年輕人最喜歡的Piazza Kobe。
◎若想搭乘機場巴士到關西機場，在JR三ノ宮駅西側，神戶交通センタービル(神戶交通中心大樓)旁的巴士站，於自動售票機購票即可排隊搭乘。

三宮最熱鬧的商業區域，不管晴雨都好逛。

🎯🎁 三宮中心商店街 薦

三宮センター街

📖別冊P.28,D3 🕐依店舖而異 📞神戶市中央區三宮町1~3丁目 依店舖而異 🌐www.kobe-sc.jp

> 超好逛的商店街，一路通向元町連成一氣，一次買遍手上清單！

走出三宮車站就會看到的三宮中心商店街是神戶地區最熱鬧的商店街，從三宮可以一路往西走到元町地區，再沿著元町商店街向西走便能直通到神戶車站。由於商店街頂頭有遮雨棚，即使艷陽天或下大雨依然能購買個盡興，**舉凡服飾、配件、文具、書籍或各種服務，只要想得到的店家都能夠在此找到**，平行的2丁目也同樣有許多專門店都很好逛。

👜 神戶0101

📖別冊P.28,E2 📞078-334-0101 📍神戶市中央區三宮町1-7-2 🕐11:00~20:00，週日、例假日10:30~20:00 🈺不定休 🌐www.0101.co.jp

丸井百貨依照其日文讀音，以「0101」為商標，神戶店就位於最熱鬧的三宮中心商店街上，開幕即以全新現代裝潢引進許多首次進軍神戶的品牌，**無論是青少年服飾、男仕服、配件、都會淑女服等，提供最齊全的商品**，先鎖定好品牌，然後趕緊去血拼一番吧。

👁🍴 Santica

📖別冊P.28,E2　☎078-391-3965
🏠神戶市中央區三宮町1-10-1
10:00~20:00(餐廳至21:00)　🈲第3
個週三　🌐www.santica.com

　　Santica是**神戶三宮地區最大的地下街，共分為10個區域**，擁有服飾、餐廳甜點等各種讓通勤足方便獲取需求的店家，每個區域各有不同主題。其中7番街是甜點街；10番街為美食街，集合了多家餐廳、蛋糕店，讓利用Santica的人能夠快速享用美味。

🧁 Haune Bayer Santica店

☎078-391-3357　🏠Santica7番街　🕐10:00~ 20:00　🈲第3個週三　💲玄米
パン(玄米麵包)¥141　🌐www.cascade-kobe.co.jp/haunebayer.html

　　以美味生活為中心，希望能夠提供身心健康理想生活的Haune Bayer選用最新鮮穀物與乳製品作成麵包，最有特色的石磨麵包是**利用石臼磨出膳食纖維豐富的麵粉**，而人氣最高的法國麵包，揉入大片自家製作的頂級培根，再與起司一同烤出焦脆口感，外皮香酥、內部柔軟十分對味。

🍴 神戶大黑屋 さんちか店

（薦）おすすめ

☎078-392-1615　🏠Santica 7番街　🕐
10:00~20:00　🈲依Santica休日為準　💲神
戶牛づくし¥1620　🌐www.kobe-
daikokuya.co.jp

超過一甲子的美味佃煮老舖。

　　老字號佃煮店「大黑屋」，是一家**創立超過60年的老舖**，專門販售佃煮日式小菜。佃煮是一種以醬油、味醂、砂糖等，將食品烹煮後可較長時間保存的日式風味小菜，帶有鹹甜、有些也帶有微辣的滋味，是日本餐桌上非常下飯的美味配菜。大黑屋使用兵庫產龍野醬油、高知產生薑、砂糖味醂來慢慢煮製，可說是神戶人餐桌上大受喜愛的老舖美味，除了北海道昆布煮製的「松茸昆布」以及「小魚釘煮（ちりめんくぎ煮）」等大收歡迎的商品外，「**神戶牛牛蒡煮（ごぼう煮）**」和「**神戶牛肉末煮（そぼろ煮）**」的美味更是不可錯過，買回家自己享用外，雅致的包裝也很適合當伴手禮。

「神戶づくし」包含神戶牛牛蒡煮與神戶牛肉末煮，採用兵庫龍野醬油、高知生薑等食材，口味鹹甜可口。

嚴選北海道海帶、香氣足的高級松茸，是創業時就大受歡迎的長銷款。

預告著春天來臨的「くぎ煮(釘煮)」，以淡路島近海的小魚，與生薑一起熬煮而成。

EKIZO神戶三宮

繼往開來三宮新地標。

おすすめ 薦

📍別冊P.28,E2 🏠神戶市中央區加納町4-2-1(阪急神戶三宮駅直結) ⏰依各店鋪而異 💤依各店鋪而異 🌐ekizo.hankyu.co.jp

　阪急電車一向是關西地區高水準生活的代表，而在2021年4月，神戶三宮的街頭有了新風貌，阪急三宮站完成整修重新開張了！保留了原本的車站結構以及地下室的阪急OASIS超市，高樓層則規劃了全新的飯店讓來訪的旅客入住，**1樓羅列著各國風貌的飲食店，像是維持了神戶開港時的外國風情，走到山側這邊，映入眼簾就是時尚的露天咖啡座、泰國的嘟嘟車、從中午便開始營業的日式居酒屋、西式料理或是中式小吃**，EKIZO神戶三宮，以神戶特有的時尚風格，為車站這個繁忙的建築點綴出更多悠閒的城市光影。

KOBE YAKITORI STAND 野乃鳥

📞050-5280-9483 🏠神戶市中央區北長狹通1-1-1 EKIZO神戶三宮1F山側 ⏰11:00~16:00(L.O.15:30)，16:00~23:00(L.O.22:30) 💴午間套餐產地直銷土雞蛋拌飯親子丼￥2000 🌐nonotory.jp/stores/kobe-yakitori-stand/

　KOBE YAKITORI STAND 野乃鳥是一家中午就開始營業的串燒店居酒屋，如果有機會坐在烤爐邊的吧檯位置，就能看到店長在這邊熟嫻地烤著所有的烤雞串，並且像指揮官一樣發號司令，非常有看頭。為了減少不必要的接觸，野乃鳥也提供了手機掃碼點餐的方式，對於語言不太通的旅人來說非常方便。**從雲朵般蛋白霜中探頭而出的蛋黃哥TKG(雞蛋拌飯)只有午餐時間才會提供**，端上桌的時候看著在飯上微笑的蛋黃怎麼捨得開吃，**午間套餐有兩碗飯，三個烤串，關東煮跟一碗雞湯，份量十足**。

超萌蛋黃哥TKG。

SAN CENTER PLAZA

おすすめ 薦

地下街美食便宜又好吃，每到用餐時段人潮滿滿，美味不言而喻。

📍別冊P.28,D2 📞078-332-2768 🏠神戶市中央區三宮町1-9-1 ⏰依店鋪而異 🌐3nomiya.net

　就位於三宮中心商店街的SAN CENTER PLAZA 是一個**複合式購物中心**，其又可分為SAN PLAZA、CENTER PLAZA、PLAZA WEST三大區，購物用餐一網打盡。與一般購物中心不同的是，其中PLAZA WEST可以說是神戶的動漫中心，從2~5樓進駐許多動漫相關商店，有點像是東京中野的動漫特區，**被暱稱為神戶的御宅街**。**B1樓還有美食街與公立市場**，看起來毫不起眼，卻集結了當地知名庶民餐廳，用餐時間跟著人龍排隊準不會有錯！

長田タンク筋

📞078-962-6868 🏠SAN PLAZA B1F ⏰11:00~22:00(L.O.21:30) 💤不定休(12月外週二休居多，詳見官網) 💴牛スジぼっかけめし(滷牛筋炒飯)￥880 🌐www.kobe1te2.com, tank

　早期，神戶的長田地區有「大阪燒分布最密集的地方」之稱，想當然爾，這裡也就成為大阪燒、炒麵的激戰區了。長田タンク筋**以炒麵與炒麵飯聞名**，其最特別的就是**那微辣微甜卻互不搶味的基底醬汁**，加上長田的特色牛スジぼっかけ(一種滷牛筋)，讓庶民料理更添高級的口感與視覺享受。

🍴 まきの

おすすめ 薦

☎078-335-1427 ♀CENTER PLAZA B1F ⏰
11:00~21:00(L.O.20:30) ⑤天婦羅定食加炸雞蛋(招
牌定食:6品)¥1250 ⓣⓦwww.toridoll.com/shop/
makino/

三宮的人氣排隊名
店！想要用平實價格
品嚐最認真的炸物
嗎？天婦羅迷絕對不
能錯過的一軒。

　　無論何時經過，白色的暖簾前總是排著人龍，尤
其是用餐時間人潮更是絡繹不絕。這裡可是天婦羅的著名店，有別於一
次全上的炸物定食，**まきの的堅持將現炸的美味呈現客人桌上，點餐後才
將季節食材下鍋油炸，讓人能夠品嚐到最新鮮脆的炸物**。這裡的白飯、味
噌湯與醬菜採吃到飽的方式，大食量的人絕對不怕吃不飽。

必吃「玉子天」

點份玉子天(炸雞蛋)，放到白飯
上再將玉子天用筷子戳破，半
熟蛋液的流下來讓白飯更加濕
潤，撒點山椒粉，濃厚中帶點清
香，鮮嫩中又帶點酥脆，美妙的
滋味可千萬不要錯過！

🍴 長田本庄軒

☎078-391-3314 ♀CENTER PLAZA B1F ⏰
11:00~21:30(L.O.21:00)，週六日例假日10:30~21:30(L.
O.21:00) ⑤ぼっかけ焼きそば(滷牛筋炒麵)¥750 ⓣ
www.toridoll.com/shop/nagata

　　是什麼樣的魅力，會讓連穿著打扮入時的年輕年也
甘願大排長龍只等著吃上一口呢？近年來在神戶年
輕年間口耳相傳的炒麵名店，在三宮CENTER PLAZA
的B1樓也吃得到了。長田本庄軒的炒麵**使用中粗雞蛋
麵條，在鐵板上大火快炒，淋上醬汁滋滋作響，再淋
上由牛筋與蒟蒻燉煮入味的ぼっかけ**，坐在鐵板前邊
看老板俐落炒麵的身手邊吃著熱呼呼的炒麵，更能感
受日本庶民風情。

🍴 吉兵衛 三宮本店

☎078-392-4559 ♀PLAZA WEST B1F ⏰
10:30~19:30(L.O.19:00) ㉿不定休 ⑤玉子とじかつ丼
肩ロース(蛋液肩里肌肉豬排丼)¥850，ソースかつ丼 肩ロ
ース(醬汁肩里肌肉豬排丼)¥850
ⓣⓦwww.yoshibei.co.jp

　　發源自神戶的豬排名
店，招牌有兩種，一種是
**在炸得香酥的豬排飯上淋
上半熟蛋花的蛋液豬排丼**，另
外則是**淋上香濃豬排醬的醬汁豬排丼**，兩款各自有
擁護者，但不管哪一種，都是能讓人再三回味的庶民
好味道。用餐時間總是大排長龍，但翻桌率很高，不
用等太久；若是利用下午非用餐的時段造訪較有空
位。另外，點餐再加50日幣便有一碗紅味噌湯，不死
鹹的甘美滋味也值得一試。

开 生田神社

別冊P.28,D1 ☎078-321-3851 ♠神戸市中央區下山手通1-2-1 ⏰7:00～17:00 ♦自由參拜 🌐www.ikutajinja.or.jp

著名緣結神社，想求好姻緣一定要來參拜。

神戶地名其實源自生田神社，古代這個地方稱管理生田神社的人叫做神戶，久而久之，這一方土地就統稱為「神戶」了。生田神社有著**鮮豔的朱紅色樓門和主殿**，祭祀是主司緣分的稚日女神，由於有許多名人在這裡結婚，因此這裡也成為了最佳的**結緣神社**，每天有許多人來參拜，祈求締結良緣。

當地人會將車子開來祈求行車平安。

境內沒松樹

神社後有一片市民之森，是市區的綠色休閒地帶，生田神社內雖種植不少綠樹，卻沒有松樹，其中有個小小傳說，因為古時候有一次洪水來襲，山上種植的松樹完全抵擋不住水患而使神社被沖走，因此傳說生田神社的神祇不喜歡松樹，到現在境內都不種松樹。

👁 🎁 M-int神戶

別冊P.28,F2 ☎078-265-3700 ♠神戶市中央區雲井通7-1-1 🛍購物11:00～20:00，餐廳11:00～23:00，(B1F)M-MARCHÉ 10:00～21:00，(B1F)M-KITCHEN 11:00～21:30 ♦不定休 🌐www.mint-kobe.jp

2006年10月開幕的神戶M-int就位於最便利的三宮車站前，為一個**流行感十足的複合式大樓**，除了購物、美食之外，部分樓層也進駐辦公室，由於地點絕佳，且刻意挑選進駐的店家無論服飾、雜貨、美妝、唱片等，走向具有年輕時尚感，成為神戶年輕人喜愛聚集的逛街地。

👁 神戶国際会館

別冊P.28,E3 ☎078-231-8161 ♠神戶市中央區御幸町通8-1-6 ♦依設施而異 ♦依設施而異 🌐www.kih.co.jp/index.php

三宮車站前20層樓的国際会館是一棟複合式商業大樓，從**1樓廣場的大樓梯直接到地下樓層，即可連通三宮車站、地下鐵**。地下層的SOL是定位為美麗與健康的百貨商場，有最新款的服裝、配件、化妝品、居家用品，想擁有一身和神戶美女一樣的裝扮，這裡可以一次購齊，累了的話，還有各種體貼的療癒服務。

🍥 鳴門鯛燒本舖 阪急三宮駅前店

別冊P.28,D2 ☎078-321-5520 ♠神戶市中央區北長狹通1-9-5 ⏰11:00～23:00 ♦不定休 🌐鳴門金時いも(地瓜口味)¥250 🌐www.taiyaki.co.jp

鳴門鯛燒本舖運用傳統的鯛魚燒製法「一丁燒」，**堅持使用鯛魚模具一個一個以炭火燒烤出內餡飽滿的鯛魚燒**。這一丁燒的模具一個就要2公斤，只見職人滿頭大汗也不停翻動模具，以免鯛魚燒烤焦。而這樣用心烤出來的鯛魚燒表皮酥脆，內餡熱燙綿密，採用北海道十勝紅豆的內餡還吃得到豆的彈牙口感，而最要推薦的是鳴門金時いも，金黃色的地瓜餡用料大方，吃起來香甜不膩，深受女性歡迎。

Piazza Kobe

⊙別冊P.28,C2 🏠依店舖而異 ⓞ神戶市中央區北長狹通
✉依店舖而異 🌐piazza-kobe.com

從JR三之宮站往西延伸，沿著電車路線的高架橋**下到JR元町站，有條約400公尺長的狹長商店街，**就是高架下商店街，稱作Piazza Kobe，是義大利語「有屋簷的走廊」的意思。在這裡擠著上百家小店，有年輕人最炫的流行服飾、包包、鞋子、復古玩具、個性飾品等。不只有逛的，這裡也有復古食堂、咖啡廳、蛋糕店等，是購物休息的好地方。

KOBE new WORLD

薦 おすすめ

⊙別冊P.28,E2 🏠078-325-5524 ⓞ神戶市中央區北長狹通1-1(阪急神戶三宮駅西改札外 1F) 🕙10:00~20:00 💲若雞どりのから揚げ2種食べ比べ¥1309 🌐kobenewworld.com

地產地銷的健康定食屋。

KOBE new WORLD是一間標榜全部選用在地食材的定食屋，1樓是超市以及外帶用的販售區，無論是當天現摘的生鮮蔬菜，或是可以在店內吃到的美食，調味料、調理包都可以在這邊購買帶走，2樓是用餐區，**所有的料理都是以兵庫縣生產為基準，不走高級路線但求高水準的樸實滋味**，這是店家想要帶給大家的神戶精神，以神戶這個自古以來就開放給全世界的窗口，把在地的美味推廣出去。

Berry

薦 おすすめ

⊙別冊P.28,C2 🏠078-331-1616 ⓞ神戶市中央區北長狹通3-31-70 🕙10:00~20:00

水準之上的平價美味蛋糕。

位在Piazza Kobe與TOR ROAD交叉口的Berry，是一間受到三宮居民長期愛載的蛋糕店。誰說在神戶吃蛋糕就一定要是高價奢侈的享受呢？Berry就**以最實惠的價錢提供以當地新鮮素材製作而成的蛋糕**，在店內享用的話，一起點蛋糕與飲料還能折價¥50，十分划算。

Tor Road Delicatessen

⊙別冊P.28,C2 🏠078-331-6535 ⓞ神戶市中央區北長狹通2-6-5 1、2F 🕙9:30~18:00，2F Café 11:00~15:00 🈲週三 💲火腿三明治¥1100 🌐tor-road-delica.com

神戶為國際大港，為了行船食用，早年保存食品也十分盛行。這間火腿店**使用上質原料，僅遵古法製作，是當地人送禮的首選**。來這裡可以品嚐特製的火腿三明治，可至2樓咖啡廳享用或是外帶。

FREUNDLIEB

薦 おすすめ

📍別冊P.30,D2 ☎078-231-6051 📍神戸市中央區生田町4-6-15 🕐賣店、Café 10:00~18:00(L.O.17:30) 休週三(遇假日順延翌日休) 💰日替ランチ(午間套餐：三明治＋湯＋飲料)¥1650 🌐freundlieb.jp
❶平日有開放訂位,若不想排隊可先致電預約

在教堂內享受美好甜點時光,也能外帶現烤麵包至公園小野餐。

　　FREUNDLIEB在神戸可是無人不知無人不曉的名店,**1樓的烘焙坊賣的甜點餅干**也是神戸人外出訪友的最佳伴手禮。位在舊教堂裡的店面維持典雅風格,充滿當地人信仰記憶的教堂中,天天供應美味的麵包、三明治,以及手工餅乾。**2樓寬闊教堂尖頂下擺上幾張桌椅便成了最佳咖啡空間**,美麗的室內景緻與美味餐點吸引許多人前來聊天用餐,一坐就是一個下午。

FREUNDLIEB 的創始路程
第一代主人,在一次世界大戰期間從中國山東的德國租界來到日本,本想靠一身好手藝開家甜點店安家立業,沒想到關東大地震造成經濟危機,只好匆匆來到神戸,中間經歷了二次世界大戰,但總算平安度過,沒想到半個世紀之後,又遇上了阪神大地震。這次地震,是危機也是轉機,第三代主人在尋找新的工廠地點時,發現了因泡沫經濟而荒廢的教堂。這是她與先生當年舉行婚禮的所在地、也是兒女受洗的教堂,於是,基於保存文化資產也為了紀念自己的生命歷程,把教堂買了下來,保存了原有的空間,開設了咖啡館。

☕ GREEN HOUSE Silva

📍別冊P.28,F1 ☎078-262-7044 📍神戸市中央區琴ノ緒町5-5-25 🕐11:00~0:00(餐點L.O.23:00,飲料L.O.23:30) 休年始 💰アッサム(阿薩姆紅茶)¥600,メープル・シフォンケーキ(戚風蛋糕)¥720 🌐www.green-house99.com

　　被綠意圍起來的餐廳,結合了摩登元素,創造出了一個不一樣的現代都會休憩場所。除了茶飲、蛋糕之外,GREEN HOUSE也提供多樣午晚餐供顧客選擇。不同於一些咖啡只開到傍晚,**GREEN HOUSE Silva的營業時間很長,夜貓子還怕沒地方能去嗎?** 在旅行途中捨不得睡的夜裡與同好在這裡聊天、喝杯飲料,夜晚的時間一點也不浪費。

🍴 Red Rock 三宮東店

📍別冊P.28,F2 ☎078-261-8539 📍神戸市中央區旭通5-3-12 竹下ビル 1F 🕐11:30~15:30,17:00~21:30 💰ステーキ丼(牛排丼)¥2000 🌐redrock-kobebeef.com

　　發源自三宮的人氣紅店Red Rock,受歡迎的秘密便在於新鮮的肉品!採用**高檔部位的美國牛肉調理至3分熟便上桌**,大份量的鮮美牛肉讓人十分滿足。由於本店用餐時人潮眾多,建議可以到三宮東店,避開人潮。要注意的是,若是害怕吃太生的人,可以在點餐時提出要求,店家會將肉調理至全熟(Well down)。

拉麵太郎 三宮本店
らぁめんたろう

薦 おすすめ

別冊P.28,E1　078-331-1075　神戶市中央區中山手通1-10-10　11:00~23:00　トマトスペシャル(特製蕃茄拉麵)¥1200　www.chinaroad-japan.com

和風洋派的奇妙湯滴讓人一吃上癮。

若要推薦一碗神戶最好吃拉麵的話，小編我絕對要把拉麵太郎的蕃茄拉麵用雙手高高舉起。這碗拉麵**以蕃茄湯頭為基底，加入中等粗細的拉麵，再放上2片叉燒**，就是這麼簡單，但卻是極度美味。吃的時候再**加上幾滴Tabasco辣醬**，好味道果真令人口齒留香。另外，這裡還有免費的泡菜任你吃，雖然口味偏甜，對喜歡辣勁的人也許不太適合，由於是免費提供，大家也都吃得很開心。

Patisserie TOOTH TOOTH 本店

別冊P.28,D3　078-334-1350　神戶市中央區三宮町1-4-11ラティス三宮1、2F　1F 10:00~20:00；2F 11:00~19:00(餐點L.O.18:00，甜點L.O.18:30)，週六、日至20:00(餐點L.O.19:00，甜點L.O.19:30)　不定休　クレームブリュレ(Crème Brûlée法式烤布蕾)¥1100　www.patisserie-toothtooth.com

TOOTH TOOTH店內風格現代感強烈，甜點更是有型有款。依照季節使用各種新鮮水果的水果塔是人氣招牌；**以草莓為主的草莓水果塔和使用芒果、鳳梨、木瓜等水果的熱帶水果塔最受到歡迎**，深受女孩子喜愛。每個月來這裡吃到的水果塔都不同，也會不定時有新品推出，是值得一訪再訪的水果塔名店。

有趣的店名
牙齒牙齒，真是夠另類的店名了，其實店名當中暗藏玄機。牙齒日文唸做HA(は)，HAHA則是母親的意思。TOOTH TOOTH的第一家店是以家庭風料理取勝，強調的是「有媽媽的味道」。然而，現在的TOOTH TOOTH走新路線，店內風格現代感強烈，甜點更是有型有款。

六月樓隱身在神戶的文創街區Tor West。

六月樓
ロクガツビル

薦 おすすめ

別冊P.28,C3　神戶市中央區北長狹通3-11-8　依各店鋪而異　www.tit-rollo.com

自2015年開幕以來，一躍成為神戶的文創新據點。

ロクガツビル(六月樓)改建自一幢70年代的小樓，「六月」一詞，在店主人谷氏夫婦喜愛的神戶作家稻垣足穗的小説中經常提及，兩人**認為「六月的感覺很神戶」**，故以六月為小樓命名。這是一座集合商舖，共設2間店——服飾配件舖「BROOCH」隸屬於谷奈穗經營的「tit.」，以及手作選物店「星空(HOSHIZORA)」。

BROOCH

六月樓1F　078-335-8550　12:30~18:00　週三

這裡展售**以胸針為主的服飾佩件**，女主人認為胸針可為每一天創造新感覺，是表現個人風格不可或缺的元素。集合了日本各地手工藝作家的作品，刺繡、陶藝、金工、木雕，依季節展售不同材質和色彩的胸針，並自創商品，選擇適合搭配胸針的洋服和雜貨，有著童話一般的多彩氛圍。

大阪・京都

兵庫

三宮

品嚐A5等級神戶牛排,
不同滋味一次制霸!

在美食家之間常被評為「世界最高級的牛肉」、更是高級名牌牛肉代名詞的神戶牛排,來到了神戶,當然一定要嚐嚐。但即使是和牛,還是有等級之分,其中又以A5等級是品質最高的。神戶牛的特色是細緻的油花(霜降)及軟嫩的肉質,尤其神戶牛有著熔點很低的油花,甚至可以在人的肌膚上化開,濃郁且清爽的口感,便是它配得稱為最高級牛肉的深奧滋味。既然都要吃、當然就吃好一點,推薦一定要品嚐一次最高等級A5神戶牛排,在口中慢慢享受老饕極力推薦的和牛醍醐味。

來到市中心的「三宮站」、「元町站」周邊,就很容易找到提供A5等級神戶牛排的餐廳,推薦可以前往鐵板燒專門店「神戶牛排 彩Dining」,而且光在這區周邊就有三家店裝風格、餐飲各異的分店,不論想吃鐵板牛排、融合懷石風格的神戶牛、或是以櫻花木等柴火香氣燒烤的牛排,通通任君選擇。

認證的A5等級最高品質,讓顧客吃得安心。

豐富的套餐內容,連季節蔬果跟營養均衡都照顧到。

店內所有座位區都是吧檯座位。

🍴 神戶牛排 彩Dining

神戶ステーキ 彩ダイニング

提供A5等級神戶牛排的專門店。

🏠別冊P.28,C2 🚃JR「三ノ宮駅」徒步6分、JR「元町駅」徒步4分 ☎078-331-5638 🏠神戶市中央區下山手通3-1-9(コスモビルB1) 🕐午餐11:30~15:30(入店至14:00)、晚餐17:00~23:00(入店至21:00) ❌12月31日、1月1日 💲嚴選神戶牛ステーキ(午餐限定-嚴選神戶牛牛排80gA套餐)¥5,000、神戶牛希少部位ステーキ(午餐限定-神戶牛稀少部位牛排160gB套餐)¥11,800。神戶牛サーロインステーキ(神戶牛沙朗牛排160g套餐)¥17,000、特選神戶牛シャトーブリアンステーキ(特選神戶牛夏多布里昂牛排160g套餐)¥29,000 🌐www.saidining.com/

僅提供最高等級的A5神戶牛與黑毛和牛的鐵板燒專門店,從滋味豐富的霜降沙朗、淡雅高貴的菲力到肋眼、臀肉、臀肉蓋、夏多布里昂以及罕見的乾式熟成神戶牛等,通通都能吃到外,還能**坐在臨場感十足的吧檯座位**,邊品嚐美味、邊欣賞屬於神戶正統鐵板前的廚師精彩烹飪手藝。

動感十足的火焰表演,以及肉類在眼前煎烤時的香氣與聲音,品味最高級的神戶牛美味外,擁有蔬果專家資格的老闆,更依季節精選蔬果搭配於料理中,也能額外單點新鮮鮑魚與螯蝦等海鮮,整個套餐料理滋味豐盛,不論午餐、晚餐都值得前來。

🍴 神戸牛牛排 櫻 おすすめ薦

神戸牛ステーキ 桜

🅰別冊P.28,D1 🚇市營地下鐵西神・山手線「三宮駅」徒步3分 ☎078-335-8885 🏠神戸市中央區下山手通2-17-10(ライオンビル三宮館2F) 🕐午餐11:30~15:30(入店至14:00)、晚餐17:00~23:00(入店至21:00) 🈴週一 💲櫻吹雪-神戸牛稀少部位(午餐套餐)¥8,500、初櫻-神戸牛沙朗(午餐套餐)¥11,500。花衣-神戸牛沙朗¥15,500、夢見草-神戸牛特選沙朗¥19,000 🔗www.saidining.com/sakura/

在能感受到「和」文化的餐飲中，享樂世界頂級神戶牛。

融合世界頂級神戶牛×感受日本文化「和」的飲食享樂，「神戶牛ステーキ 桜」一樣僅選用A5等級的神戶牛，並在鐵板前為顧客提供融合演出般的精采美食料理秀。但如果你喜歡更多一點日本風格融入其中的話，這家店就很適合你，在**內裝上展現和風精神外，套餐更是將懷石料理的精髓融入鐵板燒的料理中**，像是能襯托出牛排美味的八寸(前菜)、使用鐵板蒸製的茶碗蒸、輕煎的肋眼薄片燒肉、蔬果專家精選的蔬菜，甚至在顧客面前現煮的土鍋飯等，不僅視覺上更為華麗，也讓鐵板料理呈現更細緻的一新風貌。

呈現出日式懷石料理風格的神戶牛鐵板套餐。

雅致的店內，以日本風呈現高級雅淨感。

柴燒的神戶牛美味，更融入木頭的香氣。

無論午餐或晚餐套餐，均使用160g的神戶牛，可十足享受美味。

🍴 神戸牛牛排 Vesta おすすめ薦

神戸牛ステーキ Vesta

A5等級神戶牛×「柴火燒烤」的美味。

🅰別冊P.28,D1 🚃JR「三ノ宮駅」徒步6分、阪急「神戸三宮駅」徒步6分 ☎078-335-0107 🏠神戸市中央區下山手通2-12-16 🕐午餐11:30~15:30(入店至14:00)、晚餐17:00~23:00(入店至21:00) 🈴週一 💲神戸牛ステーキランチ(神戸牛牛排午餐套餐)¥2,800、神戸牛モモ赤身ステーキ-ランチコース(神戸牛臀肉牛排-午餐套餐)¥5,610。神戸牛モモ赤身ステーキコース(神戸牛臀肉牛排套餐)¥6,930、神戸牛サーロインステーキコース(神戸牛沙朗牛排套餐)¥15,400。(以上價格含稅) 🔗www.saidining.com/vesta/

品嚐A5等級神戶牛，除了鐵板、懷石風格，你還有燒烤的另外選項。店內一樣提供自豪的**精選A5等級神戶牛、熟成神戶牛，並以柴火烤爐來料理**，依季節選擇包括橡木、檜木、櫻花木、欅木、白樺、栗木等，來燒烤牛肉。店內所有座位均為包廂或半包廂設計，很適合聚餐或親子共享美味，雖然這裡不主打鐵板的料理演出，但一樣能讓顧客感受到料理的活力與色香味，像是**剛燒烤好的牛排**，上桌前以玻璃罩將柴火的香氣將與料理一起封存，直到上桌時才打開，讓顧客感受到宛如身在柴燒爐前，嗅聞到肉香、木香的誘人美味融合。

モーリヤ 總店

おすすめ
薦

MOURIYA

140年老店
嚴選的自慢
牛肉美味。

🅰別冊P.28,D2　🚋JR「三ノ宮駅」西口徒歩5分　☎078-391-4603　🏠神戸市中央區下山手通2-1-17（モーリヤビル）　🕐11:00~22:00（L.O.21:00）　⊗不定休　💲モーリヤ嚴選牛極上フィレステーキ(A5) Bコース(MOURIYA嚴選牛極上菲力牛排(A5) B套餐)¥11,130起　🌐www.mouriya.co.jp/zh-TW/

　從明治18年開始經營神戶牛已經**超過140年「モーリヤ」，能夠百年持續不墜的受歡迎理由、便是嚴格把關嚴選優良肉質的堅持**，也是モーリヤ最引以為傲的美味利器。

　店家使用的牛肉相當重視但馬牛的血統來源，除了精選A5等級，受到認證的高品質神戶牛肉外，也以延續神戶牛素牛(開始育肥前的小牛)——但馬牛的血統，選取未曾生育的母牛，經過32個月以上的育肥，避免和兵庫縣內的同宗但馬牛進行近親交配，以此做為「Mouriya精選牛」的另一款高品質肉品選項，而且在契約牧場嚴格的飼育下，口感、風味也毫不遜於神戶牛。因此不論想品嚐受到**認證的高級神戶牛、或是價格合理且品質一樣非常美味的Mouriya精選牛，都能透過店內烹調技術純熟的廚師，深刻感受神戶牛的獨特美味。**

　本店共有3層樓，不但能提供更多顧客享用外，三宮周邊更有不同風格的另外4家分店及京都1家分店，都能讓便利品嚐神戶代表美食的同時，也感受老店的歷史風華與對美味的把關堅持。

神戶牛、但馬牛的肉質細嫩，脂肪不膩、口感清爽，是其令老饕醉心的主因。

店家最引以為傲的、便是挑選優良品質牛肉的眼光。

由廚師精心煎烤的肉品和蔬菜，可搭配天然鹽或自製醬汁一起享用。

🍴 神戶牛排 石田屋

おすすめ 薦

神戶牛すてーき Ishida. 生田新道店

ℹ別冊P.28,D2　🚃「三宮駅」徒步3分
☎078-335-5922　📍神戶市中央區下山手通2-1-14(ArcCOASTビル2F)　🕐午餐
11:30~15:00(L.O. 14:00)、晚餐17:00~21:30(L.O.
20:30)　休不定休　💰神戶牛コース-ロース(神戶牛套餐-里脊肉110g)¥15,290起　🌐www.kobe-ishidaya.com/

精肉直營批發店經營的餐廳、美味肉質掛保證。

豐富的神戶牛套餐，份量十足。

　　就位在三宮的生田神社參道前方的「神戶牛排 石田屋」，是一家由**肉品直營批發商所經營**的鐵板燒牛排店，超過30年的肉品經營眼光，讓石田屋所**提供的神戶牛，不論品質、油花都是超群美味**。

　　精選最高級、經過合格認證的神戶牛之外，更為了保障品質的穩定，店主透過其長年挑選高品質肉品的眼光，持續與兵庫縣內三家契約牧場合作，尤其是店內**特選提供的雌牛肉**，細緻不油膩的高雅滋味，搭配上店內廚師高超的烹飪技巧，將美味的神戶牛滋味鎖住，讓顧客都能品嚐到店家自豪的好滋味。也為了讓顧客能享受不同的神戶牛料理風格，在**神戶、大阪都有分店外，有牛排店、燒肉店、壽喜燒和涮涮鍋店等**，不論神戶牛沙朗、菲力牛排、神戶牛漢堡排、鵝肝、海鮮牛排等菜色都能盡享，而且光在三宮就有多達9家的店鋪，讓無論何時想要享用，都不用擔心店休而止步。

鎖住肉品鮮味的六面煎烤技術，讓美味在入口瞬間化開。

店內提供的神戶牛，都是經過認證的高品質肉品。

🍴 欧風料理もん

📖 別冊P.28,D2 📞 078-331-0372 🏠 神戸市中央區北長狹通2-12-12 ⏰ 11:00~21:00(L.O.) 📅 第三個週一 🍛 カレーライス(咖哩飯)¥1320、名物トンカツ(豬排)¥1820

創業於1936年的歐風料理もん，位在前熱鬧的三宮街區，有著簡單摩登的外觀。推門而入，木造桌椅襯托出店內沉的穩風格。據店主人說，會將餐廳取名叫「もん(門)」，就是指以港口為立基點的神戶是各國美食的入口，而這家小店裡的異國料理，也能開啟日本人通向各國美食文化的另一道門。歐風料理もん的神戶牛排餐，**份量非常足夠**，考慮到朋友家人聚餐時，可以點2~3種菜餚大家一同分享，讓每個人都更能享受多樣化的美食。而這裡**不只內用牛排美味**，許多人也會來這裡**外帶牛排三明治**，當成來到神戶的伴手禮呢！

🍴 PLAISIR

📖 別冊P.28,D2 📞 078-571-0141 🏠 神戶市中央區下山手通2-11-5ホテルザ・ビー神戶1F ⏰ 11:30~15:00(L.O.14:00)‧17:00~22:30(L.O.21:00)，週日17:00~21:30(L.O.20:30) 📅 週一 🍽 神戶ビーフサーロインのコース(午間神戶沙朗牛排套餐)100g¥9900 🌐 www.kobe-plaisir.jp

午間的優惠套餐讓人能享用平價神戶牛。

一走進PLAISIR店內，就被其白壁木造的時尚裝潢吸引。強調店內使用的**牛肉皆為兵庫境內農場直送**，肉質新鮮自然不在話下。結合當季鮮蔬一同炙煎而成的鐵板燒料理，一直都是PLAISIR的自慢料理。只見主廚在鐵板前舞動鐵鏟，藉由鐵板將神戶牛肉鮮美的肉汁都鎖起來，瞬間就變化出一道道美味的料理。另外，配合每種不同的肉質，店家還會推薦適合的酒類一起品嚐。

🍴 雪月花 本店

📖 別冊P.28,D2 📞 078-333-7080 🏠 神戶市中央區北長狹通1-9-3 レインボープラザ 8F ⏰ 17:30~23:00，週末例假日17:00~23:00 📅 不定休 🍽 神戶牛套餐¥17600起 🌐 www.kobe-setsugetsuka.com/honten

雪月花選用的處女雌牛，在經過長期熟成後，肉質變得更加柔嫩多汁。屠宰後的神戶牛雖然肉質偏硬，霜降紋理較少，但經過熟成過程後，水分逐漸減少，充分釋放出牛肉的氨基酸。此時，神戶牛的脂肪更為柔軟且融化溫度較低，即使以低火烹調，內層仍能保持溫熱，鮮美的肉汁瞬間在口中蔓延，留下難以忘懷的美味。雪月花還**提供豐富的套餐選擇，除了神戶牛之外，還搭配當季新鮮的海鮮與蔬菜，以多樣化的料理方式滿足各種口味需求，為饕客帶來無與倫比的美食饗宴。**

大阪↓京都

兵庫

三宮

◎ 神戶動物王國

薦
おすすめ

神戶どうぶつ王国‧
KOBE ANIMAL KINGDOM

🗺地圖外 🚃Port Liner電車往神戶機場方向，在「計算科學中心(神戶動物王國‧「富岳」前)」下車即達 ☎078-302-8899 🏠神戶市中央區港島南町7-1-9 🕙10:00~17:00 🚫週四、1月1日 💴一般¥2,200、小學生¥1,200、小孩(4-5歲)¥500 🌐www.kobe-oukoku.com

> 可開心與動物們近距離互動、餵食體驗。

　　交通極度便利的神戶動物王國，就位在神戶市區內、鄰近鬧區三宮與神戶機場，**若從三宮出發搭乘Port Liner電車，僅需14分鐘就能抵達**，與機場的距離更是僅有一站之隔。

　　這裡最吸引人的是**有著許多無柵欄的展示區，與**自由放養的動物們，在重現棲息地的空間內，可以感受動物們宛如野生狀態下、生氣勃勃姿態外，也**可以用超近的距離觀察動物們**，甚至似乎可以感受到動物們的呼吸；而且園內提供各式各樣的演出和互動活動，非常合全家大小一起同樂。

　　除了近距離觀察動物們，園區的設計也很用心，有別於一般的動物園，除了室外的園區外，也有冬暖夏涼的室內園區，讓一年四季皆綠意蔥蔥、各色花朵盛開。當然來這裡也別忘了品嚐一份使用「對馬山貓米」的美味料理，來自可以幫助對馬山貓增加食物來源的農田所生產的米，透過吃，就能對保育盡一份心力。還有還有，最後**一定得逛逛動物王國的紀念品店，這裡有著動物王國獨家的人氣動物們的各式周邊商品**，可以將滿滿的歡樂回憶一起帶回家。

小朋友也可以很安心的體驗羊駝的餵食活動。

園區內最受歡迎、精彩的Wings演出，可別錯過。

可以近距離的觀察鯨頭鸛。

可與動物們近身接觸外，還有體驗餵食活動。

在紀念品區，可以買到各式可愛的動物造型周邊商品。

大阪・京都

兵庫

北野異人館

北野異人館
きたのいじんかん
Kitano Ijinkan

對於第一次到神戶的外地人來説，坐落於北野那一棟棟不同於日本建築的歐式房舍「異人館」，便是神戶的面貌，也是到神戶絕對要造訪的景點。「異人」指的是外國人之意，而充滿西洋外國風情的房舍，就稱為「異人館」。明治時代神戶開港後，歐洲人在北野山坡的領事館或居住的家，多達造成接近故鄉風格的洋館，保留至今開放供大眾參觀。除了遊覽異人館外，還可坐神戶布引纜車上山，前往布引香草花園賞花，感受北野多樣的風情魅力。

交通路線&出站資訊

電車
JR三ノ宮駅◇JR神戶線
神戶市地下鐵三宮駅◇西神線、山手線
神戶市地下鐵三宮・花時計前駅◇海岸線
阪急三宮駅◇阪急神戶線
阪神三宮駅◇阪神本線
神戶高速鐵道三宮駅◇東西線
神戶新交通三宮駅◇ポートライナー(PORT LINER)
JR新幹線新神戶駅◇新幹線
神戶市地下鐵新神戶駅◇山手線

巴士
搭乘City Loop觀光巴士(北行)在「北野異人館」巴士站下車即達。

出站便利通
◎從三宮車站北側出站之後沿著北野坂往北走(山的方向)，約20分鐘即可到達北野異人館地區，沿途街景宜人，走起來非常舒服。途中跨越主要的大馬路山手通後，便已經進入北野地區。
◎除了從三宮到北野異人館之外，若搭乘新幹線來到神戶，從新神戶駅徒步至異人館更是方便。徒步約10分即可達北野美術館一帶，且一路下坡路不難走。
◎異人館區都是坡道與階梯，建議挑選一雙好走的鞋子前往。

異人館共通券

異人館共通券可有多種組合，請視自己時間與需求選擇。如果時間不多，建議可以挑選重點館參觀，其他館則看看外觀即可。

7館共通券
◉¥3000
うろこ美術館(魚鱗美術館)、うろこの家(魚鱗之家)、山手八番館、北野外国人倶楽部、坂の上の異人館(旧中国領事館)、英国館、洋館長屋(仏蘭西館)、ベンの家(班之家)。

3館共通券
◉¥1400
香りの家オランダ館(香之家荷蘭館)、ウィーン・オーストリアの家(維也納・奧地利之家)、デンマーク館(丹麥館)。

2館共通券
◉¥650 ⓦwww.ijinkan.net/ticket
風見鶏の館、萌黄の館。

異人館巡りプレミアムパス(異人館7館+展望ギャラリー)
◉國中生以上¥3000、小學生以下¥800
うろこの家(魚鱗之家)&展望ギャラリー(展望Gallery)、山手八番館、北野外国人倶楽部、坂の上の異人館(旧中国領事館)、英国館、洋館長屋(仏蘭西館)、ベンの家(班之家)。

山の手4館パス(異人館4館+展望ギャラリー)
◉國中生以上¥2100、小學生以下¥500
うろこの家(魚鱗之家)&展望ギャラリー(展望Gallery)、山手八番館、北野外国人倶楽部、坂の上の異人館(旧中国領事館)。

北野通り3館パス
◉國中生以上¥1400、小學生以下¥300
ⓦkobe-ijinkan.net/ticket/
英国館、洋館長屋(仏蘭西館)、ベンの家(班之家)。

☕ 星巴克 神戶北野異人館店

ⓐ別冊P.30,B2 ☎078-230-6302 ⓖ神戶市中央區北野町3-1-31北野物語館 ⓗ8:00~22:00 ⓧ不定休 ⓦwww.starbucks.co.jp

　星巴克到處都有，但在北野坂上的這家星巴克，最特別的就是能夠坐在異人館中品嚐好咖啡。**屋內的挑高建築與英式擺設，在在都透露出北野異人館的西洋風情**。館內分為兩層樓，比較推薦坐在2樓，比起1樓的人來人往，更有時光倒流至明治初年的洋風懷舊感。

風見鶏の館屋頂上的風向雞幾乎已成了北野異人館的標誌。

◉ 風見鶏の館

🏠別冊P.30,B1 ☎078-242-3223 🏠神戶市中央區北野町3-13-3 🕘9:00~18:00(入館至17:45) 🚫2、6月第1個週二(遇假日順延翌日休) 💲¥500,高中生以下免費；2館券(風見鶏の館‧萌黄の館)¥650 🌐www.kobe-kazamidori.com 🚫因耐震工程整修中，目前不開放。

　　這棟紅磚建築是1909年德國的貿易商湯瑪斯建造的家，除了**尖尖屋頂上的風見雞**之外，2樓一間有著龍椅與八角窗的書房，都是很值得注意的設計，而客廳、臥室、餐廳或兒童房，都有著**濃濃19世紀的風味**。值得一提的是，當年住在兒童房的湯瑪斯先生的女兒，在風見鶏の館開放參觀後還曾由德國前來一遊，她當時的留影紀念照片展示在兒童房內，喜歡西洋古典的人可以進館參觀。

◉ 萌黄の館

🏠別冊P.30,B1 ☎078-222-3310 🏠神戶市中央區北野町3-10-11 🕘9:00~18:00(入館至17:45) 🚫2月第3個週三、四 💲¥400,高中以下免費；2館券(萌黄の館‧風見鶏の館)¥650 🌐www.feel-kobe.jp/facilities/0000000042/

　　位於風見鶏の館旁的萌黄の館，是一棟淺綠色的房子，1903年建造時是當時美國總領事的官邸，1944年之後成為當時神戶電鐵社長小林秀雄的自宅。這棟屋子本來其實是白色的，一直到1987年修復時將外牆漆為淡雅的蘋果綠才改稱「萌黄の館」。屋內可以看到**雕琢精緻的壁爐**以及**牆壁上紋飾**，總是**輕灑著陽光綠意的二樓陽台**，有著特別設計的多格型窗花，不但視野極佳，在遊人不多的時刻，還有一份獨特的靜謐，讓人更能領受老屋魅力。

◉ 香之家荷蘭館

香りの家オランダ館

🏠別冊P.30,C1 ☎078-261-3330 🏠神戶市中央區北野町2-15-10 🕘10:00~17:00 💲成人¥700,國高中生¥500,小學生¥300 🌐www.orandakan.shop-site.jp

　　還沒踏進香之家荷蘭館，就看到院子裡還擺放著大大小小的荷蘭木屐，模樣十分俏皮。香之家荷蘭館的**前身是荷蘭的領事邸**，館內還留有一台**有200年歷史的腳踏風琴**，以及古典的餐桌、掛燈、床舖等家飾。館內除了販賣工藝品外，還有個人專屬香水調製體驗。此外還有荷蘭姑娘變身體驗，¥2750就可以穿戴全套荷蘭民族衣裳，足蹬荷蘭木屐在院子裡拍照！

維也納·奧地利之家

ウィーン·オーストリアの家

別冊P.30,C1　078-261-3466　神戶市中央區北野町2-15-18　10:00~17:00　成人￥500，小學生￥300　www.orandakan.shop-site.jp

　奧地利是音樂神童莫札特的故鄉，奧地利之家就**展示有寄贈自莫札特博物館的樂譜、肖像畫、鋼琴，以其許多與莫札特相關的用品**，可以感受到奧地利優雅又華麗的風情。除了音樂，香濃的奧地利咖啡與蛋糕也是舉世知名，不妨在露天咖啡座享受一下異國咖啡香吧！

丹麥館

デンマーク館

別冊P.30,B1　078-261-3591　神戶市中央區北野町2-15-12　10:00~17:00　成人￥500，小學生￥300　www.orandakan.shop-site.jp

　丹麥位在北緯55度的遙遠北歐，是處被童話包圍的神秘王國，丹麥館的**一樓擺放著一般實寸的1/2大小的維京海盜船**，將丹麥氛圍帶到千萬里之遠的日本神戶。由於丹麥是童話之父安徒生的故鄉，如人魚公主、醜小鴨、賣火柴的小女孩、國王的新衣等童話，館裡有間安徒生的書房，讓人一窺安徒生的創作世界。

英國館

別冊P.30,C2　0120-888-581　神戶市中央區北野町2-3-16　9:30~18:00(10~3月至17:00)　國中生以上￥880，小學生以下￥220　kobe-ijinkan.net

　1907年由英國設計師建造的英國館，最初還曾作為醫院，館內擺設**維多利亞時代的家具和裝飾**，昔日英國人的生活可以從中略知一二。英國館還有免費的英格蘭騎警服裝免費租借的服務，別忘了穿著帥氣的斗蓬，在庭園一隅的倫敦復古計程車前照張紀念照喔！

魚鱗之家&展望Gallery

うろこの家&展望ギャラリー

別冊P.30,C1　0120-888-581　神戶市中央區北野町2-20-4　10:00~17:00　國中生以上￥1100，小學生以下￥220　kobe-ijinkan.net

　閃耀著淺綠色光澤的鱗狀外壁，夏天時翠綠的藤蔓如一張綠網纏繞其上，門前的中庭裡還蹲座著一隻像貌極富藝術感的山豬，這就是為人津津樂道的魚鱗之家。魚鱗之家是舊居留地的外國人租屋，在明治後期才搬移到北野的高台上，除了特殊的外觀，館內**保存著精緻華美感的西洋古董家具**，以及名家瓷器。魚鱗之家旁還有一間小小的美術館，裡頭**收藏了許多名畫**，歡迎參觀魚鱗之家的民眾一起來品鑑這些畫作。

山手八番館

◎別冊P.30,C1　☎0120-888-581　◎神戶市中央區北野町2-20-7　◎10:00～17:00　⑤國中生以上¥550，小學生以下¥110　◉ kobe-ijinkan.net

　　從外觀就和北野其他異人館相當不同，位於魚鱗之家旁的山手八番館採用**都鐸樣式設計**，空間可見的彩繪玻璃與塔狀為最大特徵。館內展示了近**代雕刻之父羅丹、Bourdell等人的作品**，還有非洲馬孔德等藝術品，此外尚可欣賞巴洛克時代的畫家、義大利版畫，可稱上是歐洲藝術寶庫。

撒旦之椅

　　山手八番館內有一張神奇的椅子，據說坐上去許的願望都會實現，人們稱呼那把椅子為「撒旦之椅」。在一般西洋宗教認知裡，需出賣靈魂，但其實這裡的撒旦是SATURN的音譯，指的是希臘羅馬神話中的農耕之神，藉由其豐收的能力來讓人心想事成。

萊茵館

ラインの館

◎別冊P.30,C2　☎078-222-3403　◎神戶市中央區北野町2-10-24　◎9:00～18:00(入館至17:45)　⑥2、6月第3個週四(遇假日順延翌日休)　⑤自由參觀　◉www.kobe-kazamidori.com　❶因耐震工程整修中，暫不開放。

　　建造於1915年的萊茵館是一棟**溫暖黃色系的木造建築**，為明治時代最受歡迎的樣式，還有一個小庭園，如今1樓為休息室並販賣神戶特產，2樓則為展示室，**展出阪神大地震的相關資料**，免費開放給遊客們參觀昔日的異人生活。

柏拉圖裝飾美術館(義大利館)

プラトン裝飾美術館(イタリア館)

◎別冊P.30,C1　☎078-271-3346　◎神戶市中央區北野町1-6-15　◎09:30～17:00　⑥週二、年末年始　⑤大人¥700、國、高中生¥500、小學生以下¥200

　　柏拉圖裝飾美術館又名為義大利館，琳瑯滿目的收藏多數是由主人夫婦在歐洲旅行時所帶回來的藝術作品，其中又以義大利作品為主，包括餐廳、寢室、化妝室等，全都**洋溢濃厚的義大利風**，而女主人本身十分好客，感覺就像去拜訪朋友家一樣自在。

北野天滿神社

📍 別冊P.30,B1　☎ 078-221-2139
🏠 神戶市中央區北野町3-12　🕐 7:30
~17:00　💰自由參拜　🌐www.kobe-
kitano.net

　異人館這一塊區域之所以會被
稱為「北野」，就是因為這位在風
見雞の館右邊的北野天滿神社。
北野天滿神社祭祀學問之神菅原
道真，**對於合格、必勝祈願十分靈
驗**。登上高高的階梯，莊嚴的神社
氛圍與異人館的西洋風情大不相
同，而從神社旁的高台向下望去可
以遠眺神戶港口景色，更可以看到
風見雞の館的屋頂，是在地人才
知道的觀景名所。

👁 中華民國神戶華僑總會

📍 別冊P.30,A2　🏠 神戶市中央區北野町4-2-
1　🚫內部不開放參觀

　大家遊逛異人館時，往往醉心於優美
的西洋建築風情之中，鮮少有人會注意
到，在北野的左側還有一棟中華民國神戶
華僑總會的舊址。建於明治42年(1909)的
中華民國神戶華僑總會，**大大的白木牆
與綠色窗框是最大特色**，但沒有商業氣
息的異人館更是與街景融
合，顯得自然不作做。

> 雖然內部不開放參
觀，喜歡歷史巡禮的
人也是能來朝聖。

🖋 神戶北野美術館

📍 別冊P.30,C2　☎ 078-251-0581　🏠 神戶市中央區北野町2-9-6　🕐
9:30~17:30(入館至17:00)　📅第3個週二、不定休(詳見官網)　💰國中
生以上¥500，小學生¥300　🌐www.kitano-museum.com　❗目
前暫時休館中

　建於明治31年(1898)，原址為White House(舊美國領事館)的
北野美術館，有「白色異人館」之美稱。從面對北野通的石階梯
走上去，映入眼中的北野美術館綠陰扶疏，美得像樹林中的小
屋；**館內的展出皆與神戶、北野相關**，而且關於展覽的周邊產
品，例如明信片等也都只有在這裡才買到到。

☕ 北野坂 西村咖啡

北野坂にしむら珈琲店

📖別冊P.30,B2　📞078-242-2467　📍神戶市中央區山本通2-1-20　🕐1F Café 10:00~22:00，2F餐廳11:00~14:30(L.O.)、17:00~20:30(L.O.)　🌐www.kobe-nishimura.jp

大名鼎鼎的西村咖啡在離本店這麼近的北野坂上開設分店，就是因為其風格與本店大不相同。位在中山手通的本店主打當地客層，提供當地人舒適的咖啡環境。而北野坂店則是從店門口就充滿濃濃洋風，不只有咖啡，還提供午、晚間套餐，希望客人能在被勝蔓爬滿的紅瓦洋房中，優雅且自在地度過用餐時光。

在巴黎學習烘焙的甜點主廚寄砂愛麗，將甜點製作化為一場甜美的展演。

☕🧁 CAKE STAND

📖別冊P.30,B2　📞078-862-3139　📍神戶市中央區山本通2-14-28　🕐10:30~18:00，週六例假日12:00~18:00(L.O.17:00)　🚫週四　🌐cakestand.jimdo.com

和一般甜點舖以玻璃櫃展售糕點的作法不同，CAKE STAND以「現點現做」為概念，強調手作的新鮮感和溫度，將甜點最美味的時刻呈獻給客人。風格簡單，注重視覺呈現和美味，糖煮桃的清甜、奶酪的溫醇和玫瑰茶的香氣，拿捏得恰到好處的味覺層次，口味亦不太甜，搭配一壺斯里蘭卡的熱紅茶，是屬於成人的優雅甜點。

🧁 六甲牧場 北野本店

📖別冊P.30,B2　📞078-252-0440　📍神戶市中央區北野町3-11-4　🕐10:00~18:00　🍦牛乳ソフトクリーム(霜淇淋)¥500　🌐rokkobokujyo.com

使用六甲山上乳牛的純正牛乳，絕不放入一絲人工添加物，是六甲牧場的霜淇淋好吃的唯一秘訣。與一般霜淇淋不同，這裡的**霜淇淋吃起來口感軟潤滑順**，奶香濃厚，只見每個來到北野的觀光客人手一支，即使是寒冷的冬天也有人排隊只為了吃一口這純正的香濃美味。

厚實的鹹派作為午餐輕食十分有飽足感。

☕ Triton café

📖別冊P.30,B3　📞078-251-1886　📍神戶市中央區中山手通1-23-16 2F　🕐Café 11:30~20:00(L.O.19:00)，午餐11:30~17:00(L.O.)，晚餐18:00~20:00(L.O.19:00)　🚫不定休　🍦焦がしバター&生クリーム(焦香奶油&生奶油鬆餅)¥1000　🌐www.triton-cafe.jp

位在2樓的Triton café若不仔細找，還挺容易漏掉。但不需要醒目招牌與宣傳，除了優美的用餐環境之外，店內還陳列許多店主在法國、北歐等帶帶回來的雜貨，自然成為**當地女生口耳相傳的人氣咖啡廳**。

🍴 SONE

📖別冊P.30,B3 📞078-221-2055 📍神戶市中央區中山手通1-24-10 ⏰17:00~23:00(爵士樂表演18:30開始) 🚫1/1~1/3 💲ソネセット(SONE套餐)￥3080 🔗kobe-sone.com

　SONE是**神戶爵士樂現場演唱的開創者**,從外觀到內部空間都頗為懷舊。每天晚上這裡都會邀請活躍於關西地區的音樂人來此現場表演,風格屬於更為輕鬆的Swing Jazz,**一個晚上有四組音樂人輪番上陣**,點上一杯飲料慢慢啜飲,將自己浸浴在悠揚美好的樂聲中,聽覺饗宴盡在這裡。

👁 維娜斯橋

ヴィーナスブリッジ

📖別冊P.30,A1 📍神戶市中央區諏訪山町 👁自由參觀

　神戶夜景有日本三大夜景之稱,由於位處港灣地區,也讓神戶夜景被稱為是千萬美金價值的夜景遺產。維娜斯橋是1971年完工,**可以觀賞夜景的螺旋橋樑**,由於旁邊廣場有許多象徵戀人永恆的戀人鎖,因此以希臘愛神維納斯命名。

👁 布引香草園

布引ハーブ園

📖別冊P.30,C1 📞078-271-1160 📍神戶市中央區北野町1-4-3 🕐香草園10:00~17:00,7/20~8/31至20:30;神戶布引纜車9:30~16:45(上行末班車)、17:15(下行末班車)、7/20~8/31 9:30~20:15(上行末班車)、21:00(下行末班車) 🚫冬季2週,天候不佳、纜車檢修日 💲神戶布引纜車來回票成人￥2000(單程￥1400),國中小學生￥1000(單程￥700),未就學兒童免費;17:00後來回票成人￥1500,國中小學生￥950 🔗www.kobeherb.com

　這片美麗的香草花園,擁有**150種、75000株西洋香草**遍植在山坡上或溫室內。雖然距離北野有一小段距離,但從新神戶駅**搭乘神戶布引纜車**(神戶布引ロープウェイ)只要10分鐘,就可以呼吸爽涼的空氣、聞聞花草香、眺望山下的神戶與海呢,不妨放慢腳步,在步道散散心,吃頓富有天然香草清香美食。

元町
もとまち
Motomachi

元町擁有精華薈萃的元町商店街穿過，假日總是人潮洶湧，無論是洋菓子老舖或傳出陣陣香氣的炸可樂餅肉店，若想尋找美味，只要看準排隊人龍準沒錯。元町商店街裡可說是應有盡有，流行度雖然不如三宮商店街，但要找到滿滿的在地風情來這裡準沒錯。除了元町商店街，在商店街的南邊還有個唐人風情的南京町。每到了農曆新年，在這裡也會看到盛大的新年祭典，像是舞龍舞獅、古人遊行等，十分有趣。

交通路線&出站資訊

電車
JR元町駅◇JR神戶線(東海道本線)
阪神・神戶高速鐵道元町駅◇阪神本線・東西線
神戶市地下鐵舊居留地・大丸前駅◇海岸線
神戶市地下鐵みなと元町駅◇海岸線

出站便利通
◎若是從三宮駅間逛過來元町地區可不需搭乘電車，若搭電車直接抵達元町，從元町駅的南側出口往南徒步約1分便是最熱鬧的元町商店街與大丸百貨前。
◎從元町商店街再往南走過幾個店面就可以看到一個中華味濃濃的牌樓，這就是神戶中華街南京町的入口，往西徒步約2分即是最主要的南京町廣場。
◎沿著元町商店街一直向西邊逛逛走，就會到達神戶駅，但需要走約30分鐘才能到達，趕時間的人建議還是搭乘電車。
◎其實元町也可算是和舊居留地為同一區，南邊是以雜貨出名的榮町，大丸百貨的東南方向則是許多洋風建築最集中的地區。
◎從元町車站沿著主要道路的サンセット通(落日大道) 往東徒步約3分就是年輕人聚集，最悠閒的TOR ROAD，主要的個性化小店就分布於TOR ROAD街道兩旁與TOR ROAD至鯉川筋中間的巷弄內。

👁🎁 元町商店街

📄 別冊P.28,A3 📍元町商店街連合 📞078-391-0831
🏠神戶市中央區元町通1~6丁目 🕐依店舖而異 🚇依店舖而異 🌐www.kobe-motomachi.or.jp

從鯉川筋至神戶高速鐵道東西線的西元町駅間、**東西向綿延長達2公里的商店街**正是深受當地人喜愛的元町商店街，從百貨公司、名牌服飾、

餐廳、書局、糕餅老舖、甜點店、生活雜貨、土特產紀念品店、藥妝店等應有盡有，商店街上方還有拱頂罩著，不論外頭刮風下雨，都不會壞了逛街興致。如果有時間，沿著元町商店街一路向西走去，便能連接神戶駅，來到HARBOR LAND。

Salon de The

位在本店1樓內部的Salon de The是風月堂附設的洋菓子咖啡廳，優雅的空間中舒服的座椅，半開放式的甜點廚房看得到甜點主廚忙錄的身影。來到這裡可以品嚐主廚製作的甜點，享受悠閒午茶時光。

🧁 神戶風月堂 元町本店

📄 別冊P.28,B3 📞賣店078-321-5598，Salon de The 078-321-5527
🏠神戶市中央區元町通3-3-10 🕐賣店10:00~18:00，Salon de The 11:00~18:00(L.O.17:30) 🚫商品販售區1/1，Salon de The週一(遇假日順延翌日休)、1/1
💰ゴーフル(法蘭酥)8枚￥1080 🌐www.kobe-fugetsudo.co.jp

有著典雅名字的風月堂創業於明治30年(1897)，最具代表性的名品是**法蘭酥**，圓形煎餅中間夾著一層奶油，有草莓、巧克力、香草三種傳統口味，近年來另外開發紅茶、抹茶、咖啡、水果等口味，**薄脆又口齒留香**，是來訪神戶時必逛的名店之一。

本高砂屋 元町本店

別冊P.28,B3　☎078-331-7367　♠神戸市中央區元町通3-2-11　◷10:00~19:00　㊡第1、3個週三(遇假日照常營業)　⑤高砂きんつば(金鍔餅)￥184　⊕www.hontaka.jp

　創業於明治10年(1877)的本高砂屋是一家和菓子老舖，為了永續經營並開拓視野，開始創作洋風甜點，最出名的就是融合和洋元素的餅乾「高砂きんつば」，**外皮酥脆如同千層派的麵皮夾上三種組合的奶油內餡**，例如藍姆葡萄、焦糖巧克力或是和風味濃濃的抹茶、栗子等，美味讓人一吃難忘。另外洋菓子也是本高砂屋的強項，很合作為神戶伴手禮。

観音屋 元町本店

別冊P.28,B3　☎078-391-1710　♠神戸市中央區元町通3-9-23　◷10:30~20:30　⑤デンマークチーズケーキ(起司蛋糕)￥408　⊕www.kannonya.co.jp

　融化的起司蛋糕吃起來是什麼味道？観音屋的起司蛋糕跟一般印象中的西式起司蛋糕很不一樣，**圓圓的海綿蛋糕上鋪著厚厚的起司**，吃的時候竟然是熱的，上頭的起司融化掉，鹹鹹甜甜十分美味。如果沒空坐在店內品嚐，這裡也有外帶專區，帶回家後只要用微波爐加熱一下，馬上就能享受到這熱呼呼的美味。

Juchheim 本店

別冊P.28,B3　☎078-333-6868　♠神戶市中央區元町通1-4-13　◷1F賣店10:00~20:00，2F Café10:00~20:00(L.O.19:30)，B1F餐廳11:00~15:30(L.O.14:30)、週六日例假日至18:00(L.O.17:00)　㊡週三　⑤ユーハイムクランツセット(年輪蛋糕套餐)￥1300　⊕www.juchheim.co.jp

　曾經受到文學家谷崎潤一郎讚揚為「細雪」的甜點就誕生於Juchheim，本店位在元町商店街內，主要**以德國甜點為主，最受歡迎的是年輪蛋糕**，將傳統的德意志風味傳達給神戶的人們，除了在1樓可買到之外，2樓也有能夠坐下品嚐的咖啡廳，肚子餓了地下室還供應輕食，全方位提供服務，讓人能將來自德國的美味一網打盡。

🍴 伊藤グリル

別冊P.28,B3　☎078-331-2818　♠神戶市中央區元町通1-6-6　◷11:30~14:30(LO.14:00)、17:30~22:00(LO.20:00)　㊡週二、三　⑤本日の神戶牛ステーキランチ(神戶牛排午間套餐)100g￥6600　⊕www.itogrill.com

不易流行的洋食老舖，炭烤牛肉美味無限。

　這是一家**洋溢著老味道的牛排館**，創立於1923年，一股講究而不鋪張、堅持原味但不退流行的氣質，讓你知道是一家有著經驗老道料理人所開設的好店。第一代店主以曾在遠洋郵輪服務的好手藝起家，第二代開始了**炭烤的手法**，而傳到了曾遠赴法國進修的第三代，則設計**精彩的酒單搭配美食**，提供更優質的用餐服務。

グリルKISSHO

📍 別冊P.28,B3 ☎078-391-1377 🏠神戸市中央區元町通1-4-8 2F ⏰11:30~15:00(L.O.14:30)、17:00~22:30(L.O.22:00) 休不定休

這家位在元町小巷弄裡2樓的洋食店，專賣神戶牛的料理。不同於一般高不可攀的高檔牛排店，グリル吉祥也**在優惠時段以優惠的價格提供超值的神戶牛套餐**。除了能品嚐到神戶牛排與其他用神戶牛製成的料理，如果預ંસ足夠，也可以點了套餐後再加¥300，將白飯換成牛肉咖哩飯，一次品嚐神戶牛的多重魅力。

建議可以選在中午來品嚐它的午間套餐，只要¥1800起跳。

猫カフェNyanny

📍 別冊P.28,B3 ☎078-391-5420 🏠神戶市中央區元町通2-6-11 德永ビル3F ⏰11:00~20:00(L.O.19:30)、週六日例假日10:00~20:00(L.O.19:00) 休第3個週二 💲入場費(不含飲料)¥1100/1小時，週六日例假日¥1320/1小時；(含非酒類飲料)¥1430/1小時，週六日例假日¥1540/1小時；含酒類飲料¥1650/1小時，週六日例假日¥1760/1小時；延長時間每30分¥550 🌐nyanny.com

Nyanny是一間隱身在元町德永大樓3樓的貓咖啡，每天都有**十多隻可愛的小貓**在這裡待命，希望能陪每個客人度過快樂的時光。如果跟店家買飼料，原本不理人的貓咪就會全部靠過來要吃的，讓人成為大明星般受到歡迎。**想體驗日本特別的貓咖啡文化，就來到元町讓可愛的小貓咪治癒疲憊的心靈吧！**

cat cafe Nyanny

喵喵～快來找我玩。

おすすめ 薦

瓢たん 元町本店

📍 別冊P.28,C2 ☎078-391-0364 🏠神戶市中央區元町通1-11-15 ⏰週一到週三11:00~21:00(L.O.20:00)、週四到週日11:00~23:00(L.O.22:30) 休不定休 💲餃子一人份7個¥400 ❗用餐人潮多時老闆可能會拒絕再加點，點餐時記得把一次要吃的份量點齊

熱騰騰的庶民美味，肚子有點餓又不太餓時就會想到它！

瓢たん在神戶地區擁有很大的名氣，幾乎是無人不知的**餃子名店**。狹窄的店門只容得下不到10人，吧台內煎餃子的是有數十載經驗的老奶奶。接過老奶奶送來的餃子，沾上**由味噌醬汁與大蒜醬油調和的獨門醬汁**，熱熱的一口咬下，酥脆的表皮在口中化開，肉汁留上舌尖，這樣的美味與便宜的價錢，難怪小小的店面總是不時擠滿人潮。

Fabulous OLD BOOK

📍 別冊P.28,B2 ☎078-327-7883 🏠神戶市中央區下山手通4-1-19西阪ビル4F ⏰13:00~19:00 休週三 🌐www.instagram.com/f.o.book/

鯉川筋上，這間隱藏在四樓的Fabulous OLD BOOK書店主要販賣1940~70年代，被稱為繪本黃金時代，從美國發行的繪本，**約有5000本繪本**是老闆夫妻踏遍全美國的土地，**從各地收集而來**，可算是一個繪本的大寶庫，更是只此一家的繪本舊書店。

🍴 森谷商店 元町本店

🅰別冊P.28,B3 📞078-391-4129 🏠神戶市中央區元町通1-7-2
⏰肉舖10:00~20:00，炸物10:30~19:30 💲ミンチカツ(炸肉餅)
¥150，コロッケ(可樂餅)¥100 🌐moriya-kobe.co.jp

　　創業於明治6年(1873)的森谷商店是神戶最自豪的**神戶牛肉老店**，美味無比的神戶牛肉雖然無法帶回國，但加入了正宗神戶牛肉製作的可樂餅或炸肉餅照樣讓這不起眼的肉店成為觀光客們的最愛，經常**大排長龍**的店門前當場新鮮現炸美味，即使燙手仍然建議立刻品嚐。

👁 相楽園

🅰別冊P.28,B1 📞078-351-5155 🏠神戶市中央區中山手通5-3-1 ⏰9:00~17:00(入園至16:30) 🈺週四(遇假日順延翌日休)、12/29~1/3 💲15歲以上¥300，國中小學生¥150 🌐www.sorakuen.com

　　從元町駅再向北走，約10分鐘才能到達的相楽園，雖然離元町的繁華中心稍遠，但這裡可是有**神戶都市公園中唯一的日本庭園**。相楽園除了日式庭園之外，境內還有旧小寺家厪舍、旧ハッサム住宅、船屋形這三座重要文化財。來到這裡不只能夠飽覽庭園風景與古蹟建築，每年**春夏之際會有杜鵑花展、秋天則有菊花展**，是神戶人休閒散步的庭園名所。

> 隱藏在住宅區，外觀與周圍的民宅有著相當的差異，融合藝術於生活之中。

☕👁 CONCEPT STORE SEE？

おすすめ **薦**

神戶半山腰的密室藝廊咖啡薦。

🅰別冊P.28,B1 🏠神戶市中央區中山手通4-11-20
⏰11:00~19:00 💲特調咖啡¥550 🌐www.instagram.com/concept_store_see/

　　要前往CONCEPT STORE SEE？需要爬一小段山路，藝廊入場免費。**店內的飲食點心非常巧妙地都封在罐頭裡面，無論是便當或是奶酪冷飲，全都是一個一個的罐頭**，非常可愛。而在整排碩大的書櫃後面，居然還隱藏有暗門，裡面是另一個特展空間，也提供當作包場包廂出租，如果沒人使用的時候，可以請負責人幫忙帶路進去一探究竟。

> 最出名的ざくろ光一天就能賣出上千個。

🧁 Motomachi Cake元町本店

おすすめ **薦**

在地美味蛋糕，不只品嚐美味，也吃得到濃濃人情味。

🅰別冊P.31,B1 📞073-341-6983 🏠神戶市中央區元町通5-5-1 ⏰賣店10:00~18:30 🈺週三、週四 💲ざくろ(石榴)¥330，いちごショート(草莓蛋糕)¥360 🌐motomachicake.com

　　Motomachi Cake以元町為名，賣的就是受當地人歡迎的各式洋菓子。ざくろ雖然名為石榴，但其實它是以純蛋黃與三種鮮奶油製成的海綿蛋糕，因為爆裂開的表皮上有顆大草莓，看起來很像爆開的石榴，因此而得名。就是因為便宜又好吃，Motomachi Cake雖然位在較偏離元町商店街的位置，但**每到假日也總是一位難求**。

南京町

南京町就是神戶的中華街，就像是香港的縮影般，以紅金兩色為基調的建築物，加上醒目的牌樓長安門，還有寫滿中國字的菜單，讓來自華語地區的觀光客感到熟悉。來到南京町，不用去跟日本人一道去排長龍等著吃廣東料理，光是路邊擠得滿滿的港式小吃攤就夠熱鬧了！

● www.nankinmachi.or.jp

🍴 老祥記

● 別冊P.28,B3 ☎078-331-7714 ⏷神戶市中央區元町通2-1-14 ⏰10:00~18:30(售完為止) ❂週一(遇假日順延翌日休) ⑤豚まん(肉包)6個￥600 ⌨www.roushouki.com

　　來到南京町，很難不去注意到老祥記，因為店門口永遠大排長龍，等著一嚐肉包的美味，平均至少得等上30分鐘才吃得到。1915年開幕的老祥記已經傳到第三代，最受到好評的就是**家傳的麵皮搭配鮮美多汁的肉餡**，尤其是沾上肉汁的皮更是美味地讓人念念不忘，不只是日本人吃得津津有味，許多華人觀光客也是讚譽有加。

🧁 Est Royal 南京町本店

● 別冊P.28,B3 ☎078-391-5063 ⏷神戶市中央區元町通1-5-3 ⏰10:00~18:30 ⑤泡芙￥260起 ⌨www.estroyal.co.jp

　　在熱鬧的南京町街道上，看似不起眼的Est Royal可是擁有許多人氣第一的甜點店，最出名的就是創業當時就有的泡芙，**大方放入許多香草籽的卡士達蛋奶醬嚐來新鮮香醇**，讓人一口接一口，還有擠入大量各式口味冰淇淋泡芙，搭配有著杏仁香氣的外皮更加對味。

使用專利的擠壓器，綿密的栗子化成金黃色的絲線撲滿盤內，疊起小小的栗香高山。

🧁 和栗蒙布朗專門店 栗松 神戶本店

おすすめ 薦

和栗モンブラン專門店 くり松 神戶本店

丹波栗子甜點專門店。

● 別冊P.28,B3 ☎078-945-7710 ⏷神戶市中央區元町通2-2-8 ⏰11:00~19:00(L.O.18:30) ❂不定休 ⑤栗子蒙布朗霜淇淋￥850 ⌨www.kurimatsu.jp/kurimatsu/

　　兵庫縣秋季特產中，丹波的栗子是裡面非常出名的一項，獨特的香氣還有碩大的個頭是市場上非常醒目的存在。而栗松便是**選用了丹波栗子當作原料的蒙布朗甜點專門店**，提供內用的是一客兩千日圓起跳的高檔蒙布朗甜品，另外也提供外帶栗子蛋糕當作伴手禮，還有價格較為親民可以邊走邊吃的栗子霜淇淋選項，讓沒有時間驅車前往丹波的旅人們，在神戶這邊也能夠享用到在地農產製作的美食。

大阪➡京都

兵庫 栄町

栄町
さかえまち
Sakaemachi

鄰 近海岸的栄町往北是元町，往東為旧居留地，南邊正是神戶港口，這裏昔日為神戶港的繁盛區域，許多貿易公司紛紛進駐，小小的公寓內就擠入幾十家辦公室，如今，雖然栄町仍然保有這些存在著繁盛景象痕跡的公寓，濃濃的懷舊感又帶點流行復古時尚，昔日的辦公室紛紛成了雜貨、服裝、藝廊等個性小舖，每一間都有著迷人的故事風景，穿梭在期間尋找個性小物、服飾因而成為神戶品味人士的最愛，充分展現了與港町融合的神戶STYLE。

交通路線 & 出站資訊

電車
JR元町駅➡JR神戶線(東海道本線)
阪神・神戶高速鐵道元町駅➡阪神本線・東西線
神戶市地下鐵旧居留地・大丸前駅➡海岸線
神戶市地下鐵みなと元町駅➡海岸線

出站便利通
◎從神戶市地下鐵みなと元町駅出站往南(港區方向)徒步約3分就可看到一個小小的綠帶，這一區正是神戶品味一族喜愛的栄町。沿著栄町通往東一路上就有許多懷舊公寓，公寓內正隱藏了許許多多可愛小店。

◎由元町向南走就是栄町，若從栄町往港區方向徒步約5分即可抵達神戶港塔所在的メリケンパーク(美利堅公園)，往東徒步約5分即是舊居留地，皆不需再搭乘交通工具，安排行程時可一並規劃。

厚重的洋風建築，展現神戶港的過往風華。

◎ 海岸大樓
海岸ビルヂング
薦 おすすめ

🏠別冊P.28,B4　📍神戶市中央區海岸通3-1-5

最能代表栄町港濱風情的建築之一，進駐的店家各有千秋，可以慢慢逛一下午。

這裡**最初是貿易公司兼松商店本店所在地**，完工時1樓是兼松商店辦公室，2樓以上由其他事務所租賃使用。目前1樓店舖的室內空間還是可以約略看到兼松商店所在時期的樣貌。從海岸通上的建築正面走進大樓裡，**通向2樓和3樓的長階梯不轉彎地一路直上，天井裝設著大型彩色玻璃**，天氣晴好時，投射的光線讓室內空間籠罩在繽紛氣氛裡，晚上的戶外照明也讓海岸大樓像是一場華麗夢境般，令人沉浸在其建築之美中。

草灯舍

☎078-331-9187　⏰海岸大樓2F 206号　⏰13:00~18:00，週日預約制　⏰週日~二
🌐www.soutousya.com

由14位藝術家合作的草灯舍是一間生活器物用品店，店主每年會企劃幾次展覽，請藝術家按照主題創作(例如：碗、茶杯)，每個藝術家都有自己習慣的材質和品味，店長對風格並不干涉。在展覽作品外，店主也選擇自己願意使用的古董器物放在店內販售。店裡最多的舊式陶瓷器，也有木製的餐具。為了符合器物氣氛，店裡用來陳列商品的「家具」都是看得出年紀和使用痕跡的桌、櫃甚至長凳，只有經過時間才有的斑斕氣氛也令人要對這些家具多看上幾眼。

☕ ALLIANCE GRAPHIQUE

☎078-333-0910　⏰海岸大樓1F　⏰11:30~0:00，週五六例假日前至翌1:00

位在海岸大樓東北角位置，ALLIANCE GRAPHIQUE有獨立入口，一整面「牆」是厚重的鐵門，和其他共用這座大樓的店家隔開，這麼特別的隔間來自原有的建築格局，不愧是歷史悠久的海岸大樓。在1992年之前，這裡是倉庫，店主用了一年的時間將咖啡館改裝成現今的農舍風樣貌。挑高約6公尺，座位不多的用餐空間在來客坐滿時也不會有窄仄感；店名來自法文的「設計協會」，室內陳設不少1900至1930年代的法國骨董，靠近入口的牆上的玻璃箱裡堆滿舊鎖和舊鑰匙，另一個則是日本和歐洲的舊鐵罐，舊的器物和咖啡館裡暖色調的氣氛甚是合襯。

mature ha. Atelier

☎078-333-5060　⏰海岸大樓2F 211号　⏰11:00~18:00　⏰週三、週日(不定休；詳見官網)　🌐www.mature-hat.com

這間直接以「成熟」(mature)為名的帽子專賣舖極有個性。曾任職於製帽公司的高田雅之遇上香山由希理念一拍即合，在2004年開設這間店，希望提供女性適合日常生活的帽款。除了引進各種精采帽款，還請來設計師合作，選用日本的棉布，一同設計出最舒適的帽子。設計過程中不斷經過工作人員的試戴、修正，完成了簡單卻迷人的帽子。店內最受歡迎的是「女優帽」，就像是女演員一般地戴上後能隱藏身分，還能夠依自己的喜好調整配戴角度，展現不同風情。

榮町大樓

栄町ビルディング

📖別冊P.28,B4　📍神戶市中央
區海岸通3-1-5

> 豪不起眼的外觀中竟隱藏多家好店，鼓起勇氣推開那每一閃門，意想不到的收穫就在眼前。

建於1940年代中期的榮町大樓是鋼筋混凝土建築，外觀完全沒有多餘的裝飾，這樣無機質、個性並不特別強烈的感覺反倒讓不少店家來到此地；最初這裡的設計是船業相關的事務所使用，大樓裡也隔成數個房間，共用洗手間和廚房。**目前已不再有任何事務所，全部都是服飾店、家居用品店、咖啡館、藝廊和生活雜貨店。**

👕 gallery MARUNI 神戶店

📞080-3835-4076、078-332-0056　📍榮町大樓4F 402号　🕐12:00~19:00　休不定休　🌐www.instagram.com/gallery_maruni/

和栄町其他懷舊建築相較，榮町大樓並不是那麼特別，相對地也不是那麼高不可攀，為了開店，店主將原有的裝飾都拆掉，

> 店內陳設的家具和生活用品都帶有著「鏽」的氣息。

親手將四壁都漆成白色，甚至地毯也拆除，留下的焦油痕跡沒有另外處理。**表面佈滿鐵鏽的大小鐵器，是很多人會直接丟掉的物品，在店主橋本女士的選擇和整理下，透露出再生的契機。**這些物品沒有自我意識，不說太多、也不炫耀，卻有值得細看的美感。

👕 Spacemoth / fripier ZOETROPE

📞078-391-6288　📍榮町大樓3F　🕐13:00~19:00　休週二、三　🌐www.spacemoth.org

店主豐田香純在英國留學時，聽到後搖滾樂團立體聲實驗室(Stereolab)的音樂就愛上了他們，2001年開設古著商店時就用了樂團第二張專輯中的歌曲名稱「宇宙娥」(Spacemoth)為名。目前店**內古著和新品維持著60%和40%的比例，除了服飾和一般配件，也有電影和音樂相關的雜誌和書籍選購。**從歐洲和美國尋覓而來的品項**每週都會更替**，大約有上千件的存量，店面可看到的僅是其中一部分，有任何需求都可以直接提出。

👕 ga lilea

📞090-1677-8277　📍榮町大樓4F 406号　🕐12:00~18:30　休週三

ga lilea小小的店舖完全由店主自己一個人主導，歷經了12年的上班族生涯，終於決定開設自己的店舖，雖然沒有學過金工設計，但從一點一滴的自學經驗與本身所擁有的品味，**創作出一件件獨特風格的手工飾品**，此外也有部分從法國搜羅而來的古董首飾，每件都是獨一無二。

◉ 海鷗大樓

カモメビル

🏠 別冊P.28,B4 🏠 神戶市中央區栄町通2-2-8

　重新翻修後的海鷗大樓，主要希望藉由建物的重整將市街、人們的記憶重新喚醒，於是**經由整修，招來多家雜貨小舖入駐，重新活化這一區域**。建於1983年的海鷗大樓不算老舊，重新設計的室內空間簡單，且外觀加入藍色的海洋意象，給人清新的活力感。

🎁 Logis

📞 090-1150-6543 　🏠 海鷗大樓 4F 404号 　⏰ 約13:30~18:00(預約制) 　🏠 週二、三(遇假日照常營業) 　www.instagram.com/logis_antiques/?ref=badge

　Logis的名稱來自日文中的「路地」，指的是小巷通道，便是希望客人能偶爾路過來找尋心中的夢幻商品；從世界各國精選來的古老雜貨與家俱，飄洋過海，最後在神戶港濱的大樓中，融成一股融合的氛圍。商品全都是店主精心挑選；**不論大小、新舊，每一樣雜貨家具都充滿特色與獨到氣息**，想讓家中氣氛煥然一新，來這裡看看準沒錯。

小小一室空間中收藏約2000項商品。

◉ 謝大樓

謝ビル

🏠 別冊P.28,A4 　🏠 神戶市中央區栄町通3-2-6

　這座精巧的樓房建於20世紀初期，業主沒有因為追求容積率拆除掉舊大樓，而是長久維持現狀，在懷舊建築裡反而是不那麼常見的。謝大樓**略有裝飾藝術風格，在通往2樓的階梯還可看到原先住戶的名字**，十分特別。

🎁 ROOM

📞 078-327-5048 　🏠 謝大樓2F 　⏰ 11:00~19:00 　🏠 週二、三 　room-accessory.shop-pro.jp

　直接以閃爍著光芒的戒指為mark的ROOM是一家**專賣首飾的精品店**，提供日常生活中可以隨意配戴搭配的飾品，商品**大多是日本作家的創作**，每年會隨著季節變換舉辦各種活動。曾任職珍珠批發公司經驗的店長夫妻認為，大多數人選購首飾都是前往百貨公司，既然服裝、生活雜貨有特選的精品小店，首飾也應有不同選擇因而開店。

👁 清和大樓

清和ビル

📖別冊P.28,A4 🏠神戸市中央區海岸通4-3-17

　這座大樓是建於1950年代的建築，外觀看起來十分機能性，是當時的建築思維，然而因雜貨店聚集，是 **町十分具有代表性的「雜貨大店樓」**。走到大樓入口似乎就能嗅到「昭和」的味道，室內的郵箱、樓梯都透露出古老氛圍，共3層樓的小店各有特色，吸引著來自各地喜歡雜貨的買家到臨。

🎁 lotta

📖別冊P.28,A4 ☎078-599-5355 🏠神戸市中央區栄町通3-1-11乙仲アパートメン1F ⏰11:00~18:00 休週三、不定休 🌐www.web-lotta.com/?mode=f1

　原本在網路起家，**專賣由北歐、東歐購入的名家杯盤雜貨**，lotta悄悄在神戸栄町紮根，透明的玻璃窗引入滿室溫暖日光，灑在精美的杯盤上，讓人不禁想像起使用的光景。除此之外，店主人**也選入日本的職人作品**，像是丹波燒、大鹿田燒等，雖然價格不斐，但秉持只賣「能用一輩子的好物」的精神，lotta選的作品皆有水準，適合對生活品味有堅持的人前來選購。

🎁 zig zag

📖別冊P.28,A4 和栄ビル3号館 🏠神戸市中央區栄町通3-2-2和栄ビル3号館1F ⏰12:00~19:00 休週二

　zig zag隱藏在栄町的小巷弄裡，**賣的是來自美國的休閒二手衣物**。雖然都是曾經使用過的服飾，店內卻聞不到舊衣的氣味，小巧的空間內整齊地擺放豐富的商品，從T恤、帽T到學生風格，大部分以男性為主要對象，經濟合理的價格吸引廣泛客群。

🎁 POLETOKO

📖別冊P.28,B4 ☎078-393-1877 🏠神戸市中央區栄町通1-1-10 ⏰11:00~18:30 休週三 🌐www.poletoko.com

　POLETOKO是間專賣動物**木雕玩偶**(ぽれぽれ動物)的小店，一個個圓潤、表情可愛的動物雕刻，由職人一個一個手作，將木頭表面磨至光滑，**不刻意漆上彩色紋樣**，而是利用木頭的質地與紋路，加上一點黑色，活靈活現地將最可愛的一面表現出來。超級療癒動作表情，有數不完的動物總數，是喜歡ぽれぽれ動物的人一定要來朝聖的小店！

🧁 mont plus 本店 薦

おすすめ

📖別冊P.28,B4 ☎078-321-1048
🏠神戶市中央區海岸通3-1-17 ⏰
10:00~18:00(L.O.16:00) 🈵週
二、週三(不定休,詳見官網) 💳ヴ

被女孩們擠爆的大
人氣甜點店,如珠寶
般散發光澤的甜點
每個都想吃看看。

アランシア(杏仁柳橙) ¥529
www.montplus.com

推開厚重玻璃門,幾張桌
椅擺在蛋糕櫃前就成了茶室,
門口仍有排隊人潮等候入
席,mont plus的美味甜點
魅力吸引人即使排隊也要吃
到。這裡的甜點每一個都很精
緻美麗,光挑選就有可能猶豫好一陣子。如果不想
排隊可以外帶蛋糕至港邊一邊欣賞風景一邊品嘗,
也十分愜意。

ヴァランシア

mont plus人氣最高的甜點是
ヴァランシア(Valencia),取
名瓦倫西亞,是主廚林周平
在法國Jean MILLET學藝時
難忘的一品;將杏仁與柳
橙慕思包入蛋白霜中,驚
奇的口感讓人一吃難忘。

🎁 vivo,va

📖別冊P.28,B4 日東ビル ☎078-334-7225 🏠神戶市中
央區栄町通2-2-14日栄ビル南館 ⏰11:00~19:30(週三至
16:30)、不定休(詳見官網) 🌐www.vivova.jp

一走進vivo,va,看似雜亂的擺設卻清楚說明了老闆
的隨意性格。vivo,va是間以古董設計師椅子為主的
生活雜貨店,另外還特別為日本地方產業闢了一個專
屬區域,無論是職人傳統手工製作的掃帚,餐具器皿
或文具用品,通通可以發現創意日本美學。

👁 宮本大樓

宮本ビル

📖別冊P.28,A4 🏠神戶市中央區海岸通4-1-11

外觀有著大大I ♥ KOBE的宮本大樓,是栄町地區
的指標性建築。雖然宮本大樓並不是歷史悠久的懷
舊建築,但由於外牆上I ♥ KOBE的圖樣太過醒目,目
前也是到栄町都一定要來朝聖一番的人氣景點。

旧居留地

きゅうきょりゅち
KyuKyoryuchi

神戸大丸百貨周邊擁有一系列充滿新文藝復興風格的歐風建築，是100多年前神戶開港時所建的街道，由於是過去的外國人居住地區，留下來許多舊建築物和紀念碑，因此被稱為旧居留地，形成此區處處可見的歷史特色，如今只見更多的精品名牌店、露天咖啡座紛紛進駐，街道也更加寬敞整潔舒適，優雅而清爽，是關西地區最具歐洲情調的街道。在這風味濃濃的懷舊街道眺望神戶的港町暮色，讓人彷彿來到歐洲，更能貼近有別於日本其他地區的洋風情緒。

交通路線 & 出站資訊

電車
JR三ノ宮駅◇JR神戶線
阪急三宮駅◇阪急神戶線
阪神三宮駅◇阪神本線
神戶高速鐵道三宮駅◇東西線
神戶市地下鐵旧居留地・大丸前駅◇海岸線
神戶新交通三宮駅◇ポートライナー(PORT LINER)
神戶新交通貿易センター前(貿易中心前)駅◇ポートライナー(PORT LINER)
JR元町駅◇JR神戶線(東海道本線)
阪神・神戶高速鐵道元町駅◇阪神本線・東西線

出站便利通
◎神戶市地下鐵旧居留地・大丸前駅，由1號出口出站就可以看到洋味濃濃的神戶地標大丸百貨，往東南這一大塊區域就是西洋建築最集中的地區。
◎若要從元町駅到大丸，從南口出來最快。
◎從三宮到旧居留地每條街道上都有精品商店可遊逛，不妨慢慢感受神戶的優雅貴婦生活。

> 大丸在神戶並非只是一間百貨公司，更是神戶的地標。

🛍 神戶大丸

別冊P.28,C3　078-331-8121　神戶市中央區明石町40　B2~2F10:00~20:00，3~9F10:00~19:00，9~10F餐廳11:00~21:00(L.O. 20:30)　1/1　www.daimaru.co.jp/kobe　出示護照至1樓服務台可換領取5%off的優惠券

大丸本館的建築物本身就是一件古蹟藝術品。**村野藤吾設計**的大丸百貨神戶店完成於昭和2年(1927)，**流線的外型說明這是一棟現代主義建築**。對於神戶人來說，這不僅是一座大型百貨公司的神戶分店，更是神戶的地標。阪神大地震後受到嚴重損害，卻在短時間內修復，讓神戶人充滿信心和希望。大丸占地很廣，**本館周邊的洋館建築所進駐的精品名牌**也都屬於大丸百貨，現在成為神戶人最愛的時尚購物指標。

☕ Cafféra 大丸神戶店

おすすめ
薦

078-392-7227　神戶大丸本館1F　9:45~21:00(L.O. 20:30)　カプチーノ(卡布奇諾附菓子)¥860　www.ufs.co.jp/brand/cfr

> 迴廊下的咖啡座，盡享歐式街邊風情。

位在神戶大丸店1樓的Cafféra(咖啡館年代)是一間謹守**義大利傳統的米蘭風咖啡館**。店名是咖啡館(café)和年代(era)融合而成。咖啡調理師宮前美雪曾獲2007年世界咖啡調理師大賽第四名，每日充滿慕名而來的咖啡愛好者。而位在**拱廊下露天咖啡座是人氣度最高的地方**，鋪上桌巾的小圓桌充滿歐式風情，隨時都坐滿了想要悠閒品嘗咖啡及欣賞迷人街道景觀的人。

神戶市立博物館

📖別冊P.28,D4　☎078-391-0035　📍神戶市中央區京町24　🕐9:30~17:30(入館至17:00)，特展期間週五、六至20:00((入館至19:30)　⊗週一(遇假日順延翌日休)、年末年始、不定休(詳見官網)　💰2F展覽室成人¥300，大學生¥150，高中生以下免費(特展收費另計)　🌐www.city.kobe.lg.jp/culture/culture/institution/museum/main.html

　　由舊橫濱正金銀行的建築物改建而成，**長期展出神戶自古以來的轉變、日本與外國的交流、東南亞美術、基督教美術、日本、歐洲的古地圖等**，逛一圈就會更了解神戶的歷史脈絡。另外不定期會有企劃展或是世界巡迴大展等，也是許多神戶市民充電放鬆的人氣博物館。

旧居留地38番館

📖別冊P.28,C3　☎078-333-2329　📍神戶市中央區明石町38　🛍購物10:00~20:00，餐飲11:00~20:00　⊗1/1

　　門上插著黑白格子旗，外觀有相當濃厚的懷舊氣氛的38番館同屬於大丸百貨，也是**旧居留地的代表性地標**。這裡的1樓是附設咖啡館HERMES，2樓是較高級的流行服飾品牌COMME des GARÇONS，3樓L'Appartement，4樓是神戶知名菓子舖TOOTH TOOTH。

花時計

📖別冊P.28,E3　📍神戶市中央區加納町6-5-1　🕐自由參觀　💰自由參觀

　　位於神戶市公所北方的花時計是三宮地區的重要地標，更有車站以此命名，以**新鮮花卉與植物共同組成的時鐘直徑為6公尺，高2.25公尺**，為1957年就完成的**日本第一座花鐘**，每年會有8~10次更換季節性的花朵植栽，讓遊客們能夠感受神戶的清新。

BLUE BOTTLE COFFEE 神戶

📖別冊P.28,C4　📍神戶市中央區前町1　🕐8:00~19:00

　　Blue Bottle引領世界咖啡第三波革命，**神戶首家分店便選在氣氛時尚的舊居留地**，氛圍與四周街景十分搭調。這裡的店員男帥女美，且外語能力皆不差，想要體驗世界級的咖啡，這裡絕對是不二首選。

東遊園地

📖別冊P.28,E4　📍神戶市中央區加納町6-4-1　🕐自由參觀　💴自由參觀　🌐eastpark.jp

　從三宮駅往南經過神戶市公所就會看到一大塊**綠意盎然的公園綠帶**，這裡便是以神戶光之祭典LUMINARIE聞名的東遊園地。在日文中「遊園地」所指的是遊樂園，設計者希望讓人們像是進入到遊樂園一樣享受公園因而命名，**開闊腹地內有水景、廣場**，是附近上班族戶外午餐的最佳場所。

> 在綠地裡有許多裝置藝術，走走逛逛十分悠閒。

神戶郵船大樓

神戶郵船ビル

📖別冊P.28,B4　☎078-332-989　📍神戶市中央區海岸通1-1-1　🕐11:00~20:00　🚫不定休

　位於海岸通上的神戶郵船大樓正對著神戶港口，這裏曾是美國領事館的所在地，1918年時由日本郵船公司建造完成這棟**近代設計風格的建築**，不過卻在戰爭時損毀。到了1994年重建的郵船大樓相當符合旧居留地的風情，**夜晚還會點燈**，傾聽著港口船隻的汽笛聲，更添海灣氣氛。

KOBE LUMINARIE

　發生於1995年1月17日清晨的阪神大地震，改變了神戶許多市區的樣貌、卻也帶來了新生，誕生於1995年底的LUMINARIE是其中最受矚目的項目之一。LUMINARIE一語來自義大利文，原意是「燈飾」，在黑夜中，將近15萬盞燈火同時打亮，在隆冬裡幻化出莊嚴之光、藝術采輝，寓含了為震災犧牲者鎮魂、也昭示著賜予倖存者對生命的感動與勇氣，更希望能為受損嚴重的神戶市街，帶來重生與復興的契機。

📍神戶市旧居留地及東遊園地　📅12/8~12/17(每年略有變)18:00~21:30，週五18:00~22:00，週六17:00~22:00，週日17:00~21:30　🌐www.kobe-luminarie.jp

高砂大樓

高砂ビル

📖別冊P.28,D3　☎078-331-1725　📍神戶市中央區江戶町100　🕐依店鋪而異　🚫依店鋪而異　🌐www.100ban.jp

　曾經在金城武主演的電影「死神的精準度」中登場的高砂大樓是由企業家李義招於第二次世界大戰前所建造，完工於1949年，**充滿了復古風情的大樓內如今進駐許多個人店鋪與手作工房**，帽子、復古二手衣、個性服飾等，一樓還有間爵士吧。

👁 こども本の森 神戸 おすすめ 薦

安藤忠雄設計的小朋友圖書館。

🏠 別冊P.28,E4　☎078-325-1125　🏠神戶市中央區加納町6-1-1　🕘9:30～17:00　🈵週一(遇假日順延翌日休)

kodomohonnomori-kobe.jp

注意: 部分日入館採預約制,需先上網預約

由著名建築師安藤忠雄設計及創建並贈送的孩子的書之森林,志在創造一個讓孩子們學習生命的重要性,並培養豐富的感性和創造力的地方。希望將來社會的孩子們能更盡可能多地接觸書籍並培養他們豐富的情感,將觸摸智能手機的時間減半,讓孩子可以自由接觸印刷文化。館內的**書架及椅凳採用的是神戶地標六甲山上生長的樹木等當地材料所製造而成**,希望在這裡讀書的孩子們,在觸摸由天然材料製成的優質家具的同時,也能有一個舒適的閱讀時光。

3F光與影間(MIYABI): 用四季變化呈現日本美學「侘び寂び(WABI-SABI)」的氛圍。

3F奇蹟星球(PLANETS): 這是太空還是深海?日本最大的球體水槽「AQUA TERRA」,360°從太空到深海的意象,搭配雷射光線的聲光表演「AQUA UNIVERSE」。

附設的咖啡廳人氣餐點炸薯條設計成水獺抱著的模樣超可愛!

👁 Aquarium x Art átoa おすすめ 薦

アトア

神戶網美水族館景點。

🏠 別冊P.28,D4　☎078-771-9393　🏠神戶市中央區新港町7-2　🕘10:00～21:00(入館至20:00)　🈵定期維護日、不定休(詳見官網)　💲國中生以上¥2400、國小生¥1400,3歲以上¥800,未滿3歲免費　🌐atoa-kobe.jp　❗採事先預約指定入場制

神戶新開幕的一家名叫átoa的水族館,名字的由來是Aquarium to Art的簡寫。從名字就能發現這是一家強調將藝術和水族館結合的新型態水族館。裡面真的非常的漂亮,幾乎都不會覺得是一個水族館,而且裡**面不只有魚類,還有無脊椎動物、兩生爬蟲類、鳥類、哺乳類等生物,很適合遛小孩**。順帶一提這裡的裝置藝術非常的用心,如果有來此一定要去體驗一下!

利用馬賽克拼貼而成的磁磚招牌頗有歐風感。

🍴 Grill十字屋

グリル十字屋

📖別冊P.28,D3　☎078-331-5455　🏠神戸市中央區江戸町96　🕐11:00~14:30、平日17:00~19:30、週六17:30~19:30　⊗週日　🍴ハイシライス(牛肉燴飯)￥1100　🌐www.grill-jujiya.com

隱身於神戶市政府後方的Grill十字屋是一家洋食老舖，創業於昭和8年(1933)，從門口就能夠感受一股懷念的復古風格。推開深色木質門扉，一走入店內，挑高的空間格局與一張張懷舊感十足的家具，甚至是桌面上簡單的不鏽鋼調味罐，都讓人有種時間彷彿靜止在昭和年代的錯覺。Grill十字屋的**招牌餐點正是洋食料理中最受歡迎的牛肉燴飯**(ハイシライス)，有別於其他餐廳的濃重暗色，十字屋的牛肉燴飯秉持了創業以來的秘方及調理法，呈現燉煮的紅燒色澤，**大量的洋蔥增添了甜味**與口感，有著教人懷念的日本洋食好滋味，醬汁更是讓人回味再三。

☕ NEW ROUGH RARE

📖別冊P.28,C4　☎078-333-0808　🏠神戸市中央區明石町18-2 大協ビル1~3F　🕐11:00~22:00　⊗不定休　🍮自家製焼きプリン(手工布丁)￥550　🌐www.roughrare.com

想體驗**神戶年輕人的夜間Lounge生活**，ROUGH RARE絕對是首選，還不到晚上7點，店內就擠滿了打扮有型的年輕人們，8點一到，DJ準時送上音樂，讓整個空間氣氛動了起來，**餐飲主要提供洋食**，包括漢堡肉、蛋包飯、咖哩、義大利麵等。

🍴 TOOTH TOOTH maison 15th

薦 おすすめ

在西洋老房舍中享用優雅時刻，經典蛋糕不容錯過。

📖別冊P.28,D4　☎078-332-1515　🏠神戸市中央區浪花町15旧神戸居留地15番館　🕐11:00~20:00(L.O. FOOD19:00/DRINK19:30)　⊗不定休　🍴TEA SET￥4950(需預約)　🌐toothtooth.com/restaurant/maison-15th

建於1881年的15番館，以木骨結構和水泥磚牆造成，是**明治時代的美國領事館**，當時1樓是辦公室、2樓是居住空間。這是神戶市區內最古老的異人館，已經變成國家指定的重要文化財，阪神大地震後重建，幾年前改裝成咖啡館，由**神戶當紅的菓子店TOOTH TOOTH進駐**，提供美味餐點與蛋糕。舊居留地在建設之初即規劃好完整的下水道系統，現在15番館外有一小段從前的紅磚下水道供人參觀。

🎁 mont bell 神戸三宮店

📍別冊P.28,D4　☎078-327-5455　🏠神戸市中央區伊藤町109ルネ神戸旧居留地109番館　🕐11:00~20:00　⓾
www.montbell.jp

　佔據了旧居留地當中一角的mont bell是**大型的戶外休閒用品店**，品牌由日本原創，擁有與歐美並駕其驅的設計技術，加上日本獨有的高質感因而擁有大批支持者。神戶三宮店兩層樓的面積共有236坪，**還有7公尺高的攀岩壁**，以登山配備為主，其他戶外運動用品也不少。

🧁 神戶ティラミス

📍別冊P.28,C3　☎078-335-6688　🏠神戶市三宮町3-1-10　🕐11:00~19:30　💲一瓶￥648
🌐www.instagram.com/kobetiramisu_motomachi/

網紅的提拉米蘇。

　有著番茄、抹茶、玫瑰、橘子等各種神奇口味提拉米蘇，積極使用兵庫本地的食材，例如雞蛋使用兵庫加古川市連續三年獲得農林水產大臣賞的雞蛋，橘子及生薑玫瑰也是兵庫當地產的。神戶ティラミス的內田辰彥表示，他之所以會積極地使用兵庫本地的食材，是因為他畢業於一所農業學校，他的許多同學、前輩、後輩都是農業從業者，他想盡可能地使用他們的食材來製作甜點。

4.5坪大小的玻璃瓶提拉米蘇外賣專門店。

🎁 SALON

📍別冊P.28,C4商船三井大樓　☎078-393-1187　🏠神戶市中央區海岸通5番地商船三井ビル203A号室　🕐11:00~18:00，週六日例假日10:00~17:00　休週二、三　💲比利時香皂￥2100　⓾salon-and-associates.com

　已有17年歷史的SALON**專賣香皂、沐浴芳療用品、首飾與皮件等各種世界良品**。這是比利時唯一精品香皂品牌Savonneries Bruxelloises的日本代理商，運用從巧克力獲取靈感所製造的香皂完全天然，衍生出各種沐浴用品是比利時皇室，更是歐洲上流人士們的最愛。

🎁 Familiar本店

📍別冊P.28,C4　☎078-321-2468　🏠神戶市中央區西町33-2　🕐10:30~18:00，週五~日至19:00　⓾www.familiar.co.jp/kobe

神戶的發跡的童裝名牌。

　由於舊居留地是許多神戶貴婦們逛街區域，鎖定品味父母的童裝familiar當然也要在此佔有一席之地，由四個女生從母親角度出發所創立的童裝品牌，故事曾被NHK翻拍成長篇晨間劇「童裝小姐(べっぴんさん)」。除了琳瑯滿目的商品之外，還有頗受小朋友青睞的遊戲區。

大阪‧京都

兵庫
神戸港

神戸港
こうべこう
Kobe Port

従 地圖上可以很容易看出，神戸屬於東西向地形的長型都市，山與海之間相當接近，為了爭取更多土地，不斷填海增地，如今已完成六甲アイランド與機場建設的ポートアイランド等人工島。而最受神戸人喜愛的就屬ハーバーランド(Harbor land)，也就是神戸港區。從購物商場、美食餐廳、遊樂園、飯店、博物館、地標塔等玩樂遊憩設施一應俱全，碧海藍天的優雅風景中只見船隻點點，港邊的建築物也配合海洋意象，充分展現海港城市的開放感與自由氣息。

美利堅公園

Meriken Park

◎別冊P.31,D4 ◎神戸市中央區波止場町 ◎自由參觀 ◎自由參觀

メリケンパーク名稱指的是美利堅，也就是美國，公園裡有兩座主要建築物，分別是神戸海洋博物館和神戸港塔。東側特別闢了一塊角落，**成立一座紀念阪神大地震的紀念公園**，展示災害與復興的資料，並保存當時受災的遺跡，讓人記取教訓。

交通路線＆出站資訊

電車
JR神戸駅◇JR神戸線
神戸市地下鐵ハーバーランド駅◇海岸線
神戸地下鐵みなと元町駅◇海岸線
神戸高速鐵道高速神戸駅◇東西線

出站便利通
◎JR神戸駅、地下鐵ハーバーランド駅有地下街直接相連，而神戸高速鐵道的高速神戸駅則距離較遠，但同樣有通道相連。
◎地下街DUO Kobe就位於車站連接的通道上。
◎從JR神戸駅南口出站沿著綠意盎然的大街道往港灣方向走，沿途左側就是由多家購物商城組成的Umie，右側的公園則是Harbor land廣場，煉瓦倉庫餐廳即位於此。
◎從車站往港灣徒步約5~8分鐘盡頭就是最著名的海港主題商城神戸MOSAIC，若是遇上下雨天或大熱天，建議可穿越Umie，同樣可抵達。
◎想要搭乘神戸港灣遊覽船，位於中央突堤中央ターミナル(碼頭)前有三家船隻屬於短程，可自行依登船時間或價格比較，若想乘可品嚐美食的長程遊覽船，停靠於神戸Umie MOSAIC前的是CONCERTO，而更大型的ルミナス神戸2則要穿越碼頭，在中突堤旅客ターミナル搭船。
◎神戸港灣最重要的景點美利堅公園(Meriken Park)與Umie MOSIC相對，如果想拍出美麗的神戸夜景，從Umie MOSIC往神戸港塔方向拍是頗適合的角度，可一並將神戸港塔與白色的海洋博物館納入鏡頭內。
◎從元町向榮町方向走，再南邊就是美利堅公園，離神戸港塔很近，走路約10分鐘能到。

BE KOBE
位在美利堅公園內的星巴克旁，大大的純白BE KOBE是遊客來到神戸的拍照地標。經歷過阪神地震，神戸人重新站起來後更以神戸這塊土地為傲，為了傳達這份精神，於是有了BE KOBE的口號出現，立在港濱的標語也成為拍照熱點！

星巴克 美利堅公園店

⊕別冊P.31,C4 ☎078-335-0557 ⊙神戶市中央區波止場町2-4 ⏰7:30~22:00 ⊗不定休 🌐www.starbucks.co.jp/store/search/detail.php?id=1432

　位在神戶港演的美利堅公園，一直是當地人與觀光客遊憩的好去處。作為神戶開港150年記念事業的一環，星巴克美利堅公園店在2017年4月開幕，**規模為關西最大**，總面積360平方公尺，也是第一處設立在公園內的星巴克。**建築本體以船為意像**，登2樓彷彿像搭在郵輪上，能眺遠城市街景與開闊海港，更能欣賞港濱璀璨夜景，開幕至今始終人氣不墜。

🍴☕ TOOTH TOOTH FISH IN THE FOREST

⊕別冊P.31,D3 ☎078-334-1820 ⊙神戶市中央區波止易町2-8 ⏰11:00~20:30(L.O.19:30)，週六日例假日10:30~20:30(L.O.19:30 ⊗不定休 ⊛抹茶オーレ(抹茶歐蕾)¥605 🌐toothtooth.com/restaurant/fish-in-the-forest

　由神戶名店TOOTH TOOTH與西畠清順聯手，以山、海、森林為意象，在神戶港濱的大魚旁，開設了美未的輕食咖啡廳。光影、植物與美食，將空間點綴成有如室內森林一般多采多姿。新鮮果物配上繽紛色罩，讓FISH IN THE FOREST的產品都成為社群網站上甫受關注名物。

👁 神戶港塔

神戶ポートタワー
Kobe Port Tower

⊕別冊P.31,C3 ☎078-391-6751 ⊙神戶市中央區波止場町5-5 ⏰9:00~23:00(咖啡店及酒吧L.O.22:00)，商店 9:00~18:00 ⊛展望層加觀景平台高中生以上¥1200，國中小學生¥500，展望層高中生以上¥1000，國中小學生¥400 🌐www.kobe-port-tower.com

薦 登上神戶地標景點遠眼整個神戶市區。

　108公尺高的紅色神戶港塔在神戶港灣成為最耀眼的地標，**上下寬闊、中央細窄的外觀造型靈感來自於日本傳統的「鼓」**，展現優雅和風美學。展望台共分為五層樓，從望遠鏡中可眺望神戶全景，3樓還有360度旋轉賞景的咖啡廳，可以邊休息邊欣賞神戶港口的美景。

🏛 神戶海洋博物館

⊕別冊P.31,D4 ☎078-327-8983 ⊙神戶市中央區波止場町2-2 ⏰10:00~18:00 (入館至17:30) ⊗週一(逢假日順延翌日休)、年末年始 ⊛神戶海洋博物館・カワサキワールド成人¥900，小學~高中生¥400 🌐www.kobe-maritime-museum.com

　海洋博物館白色網狀外觀，在藍天白雲下有如帆船般，一到了夜晚，藉由投射燈映照出淡藍色光芒的照明，變成另一種絢麗的色彩景觀。1987年開館，**介紹神戶港的歷史、港口的建造技術並收藏了船隻模型**、2樓播放神戶港震災相關展示。

麵包超人博物館

アンパンマンこどもミュージアム&モール

📖 別冊P.31,B4　☎078-341-8855　🕐 博物館、購物中心10:00~18:00(入館至17:00)　📅1/1、維護日、不定休　💰博物館依入館日期至異￥2000~2500，購物中心免費入場　🌐 www.kobe-anpanman.jp

神戸港邊的兒童歡樂城，大人小孩都沉浸在色彩繽紛的氣氛之中。

2013年4月開幕的麵包超人博物館就位在Umie MOSAIC一旁，分為博物館與購物中心兩區域。在整個園區內可以看到**以麵包超人家族為主題的遊樂區域**，除了許多人偶塑像，還有帶動唱的兒童區、動手體驗的工作教室等，不只玩樂，更兼顧了兒童教育。購物商場內的店舖內的商品也結合各個人物角色，絕對能讓喜歡麵包超人的朋友驚喜連連。

©アンパンマンこどもミュージアム&モール

©アンパンマンこどもミュージアム&モール

Umie

📖 別冊P.31,B3~B4　☎078-382-7100　📍神戸市中央區東川崎町1-7-4　🕐10:00~20:00　🌐 umie.jp

神戸港濱最大百貨商場，不管逛街購物或想品嘗美食，種類選擇很多。

2013年開幕的Umie，**挑高的長形中庭，是條有陽光的寬敞散步道**，種植著綠意盎然的花草，搭配中央圍著樹木的圓形木椅，最適合逛累的人買杯咖啡或是冰淇淋在此休息。從中庭可以再把整座賣場分為南館與北館，而從Umie穿過空中步道，就是MOSAIC購物中心，現在也一同併入Umie的經營體系之下。

Umie MOSAIC

📖 別冊P.31,B4　☎078-382-7100　📍神戸市中央區東川崎町1-6-1　🕐購物10:00~20:00，餐廳11:00~22:00　🌐 umie.jp

神戸經典商場，臨港風景與眾多店舖怎麼逛都不累。

MOSAIC是神戸港區中的必訪之地，後期被併入Umie體系下，但店家不受影響一樣精彩。**漆色亮麗的木造建築與海港景色非常搭配**，面海側有寬廣的露台，晚上可觀賞美麗的神戸港夜景，夏天則是**欣賞海上煙火秀的最佳角度**。牆壁上有著鄉間風情的花草彩繪，接近百家的各式商店，琳瑯滿目。

🧁 Eggs 'n Things神戸Harborland店

☎078-351-2661　📍Umie MOSAIC 2F　🕐9:00~21:00(L.O. 20:00)　📅不定休　💰ストロベリー、ホイップクリームとマカダミアナッツ(草苺奶油鬆餅)￥152　🌐 www.eggsnthingsjapan.com

進軍關西的第二間店，Eggs 'n Things選擇在與其氛圍相似的神戸港濱。位在MOSAIC 2樓，面臨著海港，開放的空間與神戸港的船泊營造出異國氣氛。來到這**必吃的就是擠上高高奶油的草苺鬆餅**，厚實麵皮加上輕柔奶油，微酸的果醬讓人食慾大開。除了甜品也有鹹食選擇，適合來這裡享用早午餐。

🧁 神戸Frantz

神戸フランツumie Mosaic店

☎078-360-0007 🏠Mosaic，2F ⬇
10:00~20:00 💲神戸苺トリュフ(神戸草莓松露巧克力) ￥1,080，神戸魔法の壺プリン(神戸魔法之壷布丁/4入) ￥1,680 🌐www.frantz.jp/

神戸代表性的必買甜點伴手禮。

新鮮草莓與溫潤牛奶交織出來的神戶草莓松露巧克力。

神戶魔法之壺布丁，沒吃過？那你一定要試試。

以紅色為主視覺的店內，加上以船錨為品牌視覺焦點的「神戶Frantz」，是一家誕生於神戶的巧克力甜點店。而這家**大型旗艦店舖，就位在Mosaic充滿南歐風情的2樓外街道區**，店內最受歡迎、也是來神戶必買伴手禮招牌便是「**神戶魔法之壺布丁**」，是一款榮獲日本布丁訂購排行No.1的布丁，可見其受歡迎程度。裝在可愛陶壺中的濃郁滑順布丁，上層是輕柔香甜的奶油，中間濃郁的卡士達布丁，底層則是精心熬煮的香醇自製焦糖，三種美味在口中交織出全新的味覺體驗，難怪很多人一吃就愛上。另外，**年銷超過100萬盒的「神戶草莓松露巧克力」系列**，其中很推薦的白巧克力口味，是酸甜的草莓急速冷凍乾燥後，裹上奶香十足的白巧克力，草莓微酸的滋味、酥脆的口感與滑順的巧克力，加上牛奶香氣在口中完美融合，是一款令人無法抗拒的巧克力甜點。

🎁 Kobe Brand MOSAIC店

☎078-360-1810 🏠Umie MOSAIC 2F ⏰10:00~20:00 💲神戶プリン(神戶布丁) ￥270 🌐www.kobebrand.co.jp

Kobe Brand是**神戶最大的土特產專賣店**，舉凡神戶出品的各種特色美味如神戶布丁、神戶派等和洋菓子到名酒、葡萄酒，或是中華料理、神戶牛肉等應有盡有，店家還特別列出最受歡迎的排行榜，跟著買準沒錯。

👁 煉瓦倉庫

🅐別冊P.31,A4 🕐依店舖而異 🅐神戸市中央區東川崎町1-5-5 🅟依店舖而異 🆄www.kobe-renga.jp

一長排紅磚屋，保留百年前的外觀，十幾年前還像廢墟一樣，現在則成為每晚人聲沸騰的各式餐廳與啤酒屋，一群好友在頗復古的舊倉庫裡乾啤酒，特別溫暖熱鬧。廣場旁的橋到了晚上會點燈裝飾，是夏夜吹海風的好地方。

🎁 NAGASAWA神戸煉瓦倉庫店

薦

文具控來到神戸必訪景點。

☎078-371-8130 🅐神戸煉瓦倉庫內 🕐11:00~19:00 🅧週三 🆄kobe-nagasawa.co.jp

發源於神戸的NAGASAWA文具始於明治15年(1882)，百餘年歷史版圖擴及關西區域，多種鋼筆是文具迷必朝聖之地。而在煉瓦倉庫店則有多樣神戸限定商品，共有69原創色的Kobe INK物語，以神戸特色主題命名，深受鋼筆迷喜愛。

🎁👁 DUO Kobe

🅐別冊P.31,A3 🕐神戸地下街株式会社078-391-4024 🅐神戸市中央區東川崎町1-2-3 🕐購物10:00~20:00(餐廳L.O.21:00) 🅧不定休(詳見官網) 🆄www.duokobe.com

一走出JR神戸車站看到的商店街就是DUO Kobe，不僅有**服飾、雜貨、餐廳等各種商店**，還有通勤一族最需要的書店、便利商店與各種服務設施，JR車站出口的廣場不定期舉辦各種特賣活動，另一端則作為藝廊，成了港區的藝文訊息中心。

🍴 とんかつKYK デュオ神戸店

☎078-360-2774 🅐DUO Kobe 浜の手B1F 🕐10:30~21:30(L.O.21:00) 🆂国産ロースとんかつ膳(炸里肌肉豬排餐)140g ¥1480 🆄www.tonkatu-kyk.co.jp/tonkatu

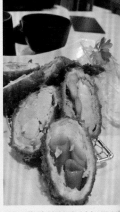

在關西，説到炸豬排許多人都人會推薦KYK這間連鎖店。位在DUO Kobe的KYK，店內裝潢有著日式町家風格，在微黃的燈光下用餐特別有情調。**KYK的豬排、麵包粉、醬汁等等素材都是經過總部嚴格挑選**，品質有保障。而且最好的是白飯、味噌湯、高麗菜絲全部都是吃到飽，肚子餓又預算有限，來KYK保證能夠吃得飽飽飽。

👁 CONCERTO

🅐別冊P.31,B4 ☎078-360-5600 🅐神戸市中央區東川崎町1-6-1 神戸ハーバーランド umie モザイク 1F ⏰ランチクルーズ(午餐航班)12:00～14:00；ティークルーズ(午茶航班)14:30～16:00；トワイライトクルーズ(夕陽航班)4～9月17:15～19:00，10～3月16:30～18:15；ナイトクルーズ(夜晚航班) 4～9月19:30～21:15，10～3月19:15～21:00 💲依航班、餐點而異(詳見官網) 🌐thekobecruise.com ❶須在乘船前30分鐘完成報到

　神戸港灣遊覽船「CONCERTO」，每日從午到晚帶旅客巡遊神戸港。**船內提供各式套餐及吃到飽形式，**更有鐵板燒美食可以選擇。午茶食段登船也不用怕肚子餓，有蛋糕、輕食可以選擇；最推薦在夜晚登船享用餐點，耀眼的岸邊燈火自眼前流轉，旁邊還有音樂樂悠揚流洩，氣氛十分浪漫。

👁 Luminous Kobe 2

ルミナス神戸2

🅐別冊P.31,C4 ☎078-333-8414 🅐神戸市中央區波止場町5-6中突堤旅客ターミナル2F ⏰ランチクルーズ(午餐航班)11:30～14:00；ナイトクルーズ(夜晚航班)17:00～21:30(依日期而變) 💲依航班、餐點而異(詳見官網) 🌐hekobecruise.com/luminous/ ❶須在乘船前30分鐘完成報到

搭上豪華郵輪巡弋神戸海灣、享用美食。

　名為Luminous就是希望這艘船像是耀眼光芒一樣，Luminous神戸2是Luminous神戸的第二代，是**以1930年代法國的豪華郵輪諾曼地號為概念**，並提供多種航程選擇。船隻會在靠近明石海峽大橋或通過明石大橋之後進行迴轉，**可一覽魄力十足的壯觀橋樑。**

每個房間都能看到無敵港景。

🄷 東方酒店

神戸メリケンパークオリエンタルホテル

KOBE MERIKEN PARK ORIENTAL HOTEL.

🅐地圖外 ☎078-325-8111 🅐神戸市中央區波止場町5-6 ⏰check in 15:00，check out11:00 🌐www.kobe-orientalhotel.co.jp

　特殊的船形外觀坐擁港濱美景，是最能代表神戸的地標景點。寬敞的大廳與專業又貼心的接送服務已經夠收服人心了，同價格帶比其它飯店大了三分之一的房內空間，住起來更從容、更有度假氣息。

有馬温泉

ありまおんせん

Arima Onsen

如果要在阪神地區中挑選一個溫泉鄉造訪，當然非有馬溫泉莫屬，從神戶市區出發，只要短短30分鐘就可抵達，有馬溫泉是《日本書紀》中記載的日本最古老溫泉鄉之一，最早的記錄出現在西元631年。除了史書上的記載外，有馬溫泉也曾出現在日本神話中，在神話裡傳說有馬溫泉是由兩位日本遠古大神「大己貴命」及「少彥名命」，在山峽有馬之里處所發現的，與四國的道後溫泉、和歌山的白浜溫泉並稱日本三大古泉。擁有豐富歷史和自然景觀的魅力更是吸引人的因素，也難怪，無關乎平時或假日，總擠滿了泡湯遊客。

交通路線&出站資訊

電車
神戶電鐵有馬温泉駅◇有馬線
◎若從三宮出發搭乘北神急行線在谷上駅下車，轉乘神戶電鐵有馬線在有馬溫泉駅下車，車程加上轉車約40分鐘，票價￥680。

巴士
◎三宮駅的三宮巴士中心(三宮バスターミナル)「三宮駅前駅」4號搭車處搭乘阪急巴士・神姫巴士連運的路線巴士「阪急巴士6系統」至「有馬溫泉駅」下車，約50分鐘，單程國中生以上￥710，小學生￥360。若搭乘JR西日本營運的大阪高速巴士「有馬エクスプレス号」至「有馬溫泉駅」，約30~40分鐘，單程成人￥780，兒童￥390。
◎阪急高速巴士大阪梅田ターミナル(阪急三番街)、阪急高速巴士新大阪ターミナル搭乘阪急觀光巴士營運的高速巴士至「有馬溫泉駅」，大阪發約60分鐘，單程國中生以上￥1400，小學生￥700；新大阪發約50分鐘，單程國中生以上￥1250，小學生￥630。若搭乘JR西日本營運的大阪高速巴士「有馬エクスプレス号」至「有馬溫泉駅」，約65分鐘，單程成人￥1400，兒童￥700。

出站便利通
◎一出有馬溫泉駅往右手邊走去即達湯煙廣場與太閤橋，而眼前架在有馬川上的紅色橋樑正是寧寧橋。
◎欲前往有馬溫泉最主要的古風老街，從寧寧橋前的道路走去，經過有馬溫泉案內所看到一條小徑，沿著坡道往上走即是，許多重要景點與老舖商店都位於老街上。

有馬溫泉綜合案内所

有馬溫泉觀光綜合案內所就位在有馬溫泉街上，提供有溫泉街的地圖，以及住宿情報導引等服務。
☎078-904-0708　⊕神戶市北區有馬町790-3　🕘9:30~17:00
🌐www.arima-onsen.com
有馬溫泉泉質
金泉：鐵鈉塩化物泉，呈金黃色。對神經痛、關節炎、皮膚濕疹過敏、手術外傷等都很有療效。
銀泉：炭酸泉，無色透明。對高血壓、血液循環不良等有療效、還能使恢復疲勞、促進食慾。

👁 太閤像

🅐別冊P.29,A1　⊕神戶市北區有馬町　⊘自由參觀

　　說到有馬溫泉，第一個想到的歷史人物當然就屬戰國時代的豐臣秀吉。當時**被尊稱為「太閤」**的秀吉對有馬的溫泉情有獨鍾，相傳自他一統天下後，總**共到過有馬溫泉15次**，因此人們感念秀吉，而在湯煙廣場旁造了太閤像以茲記念。

👁 寧寧橋

ねね橋

🅐別冊P.29,B2　⊕神戶市北區有馬町(有馬溫泉観光総合案内所前)　⊘自由參觀

　　日本戰國時，一代霸主豐臣秀吉經常從大阪城到有馬溫泉進行溫泉療養的活動，而他的妻子寧寧常與他一起來這裡。世人羨慕他們的堅貞愛情，於是在和湯煙廣場上的太閤像對面造了寧寧像與其相望，而寧寧像旁火紅的橋就是寧寧橋。站在橋上可欣賞河道風景，每到秋天更有繁華似錦的紅葉，是有馬溫泉的著名景點。

◎ 湯煙廣場

ゆけむり広場

📍別冊P.29,A1　🚉有馬温泉
駅旁　◉自由參觀

擁有美麗水景的湯煙廣場旁有個立像，原來是和有馬溫泉頗有淵源的豐臣秀吉，在此守護著溫泉鄉，旁邊還有通道，居然**能夠走到清涼的水簾之後**，讓人好像隱藏在瀑布裡面，這水幕原來就是湯煙。

♨ 金の湯 🏅薦

📍別冊P.29,B2　📞078-904-0680　🏠神戶市北區有馬町833　◷8:00~22:00(入館至21:30)　🚫第2、4個週二(遇假日順延翌日休)、1/1　💰高中生以上平日¥650
例假日¥800，小學生以上¥350，未就學兒童免費；2館券(金の湯、銀の湯)¥1200　🌐arimaspa-kingin.jp

> 富含豐富鐵質的金泉，染上一抹紅褐色，十分特殊。

享受有馬溫泉最受歡迎的方式就是來金の湯純泡湯，呈濃濃的鐵銹色被稱為「金泉」的溫泉，原本在地下時為透明無色，但由於**含有很重的鐵質，當泉水與空氣接觸後會因氧化作用而成為赤茶色**，連浴池都被染成一層紅褐色非常特殊。金之湯經過多次整修，重新開幕之後，煥然一新也吸引許多絡繹不絕的包湯客。

太閤泉

太閤泉於昭和41年枯竭而廢止，但是阪神大地震之後又湧出泉水，這個設置於金之湯旁，葫蘆狀的水龍頭流出的便是可以飲用的太閤泉，含有豐富的鈉酸化合物，流出的泉水也是銀之湯的溫泉，喝一口據說就能夠養生。

◎ 有馬川親水公園

📍別冊P.29,A1　🚉有馬溫泉観光協会078-904-0708　🏠神戶市北區有馬町　◉自由參觀

有著**金の湯**的葫蘆圖案的親水公園，有馬川流經其中，每到夏天就是**人們戲水玩樂的場所**。除了能夠戲水，這裡春天有櫻花祭，夏天晚上不定期還會有藝妓表演，坐在川旁的座席邊享用晚餐邊觀賞藝妓的舞蹈，日本風情躍然而上。

♨ 銀の湯

📍別冊P.29,B3　📞078-904-0256　🏠神戶市北區有馬町1039-1　◷9:00~21:00(入館至20:30)　🚫第1、3個週二(遇假日順延翌日休)、1/1　💰高中生以上平日¥550例假日¥700，小學生以上¥300，未就學兒童免費；2館券(金の湯、銀の湯)¥1200　🌐arimaspa-kingin.jp

銀の湯2001年9月重新裝修，與金の湯同樣屬於公營的泡湯設施。而銀の湯的泉源來自銀泉，除了含鐵質之外，**含有大量的碳酸成分，入湯之後皮膚會浮現碳酸泡沫**非常有趣。外型採鐘樓設計的銀之湯，整體的和風造型，無論是岩風呂大浴槽或是個人用的拍打湯，都讓人可以輕鬆入浴。

👁 太閤の湯殿館

📖別冊P.29,B3　📞078-904-4304　📍神戸市北區有馬町1642　🕐9:00~17:00(入館至16:30)　休第2個週三、不定休　💰成人￥200，兒童、學生￥100　🌐arimaspa-kingin.jp

有馬溫泉與豐臣秀吉的關係頗深，這兒不但有豐臣正室「北政所——寧寧」的別邸(現為念佛寺)，當年豐臣所舉行的秋季大茶會，現在仍於每年秋天在有馬舉行，而太閤湯殿館則是**阪神大地震後所發現的當年豐臣秀吉的泡湯遺址**。這座被稱為「湯山御殿」的遺構當中，共**有熱蒸氣風呂與岩風呂**，還有許多當年的用具出土，重現了當年叱吒風雲的豐臣秀吉的豪華泡湯陣勢。

👁 天神泉源

📖別冊P.29,B2　📍神戸市北區有馬町1402　🕐自由參觀

天神泉源是有馬溫泉裡七個溫泉的其中一個源頭，是祭祀菅原道真的天神社境內的湧泉。咕嚕咕嚕地冒著煙，**溫度高達攝氏98.2度的泉源，成分有鐵、塩化物質等，被稱為金泉**，也是有馬最有代表性的泉源之一。

🎁 三津森本舖 本店

📖別冊P.29,B2　📞078-903-0101　📍神戸市北區有馬町290-1　🕐9:00~18:00　💰手燒き炭酸煎餅(碳酸仙貝)16枚入￥550　🌐www.tansan.co.jp

有馬溫泉名物現烤碳酸仙貝，獨特香脆的好滋味。

碳酸仙貝是**利用有馬的碳酸溫泉而誕生的名產**，薄薄脆脆，有點像像法蘭酥的外皮，但碳酸仙貝並沒有包餡而是一種天然的、淡淡的鹽味。另外也有芝麻、海苔等口味，職人現烤煎餅是每個來到有馬的旅客的必買名物。

🎁 灰吹屋 西田筆店

📖別冊P.29,B3　📞050-7125-1393　📍神戸市北區有馬町1160　🕐10:00~16:00　休週三、四(遇黃金週、年末年始、盂蘭盆節照常營業)　💰人形筆￥3300　🌐www.arimahude.com

包裹著華麗織線、筆頭還藏著個小娃娃頭的毛筆，長得十分可愛，這就是有馬名物之一的「有馬人形筆」。灰吹屋的老奶奶西田光子製作人形筆已超過50年的歷史，老奶奶做的人形筆上筆頭的小娃娃還會靈活的彈出呢。

🎁 有馬籠 本店

ⓘ 別冊P.29,B3　☎078-904-0364　🏠神戸市北區有馬町
1049　🕐10:00~17:00　🚫週三　💲有馬籠花器￥5250起
🌐 www.arimakago.jp

　「有馬籠」是有馬溫泉的**傳統竹藝**,纖細精巧的編
織法十分受到尊崇,還曾獲得萬國博覽會的優秀賞。
有馬籠的歷史非常久遠,**可追溯到十五世紀**,就連豐臣
秀吉也曾送有馬當作土產給夫人寧寧喔!位於有馬
溫泉老街上的有馬籠可以看到職人現場製作有馬籠,
還有多種商品可以選購,是認識這項工藝的首選地。

🎁 川上商店 本店

ⓘ 別冊P.29,B2　☎078-904-0153　🏠
神戸市北區有馬町1193　🕐9:00~17:30
🚫週三、不定休　💲松茸昆布￥864　🌐
www.kawakami-shouten.co.jp

　川上商店是創業於永祿2年(1559)的**佃煮老舖**,佃
煮就是以糖、醬油燉煮的山珍海味,至今川上仍花
費時間燒柴,以傳統手工方法製作,因此保有豐富美
味,每一樣商品都可以試吃,**松茸昆布、山椒昆布都
很美味**,還有小小化妝箱包裝,最適合買來送人。

🏛 有馬玩具博物館

ⓘ 別冊P.29,B2　☎078-903-6971　🏠神戸市北區有馬町
797　🕐10:00~17:00　🚫週四、不定休(詳見官網)　💲成人
￥800、3歲~小學生￥500　🌐www.arima-toys.jp

　充滿童趣的有馬玩具博物館,**展示有蒐集自世界
各國四千種以上的玩具**,有造型逗趣的木偶、精靈古
怪的機器人,也有溫暖可愛的填充布偶,當然除了看
以外,一旁的賣店裡都可以買來帶回家,非常適合親
子同遊。

🎁 吉高屋

ⓘ 別冊P.29,A1　☎078-904-0154
🏠神戸市北區有馬町259　🕐
9:30~ 19:00　🚫週三(遇假日照常
營業)　🌐yoshitakaya.com

溫泉水做的肥皂
讓肌膚更保濕。

　吉高屋是神戸電鐵有馬駅前的一家
和風雜貨店,其有許多竹編手工藝品、用金泉染的麻
布等各式各**樣充滿日本情懷的小東西**。最近其更研
發出由有馬溫泉水製作而成的美肌產品,大受女性
歡迎。另外用溫泉水製作的碳酸水也很特別,經過時
不妨買一瓶試試看,喝起來可是清涼無比呢!

和服きらくや

別冊P.29,A1　07-8904-2818　神戸市北區有馬町266-4　9:00~22:00　週四　和服散步2小時￥5000起　www.arima-kirakuya.net

　如果沒有入住有馬溫泉的日式旅館，又想要換上和服融入古老氛圍，十分推薦可以來這裡租借。就在有馬車站附近，一到便能換裝前往溫泉街。**這裡的和服、浴衣選擇不算多，但品質比一般觀光區更細緻**，女主人也會幫忙搭配、推薦，記得要先預約以免撲空哦！

> 換上和服漫步有馬溫泉街，隨處可以發現可愛的小角落。

銀水莊 兆楽

別冊P.29,A1　078-904-0666　神戸市北區有馬町1654-1　www.choraku.com

　兆楽是有馬溫泉少見的**風格美學旅館**，由高俯視的地勢稍離觀光地的喧囂，傳統又不失現代。房間內和風品味卻又透著國際風範，一走入玄關，大空間內只看到成為主角的花藝擺飾，讓人彷彿來到充滿和風精神的藝廊。而旅館最重要的**會席料理則屬於創作系**，依序一道道端上，讓客人放入舌上的都是最適合的溫度，嚐起來也特別美味。

欽山

別冊P.29,A1　078-904-0701　神戸市北區有馬町1302-4　www.kinzan.co.jp

　欽山一詞來自「山海經」，意思是擁有絕佳美景的山，**大眾湯的「花の湯」和「鼓の湯」，外頭是瀑布式的水簾**，在泡湯的時候聽到轟轟然的水聲，閉上眼睛會懷疑自己是不是到了森林之中，營造出全然放鬆的環境，令人難忘。原則上不接受12歲以下旅客，不過春假、暑假、寒假期間除外，如此一來，每位客人都能不受打擾、擁有一個安靜的假期。

陶泉 御所坊

別冊P.29,A2　078-904-0551　神戸市北區有馬町858　goshoboh.com

　御所坊為有馬溫泉的高級旅館，傳統又不失現代、和風品味卻又透露著國際風範，是個氣氛獨特日式溫泉旅館。自1191年創業以來，御所坊有著非常驚人、**超過八百年以上的歷史**。一如旅館名稱「御所」所示，這兒一開始是為了招待天皇等王公貴族而設的溫泉宿，館內的講究自然不在話下。

兵庫
有馬溫泉

H 兵衛 向陽閣

@別冊P.29,B2 ☎078-904-0501 ◎神戶市北區有馬町1904 ⓌＷwww.hyoe.co.jp

兵衛向陽閣的悠久歷史可追溯至江戶時期，飯店原本是三層樓的木造建築，後來改建後才呈現現今的風貌。飯店裝潢豪華中可見典雅，以各種花卉作為裝潢主題，特別討女性歡心，**大眾湯大片玻璃落地窗，提供絕佳視野，而室內無色透明的銀泉和室外赤褐色的金泉，兩者交互泡湯**，據說對促進身體健康有絕佳效果。

◉ 瑞宝寺公園

@別冊P.29,B2 ☎有馬溫泉觀光協会078-904-0708 ◎神戶市北區有馬町 ⊙自由參觀

稍稍遠離車站的瑞宝寺公園是有馬溫泉甚至是**兵庫縣屈指可數的紅葉名所**，此地為明治時代所廢除寺院瑞宝寺的遺跡，於1951年整理成為開放給民眾的公園。每年到了11月初就會因應秋天的來臨舉行**有馬大茶會，重現豐臣秀吉時代的景象**，將歷史、傳統文化與史跡融為一體。

H 高山莊 華野

@別冊P.29,B2 ☎078-904-0744 ◎神戶市北區有馬町400-1 ⓌＷwww.arima-hanano.com

高山莊華野刻意簡潔留白的空間，讓人可將煩塵俗事拋至九霄雲外。而溫泉旅館最重要的元素—料理，使用當地食材，無論是當地的山菜、新鮮無比的漁獲還是道地神戶牛，完全**呈現日本季節特色，「感覺到幸福的料理」**正是高山莊華野的真心。

H 竹取亭 円山

@別冊P.29,B3 ☎078-904-0631 ◎神戶市北區有馬町1364-1 ⓌＷwww.taketoritei.com

竹取亭円山在高地上創造了一個竹取物語的世界；**僅僅擁有31個房間**的竹取亭以這個故事為主題，是**自詡為竹林般清幽靜雅的和風旅館**。走進竹取亭山，竹取公主所乘坐的華麗人力車是視覺的焦點。最受歡迎的客室在房間內就有自己的湯屋，也命名為「月見之間」，意指能夠和竹取公主一樣欣賞皎潔迷人的月亮。

H 元湯 古泉閣

@別冊P.29,B1 ☎078-904-0731 ◎神戶市北區有馬町1455-1 ⊙check in 15:00~19:00，check out~11:00 ⓌＷwww.kosenkaku.com

古泉閣稍稍遠離熱鬧的古風坂道和溫泉街，和風古典氣質更顯寧靜氣息。館內的**溫泉大浴場八角亭有著金、銀兩種泉質，泡在其中完全舒展身心**，寬廣空間帶來更多心靈上的餘裕，累了一天的疲勞瞬間消除。

大阪➡京都

兵庫

六甲山

六甲山
ろっこうさん
Rokko Mountain

神 戸是個美麗的港町，港町後方背倚著一圈青山翠巒，迎著潮風、灑滿耀眼陽光，猶如一道翠屏般包圍著神戶港灣，這就是六甲山。海拔931尺高的山上平均氣溫約10度，跟北海道南部相當，山間清爽的空氣加上柔綠的植披，使六甲山成為神戶和大阪近郊的休閒勝地，也是盛夏時避暑踏青的好地方。登六甲山可搭乘六甲有馬纜車，從山腳的六甲山上駅到六甲山頂，一路上可由高俯瞰神戶市與神戶港的大好風光，風景亮麗宜人。如果想要與大自然親近，建議可以來六甲山進行一趟半日小旅行。至六甲牧場體驗農牧生活，接著在傍晚時分到六甲山花園露台等待黑夜降臨，欣賞日本三大夜景之一的神戶港美景。想泡溫泉的話這裡還有三大古泉之一的六馬溫泉，冬天還有滑雪場，十分適合全家大小的外出活動。

交通路線 & 出站資訊

電車
六甲有馬ロープウェー六甲山頂駅◇
六甲有馬ロープウェー
六甲ケーブル六甲山上駅◇六甲ケーブル

出站便利通
◎六甲有馬ロープウェー六甲山頂駅徒步約3分即達六甲ガーデンテラス(六甲花園露台)。
◎前往六甲山的各景點可搭乘山上循環巴士。
◎前往六甲山的公共交通系統頗為複雜，若從三宮駅出發，搭乘阪急神戶線在六甲駅下轉乘16號市巴士，從「六甲ケーブル下駅」轉乘纜車至六甲山上駅下車再轉乘六甲山上循環巴士。
◎從有馬溫泉前往較為方便。只要搭乘六甲有馬ロープウェー在六甲山頂駅下即達。
◎www.rokkosan.com/top/?lang=ja

👁 六甲山牧場

ⓐ別冊P.33,A2　☎078-891-0280　📍神戶市灘區六甲山町中一里山1-1　🕐9:00~17:00(入園至16:30)　📅週二(7/21~8/31無休)、年末年始、冬季、不定休(詳見官網)　💲3~11月高中生以上￥600，小學生以上￥200，未就學兒童免費；12~2月高中生以上￥400，小學生以上￥200，未就學兒童免費　🌐www.rokkosan.net　❗由於日本政府將台灣列入口蹄疫區，故限制赴日旅遊需7天後才能與動物接觸，請務必遵守規定

　丘陵起伏的綠草地上散落著一群群如棉花糖般蓬鬆的綿羊，黑白花的乳牛低頭吃草，迷你馬和矮驢子則是一副天塌下來也不管的悠閒狀，如此**宛若瑞士高原的場景**，就是六甲山牧場最具代表性的典型美景。**六甲山牧場非常適合親子同遊**，除了可以和溫馴的綿羊、兔寶寶、馬兒做親密接觸外，還有擠奶、陶藝、做起士、冰淇淋、香腸的體驗教室。肚子餓了買根香濃的霜淇淋，或是到神戶起士館一嚐美味的瑞士起士鍋，或來一客入口即化的燉神戶牛肉，度過輕鬆愉快的親子假期。

園區必CHECK！

神戶起士餐廳
在牧場內的起士館除了能夠認識各種起士知識，也可以看到製作過程，最吸引人的莫過於嚐嚐以神戶葡萄酒與三種起士調和出的起士火鍋，利用各種新鮮蔬菜沾取，感受最香醇的起士風味。

綿羊舍
天氣晴朗的日子，綿羊們可以自由地在牧場內走動，也會有人員在綿羊舍前教導遊客們認識遊牧民族與綿羊、羊的性質與習性等各種與羊群有關的知識。

◎ 六甲枝垂れ

ⓐ別冊P.33,C1　☏078-894-2281　🏠神戶市灘區六甲山町五介山1877-9　🕙10:00~21:00(入場至20:30)　💰國中生以上¥1000，4歲~小學生¥500　🔗www.rokkosan.com/gt/shidare/

　被命名為自然體感展望台六甲枝垂れ，正如其名，**特殊的外型就如同立在山頂的一棵大樹**般，由枝葉包覆的展望台則可以360度展望山海美景。在展望台中間如同樹幹的部份可是大有來頭，圓管狀的設計可以讓空氣對流，宛如這棵大樹在呼吸般，讓人再次體認到萬物皆是自然的道理。

◎ 六甲花園露台

六甲ガーデンテラス

ⓐ別冊P.33,C1　☏078-894-2281　🏠神戶市灘區六甲山町五介山1877-9　🕙依店舖而異(詳見官網)　🔗www.rokkosan.com/gt

　六甲山花園露台是**六甲山上的觀光景點**，由許多棟半露天咖啡廳，以及六甲山紀念品店、觀景餐廳、生活雜貨屋、工藝品店與一座展望台所構成，六甲山花園露台於是乎成為年輕情侶們最愛約會的地方，無論是白天在這兒喝杯咖啡、一覽港灣風光，或是**夜幕低垂時來此欣賞神戶夜景**都十分適合。

見晴之塔

顧名思義這座見晴之塔就是能夠在晴天觀賞風景的塔。其實這裡是六甲花園露台最高的地方，來這裡就能夠盡情眺望整個神戶港的明媚風光。

千萬夜景

世界三大夜景之一的六甲山夜景一直是神戶人的驕傲。從六甲花園露台這裡看到的是從明石海峽一直延伸至大阪平原、關西國際機場的海灣景色，所以每當夜晚點起萬家燈火，從這裡就能夠看到最美的風景。而維娜斯橋與摩耶山看到的景色角度也各不相同，有空不妨全都排入行程。

六甲花園露台
🚠六甲纜車下車處旁的「天覽台」能望向神戶街道

摩耶山掬星台
🚠搭乘六甲まや空中散步纜車至星の駅下車即達，回程要注意時間

◎ 六甲纜車

六甲ケーブル

ⓐ別冊P.33,B2　☏078-861-5288　🏠神戶市灘區高羽字西山8-2　🕙7:10~21:10　💰單程12歲以上¥1030，6歲~小學生¥520；來回12歲以上¥1850，6歲~小學生¥930　🔗www.rokkosan.com/cable/rc/

　六甲纜車下駅至六甲纜車上駅距離約1.7km，高低相差493cm，運行的時間大約是10分鐘左右。不同於一般印象中的纜車，**六甲纜車是從山坡上爬上去的列車，行進途中還能欣賞神戶港灣的風景**，是一項有趣的體驗。

大阪・京都

兵庫

芦屋・苦楽園

芦屋・苦楽園

あしや・くらくえん
Ashiya・Kurakuen

芦屋與苦楽園都是兵庫的高級住宅區。芦屋從昭和時期便開始發展富豪宅邸的建設，如今更公布「豪宅以外不可」的條例，限制頒發四百平方公尺以下土地的建築執照，宣示芦屋高級住宅區的決心。和芦屋僅有不到10分鐘電車距離的苦楽園同樣是個位於山坡上的高級住宅區，有趣的名稱來自於開發企業家的傳家之寶「苦樂瓢」。由於芦屋與苦楽園居住著許多士紳貴婦，近年來吸引精緻麵包店、甜點店進駐開業，來自歐洲或日本的職人們，希望安靜地堅持自我對美味的理想，雖然部分名店在神戶市區也能找到，但對於喜歡氣質旅程的人，頗值得特地前往，認識這個在大阪與神戶之間的獨特區域。

交通路線＆出站資訊

電車
JR芦屋駅▷JR神戶線
阪急芦屋川駅▷阪急神戶線
阪神電芦屋駅▷阪神本線
阪急苦楽園口駅▷阪急甲陽線

出站便利通
◎前往芦屋可搭乘JR神戶線在芦屋駅下、阪急神戶線在阪急芦屋川駅、阪神本線在阪神芦屋駅下。前往苦楽園從阪急神戶線的夙川駅搭乘阪急甲陽線在苦楽園口駅下。
◎芦屋有許多電車停靠，一走出JR芦屋駅，和車站連結的大丸百貨內就有許多美味可選購，車站前的laporte雖然是個社區型的百貨公司，但因應芦屋的客層，同樣進駐許多高檔的精緻品牌。若想來一趟美味名店巡禮，麵包、甜點店的分佈範圍甚廣，建議在寧靜社區悠閒散步，體驗尋找幸福味覺的旅程。
◎苦楽園口駅旁沿著夙川規劃的夙川公園旁有條夙川櫻花道，是日本百大賞櫻名所之一，每逢花季就吸引許多神戶人特地前來。
◎往苦楽園只能搭乘阪急電鐵，至夙川駅轉稱甲陽線，一站就到苦楽園口駅了，從夙川駅用走的也只要約20分左右便能到達。

◉ 芦屋川

📖 別冊P.33,A1～C4
📍 兵庫縣芦屋市

從神戶北區的六甲山麓流下的**芦屋川穿越了這個高級住宅區**，也讓芦屋的街景更加悠閒，更加優雅。每到夏天就可看到芦屋的青少年們將這裡當成**最天然的遊樂園**，嬉戲玩水，成為充分表達芦屋樂活的景觀。

🛍 大丸 芦屋店

📖 別冊P.32,C2　☎0797-34-2111　📍 兵庫縣芦屋市船戶町1-31　🕐10:00~20:00　📅1/1　🌐www.daimaru.co.jp/ashiya

向來就以美食聞名的大丸百貨選在芦屋車站前開店，當然也就**聚集了散落於芦屋各地的經典美味**，無論是餐廳、洋果子或麵包店，從1樓到地下樓層，不用繞遍整個芦屋地區，在大丸就能夠一次嚐遍芦屋各家絕品。

🍴 Laporte

📖 別冊P.32,C2～D2　☎0797-38-2500　📍 兵庫縣芦屋市船戶町4-1　🕐10:00~20:00(依店舖而異)　❌週三、四不定休(詳見官網)　🌐www.laporte.jp

芦屋車站前的laporte雖然是個社區型的百貨公司，但因應芦屋的客層，進駐許多**高檔的精緻品牌**。Laporte分為本館、東館、西館和北館等四棟建築，在此可買到服飾、雜貨、飾品等各式各樣**貴婦們喜愛的商品**，也有各家美味餐廳進駐。

AUX BONS SANDWICHES BIGOT

オー‧ボン‧サンドウィッチビゴ

🏠別冊P.32,D1 ☎0797-34-1268 📍兵庫縣芦屋市大原町12-28ロザンカン1F東 🕐7:30~19:00 週一(遇假日順延翌日休) 💲ニシソワーズ(水煮蛋與鯷魚三明治)¥519 🌐www.bigot.co.jp

　由神戶知名麵包店**Bigot**開設的三明治小舖,明亮的潔白空間為人帶來朝氣。店內的三明治皆是Bigot現烤的法式麵包,柔韌中帶點小麥香氣,在最佳狀態下**夾入各式新鮮配料**,不但可以在店內享用,也提供外帶服務,早餐、下午茶或是野餐,都很適合有Bigot的三明治相伴。

CHECK&STRIPE fabric&things 芦屋

🏠別冊P.32,B2 ☎0797-21-2323 📍兵庫縣芦屋市松ノ內町4-8-102 🕐10:00~19:00 🚫年末年始 🌐checkandstripe.com

　沿著芦屋川走,微風吹拂,鬧中取靜的住宅區,多了一份清幽感,好不快活,而CHECK&STRIPE fabric&things正位在芦屋川旁,白色門面配上紅磚的外觀,給人一股清爽感,1樓主要**販賣各式琳瑯滿目的原創布**(亞麻、棉等材質)與雜貨,許多媽媽都來此挑布呢!**B1樓則是採預約制的WORKSHOP和縫紉教室**,喜歡原創布料的獨特性來此挑選,包你滿載而歸。

Terrace Daniel

🏠別冊P.32,B2 ☎0797-21-3308 📍兵庫縣芦屋市松ノ內町3-14 🕐10:00~18:30 (L.O.18:00) 週一、二 🌐www.unaginonedoko.com

　Daniel緊鄰著芦屋川,是神戶甜點名店,除了洋菓子受歡迎,麵包也有廣大的貴婦群眾喜歡。切片黑橄欖與香辛紅椒搭配的,雖然是簡單的麵包,吃起來卻帶著濃濃的義大利風味。此外,法國小點心中當紅的可麗露更是表皮酥脆,內餡濕潤甜美,讓人一吃上癮。

Kica

🏠別冊P.32,F1 ☎0798-76-5339 📍兵庫縣西宮市石刎町3-14 🕐11:30~18:30(L.O.),週五、六至22:30(L.O.) 🚫週三 🌐www.kica.co.jp、www.facebook.com/Kica.co.jp/?locale2=ja_JP

薦 おすすめ

古道具的雜貨屋,宛如置身歐洲骨董雜貨市集,處處皆有小驚喜。

　一走出苦楽園的車站,正對著鐵道的Kica就矗立在街角,歐洲古董腳踏車、傢俱、掃帚等隨性擺放在店門口,說明了這是家雜貨店。曾在廣告公司從事圖像設計的老闆在為客戶工作發揮創意多年之後,想要擁有屬於自己百分百想法的物品,決定開了Kica。由於喜歡老東西,老闆還親自走一趟英國、法國、德國等地的跳蚤市場或深入鄉村尋找古老的雜貨。進入Kica,讓人彷彿走入童話故事中的鄉村小屋,天花板上懸掛著一把又一把的古董椅子,展現出立體感,**Kica前方為古董雜貨,後區則為咖啡館**,讓客人可以悠閒地購物、休憩。

Bigotの店 本店

ビゴの店 本店

🅐別冊P.32,C3　☎0797-22-5137　🕐9:00～
20:00　🅚週一(連假日順延翌日休)
🌐www.bigot.co.jp

位麵包一級戰區的Bigot人氣始終不墜,美味的法國麵包是絕對不容錯過的好滋味。

🅐おすすめ薦

法國人Philippe Bigot在1965年造訪日本之後就留在神戶,**從麵包店起家的Bigot**還曾因努力推廣傳統法國麵包與甜點,獲得法國總統席哈克所頒授的勳章,Bigot的**總店就在芦屋**,店內人氣度最高的法國麵包,是貴婦們的最愛,最大特色是酥脆度百分百,即使在家重新烤過也和剛出爐的一樣。

space R

🅐別冊P.32,D3　☎0797-32-5226　🅗兵庫縣芦屋市茶屋之町1-12 B1~3F　🕐11:00~18:00　🅚週四　🌐www.ryu-ryu.com/space_r.html#spacer

義大利麵專門店RYU-RYU 1999年在芦屋寧靜的住宅區開了space R,**結合音樂、餐飲、雜貨、藝術的空間**,多元化的經營, B1樓為練團室「Stage R」,1樓是咖啡屋「Cafe Rucette」,2樓是雜貨屋「Zakka」,3樓則是展場「Gallery R」,滿室的咖啡香飄散與各式各樣的國內外雜貨,是一間可愛又溫馨的咖啡屋。

芦屋ぷりん

🅐別冊P.32,A2　☎0797-22-1816　🅗兵庫縣芦屋市西山町7-4　🕐賣店10:00~18:00,Café至17:00(L.O.)　🅚週二、三　🅢芦屋ぷりん カスタード(招牌卡士達布丁)¥399　🌐www.ashiya-purin.com

口感綿滑的布丁不知在什麼時候已經成為神戶的人氣伴手禮了。芦屋ぷりん只採用**產自兵庫縣的牛乳**,經過低溫殺菌,加上**兵庫縣的土雞蛋、北海道無香精生奶油**與巴西產的粗糖,每一樣原料都選擇最好的,加上老闆的用心,做出來的布丁當然美味可口。

Permanent Age

🅐別冊P.32,F2　☎0798-75-3775　🅗兵庫縣西宮市南越木岩町6-7ラポールビル103　🕐13:00~18:00　🅚週二、三　🌐 permanent-age.co.jp

苦樂園的越木岩筋是條開闊道路,懸著紅色遮陽棚Permanent Age相當醒目,取名為Permanent Age就是希望不被時間洪流所超越,從服飾、雜貨到首飾,所展示**販賣的都是能夠經久使用的物件**。店內空間相當清爽,入口的櫃子上擺放了30年代的古董餐具,馬克杯、盤子簡單卻又帶點戲謔的圖案讓人會心一笑;後區展示的是服飾,全都是從日本、歐洲、美國等地精選而來的品牌,例如稀有的美國製All Star或復古款Adidas,在老闆的搭配下,從頭到腳穿出個性風格。Permanent Age還有自己**獨家原創的同名品牌**,最受歡迎的人氣商品就是以山羊皮製作的手提包,簡單的基本款式靈感來自日本傳統的布包,皮質柔軟又輕,頗受好評,另外秋冬的羽毛衣更是超值實用也不失流行感。

小倉山荘 芦屋店

別冊P.32,C3　0797-25-1301　兵庫縣芦屋市公光町4-20
10:00~18:00　をぐら山春秋 化粧箱8ヶ入り10袋(仙貝)10袋￥1080
ogurasansou.jp.net/hp/

京都長岡京的煎餅老舖，昭和26年(1951)創業，連續15年的人氣商品「をぐら山春秋」是以「小倉百人一首」歌詠春櫻、秋紅葉，以及四季風情製作而成的菓子，一袋有8種口味，各個美味可口，加上和風唯美精緻的包裝，美味度又更加成了。

をぐら山春秋各種口味

有明の月三種：甘醬油せんべい(甜醬油仙貝)、サラダせんべい(塩味仙貝)、丹波黑大豆あられ(丹波黑大豆仙貝)
初霜冬：ザラメあられ(糖霜餅)
黑染の袖：海苔卷きあられ(海苔餅)
もみじ葉 雜秋：あおさのりせんべい(海苔餅)
散る花：えびあられ(蝦餅)
ならの葉：黑ごませんべい(黑芝麻仙貝)

RYOICHI YAMAUCHI

別冊P.32,E1　0798-73-4760　兵庫縣西宮市南越木岩町15ルーブルコート苦樂園1F　8:00~18:00　週一、二、五　www.instagram.com/boulangeyamauchi/

隱身在苦樂園的RYOICHI YAMAUCHI是一家內行人才知道的麵包店，每一種麵包都能夠咀嚼到小麥的香氣，最受歡迎的加餡麵包是在酥脆的可頌麵皮中放入甜而不膩的白豆泥餡，並附上加了黃豆粉的墨西哥麵包表皮，十分具有創意。

HENRI CHARPENTIER 芦屋本店

別冊P.32,C4　0797-31-2753　兵庫縣芦屋市公光町7-10-101　賣店10:00~20:00，Cafe 11:00~20:00(L.O. 19:30)　1/1　Suzette可麗餅￥1320，費南雪(5入)￥891　www.henri-charpentier.com

薦

芦屋在地人氣菓子屋，甜點皆有一定水準，這好滋味會讓你念念不忘。

1969年在芦屋創業，2014年11月重新改裝營業，空間的設計理念成為刻劃芦屋在地風景的菓子屋，**秋季本店限定甜點蘋果法式薄餅**，底層鋪滿焦糖熬煮過的蘋果片，放上捲成蛋捲狀，最後放上一球鹽味焦糖冰淇淋，層層交疊的視覺饗宴，看了就口水直流。咬一口薄餅，濃郁蛋香與奶香攻占舌尖的味蕾，再搭配帶點淡淡鹹味的焦糖冰淇淋，香醇滑嫩的絕妙口感，令人著迷不已。此外**招牌明星商品費南雪**也是不容錯過的好滋味，1975年販售以來，廣受顧客喜愛，使用北海道的生乳自行調配出的發酵奶油製作，杏仁與奶香完美搭配的費南雪，綿密濕潤德口感，讓人欲罷不能。

店名的由來

店名是一位19世紀法籍廚師的名字，源於創業者蟻田尚邦在餐廳修業時遇見這位法籍廚師所創造的甜點——香澄火焰法式薄餅(Crêpe Suzette)，當他看到甜點上桌時，倒下Grand Marnier(澄酒)瞬間產生的藍色火焰，客人驚喜與開心愉悅的表情，深受感動且難以忘懷，於是下定決心要做出讓人們感到幸福好滋味的甜點。

Cafe ROOTS

別冊P.32,E1　0798-70-0417　兵庫縣西宮市菊谷町13-20エム苦樂園102　10:00~20:00　週一、第1、3個週二(遇假日順延翌日休)　エキゾチックツナ(義式三明治)￥750

芦屋、苦樂園正是許多知名麵包店的聚集地，Cafe Roots是一家**提供新鮮現烤麵包搭配香醇咖啡的餐廳**。老闆曾是位麵包職人，認為麵包一定要在最美味的時候品嚐，而有了開咖啡館的念頭，每天早上現做兩種不同口感的義大利麵包，推薦**可點選附上麵包的濃湯**，帶點番茄碎粒的湯搭配表皮酥脆的麵包正對味。若想具有飽足感，可選擇咖哩飯，濕潤的咖哩配料還擺上軟嫩的半熟蛋，讓咖哩嚐來更加溫和。另外Cafe Roots特製的袋餅也很受歡迎，附上番茄粟米，一次可吃到中東與非洲特色料理。

西宮·甲子園
にしのみや・こうしえん
Nishinomiya・Koshien

兵庫的西宮市，位於大阪與神戶的中央地帶，相對於熱情的大阪、洋味十足的神戶，西宮較為閑靜，也較不為人所知。不過，最近此地愈來愈熱門，讓其最負盛名的，就是那結合自然與時尚的購物商城——阪急西宮ガーデンズ(阪急西宮Gardens)，以及全日本高中棒球隊的夢想——阪神甲子園球場。

想逛街逛到飽，累了還能在花園中休息嗎？想齊聲在球場內吶喊、觀看全日本高中生最至高無上、熱血至極的球賽嗎？西宮絕對是購物狂和棒球迷不可錯過的一處精華所在。另外，來到西宮，如果時間剛好，還可以趕上西宮神社每年一月一日的重頭戲：市民相信，當神社開門後最早抵達本殿之人，就是那一年最幸福的幸運兒。也許，你也會是某一年的寵兒呢！

交通路線&出站資訊

電車
JR西宮駅➡JR神戶線
阪急電氣鐵道西宮北口駅➡阪急神戶線、今津線
阪神電氣鐵道西宮駅➡阪神本線
阪神電氣鐵道甲子園駅➡阪神本線

出站便利通
◎要前往阪急西宮ガーデンズ，從阪急西宮北口駅出站最快。東出口有天橋直節至百貨公司內，十分方便。
◎JR西宮駅、阪急西宮北口駅、阪神西宮駅雖然都叫同一站名，但其實相距甚遠，用走的各要花上10~20分鐘，要有心理準備。
◎要到甲子園球場，最方便就是搭乘阪神電車，至甲子園駅下車。由西口徒步5分就能抵達。

🎁 LaLaport甲子園

📖別冊P.30,D5　☎0798-44-4321　🏠兵庫縣西宮市甲子園八番町1-100　◎購物10:00~20:00(週六日例假日至21:00)；餐廳11:00~21:00(L.O.20:15)，週六日例假日至22:00(L.O.21:15)；美食區11:00~21:00(L.O.20:30)，週六日例假日至22:00(L.O.21:30)　🌐mitsui-shopping-park.com/lalaport/koshien/

時下年輕人最流行最IN的雜貨、服飾店都聚集在這裡，而其中人氣服飾店H&M在這裡設店也引起了一陣話題。由於就位在甲子園棒球場一旁，LaLaport甲子園內也許多人氣餐廳進駐，每到球賽前後，這裡的餐廳可說是一位難求呢！

🛍 阪急西宮Gardens

阪急西宮ガーデンズ

🈺 別冊P.30,D4　☎0798-68-6666　🏠兵庫縣西宮市高松町14-2　🕙購物10:00~20:00，1F Gardens Kitchen11:00~20:30，4F餐廳11:00~22:00，Izumiya百貨10:00~21:00，TOHO電影院9:00~00:00，西宮阪急10:00~20:00 ⓙ

nishinomiya-gardens.com

> 幾乎各大知名品牌在這裡都有設櫃，想買什麼來這裡就對了，逛一圈一次滿足你所有的購物慾望。

　　2008年11月26日在神戶附近的西宮市由阪急集團出資打造了一個全日本最大的購物商城，以「阪神之間豐富自然環境」為主題，在已經不使用的**舊阪急西宮球場位址完工的購物中心以花園為名**，希望能夠成為顧客的庭園、菜園、果園或是遊樂園、公園。除了找來許多第一次進軍兵庫縣甚至是關西地區的名店，**超過250家的店舖有食品、服裝、生活雜貨等，還有精緻的阪急百貨與大眾化的IZUMIYA**，一併滿足每種族群的消費者。最特別的就要算是充滿自然光的挑高空間與屋頂上開闊的花園景觀，讓人遊逛起來更加愉快。

👁 SKY GARDEN

☎0798-68-6699　🏠阪急西宮Gardens本館4F　🕙10:00~21:00　ⓙnishinomiya-gardens.com/about#sky_garden

　　既然購物中心名為GARDEN，當然就會有親近大自然的屋頂花園，位於4樓的**SKY GARDEN在都市中打造了一個讓人們盡情呼吸，接近森林的環境**，不僅借景遠方的六甲山，還擁有大量的翠綠草坪與水景，是購物人潮的最佳休憩地，一到夏天，更成了小朋友們的歡樂遊戲場。

🎁 LUPICIA

☎0798-68-6630　🏠阪急西宮Gardens本館1F南mall　🕙10:00~20:00　🈺不定休　ⓙwww.lupicia.co.jp

　　標榜世界茶品專賣的LUPICIA在日本各大百貨都設有專櫃，所有茶葉以圓罐開放陳列讓顧客們自由試聞而打開知名度，總店就位在東京最悠閒的自由之丘，**推薦可以選購日本茶，尤其是季節限定的櫻花茶充滿了濃濃的和風情緒。**

🍴 Gardens Kitchen

☎0798-68-6687　🏠阪急西宮Gardens本館1F東mall　🕙11:00~20:30

　　延攬了18家美味餐廳，提供150種以上的豐富菜色，購物中心內的美食街擁有綠意盎然的出入口，相當獨特。料理包括到關西不可不嚐的章魚燒、韓式料理、拉麵、豬排飯等平價料理一應俱全，還未到用餐時間就擠滿人潮。

大阪·京都

兵庫 西宮·甲子園

🏯 西宮神社

📍別冊P.30,C4 ☎0798-33-0321
📍兵庫縣西宮市社家町1-17 ⏰4月至
8月：5:00-19:00、9月、3月5:00-
18:30、10月至2月：5:00-18:00 ⓢ自
由參拜 🌐nishinomiya-ebisu.com

西宮神社奉祀的是七福神中主司商業的惠比壽總神社，**本殿的建築是三連春日造**，春日造指的是奈良春日大社的特殊建築，而在西宮神社這裡則**是三個屋簷相連，據說全日本只有這裡才看得到**。西宮神社每年最大的盛事，便是在元月10日舉行的「十日えびす」祭典。在元月10日的0:00，神社大門會關上，待上午6:00祭典完成後，會打開門，此時男信眾便會全力向殿內奔去，第一個進入的人便是當年的「福男」、「福女」，十分熱鬧。

🍴 淡路島バーガー 西宮本店

📍別冊P.30,C5 ☎0798-34-6373
📍兵庫縣西宮市久保町11-16 ⏰
11:00~20:00(L.O.19:30) ⏸週三 ⓢ
淡路島バーガー レギュラー(淡路島漢
堡) Regular￥700 🌐www.instagram.com/
awajisima.burger/

> 淡路島直送的新鮮食材製作成的手工漢堡，好滋味令人念念不忘。

淡路島直送的牛肉漢堡肉經過炙燒後，香氣四溢，讓牛肉味道又更上一層是店主最自豪的味道，除此之外，**洋蔥也是使用淡路島產的**，特別的甘甜與香脆，加上生菜與牧場現做的起司，這份量十足的漢堡就上桌了，看了就讓人口水直流，咬一口果然是想像中的好滋味，多汁又香甜，吃完還意猶未盡。

🧁 Pâtissier Éiji Nitta

📍別冊P.30,D4 ☎0798-64-0808 📍兵庫縣西宮市北口町8-15 ⏰10:00~18:00 ⏸週二(遇假日順延翌日休)、週一不定休 ⓢアルモニード(巧克力蛋糕)￥560 🌐patissier-eijinitta.com

出身大阪的甜點師傅新田英資，資歷豐富、獲獎無數的肯定，他希望他做的蛋糕能帶給顧客歡笑與幸福感，**使用西宮在地當季食材來製作蛋糕**，深受在地居民愛戴，店內只有一桌內用桌，天氣好時建議可以坐戶外桌，陣陣微風輕拂，曬曬太陽，度過愜意的時光。

👁 酒藏通り煉瓦館

📍別冊P.30,C5 ☎0798-32-2525 📍兵庫縣西宮市用海町4-28 ⏰11:00~21:00(賣店至19:00，玻璃工房至18:30) ⏸週二、三(賣店週三營業) ⓢ免費入館，玻璃工房吹玻璃一日體驗(20分鐘)￥3800 🌐www.rengakan.com ❗吹玻璃體驗小學生以上才能體驗

創立於明治22年(1889)的日本盛是**日本有名的清酒製造商**，正是發源於灘區。來到酒藏通り煉瓦館，**同樣可以了解製酒過程**，比較特別的是，館裡附設玻璃工房，可以體驗在玻璃成品上作畫，或是實際吹玻璃，都十分有趣。

◉ 阪神甲子園球場

🅟 別冊P.32,E3~E4　📞 0180-997-750
🏠 兵庫縣西宮市甲子園町1-82　🚉 甲子園所有的預售票可在賽前透過電話、網路(虎チケ、LAWSON TICKETローチケ、甲チケ、チケットぴあ)或是指定店舖如LAWSON等便利商店購得，亦可在比賽當日阪神甲子園球場購票口購買，但熱門對戰組合預售票會完售，會有當日買不到票的狀況。海外購票可利用甲チケ事先購票，購票付款完成後，當日至9號門旁入場券売場(入場券賣場)的甲チケQR TICKET發券機，出示手機QR code或是事先列印的QR code購票證明兌換票券 🌐www.hanshin.co.jp/koshien；甲チケ中文購票教學www.hanshin.co.jp/koshien/global/tw/ticket/ ❶進場前，隨身物品需接受檢查，不可攜帶鐵鋁罐與寶特瓶入場，工作人員會改用紙杯盛裝讓球迷帶進場飲用(目前因疫情關係暫此服務)

日本高校野球聖地甲子園，將一球入魂的熱血精神發揮得淋漓盡致，身為棒球迷怎麼能不來朝聖！

甲子園球場前身為建於1924年，那年正好是甲子年，因此命名為甲子園大運動場，1935年12月10日，阪神隊的前身「大阪野球俱樂部」(通稱大阪老虎隊)於大阪成立，1961年名稱確立為「阪神虎」，甲子園球場成為職棒的主戰場之一，也是**阪神虎球隊的主球場**，並在1964年更名為阪神甲子園球場，球場總面積38500平方公尺，可容納47466人(內野2842人、外野19043人)，至今已有近百年歷史。

甲子園球場外觀爬滿長春藤，看起來綠意盎然，整個關西地區幾乎可以說都屬於阪神球迷的勢力範圍，而虎迷一向以瘋狂的熱情著稱，除了全副武裝，穿上自己支持的球員背號球衣，還各出奇招裝扮自己，在球場大聲喊著口號與唱著應援歌曲替球員加油，更少不了的是每場必唱的隊歌六甲嵐！到了第7局上半結束時滿場虎迷齊放氣球(ジェット風船)，白、黃色為主的氣球滿天飛，十分壯觀。如果你觀賞的球賽中，阪神隊表現優異，那麼就有機會欣賞阪神隊吉祥物トラッキー(取自too lucky的雙關語)的翻跟斗表演，將氣

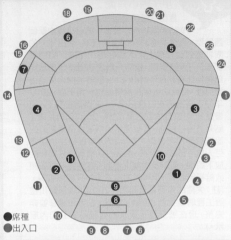

球場座位及價目表

●席種
●出入口

席種		I	II	III	IV
❶ 常春藤席 (アイビーシート)		¥4500	¥4700	¥5200	¥5300
❷ 微風席 (ブリーズシート)					
❸ 1壘內野阿爾卑斯席 (1壘アルプス席)	國中生以上	¥2400	¥2600	¥3000	¥3100
❹ 3壘內野阿爾卑斯席 (3壘アルプス席)	4歲~小學生	¥900	¥1000	¥1200	¥1300
❺ 右外野席 (ライト外野席)	國中生以上	¥1600	¥1800	¥2300	¥2400
❻ 左外野席 (レフト外野席)					
❼ 左外野客隊席 (レフトビジター専用応援席)	4歲~小學生	¥600	¥600	¥700	¥800

❽綠色席(グリーンシート)、❾TOSHIBA席(TOSHIBAシート)、❿11壘內野SMBC席(SMBCシート1壘)、⓫3壘內野SMBC席(SMBCシート3壘)僅開放年間預約席，並未對外一般販售。

⓬❺右外野席 (ライト外野席)為阪神虎專用應援席，禁止非應援阪神虎的行為、衣著及應援道具。

氛炒熱到最高點。

每年有兩大高中棒球比賽在甲子園開打，分別是選拔高等學校野球大會(又稱春季甲子園)與全國高校野球選手權大會(又稱夏季甲子園)，其中又以每年8月開打夏季甲子園最受矚目，堪稱是年度最大的學生運動賽事。甲子園之所以被稱為「野球聖地」，因為想進入甲子園的殿堂並非易事，全日本有4000出頭所高中棒球隊，先經過地方單敗淘汰制殘酷的廝殺，最後取得優勝者才能前進甲子園比賽，也就是說每個地區只有1個名額(除東京、北海道有2個名額)，僅有49所高中能擠進甲子園的窄門，夏季甲子園賽程依舊是採取單敗淘汰制，場場都是高張力十足的比賽。

甲子園小知識
肯德基爺爺的詛咒
1985年阪神虎在日本一的冠軍賽中擊倒西武獅，贏得睽違21年的優勝冠軍，喜出望外的阪神迷們從河神上跳入道頓堀川(稱為「道頓堀ダイブ」)大肆慶賀，這時一群虎迷覺得肯德基爺爺神似比賽功臣Randy Bass就將他拋起來後丟進河裡，自此之後阪神虎戰績也一絕不振，2003年好不容易再次打進日本一，在聽牌優勢下，卻慘遭今朝大榮鷹(現今軟銀鷹)逆轉，2005年再挑戰，結果被羅德橫掃，爾後開始流傳著肯德基爺爺的詛咒這個都市傳說。去年2014年橫掃世仇讀賣巨人搶下日本一門票，虎迷也盼望肯德基爺爺放下怨恨，讓阪神虎拿下優勝，但終究未能如願敗給福岡軟銀，想再嚐嚐冠軍滋味只好再等等。(註：失蹤的肯德基爺爺已在2009年道頓崛川整治工程時被找到，但缺了眼鏡、左手和雙腳並非完整，現在被安置在東京的肯德基總公司內展示。)

六甲嵐
昭和10年(1935)創立球團，隔年昭和11年大阪タイガースの歌(大阪虎之歌)誕生，昭和36年(1961)球團更名為阪神虎，隊歌也更名為阪神タイガースの歌(阪神虎之歌)，是現存日本職棒史上最古老的隊歌。當全場阪神球迷跟著歌曲節奏打著拍子大合唱，那磅礴的氣勢會讓對手不寒而慄，非常建議去球場觀戰前能練習一下這首隊歌，這樣能更融入其中，不會日文的球迷也別失落，每段最後兩句「オウオウオウオウ(ou ou ou ou)阪神タイガイス(Hanshin Taigers)フレフレフレフレ(fure fure fure fure)」非常容易琅琅上口呢！

ツタの里帰り(常春藤回歸)
布滿長春藤的甲子園外牆一直以來就是甲子園的標誌，因2007年的改修工程而移除，改建後為了恢復原貌，在2008年舉辦ツタの里帰り(常春藤回歸)的活動，起源於2000年夏季甲子園大賽時，甲子園致贈了長春藤種子給高校野球聯盟旗下的4170間學校，8年後回到各校檢視長春藤生長的狀況，收集233間學校生長狀態良好的長春藤幼苗帶回甲子園種植在外牆，這就是長春回歸的始末，長春藤預計約10年的時間這些長春藤就會爬滿甲子園的磚牆，恢復原貌。

甲子園球場的黑土
甲子園球場內野的黑土是球場的註冊商標，也是現今唯一在內野使用黑土的日職棒球場，黑土來自岡山縣日本原、三重縣鈴鹿市、鹿兒島縣鹿屋、大分縣大野郡三重町、鳥取縣大山與中國福建的白砂混合而成，考慮季節的雨量和陽光多寡黑土與白砂比例也有所微調，春季因下雨機率高，白砂比例較多；夏季陽光強，打出去的球容易被陽光吃掉，為了更能看清出球，夏季黑土的比例較高。

甲子園歷史館

☎0798-44-3310 ⏷兵庫縣西宮市甲子園町8-15 KOSHIEN PLUS 2F ◷10:00~18:00(入場至17:30)，11~2月至17:00(入場至16:30)；比賽日9:00~18:00(入場至17:30)；AR KOSHIEN Experience(60分鐘)10:00~16:30(售票至16:00)，不定期舉辦(詳見官網) ⏸週一(遇例假日、比賽日照常營業)、年末年始、例行維護日 ⏴成人￥900，高中生￥700，4歲~國中生￥500；AR KOSHIEN Experience(含甲子園歷史館門票)成人￥1500，高中生￥1300，4歲~國中生￥1000 ⏹ www.koshien-rekishikan.com ❗門票只能進出一次，離館後無法再進入；AR KOSHIEN Experience僅當日售票，取票後10分鐘內至甲子園球場12號門附近的專用門入場。

甲子園歷史館豐富多元的展區設計，有趣又好玩。

2022年改裝重新開館，**展區分成PLUS AREA和STADIUM AREA兩大區域，PLUS AREA展示阪神虎球隊歷史為主軸，STADIUM AREA則以阪神甲子園球場歷史及高中春夏甲子園球賽為主題。**

其中STADIUM AREA中高中春夏季甲子園球賽展區最吸睛的是由4253顆(日本高等學校野球聯盟的加盟校數)棒球組成的棒球牆，一旁還有春夏甲子園經典對戰的回顧和文物展出，以及多篇甲子園相關漫畫。再往前走細長的長廊是記分板通道區，展示1983年當時比賽中所使用的手寫選手名看板、甲子園著名人物的浮雕，這區有個小樓梯通往球場鐘塔記分板下，視野極佳的看台球場全貌一覽無遺，千萬別錯過了。

◉ スタジアムツアー

Stadium tour

⊙KOSHIEN PLUS 2F甲子園歷史館櫃台 ⊕www.koshien-rekishikan.com/stadium_tour/ ❶見學途中無洗手間可使用，全程禁止飲食，請聽從導覽員指示在定點拍照，移動中不得隨意拍照及觸摸球場設備

球場見學能進到球場內一窺其內觀，如此難得的機會怎麼能錯過。

見學全程為日文導覽，不會日文的朋友完全不用擔心，歷史博物館會發一份簡略的中文導覽給參加者。

見學內容

甲子園見學採上網預約，若當天名額未滿也接受現場預約，見學行程皆包含甲子園歷史博物館門票，有多種見學內容供球迷選擇，如下表：

舉辦時間	見學名稱	見學內容	時間	費用
整年	【S1~S5】スタジアム見学コース	S1：1壘側阪神虎場內休息區、三壘側客隊室內牛棚、三壘側客隊球員休息室 S2：三壘側客隊場內休息區、三壘側客隊室內牛棚、三壘側客隊球員休息室 S3：三壘側客隊場內休息區、三壘側客隊室內牛棚(從2F通路見學)、媒體採訪區 S4：三壘側客隊室內牛棚、三壘側客隊球員休息室、媒體採訪區、球場觀眾席 S5：三壘側客隊室內牛棚(從2F通路見學)、球場觀眾席、貴賓室(ROYAL SUITE)	60分鐘	成人¥2000 高中生¥1800 4歲~國中生¥1400 3歲以下免費 (含甲子園歷史館門票)
職棒比賽期間	【T1】タイガースコース(スタジアム見学付)	阪神虎賽前打擊練習(本壘後方座位區)、三壘側客隊室內牛棚(從2F通路見學) ※雨天取消練習，將變更球場見學內容	50分鐘	
	【T2】タイガースコース(練習見学のみ)	阪神虎賽前打擊練習見學 ※雨天取消	30分鐘	成人¥1500，高中生¥1300，4歲~國中生¥1000，3歲以下免費(含甲子園歷史館門票)
	【OB】タイガースコース(OB解説付)	OB球員解説阪神虎賽前打擊練習(本壘後方座位區)、三壘側客隊室內牛棚(從2F通路見學) ※雨天取消練習，將更改成OB球員迷你對談會	50分鐘	成人¥2000，高中生¥1800，4歲~國中生¥1400，3歲以下免費(含甲子園歷史館門票)

S2見學行程

三壘側客隊場內休息區：角落座位旁設置與室內牛棚連絡的電話和觀看室內牛棚的監視器，當你坐在休息區綠色椅子上體驗與球員同角度的球場視野，非常有臨場感。

三壘側客隊球員休息室：休息室裡一排排綠色的儲物櫃，在這裡你可以坐在休息室的椅子上，試穿座位旁球員常穿的拖鞋，也一窺球員休息室的奧祕。

三壘側客隊室內牛棚：提供各式各樣的球帽、頭盔、球衣、球棒、手套以及啦啦棒、吉祥物頭飾等應援道具，你可以全副武裝在牛棚區練投練打，過過當球員的乾癮。

Mizuno Square

ミズノ スクエア

📍一壘側，4、5號門附近

　　美津濃廣場印入眼簾是地上畫著的本壘板與打擊區，右方有棒球之神Babe Ruth(貝比·魯斯)1949年來訪甲子園的紀念浮雕，左邊則是連續出賽1492場且打滿全場與連續904場先發的世界紀錄保持者金本知憲的紀念浮雕，一旁還有介紹美津濃的棒球、球棒、手套的歷史，棒球迷絕不能錯過。

Memorial Wall

メモリアルウォール

📍一壘側，6號門附近

　　回憶之牆有著阪神虎隊三位永久欠番(已退休背號)選手的紀念牌，分別背號10號的藤村富美男、背號11號村山実和背號23號吉田義男，以及今年阪神明星球員的寫真海報，高校野球比賽期間則會換成出賽學校名單以及比賽賽程速報。

阪神甲子園球場リニューアル記念レリーフ

📍正面壁面，7、8號門之間

　　三幅紀念浮雕由武藏野美術大學教授脇谷徹所設計製作，2009年7月28日完工，主題依序為左邊的開心的高中球員，刻劃出優勝時的喜悅之情，中間的繼承傳統布滿常春藤的甲子園球場，右邊為感動的阪神虎制霸，描述2005年優勝時岡田彰布監督被胴上(球員圍成一圈拋起英雄的慶賀動作)的瞬間。

KOSHIEN NAMING BRICK MEMBERS

甲子園レンガメッセージ

📍鐘塔計分板正後方和左右外野燈柱後方，18~23號門附近

　　開放企業和一般民眾認購的紅磚地板作為整修甲子園的經費，紅磚上頭刻上企業名字，一般民眾則刻名字與一段話，這獨一無二無法帶回家的紀念品，卻更顯得無價，另有一區是歷代出賽學校與優勝學校的紀念紅磚，能成為野球聖地甲子園的一磚一瓦，真的是最棒的紀念品了。

野球塔

📍左外野甲子園歷史館前，16~18號門前

　　初代建於1934年記念第20屆夏季甲子園大賽，因第二次世界大戰空襲而損毀，二代野球塔是記念第30屆春季甲子園大賽建於1958年，後因老舊隨著改建工程於2006年撤除，現今的野球塔是第三代建於2010年，繼承初代的形狀，塔高15公尺，有20根梁柱相連，梁柱上放著春夏季甲子園大賽優勝冠軍隊伍的校名銘板，野球塔的所在地正是高中棒球春夏季甲子園大賽期間各校啦啦隊的巴士停車場，有傳承歷史的含意。

🎁 STADIUM SHOP

🏠左外野，16號門旁　🕐10:00~
18:00(11~2月至17:00)；比賽日提
前2小時營業~比賽結束後1小時
🈲週一(遇例假日、比賽日照常營
業)、年末年始、例行維護日　💲甲子
園カレー(甲子園咖哩料理包)¥600

甲子園歷史館旁邊的STADIUM SHOP，販售各式
各樣甲子園球場的相關商品，
球場其他商店是沒有賣的，所
以想買甲子園球場的周邊，一定
要來這兒逛逛，為自己球場之旅
買個紀念品。

🎁 TEAM SHOP ALPS

🏠別冊P.32,E3　📞0798-40-2270　🕐
兵庫縣西宮市甲子園高潮町4-20(阪神甲
子園駅前広場)　🕐10:00~18:00，職棒
比賽期間10:00~比賽結束後1小時，高中棒
球春夏季甲子園大賽期間第一場比賽開打~最後一場比
賽結束後1小時　🈲週一(遇例假日、比賽日照常營業)　💲
レプリカユニフォーム ホーム背番号なし(無背號主場刺繡
球衣)¥7000　🌐hanshintigers.jp/goods/alps/

TEAM SHOP ALPS位在阪神電鐵甲子
園站通往球場前的廣場上，店內琳瑯滿
目的阪神虎周邊商品，看得都眼花撩
亂了，阪神球迷一進來就要有荷包大
失血的心理準備，男女老少通吃的各
式周邊商品，很難空手而出呀！非球季
期間也有營業，所以完全不用擔心白跑一趟，來這邊
包你滿載而歸。

⛩ 甲子園素盞嗚神社　🈴薦 おすすめ

📍別冊P.32,D4　📞0798-41-4556
兵庫縣西宮市甲子園町2-40　🕐自由
參觀

> 小小的神社卻是
> 眾多著名野球人
> 的信仰中心，來
> 看看這個野球神
> 社的魅力吧！

在甲子園球場旁，有一座專門祈
求比賽勝利、球技更精湛的神社—
甲子園素盞嗚神社。由於這個神社就位在球場旁，所
以又被稱為甲子園神社或是阪神虎神社。創建年代
不詳，元禄元年與天保年間有再建的紀錄，推測素
盞嗚神社已有300多年歷史之久，後因為阪神虎的
監督、球員、球迷與打春夏季甲子園大賽的高中生
在比賽之前都會來這裡祈求勝利，因此也漸漸演
變成現在的棒球神社了。

神社內必看名所

野球塚
前阪神監督岡田彰布揮
毫的作品「野球塚」，被
棒球和本壘板造型繪馬
包圍的野球塚，前方還
有本壘板造型的石坂。

「夢」字的棒球造型
紀念石
前阪神監督星野仙一揮
毫的「夢」字雕刻在棒
球造型的紀念石。

灘
なだ　Nada

位 於神戶東灘地區，範圍大約在阪神大石駅至魚崎車站一帶，俗稱灘之酒藏，是日本歷史悠久的清酒產地，已有600多年歷史。全盛時期有全國知名的「灘五鄉」，包括今津鄉、西宮鄉、魚崎鄉、御影鄉、西鄉等，擁有40多個酒藏，是聞名全日本的清酒之鄉。

交通路線&出站資訊

電車
阪神魚崎駅◇阪神本線
阪神住吉駅◇阪神本線
阪神石屋川駅◇阪神本線
阪神新在家駅◇阪神本線
阪神大石駅◇阪神本線

出站便利通
◎灘之酒藏的範圍十分寬廣，約在阪神大石駅至魚崎車站一帶，目前較大的五個酒藏是參觀重點。可以視想去的地方來決定下車地點。
◎若想要全程以走路串聯灘之酒藏，預估要停留半天以上時間才充裕。

清酒的製造過程

玄米(糙米)→精米(白米)→洗米→浸漬→炊蒸→放冷(瞬間散熱)→製麴→酒母→酉謬(尚未過濾的濁酒)→發酵→壓搾→過濾→加熱→貯藏→調和→割水(平均加水)→加熱裝瓶→清酒

👁 🏛 沢の鶴資料館

⚑ 別冊P.34,A6　☎ 078-882-7788　🏠 神戶市東灘區大石南町1-29-1　🕙 10:00~16:00　㊡ 週三、盂蘭盆節、年末年始　💲 自由參觀；特別純米酒 実楽山田錦720ml￥1283　🌐 www.sawanotsuru.co.jp

　以「古早味的酒藏」為主題的沢の鶴資料館期望將傳統的酒造方法傳達給現代人，所以特地把古老的酒藏設為資料館，開放給一般民眾參觀。昭和55年時，酒藏建築與造酒的工具雖被兵庫縣政府指定為重要民俗文化財，但全數在阪神大地震中損壞，現在看到的都是災後重建的了。**推薦來此要品嚐「旨味そのまま10.5山田錦」這款酒，喝起來爽而不膩，冷著喝或溫著喝都很不錯。**

大阪➡京都
➡
兵庫
灘

◉ 🍴 神戸酒心館 おすすめ薦

📍別冊P.34,B6　☎078-841-1121　🏠神戸市東灘區御影塚町1-8-17　🍶賣店10:00~18:00　休1/1~1/3　⑤自由參觀；福壽 純米大吟醸720ml￥3960

🌐www.shushinkan.co.jp　❗參觀酒藏Bコース需要2天前事先預約，時間是每天的11:00開始，約40~60分

見學、購物、餐食設備完整，來到這裡便能統統一次滿足。

　神戸酒心館原為寶暦元年(1751)創業的「福壽」，共擁有4座酒藏，如今館內擁有的綜合設施，從影片、參觀、解説、品嘗等各個層面，介紹日本清酒傳統釀酒技術和釀酒文化。**酒心館的招牌是以福壽為名的大吟醸和純米大吟醸，也是最值得推薦的一品。**來到這裡，可參觀酒廠了解釀酒過程，也別錯過試飲，各種好酒都可以試喝過後再購買。同時可至東明藏買些伴手禮，接受日本酒文化的洗禮，度過愉快的時光。

🍴 さかばやし

☎078-841-2612　🏠神戸酒心館內　🕙11:30~15:00(L.O.14:30)，17:30~21:00(L.O.20:00)　休週三、12/31~1/3、不定休　⑤午間會席￥4000起　🌐www.shushinkan.co.jp/sakabayashi/

　酒心館裡的餐廳さかばやし，**以藏元裡的料亭為意象，提供酒心館自己製作的豆腐和手打麵為主**，搭配當令食材，像是明石的魚產、淡路島的鱒魚等，新鮮美味，十分適合小酌幾杯清酒，深入體驗清酒搭配美食的滿足。

參觀酒藏

① 欣賞影片

② 實際參觀工廠

③ 試飲

白鶴酒造資料館 薦

⊙別冊P.34,C6　☎078-822-8907　🅰️
神戶市東灘區住吉南町4-5-5
9:30~16:30(入館至16:00)　🅱️盂蘭盆
節(約8月中旬一週)、年末年始、設備
檢修、不定休　🅲️自由參觀；白鶴 翔雲 純米大吟釀 自社栽
培白鶴錦720ml￥2750　🌐www.hakutsuru.co.jp

日本清酒聞名遐
邇，來趟實地探
訪酒藏的釀酒文
化之旅吧！

白鶴酒造利用**建於大正初期的酒藏**開設了這個酒
造資料館，館內**展示了自古傳承下來的釀酒過程與原
料**，並配置等身大的人偶，生動呈現釀酒的工續，讓
人藉由與酒的基本接觸，了解釀酒文化後面的「日本
之心」。館內也設有試飲區與購買區，除了白鶴的清
酒之外，利用酒粕的醃漬品、品酒使用的小酒杯「豬
口」等也都是熱賣商品。

菊正宗酒造記念館

🅰️別冊P.34,D6　☎078-854-1029　🅾️神戶市東灘區魚崎
西町1-9-1　🕘9:30~16:30　🅱️年末年始　🅲️自由參觀　🌐
www.kikumasamune.co.jp

從江戶時代至今經營了**三百多年的清酒品牌**，菊
正宗以「回到釀酒的原點」為主題，在紀念館中展示
製酒的過程與工具，將灘這裡的釀造技術、土地、水、
米、風俗民情等凝聚一方，讓參觀者能馬上了解灘的
酒造風情。**灘的酒藏釀出的清酒皆為辛口**，而菊正宗
更是守護此一特性，釀造出眾多名酒。

櫻正宗記念館 櫻宴

🅰️別冊P.34,D6　☎078-436-
3030　🅾️神戶市東灘區魚崎南町
4-3-18　🔵賣店10:00~19:00；
餐廳11:30~15:00(L.O.14:00)，
17:00~22:00(L.O.21:00)　🅱️週
二　🅲️自由參觀；午間套餐 酒藏
御膳￥1429　🌐www.
sakuramasamune.co.jp

已有400年歷史的櫻正宗，
灘十分引以為傲的宮水便是
從這裡發祥的。櫻正宗記念
館「櫻宴」的**展示空間將古
老的釀酒工具、早期賣酒的
廣告看板、瓶子等相關物品
一一陳列**，帶人回到酒藏的
歷史。不只是展示，在這間紀念館裡同時也設有餐廳櫻宴、可以小酌
的「三杯屋」、喫茶café與賣店櫻藏，休閒設施豐富。

灘五鄉

日本酒有2種代表，兵庫縣以「硬
水」製成的灘酒，有「灘之男酒」之
稱，另一種是京都以「軟水」釀造的
酒，則是「伏見之女酒」，前者口感
辛辣，後者則溫和許多，其中灘酒
的生產地就是灘五鄉。

灘之酒藏成為酒鄉和地理因素息
息相關，簡單來說就是這地區有好
山好水好米，加上專業職人。在政
府推廣下，大量種植適合釀酒的米
「山田錦」，而且此地地下水質
優良，是聞名日本的好水源，名為
「宮水」，再加上熟知傳統釀酒方
法、稱為「杜氏」的釀酒職人，配
合當地優良的氣候，當然能釀出好
酒，而且從此處運送酒到日本其他
地方十分方便，600年前就以帆船
運送酒到當時稱為江戶的東京。種
種的原因加在一起，就使得這地區
成為清酒生產大本營。

岡本
おかもと
Okamoto

以阪急岡本駅、JR摂津本山駅一帶為中心，不管從哪一個車站走出來，乾淨的石坂街道、可愛的雜貨店、咖啡廳、蛋糕店，讓人逛來身心愉悅。由於位在山側有甲南大學、神戶藥科大學、甲南女子大學等多間學校，學生們下課聚集於此，漸漸的發展出了獨特的女子咖啡文化。而因為交通方便、適合居住，也曾榮登關西最想居住的地方第8名，深受女性歡迎。

mon loire 岡本本店

別冊P.34,B3　0120-232-747　神戶市東灘區岡本1-12-14　10:00~19:00　1/1~1/2　www.monloire.co.jp　在三宮、元町、難波等亦有分店

　做成小葉子外型的巧克力「Leaf Memory」，**共有黑巧克力、抹茶、焦糖和蔓越莓等多樣口味**，包巾狀的包裝紙裡一次包入了3種口味。溫和滋味和滑順口感，一吃就上癮。

Zenma

別冊P.34,B3　078-413-8303　神戶市東灘區岡本5-2-6　10:00~17:30　週二、日　ベトナムコーヒー焼き菓子付set(越南咖啡附菓子套餐)¥650　www.come-beyond.com

　在鄰近阪急岡本站北改札口的雜貨屋Zenma，是一家**專門販賣純手工一針一線縫製的越南刺繡**，以及可享用越南咖啡的複合式雜貨屋與咖啡館。由古民家改造的店面充滿了純和風風情，但店內的商品擺設與裝潢，卻與和風的店面建築呈現不同的**東南亞氣息**，這種微妙的違和感令人感到相當新鮮、有趣。點一杯越南咖啡，坐在鄰近電車軌道旁的座位，什麼都不需要思考，凝望著電車行走的場景，暫忘一切的憂愁與繁忙。

通路線&出站資訊

電車
JR摂津本山駅✦JR神戶線
阪急岡本駅✦阪急神戶線

出站便利通
◎不管是搭乘JR或是阪急，要來岡本都很方便。
◎從JR摂津本山駅北口出站後便是整齊的街道，沿路店舖林立，生活機能充足。
◎若從阪急岡本出來，向南走下坡道便會彎入巷道，進入咖啡廳的聚集區。

大阪➡京都

兵庫

岡本

フロイン堂

◎別冊P.34,B3 ☎078-411-6686 ⏰神
戸市東灘區岡本1-11-23 ◐9:00～
18:00 ⊗第1、3、5個週三、週日、例假
日、不定休 ☺www.instagram.com/furoindo/

純手工製作的
窯烤麵包，香
氣逼人。

　創業於1932年的フロイン堂，是日本數一數二的**傳統麵包老店舖**。自開業以來，店家堅持採用純手工細心揉製每一個麵團，再將之放進傳統磚窯裡烘烤，那獨特的窯烤香味及口感深深抓住每一位老客戶的心。フロイン堂的麵包是採用**葡萄的天然酵母發酵**，這也是每天麵包都能被搶購一空的秘密之一。店裡擺設出來的麵包常常都是**數量有限**，賣完就沒了，所以有經過這裡的旅客，推薦一定要來嚐嚐這越嚼越香的美味磚窯麵包。

yuddy

◎別冊P.34,B4 ☎078-411-7228 ⏰神戶市東灘區岡本
1-4-3坂井ビル3F ◐09:00~20:00(L.O.19:00) ⑤週替わ
りyuddyのベジスープご膳(週替午餐套餐)￥1500 ☺
cafeyuddy.com

　這家隱藏在舊式大樓3樓的港風咖啡廳「yuddy」，是日本少有**以香港飲茶為主題的咖啡館**。走進店裡，宛如來到香港電影場景裡出現的飲茶店般，讓人感到一股懷舊與熟悉感。除了店內裝潢充滿濃厚的港式風情外，店內還貼有復古的香港電影宣傳海報，讓人產生有種身在香港飲茶店的錯覺。在這裡你可以享用到健康以及具美容效果的**道地中國茶**，也可以在用完餐後，買點店家已包裝好的茶包，回家自己沖泡。

NAIFS

◎別冊P.34,D4 ☎078-411-1450
⏰神戶市東灘區本山北町3-6-2 ◐
10:00~19:00 ⊗週四

　一間滿是竹籠的商舖，透露著南洋風情，引人入勝。埋首挖掘風格獨具的居家小物，鍋碗瓢盆、絲巾、墜飾，小巧間卻點綴著風格轉換的畫龍點睛之獨特魅力。店主經歷世界環遊一周後，物色諸多南洋風情小物，色彩繽紛盈滿空間，看似雜亂卻值得細細尋寶，找尋一個小物返家，除了營造氛圍外，也記錄下當時旅行記憶。

🎁 L'accent

📍別冊P.34,C3　☎078-412-3502　🏠神戸市東灘區岡本5-1-1　🕐11:30~17:00　💤週一至週四、7/22~9/12、不定休　🌐laccent.com

　歐法風情匯聚的L'accent，老闆用日常生活中常見的食品串連日法文化，與法國當地小農合作生產、製作，包含紅酒果醬、高海拔樹木蜂蜜等數十種商品全是有機、天然，稀少又美味，讓人一試成主顧！甚至連高級法國餐廳主廚都會選用。

🎁 sisam工房 神戸・岡本店

シサム工房

📍別冊P.34,C4　☎078-453-2288　🏠神戶市東灘區本山北町3-5-17　🕐11:00~19:30　💤年末年始　🌐www.sisam.jp

　「sisam」是源自於日本北海道的原住民族群愛奴人(Ainu)的語言，**其原意代表「好鄰居」的意思**。sisam工房的經營理念源自於以世界中的人們皆為好鄰居而出發點，店裡的許多商品都是由生活較於貧困的未開發國家的生產者所生產製造的，**店家希望能透過支付生產者適當的勞動報酬的公平貿易體制，來援助未開發國家勞動者**，提供他們技術培養和能獨立生存的工作環境。SISAM工房在京都、神戸以及大阪共有7間店鋪，每間店鋪的商品都富有獨創的設計感外，據說每間店鋪的裝潢擺設也皆有所不同，各具特色。

☕ 日本茶カフェ一日

📍別冊P.34,C4　☎078-453-3637　🏠神戶市東灘區本山北町3-6-10 メープル岡本2F　🕐11:30~22:00　💤每月一次不定休　💲一日のお茶(大葉茶)¥550　🌐hitohi.jp

　登上2樓，**日式簡約風格的小空間裡**，擺著幾張桌椅，播放著輕鬆的音樂、滿室茶香，不管視覺、嗅覺或是聽覺，每一處都透著小清新。一日可是當地女子大學生聚會的首選，不單只是氛圍舒服，提供的**刨冰更是人氣美味**。依季節提供的刨冰口味雖不多，但甜密滋味征服每個女孩的味蕾，吃完刨冰後來杯苦甘苦甘的日本茶，更是回味無窮。

大阪・京都▼

兵庫　宝塚

宝塚
たからづか
Takaraduka

宝塚位於神戶市郊，清澈的武庫川流過，屬於寧靜的住宅區，但這個地方又極夢幻之處，沒錯，宝塚正是宝塚歌劇的發源地，這已有百年歷史的華麗歌舞，到現在依然相當受歡迎。而另一個夢幻之處，也是令宝塚引以為傲的就是漫畫家手塚治虫紀念館，這裡收藏所有手塚治虫的作品和紀念物，使整個宝塚洋溢著帶著點漫畫風格的夢幻氣息。

交通路線&出站資訊

電車
JR宝塚駅➪JR福知山線
阪急電氣鐵道宝塚駅➪阪急宝塚線、今津線
阪急電氣鐵道宝塚南口駅➪阪急今津線

出站便利通
◎從梅田搭乘阪急宝塚線約33分鐘可達阪急宝塚駅，車資￥280。從大阪可搭乘JR宝塚線快速約25分鐘可達JR宝塚駅，車資￥330。
◎宝塚的兩個主要觀光景點──宝塚大劇場與手塚治虫紀念館，雖然都是在宝塚市，但其實從阪急宝塚南口駅的出口1出站後，沿著宝塚大橋前進，左手就是大劇場，右前方就是手塚治虫紀念館。
◎若要從宝塚駅到宝塚大劇場的話，可以順道逛逛宝塚阪急百貨、花の道沿路的小店等。

◉ 手塚治虫紀念館

🅐別冊P.30,B5　☏0797-81-2970　🅐兵庫縣宝塚市武庫川町7-65　🕘9:30~17:00(入館至16:30)　🅚週一(週假日、春假、暑假照常營業)、12/29~12/31、不定休(詳見官網)　🅢成人￥700，國高中生￥300，小學生￥100　🆑
www.city.takarazuka.hyogo.jp/tezuka

怪醫黑傑克、大獅王、寶馬王子、原子小金剛，這些大家耳熟能詳的漫畫人物，全出自漫畫大師手塚治虫筆下。 由於手塚本身對大自然的情感，作品當中隨時傳達環保意識與世界和平的理想，對日本的漫畫、電影，甚至青少年都有深遠的影響。

一到紀念館，就先看到館前的火鳥雕像，展現浴火重生的生命熱力，這是手塚治虫愛惜自然，尊重生命的信念，也是宝塚市的和平紀念碑。**隨著門前漫畫主角的銅版浮雕、手印腳印，進入手塚治虫的奇幻世界，** 入口處地板上手塚先生的肖像歡迎大家，一管一管的玻璃櫥窗，展示手稿、筆記、成績單、照片。從他幼年對生物的觀察入微的筆記手稿，不難看出為何會成為醫學博士，以及世界知名的漫畫家。整個館中科幻卡通的裝潢，發揮了豐富的想像力，不但吸引小朋友，大人們也流連其中。

館內必體驗

自己做動畫
地下室的動畫工房，像個太空船內部，在這裡可以自己動手製作屬於自己的動畫，體驗動畫的生產原理。

塗鴉專區
想要一圓畫家夢嗎？在2樓有一個專區，裡頭擺滿了各式各樣手塚治虫畫作的塗鴉版本，只要拿起色筆塗一塗，人人都是天才小畫家。

自由休憩區
2樓塗鴉專區旁有個小賣店，有許多這裡才買得到的週邊商品，而一旁漫畫書區擺放手塚先生出版過的書，可以自由取閱，連中文版都有喔！

きねや

🔹別冊P.30,A4　📞0797-87-2453　🏠兵庫縣宝塚市栄町2-1-1ソリオ宝塚 グランドフロアー　🕐10:00~19:00　休第3個週三　💰乙女餅10個¥1300

　きねや是伴隨著宝塚市民們長大的和菓子老舖，也是宝塚迷們來宝塚必買的名物點心。「乙女」在日文中有「處女」的涵意，象徵著如處女般純潔、端正且優美，正如同宝塚歌劇團給人的印象一般。「乙女餅」的滋味香甜清美，**半透明的和菓子裹著一種用大豆的皮磨成的「きな粉」**，口感細緻且滿蘊著清雅的香氣。為了方便觀光客攜帶，店裡有提供保存期限可延長到一週的真空包裝，但是一拆封後最好馬上吃完(冰箱內可放2、3天)，才不會壞了鮮度。

🎁 🧁 Angelina

🔹別冊P.30,B4　📞0797-85-3405　🏠兵庫縣宝塚市栄町1-6-2花の道セルカ1番館1F　🕐12:00~18:00(劇場有2場演出營業至19:00)　休週一　🌐www.takarazuka-angelina.jp

　Angelina是一家以「天使」為主題的精品店，舉凡跟天使、精靈有關的娃娃和畫冊等都有，還有許多日本手工藝名家的設計作品在此託售。除了天使雜貨外，Angelina的手工泡芙也頗受歡迎，特地做成一口大小的泡芙，口味十分多樣，是宝塚迷們口耳相傳的人氣點心。

🎭 宝塚大劇場

🔹別冊P.30,B4　📞0570-00-5100　🏠兵庫縣宝塚市栄町1-1-57　🕐10:00~18:00　休週三　💰一般公演SS席¥12500、S席¥8800、A席¥5500、B席¥3500　🌐kageki.hankyu.co.jp

　「美夢、這個美夢，美夢、讓人目眩神迷」，舞台上華麗的歌者與舞群唱著一齣齣讓人目眩神迷的美夢，直到曲終人散，極富渲染力的歌曲還在腦海中縈繞不去，捨不得脫離這個美麗的宝塚夢境。宝塚大劇場本是1910年起源於宝塚溫泉鄉、由阪急電鐵株式會社所創起的娛樂歌唱團體，因為大受歡迎而逐漸發展成日本最早的西式歌舞劇場，直到**現在擁有花、月、雪、星、宙，共五組表演團隊**，在各個劇場裡巡迴公演，還會不定時前往海外表演。宝塚甚至還有專屬的二年制宝塚音樂學校，培訓專業歌舞和生動的演技，每年宝塚招生都盛況空前，搶破頭想躋身此地的少女們可不少，像是知名的影星如黑木瞳、天海祐希都是宝塚出身呢！

　宝塚大劇場的**演出分為上、下兩段，上半段是歌舞劇，下半段則是歌舞秀**。宝塚歌舞劇的題材十分廣泛，有專門的劇作家與編舞者，結合古今中外的熱門故事和多國舞蹈來編導，像是膾炙人口的法國大革命史詩「凡爾賽玫瑰」、美國南北戰爭電影名作「飄」、平安時代文學愛情長篇「源氏物語」、中國淒美動人的「虞美人」等都是宝塚的經典名作。

京都·大阪

兵庫　篠山

篠山
ささやま　Sasayama

丹波地區位於兵庫縣中央山地東端，75%的面積是森林，自古以來因為地處交通要衝，因此十分繁榮。篠山市是丹波主要城市，保有古老的風貌，洋溢著歷史與傳統文化的氣息，其中最具代表性的就是篠山城跡、武家屋敷等，而保有古街道風貌的河原町妻入商家群，是曾經繁榮一時的商業中心，有「小京都」之稱，古老的風味更令人著迷，行走其中就像是身處宮崎駿的卡通裡，感覺十分愉快。

這裡也是美味的寶庫，擁有肥沃的土壤和晝夜溫差大的氣候，造就出丹波松茸、丹波黑豆、丹波栗等遠近馳名的美食，牡丹鍋更是必嘗的美味料理，走一趟丹波，心靈滿足了，味覺也滿足了。

交通路線&出站資訊

電車
JR篠山口駅◇JR宝塚線、JR福知山線
❶搭乘電車至車站，需要轉乘巴士。

巴士
從篠山口駅要前往篠山城下町一帶，可從駅前的巴士站搭乘神姫グリーンバス至「二階町」站下車，即能徒步至各景點。車程約15分，¥300，班次約30分一班，詳細時刻表請上網站查詢。
🌐神姫巴士www.shinkibus.co.jp

出站便利通
◎從篠山口駅離主要的城下町還有一段距離，在估算時間時，不要漏了半小時的巴士時間。
◎篠山的景點其實挺分散的，雖然還算是徒步範圍，但若是騎乘自行車，則更加便利。

租借自行車
市內有多處地方放置自行車，最方便的便是JR篠山口駅的東口，出站後往右轉下樓便會看到租借處。
◎JR篠山駅東口、篠山観光案內所
⏰9:00~17:00(11~2月至16:00)
🚫JR篠山駅東口12~2月
💰一天¥800，90分鐘¥500；電動腳踏車一天¥1000，90分鐘¥600

河原町妻入商家群

🏯別冊P.35,C4　📍兵庫縣丹波篠山市河原町　⏰自由參觀，一般店家約11:00~17:00營業

河原町妻入商家群是篠山傳統建物保護群的一部分，街道兩旁町屋保存完整，早期是商家聚集地，現在則是飄盪著復古風情的町屋老街，也有咖啡廳、博物館、賣店等，是可以逛街的地方。這裡的**建築最大特色便是入口狹窄，內部細長，有「鰻魚之床」之稱，而妻入式的屋頂構造形成顯目的三角型**更是注目重點！

👁川端家住宅

🏯別冊P.35,C4　☎篠山市觀光課079-552-6907　📍兵庫縣丹波篠山市河原町　📅預約制　❗內部並未一般公開，想參觀可洽篠山市觀光課預約

川端家住宅建造於明治前期，在平成17年(2005)列入篠山市指定有形文化財。篠山一般的町屋入口窄小，敷地狹長，但**川端家住宅為平入式大型町屋，光是入口就有17公尺(一般約6公尺)**，足見當時川端家之財力。占地713坪的豪宅裡，一入口便是主屋，隔了庭園的離屋則曾作為皇室下鄉來訪時的住所，另外在主屋2樓的虫籠窗、1樓的真壁造、白漆喰等，也都是篠山町屋必看的特色。

妻入 VS 平入
以主屋的樑來區分。如果大樑與入口前的道路垂直，屋頂看來是個三角型形狀，便是妻入式；如果樑與入口的道路平行，便是平入式。

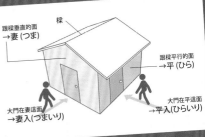

跟樑垂直的面
→妻(つま)

跟樑平行的面
→平(ひら)

大門在妻面
→妻入(つまいり)

大門在平這面
→平入(ひらいり)

篠山城大書院

◎別冊P.35,B4　☎079-552-4500　⬠兵庫縣丹波篠山市北新町2-3　🕘9:00~17:00(售票至16:30)　休週一(遇假日順延翌日休)、年末年始(12/25~1/1)　💰成人￥400，大學高中生￥200，國中小學生￥100；歷史美術館‧武家屋敷安間家史料館‧青山歷史村‧篠山城大書院4館共通入館券，成人￥600，大學高中生￥300，國中小學生￥150，共通券2天內有效　🌐www.withsasayama.jp/REKIBUN/osyoin_top.htm　⬠南內堀石垣於2018年11月下旬起至今進行整修工事中

德川家康在關原之戰勝利後，開啟了江戶德川幕府時代，為了鞏固西日本勢力，於慶長14年(1609)命令藤堂高虎、松平重勝等人在篠山建城。根據考據，大書院和篠山城同時建造，在幕藩體制結束前260年，都是作為政務辦公之處，**明治維新後雖得以保存下來，作為學校禮堂，然而卻在昭和19年遭大火焚毀**，如今所見的是後來復原的樣貌。

為藩主的書院能擁有此規模，所具備的古代建築樣式，十分值得細細欣賞。

篠山市立歷史美術館

◎別冊P.35,B3　☎079-552-0601　⬠兵庫縣丹波篠山市吳服町53　🕘9:00~17:00(售票至16:30)　休週一(遇假日順延翌日休)、年末年始(12/25~1/1)　💰成人￥300，大學高中生￥220，國中小學生￥100；歷史美術館‧武家屋敷安間家史料館‧青山歷史村‧篠山城大書院4館共通入館券，成人￥600，大學高中生￥300，國中小學生￥150，共通券2天內有效　🌐withsasayama.jp/history-museum/

這棟美觀的建築**是日本現存最古老的木造法院**，1891~1981年間都是作為法院使用，後來才改為歷史美術館，展示篠山地區的歷史文物。有趣的是，館內還保有以前法庭樣貌供遊客參觀，讓人忍不住想像開庭的情形，而館內的收藏展示則有武具、漆器、繪畫等。

栗屋西垣

◎別冊P.35,B3　☎079-552-552　⬠兵庫縣丹波篠山市郡家130-12　🕘9:30~17:30　休週二、三

創業於大正12年，已有約近百年歷史的老店，現在已傳到第三代，店面古老、陳設簡潔，沒有複雜的商品，全部都是使用**丹波品質保證的栗子**，最受歡迎的商品為純栗羊羹，成熟的風味特別受到成年人喜愛，而年輕人則偏愛**使用整顆栗子製作的丹波大栗納豆**。栗屋西垣對材料的選用相當自豪，不添加化學原料，師傅用多年經驗，在製作過程中，引出栗子的甜味，口味清爽，吃再多也不膩。

大正羅曼館

大正ロマン館

◎別冊P.35,B3　☎079-552-6668　⬠兵庫縣丹波篠山市北新町97　🕘10:00~17:00　休週二、年末年始、例行維護日　🌐tanbasasayama.hyogo.jp

在篠山城跡護城河北方，一直都是政府機構集中地點，現在篠山市役所、市民會館都在這一區。**大正12年(1923)落成的大正羅曼館，在當時是最現代的建築物**，也是極具代表性的歐風建築。**現在建築物內部作為觀光案內所**，附設餐廳提供黑豆咖啡等餐飲，另外，特產販售部收集了丹波特產品，松茸、黑豆、丹波栗等應有盡有，是採買禮物伴手禮的最佳地點。

京都▶大阪

兵庫
篠山

🎁☕ 小田垣商店

📍別冊P.35,C4　📞079-552-0011　🏠兵庫縣丹波篠山市立町19　🕐賣店9:30~17:30，Café11:00~17:00(L.O.16:00)　📅賣店年末年始，Café週四(遇假日順延翌日休)、年末年始　🌐www.odagaki.co.jp

　日本人喜歡吃黑豆，而且視黑豆為健康食品，這點可從琳瑯滿目的黑豆商品得到證明，自古以來，**丹波地區就一直以生產高品質的黑豆聞名**，無論在顆粒大小或是味道方面，都堪稱日本第一。想要買到高品質的黑豆，小田垣商店則是最佳選擇，**直接由農家收購**，加以分類篩選，如今已經營至第6代。黑豆經證實有防治高血壓、糖尿病等效果，很適合家中長輩食用，此外，小田垣商店也販售大豆、紅豆等菓子產品，不只對健康很有益處，更是美味。

必買伴手禮

やわらかしぼり豆
(柔軟絞豆)¥432
比一般絞豆更柔軟，口感與甘甜滋味又更上一層。

黑豆シュクル
(黑大豆sucre)¥432
炒香的黑豆外包覆著香脆糖霜，喜歡酥脆口感的最佳選擇。

黑豆ショコラ
(黑豆白巧克力)¥432
炒香的黑豆以白巧克力、黃豆粉包覆，清爽又健康。

抹茶しぼり豆
(抹茶絞豆)¥432
大粒丹波黑豆的甘甜，與抹茶的甘苦交融出最佳平衡。

⛩ 王地山まけきらい稻荷神社

📍別冊P.35,C3　📞079-552-0655　🏠兵庫縣丹波篠山市河原町92　🕐自由參觀　💰自由參拜　🌐www.makekirai.com

　位在王地山公園的西側，**數百座豔紅鳥居沿著山勢而建**，順勢登上階梯，盡頭便是まけきらい稻荷神社。原為日蓮宗本經寺之寺境的小神社，元和五年安房守松平信吉任篠山城主，將王地山賜為鎮座之地，從此信徒絡驛不絕，更是壯大。其中末社「平左衛門稻荷大明神」則**為勝利守護之姿受人信仰，每到考季、比賽前夕便會有許多人來祈願勝利**。

まけきらい，不認輸？

相傳青山忠裕初為篠山藩主時，每年在將軍面前比賽的上覽相撲中，篠山藩從未勝過，惹得他十分不悅。有一年，一群草莽相僕力士前來自薦，在賽中連戰連勝，當青山忠裕要論賞時，才發現這些力士已然消失無蹤。問起其姓名，都是篠山城周邊稻荷神社的山號，於是人們便傳說是稻荷大神化身為力士來助青山忠裕得勝，因此也有不認輸的匿稱。

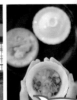

☕ 岩茶房 丹波ことり

讓人美麗又窕的菊花茶

📍別冊P.35,B4　📞079-556-5630　🏠兵庫縣丹波篠山市西新町18　🕐11:00~17:00　📅週三、四　💰大紅袍茶20g¥1000　🌐kotori-gancha.com

　岩茶發源自中國福建，屬於半發酵的青茶，最著名的便是大紅袍茶。丹波ことり以中國岩茶為主題，提供約**20種岩茶與自家製小餅乾、果乾**等，讓人可以一邊享用美味的茶點，一邊品銘吟香。2015年移至現址，改建武家屋敷的空間以木家具為主基調，氣氛沉穩。值得一提的是，這裡使用的器皿出自丹波陶匠市野田雅章之手，觸手輕盈、就口細膩的作工，搭上店內的氛圍與好茶，讓人不自覺沉浸在這悠悠時光之中。

京都→大阪→

兵庫　篠山

鳳鳴酒造 ほろ酔い城下蔵

別冊P.35,C3　079-552-1133　兵庫縣丹波篠山市呉服町46　9:30~17:00　週二　夢の扉純米吟釀720ml¥2300，樓蘭300ml¥880

houmei.wixsite.com/houmeisyuzou/home

創業於1797年的老店，當時建築物保存至今，從外觀即可看出其歷史悠久，十分具有古樸風味，後方則**展示了過去製酒過程所使用的古老器具**，可藉此了解製酒過程和歷史。此外，運用當地特產黑豆所釀的酒「樓蘭」，以及用栗子製作的「Marron de Kiss」，也都十分特別，是只有在這裡才買得到的特產。

聽音樂的酒

除了傳統高品質的吟釀酒，鳳鳴酒造最有名的是音樂振動釀造酒「夢の扉」，聽貝多芬和莫札特的音樂所釀造的酒，喝起來到底有何不同呢？據說音樂的確是會影響釀酒成果的，請自己來試試到底差別在哪裡。

料理旅館 高砂

別冊P.35,B3　079-552-2158　兵庫縣丹波篠山市二階町6　用餐11:30~14:00；check in 16:00，check out 10:00　ステーキ丼(牛排丼)¥1400　takasago-ryokan.net　特別餐點為預約制，需先以電話預訂

篠山築城不久後，政治地理位置日漸重要，而作為交通樞杻而繁榮的篠山並沒什麼像樣的住宿，於是高砂初代創始人在嘉永元年(1848)創業，提供住宿與來返的旅人。傳至現在來到第6代，繼承了先祖對待旅人的誠摯之心，**以和風摩登、復古為基調，一樣提供住宿，但也結合了丹波傳統文化，轉換為桌上美食**，吸引許多饕客前來尋訪珍味。

牡丹鍋

只在冬季提供的牡丹鍋，是以味噌為基底，再放入山豬肉片燉煮的火鍋；由於山豬肉切片擺盤，油脂與紅肉的分佈似盛開的牡丹花，因而有其美名。高砂的牡丹鍋基底以2種類的味噌調合，加上大量菇類、山林野菜，吃肉時濃郁，吃菜時卻顯清爽。

篠山城下町ホテル Nipponia

別冊P.35,B3　0120-210-289　兵庫縣丹波篠山市西町25 ONAE棟　check in 15:00~20:00，check out 12:00　www.sasayamastay.jp

堂、粗樑皆是尋一看之處。

位在櫃台後側則保留了當時實際使用過的大灶，生活空間更添歷史情調。

　　自古為山陽道與山陰道的交匯點而興盛的篠山，城下町發展400餘年，而Nipponia以篠山城下町為一整個住宿設施的概念，**將跨越明治時代至昭和時代的老屋改建成宿泊設施，4幢皆已經超過百年歷史**。正因為尊重每一幢老房子的歷史特殊地位，**Nipponia將地域生活的特殊帶入旅館住宿，經由歲月刻劃的老建物內，一牆一瓦，無處不留下美麗痕跡**。房內故意不設置時鐘、電視等，希望藉此可以讓住宿旅客徹底享受悠閒時光，不受塵俗打擾。

京都▼大阪▼

兵庫

篠山

丹波立杭登窯

🚶地圖外 🚌JR福知山線「相野駅」下車，搭乘往「清水」、「兵庫陶芸美術館」的神姬巴士，約10分至「試驗場前」下車，徒步3分 📍兵庫縣丹波篠山市今田町上立杭3-5 ⏰自由參觀

立杭地區風景優美，放眼望去是山丘圍繞的田園風景，土壤中含有豐富的鐵質，是最佳的陶燒材料。這裡**將窯建在傾斜的坡上，名為「登窯」**(向上傾斜窯的意思)，長有47公尺，早被列入國家無形文化財保護，是現存最老的窯。過去丹波燒成品大多作為壺、花瓶、碗等實用用途，雖然未使用釉藥，然而卻因為「穴窯」中的煙、灰而產生自然的光澤，產生一種沉穩厚重之美，因為製作方法和成品都與現今不同，稱之為「古丹波」。從桃山時代末期(1611年)開始使用釉藥，並以「登窯」取代穴窯，江戶時代出現許多優秀的作品，主要作為茶具使用。

陶の郷

🚶地圖外 🚌JR福知山線「相野駅」下車，搭乘往「清水」、「兵庫陶芸美術館」的神姬巴士，約10分至「陶の郷前」下車 ☎079-597-2034 📍兵庫縣丹波篠山市今田町上立杭3 ⏰10:00~17:00 週二(遇假日順延翌日休)、年末年始(12/29~1/1) 💰入園高中生以上￥200，國中小學生￥50 🌐tanbayaki.com

十分有名的丹波燒起源於平安時代末期至鎌倉時代初期(1180~1230年)，與瀨戶、常滑、信樂、備前、越前並稱為日本六古窯，可見其歷史悠久。又因於立杭這地區發跡，因此又稱為立杭燒，古樸沉靜是丹波燒的特色，簡單外觀泛著焦褐或黑色光澤，帶給人寧靜感受。這個美麗的地方，孕育出800年的陶器文化，如今這一區有數十家獨立窯元製作丹波燒，延續傳統的文化加以創作，而丹波傳統工藝公園陶の郷則**集合了眾多陶藝家的作品，展出優秀的作品**，讓世人更能了解丹波立杭燒獨特之美。

陶芸教室

☎079-506-6027 ⏰10:00~15:30 💰捏陶500g￥1320，陶繪小盤￥1210 ❗完成的作品約需1個月燒製，但無法郵寄海外，可以聯絡篠山觀光課代為收件寄送(運費另計)

來到陶之鄉，當然**不要錯過玩陶的機會**。可以選擇動手捏陶，或是在素燒的陶坯上畫上自己喜愛的圖案。天馬行空的時間，創作出來的作品是最佳紀念品。

窯元横丁

⏰10:00~17:00

想要購買各窯元的職人作品，不必一家一家拜訪，窯元横丁裡**集結了共52間丹波燒窯元，上千件作品**，每一件都是適合擺在餐桌上使用的美麗杯盤。每年還不定時會舉辦福袋拍賣會等活動，喜歡的通通都帶回家吧！

京都➤大阪

兵庫　明石‧垂水

明石‧垂水

あかし‧たるみ

Akashi‧Tarumi

明石‧垂水一帶位在神戶的西側。從神戶市向西往明石的鐵路緊鄰海岸線，電車經過須磨駅後往左邊看，廣闊的大海就在眼前。想看海看個夠，來這裡準沒錯！除了海景之外，明石還是章魚的產地，再加上世界最長的吊橋「明石海峽大橋」，與超好逛超好買的三井OUTLET，來到這裡一次就能滿足自然、人文、美食、科學、購物的旅行渴望。

通路線 & 出站資訊

電車

JR明石駅➤JR神戶線

山陽電鐵明石駅➤山陽本線

JR本舞子駅➤JR神戶線

山陽電鐵舞子公園駅➤山陽本線

JR垂水駅➤JR神戶線

山陽電鐵垂水駅➤山陽本線

出站便利通

◎JR明石駅與山陽明石駅、JR舞子駅與舞子公園駅、JR垂水駅與山陽垂水駅，基本上都有改札口相通，且車站位置很接近，只是一方是由JR經營，一方是由山陽電鐵經營，不管是從哪一個站出來都一樣。

◎明石駅、舞子駅、垂水駅三站間距很遠，不建議用走路遊玩。

◎明石駅北口出站可以到明石公園，南口出站可達魚の棚商店街。

◎要至明石海峽大橋，由舞子駅、舞子公園駅出口1徒步約1分即可看到。

◎週末、假日時，從垂水駅西口有免費接駁車至三井OUTLET，約20分就一班車，可以多加利用。

◉ 移情閣：孫文記念館

📖別冊P.31,C5　📞078-783-7172　📍神戶市垂水區東舞子町2051　🕙10:00~17:00(入館至16:30)　⑭週一(遇假日順延翌日休)、年末年始(12/29~1/3)　💰成人￥300，70歲以上￥200，高中生以下免費　🌐www.sonbunkinenkan.com

　神戶為最早開港的港口之一，因此與中國的關係也相當密切，孫中山就曾經造訪，**別名移情閣的孫文記念館建築建造於1915年，曾是當時地方仕紳宴請孫中山的宴會建築，2004年被移至現在地**，並於2005年更名，如今展出國父孫中山生平事蹟與修建這棟建築的企業家史料。

舞子六角堂

華僑富商吳錦堂在舞子海岸建了別墅「松海別莊」，而移情閣正是別墅中建於1915年的八角型中國式閣樓。由於從閣樓窗外能分別看到六甲山、瀨戶內海、淡路島、四國等地，藉「移動改變的風情」之意而取名為移情閣。由於形狀特別，從外看似六角型，所以被當地人暱稱為舞子六角堂。

京都·大阪

兵庫

明石·垂水

👁 明石海峡大橋

📖別冊P.31,C5~B6　☎078-709-0084　📍神戸市垂水區東舞子町2051　🚗垂水IC至淡路IC汽車通行費￥2410

明石海峡大橋花費十年建造，途中遭遇阪神大震災，克服重重困難於1998年通車，**全長3911公尺，為連接淡路島與本州的跨海大橋，也是目前世界上最長的吊橋式大橋**，而橋的主塔制高點離海面297公尺高，也是世界最高的。明石海峡大橋完工之後，將本州與淡路島串連起來，可以一路開車從明石經淡路，連接鳴門大橋到四國，大大方便了兩地的交通。明石海峡大橋另有「珍珠大橋」的美稱，因為吊索的部分在夜裡亮起來的燈，看來就像一條垂掛海上的珍珠項鍊。日落之後到23:00之間，長串的燈光有28種花樣變幻。

👁 橋の科学館

📖別冊P.31,C5　☎078-784-3339　📍神戸市垂水區東舞子町4-114　🕐9:15~17:00(入館至16:30)　❌週一(遇假日順延翌日休，7/20~8月、黃金週無休)、12/29~1/3　💰成人￥500，國中小學生￥250，65歲以上￥350，未就學兒童免費　🌐www.hashinokagakukan.jp

位在明石海峡大橋舞子這一側的「橋的科學館」**展示了明石海峡大橋的基本結構，與從企劃到峻工的過程**，是想了解明石海峡大橋基本知識的最佳補給站。明石海峡大橋在動工前光是調查地形、海流等便花了近40年，最後克服了海流、地質，再經過抗風、耐震等多項模擬與計算，再花了10年建造，於1998年啟用通車，連結了本洲至淡路島的交通。科學館內利用展示版、模型與實際物品、聲光影象等，讓一般人也能了解明石海峡大橋所運用的海洋架橋技術。

為何要建造大橋？

從二次世界大戰之前就一直有人在推動明石與淡路島之間的造橋計劃；1945年12月9日，一艘於岩屋港發船預定航至明石港的播淡連絡船嚴重超載，原本限載100人的汽船擠上了3倍的乘客，加上當日天候不佳，汽船出海後被狂浪打翻，造成304人死亡的慘劇。於是希望造橋的聲音愈來愈大，但礙於軍艦航權與實際施工技術的困難而延宕。戰後這類事件頻出不窮，1955年宇高連絡船「紫雲丸」沉沒，168人死亡，其中包含許多校外旅行的學生，此時造橋的聲浪達到最高，在當時神戸市長、國會議員的奔走下，明石海峡大橋計畫漸漸成形，1986年開始建造，1995年遭文阪神大地震，雖對橋樑建築無損傷，但淡路島與本洲的地盤拉長了1公尺，後期施工全面更新補強，終於在1998年正式啟用通車，並創下施工過程中無人傷亡的完美紀錄。

👁 舞子海上步道

舞子海上プロムナード

📖別冊P.31,C5　☎078-785-5090　📍神戸市垂水區東舞子町2051　🕐9:00~18:00　❌4~9月無休，10~3月每月第2個週一(遇假日順延翌日休)、12/29~12/31　💰成人￥250，70歲以上￥100，週六日例假日成人￥300，70歲以上￥150，高中生以下免費；3館共通入場券(舞子海上プロムナード·孫文記念館·橋の科学館)￥840　🌐hyogomaikopark.jp

從舞子這側登上明石海峡大橋中，就能來到**離海面47公尺，長317公尺的迴遊式海上步道**。8層樓高的展望室能夠看到四周美景，以展望大廳隔開為階段，穿過透明的圓形通道，可看到大橋複雜的結構。用展望大廳裡的高倍率望遠鏡，可以看得很遠。大廳中央有紀念品販賣處，旁邊欣賞海景的餐廳，供應西式餐飲。展望廣場上有兩個長方形的透明框，在步道裡還有處「**丸木橋**」以透明的玻璃讓人可直接看到海底，走在木橋上體驗走在海上的刺激。從海面上47公尺高的地方往下看，閃亮的波浪就在腳下，懼高的人可得小心！

京都→大阪 ↓ **兵庫** 明石・垂水

明石海峽大橋Bridge World Tour

薦 おすすめ

⊙別冊P.31,C5 ⊙Bridge World事務局078-784-3396 ⊙078-787-5110 ⊙神戶市垂水區東舞子町2051；集合地點在淡路島側アンカレイジ(鄰近道の駅あわじ) ⊙開放日期詳見官網，午前9:15~11:55，午後13:25~16:05；每場15分鐘前開始集合報到 ⊙12~3月 ⊙成人￥5000，國中生￥2500，週五、週六、例假日成人￥6000，國中生￥3000；限定國中生以上參加 ⊙www.jb-honshi.co.jp/bridgeworld/ ⊙報名需透過網頁；預約當天請準時出席，並於現場以現金付款；若是預約後要取消，務必與Bridge World事務局聯絡，千萬別做失格的旅人。一般導覽為日文，不定期會推出英語導覽，詳見官網

爬到大橋主塔的最頂端，從289M高點感受海洋魄力。

難得來到舞子，除了一睹明石海峽大橋的壯麗之外，不如參加Bridge World Tour，**走在大橋的海上維修步道，親自爬上主塔，從289M的制高點看向淡路島與整個神戶地區吧！**參加行程需要事先報名，依預約時間來到橋的科學館2樓報到付款，並聽取說明後，跟著導覽員參觀科學館，對橋有基本認知後，即是重頭戲了。登上明石海峽大橋，踏上一般觀光客不能進入的維修步道，在海上走1公里後來到主塔，搭上電梯即能欣賞明石海峽的絕色美景囉！全程不太用爬上爬下，只要穿雙耐走的鞋子就行！

💡 **爬橋前注意事項**
1. 請勿飲酒。
2. 見學全程需要徒步，來回約走2公里，登塔時有電梯不用擔心。
3. 參加者限國中以上，國中生需家長陪同。
4. 爬橋時身上物品盡量不帶，手機可放在工作人員準備好的袋子掛在頸上，相機也必須掛好以免掉落。
5. 海上維修步道為網格狀，禁止穿跟鞋，最好穿防滑的平底鞋或球鞋。
6. 為了安全起見，遇到強風、大雨時活動極可能取消，若當天天氣不好，最好出發前再向事務局確認。

全程 2h30min

Bridge World Tour

① **聽講：**到「橋的博物館」2樓櫃台付錢，進入研習室中觀看明石海峽大橋的解說影片。人多時黑板上將全員分組，請依分組找到自己的座位並聽取注意事項。簽下同意書後，穿上背心、掛上語音導覽耳機、載上頭盔，就可以跟著工作人員移動至1樓博物館。

② **參觀博物館：**了解橋的各種知識，藉由實際的資料、模型解說，進一步了解大橋的構造與建造歷程。由於爬橋行程中無廁所，想上廁所一定要在這裡解決。

③ **踏上海上大橋：**登上8樓舞子海上步道，通過一般步道從一旁的引道走向大橋中間約1公里的維修步道。格子狀步道直接就能看到海面，耳邊海風呼呼吹過，感覺愈來愈刺激了！

④ **搭上電梯：**走了1公里後，來到主塔。此時只要1分40秒就能登上98樓。主塔98樓有289公尺高，比起阿倍野HARUKAS的300公尺只矮一點點，海面上感受到的強大風力與美景魄力可是截然不同。在這裡會拍攝團體照，回程便能領到紀念相片。

⑤ **回程：**搭電梯下樓後，再走回維修步道，這時會從另一旁的引道回到舞子海上步道處。來到紀念品店稍事休息。最後回到出發時的研習室領取紀念品，結束這美好體驗行程。

明石公園

別冊P.31,A4　078-912-7600　兵庫縣明石市明石公園1-27　自由參觀　自由參觀

明石公園裡種有許多植物，綠蔭繁密，每年**春天更是神戶地區著名的賞櫻景點**。在公園內除了有圖書館、花園綠地之外，還可以看見明石城遺跡。雖然天守閣已不復見，但巽、坤兩座城牆巍峨矗立，十分具有歷史教學意義。

魚の棚商店街

薦 おすすめ

明石的庶民風景，美味海鮮吃不完。

別冊P.31,A4　078-911-9666　兵庫縣明石市本町　8:00~18:00 (依店舖而異)　www.uonotana.or.jp

位於明石車站前的魚の棚商店街，明石城築城前後即開始營業，至今已有近400年歷史，演變至今，**聚集了眾多海鮮店、特產店、雜貨店、小吃店等**，形成一整區熱鬧的街道，人來人往，摩肩接踵，加上此起彼落的叫賣聲，充滿了活力。

明石蛸

受益於瀨戶內海的溫暖氣候，繁盛的漁業帶來豐富的海產，以盛產鯛魚、海鰻、紫菜等聞名日本全國，但其中最著名的，當屬明石的章魚了。瀨戶內海的潮水流速極快，潮水捲起海底砂石，砂石裡的養分滋生浮游生物，而螃蟹蝦子以吃浮游生物為生，這時換章魚登場，將螃蟹蝦子吹下肚。就是這樣特殊的食物鍊造就了明石章魚的美味，據說明石章魚煮熟後全身通紅便是這個原因。

明石市立天文科学館

別冊P.31,A4　078-919-5000　兵庫縣明石市人丸町2-6　9:30~17:00(入館至16:30)　週一(遇假日順延翌日休)、第2個週二(遇假日順延翌日休)、年末、不定休　成人¥700，高中生以下免費，特別展另外收費　www.am12.jp

天文科學館建於東經135度的日本標準時間子午線上，**高達54公尺的高塔成為子午線的標誌**。館內展覽有2大主軸，分別是宇宙館和時間館，宇宙館以各種設施展示宇宙天體關係，時間館則收集了世界各地各種測量時間的方法。13、14樓有展望室能夠眺望明石海峽大橋；16樓有設置天望遠鏡，每個月會開放一次「天体観望会」(需上網預約)，只要¥200的報名費就能夠親手使用40cm反射望遠鏡觀測天體。

🍴🍴 よし川

📍別冊P.31,A4 魚の棚商店街 ☎078-911-8311 🏠兵庫縣明石市本町1-2-16 ⏰10:00~18:00(週六日例假日至19:00) ❌週四(週假日順延翌日休) 💲玉子燒10個(玉子燒)¥660

薦 おすすめ

特殊口感的玉子燒,熱呼呼地配高湯一口吃下,大大滿足。

> 一道道料理就擺在桌上供客人取用,懷舊風味讓人喜愛。

沒吃過玉子燒,不能說你來過明石,玉子燒**又名為明石燒**(因為起源於明石),一般也稱為章魚燒(因為裡頭放的是章魚),不過和我們一般熟知的章魚燒不同,台灣人常吃的章魚燒是源自於大阪的章魚燒,而大阪章魚燒的概念來自於玉子燒,因此可以說**玉子燒是章魚燒始祖**。

玉子燒的吃法

玉子燒使用原料很簡單,有蛋、小麥粉、明石章魚,簡單形容,就是蛋包章魚的感覺,濃濃的蛋香,加上美味的章魚,是玉子燒魅力所在。玉子燒吃法和大阪章魚燒不同,一般應該要把玉子燒放進昆布熬成的高湯中吸收湯汁,然後再食用,享受玉子燒柔軟的口感。現在也有店家提供醬料,塗上後直接吃也很美味。

🍴🍴 たこ磯

📍別冊P.31,A4 魚の棚商店街 ☎078-914-5103 🏠兵庫縣明石市本町1-1-11 ⏰10:00~19:00 💲玉子燒15個(玉子燒)¥800

位在魚の棚商店街內的たこ磯,是明石名物玉子燒的人氣店家,玉子燒也就是明石燒,在明石當地則以玉子燒稱之。一進門就可以看到師傅以純熟的技術在翻轉著玉子燒,香氣四溢,玉子燒有別於章魚燒最大的差異性是以蛋為主體占的比例較高,章魚燒則是麵粉比例較高,因此**玉子燒吃起來的口感也比章魚燒更滑嫩,入口即化**。

🍴🍴 みどり食堂

📍別冊P.31,A4 ☎078-911-3579 🏠兵庫縣明石市本町1-12-11 ⏰9:30~19:00,週日9:30~17:30 ❌週一、週二、每月6次不定休 💲鯛のあら煮定食(明石鯛魚定食)¥1300,明石タコ入りだし巻き玉子定食(明石章魚玉子燒定食)¥1100 🌐www.akashi-midorisyokudo.com

薦 おすすめ

旅行就是要融入當地生活,體驗在地人的日常,老牌大眾食堂便是最佳選擇。

1946年創業,在地方上有口皆碑,鄰近海邊的**大眾食堂**みどり食堂,店門外就可以聽到海浪拍打上岸的聲音,店主使用最新鮮的海鮮食材來料理,**多達30種各式小菜任君選擇**,所有餐點並非現做,事先做好再重新溫熱端上桌,但厲害的是味道卻不打折,也因鄰近海邊多為勞動量大的客人,因此餐點口味偏重,非常下飯。

👁 大藏海岸公園

📍別冊P.31,B5 ☎078-914-7255 🏠兵庫縣明石市大藏海岸通2-11 ⏰海水浴場每年夏季8:30~17:30開放游泳 💲海水浴場沖澡¥100/分 🌐www.okura-beach.jp/

沿著優美的海岸線踏著浪,遠望明石海峽大橋,還能夠野餐BBQ,這樣的地方就在大藏海岸公園了。大藏海岸公園結合了大藏海水浴場與烤肉區,是兵庫縣民夏季休閒的好去處。海水浴場的沙灘全長約500公尺,向東可以看到壯大的明石海峽大橋,天氣好時甚至可以看到淡路島;另外設有烤肉區、賣店等。要注意的是,在開放游泳期間之外這裡是禁止游泳的,可別看到海就太興奮地跳下去唷!

👁 アジュール舞子

🏠別冊P.31,C5　☎078-706-2011　🏠神戸市垂水區海岸通11　🕐6:00~23:00　🌐www.kobe-park.or.jp/azur/

對於在地的兵庫縣民來説，「白砂青松」是對這一帶的印象。雖然一度荒廢髒亂，但經過復元後，現在**舞子至垂水之間長達800公尺的舞子沙灘又回復成潔白的樣貌**，而且在沙灘旁的公園更是種植了大量的松樹，草皮，使這塊沙灘綠意盎然，成為大眾休閒的好去處。アジュール(azur)是法文中「藍色」的意思，將這塊復元的沙灘公園取此名字，就是有希望這裡永遠都是如此綻藍，深受大眾喜歡。

🍴 KEY WEST

🏠別冊P.31,C5 Maiko Villa KOBE　☎078-706-7783　🏠神戸市垂水區東舞子町18-11 Maiko Villa KOBE 14F　🕐12:00~22:30(餐點L.O.20:30，飲料L.O.22:00)　🌐www.maikovilla.co.jp

如果是上午安排來舞子觀光的話，推薦可以到飯店Maiko Villa KOBE的14樓的KEY WEST享用午餐。依季節推出的午間套餐組合十分划算，**以時令的食材烹調出來的餐點美味自然不在話下**，更難能可貴的是用餐空間有著大片玻璃窗，**從這裡望出去的明石海峽大橋角度十分美麗**，天晴時更可遠眺淡路島，窗邊位置不預約可是很難坐到的！

🎁 三井OUTLET PARK MARINE PIA KOBE 🏅薦 おすすめ

三井アウトレットパーク マリンピア神戸

🏠別冊P.31,D5　☎078-709-4466　🏠神戸市垂水區海岸通12-2　🛍購物10:00~20:00，餐廳11:00~22:00　🌐mitsui-shopping-park.com/mop/kobe/

離神戸市區最近的OUTLET，不只好逛好買，四周景色也十分優美。

在神戸提到OUTLET，大多人都會選擇來離市區近，周邊又有景點可以逛的垂水三井OUTLET。利用神戸特有的港區悠閒氣氛，營造出南歐充滿陽光的感覺，不僅是神戸熱門的購物去處，也是適合全家大小度假日時光的區域，不過最吸引遊客的應該是這裡的商品，**全年提供超低折扣，不論是國外名牌、日系服飾品牌，在這裡應有盡有，折數又低，是可以血拼犒賞自己又不會讓荷包大失血的好地方**。不只購物，境內也設置了多處飲食、休憩專區，藍天白牆，加上海濱的微風輕拂，的確有幾分南歐的悠閒情調，廣場上還停著一艘帆船，小孩子跑上跑下，好不熱鬧，一整天都待在這裡也不會累。

淡路島
あわじしま
Awaji Iland

淡路島位在兵庫縣與四國的中間，是一個海島，右邊是大阪灣，左邊是瀨戶內海，也是四國通往本州的陸路必經之地，不過島上沒有鐵路，主要是靠公路連結。淡路島上有許多土壤在關西國際空港建設的時候被挖去填海，加上1995年阪神大地震時的災害，造成不少破壞，於是島民們決心要重建一個充滿花香綠地的家園，經過五年的重建才漸漸恢復美麗的面貌，島上有許多大型的綠地、花卉農場會隨季節變換不同的景觀，春夏是最美的季節，喜歡賞花踏青的人不要錯過囉！

通路線&出站資訊

巴士

◎要到淡路島，於JR舞子駅的高速舞子(巴士站)搭乘JR西日本營運的高速巴士「大磯號」，開往淡路島「東浦バスターミナル駅」方向皆可搭乘，15分就能到達，十分方便。

◎大阪至淡路島，於大阪駅的JR高速巴士中心(JR高速バスターミナル)、JRなんば駅搭乘JR西日本營運的高速巴士「かけはし號」，開往淡路島「津名一宮インターチェンジ(津名一宮IC)駅」、「洲本高速バスセンター(洲本高速BC)駅」等地，至津名一宮IC約150分鐘，單程成人￥2090，兒童￥1030，來回票成人￥3760，兒童￥1880；至洲本高速BC約180分鐘，單程成人￥2390，兒童￥1200，來回票成人￥4300，兒童￥2150。

◎神戶至淡路島夢舞台，可於JR新神戶駅或是JR三宮駅的三宮巴士中心(三宮バスターミナル)搭乘JR西日本營運的高速巴士「大磯號」，開往淡路島「東浦バスターミナル駅」方向皆可搭乘，約70分鐘，單程成人￥950，兒童￥480；來回票成人￥1710，兒童￥860。

◎淡路島的交通以公路為主，主要以淡路交通巴士為主要公眾交通工具，除了岩屋~洲本、岩屋~津名、洲本~福良、洲本~由良這幾條主要幹線的巴士班次較多之外，其他支線的班次每天可能只有3、5班，出發前要確認一下巴士時刻表，在洲本、津名等大站的巴士中心都有免費的時刻表可拿取，上車時先拿整理券，下車時再付車票錢，或是事前在車票販賣機買好票也可。

◎淡路島一日乘車券(淡路島フリークーポン)◇淡路島一日乘車券可在一天之內自由乘坐淡路交通巴士。
◎成人￥1400，兒童￥700
◎洲本高速BC、福良站，岩屋乘車券代售窗口
◎淡路交通www.awaji-kotsu.co.jp

高速船

◎JR明石駅徒步至ジェノバライン明石港搭高速船「淡路ジェノバライン」至ジェノバライン岩屋港，約13分鐘能到達，單程大人￥600，小孩￥300，於岩屋巴士站轉乘「淡路交通」島內巴士。
◎淡路ジェノバラインwww.jenova-line.co.jp

◎ 明石海峽公園

◎別冊P.33,F1　◎0799-72-2000　◎兵庫縣淡路市南鵜崎8-10　◎9:30~17:00，7、8月至18:00，11~3月至16:30　◎2月第2個週一~五、年末年始(12/31~1/1)　◎15歲以上￥450，65歲以上￥210，國中生以下免費　◎www.kkr.mlit.go.jp/akashi

　明石海峽公園將挖去填關西機場的土地重新整頓，以「海邊的園遊空間」為主軸，**藉由花、海、島的三元素，營造出一個世界級的花卉公園**。明石海峽公園的淡路地區可分為三部分，分別是展望區：在稍高的斜坡上可遠望海天景色；文化‧交流區：以瀨戶內海、淡路島自然歷史為基調的遊園公間；海岸區：以海為主，讓人可以盡情揮灑汗水的區域。由這三個各有特色的區域組成的明石海峽公園平常人不多，適合喜歡清靜的人來這裡走走。

京都
大阪

兵庫　淡路島

淡路夢舞台

ⓘ別冊P.33,F1　☎0799-74-1000　ⓝ兵庫縣淡路市夢舞台2　⊙自由參觀　Ⓢ自由參觀　🌐www.yumebutai.co.jp

> 歷史記憶中的華麗變身，不毛之地變為海景觀光勝地。

　位於淡路島東北角的淡路夢舞台，和緊鄰的明石海峽公園和國際會議連成一個大型自然特區。當初為了2000年舉行的國際花會博覽會，請來**鼎鼎大名的日本建築師安藤忠雄操刀建成**。走入夢舞台，在橢圓形的空間內突然出現的切割線條是騰空的走道，讓人可眺望欣賞遠方的海景；穿梭在柱列廊道之間，灑落於**清水模建築上的光影變化成了最美的風景**。

環境重建

初建造這樣一個廣大公園的概念，是出自一個復原綠地的希望。為了建造大阪灣上的關西國際空港，淡路町這一帶的土壤都被挖去填海造新生地，有好長一段時間，這裡的地表光禿禿空無一物，為了美化環境，當地居民配合政府規劃了這一大片區域，重新種植植被，不但要達到綠化的功能，還以各種庭園造景，季節花卉組成一個多采多姿的公園，夢舞台的名稱由此而生。

AWAJI GREENHOUSE

☎0799-74-1200　⊙10:00~18:00(售票至17:30)　㊡7、11月的第2個週四　Ⓢ成人￥750，70歲以上￥370，高中生以下免費；特別展成人￥1800，70歲以上￥900；あわじグリーン館‧明石海峽公園共通券大人￥1000(高中生僅需明石海峽公園門票￥450)，65~69歲￥920，70歲以上￥580，國中生以下免費　🌐awaji-botanicalgarden.com　❶進行維修工程至2025年3月，暫不開放。

　AWAJI GREENHOUSE是一個大溫室，境內以各式植物為主，配合做出庭園造景，有日式、羅馬式、歐式、南美等不同風情。每年還會配合植物的花季舉辦各式活動，是可以體驗到植物奧妙的親子同樂場所。

名物見所

百段苑

在夢舞台裡面，有一處斜坡上，以清水混凝土砌成一塊塊方型的花圃，仔細算算竟然有100個。在這長寬36公尺的花圃裡滿植來自世界各國的菊花，追悼著阪神大地震中逝去的寶貴生命。

貝の浜

夢舞台的設計師安藤忠雄從日本全國各地搜集來百萬枚帆立貝殼，將其整齊地鋪在水池之中。陽光曬落時，藉由噴水與水流，貝の浜閃耀著潾潾波光，十分美麗。

二次元之森

ニジゲンノモリ

別冊P.33,F1 0799-64-7061 兵庫縣淡路市楠本2425-2 約10:00~20:30，依設施而異(詳見官網) 免費入園，依設施另計(詳見官網) nijigennomori.com

　偶爾會產生想要逃離現實的念頭嗎?就來淡路島，進入卡通的二次元世界吧!2017年開幕的二次元之森，將**臼井儀人的「蠟筆小新」、手塚治虫的「火之鳥」**等著名動漫真實重現，全園的遊樂設施便依此區分為二大區塊，各以動畫主題結合戶外活動，呈現像是高空溜索的「假面飛行隊」、夜間燈光探險的「Night walk火之鳥」等，是個**動靜皆宜、大人小孩都能盡興的二次元遊樂園**。

Hello Kitty Smile

別冊P.33,E1 0799-70-9037 兵庫縣淡路市野島蟇浦985-1 11:00~19:00，週六日例假日10:00~19:00，入場至18:00;PARTY TERRACE週六日例假日早午餐11:00~18:00(L.O.17:30); 週二 成人(13歲以上)￥1300，4~12歲￥500，3歲以下免費 awaji-resort.com/hellokittysmile/

　Hello Kitty迷快看過來!關西可愛的新景點就在淡路島。**高達11公尺的大kitty就趴在建築外，吸引眾人目光**。這裡以日本食文化「御食國」為主題，分為中華創作料理的GARDEN TERRACE、使用淡路島及國產食材製成各式玉手鍋的「竜宮レストラン‧玉手箱」與結合英國下午茶文化的PARTY BALCONY，以不同特性來滿足各種客層的需求。而在「HELLO KITTY SMILE」乙姬竜宮城規則可看到聲光投影的kitty幻想世界。喜歡收集kitty雜貨的人，則要來紀念商品店逛逛，各項限定品包你買到不要不要!

GRAND NIKKO AWAJI

グランドニッコー淡路

別冊P.33,F1 0799-74-1111 兵庫縣淡路市夢舞台2 一泊二日每人￥11000起 awaji.grandnikko.com

　GRAND NIKKO AWAJI位於淡路島北邊，和淡路夢舞台、あわじグリーン館、明石海峽公園地理位置相近，除了建築大師的風采，GRAND NIKKO AWAJI因為世足賽期間提供英國隊住宿而聲名大噪，成為一個話題旅遊點。作為一個大型飯店，GRAND NIKKO AWAJI帶有時尚精品旅館的感覺，**運用貝殼、星星等元素，以及紅色色彩，營造出簡潔浪漫的氣氛**，絕對不要錯過可愛如花朵般綻放的椅子，許多遊客都喜歡到此拍照留念。

Coccolare

0799-74-1111 GRAND NIKKO AWAJI 2F 早餐7:00~10:00，午餐Buffet 11:30~15:00(90分鐘制，第一場11:30、第二場13:30)，晚餐Buffet 17:30~21:00(90分鐘制，第一場17:30、第二場19:30) 午餐Buffet成人￥4000，65歲以上￥3500，小學生￥2000，3~6歲￥500;晚餐Buffet成人￥5500，65歲以上￥4500，小學生￥2500，3~6歲￥600，週六、周日和公休日午餐Buffet成人￥4500，65歲以上￥4000，小學生￥2500，3~6歲￥600;晚餐Buffet成人￥6000，65歲以上￥5000，小學生￥3000，3~6歲￥700 awaji.grandnikko.com/restaurant/coccolare/buffet.php

　位在GRAND NIKKO AWAJI 2樓的Coccolare，提供早中午三個時段的自助餐。以南義為主題，**半開放式的廚房內主廚用淡路島產的各式食材做成一道道精緻美味的餐點**，還有現點現做的料理，甚至主廚還會到座位前做桌邊服務。整體空間明亮舒適，餐點可口，服務親切，果然是五星級飯店的服務水準。

◉ 淡路花桟敷

あわじ花さじき

🅰別冊P.33,F1 ☎0799-74-6426 🅰兵庫縣淡路市楠本2865-4 🕘9:00~17:00 🅷年末年始・不定休(第2、4個週三居多) 🅢自由參觀 🔗awajihanasajiki.jp

淡路花桟敷**位在淡路島北部的丘陵地上，面向大阪灣，視野十分優美**。這裡種了約有4個甲子園球場那麼大的花海，春天的油菜花、夏天的馬鞭草、秋天的大波斯菊，隨著季節綻放不同風情，也帶給淡路島就是有美麗花海的浪漫印象。除了美麗景色外，在淡路花桟敷也設置了販售當地農產物與輕食的區域，成為熱門的休憩地點。

> 天光從藥師如來像的後方灑落，讓參拜者感受到普世照耀的佛光。

◉ 本福寺 水御堂

薦 おすすめ

🅰別冊P.33,F2 ☎0799-74-3624 🅰兵庫縣淡路市浦1310 🕘9:00~17:00 🅢見學成人￥400，國中生以下￥200 🔗www.awajishima-kanko.jp/manual/detail.html?bid=454

> 除了宗教情緒之外，大師設計的寺廟建築也十分精彩。

本福寺水御堂也是安藤忠雄的代表。能夠眺望大阪灣的入口極為低調，看來和一般小型寺廟相當，但依著指示朝本堂前進，安藤建築最招牌的大片清水模牆面旋即矗立眼前，等在**牆面之後的，是另一道圓弧牆**，據說，**正是藉此來隱喻聖靈與凡俗的分隔境界**。沿著弧形走道轉入豁然開朗的景象，是一大池象徵佛教精神的蓮花，卻不見任何寺院建築的蹤跡。原來，安藤忠雄刻意將本堂隱沒於視線下方，只見一道中軸的階梯切開了水池，拾級而下，所有的煩囂俗塵通通被拋在遠方，引領人們走入一個靜謐的世界。

◉ 吹き戻しの里

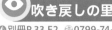

🅰別冊P.33,E2 ☎0799-74-3560 🅰兵庫縣津名郡東浦町河內333-1 🕘見學、製作體驗10:00~12:00(受理至11:30)、13:00~16:00(受理至15:30) 🅷12/31下午、1/1 🅢高中生以上￥800，3歲~國中生￥400，含製作體驗費 🔗www.fukimodosi.org

到了吹き戻しの里，每個人都會突然童心大發，想起小時候的美好回憶，而且**驚訝於小時候都玩過的紙捲，竟然有這麼多的變化**。根據老闆藤村良男的創意所發想的大型玩具，更是十分有趣，還有玩猜拳遊戲的設計、阪神虎球隊的加油道具等，逗得遊客們大笑。

◉ PARCHEZ香りの館・香りの湯

🅰別冊P.33,E2 ☎0799-85-1162 🅰兵庫縣淡路市尾崎3025-1 🕘10:00~17:00，溫泉11:00~21:00(入湯至20:00)，依各設施而異(詳見官網) 🅷不定休 🅢自製香水￥3800；泡湯12歲以上￥730，3~11歲￥410，65歲以上￥620，3歲以下免費 🔗www.parchez.co.jp

PARCHEZ香之館・香之湯是一個**以香草為主題的園地**，在園區中種植了150多種香草植物，提煉成香水、精油、入浴劑等，供遊客認識香草的功能。提煉香水的區域，**可以親自動手學習如何提煉、配製香水**，在一旁還附設草藥SPA，進而達到紓解壓力、消除疲勞療效。

薰寿堂

ⓐ別冊P.33,E2 ☎0799-85-1301 ⓐ兵庫縣淡路市多賀1255-1 ◑10:00~16:00 ⓢ工廠見學免費,線香製作體驗¥1000 ⓤkunjudo.co.jp

薰寿堂創業的歷史超過百年,隨著時代演變,過去傳統手工製造的線香等產品,現在已改為機械化作業,而香料的原料,大部分都是從中國、東南亞、印度等地進口,但經過獨家的製作過程,成品品質依舊很高。在眾多線香中,最有趣的應該是「抹茶」味的線香,點起來有一股淡淡的茶香,喜歡的人可以在工廠內購買,**也能參加線香製作體驗**。

線香製作體驗

線香製作十分簡單,約30~40分鐘即可完成。
(1)加水:先加水混合粉末,用藥杵研磨並混合均勻。
(2)香料:有玫瑰、香草、茉莉等香料可選擇,決定顏色和香味的重要關鍵。
(3)捏圓:像捏麵團一樣,用手將材料捏成漂亮的球狀。
(4)桿平:將圓球桿平,此步驟需重複數次。
(5)成型:使用模具壓製成型,並製作三角錐形線香。
(6)乾燥:帶回家乾燥數天,大功告成。

静の里公園

おすすめ **薦**

ⓐ別冊P.33,E2 ☎0799-64-2542 ⓐ兵庫縣淡路市志筑795-1 ◑9:30~17:00 ⓗ公園12/28~1/3,史料館週一、12/28~1/3 ⓢ自由參觀 ⓤwww.awajishima-kanko.jp/manual/detail.html?bid=401

最代表在地的美食,品嘗最鮮美的淡路牛肉。

在這個綠意盎然的小公園裡,藏著一段悽美的愛情傳說,主角是日本家喻戶曉的悲劇英雄源義經和傳奇舞姬靜御前。另一個參觀重點則是價值一億日圓的金塊,原本是建設地方的資金,地方政府突發奇想購買金塊公開展示,讓遊客觀賞並可撫摸,可惜平成22年(2010)起金塊已經換成現金運用,現在來到這裡只看得到複製品與照片了。

不只燒烤,涮涮鍋也十分美味。

大公

ⓐ別冊P.33,E2 ☎0799-62-0639 ⓐ兵庫縣淡路市志筑2821-1 ◑11:00~20:30(L.O.20:00) ⓗ週二 ⓢ石燒ステーキ定食(石燒牛排定食)¥3300起(L.O.14:00) ⓤwww.taico.sakura.ne.jp

雖然鄰近的神戶牛、松阪牛相當出名,但這些有名的牛隻都是出自淡路島的小牛隻長成。淡路島的牛隻採放牧型式餵養,成就出同樣**美味的淡路牛肉**,肉質纖維細緻,**適合以燒烤方式料理**,在大公餐廳就可品嘗到這美味。

🍴 淡路ごちそう館 御食國

📖別冊P.33,E3 📞0799-26-1133 🏠兵庫縣洲本市塩屋1-1-8 🕐購物10:00~20:00，餐廳午餐 11:30~14:30(L.O.)，晚餐17:00~20:00(L.O. 20:00) 🈲週三(遇假日照常營業、8月無休) 💲淡路島牛丼セット(淡路島牛丼套餐)¥2580 🌐www.miketsu.jp

　　御食國是淡路島的物產直銷館，除了可以買到淡路島的各式農特產外，還可享用價廉味美的淡路牛肉陶板燒料理。以「甘美」著稱的淡路牛肉，口感多汁、肉質柔滑，來到這裡便能**用實惠的價格品嚐到只有在當地才能吃到的純正美味。**

👁 淡路Farm Park England Hill

淡路ファームパーク イングランドの丘

📖別冊P.33,E3 📞0799-43-2626 🏠兵庫縣南淡路市八木養宜上1401 🕐9:30~17:00(4~9月週六日例假日至17:30) 🈲週二(黃金周和假日開放)、不定休(詳見官網) 💲國中生以上¥1200，4歲~國中生¥400，3歲以下免費 🌐www.england-hill.com

　　淡路農場公園雖然別稱為「英格蘭之丘」，但事實上感覺不出一點英國風，反而是園內從澳洲來的無尾熊非常受歡迎，但無論英國也好、澳洲也好，這裡其實是**以農牧場為主題經營的廣大公園**。園區內不但可以從事多項戶外休閒活動，還有農村體驗，不管是陶藝、採果都能一次滿足。

👁 淡路島牧場

📖別冊P.33,E3 📞0799-42-2066 🏠兵庫縣南淡路市八木養宜上1 🕐9:00~17:00 🈲不定休 💲自由參觀；擠牛奶體驗，國中生以上¥700，小學生¥600；手作奶油體驗，國中以上¥820，小學生¥720；セットコース(擠牛奶體驗・手作奶油體驗)，國中生以上¥1420，小學生¥1200 🌐www.awajishima.or.jp 🚩日本法律規定，來自口蹄疫區的遊客(台灣)入境日本未滿1星期不得與牧場動物有所接觸，短期旅遊的遊客請注意

　　位於淡路島南方的淡路島牧場主要以乳牛飼養為主，但近年致力發展酪農觀光，現在來到這裡可**親身體驗擠牛奶、製作奶油、乳酪等，還可以免費暢飲鮮奶**。最特別的就是製作奶油了，其實過程相當簡單，只要將新鮮牛奶和液狀鮮奶油放入塑膠盒中，需持續10分鐘以上不停搖晃，待逐漸成為固體之後就完成啦。吃著自己做出來的奶油，特別有成就感。

🅷 Hotel New Awaji Plaza Awajishima

ホテルニューアワジ プラザ淡路

📖別冊P.33,D4 📞0570-07-9922 🏠兵庫縣南淡路市阿万吹上町1433-2 🌐 www.plazaawajishima.com

　　這是間很安靜的飯店，擁有78個房間，和式、洋式都有，洋式占多數，走在蜿蜒的走廊間，不期然的小角落裝潢得很有峇里島度假的感覺，陽光灑落其間，讓人感覺很舒服。飯店自詡為注重環保的飯店，也執行得很徹底，建設風車作為風力發電來源，不僅可節省能源，也是美麗的風景，這運用了許多新的概念，在許多地方都做了創新，讓人感到驚喜。擁有南淡路潮崎溫泉的資源，以及鄰近鳴門海峽的絕佳地理位置，**絕不能錯過露天風呂**，風雅的設計讓人第一眼就愛上，再加上**遼闊的大海景觀，讓人深深地沉迷於泡湯的樂趣中**。

うず潮観潮船 咸臨丸 薦

⊙別冊P.33,D3 ㊣ジョイポート南淡路0799-52-0054 ⊕兵庫縣南淡路市福良港 うずしおドームなないろ館。航班9:30、10:50、12:10、13:30、14:50、16:10，依季節會不定期增減班，詳見官網 ㊡不定休 ⊛國中生以上¥2500，小學生¥1000，1位未就學兒童需1位大人陪同則免費 ⊕www.uzu-shio.com ⊛發船30分前停止辦理登船購票手續

從船上觀賞鳴門大橋的壯麗與漩渦奇景。

每當漲潮時，鳴門海峽兩邊的紀伊水道及瀨戶內海產生1.5公尺的水位落差，海潮湧起到了狹窄的鳴門海峽，形成更激烈的潮流，甚至產生了漩渦，**最大的漩渦直徑可達20公尺，蔚為奇觀。**由於每天潮汐的狀況不一，在購票前可以選擇船家推薦的班次，看到狀觀漩渦的機率會比較高。

淡路人形座

⊙別冊P.33,D3 0799-52-0260 ⊕兵庫縣南淡路市福良甲1528-1 ⊙9:00~17:00，定時公演10:00、11:10、13:30、15:00 ㊡週三(遇假日順延翌日休)、年末 ⊛成人¥1800，國高中生¥1300，小學生¥1000 ⊕awajiningyoza.com

淡路人形淨瑠璃的歷史超過500年，而製造木偶的技術非常高明，透過許多機關可以讓木偶的面部表現各種表情，轉動眼珠、張口，甚至在一轉眼間從美女轉變成惡魔。現在有許多製造方法都已經失傳了，除了木偶十分珍貴，表演技法更是一項重要的文化傳承，淡路人形座肩負起此一重任，**不但有定期公演，在公演後還會有對淡路人形淨瑠璃的簡單講座，**讓民眾可以更親近也更了解這項傳統文化。

淡路人形淨瑠璃

通常一尊木偶由3個人操作：頭和右手是1個人、左手是1個人、雙腳是1個人，操作的人在台上演出時必須穿著一身黑衣並用黑布包住臉，與黑色的背景融為一體，而關於木偶操作的訓練，有一句話形容：足7年、左手7年、頭與右手修行一輩子。也就是說，剛入門的學徒先學習操控雙腳的姿勢，然後再進階到操控左手，最後可以操控頭部及右手的幾乎已經成為師傅了。

うずの丘 大鳴門橋記念館

⊙別冊P.33,D3 0799-52-2888；うずの丘 味市場0799-52-1157 ⊕兵庫縣南淡路市福良丙936-3 ⊙うずしお科學館9:00~16:30；うずの丘 味市場9:00~17:00；淡路島Onion Kitchen(淡路島オニオンキッチン)9:00~16:00(L.O.)；絕景餐廳うずの丘10:00~15:30(L.O. 15:00) ㊡週二(遇假日照常開館)、12月中旬3天設施維護日、12/31~1/1 ⊛うずしお科學館大人¥300，高中生以下¥100，未就學兒童免費 ⊕kinen.uzunokuni.com

淡路島與四國德島間寬1.3公里的鳴門海峽，有日本第一的漩渦海潮景觀，大鳴門橋記念館內便有 うずしお科學館(漩渦科學館)，**以聲光展示各項資料，並以科學角度來解釋潮汐與月球引力、地球自轉有**

著什麼樣的關係，如果懂一點日文的人很適合參觀。而館內也有展望餐廳、土特產專賣店等，開車來的人可以把這裡作為道路中繼站，稍事休息後再繼續後面的行程。

京都・大阪

兵庫
……
赤穂

赤穂
あこう　Ako

赤 穂位在兵庫西部，雖然還不算是熱門景點，但提到「忠臣藏」，可是大家都耳熟能詳。這裡是忠臣藏故事背景地，日本連續劇還數度將忠臣藏的故事搬上螢幕，連木村拓哉都曾演過赤穗義士之一的崛部安兵衛一角，帥氣的模樣搶盡風采，武士精神幾乎都快淹沒在影迷的尖叫聲中。來到這裡，走在古老的街道，品嚐鮮美的海產，就沉浸在歷史中，好好感受兵庫的另一種面向。

交通路線＆出站資訊

電車
JR播州赤穗駅◇JR赤穗線

出站便利通
◎從神戶市的三宮前往赤穗，可在JR三ノ宮駅搭乘姬路方向的JR神戶線快速(播州赤穗行)，在姬路直通運轉JR山陽本線新快速(播州赤穗行)至相生，於相生直通運轉JR赤穗線新快速(播州赤穗行)，全程無需換車，車約1小時17分左右，車資￥1520。
赤穗觀光協會◇位在JR播州赤穗駅改札口外的赤穗觀光協會，提供當地旅遊情報、地圖等資訊，亦有自行車出租(JR播州赤穗駅2樓)，一般腳踏車1日￥500，電動腳踏車1日￥800，新款電動腳踏車1日￥1000，抵達時不妨先來這裡收集情報。
☎0791-42-2602 ⊙兵庫縣赤穗市加裡屋328
⊙9:00~18:00；腳踏車出租9:00~17:00
⊗年末年始 ⊛ako-kankou.jp/tw

◉ 赤穗城跡

⊙別冊P.35,A5 ☎赤穗観光協会0791-42-2602 ⊙兵庫縣赤穗市上仮屋1 ⊙本丸、二之丸庭園9:00~16:30(入園至16:00) ⊗本丸、二之丸庭園年末年始(12/28~1/4) ⊗自由參觀 ⊛www.ako-hyg.ed.jp/bunkazai/akojo/

　赤穗城是赤穗藩的守城，也就是當年慘遭橫禍的淺野內匠頭的居城。赤穗城由淺野長直所建，由慶安元年(1648)開始歷經13年的歲月才告完成，是**日本近代城廓史上非常珍貴的變形輪廓式海岸平城**，由學習甲州流軍學的赤穗藩家老近藤正純設計，城中沒有攻守功能的天守閣設計，在城堡建築史中十分少見。赤穗城的構造非常嚴謹，擁有堅強的備戰意識，複雜折曲的石垣和角度殊異的守門為其特長，**三面環山、南面朝向瀬戶內海，清水門還可讓船隻進出**。

　明治初年時，因改革維新之故，日本全國諸多城堡紛紛遭到拆毀，赤穗城也未能逃過一劫，直到**昭和46年才指定為國家史跡**，陸續修復了本丸庭園和二之丸庭園，整修工程還在繼續進行中，未來會成為一處結合歷史古跡與教育意義的大型綠地公園。

Ⓗ 銀波莊

⊙別冊P.35,B5 ☎0791-45-3355 ⊙兵庫縣赤穗市御崎2-8 ⊛www.ginpaso.co.jp

　坐落在海邊的銀波莊，**為「日本夕陽百選」中的溫泉名宿**，面向著瀬戶內海的露天溫泉，每逢黃昏夕陽西落時，漫天金黃璀璨的晚霞伴隨著赤紅的日頭，緩緩沉入瀬戶內海的島嶼山影中，晴天時除了小豆島外，還可看到四國呢！

　銀波莊除了**自豪的海景露天溫泉外，晚餐還有來自瀬戶內海的豐富海產**，新鮮活跳的生魚片船和整尾用赤穗海鹽包裹鹽烤成的鯛魚鹽釜燒、鯛魚濱蒸(用茅草包覆鯛魚炊蒸)、鮑魚、蝦蟹等，滿蘊著潮香的海味料理讓人食指大動，充滿飽足感。

大石神社

📖別冊P.35,A5 ☎0791-42-2054 🏠兵庫縣赤穗市上仮屋131-7(旧城內) ⏰8:30~17:00 💰自由參拜,義士史料館高中生以上￥500,國中生以下免費 🌐www.ako-ooishijinjya.or.jp

　赤穗城跡旁的大石神社,**供奉的就是以大石內藏助為首的47名義士**,另一名早逝的烈士萱野三平命,還有淺野家的三代城主和後來繼承赤穗城的森家先祖,也就是在本能寺之變中,與織田信長一起身殉火海的森蘭丸,共七代武將。

　大石神社的參道兩旁矗立了義士們的石雕像,**義士史料館裡還供奉有按照義士所傳形貌所做的木雕像**,由名家雕刻的人像各富個性、栩栩如生,讓人讚嘆,還可以看到當年義士們討伐吉良邸時所穿的甲胄和刀刃,和大石內藏助用來指揮的鳴笛呢!

赤穗御崎

📖別冊P.35,B5 🏠兵庫縣赤穗市御崎 �an自由參觀

　赤穗御崎位在赤穗溫泉街附近,是處瀨戶內海國立公園邊的海景眺望高台,這裡設置了「一望席」,面對廣闊大海,景色絕對。春天櫻花盛開時,粉紅色的花海在彩雲般鑲在湛藍的大海邊,景色甚至壯觀。

日本武士魂「忠臣藏」的故鄉

　元祿14年(1701)初春三月,赤穗藩的領主淺野內匠頭,與上司吉良上野介因為埋怨,年少衝動的淺野內匠頭帶刀劍入宮殿傷了吉良上野介,第五代幕府將軍德川綱吉一怒之下,未經審判就令淺野即日切腹,失去主子的赤穗藩臣們在一夕間成為無家可歸的浪人,而事件引發者之一的吉良卻未受到任何裁判(在當時的武士社會,打架雙方都應受到懲處)。

　赤穗藩的家老大石內藏助在奔走一年多後,仍然無法為含冤而死的淺野內匠頭求得公平的審判,於是乎在元祿15年的12月14日之夜,率領含內藏助在內共47名赤穗浪士前往吉良邸討伐,將吉良的首級割下供奉在淺野的墓前昭雪仇讎,為主君恢復名譽。隔年赤穗義士們遵循幕府的法規,集體切腹、慷慨就義,事件終於戲劇化落幕。

赤穗的鹽

　赤穗鹽是日本非常有名的高級鹽,在一般超市的價格都很高貴,所以到赤穗遊玩的觀光客最愛帶的土產就是大包小包的鹽。赤穗靠海,三百多年前開發出上等良鹽的製採方法,自古就是赤穗藩上獻給江戶幕府將軍的貢品,後來發生赤穗義士事件後,赤穗的名聲遠播到江戶城以外的日本各地,赤穗鹽反而因禍得福的廣銷起來,這也是當初始料未及的吧!?

京都・大阪
兵庫
姫路

姫路
ひめじ　Himeji

姫路市是以姫路城為整個城市的中心，向四方發展而成，因此姫路市的重要景點，如好古園、姫路市立美術館、動物園、姫路文學館、縣立歷史博物館等，都在城的旁邊。從姫路駅沿大手前通直走，不久可以看到姫路城的城廓外濠。大手前通兩側的人行步道，除了遍植銀杏樹外，還豎立著許多日本現代雕塑作品，這些雕塑以人物為主，有的姿態優雅，有的幽默粗獷，非常具有藝術氣氛。而位於日本山陽地區姫山之上的姫路城，自古就與名古屋城、熊本城並列為日本三大名城，又由於它的外觀都是白色的，因此也擁有「白鷺城」的美稱，春天粉櫻妝點，更襯托名城的高貴，姫路城的櫻花從入口就可以看到，尤其以環繞三的丸庭園的櫻花林道最為茂密，背景剛好是天守閣，是人氣拍照點。

交通路線&出站資訊

電車
JR姫路駅◇JR山陽本線、JR播但線、JR姫新線、山陽新幹線
山陽電鐵姫路駅◇山陽電鐵本線

出站便利通
◎從大阪或京都搭乘JR東海道本線或神戶線，開往姫路的新快速，在姫路駅下車。由1號出口出站，沿大手前通徒步約15分鐘，即可到達姫路城。
◎不想走路或是趕時間的人，也可以在姫路駅前搭乘市營巴士，於姫路城大手門前下車即達。

姫路城

⊕別冊P.29,C1~D2　☎079-285-1146　⊙兵庫縣姫路市本町68　●9:00~17:00(16:00關門)　⊗12/29、12/30　❸18歲以上￥1000，小學生~高中生￥300，未就學兒童免費；姫路城・好古園共通券18歲以上￥1050，小學生~高中生￥360　⊕www.city.himeji.lg.jp/guide/castle

　姫路城因為有著白漆喰(抹牆用的灰泥)所塗刷的白壁，所以有白鷺城的美稱。與其他的日本城堡一樣，姫路城不像歐洲城堡般採用石砌，而是木造建築，所以防火是日本城堡最重視的一環，白漆喰就有防火的功能，所以姫路城不單擁有白色外壁，連內部的每處軒柱也都有塗白漆喰。建在姫山上的姫路城從山腳到天守閣頂端，有海拔92公尺高，是非常重要的軍事要塞，加上其複雜迂迴的防禦性城廓設計，使姫路城更是易守難攻，敵軍入侵時往往在其間迷路，而減緩攻勢。

　壯觀華美的姫路城，若要**由外緣到城內都全程走完大約需要三小時**，尤其是一層層沿著高聳的階梯爬上天守閣更是挺費力的，不過走這一趟絕對值得，可以親自感受日本古城的原型建築之美，與珍貴的世界遺產做近距離接觸。

姫路城的歷史

現在所看到的姫路城是池田輝政所建，建於西元1601年(慶長6年)，姫路城最早的建城歷史其實可追溯到西元1346年的鎌倉幕府時代，戰國時期羽柴秀吉(後來的豐臣秀吉)又再加築了三層，姫路城的樣貌漸漸勾勒出來。

豐臣秀吉死後，德川家康於關原之戰中奪得政權，姫路城的城主也換成德川家的女婿池田輝政，池田輝政的任內繼續擴大修築姫路城，如今壯觀的天守閣群於焉成形。

千姫的故事

姫路城最出名的女主人當為千姫莫屬，千姫是德川家康的孫女，在7歲時因政治婚姻嫁給豐臣秀吉之子豐臣秀賴，大阪城陷落後，豐臣秀賴也自刎而死，失去丈夫的千姫在返回江戶城途中遇到本多忠刻，兩人陷入愛河並締結良緣。

後來本多忠刻成為姫路城的城主，與千姫過著幸福的時光，並育有兩子，可惜好景不長，長子和本多忠刻皆相繼早逝，傷心欲絕的千姫也未再婚，離開姫路城遁入佛門直到70歲去世。

姫路城必看重點

菱之門
寫著「國寶姫路城」的菱之門，是姫路城的入城口，也是昔日守城衛兵站崗的地方。

紋瓦
姫路城曾有多位城主進駐，像是豐臣家、池田家、本多家和酒井家等，大天守北側石柱上就貼有將歷代城主的家紋所刻製的紋瓦。

唐破風
屋簷下呈圓墩土圻狀的屋頂建築稱為「唐破風」，中央突出的柱狀裝飾物稱作「懸魚」。

るの門
在一般正常通道之外的地方，會有處從石垣中開口的小洞，此種稱為穴門的逃遁密道，只有在姫路城才有。

三國堀
三國堀是菱之門旁的大溝渠，是姫路城的重要水源，有防火備水的功能，為當時統領播磨、備前與姫路，共三國的大名(藩主，日本官名)池田輝政所改築，故稱為三國堀，牆壁上V字型的痕跡就是當年改建時所留下的。

化粧櫓
化粧櫓是城主之一的本多忠刻之妻千姬的化妝間，也是平日遙拜天滿宮所用的休憩所，相傳是用將軍家賜予千姬的十萬石嫁妝錢所建的。比起其他地方，千姬的化粧櫓有著女性所喜好的華麗優雅，裡面的房間還有千姬與隨侍在玩貝合遊戲的模型。

姥が石
石牆上用網子保護的白色石頭，傳說是一位經營燒餅屋的貧苦老婆婆家裡使用的石臼，當時建城石材十分缺乏，老婆婆就將石臼送給辛苦築城的羽柴秀吉(豐臣秀吉的本名)，引發民眾們也紛紛捐石支援，當時石材嚴重不足，甚至還將石棺、石燈籠都挖來補牆呢！

天守
三個小天守簇護著巍峨的大天守，這種連立式天守的樣式只有在姫路城才看得到，美麗的白壁與唐破風、千鳥破風式屋簷，加上裝飾於其上的魚狀鯱瓦，更見姫路城建築之美。

阿菊井
日本有個很有名的鬼故事「播州皿屋敷」，故事中的婢女阿菊得知元老策劃造反的消息，將此事告知諸侯幫助他逃難，記恨在心的某家臣於是就藏起一只珍貴的盤子並誣陷是阿菊丟的，並將阿菊丟入水井致死，於是每到草木寂靜的深夜時，井旁就會傳來女子淒怨地數著盤子的聲音：「一枚…二枚…三枚…」。

勾配
堆砌如扇狀的城牆，底部急斜，到了接近頂端的部分卻與地面呈直轉角，此種築法叫做「勾配」，勾配可使敵人不易攀上城牆，達到防守的目的。

京都・大阪
兵庫
姫路

好古園

🏯別冊P.29,C1　☎079-289-4120　🏠兵庫縣姫路市本町68　🕙9:00~17:00(入園至16:30)　🚫12/29、12/30　💰18歲以上￥310，小學生~高中生￥150，未就學兒童免費；姫路城・好古園共通券18歲以上￥1050，小學生~高中生￥360　🌐himeji-machishin.jp/ryokka/kokoen/

借景姫路城為背景的好古園，為一座平成4年(1992)開園的日本庭園，**由九座風情殊異的花園所組成**，小橋流水、春櫻秋楓，景色典雅宜人。好古園的舊址原為姫路城主的外苑及家臣的房屋所在地，德川幕府時更曾有城主神原政岑為名妓贖身，在這兒金屋藏嬌。

FESTA

おすすめ
薦

🛍別冊P.29,C3　☎079-221-3500　🏠FESTA BLD.兵庫縣姫路市駅前町363-1，GRAND FESTA兵庫縣姫路市駅前町188-1　🕙10:00~20:00　🌐himeji-festa.com

鄰近姫路車站的商業複合場所，想飽食一頓或是帶伴手禮就來這裡尋寶吧！

至姫路觀光時可順路前往**與車站直通的商業設施「FESTA」。除了在地美食，姫路觀光伴手禮與絕佳甜點也能在這裡找到！**位在地下街的「ひめチカ食道」不但能品嚐到深受當地人長年喜愛的在地美食，還有使用當地新鮮海產烹製的料理，可將「姫路美食」徹底品嚐一番。而位在FESTA大樓1樓路面的「のれん街」是個從中午到晚上都能暢飲的復古橫丁，可以邊享用姫路B級美食邊飲酒作樂。

TERASSO 姫路

🛍別冊P.29,C3　🏠兵庫縣姫路市駅前町27　🕙10:00~20:00，超市9:00~22:00，4F餐廳11:00~22:00(LO.21:30)　🌐terasso.jp

TERASSO鄰近JR姫路站，**交通便利，共有30間店舖進駐**，佔地並不算大，但包含超市等各式各樣的店舖，輕輕鬆鬆便能找到想要的東西。4~8樓則為電影院，讓姫路市民又多了一個休閒購物的新場所。

きゃべつ

🍴別冊P.29,C3　☎079-222-8952　🏠兵庫縣姫路市南町60　🕙11:30~14:00，17:00~23:00(LO.22:30)　🚫週一(遇假日順延翌日休)、12/31~1/1

店主岸田まさよ女士是兵庫縣人，從小就愛往家附近的大阪燒店跑，長大後，白天在玩具公司上班，下班後，到大阪燒店學藝，就這樣持續10年之久，在昭和55年開了きゃべつ，**拿手料理除了自豪的名物大阪燒外，還有姫路おでん(姫路關東煮)**，使用生姜醬油是姫路おでん獨有的特色，不管是何種料理都能嚐到好滋味。

姫路市書寫の里・美術工藝館

👁 地圖外　🚊JR山陽本線姫路駅搭乘往書寫ロープウェイ(書寫纜車)的神姫巴士(神姫バス)於終點站下徒步約3分　☎079-267-0301　📍兵庫縣姫路市書写1223　⏰10:00~17:00(入館至16:30)　❌週一(遇假日照常開館)、例假日隔天(遇週六日例假日照常開館)、年末年始(12/25~1/5)　💰成人￥500，大學高中生￥3000，國中小學生￥70；姫路はりこの繪付け(姫路張子上色體驗)￥1000起；姫路こまの色付け(姫路陀螺繪圖體驗)￥330　🌐www.city.himeji.lg.jp/kougei

被搖曳竹林包圍的美術工藝館，位於書寫山麓，造型是以寺廟為概念，裡頭展覽主要分為三大部分，之一展示樸實泥佛，造型迥異於常見佛像，是已故奈良東大寺長老清水公照師的作品，十分特別。另外分還有鄉土玩具室和工藝工房，鄉土玩具室收藏了日本全國各地的鄉土玩具。

典藏姫路鄉土玩具

姫路張子／姫路はりこ
姫路張子是姫路傳統鄉土玩具的代表，做法是在土製模具上壓覆數枚和紙，成型後脫下模型，在紙模上直接著色，就大功告成了。相傳是室町時代由中國傳入，明治初年豐國屋直七開始專門創作姫路張子。日本許多地區都有張子這類工藝品，多以動物和表情生動的人物面具為主，各地造型則有所差異。

姫路陀螺／姫路こま
姫路陀螺就是我們小時後常玩的陀螺，過去曾有城主十分喜愛姫路陀螺，因此發揚光大，要將一塊木頭削成陀螺形狀並不容易，必須用手控制力道，鮮豔的顏色在轉動時更加炫目。

姫山人形
使用一整塊木頭雕刻而成的姫山人形，外觀看起來很樸素，為了表現出木頭的質感，並且和所雕刻的人物符合，必須事先仔細觀察木頭的紋路走向，完成後使用顏料局部上色，讓人偶更生動。

姫革細工
姫路是有名的皮革產地，成牛皮革的生產量占全國70%，使用姫路皮革做成的錢包、盒子等，手工細膩，成品細緻富有美感，圖案則以姫路城最具代表性。

卍 書寫山圓教寺

👁 地圖外　🚊JR山陽本線姫路駅搭乘往書寫ロープウェイ(書寫纜車)的神姫巴士(神姫巴士)於終點站下轉乘纜車上山即達　☎079-266-3327　📍兵庫縣姫路市書写2968　⏰8:30~17:00，依季節而異　💰￥500(含書寫ロープウェイ)，國高中生以下免費　🌐www.shosha.or.jp

書寫山圓教寺是姫路最富盛名的紅葉名所，尤其是有一千多年歷史的摩尼殿和大講堂，更是秋天賞楓的勝地。年代悠久、古樸的圓教寺，是日本的重要文化財，精美佛家木雕建築與佛像可讓人自由進入參觀，更能讓人靜心體會文物之美。

姫路Central Park
姫路セントラルパーク

👁 地圖外　🚊JR山陽本線姫路駅搭乘往姫路セントラルパーク的神姫巴士約25分在終點站下即達　☎079-264-1611　📍兵庫縣姫路市豊富町神谷1434　⏰サファリパーク、遊園地10:00~17:30(依季節而異，詳見官網)　❌不定休(詳見官網)　💰成人￥3800~4400，小學生￥2100~2400，3歲以上￥1300~1400(依日期調整，詳見官網)　🌐www.central-park.co.jp

姫路Central Park是個大型的綜合遊樂場地，更是姫路市民假日最熱門的休閒去處。公園分為遊園地和野生動物園兩部分，其中野生動物園可讓你看遍所有動物，搭上特製的遊園車，溫和的草食性動物如羚羊、梅花鹿或兇猛的獅子、老虎、豹等都近在咫尺，有如置身非洲大草原般刺激。遊園地裡也有多項精彩設施，逛完野生動物園可別忘了來到遊園地玩玩。

京都・大阪
兵庫
城崎温泉

城崎温泉
きのさきおんせん
Kinosaki Onsen

古 名為「但馬溫泉」的城崎溫泉，擁有一條風情濃濃的溫泉街，沿著小川種滿柳樹，充滿優雅的溫泉鄉風情。據說城崎溫泉是在8世紀由佛教僧人道智上人發現，更久遠的傳說則可追溯至1400年前，有隻受傷的黃鶴來到城崎溫泉，這兒的溫泉使黃鶴痊癒後展翅高飛，神奇的溫泉療效從此披上一層傳奇色彩。垂柳成蔭之間，穿著浴衣的泡湯旅客，踩著木屐行走在小徑上，往來穿梭於富有日式情調的溫泉旅館前，充滿了懷舊的面貌，一直以來都是文人墨客喜愛的溫泉鄉。城崎溫泉位於円山川支流的大谿川沿岸一帶，最大賣點是七個「外湯」(公共浴場)，不僅外觀造型、溫泉設施、功效各有不同，一次就可滿足泡湯慾望。除了溫泉，面向日本海的城崎地區更是螃蟹的產地，最推薦冬季螃蟹產季時來此，可以賞雪泡湯吃螃蟹，享受滿滿的日本風情。

7大外湯巡遊

來 到城崎一定要泡泡外湯，感受七種不同的溫泉風情。
🌐 kinosaki-spa.gr.jp/about/spa/7onsen

城崎溫泉
泉質：鈉鈣鹽化物泉(鹽化物泉)、無色透明
水溫：約攝氏70度
療效：神經痛、關節炎、肌肉疼痛、恢復疲勞等
🌐 www.kinosaki-spa.gr.jp

飲泉・足湯

來到城崎溫泉當然要泡湯才會過癮，但如果剛好不適合泡湯的話，在整個溫泉街中也有多處足湯、飲泉可以讓人體驗溫泉的潤澤感。
．飲泉：在車站前、一の湯前、溫泉寺藥師堂前皆設有飲泉，據說適量飲用可以緩解慢性消胃炎與便秘。
．足湯：藥師公園前、さとの湯、城崎文藝館、柳湯、一の湯前皆設有足湯。

交通路線＆出站資訊

電車
JR城崎溫泉駅◇山陰本線

巴士
從大阪梅田地區的阪急巴士總站或神戶的阪急三宮巴士總站皆可搭乘前往城崎溫泉的全但巴士，一天僅有3班，時刻表請上網站查詢。
🌐 全但巴士www.zentanbus.co.jp

出站便利通
◎城崎溫泉的範圍其實不大，大多數的旅館都和最著名的外湯通通聚集在車站附近，無須走太遠就可抵達，十分便利。小川沿岸種滿柳樹，是充滿優雅的溫泉鄉風情。
◎城崎溫泉算是兵庫縣的近郊，地理位置靠北邊，難得來一趟，可以與附近的景點，例如豐岡、出石結合順遊，甚至可以與京都府北部的天橋立、舞鶴串聯成一個完整的五天四日小旅行。
◎車站前的城崎觀光センター，營業時間是每天9:00~17:00，不但可以寄放手提行李，也可幫忙將手提行李寄送至城崎溫泉範圍內的飯店，一件行李￥200。

まんだら湯

📖別冊P.34,B2 🕐15:00~23:00 🈺週三 💲成人￥800，3歲~小學生￥400

　　まんだら湯在中文名為曼陀羅湯，相傳道智上人在此誦曼陀羅經，曾祈願千日後湧出溫泉，果然如期冒出溫泉，而有此名稱由來，外觀造型類似寺廟建築，因為傳說又被稱為美夢成真之湯。

さとの湯

📖別冊P.34,D2 🕐13:00~21:00 🈺週一 💲成人￥800，3歲~小學生￥400 ❗目前暫時關閉中

　　位於車站前方的外湯，最大特色是露天展望風呂，以及完善的三溫暖設施，在滿天星空下，眺望圓山川和遠處的日本海，清風吹拂下真是一大享受，門外也有可以泡腳的足湯，消除旅途疲憊。

鴻の湯

📖別冊P.34,B1 🕐7:00~23:00 🈺週二 💲成人￥800，3歲~小學生￥400

　　鴻の湯是城崎溫泉中最早開放的溫泉，也是傳說中治癒鴻鳥的湯，因具有治療外傷的神奇功效而聞名，也是幸福降臨的湯。位於溫泉街末端的鴻の湯，露天庭園風呂是最大特色，深受文學家志賀直哉以及許多文人墨客喜愛。

一の湯

📖別冊P.34,C1 🕐7:00~23:00 🈺週三 💲成人￥800，3歲~小學生￥400

　　江戶時代的名醫香川修德將一の湯譽為天下第一溫泉，最有名的是利用天然地形開鑿的洞窟風呂，以及全家可以一起泡湯的家族湯。泡一の湯可開運招福，想要考試合格的人也有效果，不妨來試試。

柳湯

📖別冊P.34,C1 🕐15:00~23:00 🈺週四 💲成人￥800，3歲~小學生￥400

　　從中國西湖移植的柳樹下湧出溫泉，因此有柳湯這個美麗的名字，外觀十分風雅，功效則是求子安產，吸引許多婦女前來泡湯，門口有個小小的足湯，可以邊泡腳邊欣賞小橋流水。

地藏湯

📖別冊P.34,D1 🕐7:00~23:00 🈺週一 💲成人￥800，3歲~小學生￥400

　　由於泉源從地藏尊湧出，因此名為地藏湯，是普渡眾生之湯，訴求全家平安和小孩子的健康，注意看看建築物的窗子是六角形的，那是模仿此地有名的玄武洞柱狀節理造型。

御所の湯

📖別冊P.34,C1 🕐7:00~23:00 🈺週四 💲成人￥800，3歲~小學生￥400

　　利用溫泉蒸汽設置的三溫暖具有美容效果，能讓皮膚更有光澤，因此御所湯又有美人湯稱號，南北朝時代的歷史典籍「增鏡」中曾提及，歷史十分悠久。除了幫助你成為一個美人，據說也有助於成就良緣。

京都・大阪

兵庫 城崎温泉

> 冬晴時登上山頂欣賞開闊景色，最是美麗！

👁 城崎文芸館

📖別冊P.34,D2 ☎0796-32-2575 🏠兵庫縣豐岡市城崎町湯島357-1 🕘9:00~17:00 ❌週三、年末年始、換展期間 💰成人￥500、國高中生￥300，小學生以下免費 🌐www.kinobun.jp

　早期聚集許多文人雅士的城崎溫泉，曾多次出現在小説場景之中，而城崎文藝館就是**介紹這些前來溫泉鄉的文人和畫生生平事跡並展示他們作品的展館**。入口處以高科技特設展示文學脈絡，館內會不定期更換展覽。而大廳也設有免費空間展示簡單介紹，即使不進去看展也有一些免費的東西可看。**文藝館外並設有手湯、足湯**，可稍作歇息。

👁 城崎纜車

城崎溫泉ロープウェイ

📖別冊P.34,A2~B2 ☎0796-32-2530 🏠兵庫縣豐岡市城崎町湯島806-1 🕘上行9:10~16:30，下行9:30~17:10，12:30僅週日例假日運行 ❌第2、4個週四（遇假日照常營業）、維護日 💰山頂駅往返國中生以上￥1200，6歲以上￥600；溫泉寺駅往返國中生以上￥750，6歲以上￥370；1位5歲以下兒童由1位大人陪同則免費 🌐kinosaki-ropeway.jp

　城崎溫泉街的盡頭有一處空中纜車，可以**搭乘纜車至231公尺高的山頂駅欣賞開闊美景**，車站一旁還有座小小的咖啡廳，點份蕨餅與熱茶，坐在靠窗的位置欣賞美麗景色，與溫泉街截然不同的氣氛讓人十分放鬆。回程時不妨途中在溫泉寺駅下車至溫泉寺參拜、林蔭蒼鬱的步道走來舒適，一旁還有城崎美術館等設施可以參觀。

溫泉文學散步

城崎溫泉古名為「但馬溫泉」，或許因為垂柳成蔭，且保有懷舊的面貌、安靜的氛圍，一直以來都是文人墨客喜愛的溫泉鄉。20世紀日本小説家志賀直哉曾來到城崎休養身體，後來完成的小説《在城之崎》，便是以此地作為背景，從此城崎溫泉便廣為人知。不過志賀直哉並不是唯一獨厚城崎溫泉的作家，曾經造訪城崎的文學家不勝枚舉，來一趟城崎，你會發現文學家的足跡比比皆是，如果是熟悉日本文學的人，一一走訪這些文人所留下的文學碑，別有一番樂趣，而城崎町文藝館則詳細介紹這些作家的生平和流派。

☕ 城崎珈琲 みはらしテラスカフェ

📖別冊P.34,A2 ☎0796-32-3365 🏠兵庫縣豐岡市城崎町湯島806 城崎纜車山頂駅 🕘10:00~16:00 ❌第2、4個週四 💰咖啡￥390起，蕨餅￥620 🌐www.kinosakicoffee.com

　搭乘城崎溫泉纜車來到山頂，不妨進來咖啡屋みはらしテラス(見晴露台)坐坐，一邊啜飲咖啡、一邊眺望風景吧。木造的室內溫暖明亮，空間輕鬆愜意，大片窗戶將天光採進室內，綠意映照滿室。**除了咖啡之外，以但馬牛、八鹿豚為原料的熱狗堡，或是蕨餅、糰子等輕食種類豐富**，很適合午餐或是下午茶時段前來。

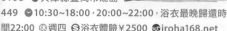

👁 いろは

ⓐ別冊P.34,C1　☎0796-32-0168　ⓗ兵庫縣豐岡市湯島449　◑10:30~18:00，20:00~22:00，浴衣最晚歸還時間22:00　ⓦ週四　ⓢ浴衣體驗￥2500　ⓦiroha168.net

城崎溫泉街上滿是穿著浴衣的遊客們，但若是日歸旅行，也想體驗浴衣，那就要來いろは租借，在充滿輕煙的柳樹小徑中漫步、拍照留念。除一般租借方案外，另提供情侶方案、孕婦方案等供選擇，**不論哪種方案，也都附上木屐、小袋子，工作人員也為幫你穿好讓你美美上街**。除了租借，店內也有全新浴衣、帶、小物可以選購，許多人會特地來此買回家呢！

可愛的手拭巾圖案說明浴衣穿法，泡湯完也不用擔心穿不回去。

🧁 城崎スイーツ本店

ⓐ別冊P.34,C1　☎0796-32-4040　ⓗ兵庫縣豐岡市城崎町湯島527　◑9:40~17:40　ⓦ週三、週四　ⓢ米粉バウムクーヘンパフェ(米粉年輪蛋糕聖代)￥650　ⓦwww.kinosakisweets.com

要說城崎新興的代表銘菓，便是城崎スイーツ的年輪蛋糕了。十分堅持原料的來源，只**使用但馬產、飼育環境優良的雞蛋、與東方白鸛共生之稻米所研磨的米粉**，製作出來的燒菓子個個香甜鬆軟，尤其年輪蛋糕嚐來濕潤不卡喉嚨，榮登旅人伴手禮的第一名。本店除了伴手禮、蛋糕、布丁等甜點外，也有冰淇淋、蕨餅等多種選擇，可以外帶也可以內用，十分推薦。

👁 木屋町小路

おすすめ
薦

木造房舍與石坂小徑，鄉間風情令人流連忘返。

ⓐ別冊P.34,C1　☎0796-32-4411　ⓗ兵庫縣豐岡市城崎町湯島391　◑約10:00~23:00(依店舖而異)　ⓦ依店舖而異　ⓦkinosaki-spa.gr.jp/directory_cat/kiyamachi/

就位在木屋町通旁，**木屋町小路裡集結了10間特色小店**，從大排長龍的人氣布丁生萬，到Kinosaki Vinagar的果酢、海煎堂的煎餅、美茶庵凜的抹茶拿鐵、旦馬牛串屋的烤牛肉等，每一樣都是美味又可愛，另外還有專門掏耳朵的耳サプリ等讓人放鬆身心的小店，泡完澡來逛逛木屋町小路，吃喝玩樂都在這裡。

🏠 麦わら細工 かみや民芸店

☎0796-20-5206　ⓗ木屋町小路內　◑10:00~18:00　ⓦ不定休　ⓢ麦わら細工体験(麥稈細工體驗)胸針、項鍊墜子、髮束￥2500　ⓦkamiya-mingei.com

城崎麥稈工藝品的由來大約是在距今280年前，有位來自因州(鳥取縣)的麥稈工藝職人，為了要在城崎溫泉進行湯治，所以將染色的麥稈貼在竹笛或陀螺上販售，進而演變而來。**かみや民藝店是麥稈工藝品製作專門店**，現在的店主傳承這項工藝，仍繼續以麥稈製作出一個個華麗又實用的工藝品。

城崎以麥稈細工聞名，若是想要親自體驗這項美術工藝的話，不妨前來位在木屋町小路裡的「かみや民芸店」。由かみや三代目神谷俊彰先生經營的工作坊，**提供三種難易程度的麥稈細工體驗**，從簡單的飾品到需要設計圖樣的收納盒等，考驗你的巧手與細心程度，完成都作品都能帶回家，很有成就感。

🍴 GUBIGABU

📍別冊P.34,C1 ☎0796-32-4545 🏠兵庫縣豐岡市城崎町湯島646 🕐11:30~22:00(L.O.21:30) 🚫週四、第3個週三 💴但馬牛と八鹿豚のハンバーグ(但馬牛和八鹿豬肉漢堡排)￥1480 🌐www.gubigabu.com

　GUBIGABU指的是大口喝酒GUBIGUBI、大口吃肉GABUGABU之意，**以季節食材為主，提供與城崎地啤酒最搭的料理，讓人在外湯巡遊之後能夠來此暢飲、大吃**。和摩登的空間以木質為主要概念，往裡走還有個和式榻榻米座位，讓人自在放鬆。

現場點杯清酒吃喜歡再買整瓶。

🎁 坂本屋酒店

📍別冊P.34,C1 ☎0796-32-2047 🏠兵庫縣豐岡市城崎町湯島407 🕐9:00~22:00 🚫週三、不定休(詳見官網) 💴城崎地ビール(地啤酒)330ml￥550 🌐sake-sakamotoya.com

　坂本屋酒店陳列只有在但馬才品嚐到的日本酒，範圍從清酒、燒酌到啤酒，種類十分豐富。店內除了**販售已經包裝好的清酒，還有藏元直送的「生酒」**，也設置了座位區，讓人可以選擇喜歡的酒現場來上一杯，感覺真的很棒。要買回家也可以，特別推薦GUBIGABU空黑川雪一系列四種啤酒，可愛的包裝讓人愛不釋手。

🧁 そふと工房

📍別冊P.34,C1 ☎0796-32-2260 🏠兵庫縣豐岡市城崎町湯島397 🕐9:00~22:30 🚫不定休

　そふと工房是冰淇淋專賣店，**全年都賣的口味有7種**，其中黑芝麻、黑豆這兩種口味不但健康，而且很受歡迎，此外超人氣的更有柚子茶、南瓜、提拉米蘇等，逢冬天11~3月螃蟹季節，居然還推出蟹卵口味冰淇淋。工房內還有家和風喫茶，提供咖啡、抹茶等搭配甜點。

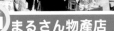

🎁 まるさん物產店

📍別冊P.34,C1 ☎0796-32-2352 🏠兵庫縣豐岡市城崎町湯406 🕐8:00~22:00 (18:00~19:30休息) 🌐marusan406.com

店內的原創T恤實用又可愛，是最佳紀念品！

　來到城崎想帶點伴手禮回去，卻不知道要帶什麼才好，不用煩惱，來到まるさん物產店，**超過百種當地銘菓、伴手禮、和雜貨、豐岡製鞄**等，反而會讓人看得眼花瞭亂，不知從何下手。其實眾多商品裡，老闆貼心為顧客標出人氣商品，跟著買沒有錯！

☕ 城崎ジェラートカフェChaya

🅐 別冊P.34,B1 ☎0796-29-4858 ⓐ兵庫縣豐岡市城崎町湯島857 ⊙
9:30~17:30 ⑭週四、不定休 ⑤溫泉たまご体験(溫泉蛋體驗)3個¥350，義式
冰淇淋單球¥400，但馬牛まん(但馬牛肉包)¥490 ⓤwww.
kinosakisweets.com

　位在鴻の湯前的元湯旁，小小的木屋販售地產材料製成的**義式冰淇淋**，不管是香濃牛奶口味，或是清新水果香味，每一種口味都讓人慾罷不能。除了冰淇淋之外，**以代表城崎的螃蟹、但馬牛所製成的肉包**也是人手一個，吃得不亦樂乎。喜歡**溫泉蛋**的人也可以在此購入生蛋，到一旁用溫泉泡熟哦！

溫泉蛋

由於Chaya就位在泉源旁，貼心把地產地雞蛋放在網袋中販售，讓人可以在一旁的溫泉裡DIY溫泉蛋。以元湯大約80度的溫泉將蛋泡熟的時間是13分鐘，喜歡生一點、熱一點的人可以自行加減放置的時間。

熱騰騰的包子讓人食慾大開。

🎁 ◎ みなとや

🅐 別冊P.34,C1 ☎0796-32-2014 ⓐ兵庫縣豐岡市城崎町湯島416 ⊙8:30~17:30，19:30~21:30 ⑤湯のしずく5個¥820，綾たちばな¥1170 ⓤwww.kinosaki-miyage.com

　結合傳統工藝品賣場與和菓子のみなどや，**在江戶時代原為旅館，明治以後改做和菓子並販售地方特產**。堅持以丹波產的大納言紅豆、讚岐產的三盆糖等，嚴選高品質材料製做成美味和菓子。其中用求肥麻糬包著紅豆的「湯のしずく」，呈溫泉水滴落的風情，味道纖細。

像博物館般展示著美麗工藝品。

🍴 海中苑 本店

🅐 別冊P.34,D1 ☎0796-29-4832
兵庫縣豐岡市城崎町湯島132 ⊙
11:00~18:45(L.O.18:00)；螃蟹鍋L.O.16:30；螃蟹飲食區L.O.17:30 ⑭
1/1、1/2 ⑤海鮮丼(舟)¥1600，海鮮丼(海)¥2100，天丼(附沙拉)¥1900

薦 おすすめ

最鮮的美味丼飯，好吃到讓人下次來城崎就是為了吃上一碗。

　老闆親自採購**來自但馬津居山港的新鮮漁獲，品質新鮮有保證**。而來到二樓就是自家餐廳海中苑，使用的食材就是自家進貨的海鮮，絕對給客人品嚐到第一手的新鮮。11~3月是松葉蟹盛產季節，此時造訪城崎溫泉就絕不能錯過螃蟹大餐。而由**11種食材組成的海鮮丼**，大碗滿意、新鮮美味，多種美味濃縮在一碗公裡。

🍴 大黑屋

別冊P.34,D2　☎0796-32-2728　◎兵庫縣豐岡市城崎町湯島87　⏱10:30~17:00　不定休　💲螃蟹握壽司¥2000，螃蟹丼¥1500，螃蟹箱壽司¥1400

　　來到城崎溫泉，不要錯過美味的松葉蟹，而大黑屋就是當地人都推薦的，由父子共同經營，至今已傳至第三代。問起受歡迎的原因，老闆謙虛地說，因為這裡是產地，有最新鮮的螃蟹，不但份量夠多而且價格便宜。店裡料理都以螃蟹為主，還有螃蟹烏龍麵，最受歡迎的是可吃到許多螃蟹的螃蟹壽司，店裡許多日本客人都是點這幾樣，不試試就太說不過去啦。

☕ 海女茶屋

別冊P.34,D2　☎0796-32-2854　◎兵庫縣豐岡市城崎町湯島80-1　⏱8:30~17:30　不定休

　　就位在JR城崎溫泉駅正對面的海女茶屋可是這裡的人氣店舖，從早餐時段就開始營業，**午餐、下午茶到晚餐，每一樣都料理都十分到位**。如果空著肚子時，可以試試特製的炸蝦丼飯，兩尾巨大的明蝦保證讓人大感滿足。早餐或下午茶時段，可以點份炸但馬牛排三明治，或是清爽的水果吐司，配上杯香醇的咖啡，在這裡用餐就體驗最當地的生活。

Ⓗ 西村屋 本館

別冊P.34,B2　☎0796-32-4895　◎兵庫縣豐岡市城崎町湯島469　⏱check in 15:00~17:00，check out 11:00　🌐www.nishimuraya.ne.jp/honkan/

　　西村屋是城崎溫泉最古老的溫泉旅館，創業於江戶安政年間，已有150多年歷史，傳統日式建築，一拉開窗就能看見布滿青苔的庭園，呈現老舖旅館特有的風情和韻味，四季變換景色的庭園讓人明顯感覺季節，而繼承創業以來的傳統，以溫馨家庭式服務，讓人覺得賓至如歸。來到西村屋，請放慢你的腳步，欣賞日式庭園，品嘗山海美食，享受泡湯樂趣，如此才能領略和風旅館的精髓。

Ⓗ 西村屋 ホテル招月庭

別冊P.34,A1　☎0796-32-4895、0796-32-3535　◎兵庫縣豐岡市城崎町湯島1016-2　🌐www.nishimuraya.ne.jp/shogetsu/

　　西村屋新建成的西村屋招月庭，雖然外觀是現代建築，不過房間仍然是和室，而且飯店擁有5萬坪自然庭園，一片綠意盎然，一進門就是可愛的兔月亭茶室，可在這裡小坐歇息，喝茶品味小點心。**大浴場「月下湯」分為男湯和女湯，男湯是檜木浴池，女湯有少見的土耳其蒸汽浴室，有如一個小型宮殿**，兩處都有綠意盎然的露天風呂，泡湯同時可接受森林浴芬多精的洗禮。

Ⓗ きのさきの宿 緑風閣

ⒶＤ別冊P.34,D1 ☎0796-32-2834 ⓐ兵庫縣豐岡市城崎町湯島174 ●check in 15:00~18:30，check out 10:00 ㊡不定休(詳見官網) ⓦwww.ryokufukaku.com

　一踏進這間旅館，就被西式的簡潔與和風的典雅巧妙融合所吸引住，溫暖柔和的用色讓人覺得舒服安心，在許多小地方都可以看出特別為女性設計，溫柔的暖色調的裝潢，很有和風味道的鮮花。不僅房間使用日式榻榻米，連走道和電梯裡頭也都舖上了榻榻米，讓客人在旅館裡行動感覺更舒適。露天風呂命名為綠風和水風，彷彿可以感覺微風吹拂，而更衣室地板使用竹子舖設，營造出與眾不同的感覺。

Ⓗ ときわ別館

ⒶＤ別冊P.34,A1 ☎0796-32-2814 ⓐ兵庫縣豐岡市城崎町湯島1013 ●check in 15:00，check out 10:00 ⓦkinosaki.co.jp

　這是間小而精緻的溫泉旅館，二層樓的建築，只有23個房間，卻擁有600坪的日本庭園，每個房間看出去都是一幅庭園美景，雖然房間不多，有點不符合經濟效益，然而旅館卻堅持日式庭園造景的概念，讓每位客人都能感受日式庭園的美。ときわ別館定義為「一個純粹休息的地方」，遠離溫泉街的喧囂，希望旅客可以完全放鬆，達到身心好好休息的效果，大眾湯也不大，因為既然旅客來到城崎溫泉，希望能享受逛外湯的樂趣。如果你是喜歡安靜的旅客，典雅的和室、美麗的庭園，以及道地的美食，就能消除旅途的疲憊，滿足你的心。

Ⓒ ☕🍸 Cafe&Bar 3rd

ⒶＤ別冊P.34,D1 ☎0796-32-4870 ⓐ兵庫縣豐岡市城崎町湯島219小宿緣1F ●Café 10:00~16:00 ㊡Café週三、不定休(詳見官網)，Bar週三 ⓦ3rd.koyado.net ❶目前Bar暫停營業

　與住宿設施小宿緣併設的咖啡吧3rd，在白天以咖啡廳風格經營，提供咖啡輕食，中午還有焗烤等套餐，是當地的人氣網紅打卡店。到了晚上，搖身一變，成為醉人小酒吧。昏暗的燈光下，三五好友依著吧台輕啜小酒，讓溫泉街的夜色變得更朦朧。

Ⓗ 富士見屋山莊 珍竹林

ⒶＤ別冊P.34,C1 ☎0796-32-2624 ⓐ兵庫縣豐岡市城崎町湯島730 ●check in 15:00，check out 10:00 ⓦwww.kinosaki-fujimiya.net/

　這是間稍稍遠離鬧街的小旅宿，除了本館之外，登上長長階梯來到林中的別館珍竹林更是別有風情。特別的是，這裡的有些房型內並無附設浴室，但在山腰則設有溫泉個室，只要在住房時向女將預訂洗澡時間，便可以在該時段獨享溫泉。溫泉設備雖然簡便，但在一片竹林中泡著熱湯，也算是享受。

出石

いずし

Izushi

江戶時代，出石是德川幕府底下一處俸祿五萬八千石的城下町，有但馬小之都的美稱。如今出石最引人注目的地標就是一座叫做「辰鼓樓」的古樸鐘樓，獨特的造型讓人彷彿覺得一旦靠近，就會被吸入神隱少女的神妙世界般，古僕又靜謐。而來到這裡，一定要嚐嚐裝在小碟子裡滑溜蕎麥麵，在醬汁中打入生蛋的特殊吃法讓人印象深刻。

交通路線＆出站資訊

電車
JR豐岡駅⟳JR山陰本線
JR江原駅⟳JR山陰本線
JR八鹿駅⟳JR山陰本線
❶搭乘電車至各車站，皆需要轉乘巴士

巴士
從JR豐岡駅、江原駅、八鹿駅等車站，皆有直達出石的全但巴士可以搭乘。
從豐岡駅出發約30分，¥590
從江原駅出發約22分，¥570
從八鹿駅出發約25分，¥570
🚍全但巴士www.zentanbus.co.jp
🚍夢但馬周遊巴士たじまわる⟳プレミアム号
這是一台期間限定的觀光巴士，依季節改變行駛路線，連接城崎溫泉~出石~竹田城跡，可選擇從城崎溫泉駅、豐岡駅等地出發，途中至各地遊覽，回程可在和田山駅、豐岡駅、城崎溫泉駅等地下車。一天行程豐富，且有導覽人員（日文），不想花心思在交通的話是不錯的選擇。
❍ プレミアム号週六日例假日運行，依路線而異，需事先預約（詳見官網）
💲一日乘車券國中生以上¥500，小學生以下¥250
🚍tajima-tabi.net/tajimawaru
❶此為巴士旅遊行程，需遵守上車時間，若中途錯過上車時間便無法退票

出站便利通
◎由於並沒有直達出石的電車，所以除了自駕之外，從各大車站轉乘全但巴士是最好的選擇。搭乘全但巴士至出石站下車後，約要徒步10分左右才會抵達出石城跡、辰鼓樓等景點。

出石燒

出石燒是出石特有的陶器，雪白的外表為其特徵，有二百多年的發展歷史。出石燒是以一種稱作「柿谷陶石」為原料燒製而成的。雪白無暇的白磁表面上雕刻以纖細精美的花紋，風格清新獨特，難怪乎會被認定為國家傳統工藝品，而受到重視。

出石蕎麥麵的由來

出石的蕎麥麵是三百多年前（寶永3年，西元1706年）由一位從信州上田調職到出石的藩主所帶來的。信州就是現在的長野縣，以信州蕎麥麵聞名全國，跟隨著這位名叫仙石政明的藩主任職的蕎麥麵師傅們，將信州的傳統製法「挽きたて、打ちたて、茹がきたて」（蕎麥粉製成的狀態、剛將麵打揉好的狀態、麵剛煮好甩掉水的狀態）貫注在出石的蕎麥麵中，成為出石最具代表性的鄉土味覺。之後，隨著江戶初期出石燒的製作，出石的路邊攤蕎麥麵店乾脆就將雪白的出石燒器皿當做蕎麥麵的碟子，於是乎出石小碟蕎麥麵的形態就此誕生。出石町的東邊一處叫但東町的地方，種植有一度消失的夢幻品種「赤花蕎麥」，青色的蕎麥種子用石臼碾磨後，香味和甘味跟用機器磨的完全不同，使用這種夢幻素材所揉製的出石小碟蕎麥麵，使日本的蕎麥麵迷們趨之若鶩，不遠千里只為一飽口福。

さらそば 甚兵衛

別冊P.35,A2　0796-52-2185　兵庫縣豐岡市出石町小人14-16　11:00~約18:00　週三　手打ち出石皿そば(小碟蕎麥麵5盤,附藥味:雞蛋、山藥泥)一人份￥1200,一般男性食量約10盤以上,女性約5~10盤　www.jinbe.com

　出石蕎麥麵名店甚兵衛面積不大的室內巧妙隔成數個空間,有能夠**一次坐進三十人團體的奧座敷、眺望窗外城下町的暖桌區、個室「月之間」**等,讓每一位來訪的客人都能擁有餘裕的空間,舒適品嚐美味蕎麥麵。

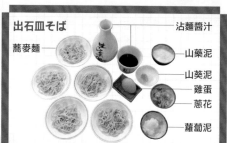

出石皿そば

蕎麥麵　　　沾麵醬汁　山藥泥　山葵泥　雞蛋　蔥花　蘿蔔泥

小碟蕎麥麵吃法

❶ 先將醬汁倒到陶杯中,品嚐醬汁的味道。

❷ 將蕎麥麵挾起放入陶杯中,品嚐蕎麥麵沾了醬汁後的原味。

❸ 品嚐過蕎麥麵的原味後,再將喜歡的香料如芥末、蔥末、山藥泥等放入醬汁中,體驗不同的味覺。

❹ 在沾麵醬中加入雞蛋打散,品嚐濃厚滋味。

❺ 最後再來嚐嚐熱呼呼的蕎麥湯。

花水木

別冊P.35,A2　0796-52-3211　兵庫縣豐岡市出石町內町107-1　9:00~19:00　出石皿そば(出石小碟蕎麥麵,附藥味)一人份5盤￥1000　www.hanamizuki.co.jp

　結合土產店的花水木,**不只一般觀光客喜愛,許多團體客也指名來此用餐。**以地產蕎麥為主原料,純手工製成,麵體滑溜香氣逼人。在品嚐過一輪小碟蕎麥後,第二輪以溫熱的醬汁沾麵可是花水木的獨家吃法。不同於其它專賣蕎麥麵的店,來到花水木還有多種丼飯、套餐的組合,更豐富的餐點滿足每一張想吃的嘴。

正覚田中屋

別冊P.35,A1　0796-52-2048　兵庫縣豐岡市出石町本町97　10:30~售完為止,晚餐預約制　週四、第3個週三(遇假日照常營業)　出石皿そば(出石小碟蕎麥麵,附藥味)一人份5盤￥990　www.sarasoba.com

　本身就是製麵所的正覺田中屋,在出石町的上的蕎麥麵店也十分有人氣,**每一份蕎麥麵都是客人點餐後才現揉現煮的,保持麵條最新鮮的Q勁與自然的香氣**,一小碟一小碟的吃法也不會給腸胃造成負擔,值得一試。

京都·大阪

兵庫

出石

👁 出石城跡

📖別冊P.35,A2 　☎但馬國出石観光協会0796-52-4806
📍兵庫縣豐岡市出石町內町 　⏰自由參觀 　💲自由參觀

　　山名一族在出石一帶勢力壯大，天正2年(1574)在有子山的山頂築了座有子山城，慶長9年(1604)小出吉英將山頂天守廢除，將有子山麓的城郭命名為出石城，也就是我們現在看到的範圍。可惜的是明治時代的廢城令，出石城也只剩下辰鼓樓、石垣與城堀了。現在城跡附近整治為登城橋河川公園，充滿綠意，從本丸順著階梯向上便是有子山稻禾神社，是散步踏青的好去處。

🎭 永樂館

📖別冊P.35,A2 　☎0796-52-5300 　📍兵庫縣豐岡市出石町柳17-2 　⏰館內見學9:30~17:00(入館至16:30) 　🚫週四、12/31、1/1 　💲館內見學成人¥400，學生¥240，小學生以下免費 　🌐eirakukan.com

　　永樂館是出石的演藝劇場，建於明治34年(1901)，由代代經營染布店的小幡家出錢建造，也因為永樂館的落成而讓出石成為但馬的藝文娛樂中心。這座擁有百年歷史的劇場，是日本現存最古老的劇場建築，土牆、太鼓樓的外觀充滿古典風情，迴旋舞台、舞台下的奈落、表演高台等舞台構造也都保存得十分完好，在沒有表演的時候可以入內參觀。

👁 辰鼓樓

📖別冊P.35,A2 　☎但馬國出石観光協会0796-52-4806
📍兵庫縣豐岡市出石町內町 　⏰自由參觀 　💲自由參觀

　　辰鼓樓建於明治4年(1897)，每一個整點會敲擊太鼓來告知時辰，後來在明治14年時由一位當地的醫生捐獻了一個大時鐘，才成為現在鐘樓的樣子，不過目前辰鼓樓的大時鐘已經是第三代鐘了，並不是明治時期的那一個。

> 大大的時鐘嵌在古老樓台裡，是別處看不到的風景。

> 不管紅豆還是黃豆粉都好美味。

🍡 田吾作

📖別冊P.35,A2 　☎0796-52-6968 　📍兵庫縣豐岡市出石町八木38-2 　⏰9:00~17:00 　🚫週二、第2個週一

　　軟軟QQ的麻糬還感覺得到米飯的顆粒，配上紅豆餡香甜，或是黃豆粉清香，不膩的好滋味讓田吾作受到當地人與觀光客的歡迎。除了定番的御萩餅之外，夏季還會推出刨冰，冬季善哉(紅豆湯)、包著草莓的萩餅等，想要坐在店內品嚐還會附上一杯熱茶，十分貼心。吃完出石的小碟蕎麥麵後，不妨散步來此吃甜點當作結尾吧！

家老屋敷

別冊P.35,A2　0796-52-3416　兵庫縣豐岡市出石町內町98-9　9:30~17:00(入場至16:30)　1/1、11/3、12/31　成人¥200，高中大學生以上¥120，國中生以下免費　www.city.toyooka.lg.jp/1019810/1019834/1019849/1002153.html

　家老屋敷是昔日出石城的高級武士(家老級)所居住的地方，外觀看起來只有一層樓高的房子裡其實隱藏了第二層樓，這是古代人為了警備敵人偷襲所留的一手，人躲在裡面還可反偷襲。家老屋敷裡還**展示有每年11月3日「大名行列」所用的道具**，「大名」就是藩主之意，大名離開領地到江戶城付任時，都會帶著家臣隊伍同行，進城時為了壯大聲勢，常會刻意敲敲打打或是舞動陣頭來威風一下，這些道具都十分特別，各有特色，十分有趣。

出石明治館

別冊P.35,B2　0796-52-2353　豐岡市出石町魚屋50　9:30~17:00(入場至16:30)　週一(遇假日順延翌日休)、12/28~1/4　成人¥200，高中大學生以上¥120，國中生以下免費　www.city.toyooka.lg.jp/1019810/1019834/1019849/1002151.html

　明治館建於明治20年，原為出石郡役所，木造擬洋風建築與出石傳統屋敷大相逕庭，是市指定文化財。**現在館內常設展出對出石地方有貢獻的歷史名人**，進來逛一圈便能了解出石近代發展的歷程。喜歡歷史建築的人也可以著眼於建築細部，感受明治時代洋館的特殊氛圍。

> 除了酒，還有用酒粕做的各種甜點。

楽々鶴 出石酒造

別冊P.35,B1　0796-52-2222　兵庫縣豐岡市出石町魚屋114-1　9:30~18:30　不定休　www.big-advance.site/s/165/1267

　創業已有三百多年的出石酒造，酒標名為**楽々鶴**，**是全日本知名，產量卻很少的酒藏**，想要喝到，除了在城市的居酒屋碰運氣，就是得到出石來購買了。將百年老房舍改為販賣場，穿過門前的杉玉，四週散放著製酒的古老道具，十分有風情。

　在這裡可以免費試飲，喜歡再購買。店面後側則是極具有特色的土藏，有機會遇到老闆，還可能入內參

珈琲蔵 風空路欧

別冊P.35,B2　0796-53-1717　兵庫縣豐岡市出石町內町16　8:00~17:00 (L.O.16:30)　週四　咖啡¥420起，各式蛋糕¥360，パンケーキ(鬆餅)¥600　www.cafe-fukurou.jp

　「風空路欧」，日文唸成ふくろう，音與日文的「貓頭鷹」相似，所以在店內也可以找到許多貓頭鷹小飾品。外觀以日式古藏為設計意象，老闆特地將店內天花板加高，並以大量木頭元素營造出和洋相容的安心感，用心打造出讓人想多待久一點的沉穩空間。餐點部分，**咖啡採用豐岡市內的烘焙名店蜩珈琲的豆子**，13種選擇風味各異，老闆十分樂意與顧客分享，不妨詢問。而甜點則有每日進貨的新鮮蛋糕與手作鬆餅可以選擇，種類豐富。

> 在店頭可以免費試喝，怎麼能錯過！

京都➡大阪

兵庫

湯村温泉

湯村温泉
ゆむらおんせん
Yumura Onsen

湯 村温泉位在兵庫縣日本海側的但馬地區，千百年來持續不斷地湧出豐富的溫泉，加上地處幽靜，自古以來就是溫泉療養勝地。1981年有部NHK的電視連續劇「夢千代日記」，以湯村溫泉為外景拍攝舞台，使其聲名大噪，溫泉街上的夢千代橋旁就有一座夢千代塑像，是以女主角吉永小百合的劇中扮像所雕塑的。

·交通路線&出站資訊·

電車
JR浜坂駅➡JR山陰本線
JR八鹿駅➡JR山陰本線
●搭乘電車至各車站，皆需要轉乘巴士。
巴士
◎從浜坂駅下車之後搭乘前往湯村溫泉的全但巴士約需20~30分，約30分一班車。
◎從八鹿駅下車之後搭乘前往湯村溫泉的全但巴士約需75分，一天5班車。
◎從大阪梅田地區的阪急巴士總站或三宮的神姬巴士總站皆可搭乘前往湯村溫泉的全但巴士，一天僅有2班，時刻表請上網站查詢。
·大阪(阪急三番街)→湯村溫泉，上午班次約3小時，下午班次約3小時30分，成人¥4400。
⏰全但巴士www.zentanbus.co.jp

出站便利通
◎一抵達湯村溫泉巴士站就是最熱鬧的溫泉鄉，主要的景點、溫泉和旅館就在附近，徒步即可抵達。
◎每天日落後到晚間十點，荒湯、溫泉街和夢千代橋還會有美麗的夜間點燈，五彩的燈光有種朦朧之美，不遠處山丘高處還有一個同樣用霓虹燈所設計的「夢」字，燈火迷離間非常浪漫，別有風韻。
湯村溫泉觀光協会➡
🏠兵庫縣美方郡新溫泉町湯98
☎0796-92-2000
🌐www.yumura.gr.jp

湯村溫泉

溫泉泉質：碳酸塩泉、硫酸塩泉、無色透明
療效：神經痛、肌肉酸痛、關節痛、恢復疲勞

👁 荒湯

🏠別冊P.35,C2　☎湯村溫泉觀光協会0796-92-2000　🏠兵庫縣美方郡新溫泉町湯1248　⏰自由參觀，足湯約7:00~21:00　💰免費

　湯村溫泉內有座溫度高達**攝氏98度的泉源「荒湯」**，熱騰騰冒出的湯煙終年不斷，加上其泉質內含有適宜用來煮菜的特殊成分「重曹」，所以**成為村民們日常生活中燙山菜、香菇、豆腐的好所在**。荒湯旁的商店就有提供一袋袋的雞蛋、紅薯、玉米、蔬菜等素材，讓觀光客親自體驗溫泉料理的樂趣，並且還貼心的附贈網袋和調味用的鹽巴，若碰上冬天松葉蟹盛產季節，還可買到新鮮的松葉蟹享受一頓超豪華的溫泉大餐呢！

足湯
流貫過溫泉街的春來川旁，除了有飾演「夢千代日記」的明星們留下的「手形」(手印)散步道外，還有長長一段用原木和大理石所修築的「足湯」，常見到湯客們穿著旅館提供的浴衣信步來此泡泡腳，女生們在夏天還可租借到花色嬌豔的夏季浴衣，一邊泡足湯、一邊剝著剛煮好的溫泉蛋吃，好不愜意。

◎ 夢千代館

⚓別冊P.35,C1 ☎0796-99-2300
🏠兵庫縣美方群新温泉町湯80 ⏰
9:00~18:00 不定休 💲成人
¥300、國中小學生¥150 🌐www.
refresh.co.jp/yumechiyo/

　1981年有部NHK電視連續劇
『夢千代日記』，以湯村温泉為
外景拍攝舞台，飾演女主角「夢千代」的正是當代知
名女星「吉永小百合」，這部擁有高收視率的日劇讓
湯村温泉聲名大噪，温泉街上的夢千代橋旁的一座夢
千代塑像，就是以吉永小百合的劇中扮演所雕塑的。
夢千代館展示吉永小百合在該劇中所使用過的物
品、**資料**等，整體氛圍打造得復古懷舊，走入其中彷
彿步入時光隧道，回到昭和30年代。

夢手紙
在購買入場券時，可別忘了
再多付¥180購買一組空白信
紙。將自己的夢想、想對一年
後的自己説的話寫在紙上，裝
入信封並寫下想寄到的地址，
一年後的此刻便會收到，穿越
時空與自己對話。

🍴 但馬牛 はまだ 本店

⚓別冊P.35,C1 ☎0796-92-0080 🏠兵庫縣美方郡新温泉
町湯81 ⏰09:00~18:00 休週四 🌐www.tajima-beef.jp

　はまだ是當地人都會來的精肉店，創業於1969年，
肉品皆來自自家牧場，品質優良，價格也有絕對優
勢。日本三大和牛「神戶牛、松阪牛、近江牛」的品種
皆源自但馬牛，故但馬牛又有最高級和牛之美稱，來
はまだ不只能以超值價格購得牛肉，更可以**直接買現
炸可樂餅、牛肉餅**，立即品嚐但馬牛好滋味。

♨ 湯村温泉水療公園

リフレッシュパークゆむら
⚓別冊P.35,D1 ☎0796-92-2002 🏠兵庫縣美方郡新温
泉町湯1371 ⏰10:00~19:00(入園至18:30)，混合露天風
呂10:00~18:00 週四(遇假日照常營業)、不定休 💲成
人¥1000、65歲以上¥800、3歲以上~小學生¥600 🌐
www.refresh.co.jp/yumura/

　湯村温泉水療公園修築在山丘上，是一座座露天
温泉風呂，有充滿和風情懷的酒樽風呂、可眺望温泉
街的洞窟展望風呂、享受瀑布拍打的潼風呂、舒服的
寢湯和蒸氣浴等，**可以用便宜的價格體驗豐富的温
泉設施**，因為是男女混浴制，所以要穿泳衣入場。

> 親切的歐巴桑總
> 是熱情對每個人
> 打招呼。

☕🎁 歐巴桑咖啡

遊月亭 ゆむら屋 おばあかふぇ
⚓別冊P.35,C1 ☎0796-85-8010
🏠兵庫縣美方郡新温泉町湯82-1 ⏰09:00~17:00
休週二、週四、不定休 💲おばあの根性焼き(歐巴桑車輪
餅)¥150 🌐www.yuzukitei.com/obacafe

　歐巴桑咖啡改建自已有130多年歷史的老屋，裡
頭擺滿了當地土特產，也提供空間給人休息歇歇腿，
是散步途中的好去處。這裡的**工作人員全都是當地
親切的歐巴桑**，平均年齡71歲，總是笑呵呵地歡迎
人們，而提供的餐點，也皆是出自歐巴桑之手的美味
鄉土滋味，像是根性燒、萩餅等，配上一杯黑豆茶十
分對味。值得一提的是，**牆上貼滿了許多「歐巴桑語
錄」**，説明了特殊的歐巴桑哲學，懂日文的人不妨細
細研讀。

◉ 福島理髮店

📍別冊P.35,C2　☎0796-92-0209　🏠兵庫縣美方郡新溫泉町湯115-4　🕐約10:00~17:00　🚫週一

　　湯村溫泉的溫泉湧出量極大,且溫度也很高,一般民家內只要打開水龍頭流出來的就是溫泉。在湯村溫泉街半徑400公尺的範圍內,就有4家老派理容店,店裡都沒有熱水器,而是**直接用溫泉水幫顧客洗頭**,至今也成為湯村溫泉街的一大特色。來到老派的理容所,**約20分鐘的體驗洗髮**,店主人幫忙肩頸、頭皮按摩,溫泉水洗去頭皮角質,神輕氣爽繼續行程吧!

溫泉洗髮
湯村溫泉的泉質富含碳酸氫鈉,對皮膚有滋潤的功能,又有美人湯之稱。利用溫泉水洗髮、按摩頭皮,可以軟化頭皮角質層,且將毛孔裡的皮脂、污垢溶出,達到去污去油的功效,讓頭皮清爽,更加健康。

♨ 藥師湯

📍別冊P.35,C1　☎0796-92-1081　🏠兵庫縣美方郡新溫泉町湯1604　🕐8:30~21:30(售票至21:00)　🚫每月15號(遇週四、週六日例假日順延翌日休,但遇週六日例假日照常營業)　💰成人¥700,兒童¥500

　　藥師湯是湯村溫泉的公眾浴場,就位在荒湯的旁邊,這裡沒有什麼觀光客,是當地人十分喜愛的泡湯處。**藥師湯取自荒湯的泉源,採源泉掛流(不循環回收利用)**方式,**泉水無色透明,是對皮膚極好的美人湯**,泡完又滑又嫩。1樓除了男湯與女湯之外,還有露天風呂與桑拿室,2樓則是舖滿榻榻米的和室休息區。

卍 正福寺

📍別冊P.35,C2　☎0796-92-0133　🏠兵庫縣美方郡新溫泉町湯174　🕐自由參觀

　　溫泉街上方有座古寺,相傳是**湯村溫泉開湯者慈覺大師創建**的,也是夢千代日記的拍攝地點之一。雖然創建年代不詳,但寺裡有座天台座主第三代慈覺大師圓仁的座像設於江戶時代,是極為古老的地方信仰中心。步上長長的階梯,許多人會特地來寺廟裡找尋隱藏的「愛心」,是知名的人氣景點。

溫泉發電
荒湯源泉有90度高溫,早期會利用溫泉水來達到暖房的效果,近年則利用溫泉的熱電效應(60度溫泉水與20度自來水的溫度差)來發電。在藥師湯一旁還能看到發電裝置。這裡所發的電除了作為館內的電力來源外,還提供一個代表環保的綠色插座給民眾使用,可以在此幫手機充電,也讓民眾對溫泉溫度差所發出的電更有實質感受。

💡 尋找幸福的愛心
由湯村溫泉觀光協會為了活絡地方而發起的活動,在溫泉小鎮中藏著許多愛心,只要用相機搜集5個,到觀光協會便可以換得小禮品。如果發現了沒人發現過的愛心,便能得到命名權,並接受獎狀表揚!

👁 但馬牧場公園

📍 地圖外 🚃 JR浜坂駅搭乘巴士約30分至「夢が丘中學校」轉車約25分至「丹土」下車，徒步15分；湯村溫泉搭乘巴士約25分至「丹土」下車，徒步15分 ☎ 0796-92-2641
🏠 兵庫縣美方郡新溫泉町丹土1033 🕐 9:00～17:00 🚫 週四(遇假日順延翌日休) 💴 自由入園參觀；依設施、體驗活動另計(詳見官網) 🌐 www.tajimabokujyo.jp

兵庫縣立但馬牧場公園就是培育但馬牛的牧場，綠油油的草地上可以看到毛色呈咖啡色的牛隻在悠閒地吃草，牧場裡還有但馬牛博物館可讓人更了解但馬牛的培育史。除了可近距離看到但馬牛外，牧場內還有**可愛溫馴的綿羊、山羊和小袋鼠，夏天豔紫色的薰衣草大片地盛開，冬天積雪盈尺時則化身為小型滑雪場**，一年四季都有不同的風貌。

🍴 但馬牛餐廳 楓

但馬ビーフレストラン楓

📍 別冊P.35,D1 ☎ 0796-92-2001 🏠 兵庫縣美方郡新溫泉町湯1371 🕐 11:00～15:00(L.O.14:30)，16:00～19:00(L.O.18:00) 🚫 週四(遇春假日照常營業)、不定休 💴 午餐時段但馬牛サーロイン(但馬牛沙朗)100g￥6820，但馬牛燒肉定食 ￥1980 🌐 www.refresh.co.jp/restaurant/

但馬牛因為生長在水草豐美的大自然中，所以肉質鮮嫩、油花豐美，與神戶牛、松阪牛不相上下。但馬牛排餐廳「楓」，是湯村溫泉最富盛名的一家人氣餐廳，提供的是正宗的但馬牛料理，尤其是午間的**日式牛排楓定食，採用鐵板燒的方式，大廚就直接在客人的面前料理**。晚餐則提供西式牛排套餐，一整套吃下來大大滿足！

🏨 佳泉鄉井筒屋

佳泉鄉 井づつや

📍 別冊P.35,C2 ☎ 0796-92-1111 🏠 兵庫縣美方郡新溫泉町湯1535 🕐 check in 15:00，check out 10:00 🌐 www.izutuya.com

修築在湯村溫泉高處的佳泉鄉井筒屋，**擁有一座寬廣美麗的瀑布中庭以及庭園泳池，旅館大廳就坐擁著如此美景，讓人心曠神怡**。更特別的是，冬天時庭園被埋在積雪中，銀白的雪地掩映著晶瑩的冰瀑，景色十分清麗迷人。

佳泉鄉井筒屋的和室房間皆十分寬敞，優雅的和風建築還透著點淡淡的木香，山間的微風自在地吹進房間來，使人心情舒暢平靜，有些客室裡還附有露天風呂，可獨享奢侈的泡湯時光，盡情享受山間綠意。

特別室「滕支」內還有一個用整塊千年檜木挖成的湯舟，非常奢華。

冬天來這，就是要吃超美味的螃蟹。

🏨 朝野家

📍 別冊P.35,D2 ☎ 0796-92-1000 🏠 兵庫縣美方郡新溫泉町湯1269 🕐 check in 15:00，check out 10:00 🌐 www.asanoya.co.jp

近年來不停重新裝修的朝野家，**提供最充裕空間的和室客房，讓每一個旅客都能盡情放鬆**。來到這裡，當然不能錯過溫泉；露天風呂以牛郎織女命名，「彥星」晚上為男湯，早上為女湯，「織姬」晚上為女湯，早上為男湯，早晚各可體驗不同風情。最推薦冬季來此住宿，**產自浜坂的松葉蟹擺滿一桌，豪快中帶著纖細的溫泉會席**，則讓人充分感受到取材自山海的美味食感，讓身心都得到愉悅滿足。

京阪神基本情報

京都、大阪、神戶位在日本的關西地區,簡稱為「京阪神」,三者為地裡位置相近,且相互緊臨的都市,因方便的交通串聯以及截然不同的旅遊風貌,使其成為日本旅遊的熱門景點。

➡日本概要
◎**國名**日本 ◎**正式國名**日本國
◎**語言**日語
◎**宗教**以信神道教者占最多數,其次為佛教、基督教、天主教等。
◎**地理環境**
位於東北亞的島國,由四大島:北海道、本州、四國、九州及許多小島組成,西濱日本海、朝鮮海峽、中國東海,東臨太平洋,主島多陡峭山脈和火山,本州是最大主島,沿海為狹窄平原。

➡時差
日本比台灣快一個時區,也就是台北時間加一小時。

➡氣候
◎**春天(3、4、5月)**
氣溫已開始回升,但仍頗有寒意,有時仍在攝氏10度以下,早晚溫差大,需注意保暖。3月底至4月初是京阪神地區的賞櫻季節,也是觀光人潮最多的時候,無論是訂機位或是訂房,最好提前一個月或二個月前預訂較能保障旅行計畫。
◎**夏天(6、7、8月)**
夏天甚為悶熱,攝氏30度以上的日子不少,7月下旬~8月初,甚至可能超過35度。夏天在各地都有許多傳統祭典及煙火大會,增添更多旅遊興致。
◎**秋天(9、10、11月)**
涼爽怡人,平地只要薄外套、針織毛衣即可應付,但早晚溫差大,部分山區已進入冬天氣候,需有厚外套。11月進入京都的賞楓季節,奪目的紅葉為古都染上詩意。
◎**冬天(12、1、2月)**
冬天的氣溫比台灣北部更加嚴寒,但是偏乾冷,寒流來時甚至會在攝氏零度左右,保暖防風的衣物不可少。京阪神除了山區以外,市區內很少下雪,只會偶爾因寒流而輕輕的飄雪,路面不會造成相當嚴重的積雪狀況。

➡習慣
日本的一般商店街和百貨公司,除了特賣期間,通常都從早上11點左右營業到晚上7點~8點間。行人行走的方向是靠左走,車輛行駛的方向也跟台灣相反,但是比較特別的是,關西地區的車站內搭乘電扶梯習慣和台灣相同,是靠右站立。

➡貨幣及匯率
◎**匯率** 台幣1元約兌換日幣3圓
◎**通貨**
日幣¥。紙鈔有1萬円、5千円、2千円及1千円,硬幣則有500円、100円、 50円、10円、5円及1円。
◎**兌換**
出發前要記得在國內先兌換好日幣,雖然各大百貨公司及店家、餐廳等都可使用信用卡,但是像購買電車票、吃拉麵、買路邊攤、住民宿等,都還是要用到現金。國內各家有提供外匯服務的銀行都有日幣兌換的服務,中正國際機場內也有多家銀行櫃台可快速完成兌換外幣。

➡電源
電壓100伏特,插頭為雙平腳插座。

➡郵政
郵筒分紅、綠兩色,紅色寄當地郵件,綠色寄外國郵件(有些地區只有一個紅色郵筒兼收)。各地區主要郵局開放時間,週一~五為9:00~17:00。要從日本寄一般標準尺寸名信片回台,郵資為70円可至郵局或便利商店購買。將包裹寄回台灣可選擇日本郵便局的國際快捷(EMS)或是以國際包裹的方式寄送,國際快捷,送達時間快但價格昂貴;國際包裹可選擇航空或海運寄送,海運時間最長也最便宜。無論哪種寄送方式,每件重皆不能超過30公斤,也有可能在寄送回台灣被台灣的海關課稅。
日本郵便局
🌐www.post.japanpost.jp/
郵遞區號查詢
🌐www.post.japanpost.jp/zipcode

➡小費
在日本當地消費,無論是用餐、搭乘計程車還是住宿,都不用特別地額外給小費,服務費已內含在標價中。

➡購物
日本的大折扣季是在1月和7月,每次約進行1個半月的時間,跟台灣一樣按折扣愈打愈低,但貨色會愈來愈不齊全。1月因適逢過年,各家百貨公司和商店都會推出超值的福袋。

➡入境
隨指標抵達證照檢查處後,請在標示為「外國人入境」的窗口前依序排隊,並準備:①護照 ②填寫好的出入境表格 ③機票存根,在輪到你時交給窗口的入境審查官。檢查完資料後,審查官貼上入境許可,並請你在指紋登記系統留下紀錄,完成入國手續。

如何填寫入國紀錄

日本的入國紀錄表格於2016年4月開始更新，目前通用的皆為新式表格，新版省略了出國紀錄，內容也較簡單，記得利用乘機空檔填寫，加快入境程序的時間。

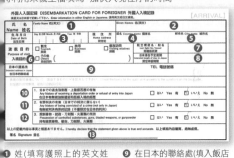

① 姓(填寫護照上的英文姓氏)
② 名(填寫護照上的英文名字)
③ 出生日期(依序為日期、月份、西元年)
④ 現居國家名
⑤ 現居都市名
⑥ 入境目的(勾選第一個選項「觀光」，若非觀光需持有簽證)
⑦ 搭乘班機編號
⑧ 預定停留期間
⑨ 在日本的聯絡處(填入飯店名稱、電話號碼即可)
⑩ 在日本有無被強制遣返和拒絕入境的經歷(勾選右方格：沒有)
⑪ 有無被判決有罪的紀錄(不限於日本)(勾選右方格：沒有)
⑫ 持有違禁藥物、槍砲、刀劍類、火藥類(勾選右方格：沒有)⑬簽名

備註：新式入國記錄背面問題即為⑩~⑫

指紋登記step by step

為了預防恐怖事件發生，所有入境日本的外國旅客都必須經過按指紋與臉部照相過程才可入境。

① 抵達後請準備好已經填寫完成的入境表格，於外國人的櫃檯依指示排隊。
② 向櫃檯入境審查官提交護照、填寫好之入境表格。
③ 在海關人員的引導指示下讀取指紋。請將兩隻手的食指放上指紋機，稍微用力按壓後等候電腦讀取指紋資訊。
④ 準備臉部拍照，請將臉部正對著指紋機上的攝影鏡頭。
⑤ 接受入境審查官的詢問。

請參照 www.moj.go.jp/NYUKAN

⑥ 入境審查官審核確認可後，會在護照上貼上日本上陸許可。
⑦ 等候入境審查官歸還護照，完成入境手續。

➡訪日前可網路預填「入境審查單」及「海關申報單」

從2024年起，以往在「Visit Japan Web」預填申報單，原本會生成「入境審查單」及「海關申報單」2組QR Code，重新簡化後，現在只會有1組QR Code，不論是入境審查或是最後出海關前，都是使用同1組QR Code，真 的是便利多了，當然也可選擇到日本下機後再填傳統紙本，一樣可以入境。

◎相關使用及填寫方式：

第一次使用的人需註冊帳號、email等資訊，註冊完成要開始登錄前，最好手邊要有護照資料、航班資料、住宿資料等，一切齊備，就可以在出國前，先進行登錄囉。但須注意你飛抵的機場，必須是有Visit Japan Web對應系統的機場，目前只有7個(東京成田機場、東京羽田機場、關西機場、中部機場、福岡機場、新千歲機場、那霸機場)可使用，其它仍需要填寫紙本入境卡。

想進一步了解使用方式，在Visit Japan Web上，有中文詳細說明使用手冊。

➡台北駐大阪經濟文化處

遭遇到任何問題與麻煩，如護照遺失、人身安全等，可與辦事處連絡。

📍地下鐵四つ橋線「肥後橋」駅4號出口直達；京阪中之島線「渡辺橋」駅12號出口直結；地下鐵御堂筋線 京阪本線「淀屋橋」駅7號出口徒步5分 ☎06-6227-8623；急難救助專線090-8794-4568，車禍、緊急就醫、搶劫、被捕等求助之用，一般事務勿撥打 🕐大阪市北區中之島2-3-18 中之島 FESTIVAL TOWER 17、19F ⏰週一～五9:00~11:10、13:00~15:00；17F領務(一般護照、簽證、驗證)受理9:00~11:30、13:00~15:00 ✉teco-osa@mofa.gov.tw

➡國定假日

1月1日	元旦	7月第三個週一	海洋之日
1月第二個週一	成人之日	8月11日	山之日
2月11日	建國紀念日	9月第三個週一	敬老之日
2月23日	天皇誕辰	9月22日或23日	秋分之日
3月20日或21日	春分之日	10月第二個週一	體育之日
4月29日	昭和之日	11月3日	文化之日
5月3日	憲法紀念日	11月23日	勤勞感謝日
5月4日	綠之日	12月29~31日	年末休假
5月5日	兒童之日		

退稅手續

在 日本購物後要怎麼退稅?日本從2014年4月起將原本5%的消費費調漲至8%後,陸續施行了一系列退稅制度修改,伴隨著對外國人的免稅新政策施行,原本只有電器、服飾能夠退稅,如今連食品、藥妝也列入免費範圍,2018年7月起更是將一般品及消耗品合併計算,退稅制度更為優惠。2022年再將退稅紙本電子化,無紙環保更輕鬆。想搞懂新的退稅機制,只要把握以下幾個原則就沒有錯:

➡ 退稅門檻降低

以前的退稅制度將商品分為兩大類,其一為百貨服飾、家電品等「一般品」,另一種則為食品、飲料、化妝品、藥品、菸酒等「消耗品」,退稅標準為:同一天在同一間店、購買同一種類商品達日幣5000以上方可享受退稅。2018年7月以後再次降低門檻,不分一般品、消耗品,只要同一天在同一間店裡消費達日幣5000以上、50萬以下,就可以享受退稅。

➡ 不可在日本境內拆封

在日本使用(食用)。為防止退稅過後的物品在日本被打開,購物退稅後物品會裝入專用袋或箱子中,直到出境後才能打開。若是在日本就打開,出境時會被追加回稅金,需特別注意。(原舊制的家電、服飾等「一般品」不在此限)

➡ 液體要放託運

原則上所有免稅商品都需要在出境時帶在身邊讓海關檢查,但如果買了酒、飲料等液態食品,或是化妝水、乳

液等保養品不能帶入機艙,必需要放入託運行李中時,可在結帳退稅時請店員分開包裝,但切記裝入行李箱時一樣不可打開包裝袋或箱子,以免稅金被追討。

➡ 認明退稅標章

舊制的百貨、電器等在各大商場、百貨可於退稅櫃台辦理;而新制則是在付款時便出示護照辦理。可以退稅的店家會張貼退稅標章,若不確定可

口頭詢問是否有退稅服務。

有關新稅制詳細規定可洽官網:
tax-freeshop.jnto.go.jp/eng/index.php

➡ 沒有紙本退稅單

購物時直接刷護照條碼,將紀錄傳輸到電子海關系統無紙E化!

Japan. Tax-free Shop

➡ 退稅流程

❶ 選購商品	❷ 同一日同間商店購買a)消耗品 + b)一般品達 ¥5000以上	❸ 結帳時表示欲享免稅,並出示護照。短期停留的觀光客才享有退稅資格。有的百貨、商店有專門退稅櫃台,可結帳後再到退稅櫃台辦理。
❹ 結帳時,由店員刷護照條碼紀錄,免稅單不再印出,而是雲端電子化。	❺ 回國出境過海關時,日本海關只需刷你的護照條碼,便能知道你有無免稅品消費紀錄。	❻ 一般品可以拆箱使用,而消耗品則不可拆封(由專用袋/箱裝著),原則上應於出境時隨身攜帶以利海關檢查,若有液體則需託運。

日本行動上網

日本4G上網速度快,不論購買的上網裝置串接日本當地哪家電信商,城市中一般通訊都不會太差,以下將介紹幾種旅日的上網方式,讓旅人在漫遊日本時能更加順暢。

➡WIFI分享機

租借Wifi分享機是最方便的上網方式。由於一台分享機可同時讓多台行動裝置上網,十分划算。但要注意上網總流量限制,以及同行親友彼此距離不能太遠。

➡上網SIM卡

毋需攜帶分享機,要使用上網SIM卡必須把手機內原本的SIM卡取出,換上專用SIM卡,這樣一來便無法使用台灣的號碼,但因為有通訊軟體,還是能與親友保持聯繫。

➡日本免費WIFI

FREE Wi-Fi PASSPORT

在日本全國約有40萬個熱點。啟用後可免費使用14天,14天期限過了後,再重覆上述動作即可再次使用。
ⓦwww.softbank.jp/en/mobile/special/freewifi/zh-tw/
JAPAN Wi-Fi auto-connect

由日本第一大電信NTT提供的免費Wi-Fi 熱點,包括超過10萬個熱點,下載APP註冊後即可使用。
ⓦwww.ntt-bp.net/jw-auto/ch2/index.html

➡eSIM卡

eSIM是一種虛擬網卡的概念,因不需安裝卡片置換,省了等待寄送跟換卡的麻煩,且原手機門號一樣可以通,只須購買後掃描收到的QR Code、即可在台事先設定上網,等到了當地再開啟使用即可。但要注意、僅新型手機才具有支援eSIM功能,目前以Apple機種較齊全。
◎中華電信、遠傳、台哥大:都有提供eSIM漫遊服務

➡國際漫遊

台灣各大電信業皆有提供原機、原號的漫遊服務,只須事先購買並至當地手動開通後即可,費用雖較高,但相對便利也能原號使用,不挑手機,也無設定等複雜問題。

wagamama no.075

京都大阪神戸攻略 2025 2026 完全制霸

國家圖書館出版品預行編目資料

京都・大阪・神戸攻略完全制霸
2025-2026 /張淑婷・墨刻編輯部 作
; -- 初版. -- 臺北市：墨刻出版股份有
限公司出版：英屬蓋曼群島商家庭
傳媒股份有限公司城邦分公司發行,
2024.10
496面 ;14.8×21公分. --
(Wagamama; 75)
ISBN 978-626-398-075-4 (平裝)
1.旅遊 2.日本關西

731.7509   113013702

墨刻整合傳媒廣告團隊

提供全方位廣告、數位、影音、代編、出
版、行銷等服務
為您創造最佳效益
歡迎與我們聯繫：
mook_service@mook.com.tw

作者張淑婷・墨刻編輯部
主編呂宛霖
美術設計李英娟・呂�禾（特約）・董嘉惠（特約）
地圖繪製墨刻編輯部

出版公司
墨刻出版股份有限公司
地址：115台北市南港區昆陽街16號7樓
電話：886-2-2500-7008／傳真：886-2-2500-7796／
E-mail：mook_service@hmg.com.tw

發行公司
英屬蓋曼群島商家庭傳媒股份有限公司城邦分公司
城邦讀書花園：www.cite.com.tw
劃撥：19863813／戶名：書虫股份有限公司
香港發行城邦（香港）出版集團有限公司
地址：香港九龍土瓜灣土瓜灣道86號順聯工業大廈6樓A室
電話：852-2508-6231／傳真：852-2578-9337／
E-mail：hkcite@biznetvigator.com
城邦（馬新）出版集團Cite(M) Sdn Bhd
地址：41, Jalan Radin Anum, Bandar Baru Sri Petaling,
57000 Kuala Lumpur, Malaysia.
電話：(603)90563833／傳真：(603)90576622／
E-mail：service@cite.my

製版・印刷
凱林彩色製版印刷設計有限公司

城邦書號KS2075 **初版**2024年10月 **初版2刷**2025年1月
定價520元
ISBN978-626-398-075-4・978-626-398-072-3 (EPUB)
MOOK官網www.mook.com.tw
MOOK粉絲團www.facebook.com/travelmook
Facebook粉絲團
MOOK墨刻出版www.mook.com.tw
版權所有・翻印必究

PCH集團生活旅遊事業總經理暨墨刻出版社長李淑霞
執行長何飛鵬

總編輯汪雨菁
副總編輯呂宛霖
採訪編輯趙思語・李冠瑩
叢書編輯唐德容・林昱霖・蔡嘉榛
資深美術設計主任羅婕云
資深美術設計李英娟
影音企劃執行邱茗晨

資深業務經理詹顏嘉
業務經理劉玫玟
業務專員程麒
行銷企畫經理呂妙君
行銷企畫主任許立心
行政專員呂瑜珊

印務部經理王竟為